Die Chronik-Bibliothek des 20. Jahrhunderts

Martin Steinhage/Peter Strunk

Chronik 1947

Tag für Tag in Wort und Bild

Chronik Verlag

Abbildungen auf dem Schutzumschlag
(oben links beginnend)
Die britische Kronprinzessin Elisabeth und Philip Mountbatten, das Hochzeitspaar des Jahres
Werbeplakat für den Marshallplan, das 1947 verabschiedete US-amerikanische Hilfsprogramm für Europa
Ernst Reuter, als neugewählter Oberbürgermeister von Berlin durch sowjetisches Veto am Amtsantritt gehindert
Jawaharlal Nehru (l.) bei der Schlußsitzung der konstituierenden Versammlung Indiens
US-Präsident Harry S. Truman
Abgeordnetenausweis von Konrad Adenauer, Vorsitzender der CDU in der britischen Zone

Redaktion: Ingrid Reuter (Text), Norbert Fischer, Margit Schramm (Bild)
Fachautoren: Dr. Ingrid Loschek (Mode), Felix R. Paturi (Wissenschaft und Technik), Jochen Rentsch (Musik)
Anhang: Ludwig Hertel, Bernhard Pollmann, Karl Adolf Scherer
Herstellung: Barbara Reppold-Hinz, Annette Retinski
Gesamtherstellung: Mohndruck Graphische Betriebe GmbH, Gütersloh

Leihgeber für Zeitungen und Zeitschriften: Institut für Zeitungsforschung, Dortmund

ISBN 3-577-14047-X

Inhalt 1947

Der vorliegende Band aus der »Chronik-Bibliothek des 20. Jahrhunderts« führt Sie zuverlässig durch das Jahr 1947 und gibt Ihnen – aus der Sicht des Zeitzeugen, aber vor dem Hintergrund des Wissens von heute – einen vollständigen Überblick über die weltweit wichtigsten Ereignisse in Politik und Wirtschaft, Kultur und Sport, Alltag und Gesellschaft. Sie können das Jahr in chronologischer Folge an sich vorüberziehen lassen, die »Chronik 1947« aber auch als Nachschlagewerk oder als Lesebuch benutzen. Das Chronik-System verbindet eine schier unübersehbare Fülle von Artikeln, Kalendereinträgen, Fotos, Grafiken und Übersichten nach einheitlichen Kriterien und macht damit die Daten dieses Bandes mit jedem anderen Band vergleichbar. Wer die »Chronik-Bibliothek« sammelt, erhält ein Dokumentationssystem, wie es in dieser Dichte nirgends sonst zu haben ist.

Hauptteil (ab Seite 10)

Jeder Monat beginnt mit einem Kalendarium, in dem die wichtigsten Ereignisse chronologisch geordnet und in knappen Texten dargestellt sind. Sonn- und Feiertage sind durch farbigen Druck hervorgehoben. Pfeile verweisen auf ergänzende Bild- und Textbeiträge auf den folgenden Seiten. Faksimiles von Zeitungen und Zeitschriften, die im jeweiligen Monat des Jahres 1947 erschienen sind, spiegeln Zeitgeist und herausragende Ereignisse.
Wichtige Ereignisse des Jahres 1947 werden – zusätzlich zu den Eintragungen im Kalendarium – in Wort und Bild beschrieben. Jeder der fast 430 Einzelartikel bietet eine in sich abgeschlossene Information. Die Pfeile des Verweissystems machen auf Artikel aufmerksam, die an anderer Stelle dieses Bandes ergänzende Informationen zu dem jeweiligen Thema vermitteln.
628 Abbildungen und Grafiken illustrieren die Ereignisse und Entwicklungen des Jahres 1947 und werden damit zu einem historischen Kaleidoskop besonderer Art.
Hinter dem Hauptteil (auf S. 214) gibt die Chronik einen Überblick über die Postwertzeichen, die im Jahr 1947 in Deutschland neu ausgegeben wurden.

Übersichtsartikel (ab Seite 25)

20 Übersichtsartikel, am blauen Untergrund zu erkennen, stellen Entwicklungen des Jahres 1947 zusammenfassend dar.
Alle Übersichtsartikel aus den verschiedenen Jaahrgangsbänden ergeben – zusammengenommen – eine sehr spezielle Chronik zu den jeweiligen Themenbereichen (z.B. Film von 1900 bis 2000).

Anhang (ab Seite 215)

Der Anhang zeigt das Jahr 1947 in Statistiken und anderen Übersichten. Ausgehend von den offiziellen Daten für Deutschland, für Österreich und die Schweiz, regen die Zahlen und Fakten zu einem Vergleich mit vorausgegangenen und nachfolgenden Jahren an.
Für alle wichtigen Länder der Erde sind die Staats- und Regierungschefs im Jahr 1947 aufgeführt und werden wichtige Veränderungen aufgezeigt. Die Zusammenstellungen herausragender Neuerscheinungen auf dem internationalen Buchmarkt sowie der Premieren auf Bühne und Leinwand werden zu einem Führer durch das kulturelle Leben des Jahres.
Das Kapitel »Sportereignisse und -rekorde« spiegelt die Höhepunkte des Sportjahres 1947. Internationale und Deutsche Meisterschaften sind ebenso nachgewiesen wie die Entwicklung der Leichtathletik- und Schwimmrekorde und die Ergebnisse der großen internationalen Wettbewerbe.
Der Nekrolog enthält Kurzbiographien von Persönlichkeiten, die 1947 verstorben sind.

Register

Das Register nennt – in Verbindung mit der jeweiligen Seitenzahl – alle Personen, deren Namen in diesem Band verzeichnet sind.
Werden Personen abgebildet, so sind die Seitenzahlen kursiv gesetzt.

INDIA
ADJACENT COUNTRIES

Das Jahr 1947

»New Look« heißt die erste eigene Kollektion, die der Modemacher Christian Dior 1947 in Paris vorstellt – ein programmatischer Titel für das zweite Nachkriegsjahr? Auf den ersten Blick und für den Alltag vieler Menschen sicher nicht, denn 1947 ist in ganz Europa ein Jahr der Wirtschaftskrise, der Armut und – besonders in Deutschland – ein Jahr des Hungers wie er schlimmer nicht einmal in den letzten Kriegsjahren war. Die deprimierte und desillusionierte Stimmung verdeutlicht das Kriegsheimkehrerdrama »Draußen vor der Tür« des jungen Wolfgang Borchert, der einen Tag vor der Uraufführung stirbt. In Borcherts Stück findet sich ein aus der Kriegsgefangenschaft zurückgekehrter Unteroffizier in seiner Heimat nicht mehr zurecht, er scheitert am, wie es der Autor ausdrückt, »schlechthin Herzzerreißenden der Nachkriegswirklichkeit«.
Andererseits verzeichnet das Jahr 1947 bei aller Tristheit einige Neuanfänge, die der Welt doch so etwas wie einen »New Look« bescheren. Da ist zunächst die Hoffnung auf das Hilfsprogramm, das bald als »Marshall-Plan« bekannt wird, benannt nach dem US-Außenminister George Marshall, der in seiner Rede im Juni die Leitidee skizziert: »Es ist nur logisch, daß die Vereinigten Staaten alles tun, was in ihrer Macht steht, um die Wiederherstellung gesunder wirtschaftlicher Verhältnisse in der Welt zu fördern, ohne die es keine politische Stabilität und keinen sicheren Frieden geben kann. Unsere Politik richtet sich nicht gegen irgendein Land oder irgendeine Doktrin, sondern gegen Hunger, Armut, Verzweiflung und Chaos.« Daß die USA mit ihrem Hilfsangebot durchaus auch eigennützige Ziele verfolgen, sagt Marshall ganz offen, wenn er über die Folgen der Krise in Europa spricht: »Abgesehen von der demoralisierenden Wirkung auf die ganze Welt und von der Möglichkeit, daß aus der Verzweiflung der betroffenen Völker sich Unruheherde ergeben könnten, dürfte es auch offensichtlich sein, welche Folgen dieser Zustand auf die Wirtschaft der Vereinigten Staaten haben muß.« Zwischen 1948 und 1957 fließen 13 Milliarden Dollar aus dem Marshall-Plan nach Westeuropa und in die Türkei, Geld, das neben der Linderung der akuten Not tatsächlich den Aufbau starker Handelspartner für die USA bewirkt.
Die Nachkriegsordnung nimmt, im Positiven wie im Negativen, immer deutlichere Formen an. Die Siegermächte unterzeichnen Friedensverträge mit den ehemaligen Verbündeten Deutschlands – Italien verliert dadurch sämtliche Kolonien –, in Westdeutschland entsteht die Bizone aus dem Zusammenschluß der britischen und der US-Besatzungszone, und gleichzeitig verhärten sich die Fronten im Kalten Krieg. Dazu trägt u. a. die Truman-Doktrin bei, die neue außenpolitische Leitlinie der USA, die künftig allen Staaten militärische und wirtschaftliche Unterstützung gegen kommunistischen Einfluß zusichert.
Ein spektakulärer Neuanfang vollzieht sich in Indien: Nach fast 200 Jahren britischer Kolonialherrschaft wird der Traum des großen Mahatma Gandhi, geistiger Vater des Unabhängigkeitskampfes und Inbegriff für die Methode des gewaltlosen Widerstands, kurz vor seinem Tod (1948) Wirklichkeit: Indien ist unabhängig. Allerdings liegt ein dunkler Schatten über der Emanzipation des Subkontinents, denn Gandhi, der stets für das friedliche Zusammenleben aller Religionen gekämpft hatte, konnte die Teilung in Indien und in das moslemische Pakistan nicht verhindern. Darüber hinaus sind die Staatsgründungen von Massakern an den jeweiligen religiösen Minderheiten und vom Elend der Flüchtlingstrecks überschattet.
Die Welt ist 1947 durchaus im Begriff, sich ein neues Aussehen zuzulegen, ein Aussehen, das allerdings geprägt ist durch die Vorgaben der Siegermächte des Zweiten Weltkrieges. Aber jenseits der politischen Arena mit ihrem sich anbahnenden Konflikt zwischen den Supermächten und ihren jeweiligen Einflußsphären brodelt das Neue, noch nicht Angepaßte, noch nicht Eingeordnete. Zum Beispiel in der Kunst: Abstrakter Expressionismus und Action Painting heißen hier die aktuellen Stichworte, Jackson Pollock ihr führender Repräsentant, der bei seinem »Drip Painting« die Farben jenseits akademischer Regeln spontan auf die Leinwand schleudert. Die Jahreszahl im Namen trägt die »Gruppe 47«, eine Vereinigung junger Schriftsteller wie Ingeborg Bachmann, Heinrich Böll oder Günter Grass, deren Einfluß auf die (bundes-) deutsche Literatur sich besonders in den 60er Jahren entfaltet.
Einen zweifelhaften »New Look« verpassen die Briten 1947 schließlich der Insel Helgoland: Mit 7000 Tonnen Sprengstoff jagen sie die umfangreichen Festungsanlagen aus dem Zweiten Weltkrieg in die Luft. Die Detonation macht eine Kraterlandschaft aus der Nordseeinsel, die sich aber – symptomatisch für die Nachkriegszeit – trotz allem wieder erholen kann.

◁ Indische Unabhängigkeit: Jawaharlal Nehru, der erste Ministerpräsident des selbständigen Staates Indien

Folgende Doppelseite: Nach der Konstituierung Indiens und Pakistans begeben sich Hunderttausende von Menschen, die der hinduistischen bzw. der moslemischen Minderheit in einem der beiden neuen Staaten angehören, auf die Flucht ins Nachbarland. Das Bild zeigt Hindus auf dem Bahnhof der indischen Stadt Amritsar, an der Grenze zu Pakistan.

4912

Januar 1947

Mo	Di	Mi	Do	Fr	Sa	So
		1	2	3	4	5
6	7	8	9	10	11	12
13	14	15	16	17	18	19
20	21	22	23	24	25	26
27	28	29	30	31		

1. Januar, Neujahr

Die US-amerikanische und die britische Besatzungszone Deutschlands werden zum Vereinigten Wirtschaftsgebiet (Bizone) zusammengefaßt. Frankreich lehnt den Anschluß seiner Zone ab. →S. 16

Zwischen dem Saarland und der französischen Besatzungszone Deutschlands wird eine Zollgrenze errichtet. →S. 17

In Großbritannien werden die Bergwerke verstaatlicht. →S. 22

Nigeria erhält von der britischen Kolonialmacht eine modifizierte Selbstverwaltung, in der die Einrichtung eines föderalistischen Legislativrates vorgesehen ist.

Britische Luftlandetruppen und die Polizei Tel Avivs besetzen die größeren Küstenstädte Palästinas. 2000 Personen werden verhaftet. Die Aktion richtet sich hauptsächlich gegen die jüdische Untergrundorganisation Irgun. →S. 21

2. Januar, Donnerstag

Vor dem US-amerikanischen Militärgericht in Nürnberg wird der Prozeß gegen den ehemaligen deutschen Luftwaffengeneral, Marschall Erhard Milch, eröffnet. Er ist wegen Kriegsverbrechen angeklagt. Das Urteil wird am →17. April (S. 69) verkündet.

In Ungarn werden hohe Funktionäre unter der Beschuldigung einer Verschwörung gegen die Republik verhaftet (19. 3./S. 55).

Die jüdische Untergrundorganisation Irgun erklärt Großbritannien den Krieg und verübt in und um Tel Aviv zahlreiche Anschläge (→1. 1./S. 21).

3. Januar, Freitag

Die USA können in Melbourne das Davis-Cup-Finale (Saison 1946) im Tennis gegen Titelverteidiger Australien 5:0 für sich entscheiden. Die hochfavorisierten Gastgeber gewinnen lediglich einen einzigen Satz.

4. Januar, Sonnabend

Der US-amerikanische Militärgouverneur in Deutschland, General Joseph T. McNarney, tritt zurück. Nachfolger wird sein bisheriger Stellvertreter, Generalleutnant Lucius D. Clay (→15. 3./S. 56).

In Hannover erscheint das Nachrichtenmagazin »Der Spiegel«. →S. 30

Der Führer der polnischen Volkspartei, Stanislaw Mikolajczyk, droht an, seine Partei werde die Wahlen zum polnischen Parlament boykottieren. Er begründet dies mit der Streichung zahlreicher Kandidaten seiner Partei von den Wahllisten. →S. 20

Der Chef des britischen Generalstabes, Feldmarschall Lord Bernard L. Viscount Montgomery, trifft zu einem Freundschaftsbesuch in Moskau ein.

5. Januar, Sonntag

Die französische Militärregierung in Deutschland verhängt eine totale Nachrichtensperre über das Saargebiet. Damit soll die Einfuhr von Zeitungen aus der US-amerikanischen und britischen Besatzungszone verhindert werden (→1. 1./S. 17).

Teile der Hawaii-Inselgruppe im Pazifischen Ozean werden von einer Flutwelle heimgesucht. →S. 27

6. Januar, Montag

In Hessen wird der SPD-Politiker Christian Stock zum Ministerpräsidenten des Landes gewählt. SPD und CDU bilden eine Koalitionsregierung. →S. 18

US-Präsident Harry S. Truman fordert vor dem US-amerikanischen Kongreß in Washington eine erneute militärische Aufrüstung. Zuvor hatten die USA große Teile ihrer Streitkräfte demobilisiert (→27. 1./S. 18).

In Jugoslawien werden der ehemalige Präsident der Exilregierung in London, Milos Trifunovic, zu acht Jahren Zuchthaus sowie zwei Mitangeklagte zum Tode verurteilt. →S. 20

7. Januar, Dienstag

Durch eine Bombenexplosion wird das Gebäude der Nürnberger Spruchkammer völlig zerstört. Trotz einer sofort eingeleiteten Untersuchung bleiben die Täter wie die Hintergründe des Anschlags unbekannt. →S. 19

US-Außenminister James F. Byrnes tritt von seinem Amt zurück. Sein Nachfolger wird George C. Marshall. →S. 24

Der rechte Flügel der Sozialistischen Partei Italiens unter Giuseppe Saragat tritt aus der Partei aus und bildet die Italienische Sozialistische Partei. Die verbliebene Mehrheitsgruppe unter Pietro Nenni tritt für die Zusammenarbeit mit den Kommunisten ein (→20. 1./S. 22).

8. Januar, Mittwoch

Der Koordinierungsausschuß des Alliierten Kontrollrats in Deutschland legt Richtlinien für den Bau von Küsten- und Binnenschiffen fest. Danach dürfen Küstenmotorschiffe nicht mehr als 500 BRT Gewicht haben, ihr Aktionsradius darf nur 2000 sm (rund 3600 km) betragen.

Erstmals wird den in den drei Westzonen lebenden Deutschen der Film »Todesmühlen« gezeigt. Er wurde von den Alliierten in den ehemaligen Konzentrationslagern Buchenwald, Dachau und Bergen Belsen gedreht. →S. 19

Für die Rekordsumme von 27 500 Pfund Sterling wechselt der irische Fußballspieler Peter Doherty vom englischen Verein Derby County zu Huddersfield Town. →S. 31

9. Januar, Donnerstag

30 000 weibliche Angehörige der ehemaligen deutschen Wehrmacht befinden sich noch in sowjetischer Kriegsgefangenschaft.

Die UdSSR richtet an Norwegen die Bitte um Genehmigung zur Truppenstationierung auf Spitzbergen.

Der Präsident des französischen Tennisverbandes, Pierre Gillou, veröffentlicht eine offizielle Tennis-Weltrangliste: Bei den Herren führt Jack Kramer, bei den Damen Pauline Betz (beide USA). →S. 31

10. Januar, Freitag

Für das Land Sachsen-Anhalt wird eine neue Verfassung verkündet.

Die Vereinten Nationen übernehmen die Aufsicht über die Freie Stadt Triest (16. 9./S. 151).

11. Januar, Sonnabend

Jugoslawien schickt rund 3500 deutsche und österreichische Kriegsgefangene, die krank und arbeitsunfähig sind, in ihre Heimat zurück.

12. Januar, Sonntag

Der SPD-Vorsitzende Kurt Schumacher wirft auf einer Versammlung in München den Alliierten vor, ohne Konzept 1945 die politische Verantwortung für Deutschland übernommen zu haben.

Die »Stern-Bande«, eine jüdische Untergrundorganisation, verübt in Haifa einen Sprengstoffanschlag, bei dem fünf Menschen getötet und 104 verletzt werden. →S. 21

In Österreich bildet Bundespräsident Karl Renner die Regierung um.

13. Januar, Montag

Der evangelische Bischof von Berlin-Brandenburg, Otto Dibelius, bittet den Alliierten Kontrollrat um Heizmaterial für die deutsche Bevölkerung und um Einstellung der Flüchtlingstransporte aus dem Osten.

14. Januar, Dienstag

Der österreichische Bundeskanzler Leopold Figl legt die Richtlinien für die Haltung seiner Regierung bei Verhandlungen mit den Besatzungsmächten über den Staatsvertrag fest (→17. 1./S. 22).

Während der Kältewelle in Mitteleuropa sind z. B. in Hamburg 30 Menschen erfroren. Etwa 100 erlitten erhebliche Erfrierungen (→27. 1./S. 14).

15. Januar, Mittwoch

Der Oberste Chef der sowjetischen Militärverwaltung in Deutschland, Marschall Wassili D. Sokolowski, gibt eine Erklärung zur Demokratisierung, Demilitarisierung und Entmilitarisierung Deutschlands sowie zu Fragen der Reparationen und der wirtschaftlichen Entwicklung ab. →S. 17

Der britische Premierminister Clement Attlee kündigt eine britisch-französische Militärallianz an.

16. Januar, Donnerstag

Die neue Verfassung des Landes Mecklenburg der Ostzone wird verkündet.

Vincent Auriol wird zum ersten Präsidenten der Vierten Republik Frankreichs gewählt. Ministerpräsident Léon Blum reicht den Rücktritt seiner sozialistischen Übergangsregierung ein. →S. 22

Alfred Braun kehrt aus der Emigration nach Berlin zurück. Braun war dort bis 1933 als Radiosprecher, Sendeleiter und Schauspieler tätig.

In der Rekordzeit von 21:11 Min. fliegt eine Gloster-Meteor-Maschine von Paris nach London. Die erreichte Durchschnittsgeschwindigkeit beträgt 1020 km/h.

17. Januar, Freitag

Das französische Außenministerium in Paris veröffentlicht ein Memorandum über die Zukunft Deutschlands (→1. 1./S. 17).

Vertreter von Großbritannien, Frankreich, der USA und der UdSSR einigen sich auf einer Konferenz in London am 14. Januar auf die Präambel eines Staatsvertrags für Österreich. →S. 22

In Essen vereinbaren der Industrieverband Bergbau und die Alliierte Kohlebehörde eine Sonderzuteilung für Bergarbeiter. →S. 26

Der ehemalige Kommandant des Konzentrationslagers Dachau, Alexander Piorkowski, wird von einem US-Militärgericht in Dachau zum Tode verurteilt. →S. 19

Unter dem Vorsitz des ehemaligen britischen Premierministers Winston Churchill wird in London ein Komitee für die Vereinigten Staaten von Europa gebildet. →S. 22

In der Pariser Galerie de France wird eine Ausstellung eröffnet, die den Einfluß des Malers Paul Cézanne auf die Entwicklung des französischen Impressionismus zeigt.

18. Januar, Sonnabend

Die Chinesische Kommunistische Partei lehnt das Angebot der Kuomintang-Regierung ab, an Friedensverhandlungen teilzunehmen. →S. 23

Eine von der US-Regierung nach Japan entsandte Kommission zur Prüfung der Nachwirkungen der Atombombenabwürfe auf Hiroshima und Nagasaki erstattet ihren ersten Bericht. →S. 23

Eine Szene aus dem Berlin der Nachkriegszeit zeigt die Illustrierte »Heute« vom 15. Januar 1947

Januar 1947

19. Januar, Sonntag

In Polen finden Wahlen zur verfassunggebenden Versammlung statt. Durch Wahlmanipulation geht der Demokratische Block als Sieger hervor und schaltet die nichtkommunistische Volkspartei aus. Die Westmächte protestieren (→ 4. 1./S. 20).

In Stuttgart tagen die Ernährungsminister der Länder der deutschen Bizone. → S. 15

Zwischen der Bizone und der Ostzone wird ein Handelsabkommen zum gegenseitigen Austausch lebensnotwendiger Rohstoffe und Fertigwaren im Wert von 210 Millionen Mark abgeschlossen.

Bei der Einfahrt in den Golf von Peulia sinkt der griechische Dampfer »Himara«. 392 Menschen finden dabei den Tod.

20. Januar, Montag

Das Kabinett Alcide De Gasperi in Rom tritt nach der Spaltung der Italienischen Sozialistischen Partei zurück. → S. 22

Das Land Lippe wird an Nordrhein-Westfalen angegliedert.

21. Januar, Dienstag

Nach Angaben des österreichischen Innenministeriums sind von 1,2 Millionen österreichischen Kriegsgefangenen bisher 800 000 zurückgekehrt.

Der Premierminister der Südafrikanischen Union, Feldmarschall Jan Christiaan Smuts, erklärt, Südafrika werde der UNO keinen Treuhänderschaftsvertrag für Südwestafrika unterbreiten. → S. 24

22. Januar, Mittwoch

Nach einem am 1. Januar gefaßten Beschluß der US-amerikanischen Militärregierung in Deutschland wird das Land Bremen aus dem Land- und Stadtgebiet Bremen sowie dem Stadtkreis Wesermünde (heute Bremerhaven) gebildet. → S. 18

15 ehemalige Aufseher im Konzentrationslager Flossenbürg werden von einem US-amerikanischen Militärgericht in Dachau zum Tode verurteilt (→ 17. 1./S. 19).

Paul Ramadier bildet ein neues französisches Kabinett unter Beteiligung aller führenden Parteien. Georges Bidault gehört der Regierung wieder als Außenminister an (→ 16. 1./S. 22).

Der ehemalige deutsche Boxweltmeister im Schwergewicht, Max Schmeling, erhält von der US-Militärregierung in Deutschland eine Boxerlaubnis für die US-amerikanische Zone. → S. 31

450 Hamburger Kinder kehren von einem dreimonatigen Aufenthalt in der Schweiz zurück. → S. 26

23. Januar, Donnerstag

Vor dem Rat der Außenminister der Siegermächte in London überreicht die polnische Delegation ein Memorandum zum Friedensvertragsentwurf mit Deutschland. → S. 17

Zwischen den Regierungen Großbritanniens und der Sowjetunion findet ein Telegrammwechsel über den Bündnisvertrag aus dem Jahre 1943 statt. Eine Verlängerung wird von beiden Seiten mit einer Reihe von Bedingungen verknüpft.

Der sowjetische Partei- und Regierungschef Josef W. Stalin gibt dem Sohn des verstorbenen US-amerikanischen Präsidenten Franklin D. Roosevelt, Elliot, ein Interview. → S. 20

In der indischen Hafenstadt Bombay kommt es zu schweren Unruhen zwischen Hindus und Moslems. Die dort stationierten britischen Truppen werden in Alarmbereitschaft versetzt. → S. 23

Die Philosophische Fakultät der Universität in Bonn widerruft die 1936 erfolgte Entziehung der Ehrendoktorwürde für den Schriftsteller Thomas Mann. → S. 28

24. Januar, Freitag

Die neue griechische Regierung unter Führung des Ministerpräsidenten Demetrios Maximos wird in Athen durch König Georg II. vereidigt.

Die spanische Botschaft in Paris erklärt, daß alle spanischen Emigranten, die binnen eines halben Jahres nach Spanien zurückkehren, amnestiert werden.

Zwischen der US-amerikanischen und britischen Besatzungszone Deutschlands und den Niederlanden wird ein Handelsabkommen abgeschlossen.

25. Januar, Sonnabend

Der Landtag von Nordrhein-Westfalen beschließt die Enteignung des Kohlebergbaus. Dieser Beschluß wird jedoch nicht durchgeführt.

Polnischen Angaben zufolge sind 2 091 949 Deutsche aus den Gebieten jenseits von Oder und Neiße ausgesiedelt worden (→ 23. 1./S. 17).

Beim Absturz eines philippinischen Flugzeugs in Hongkong kommen vier Insassen ums Leben. Die Maschine hatte außerdem Goldbarren und Münzen im Wert von einer Million Pfund Sterling an Bord, die beim Absturz über ein weites Gebiet verstreut werden. → S. 27

26. Januar, Sonntag

Eine britische Delegation christlicher Kirchen, die im Oktober 1946 Deutschland bereist hatte, veröffentlicht einen Bericht. Darin fordert sie u. a., daß die Siegermächte besondere Anstrengungen unternehmen sollen, um der Bevölkerung das Überleben zu sichern.

Auf dem Kopenhagener Flughafen Kastrup stürzt ein niederländisches Flugzeug ab. Unter den Toten befindet sich auch der schwedische Erbprinz Gustav Adolf. → S. 27

Beim Titelkampf um die Deutsche Mittelgewichtsmeisterschaft der Berufsboxer unterliegt Gustav Eder in der ersten Runde Dietrich Hucks durch K. o. → S. 31

27. Januar, Montag

In der US-amerikanischen Besatzungszone Deutschlands sind 143 000 Mann Land- und 38 000 Angehörige der Luftwaffe stationiert. → S. 18

In Hamburg wird der Zweite Deutsche Studententag der britischen Besatzungszone eröffnet. An ihm nehmen u. a. auch studentsiche Vertreter aus der US-amerikanischen und aus der Ostzone teil.

Vertreter der dänischen Minorität in Südschleswig überreichen der britischen Besatzungsmacht ein Memorandum, in dem gefordert wird, daß die Region von Deutschland getrennt und autonom verwaltet werden soll.

In London wird die Palästina-Konferenz wieder aufgenommen. An ihr nehmen u. a. acht arabische Staaten teil. Eine Delegation der Jewish Agency ist nicht erschienen.

Eine Kältewelle in Zentraleuropa führt von London bis Rom zu Tiefsttemperaturen von 20 Grad unter Null. Wegen der Kälte müssen in der US-amerikanischen Besatzungszone 75% aller Industriebetriebe stillgelegt werden. In Berlin werden pro Tag bis zu 1000 Menschen mit Erfrierungen in die Krankenhäuser eingeliefert. → S. 14

In Garmisch-Partenkirchen legen die Eishockey-Spartenleiter der US-amerikanischen, der britischen und der sowjetischen Besatzungszone Deutschlands den Termin für die Deutsche Eishockeymeisterschaft fest. → S. 31

28. Januar, Dienstag

In einer Rede in Berlin wendet sich der Vorsitzende der SPD, Kurt Schumacher, gegen eine Anerkennung der Oder-Neiße-Grenze (→ 23. 1./S. 17).

Die Französische Nationalversammlung spricht in Paris dem Kabinett von Paul Ramadier das Vertrauen aus (→ 16. 1./S. 22).

US-Außenminister George C. Marshall protestiert gegen die Manipulationen bei den polnischen Parlamentswahlen (→ 4. 1./S. 20).

Die Veröffentlichung des Buches von Viktor Gollancz, »In Darkest Germany«, findet in der gesamten Weltpresse große Beachtung. Gollancz stellt einen 14-Punkte-Plan für die britische Politik gegenüber Deutschland auf.

29. Januar, Mittwoch

Vor dem Britischen Oberhaus in London erläutert Unterstaatssekretär Lord Francis Aungier Pakenham die Ziele seiner Regierung gegenüber Österreich. Danach soll es dem Land untersagt werden, sich mit Deutschland zu vereinigen. Außerdem soll Südtirol nicht in Österreich eingegliedert werden.

Das Verteidigungsministerium der USA stellt seine Bemühungen um Vermittlung eines Friedens in China ein (→ 18. 1./S. 23).

Arthur Millers Schauspiel »Alle meine Söhne« wird in New York uraufgeführt.

Die fortdauernde Kältewelle in weiten Teilen Europas führt in der Nacht zu Rekordwerten. Während in Deutschland die Temperaturen auf bis zu minus 17°C sinken, meldet Nizza an der französischen Riviera minus 28°C (→ 27. 1./S. 14).

30. Januar, Donnerstag

Der Alliierte Kontrollrat in Berlin beschließt die Schaffung von Dienststellen für deutsche Angelegenheiten in neutralen Ländern. Für die Durchführung dieser Aufgaben sind die diplomatischen Vertreter der vier Besatzungsmächte verantwortlich.

Der Schriftsteller und Journalist Alfred Kantorowicz kehrt aus dem Exil in den USA nach Berlin zurück.

31. Januar, Freitag

In Nürnberg verurteilt eine deutsche Spruchkammer den ehemaligen Sprecher des Reichsministeriums für Volksaufklärung und Propaganda, Hans Fritzsche, zu neun Jahren Zwangsarbeit.

Der Vatikan wird von der jugoslawischen Regierung beschuldigt, Kriegsverbrecher zu verstecken und heimlich nach Südamerika zu geleiten.

In Japan verbietet der US-amerikanische Militärgouverneur, General Douglas MacArthur, einen angekündigten Generalstreik von mehr als zwei Millionen Angestellten des öffentlichen Dienstes → S. 24

In der US-amerikanischen Besatzungszone sind seit Kriegsende insgesamt 8150 lizenzierte Buchtitel und 245 Zeitschriften verlegt worden.

Gestorben:

23. Le Cannet bei Cannes: Pierre Bonnard (*13. 10. 1867, Fontenay-aux-Roses), französischer Maler und Grafiker.

24. Lier bei Antwerpen: Felix Timmermans (*5. 7. 1886, Lier), flämischer Schriftsteller.

25. Miami/Florida: Al(fonso) Capone (*17. 1. 1899, Neapel), italo-US-amerikanischer Gangsterchef in Chicago. → S. 27

27. Wien: Anna Bahr-Mildenburg (*29. 11. 1872, Wien), österreichische Kammersängerin.

Sowjetbürger vor dem Lenin-Mausoleum in Moskau auf dem Titel der zweiten Januarnummer der in Berlin erscheinenden »Illustrierten Rundschau«

Schneekatastrophe in Mittelengland: Ein eingeschneiter Reisebus in der Nähe von Manchester

Treibeisschollen im Ärmelkanal erschweren die Schiffahrt wie hier vor der belgischen Küste

Ein britischer Eisenbahnzug muß aus einer meterhohen Schneeverwehung herausgezogen werden

Kältewelle lähmt Mitteleuropa

27. Januar. Die seit Dezember 1946 in Mitteleuropa andauernde Kältewelle führt auch im neuen Jahr zu Rekordtemperaturen: Meteorologen registrieren den kältesten Januar seit 1893. In Deutschland sinken die Temperaturen in der Nacht auf unter minus 20°C. In den österreichischen Alpentälern werden sogar minus 29°C gemessen. Auch in Frankreich und Großbritannien herrschen ähnliche Temperaturverhältnisse.

Bereits zu Jahresbeginn sind die Wasserstraßen in Nord- und Westdeutschland zugefroren und damit unpassierbar. Zwischen Dresden und Magdeburg friert die Elbe zu; Hamburg hat den eisreichsten Hafen Europas. Schneestürme und Schneeverwehungen führen in Mitteleuropa und Großbritannien zum teilweisen Zusammenbruch des Eisenbahnverkehrs. Auf der Britischen Insel wird zudem der Omnibus- und Flugverkehr eingestellt.

Bereits am 9. Januar ist in Deutschland die industrielle Produktion infolge des extremen Winters um 25% gesunken. Wegen des Ausbleibens der Kohlelieferungen müssen zahlreiche Industriebetriebe stillgelegt werden. Schulen, Behörden und andere öffentliche Einrichtungen bleiben in vielen Orten geschlossen.

Die Energieverknappung sowie die stockende Zufuhr an Lebensmitteln haben dramatische Auswirkungen für die ohnehin geschwächte Bevölkerung im kriegszerstörten Deutschland. Mitte Januar registriert allein Hamburg 30 an Hunger und Kälte Verstorbene; Hunderte werden mit Erfrierungen in die überfüllten Krankenhäuser eingeliefert.

Die wachsende Verzweiflung veranlaßt Tausende zu Kohle- und Stromdiebstählen, gegen die die Polizei weitgehend machtlos ist. Innerhalb weniger Wochen werden allein im Ruhrgebiet und in Süddeutschland mehr als 600 t Kohle entwendet.

Vor Kälte und Schnee muß auch die Dampfkraft kapitulieren, wie z. B. diese britische Güterzuglokomotive

Der Bahnhof des britischen Ortes Barras ist fast völlig eingeschneit, nur das Dach ist noch zu erkennen

Menschen leiden unter der Kälte

Die Kältewelle, die im Januar weite Teile Europas heimsucht, hat im durch den Krieg zerstörten und besiegten Deutschland besonders katastrophale Auswirkungen. So berichtet die »Neue Zeitung«, das Blatt der US-amerikanischen Besatzungsmacht, am 13. Januar u. a. folgendes:

»Die Auswirkungen der Kohlenot und Kältewelle fordern zahlreiche Todesopfer. Der Kohlemangel und die Krise in der Stromversorgung haben mit der jetzt allmählich nachlassenden Kältewelle in allen Teilen Deutschlands eine ernste Lage hervorgerufen, die die ohnehin geschwächte Widerstandskraft des deutschen Volkes auf eine harte Probe stellt . . .

Im Personenverkehr treten in der US-Zone am 31. Januar verschiedene Einschränkungen in Kraft. Die Zahl der Schnellzüge wird um die Hälfte vermindert. Nach einer Mitteilung der Oberbetriebsleitung in Frankfurt am Main reichen die Kohlevorräte nur noch für fünf Tage. Die Ruhrkohlelieferungen für die US-Zone werden nicht in der festgesetzten Höhe eingehalten werden können. Aus diesem Grund werden in Bayern für Schulen, Theater, Kinos und andere Vergnügungsstätten im Januar und Februar keine Kohlen zur Verfügung stehen. Wo der Kohlevorrat aufgebraucht ist, ist der Schulbetrieb eingestellt worden.«

Ernährungslage bleibt angespannt

19. Januar. In Stuttgart findet in Anwesenheit von Vertretern der britischen und US-amerikanischen Militärregierung in Deutschland eine Tagung der Ernährungsminister der Länder der deutschen Bizone statt. Dabei geht es um die Festlegung gemeinsamer Rationen für alle Verbrauchergruppen.

Für die 40 Millionen Einwohner beider Zonen gelten gegenwärtig folgende monatliche Zuteilungsmengen auf Lebensmittelkarten:

- ▷ Erwachsene über 20 Jahre erhalten 9,7 kg Brot, 300 g Fett, 1,4 kg Fleisch, 600 g Nährmittel, 125 g Käse, 500 g Zucker, 200 g Kaffee-Ersatz, 12 kg Kartoffeln, 3 l Ersatzmilch sowie 1 kg Frischfisch
- ▷ Werdende und stillende Mütter sowie Teil-, Schwer- und Schwerstarbeiter erhalten Zusatzrationen
- ▷ Vollmilch wird nur in Mengen von maximal 21 l an Säuglinge und Kinder bis zum 10. Lebensjahr abgegeben

Für den »Normalverbraucher« in der Bizone ergeben die Lebensmittelzuteilungen etwa 1500 Kalorien täglich. Aufgrund schlechter Ernteerträge und der katastrophalen Verkehrsverbindungen schwankt die tatsächliche Zuteilung in vielen Regionen zeitweise zwischen 700 und 1200 Kalorien. Der Minimalbedarf eines Erwachsenen liegt jedoch nicht unter 2000 Kalorien pro Tag.

Eine Hausfrau muß erklären, wie sie zu dem Sack Kartoffeln kommt

1947 – Hoffen und Skepsis

In allen Ländern und Staaten der Welt wird das neue Jahr mit Glückwünschen und Neujahrsbotschaften eingeleitet. Darin kommen übereinstimmend Hoffnung und Zuversicht zum Ausdruck.

So verkündet US-Präsident Harry S. Truman bei einer Pressekonferenz in Washington am Silvesterabend offiziell die Beendigung der Feindseligkeiten des Zweiten Weltkriegs. Zur weltpolitischen Lage erklärt der Präsident weiter:

»Mit Gottes Hilfe haben unsere Nation und unsere Alliierten durch Opfer und Hingabe, Mut und Ausdauer die endgültige und bedingungslose Kapitulation unserer Feinde erzwungen.

Wir haben uns zusammen mit anderen Nationen an die Arbeit begeben, um eine Welt zu schaffen, in der die Gewalt durch Gerechtigkeit ersetzt werden soll. Im Geiste des Vertrauens und mit der Entschlossenheit, keine Angriffskriege mehr zuzulassen, die darauf abzielen, die Völker der Welt zu versklaven und ihre Zivilisation zu zerstören, wurden große Fortschritte in der Umwandlung des militärischen Sieges in einen dauernden Frieden gemacht ...«

In einem Neujahrsinterview mit der norwegischen Nachrichtenagentur in New York stellt der Generalsekretär der Vereinten Nationen, Trygve Lie, u. a. fest:

»Das Entscheidende in der heutigen Weltpolitik ist die Beziehung der Großmächte untereinander ...« Über die sich abzeichnenden Differenzen zwischen den beiden Großmächten sagt Lie:

»Es liegt kein Grund vor, nervös zu werden. Es ist mein fester Glaube, daß die Demokratie der Eckstein jeder nationalen Gemeinschaft und jeder internationalen Zusammenarbeit ist. Die UN muß in positiver Weise ihren Mitgliedsstaaten helfen, sich selbst in dieser Hinsicht zu schützen.«

Skeptischere Töne schlägt die sowjetische außenpolitische Wochenzeitschrift »Neue Zeit« an. In einem Geleitwort zum neuen Jahr warnt sie die USA davor, den Besitz von Atomwaffen als diplomatisches Druckmittel zu benutzen.

Mit Aufmerksamkeit wird die Neujahrsbotschaft des Oberkommandierenden der US-Streitkräfte in Europa, General Joseph T. McNarney, verfolgt, die dieser an die US-amerikanischen Besatzungstruppen und die Bevölkerung in Deutschland richtet:

»Obgleich der Schrecken des Krieges vorüber ist, ist viel menschliches Elend übriggeblieben. Es ist dringend notwendig, Nahrungsmittel, Unterkünfte und Bekleidung für die Bedürftigen zu beschaffen. Diesen Maßnahmen wird im kommenden Jahr unsere größte Aufmerksamkeit gelten.

Es wäre übereilt, vorherzusagen, was das Jahr 1947 für Europa und die Welt bringen wird. Solange wir fortfahren, Vertrauen zu uns selbst, zum allermächtigsten Gott und zu den demokratischen Idealen zu haben, besteht kein Grund zum Pessimismus.«

Die zahlreichen Aufrufe der deutschen Parteien aus allen vier Besatzungszonen sowie der Länderregierungen drücken vor allem Erwartungen und Hoffnungen bezüglich des künftigen Schicksals Deutschlands aus.

Bremens Bürgermeister Wilhelm Kaisen richtet einen dringenden Appell sowohl an die Deutschen als auch an die Besatzungsmächte: »Es fehlt die Einheit Deutschlands, es fehlt die Zentralregierung, es fehlt ein innerdeutscher Kriegsschädenausgleich. Es fehlt ein geordnetes Regierungssystem, es fehlt eine Übersicht über die verbleibende Wirtschaftssubstanz, ohne die keine einheitliche Konzeption für den Aufbau ... gefunden werden kann ...«

Die Zukunft der Nation ist auch das dringlichste Anliegen der Vorsitzenden der ostzonalen CDU, Jakob Kaiser und Ernst Lemmer: »Wir wollen die Grundlagen schaffen für das eine, unteilbare Deutschland und zu seiner Gliederung in lebensvolle Länder, wir wollen ein demokratisches Deutschland. Wir wollen die Befreiung unseres Volkes von allen Autoritäten und totalitären Ideologien, vor allem vom Ungeist und allen Erwartungen der Hitlerzeit.«

Der Vorsitzende der Sozialistischen Einheitspartei Deutschlands (SED), Wilhelm Pieck, mißt in einer Erklärung insbesondere der 1946 erfolgten Vereinigung von SPD und KPD in der Ostzone große Bedeutung für die Zukunft Deutschlands bei. Durch die Gründung der SED sei die Voraussetzung für den Aufbau des Sozialismus geschaffen worden.

Der Kölner Kardinal-Erzbischof Josef Frings wendet sich gegen die Kollektivschuld des deutschen Volkes:

»Nur der einzelne kann moralische Schuld ... auf sich geladen haben, aber nicht die Gesamtheit.« Frings protestiert gegen die Vertreibung von Millionen Deutschen aus den Gebieten jenseits von Oder und Neiße und fordert die Siegermächte auf, dieses Unrecht wiedergutzumachen.

Der evangelische Bischof von Berlin-Brandenburg, Otto Dibelius, sagt in seiner Neujahrspredigt in Berlin: »Wir alle sind Gefangene und leben in einem Volk, das nicht über sein eigenes Geschick bestimmen kann. Wir können das nicht ändern, können aber der Welt zeigen, daß auch der Gefangene in Freiheit leben kann.«

Bizonenabkommen tritt in Kraft

1. Januar. Das Abkommen über die wirtschaftliche Vereinigung der US-amerikanischen und der britischen Besatzungszone Deutschlands tritt in Kraft. Es ist am 2. Dezember 1946 in New York von den Außenministern der USA und Großbritanniens, James F. Byrnes und Ernest Bevin, unterzeichnet worden.

Im einzelnen sieht der Vertrag vor, daß die zum Vereinigten Wirtschaftsgebiet zusammengeschlossen Besatzungszonen (Bizone) bis 1949 ihre wirtschaftliche Selbständigkeit erreichen sollen. Aus diesem Grunde wird ein auf drei Jahre befristetes Wirtschaftsprogramm aufgestellt. Vor allem soll die deutsche Industrie die Möglichkeit erhalten, ihre Exporte zu steigern. Dementsprechend wird eine Außenhandelsbehörde eingerichtet, die zunächst noch unter alliierter Aufsicht steht, bald jedoch in deutsche Hände übergehen soll. Der Stärkung der deutschen Wirtschaft dient auch das Vorhaben, feste Wechselkurse für die Reichsmark zu erreichen sowie eine Finanzreform durchzuführen. Schließlich ist eine Vereinheitlichung der Lebensmittelrationen geplant. Von seiten Großbritanniens und der USA wird das Abkommen als ein erster Schritt zur Wiederherstellung der wirtschaftlichen Einheit Deutschlands gewertet.

Unterzeichnete das Bizonenabkommen: US-Außenminister Byrnes

Für die Briten unterschrieb Außenminister Bevin das Abkommen

Mit der Vereinigung der beiden Zonen erfahren die in Minden, Bielefeld, Stuttgart und Frankfurt am Main ansässigen Zweizonenämter formell eine Aufwertung. Ihre Einrichtung war im Herbst 1946 auf Betreiben des stellvertretenden US-amerikanischen Militärgouverneurs, General Lucius D. Clay, erfolgt. Sie haben die Aufgabe, sich unter alliierter Aufsicht (dem »Bipartite Board«) um die Belange der Wirtschaft, der Finanzen, der Ernährung, der Post und des Verkehrswesens in der britischen und der US-amerikanischen Besatzungszone zu kümmern. Aber auch nach der Errichtung der Bizone bleiben ihre Befugnisse beschränkt: Es soll der Eindruck vermieden werden, daß eine Staatsgründung in Deutschland in Vorbereitung sei.

Die französische Regierung lehnt einen Beitritt zum Zweizonenabkommen ab. (→ 29. 5./S. 85).

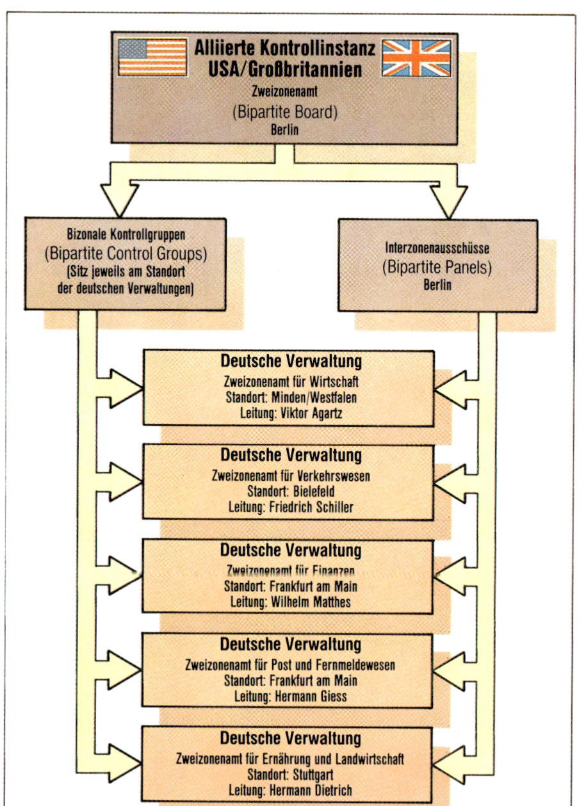

Wirtschaftlicher Zusammenschluß der US-amerikanischen und britischen Besatzungszone zur Bizone

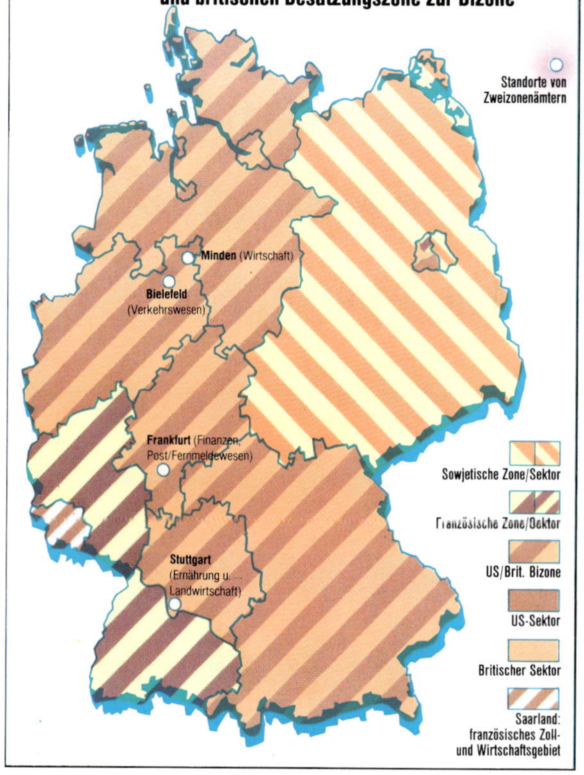

Vertrag über die Vereinigung

Das am 1. Januar 1947 in Kraft getretene Abkommen über die wirtschaftliche Vereinigung der US-amerikanischen und britischen Besatzungszone Deutschlands besagt im einzelnen (Auszüge):

»2. Die beiden Zonen sollen in allen wirtschaftlichen Angelegenheiten als ein einziges Gebiet behandelt werden.

Die einheimischen Hilfsquellen dieses Gebiets und alle Einfuhren dieses Gebiets, einschließlich Lebensmittel, sollen zusammengefaßt werden, damit ein gemeinsamer Lebensstandard hergestellt werden kann.

3. Der amerikanische und britische Oberbefehlshaber sind verantwortlich dafür, daß unter ihrer gemeinsamen Kontrolle deutsche Verwaltungsbehörden eingesetzt werden, die zur wirtschaftlichen Vereinigung der beiden Zonen notwendig sind.

4. Die Verantwortung für den Außenhandel wird zunächst bei dem gemeinsamen Ausfuhr- und Einfuhramt liegen, das von den beiden Oberbefehlshabern errichtet werden kann. Diese Verantwortung soll auf das deutsche Verwaltungsamt für den Außenhandel unter gemeinsamer Überwachung übertragen werden ...

5. Das Ziel der beiden Regierungen ist es, die wirtschaftliche Selbständigkeit des Gebiets bis Ende 1949 zu erreichen ...

7. Um die Erhöhung der deutschen Ausfuhr zu fördern, sollen die Schranken im Handelsverkehr mit Deutschland so schnell, wie die Weltlage es erlaubt, beseitigt werden. Aus dem gleichen Grunde soll ... ein Wechselkurs für die Reichsmark festgesetzt werden. Die Reform der Finanzen soll in Deutschland in naher Zukunft durchgeführt werden ...

12. Es ist die Absicht der beiden Regierungen, durch dieses Abkommen die gegenseitigen Vereinbarungen zur wirtschaftlichen Verwaltung der Zonen zu regeln, bis ein Abkommen über die ... wirtschaftliche Einheit abgeschlossen wird oder bis es mit Zustimmung beider Parteien abgeändert wird.«

An der Grenze des Saargebiets eingesetzter französischer Zöllner

Frankreich zur deutschen Zukunft

1. Januar. Zwischen dem Saarland und der übrigen französischen Besatzungszone Deutschlands wird eine Zollgrenze errichtet. Saarländer dürfen sie ohne Genehmigung nicht mehr passieren.

Am 5. Januar verbieten die französischen Besatzungsbehörden die Ein- und Ausfuhr von Nahrungsmitteln, Kleidung und Kohle für das Saarland. Gleichzeitig wird der Import von deutschen Zeitungen und Zeitschriften untersagt. Als Begründung heißt es, das Saargebiet sei eine besondere Verwaltungseinheit.

Mit diesen Maßnahmen unterstreicht Frankreich seine Absicht, das Saargebiet schrittweise von Deutschland zu trennen und wirtschaftlich in Frankreich einzugliedern. Darüber hinaus soll das Rheinland politisch selbstständig gemacht und eine Aufteilung Deutschlands in einen Staatenbund erreicht werden. Hierzu veröffentlicht das französische Außenministerium am 17. Januar ein Memorandum, in dem es u. a. heißt, daß »bevor man an die Wiederherstellung einer deutschen Zentralregierung denke, [es] von Wichtigkeit [sei], damit zu beginnen, die Regierungen der verschiedenen deutschen Staaten wiedererstehen zu lassen und zu entwickeln. Auf der Grundlage dieser Staaten sollte ... die politische Struktur Deutschlands aufgebaut werden, um die Wiederherstellung eines ... Zentralstaates zu vermeiden« (→ 2. 2./S. 40).

Ende der Demontagen

15. Januar. Der oberste Chef der Sowjetischen Militäradministration in Deutschland (SMAD), Marschall Wassili D. Sokolowski, gibt überraschend die Einstellung der Demontagen in der Ostzone bekannt. Zuvor hatten zwischen der Führung der Sozialistischen Einheitspartei Deutschlands (SED) und der SMAD entsprechende Beratungen stattgefunden, die am 11. Januar abgeschlossen wurden.

Wie Sokolowski im einzelnen ankündigt, sollen neben der Einstellung der Demontagen 200 zum Abbau vorgesehene Betriebe in der Ostzone verbleiben. 74 davon will die SMAD den Länderregierungen übergeben; den Rest in sowjetische Aktiengesellschaften (SAG) umwandeln, d. h. in sowjetisches Eigentum überführen. Ferner ist u. a. vorgesehen, die Warenentnahme aus der laufenden Produktion der Ostzone zu Reparationszwecken erheblich zu reduzieren. In diesem Zusammenhang kritisiert Sokolowski Pläne der westlichen Besatzungsmächte, nur 55% der deutschen Industriekapazität von 1938 erhalten zu wollen. Den Angaben des obersten Chefs der SMAD zufolge soll das Industrieniveau der Ostzone diese Prozentzahl in absehbarer Zeit um das Zwei- bis Dreifache überschreiten.

W. D. Sokolowski

Die Erklärung zur Einstellung der Demontagen löst in der Öffentlichkeit ein lebhaftes Echo aus. Im allgemeinen wird jedoch bezweifelt, daß es gelingen wird, die Produktion der Ostzone in nennenswertem Umfang zu steigern, da bereits umfangreiche Demontagen vorgenommen wurden. Der Sowjetunion gehe es nun darum, sich systematischer der deutschen Wirtschaft zu bedienen, zumal ihr bisher die Demontagen wenig Nutzen brachten. Ein Großteil der abgebauten Industrieanlagen war infolge unsachgemäßer Behandlung auf dem Transport verlorengegangen (→ 1. 5./S. 84).

Polen besteht auf Oder-Neiße-Grenze

23. Januar. In einer Sechs-Punkte-Erklärung, die der stellvertretende polnische Außenminister Zygmunt Modzelewski in Warschau bekanntgibt, legt die polnische Regierung ihre künftige Haltung gegenüber Deutschland fest.

Darin heißt es, die Anerkennung der Oder-Neiße-Linie als polnische Westgrenze sei unstrittig. Die Abtretung der ehemaligen Provinzen des Deutschen Reichs sei wirtschaftlich notwendig und nehme »Deutschland ein Gebiet, das Arsenal des deutschen Militarismus war«. Solange die SPD in ihrem Programm die Abänderung der deutschen Ostgrenze verlange, sei eine Zusammenarbeit auch mit ihr nicht denkbar.

In der Erklärung heißt es weiter, Polen könne nur mit einem demokratischen, entwaffneten und entnazifizierten Deutschland in guter Nachbarschaft leben. Außerdem sei Deutschland verpflichtet, an Polen Reparationen zu zahlen, wobei die deutsche Produktion sich den Reparationsforderungen grundsätzlich unterordnen müsse.

Zweiter Deutschlandbesuch von Lord William Beveridge

Der britische Wirtschaftspolitiker und Sozialreformer, Lord William Beveridge, unternimmt im Januar zum zweiten Mal eine Rundreise durch Deutschland.

Nach seinem ersten Besuch hatte er Ende August 1946 in Großbritannien eine Reihe von Aufsätzen veröffentlicht. Sie lösten vor allem deshalb ein lebhaftes Echo aus, da Beveridge in ihnen nicht nur das in Deutschland herrschende Elend schilderte, sondern auch die Besatzungspolitik der Siegermächte kritisierte. Mit einiger Spannung werden daher die Berichte über seinen zweiten Deutschlandaufenthalt im Januar 1947 erwartet.

In der Bilanz seiner Reise plädiert Beveridge für eine realistische Deutschlandpolitik der Siegermächte: »Wenn wir das Problem Deutschland richtig anpacken wollen, so müssen wir Deutschland nicht als Verbrecher, sondern als Kranken behandeln, der zur Wiederherstellung seiner materiellen und moralischen Gesundheit ins Krankenhaus gehört.« Auch ist der britische Sozialreformer der Auffassung, daß von Deutschland keine Kriegsgefahr mehr ausgeht: »Sie werden vielleicht fragen:

William Beveridges Berichte aus Deutschland erregen Aufsehen

›Werden die Deutschen nicht immer wieder Kriege anzetteln?‹ Es gibt natürlich einige Leute in Deutschland, die nichts Besseres zu tun haben, als auf Rache zu sinnen ... In Berlin sprach ich ... mit einem jungen Studenten über seine Kameraden, und er erzählte mir: ›Viele von ihnen haben im Kriege gekämpft. Fast alle sind als Pazifisten zurückgekommen.‹ Ich finde das sehr glaubwürdig. Diejenigen, die behaupten, Deutschland werde immer den Krieg wollen, bedenken nicht, daß die Deutschen zum ersten Mal in der Geschichte den Krieg in seiner schrecklichen Form im eigenen Lande hatten.«

In der Besatzungspolitik der Siegermächte und deren Zusammenarbeit mit den Deutschen stellt Beveridge zwar Verbesserungen fest, zitiert jedoch dazu eine kritische deutsche Stimme: »Solange das jetzige Elend andauert, wird es eine Kluft geben zwischen dem Volk und den Behörden, ob sie nun amerikanisch oder deutsch sind.«

Ablenkung für den G.I. beim Tanz

Tauschgeschäfte mit den Besatzern

Gelangweilter Besatzungssoldat

Besatzungstruppen reduziert

27. Januar. Das Hauptquartier der US-amerikanischen Streitkräfte in Deutschland gibt bekannt, daß in Deutschland derzeit 143 000 US-Soldaten des Heeres sowie 38 000 Angehörige der Luftstreitkräfte stationiert sind. Seit Kriegsende ist damit die Zahl der US-Truppen in Deutschland erheblich verringert worden. 1945 betrug ihre Gesamtstärke in Europa mehr als drei Millionen Soldaten.

Auch Großbritannien hat die Zahl seiner Streitkräfte drastisch reduziert, und zwar von 1,3 Millionen auf unter 450 000. Andere Staaten, die am Krieg gegen das Deutsche Reich beteiligt waren, haben ihre Truppen inzwischen vollständig abgezogen, so z. B. das Kontingent der kanadischen Armee von rund 290 000 Mann.

Demgegenüber hat die Sowjetunion ihre Streitkräfte in weitaus geringerem Umfang reduziert. Die Gesamtzahl der Truppen wird auf über vier Millionen geschätzt; alleine 22 Divisionen (rund 300 000 Mann) sollen in der Ostzone stationiert sein. Während der Oberbefehlshaber der sowjetischen Besatzungstruppen in Deutschland, Marschall Wassili D. Sokolowski, die Zahl seiner Soldaten auf rund 200 000 beziffert, geht man auf westlicher Seite davon aus, daß die Zahl weit höher liegt.

Die Hauptaufgabe der westlichen Besatzungstruppen in Deutschland besteht in administrativen Aufgaben. So sind in der Militärregierung der USA (»Office of Military Government for Germany«) mit Sitz in Frankfurt am Main Anfang 1946 rund 6000 Menschen beschäftigt. Die britische Besatzungsverwaltung (»Control Commission for Germany/British Element«) mit Hauptquartier in Bad Oeynhausen umfaßt etwa 12 000 Angehörige. 8000 Militärs und Zivilisten arbeiten in der französischen Militärregierung (»Conseil de Contrôle pour l'Allemagne«) in Baden-Baden.

Während bei den drei westlichen Besatzungsmächten Militärregierungen und Besatzungstruppen unter einem einheitlichen Kommando stehen, hat die UdSSR in der Ostzone eigens ein Oberkommando für ihre Besatzungstruppen (»Gruppe der sowjetischen Besatzungsstreitkräfte in Deutschland«) mit Sitz in Potsdam eingerichtet. Sitz der Militärregierung (»Sowjetische Militäradministration in Deutschland«) dagegen ist Berlin. Ihr unterstehen insgesamt rund 32 000 Militärangehörige und Zivilfachleute.

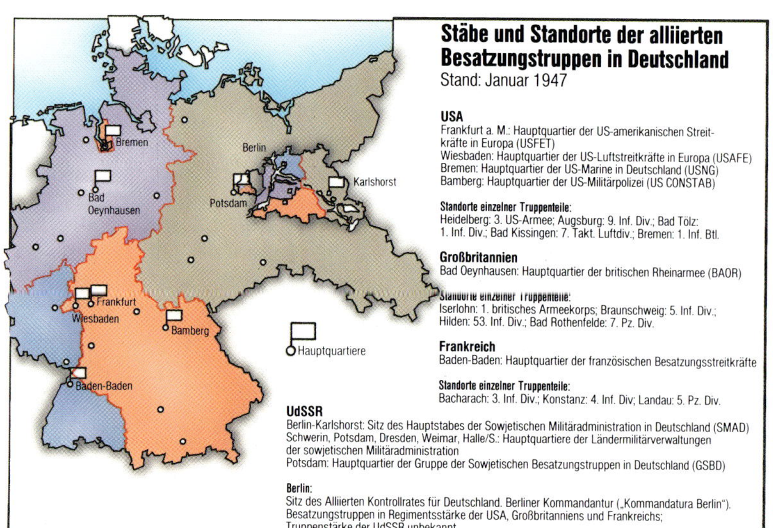

Stadtstaat Bremen wird gebildet

22. Januar. Stadt und Land Bremen sowie der Stadtkreis Wesermünde und Bremerhaven werden ein selbständiges Land mit eigener Landesregierung. Das gesamte Gebiet steht von nun an unter alleiniger Kontrolle der US-amerikanischen Militärregierung.

Dies ist das Ergebnis einer Übereinkunft zwischen der britischen und der US-amerikanischen Militärregierung. Bis zur Annahme einer neuen Verfassung bleibt die jetzige bremische Regierung im Amt.

Bremens Bürgermeister Kaisen (Aufnahme aus späteren Jahren)

SPD/CDU-Koalition nach Hessen-Wahl

6. Januar. Der hessische Ministerpräsident Christian Stock (SPD), der am 3. Januar gewählt worden ist, stellt sein Kabinett vor. Die Koalitionsregierung besteht aus fünf Sozialdemokraten und vier Ministern der CDU. In seiner Regierungserklärung bezeichnet es Stock als vordringliche Aufgabe, die in der Verfassung vorgesehene Überführung von Industriebetrieben sowie des Verkehrswesens in Landeseigentum zu verwirklichen.

In einer Volksbefragung am 1. Dezember 1946 war die neue Landesverfassung mit großer Mehrheit angenommen worden. In den gleichzeitig abgehaltenen Wahlen hatten die Sozialdemokraten gesiegt.

Mehr Lebensmittel für die Ostzone

14. Januar. Die Presse der Ostzone meldet als Schlagzeile die Abschaffung der Lebensmittelkarten der Stufen fünf und sechs zum 1. Februar. Von dieser Maßnahme sind die Empfänger der niedrigsten Rationen betroffen. In Zukunft sollen sie in die nächsthöhere Versorgungsgruppe eingestuft werden. Kindern (Stufe fünf) standen bisher nur rund 1330 Kalorien und der »sonstigen Bevölkerung« (Stufe sechs), d. h. Beschäftigungslosen, Hausfrauen etc., nur 1075 Kalorien pro Tag zu.

Jeder Flecken Erde wird genutzt: Kleingarten an Dresdens Zwinger

Die Erhöhung der Lebensmittelrationen geht auf eine Reihe von Besprechungen zurück, die bis zum 11. Januar zwischen Vertretern der sowjetischen Militärverwaltung und der Führung der Sozialistischen Einheitspartei Deutschlands (SED) stattfanden (→ 15. 1./S. 17). Die SED hatte sich bereits mehrfach mit der Bitte an die sowjetische Besatzungsmacht gewandt, die Lebensmittelrationen heraufzusetzen. Die nun erfolgte Erhöhung bedeutet einen zusätzlichen Bedarf von 250 t Brot, 50 t Fleisch und 15 t Fett täglich.
Die Lebensmittelkarten der Ostzone sind in zwei Kategorien (Großstädte und Gemeinden) sowie in sechs Gruppen unterteilt. Die höchsten Rationen mit rund 2200 Kalorien erhalten Schwerstarbeiter; durchschnittlich stehen den Menschen in der Ostzone etwa 1400 Kalorien pro Tag zu.

KZ-Prozesse in Dachau

17. Januar. Der ehemalige Kommandant des Konzentrationslagers Dachau, Alexander Piorkowski, wird von einem US-amerikanischen Militärgericht in Dachau zum Tod durch Erhängen verurteilt.
Piorkowski, der das KZ seit 1938 leitete, wird für schuldig befunden, an der Erschießung von mindestens 8000 sowjetischen Kriegsgefangenen teilgenommen zu haben. Darüber hinaus wird er für den Tod von 4000 weiteren Häftlingen, die im KZ Mauthausen ermordet wurden, verantwortlich gemacht.
Nach siebenmonatiger Prozeßdauer werden am 22. Januar die Schuldsprüche gegen 40 Mitglieder des Wachpersonals des ehemaligen KZ Flossenbürg gefällt. Ein US-amerikanisches Militärgericht in Dachau verurteilt 15 Angeklagte zum Tod durch den Strang. Ihnen wird zur Last gelegt, an der Tötung von Insassen des KZ Flossenbürg sowie der Außenlager Hersbruck, Wolkenburg, Ganacker und Leitmeritz beteiligt gewesen zu sein.
Elf Angeklagte erhalten lebenslängliche Zuchthausstrafen. 14 weitere ehemalige Angehörige des KZ-Wachpersonals müssen für ein bis 30 Jahre ins Gefängnis.

Dachau: Das erste Konzentrationslager im Deutschen Reich (1933)

Bombenexplosion in Spruchkammer

7. Januar. Durch eine Bombenexplosion wird ein Sitzungssaal der Nürnberger Spruchkammer völlig zerstört. Personen kommen bei dem nächtlichen Anschlag nicht zu Schaden. Trotz sofort eingeleiteter Fahndung und Großrazzien der US-amerikanischen Militärpolizei und der deutschen Kriminalpolizei werden die Attentäter nicht ermittelt.
Der öffentliche Ankläger Nürnbergs, Karl Erhard, vermutet, daß die Explosion in Zusammenhang steht mit dem Entnazifizierungsverfahren gegen den früheren Direktor des Nürnberger Gestapo-Gefängnisses, Michael Härtel. Das Verfahren gegen Härtel war am 3. Januar eingestellt worden, nachdem sein Verteidiger beantragt hatte, den Fall an ein öffentliches Gericht zu überweisen. Gegen diesen Beschluß hatte Erhard Einspruch erhoben.
Nach einer Mitteilung der US-amerikanischen Militärpolizei wird es längere Zeit dauern, bis der Sitzungssaal wieder benutzbar ist.

»Todesmühlen« – ein Film über die Konzentrationslager

8. Januar. In den Kinos der drei Westzonen wird wieder der Film »Todesmühlen« gezeigt, der in dokumentarischer Form das Leben und Sterben in den ehemaligen deutschen Konzentrationslagern zeigt. Der Film ist 1945 im Auftrag der US-amerikanischen Militärregierung hergestellt worden und gehört zum sog. Umerziehungsprogramm der USA für die deutsche Bevölkerung. »Todesmühlen« soll die Deutschen über die Greueltaten aufklären, die von ihren Landsleuten verübt worden sind.
Das erschütternde Filmdokument ist aus erbeutetem deutschem Material zusammengestellt worden und wurde durch US-amerikanische Aufnahmen (von der Befreiung der Lager) ergänzt.
Die Bilder aus Konzentrationslagern wie Dachau, Bergen-Belsen oder Buchenwald werden von den meisten Besuchern mit ungläubigem Entsetzen verfolgt. Angesichts der jede normale Vorstellungskraft übersteigenden Aufnahmen von Leichenbergen, Krematorien und menschlichem Elend brechen viele Zuschauer während oder nach der Kino-Vorstellung zusammen.

Ein Kinoplakat für den Film »Todesmühlen«, der die Greuel in deutschen Konzentrationslagern schildert

Parlament in Warschau gewählt

19. Januar. Die Wahlen zum polnischen Parlament, dem Sejm, enden mit einem eindeutigen Sieg (rund 90%) des Demokratischen Blocks (Sozialisten, Kommunisten, Demokraten). Die Niederlage der Bauernpartei wird auf Wahlmanipulation zurückgeführt.

Um die 444 Mandate bewarben sich 720 Kandidaten der im »Demokratischen Block« zusammengefaßten Parteien. 428 Bewerber stellte die Bauernpartei unter Führung des stellvertretenden Ministerpräsidenten Stanislaw Mikolajczyk. Ursprünglich hatte die Bauernpartei mehr als 700 Kandidaten aufgestellt; über 300 wurden jedoch von den Wahllisten gestrichen.

Während der Demokratische Block 382 Mandate im neuen Sejm erringt, entfallen auf die Bauernpartei 27, die katholische Arbeiterpartei 17 und auf die Vertreter sonstiger Parteien vier Sitze. 13 Mandate erhält die gegen Mikolajczyk gerichtete Neue Bauernpartei, die dem Demokratischen Block beitritt.

Die Wahlniederlage der polnischen Bauernpartei, die mit über 600 000 Mitgliedern zur stärksten politischen Kraft des Landes zählt, ist durch Wahlmanipulationen zustande gekommen. Ursache hierfür war die Weigerung Mikolajczyks, dem von der Kommunistischen Partei geführten Demokratischen Block beizutreten. So sah sich die Bauernpartei während des Wahlkampfes häufig Drohungen und Einschüchterungen ausgesetzt. Etwa eine Million Polen wurden von vornherein von den Wahlen ausgeschlossen. In 28 Distrikten des Landes verboten die Sicherheitsbehörden die Tätigkeit der Bauernpartei; Hunderte von Funktionären wurden verhaftet. Die Wahl selbst wurde massiv manipuliert: Eine geheime Stimmabgabe war vielfach nicht möglich. Nur 36 der 5000 gesetzlich vorgeschriebenen Wahlbeobachter der Bauernpartei konnten ihrem Amt ordnungsgemäß nachkommen.

Noch während der Stimmenauszählung kündigt Stanislaw Mikolajczyk an, die Wahl beim polnischen Obersten Gericht anzufechten.

Am 5. Februar bestätigt das neue Parlament Boleslaw Bierut für weitere sieben Jahre im Amt des Staatspräsidenten. Nach dem formellen Rücktritt der provisorischen Nachkriegsregierung, der auch Mikolajczyk angehörte, bildet Józef Cyrankiewicz ein neues Kabinett, dem nur Vertreter der Blockparteien angehören (→ 20. 10./S. 172).

Anhänger des Demokratischen Blocks feiern den Wahlsieg

Ministerpräsident Josip Broz Tito, im Weltkrieg Partisanenführer

Schauprozeß auch in Jugoslawien

6. Januar. Der Belgrader Volksgerichtshof verurteilt den serbischen Politiker und ehemaligen Präsidenten der jugoslawischen Exilregierung in London, Milos Trifunovic, zu einer Freiheitsstrafe von acht Jahren. Zwei der insgesamt sieben mitangeklagten Politiker erhalten die Todesstrafe.

Die Kette politischer Schauprozesse in Jugoslawien erreicht damit einen erneuten Höhepunkt. Sie ist Teil der Abrechnung der kommunistischen Regierung des Ministerpräsidenten Josip Broz Tito mit Regimegegnern.

Roosevelts Sohn interviewt Josef W. Stalin

23. Januar. Aufsehen erregt die Veröffentlichung eines Interviews in der US-amerikanischen Zeitschrift »Look«, das der Sohn des früheren US-Präsidenten Franklin D. Roosevelt, Elliot, mit dem sowjetischen Partei- und Staatschef Josef W. Stalin führte.

Roosevelt, der sich zusammen mit seiner Frau auf einer Rundreise durch die UdSSR befand, hatte am 21. Dezember 1946 Gelegenheit, mit Stalin in dessen Büro im Moskauer Kreml zusammenzutreffen und zwölf Fragen zu stellen.

Der Wortlaut des Interviews sowie Roosevelts begleitende Beobachtungen finden vor allem deswegen Beachtung, weil sich Stalin zu einer Reihe politischer Probleme äußerte, die zwischen den USA und der UdSSR umstritten sind.

Darauf angesprochen, ob er einer gemeinsamen Atomenergiekontrolle und der Durchführung von Inspektionen in den beiden Ländern zustimmen konne, gab Stalin eine positive Antwort. Auch zeigte er sich zuversichtlich über ein friedliches Zusammenleben der USA und der UdSSR trotz ihrer unterschiedlichen Gesellschaftsordnungen: »Ja, natürlich, das ist möglich. Es ist klug und durchaus durchführbar.« Und zur Verschlechterung in den Beziehungen zwischen beiden Ländern bemerkte Stalin: »Was die Beziehungen zwischen den beiden Regierungen betrifft, so hat es Mißverständnisse gegeben … Aber ich sehe darin nichts Beängstigendes, wie etwa eine Gefährdung des Friedens.«

J. W. Stalin

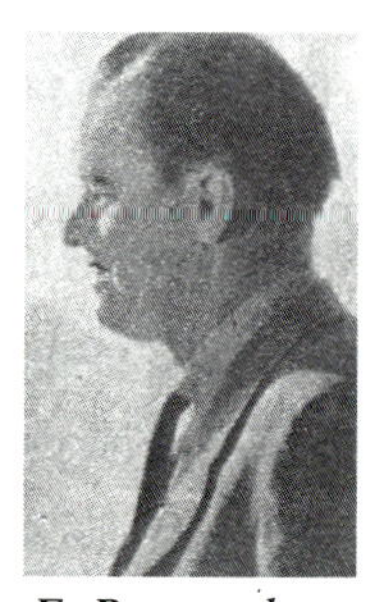

E. Roosevelt

Neben den politischen Themen findet das Interview mit dem sowjetischen Partei- und Staatschef auch deswegen großes Interesse, weil in der Vergangenheit häufig Spekulationen über seinen Gesundheitszustand angestellt worden waren. Hierzu bemerkt Roosevelt: »Während der langen Unterhaltung beobachtete ich sorgfältig das Aussehen und die Bewegungen Stalins. Soweit ich es beurteilen kann, ist seine Gesundheit gut.«

Ein Wohnquartier der britischen Mandatsmacht in Jerusalem wird mit Stacheldraht gesichert

Terroristenfahndung in Jerusalem: Britische Soldaten bei der Kontrolle von Straßenpassanten

Jüdische Untergrundorganisationen haben das britische Polizeihauptquartier in Haifa gesprengt

Erneut Terrorakte in Palästina

1. Januar. Die sechste britische Luftlandedivision wird an der Küste Palästinas an Land gesetzt, um sämtliche Stadtteile Tel Avivs zu durchsuchen. Bei der zwölfstündigen Razzia werden etwa 2000 jüdische Einwohner festgenommen, von denen 50 in Haft bleiben müssen.

Diese Aktion der britischen Eingreiftruppen ist die Antwort auf eine Reihe von Anschlägen, bei denen u. a. ein britischer Offizier sowie drei Unteroffiziere von jüdischen Terroristen entführt und ausgepeitscht worden sind.

Zuvor hatten verschiedene jüdische Untergrundorganisationen angedroht, auch weiterhin britische Soldaten zu entführen. Deshalb haben die britischen Truppen Weisung erhalten, jederzeit Waffen bei sich zu führen und sich nicht ohne Begleitung außerhalb ihres Lagers zu begeben.

Am 2. Januar kommt es in Tel Aviv zu schweren Schießereien zwischen der radikalen jüdischen Untergrundorganisation »Irgun Zwai Leumi« und britischen Soldaten, deren Hauptquartier vom Dach eines benachbarten Hauses aus beschossen wird. Am selben Tag werden in Jerusalem drei Bombenattentate verübt. Sämtliche britische Truppen in der Stadt werden daraufhin zur Bewachung der wichtigsten zivilen und militärischen Gebäude aufgeboten. Militärpatrouillen durchkämmen alle Stadtbezirke Jerusalems.

Die Unruhen wurden durch das Todesurteil eines britischen Kriegsgerichts gegen einen jüdischen Terroristen ausgelöst. Die Anschläge veranlassen die britische Mandatsmacht, vom 3. Januar an die Familienangehörigen ihrer Soldaten und Zivilangestellten zu evakuieren. Gleichzeitig reist der britische Hohe Kommissar für Palästina, Sir Alan Cunningham, nach London, um dort mit der Regierung über geeignete Gegenmaßnahmen zu beraten.

Am 12. Januar erreichen die Unruhen einen weiteren Höhepunkt. Die sog. Stern-Bande, eine rund 400 Mann starke, von der Irgun Zwai Leumi abgesplitterte Gruppe, verübt einen Sprengstoffanschlag auf das Polizeipräsidium in Haifa. Dabei kommen zwei britische Polizisten und drei arabische Hilfspolizisten ums Leben. Unter den zahlreichen Verletzten befinden sich auch rund 50 unbeteiligte Zivilisten, die in das Krankenhaus eingeliefert werden müssen. Am Gebäude selbst entsteht schwerer Sachschaden. Nach Augenzeugenberichten soll ein kleines Flugzeug in unmittelbarer Nähe des Polizeihauptquartiers gelandet und wenige Minuten später explodiert sein (→ 22. 4./S. 73).

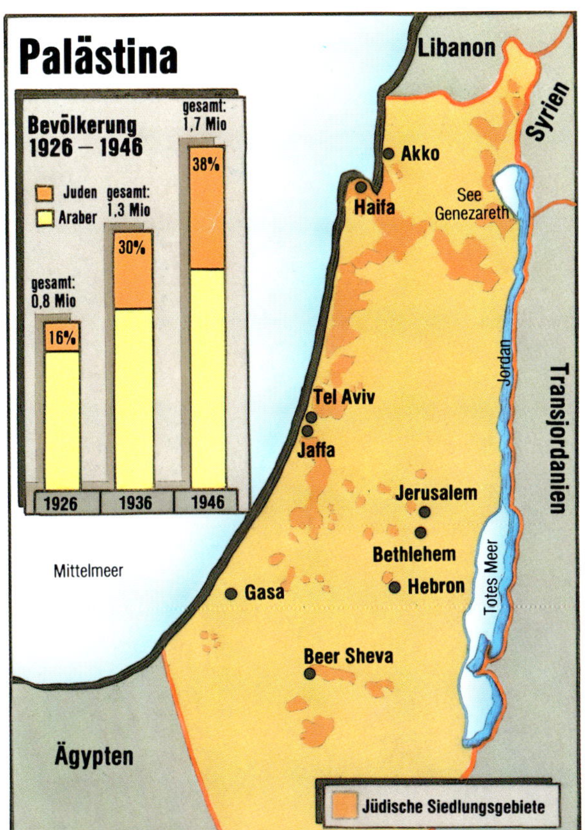

Organisationen des Untergrunds

Die größte Untergrundbewegung der jüdischen Einwanderer in Palästina ist die Hagana (»Selbsthilfe«), die 1920 zur Bewachung jüdischer Siedlungen gegründet worden ist. Ihr gehören etwa 60 000 Mitglieder an. Terroranschläge verüben die Gruppe Irgun Zwai Leumi, seit 1943 unter Führung von Menachem Begin, und die Stern-Bande. Die Irgun, eine Absplitterung der Hagana, hat rund 10 000, die Stern-Bande, gegründet von Abraham Stern, etwa 400 Mitglieder.

Britischer Soldat in Jerusalem

Konferenz über den Staatsvertrag

17. Januar. Die seit dem 14. Januar in London tagende Konferenz von Sonderbeauftragten der vier österreichischen Besatzungsmächte Großbritannien, Frankreich, USA und Sowjetunion erzielt über grundsätzliche Punkte eines zukünftigen österreichischen Staatsvertrags eine Einigung.
So wird in einem Entwurf zu einer Präambel des Staatsvertrags festgelegt, daß Österreich 1938 von Deutschland annektiert und 1945 durch die Alliierten befreit wurde. Österreich wird damit als ein Opfer und nicht als Verbündeter des nationalsozialistischen Deutschen Reichs angesehen. Der Vertrag selbst soll sich in drei Teile gliedern, einen politischen, einen militärischen und einen wirtschaftlichen.
An der Konferenz, an der für Großbritannien William Strang und Viscount Hood, für die UdSSR Fjodor T. Gusew, als französischer Vertreter Maurice Couve de Murville und die US-Amerikaner Robert Murphy und General Mark Clark teilnehmen, werden auch Vertreter der österreichischen Regierung beteiligt. Sie fordern die politische und wirtschaftliche Unabhängigkeit Österreichs, den Abzug der alliierten Truppen, Zulassung eines eigenen Heeres, Verzicht auf Reparationen und Freilassung der Kriegsgefangenen. Außerdem erwartet Österreich die Anerkennung seiner Staatsgrenzen von 1937.

Junge Österreicher fordern auf einer Kundgebung in Wien den Staatsvertrag und den Abzug der vier Siegermächte aus Österreichs Hauptstadt

Straßenszene in Wiens Innenstadt

Diesen Forderungen steht jedoch die Sowjetunion ablehnend gegenüber. Sie unterstützt die Position Jugoslawiens, das Gebietsansprüche an Österreich stellt. Jugoslawien fordert 1500 km² des slowenischen Teils von Kärnten, 80 km² der Steiermark mit einer 190 000köpfigen Bevölkerung, einschließlich 126 000 Slowenen. Zusätzlich fordert Jugoslawien eine Exklave für die 70 000 Kroaten, die im Burgenland leben. Jugoslawien begründet seine Forderungen mit den Schäden, die von der deutschen Wehrmacht während des Zweiten Weltkrieges in dem Land angerichtet wurden (Österreich gehörte von 1938 bis 1945 zum Deutschen Reich).
In diesen strittigen Fragen zeichnet sich vorerst keine Annäherung ab, so daß lange Verhandlungen über Details des österreichischen Staatsvertrags zu erwarten sind.

Auriol Präsident in Frankreich

16. Januar. Die französische Nationalversammlung wählt den Sozialisten Vincent Auriol zum ersten Präsidenten der Vierten Republik. Auf den 62jährigen promovierten Volks- und Finanzwirt entfallen 452 von 876 abgegebenen Stimmen.
Nach der Wahl Auriols reicht Léon Blum als Ministerpräsident der Übergangsregierung den Rücktritt seines Kabinetts ein. Auriol beauftragt den Sozialisten Paul Ramadier mit der Bildung eines neuen Kabinetts. Der 58jährige Ramadier ist Rechtsanwalt und trat außerdem als Schriftsteller hervor.
Am 20. Januar wird das neue Kabinett unter Ministerpräsident Ramadier gewählt. Der Regierung gehören u. a. der Sozialist Blum sowie der Kommunist Maurice Thorez an. Die beiden werden Minister ohne Portefeuille. Von den christlich-demokratischen Volksrepublikanern (MRP) werden Georges Bidault zum Außenminister und Robert Schuman zum Finanzminister bestimmt. Die MRP hatte bis zuletzt gezögert, sich der Koalition von Sozialisten und Kommunisten anzuschließen (→ 14. 4./S. 72).

Paul Ramadier

Rücktritt von Alcide De Gasperi

20. Januar. Das italienische Kabinett unter dem christdemokratischen Ministerpräsidenten Alcide De Gasperi tritt zurück. Der Rücktritt steht im Zusammenhang mit der Spaltung der an der Regierung beteiligten Sozialistischen Partei.
Am 7. Januar hatte der rechte Flügel unter Giuseppe Saragat sich von der linksgerichteten Gruppierung unter Parteichef Pietro Nenni getrennt. Saragats Gruppe ist gegen eine Vereinigung mit den Kommunisten.
De Gasperi teilt mit, daß er keine Möglichkeit mehr gesehen habe, die innenpolitische Lage zu lösen. Er weist den Vorwurf zurück, antikommunistisch eingestellt zu sein.

Für vereintes Europa

17. Januar. Der ehemalige britische Premierminister Winston Churchill gründet in London mit einer Reihe prominenter Landsleute einen überparteilichen »Ausschuß für ein Vereintes Europa«. Churchill bezeichnet die Gründung als einen ersten praktischen Schritt auf dem Weg zu einer europäischen Einigung. Endziel sei die Bildung eines weltumspannenden Regierungssystems, das den Ausbruch künftiger Kriege verhindern solle.
Der Ausschuß will mit Gleichgesinnten in allen europäischen Ländern zusammenarbeiten. Nach seiner Auffassung ist auch eine Lösung der deutschen Frage nur im gesamteuropäischen Rahmen möglich.

Winston Churchill, britischer Premierminister von 1940 bis 1945

Verstaatlichung der Kohlengruben

1. Januar. In Großbritannien tritt das Gesetz über die Verstaatlichung der Kohlengruben in Kraft. Die zahlreichen Aktionäre der enteigneten Gruben werden mit sog. Staatspapieren abgefunden.
Großbritannien, das im Zeichen einer dauernden Energiekrise infolge der seit der Vorkriegszeit gesunkenen Kohlenförderung steht, will innerhalb von fünf Jahren 150 Millionen Pfund für den technischen Wiederaufbau und die Modernisierung der Bergwerke investieren.
Nach der Steigerung der Produktionszahlen soll im Bergbau die Fünf-Tage-Woche eingeführt werden (→ 10. 2./S. 37).

In China ist kein Frieden in Sicht

18. Januar. Die chinesischen Kommunisten weisen das Angebot der Kuomintang-Regierung, eine Abordnung zur Wiederaufnahme der Friedensverhandlungen in die kommunistische Hauptstadt Yenan zu entsenden, zurück.
Die Kommunisten wollen erst verhandeln, wenn ihre zwei Mindestbedingungen erfüllt worden sind: Nichtanerkennung der Nationalversammlung und die Rückkehr sämtlicher Truppen in die militärischen Stellungen vom Tag des Waffenstillstandsabkommens am 13. Januar 1946. Chinas KP betrachtet das Angebot der von Chiang Kai-shek geführten Kuomintang als Täuschungsmanöver, mit dem Zeit gewonnen werden soll, um die militärischen Stellungen in den von den Kuomintang eroberten Gebieten zu festigen und die Truppen für neue Offensiven gegen die Kommunisten zu reorganisieren.
Ihre Antwort auf das Verhandlungsangebot der Kuomintang überreicht die KP Chinas dem Botschafter der USA, die im chinesischen Bürgerkrieg eine Vermittlerrolle übernommen haben, zur Weiterleitung an die Kuomintang-Regierung.
Diese hatte sich bereit erklärt, mit den Kommunisten einen umfassenden Plan für die Beendigung des Bürgerkrieges zu beraten und über die Umbildung der Regierung zu verhandeln. Im einzelnen lautete ihr Angebot: Sofortige Einstellung der Feindseligkeiten in den augenblicklich eingenommenen Stellungen der Truppen, Wiederherstellung der Verkehrsverbindungen und Reorganisierung der Armee nach einem bereits bestehenden gemeinsamen Vertrag. Ferner sollten die beiden Parteien bei den Provinzialregierungen entsprechend ihrer Stärke in den einzelnen Distrikten vertreten sein (→ 26. 3./S. 53).

Kommunistenführer Mao Tse-tung

Kuomintang-Chef Chiang Kai-shek

Folgen der Atombomben auf Hiroschima und Nagasaki

18. Januar. Fast anderthalb Jahre nach den Atombombenwürfen auf die japanischen Städte Hiroschima und Nagasaki am 6. und 9. August 1945 durch die Luftwaffe der USA wird ein erster Bericht über die Nachwirkungen dieser Bombardierung vorgelegt.
Zur Prüfung der Nachwirkungen hatte die Regierung der Vereinigten Staaten eine Kommission nach Japan gesandt, die aus Vertretern der US-amerikanischen Marine, der Armee, der Krebsforschungsgesellschaft, des öffentlichen Gesundheitsdienstes und der Atomenergiekommission besteht.
Aus den Untersuchungsergebnissen der Kommission geht hervor, daß die Überlebenden, die an Erkrankungen des Blutes, an Haarausfall und anderen Beschwerden litten, wiederhergestellt seien. Die Gerüchte über die Sterilität der Frauen und vorzeitige Geburten können nach Ansicht der US-Experten nicht bestätigt werden. Sie betrachten ihre Ergebnisse aber nicht als endgültig und wollen ihre Nachforschungen fortsetzen, weil die Folgen der atomaren Bombardements sich nur im Verlauf von vielen Jahren feststellen lassen.
Schon radioaktive Strahlen von natürlichen Quellen, z. B. kosmische Strahlen, können im Erbgefüge der Lebewesen, Veränderungen bewirken, zu Mutationen, Fehl- oder Mißgeburten führen. Ein Kind wird sich mehr oder weniger von den Eltern unterscheiden. Die Verschiedenheit kann auch erst in einer späteren Generation auftreten. Das Ausmaß der durch die Atombomben freigesetzten Strahlen läßt Genetiker befürchten, daß die kommende Generation der Bevölkerung von Hiroschima viele erbliche Schädigungen aufweisen wird.

Das fast völlig zerstörte Hiroschima nach Abwurf der Atombombe 1945

Unruhen in Bombay breiten sich aus

23. Januar. In der indischen Hafenstadt Bombay kommt es zu schweren Zusammenstößen zwischen Hindus und Moslems. Die Polizei schießt mehrfach in die aufgebrachte Menschenmenge und versucht, Plünderungen zu verhindern.
Schauplatz der schwersten Ausschreitungen ist das Zentrum Bombays, wo Hindus und Moslems sich mit Steinen und Holzlatten bekämpfen. Ausgelöst wurden die Feindseligkeiten durch die von den Hindus angesetzten Geburtstagsfeiern für Subhas Chandra Bose, den ehemaligen Führer der radikalen indischen Unabhängigkeitsbewegung, der während des Zweiten Weltkrieges mit der japanischen Okkupationsarmee in Birma zusammengearbeitet hatte.
In einigen Bezirken der Stadt Bombay werden Straßenpassanten in europäischer Kleidung angehalten und ihre Hüte und Krawatten verbrannt. Als Reaktion besetzen Truppen der Kolonialmacht Großbritannien, die in Indien durch Vizekönig Sir Archibald Parcival Wavell vertreten ist, die wichtigsten Punkte der Stadt (→ 20. 2./S. 37).

Lord Wavell

Zerstörte Häuser nach den Unruhen zwischen Hindus und Moslems

George C. Marshall, neuer Außenminister der Vereinigten Staaten

Marshall wird US-Außenminister

7. Januar. Der US-amerikanische Außenminister James F. Byrnes tritt aus gesundheitlichen Gründen von seinem Amt zurück. Byrnes war in der Vergangenheit wiederholt eine zu nachgiebige Verhandlungsführung gegenüber der UdSSR vorgeworfen worden.
Als neuer Außenminister der USA wird am 21. Januar General George C. Marshall vereidigt. Er hat bisher als Sonderbotschafter von Präsident Harry S. Truman in China gedient. Während des Zweiten Weltkriegs war Marshall US-amerikanischer Generalstabschef.

Aus Gesundheitsgründen zurückgetreten: James F. Byrnes

Streikverbot in Japan

31. Januar. Der Oberbefehlshaber der US-amerikanischen Besatzungstruppen in Japan, General Douglas MacArthur, verbietet einen Generalstreik von mehr als zwei Millionen Regierungsangestellten und Eisenbahnern des Landes.
Zuvor war von der Besatzungsmacht den Gewerkschaften ein Ultimatum gestellt worden. Darin wurden sie aufgefordert, den für Samstag, den 1. Februar anberaumten Ausstand abzusagen.
Der Streik der öffentlichen Bediensteten Japans sollte ein Protest gegen die Politik der Regierung des Ministerpräsidenten Shigeru Yoshida sein. Seinem Kabinett gehören überwiegend Politiker rechtsstehender Parteien an. Bereits in der Vergangenheit hatte es wiederholt Spannungen zwischen der oppositionellen Sozialdemokratischen Partei Japans und den Gewerkschaften einerseits und der Regierung andererseits gegeben.
Unter den Sozialdemokraten wie auch unter den anderen Linksparteien besteht erheblicher Unmut darüber, daß sie nicht an der Koalitionsregierung beteiligt worden sind. Nach dem Rücktritt von fünf Ministern des Kabinetts Yoshida am 30. Januar ist nicht zu erwarten, daß sie durch Vertreter der Linksparteien ersetzt werden. Das Streikverbot lehnen die Führer der sozialistischen Parteien ab. Sie sehen darin eine ernsthafte Gefährdung des Demokratisierungsprozesses in Japan und befürchten dessen Unterbrechung.

General Douglas McArthur, US-Militärgouverneur in Japan

Sudan-Frage noch immer ungelöst

26. Januar. Die Verhandlungen zwischen dem britischen Außenminister Ernest Bevin und Ägypten über die Revision ihres Bündnisvertrages von 1936 werden abgebrochen.
Hauptstreitpunkt zwischen beiden Staaten ist der Status des Sudan, eines britisch-ägyptischen Kondominiums. Die ägyptische Regierung wünscht, der Sudan solle unter der Krone Ägyptens seine inneren Angelegenheiten selbst bestimmen. Sie besteht außerdem darauf, daß die Völker des Landes selbst über ihre Unabhängigkeit entscheiden. Ägypten beabsichtigt, wegen der abgebrochenen Verhandlungen die Frage der Zukunft des Sudan dem Weltsicherheitsrat der UNO vorzulegen. Ihrer Ansicht nach verstoßen die Klauseln des Vertrages von 1936 formell gegen die UNO-Charta.

Ernest Bevin

Südafrika widersetzt sich den Beschlüssen der UNO

21. Januar. Der südafrikanische Ministerpräsident Jan C. Smuts nimmt vor dem Parlament seines Landes in Pretoria zu den Beschlüssen der UN-Vollversammlung vom Dezember letzten Jahres Stellung. Die Vollversammlung hatte damals die Behandlung der indischen Minoritäten in Südafrika verurteilt, Smuts Forderung nach Annexion Südwestafrikas abgelehnt und den Entwurf für ein Treuhandabkommen für Südwestafrika verlangt.
Der Rede Smuts ist zu entnehmen, daß Südafrika weder die UN-Forderung nach Besserstellung der indischen Minderheit berücksichtigen noch der Forderung nach Vorlage eines Vertragsentwurfs über die Treuhandverwaltung Südwestafrikas nachkommen wird. Smuts teilt mit, die ehemalige Kolonie Deutsch-Südwest werde weiterhin nach den Gesetzen der Südafrikanischen Union verwaltet werden. Die Union sei aber bereit, regelmäßig Berichte über die Verwaltung des Gebiets an die Vereinten Nationen zu erstatten.
Die Handlungsmöglichkeiten der UNO schätzt Smuts gering ein: »Was kann die UN unternehmen? Nach den Bedingungen der Vereinten Nationen ist es uns überlassen, zu verhandeln oder nicht.«
Auf die Frage nach Sanktionen der UN gegenüber Südafrika reagiert Smuts mit dem Satz: »Wir sind nicht ohne Freunde.«

Herero-Frauen aus Südwestafrika in viktorianischer Kleidung

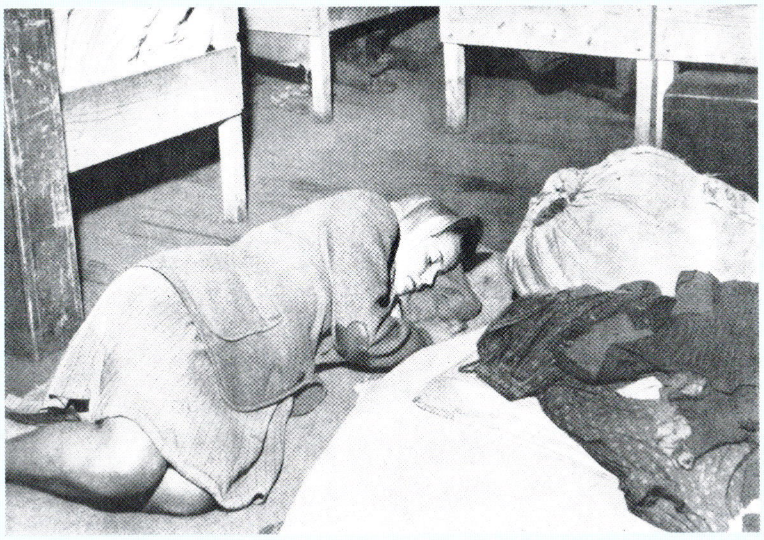

Ein 15jähriges Mädchen, das aus der Ostzone floh, muß im überfüllten Durchgangslager Allach bei München auf dem Boden schlafen

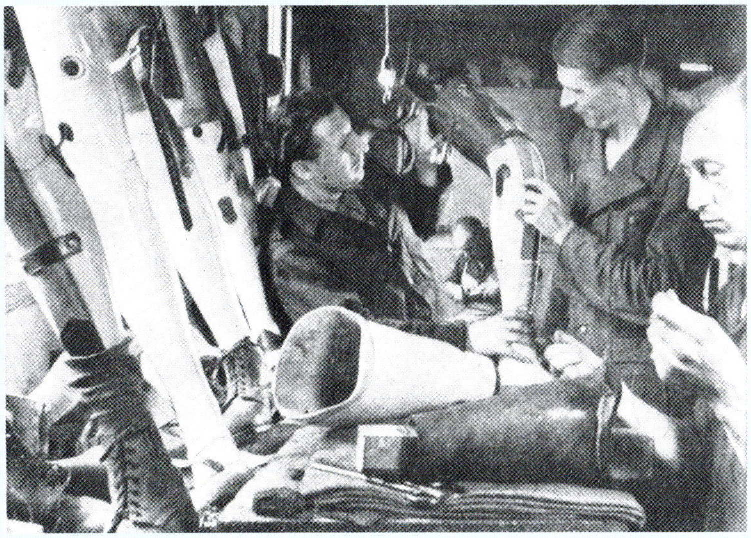

In einer orthopädischen Werkstatt werden Beinprothesen hergestellt, die den Kriegsversehrten das Leben erleichtern sollen

Gesundheit 1947:
Infektionskrankheiten weit verbreitet

Im Hungerjahr 1947 ist die Gesundheit eines großen Teils der deutschen Bevölkerung gefährdet bzw. stark angegriffen. In dem zerstörten Land herrschen zwei Jahre nach dem Ende des Zweiten Weltkriegs noch immer katastrophale hygienische Verhältnisse. Außerdem fehlt es an Ärzten, Krankenhäusern und Medikamenten.
Der außergewöhnlich kalte Winter verschärft zu Jahresbeginn 1947 die Situation im Gesundheitswesen. Die ohnehin durch eine mangelhafte Ernährung geschwächten Menschen werden zu Tausenden mit Erfrierungen in die völlig überlasteten Krankenhäuser eingeliefert. Ungeheizte und häufig feuchte Wohnungen verursachten darüber hinaus Lungenentzündungen und begünstigen die Verbreitung der Tuberkulose. Alleine in der britischen Besatzungszone müßten rund 250 000 Menschen in Sanatorien behandelt werden. Wegen des Mangels an Wohnraum leben aber noch etwa 11 000 Menschen mit offener Tuberkulose bei ihren Familien. In den übrigen Besatzungszonen sieht es nicht besser aus.
Zu den begehrtesten Medikamenten in dieser Zeit gehört neben den Sulfonamiden das Penizillin. Da es äußerst knapp ist, werden dafür auf dem schwarzen Markt Höchstpreise erzielt. Besonders benötigt wird das Mittel bei der Behandlung der weitverbreiteten Geschlechtskrankheiten. So ist z. B. in Hessen nach neueren amtlichen Angaben jeder zehnte Einwohner an Syphilis erkrankt.
Da es noch keine Möglichkeit gibt, Penizillin über einen längeren Zeitraum zu lagern, muß es ständig neu produziert werden. Die Besatzungsmächte sagen den deutschen Behörden Unterstützung bei der Beschaffung der dafür notwendigen Rohstoffe zu. Dies geschieht nicht ganz uneigennützig, da die Alliierten auch um den Gesundheitszustand ihrer Soldaten fürchten.
Schuld an der Verbreitung von Geschlechtskrankheiten haben vielfach die hygienischen Verhältnisse. Der Mangel an Reinigungsmitteln verursacht außerdem zahlreiche Hautinfektionen.
Eine besonders tragische Zeiterscheinung ist die hohe Kindersterblichkeit. Sie ist 1947 dreimal so hoch wie vor dem Ausbruch des Zweiten Weltkriegs. Ein Viertel der gestorbenen Kinder hat noch nicht einmal das zweite Lebensjahr erreicht. Vor allem im Osten Deutschlands grassiert zudem die spinale Kinderlähmung.

Selbst warmes Wasser ist knapp

Warnung vor Geschlechtskrankheiten in der U-Bahn

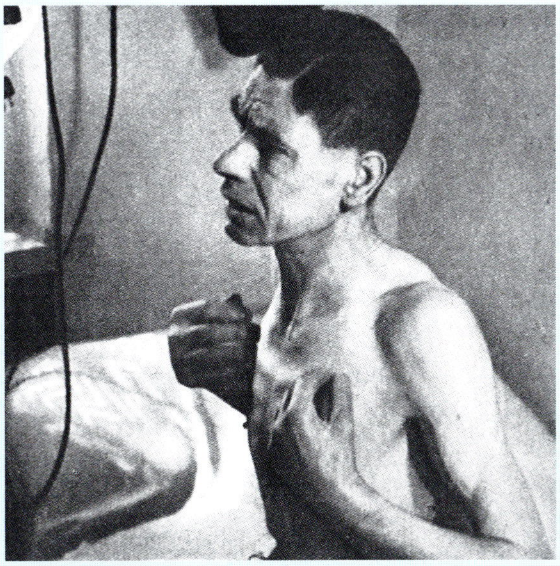

Tuberkulosekranker: Die Ärzte sind oft hilflos

Leere Regale in den Lebensmittelgeschäften

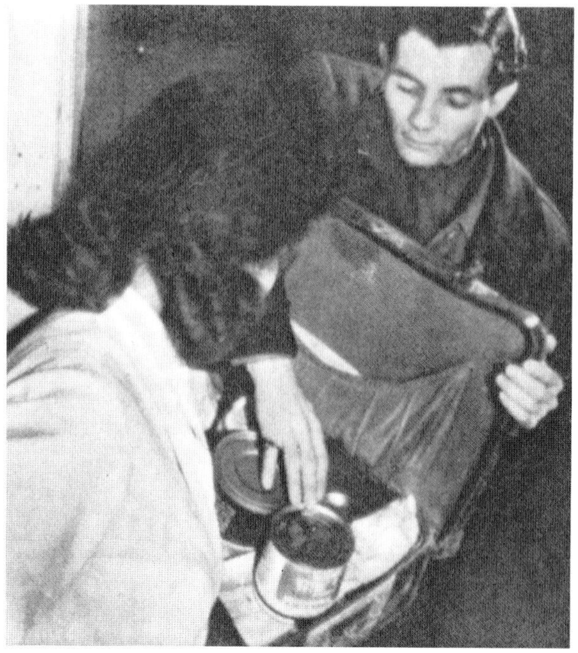

Viele Waren werden auf dem Schwarzmarkt verkauft

Schwarzer Markt in Deutschland

31. Januar. Das Phänomen des Schwarzhandels hat ganz Deutschland erfaßt, denn durch die inflationäre Geldentwicklung während des Krieges und die Zerstörung der deutschen Industrie hat die Reichsmark als Zahlungsmittel in Deutschland fast keinen Wert mehr. So erreicht z. B. auf dem schwarzen Markt in Berlin der Preis für einkarätige Brillanten das 100fache des Vorkriegswertes: 50 000 RM.

Es gibt von allem zu wenig und das macht alles – für viele unerschwinglich – teuer. Auf dem schwarzen Markt zahlt man allerdings selten mit Geld, sondern mit Ware. Da das Einkommen der arbeitenden Bevölkerung auf dem Niveau der Vorkriegszeit bleibt (im Durchschnitt unter 200 Reichsmark im Monat), kann sich kaum ein Deutscher ein Kilo Kaffee für 1500 Mark leisten, für eine Schachtel US-amerikanischer Zigaretten braucht man dagegen auf seinen Morgenkaffee nicht zu verzichten.

Getauscht wird alles gegen jedes: Ein Herrenfahrrad mit Ballonbereifung gegen ein Klavier, ein 220-Volt-Heizofen gegen eine Kochplatte oder ein echter Perser gegen zwei Zentner Kartoffeln (→ 2. 4./S. 76). Nur für Produkte, deren Bedarfswert gering ist, wird mit Geld bezahlt, alles übrige wird nach Zigaretten und Kaffee bewertet.

Die Besatzungstruppen selbst mischen beim Schwarzhandel kräftig mit. Für 5000 US-amerikanische »Chesterfield«-Zigaretten, die den Soldaten nur 20 US-Dollar und 50 Cents kosten, bekommt er auf dem schwarzen Markt eine Leica-Kamera, die in den Vereinigten Staaten rund 600 US-Dollar wert ist.

Geht es den Soldaten aber nur darum, ein einträgliches Geschäft zu machen, so benutzen die Deutschen die Institution des schwarzen Marktes, um nicht zu verhungern. Rund 40% der deutschen Bevölkerung sind als Käufer oder/und Verkäufer am schwarzen Markt beteiligt.

Die Preise differieren von Stadt zu Stadt, von Zone zu Zone. Kostet in Berlin der lupenreine Karat 50 000 Mark oder die entsprechende Menge an Tauschware, so liegt der Preis in Hamburg bei 22 000 Mark und in München nur bei 15 000 Mark.

Auch ganz individuelle Wünsche sind für den Schwarzmarkt kein Problem. Reisepässe, KZ-Bescheinigungen sowie Besitzurkunden über bombardierte Häuser wechseln für Damenstrümpfe, Medikamente oder Eßbares den Besitzer.

Auch internierte prominente Nationalsozialisten, hier im Lager Nürnberg-Langwasser, beteiligen sich rege am Tauschgeschäft mit US-Zigaretten

Sonderrationen für Bergarbeiter

17. Januar. Zwischen der Kohlebehörde der Alliierten und dem Industrieverband Bergbau wird eine Vereinbarung getroffen, in der die Einführung eines neuen Punktesystems der Lebensmittelkarten für Bergarbeiter vorgesehen ist. Danach erhalten die Bergarbeiter im Ruhrgebiet zusätzliche Rationen, z. B. ein Gedingearbeiter monatlich 750 g Speck, 500 g Bohnenkaffee, 250 g Zucker, zwei Flaschen Schnaps und 100 Zigaretten. Mit dieser Maßnahme soll eine Steigerung der Kohleförderung erreicht werden, die derzeit bei etwa 211 000 t täglich liegt. Außerdem erhofft man sich, Anreize für die Anwerbung dringend benötigter Arbeitskräfte.

Ferien für Kinder in der Schweiz

22. Januar. 450 Hamburger Kinder im Alter von vier bis zehn Jahren kehren von einem dreimonatigen Aufenthalt in der Schweiz in die Hansestadt zurück.

Abgemagert und ärmlich gekleidet waren die Kinder in die Schweiz gereist. Nun machen sie einen wohlgenährten und gesunden Eindruck. Ihre Gasteltern haben sie zum großen Teil mit Kleidung versorgt.

Inzwischen haben mehr als 2000 deutsche Kinder Erholung in dem Nachbarland gefunden.

Freudige Gesichter: Schweizer Lebensmittel für deutsche Kinder

Thronfolger bei Absturz getötet

26. Januar. Beim Absturz eines niederländischen Flugzeugs südlich von Kopenhagen kommen alle 16 Passagiere und sechs Besatzungsmitglieder ums Leben. Unter den Toten befinden sich der schwedische Thronerbe Prinz Gustav Adolf und die US-amerikanische Sängerin Grace Moore, die in Stockholm ein Konzert geben wollte.

Gustav Adolf

Das zweimotorige Flugzeug vom Typ »Dakota« war von Amsterdam kommend in Kopenhagen zwischengelandet, um dann weiter nach Stockholm zu fliegen. Nach Augenzeugenberichten explodiert die »Dakota« kurz nach dem Start. Verantwortliche der niederländischen Fluggesellschaft KLM weisen Behauptungen zurück, wonach die Maschine überladen gewesen sei.

Flutwellen bedrohen Hawaii

5. Januar. *Die hawaiianische Inselgruppe im Pazifik wird von gewaltigen Flutwellen überschwemmt. Das Foto zeigt Menschen, die aus der Stadt Hilo auf der größten Insel des Archipels fliehen mußten und die Auswirkungen der Flutkatastrophe beobachten. Eine 15 m hohe Welle hatte den Schutzdeich vor der Stadt eingedrückt und u. a. ein Krankenhaus völlig zerstört.*

Auch auf der Nachbarinsel Maui brechen die Deiche. In weitem Umkreis reißt das eindringende Wasser Straßen und Häuser fort. Die kleine Insel Palmyra im Süden der Inselgruppe ist zeitweilig in Gefahr, vollkommen überflutet zu werden.

Trotz des Ausmaßes der Katastrophe kommt dabei niemand ums Leben. Die verheerenden Flutwellen sind durch einen schweren Sturm, der vor der Küste Alaskas und der Inselkette der Aleuten wütete, ausgelöst worden.

Erneut Absturz einer »Dakota«

25. Januar. Kurz vor der Landung in Hongkong prallt ein zweimotoriges Flugzeug vom Typ »Dakota« gegen einen Berg und stürzt ab. Aus den Trümmern der Maschine können die vier Besatzungsmitglieder nur noch tot geborgen werden. An Bord des Flugzeuges, das aus Manila auf den Philippinen kam, befanden sich Goldbarren und Münzen im Wert von rund einer Million Pfund Sterling. Beim Aufprall wird die wertvolle Ladung über ein weites Gebiet verstreut.

Der Absturz der »Dakota« der britischen Luftwaffe, die im Auftrag der philippinischen Fluglinie unterwegs war, ist Teil einer Kette von Flugunfällen, die sich seit September des vorigen Jahres ereignet. Auffallend ist, daß dabei fast ausschließlich Maschinen des Typs »Dakota« beteiligt sind, die aus US-amerikanischer Produktion stammen. Es handelt sich dabei offensichtlich nicht nur um Zufälle. Vielmehr scheint sich der Verdacht technischer Mängel zunehmend zu bestätigen.

Chicagos Gangsterboß Al Capone stirbt am Schlaganfall

25. Januar. In Miami im US-Bundesstaat Florida stirbt der Gangsterchef Al(fonso) Capone (»Scarface«) im Alter von 48 Jahren an den Folgen eines vier Tage zuvor erlittenen Schlaganfalls.

Der 1899 in Neapel geborene Capone war im Alter von 15 Jahren in die USA eingewandert. In den 20er Jahren wurde er der bekannteste und erfolgreichste Bandenführer in der Chicagoer Unterwelt. Mit Prostitution, Glücksspiel und Alkoholschmuggel »erwarben« Capone und seine Bande ein geschätztes Vermögen von weit über 100 Millionen US-Dollar.

Nach acht Jahren Haft wegen Steuerhinterziehung hatte sich Capone 1939 auf seinen »Ruhesitz« in Miami zurückgezogen.

Al Capone beim Angeln an der Küste Floridas

Die Prohibition machte ihn mächtig: Al(fonso) Capone

Von Cézanne bis Léger

17. Januar. Eine Ausstellung, die den großen Einfluß des französischen Malers Paul Cézanne auf die französische Malerei in der Zeit von 1908 bis 1911 zeigt, wird in der Pariser Galerie de France eröffnet.
Unter den 16 Malern, deren Bilder ausgestellt sind, finden sich die meisten Künstler, die den Ruhm der sogenannten Pariser Schule ausmachen. Zu ihnen zählen u. a. Fernand Léger, André Lhote, Pablo Picasso, Henri Matisse, Georges Rouault, André Derain, Georges Braque und Robert Delaunay.
Cézanne, der am 19. Januar 1839 geboren wurde, gilt als einer der Begründer der modernen gegenständlichen Malerei. Nach romantisch-expressionistischen Anfängen in Anlehnung an Eugène Delacroix orientierte er sich am Realismus Gustave Courbets. Wie jener strebte er eine Darstellung der Natur an, in der sich das Detail dem Ganzen unterordnet: »Man muß die Natur mittels Zylinder, Kugel und Konus darstellen, das Ganze perspektivisch gesehen.«
Cézannes Werke sind kontrastreiche Bilder, die aus feinsten Farbflächen aufgebaut sind. Sein Schaffen umfaßt Landschaften, Bildnisse und Stilleben.
Der Künstler, der 1906 starb, gilt als Wegbereiter vor allem des Fauvismus und des Kubismus.

Paul Cézannes Gemälde »Arc-Tal«, gemalt 1887 (Privatbesitz in Nantes), ein Landschaftsbild, das beispielhaft für sein erfolgreiches Bemühen ist, Eindrücke aus der Natur mit neuen Mitteln der Komposition zu strukturieren; das Bild ist wie auch viele andere Gemälde aus feinsten Farbflächen aufgebaut

Rückgabe des Dr. h. c.

Thomas Mann

23. Januar. Die Universität in Bonn macht die Aberkennung der Ehrendoktorwürde des Schriftstellers und Literaturnobelpreisträgers Thomas Mann rückgängig.
Mann erhält das ihm 1936 entzogene Diplom in der ursprünglichen Fassung von 1919 zurück, nachdem er mitgeteilt hat, daß er Ehrendoktor bleiben wolle.
Ausschlaggebender Grund für den Entzug des Titels war der Vorwurf nationalsozialistischer Parteifunktionäre gewesen, Mann habe das Werk des Komponisten Richard Wagner verunglimpft. Im März 1933 hatte der Dichter – selbst begeisterter Anhänger Wagners – einen Vortrag über den Komponisten gehalten. Darin analysierte er in subtiler Form die Zweideutigkeit in Wagners Opern und stellte sich damit in einen Gegensatz zur Interpretation der NSDAP.
1933 war Thomas Mann aus Deutschland emigriert. Seit 1938 lebt er in den USA, deren Staatsbürgerschaft er 1944 annahm. In Essays und Reden bekannte sich Mann zu demokratischen Prinzipien.

Modisches aus den Vereinigten Staaten; auffallend der Karoschal mit aufgesetzter Tasche (l.) und der Capemantel aus Glen-Plaidstoff (r.)

Das ist der Inhalt des CARE-Baumwollpakets: 10,25 m Stoff

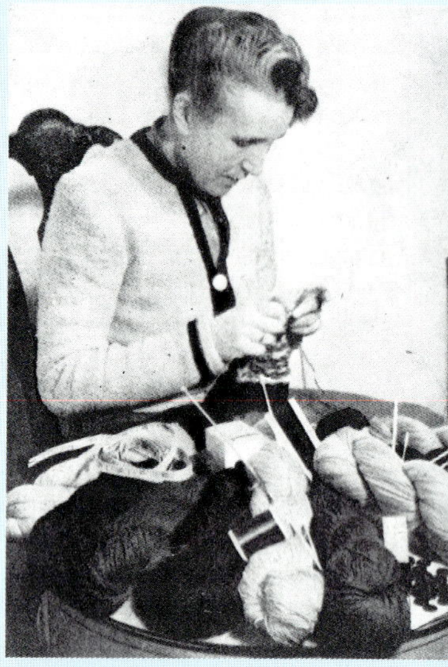

Wolle aus dem CARE-Paket macht Stricken wieder möglich

Praktischer Mantel mit Kapuze, der sich aus Wolldecken leicht nachschneidern läßt, entworfen von Heinz Schulze-Reischenbeck aus München

Mode 1947:

Improvisation ist jetzt gefragt

Während sich in Paris der »New Look« des französischen Modeschöpfers Christian Dior durchzusetzen beginnt und man bei den bekannten Modehäusern von Paris Preise von 35 000 bis 55 000 Francs für einen Rock bezahlt und sich in den USA diese Modelle bis zu 50 US-Dollar kosten läßt, ist in Deutschland das Thema Mode angesichts des täglichen Existenzkampfs fast bedeutungslos. Die ehemaligen deutschen Modezentren Berlin, München und Hamburg liegen in Trümmern.

In der Vier-Sektoren-Stadt Berlin sieht man wie in einem Kaleidoskop den deutschen und internationalen Trend. In den angloamerikanischen Sektoren wird die sportlich-gediegene Eleganz mit Kleidern, die bis zum Knie reichen, bevorzugt. Wer die Rocklänge variieren will, kann auf ein Modell zurückgreifen, das mit anknöpfbarem Stoff verlängert werden kann. Im französischen Sektor trägt die elegante Frau den »New Look« mit weitschwingenden langen Röcken; im sowjetischen Teil Berlins wird versucht, die westlichen Begriffe von Eleganz mit der Vorliebe vieler Russinnen für kräftige Farben zu verbinden. Aufgrund der hohen Kosten für neue Kleidungsstücke sind modebewußte deutsche Frauen auf Improvisation angewiesen.

Das Zentrum der wiedererwachenden Berliner Mode liegt in den Westsektoren der Stadt. Hier werden mit großer Risikobereitschaft Stoffe, Nähgarne und Knöpfe auch aus den östlichen Industriegebieten beschafft. Die modebewußte Berlinerin erhält ihr »Modellkleid« gegen vorherige Stoffabgabe und einen Durchschnittspreis von rund 150 Reichsmark. Dabei ist es erheblich leichter, den sehr hohen Kaufpreis aufzubringen, als die geeigneten Stoffe für die neue Garderobe zu organisieren.

Da sich die meisten jedoch den Luxus eines neuen Kleidungsstücks nicht leisten können, behilft man sich häufig mit Improvisationen. So werden modische Schuhabsätze aus Holz gefertigt, alte Wehrmachtsuniformen werden von ihren Rangabzeichen befreit und – soweit möglich – der Mode angepaßt, aus alten Decken werden Wintermäntel hergestellt. Alte, abgetragene Kleidungsstücke werden mit dekorativen Besätzen und Accessoires dem neuesten Chic angepaßt. Auch das ausgediente Korsett der Großmutter hat in der neuen Mode wieder seinen Platz.

Beim Baden hilft allerdings nur eine von Natur aus schlanke Figur, um in jeder Hinsicht up to date zu sein, wenngleich der von dem Franzosen Réard vorgeschlagene Bikini keineswegs in so knapper Form getragen wurde.

Christian Dior und der »New Look«

12. Februar. Der französische Modemacher Christian Dior stellt in Paris seine erste eigene Kollektion vor, die von Publikum und Presse begeistert aufgenommen wird. Die neue Kreation nennt sich »New Look« und erfüllt nach einer langen und entbehrungsreichen Zeit Träume von Eleganz und Chic. Kleider, Kostüme und Mäntel haben schmale, runde Schultern, eine enge Taille und einen wadenlangen, weitschwingenden Rock. Dior gelingt es, die neue Linie auf die Tageskleidung zu übertragen und alle Accessoires darauf abzustimmen.

Im Herbst bringt Dior als Alternative zum »New Look« die »Enge Linie« oder »Bleistiftlinie« heraus. Das Besondere an dieser Kreation ist der überaus enge Rock, der sich zum Saum hin noch verjüngt. Die notwendige Bewegungsfreiheit sichert ein mit dem Oberstoff unterlegter Schlitz, der als »Dior-Schlitz« Berühmtheit erlangt.

In Deutschland braucht der »New Look« mehr Zeit als anderswo, um sich durchzusetzen. Während die Kritik ihn als unbequem abtut, können sich die deutschen Frauen aber trotz begrenzter finanzieller Möglichkeiten schließlich für den »New Look« begeistern.

In Deutschland gibt es wieder modisch gekleidete Frauen

Längere Röcke erregen Aufsehen: Zwei Kostüme von Jacques Fath

Abendkleid des französischen Modeschöpfers Jacques Fath in der typischen V-Silhouette

Britisches Herbstmodell: Ein Kostüm für den Nachmittag mit einer sehr strengen Grundlinie

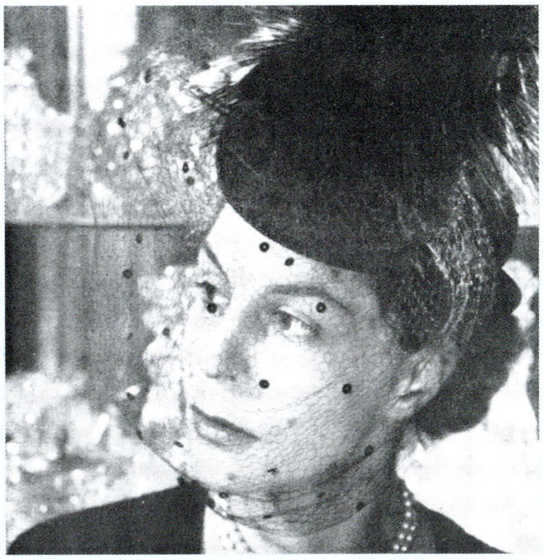

Fast alle Hüte aus den Pariser Salons haben einen Schleier, wie auch diese Kreation Albanis

»Der Spiegel« erscheint erstmals

4. Januar. In Hannover erscheint erstmals das Nachrichtenmagazin »Der Spiegel«. Es kostet eine RM und soll künftig wöchentlich publiziert werden.

Im Impressum ist als Herausgeber »mit vorläufiger Genehmigung« der zuständigen britischen Militärbehörden der Journalist Rudolf Augstein angegeben. Augstein war zuvor bereits Chefredakteur und Herausgeber der Zeitschrift »Diese Woche«, die erstmals am 16. November 1946 herausgegeben wurde. Mit dem Erscheinen des »Spiegel« wird »Diese Woche« eingestellt.

Wie die vorangegangene Zeitschrift fällt auch »Der Spiegel« durch eine unverwechselbare Sprache und einen eigenwilligen Stil auf. In Aufmachung und Schreibweise lehnt sich das Magazin stark an angloamerikanische Vorbilder an. Mit seinem respektlosen Ton hatte sich »Diese Woche« mehrfach den Unwillen der britischen Militärbehörden zugezogen, was jedoch ohne schwerwiegende Folgen geblieben war. Auch »Der Spiegel« fällt durch eine unbequeme Berichterstattung auf. Gerade deswegen hat er bald einen großen Leserkreis. Die 15 000 Exemplare pro Ausgabe sind innerhalb kurzer Zeit vergriffen.

Die erste, 22 Seiten umfassende Ausgabe des »Spiegel« ist mit vergleichsweise vielen Fotos und reichhaltigem graphischen Material versehen. Die Themenkreise umfassen in- und ausländische Politik, Wirtschaft, Kultur und Sport.

So berichtet die erste »Spiegel«-Nummer u. a. über den Jahreswechsel in Berlin, über die Hintergründe der Wahlen in Hessen und über die Diskussion des Abtreibungsparagraphen 218. Die Situation auf dem Schwarzmarkt, die Lage der deutschen Kriegsgefangenen und die umstrittene Oder-Neiße-Linie sind ebenso Themen wie die Entwicklung auf dem asiatischen Kontinent oder die sizilianischen Autonomiebestrebungen.

Der erst 23jährige Herausgeber Augstein war von 1942 bis 1945 Soldat der deutschen Wehrmacht. Bei Kriegsende geriet er für kurze Zeit in US-amerikanische Kriegsgefangenschaft. Augstein, der im Krieg in Hannover volontiert hatte, arbeitete zunächst beim »Hannoverschen Nachrichtenblatt«.

4. JANUAR 1947
DER SPIEGEL
PREIS 1 RM
1. JAHRGANG • NR. 1
ERSCHEINT JEDEN SONNABEND
MIT DEM HUT IN DER HAND –
WIRD MAN EIN BEFREITES LAND. ÖSTERREICHS GESANDTER Dr. KLEINWÄCHTER VOR DEM WEISSEN HAUS (SIEHE „AUSLAND")

(o.) Die Titelseite der ersten Ausgabe des Nachrichtenmagazins »Der Spiegel«; mit diesem neuen, vorwiegend politischen Magazin führt der 23jährige Herausgeber Rudolf Augstein (links im Bild) einen bislang in Deutschland unbekannten Zeitschriftentyp ein; die Vorbilder für den »Spiegel« waren das Magazin »Time« aus den USA und »Social Review« aus Großbritannien; »Der Spiegel« fällt von der ersten Ausgabe an durch einen eigenwilligen Stil auf und zeigt – wie schon Augsteins erste Zeitschrift »Diese Woche« – wenig Respekt vor politischen Größen.

Deutsche Presse 1947 im Aufwind

In allen vier Besatzungszonen Deutschlands erlebte das Pressewesen seit 1945 einen lebhaften Aufschwung. Der Lese- und Informationshunger der Deutschen ist seit dem Ende des Krieges unverändert hoch. Zeitungen und Zeitschriften finden in der Regel reißenden Absatz, zumal sie frei verkäuflich sind. Allerdings zwingt die Papierknappheit die Redaktionen zu Auflagenbeschränkungen. Vielfach erscheinen die Zeitungen, deren Umfang zwischen vier und acht Seiten schwankt, nur zwei- bis dreimal in der Woche.

Die deutsche Presse unterliegt der Lizenzpflicht durch die alliierten Besatzungsmächte. Während die USA und Großbritannien den deutschen Zeitungen einen relativ großen Spielraum belassen, wird in der Ostzone wie auch in der französischen Besatzungszone ausgesprochen scharf zensiert.

Auswahl von Zeitungen 1947

Zeitungen der Besatzungsmächte für die deutsche Bevölkerung:	
Tägliche Rundschau, Berlin (UdSSR)	ab 15. 5.1945
Die Neue Zeitung, München (USA)	ab 6.10.1945
Die Welt, Hamburg (Großbritannien)	ab 2. 4.1946
Deutsche Lizenzzeitungen:	
US-amerikanische Besatzungszone:	
Süddeutsche Zeitung, München	ab 6.10.1945
Frankfurter Rundschau	ab 1. 8.1945
Stuttgarter Zeitung	ab 18. 9.1945
Nürnberger Nachrichten	ab 11.10.1945
Weser-Kurier, Bremen	ab 19. 9.1945
Britische Besatzungszone:	
Aachener Nachrichten	ab 24. 1.1945
Kölnische Rundschau	ab September 1946
Französische Besatzungszone:	
Saarbrücker Zeitung	ab 27. 8.1945
Südkurier	ab 7. 9.1945
Sowjetische Besatzungszone:	
Abendpost, Weimar	ab März 1946
Leipziger Zeitung	ab Mai 1946
Thüringer Volk (SED)	ab April 1946
Freiheit (Halle) (SED)	ab April 1946
Berlin:	
US-amerikanischer Sektor:	
Der Tagesspiegel	ab 27. 9.1945
Britischer Sektor:	
Der Telegraf	ab 22. 3.1946
Französischer Sektor:	
Der Kurier	ab 12.11.1945
Sowjetischer Sektor:	
Neues Deutschland (SED)	ab 23. 4.1946
Berliner Zeitung	ab 21. 5.1945
Neue Zeit (CDU)	ab 24. 7.1945
Der Morgen (LDPD)	ab 2. 8.1945

Vor dem entscheidenden Moment: Hucks (M.) wartet, bis sich Eder (r.) aufrichtet, um ihn k. o. zu schlagen

Hucks schlägt Gustav Eder k. o.

26. Januar. In einem Kampf um die Deutsche Meisterschaft im Mittelgewichtsboxen schlägt Herausforderer Dietrich Hucks den Titelverteidiger und Favoriten Gustav Eder (39) durch k. o. in der ersten Runde. 7000 Zuschauer im Hamburger Stadtteil Winterhude erleben die größte Boxsport-Überraschung nach dem Zweiten Weltkrieg.

Das »Aus« für den 69 kg schweren Eder kommt bereits nach knapp einer Minute, als sein um 3,5 kg schwererer Gegner ihn mit einem linken Haken zum Kopf von den Beinen holt. Die Schlagwirkung des Hufschmieds aus Homberg ist so groß, daß Eder nach Ende des Kampfes in seine Ecke getragen werden muß.

Seit seinem Titelgewinn im Weltergewicht vor 16 Jahren war Eder noch nie von einem Deutschen bezwungen worden. Der erfahrene Berliner brachte die Routine aus über 25 Titelkämpfen um die Deutsche und Europameisterschaft in den Ring. Für Hucks war es erst der achte Kampf in seiner eineinhalbjährigen Laufbahn als Berufsboxer. Vor dem Kampf hatten Kritiker gemeint, der unerfahrene Hucks habe gegen Eder keine Chance. Je länger der auf zwölf Runden angesetzte Kampf dauern würde, desto deutlicher würde die boxerische Überlegenheit des deutschen Altmeisters zum Tragen kommen.

Der Titelkampf zwischen dem Routinier Eder und dem »Newcomer« Hucks hatte in Deutschland ein Interesse ähnlich wie in der Ära von Max Schmeling in den 30er Jahren ausgelöst. Eder gilt als derzeit populärster und erfolgreichster deutscher Boxer (→ 22. 6./S. 109).

Im Eishockey wieder ein Titel

27. Januar. In Garmisch-Partenkirchen wird bei einer Sitzung der Eishockey-Spartenleiter der US-amerikanischen, der britischen und der sowjetischen Besatzungszone der Termin für eine Deutsche Eishockeymeisterschaft festgelegt. Sie soll vom 7. bis 9. März zwischen den drei Zonenmeistern ausgetragen werden. Nach dem gegenwärtigen Stand werden die Mannschaften aus Krefeld, Riessersee und Berlin-Eichkamp teilnehmen.

In Garmisch-Partenkirchen sollen dann vermutlich die von der Internationalen Eishockey-Liga kürzlich beschlossenen Regeländerungen angewendet werden: Die Spieldauer ist z. B. jetzt auf 3 × 20 Minuten (statt 3 × 15 Minuten) verlängert worden.

USA im Tennis führend

Pauline Betz (USA), Erstplazierte auf der Weltrangliste im Tennis

9. Januar. Die Vereinigten Staaten dominieren den Tennissport. Dies geht aus einer Weltrangliste hervor, die der Präsident des französischen Tennisverbandes, Pierre Gillou, in Paris veröffentlicht.

Demnach führen bei den Herren die US-Amerikaner Jack Kramer und Ted Schroeder vor dem Tschechoslowaken Ivan Drobny. Bei den Damen lautet die Reihenfolge Pauline Betz, Margaret Osborne und Louise Brough (alle USA).

Unter den »Top Ten« bei den Herren sind fünf US-Amerikaner, bei den Damen sogar acht. Deutsche Tennisspieler und -spielerinnen sind in der französischen Weltrangliste, in der die Leistungen des vergangenen Jahres 1946 berücksichtigt werden, nicht vertreten.

Boxerlaubnis für Max Schmeling

22. Januar. Das Boxidol Max Schmeling erhält von der US-amerikanischen Militärregierung eine Boxerlaubnis für die US-amerikanische Zone. Zuvor war Schmeling von einem Hamburger Entnazifizierungsausschuß entlastet worden.

Max Schmeling

Der 1905 geborene Schmeling hatte seine sportliche Laufbahn 1924 begonnen. Zwischen 1930 und 1932 war Schmeling Weltmeister im Schwergewicht. Höhepunkt in der Karriere des mehrfachen deutschen und Europameisters war sein Kampf gegen den farbigen US-Amerikaner Joe Louis 1936.

Während des Krieges war Schmeling Fallschirmspringer. Seit Kriegsende lebt er mit seiner Frau Anny Ondra in Hamburg (→ 28. 9./S. 161).

Rekordablöse für Peter Doherty

8. Januar. Der irische Nationalspieler Peter Doherty ist der teuerste Fußballspieler auf den Britischen Inseln. Nach seinem Wechsel vom englischen Pokalsieger Derby County zu der abstiegsgefährdeten Erstliga-Mannschaft von Huddersfield Town beläuft sich der Gesamtbetrag der bisher für ihn gezahlten Ablösesummen auf 27 500 Pfund.

Der 32jährige Doherty, der als Kapitän für die irische Nationalmannschaft stürmt, begann seine Karriere bei Blackpool, das 2500 Pfund für ihn bezahlte. Für 10 000 Pfund wechselte er dann zu Manchester City, bevor er sich der Mannschaft von Derby County für weitere 6000 Pfund anschloß. Huddersfield muß nun für ihn 9000 Pfund an Derby County überweisen.

Anders als in Deutschland sind hohe Ablösesummen bei den britischen Berufsfußballern nicht ungewöhnlich. Sie werden durch die großen Zuschauerzahlen ermöglicht. Zu den über 40 Spielen der vier Profiligen strömen bis zu einer Million Zuschauer pro Spieltag.

Februar 1947

Mo	Di	Mi	Do	Fr	Sa	So
					1	2
3	4	5	6	7	8	9
10	11	12	13	14	15	16
17	18	19	20	21	22	23
24	25	26	27	28		

1. Februar, Sonnabend

Ein französisches Militärgericht in Rastatt verurteilt von 41 angeklagten Angehörigen der Wachmannschaft des ehemaligen KZ Natzweiler-Stuthof 21 zum Tode und 20 zu langjährigen Haftstrafen.

Auf das Parteigebäude der SPD in Nürnberg wird ein Bombenanschlag verübt. →S. 41

Ministerpräsident Alcide De Gasperi bildet in Italien ein Kabinett, das aus Christdemokraten, Kommunisten und Linkssozialisten besteht.

2. Februar, Sonntag

Auf der Jahresversammlung der britischen Zionisten in London setzt sich der Präsident der »Jewish Agency«, Chaim Weizmann, für eine Teilung Palästinas ein (→1. 9./S. 153).

Die französische Regierung legt in London ein Memorandum zur Ruhrfrage vor. →S. 40

3. Februar, Montag

Die CDU der britischen Besatzungszone Deutschlands verabschiedet in Ahlen ein umfangreiches Sozial- und Wirtschaftsprogramm, in dem u. a. die Verstaatlichung der Schlüsselindustrien verlangt wird. →S. 38

In Island bildet der Vorsitzende der Sozialdemokratischen Partei, Stefan Johann Stefanson, eine neue Regierung.

50 deutsche Kriegsgefangene, die in der Nähe Londons interniert sind, erhalten von einem Londoner Fußballverein kostenlose Eintrittskarten. →S. 40

4. Februar, Dienstag

Der Hamburger Internationale Gerichtshof spricht elf Todesurteile aus gegen 15 ehemalige Mitglieder der Wachmannschaften des größten deutschen Frauenkonzentrationslagers in Ravensbrück.

Der stellvertretende polnische Premierminister, Stanislaw Mikolajczyk, überreicht sein Demissionsgesuch, nachdem seine Volkspartei sich mit Mehrheit gegen eine Zusammenarbeit mit dem Regierungsblock ausgesprochen hat (→4. 1./S. 20).

Das britische Unterhaus billigt einen Gesetzentwurf über die Verstaatlichung der Elektrizitätsindustrie.

Die Düsseldorfer Polizei beschlagnahmt rund zwei Millionen Zigaretten, die illegal in die britische Zone eingeschmuggelt wurden.

Der 1950 BRT große britische Dampfer »Saigon« brennt im Hafen von Hongkong völlig aus. Bis zum Abend werden aus dem Wrack 75 Tote geborgen.

5. Februar, Mittwoch

In Königsstein/Taunus kommen Vertreter der CDU-Verbände aus allen vier Besatzungszonen Deutschlands zu einer Tagung zusammen, die bis zum 6. Februar dauert. CDU und CSU beschließen die Arbeitsgemeinschaft.

Boleslaw Bierut wird zum neuen polnischen Staatspräsidenten gewählt (→4. 1./S. 20).

Die ungarische Regierung wirft der Tschechoslowakei vor, bei der Übersiedlung von Ungarn aus der Slowakei die Menschenrechte verletzt zu haben.

Weite Teile Großbritanniens werden von einem schweren Orkan heimgesucht, der vor allem in Mittel- und Nordengland schwere Schäden verursacht.

6. Februar, Donnerstag

Gegen den 1933 emigrierten deutschen Journalisten, Schriftsteller und Politiker Gerhart Eisler erhebt der US-Ausschuß zur Untersuchung unamerikanischer Aktivitäten den Vorwurf, Agent einer ausländischen Macht zu sein (→22. 3./S. 52).

Australien, Frankreich, die USA, Großbritannien, die Niederlande und Neuseeland treffen auf einer Konferenz über die Südsee ein Übereinkommen über die Errichtung einer Kommission, die sich mit der künftigen Entwicklung und Verwaltung der Inselvölker in der Region befassen soll.

7. Februar, Freitag

Die britische Militärregierung in Deutschland veröffentlicht ihren endgültigen Entnazifizierungsplan. Darin ist vorgesehen, die Verantwortung für die Entnazifizierung den Deutschen weitgehend selbst zu überlassen. →S. 39

Das US-Repräsentantenhaus in Washington nimmt einen Gesetzentwurf an, der die Amtszeit des Präsidenten auf acht Jahre beschränkt. →S. 37

Ein britischer Plan zur Teilung Palästinas stößt sowohl bei der arabischen Bevölkerung als auch bei den jüdischen Einwanderern auf entschiedene Ablehnung.

Józef Cyrankiewicz (Sozialistische Partei) bildet in Polen eine Regierung. Die Kommunistische und die Sozialistische Partei Polens arbeiten eng zusammen (→19. 1./S. 20).

In der Bielefelder Rudolf-Oetker-Halle wird die Ausstellung »Das deutsche Buchschaffen« eröffnet, an der sich Buchverlage aus allen vier Besatzungszonen Deutschlands und dem Ausland beteiligen. →S. 44

8. Februar, Sonnabend

Vor dem Nürnberger Militärgericht beginnt das Verfahren gegen den Großindustriellen Friedrich Flick. →S. 39

9. Februar, Sonntag

In Venedig wird vor einem britischen Militärgericht der Prozeß gegen den ehemaligen Oberkommandierenden der deutschen Truppen in Italien, Feldmarschall Albert Kesselring, eröffnet.

Die US-amerikanische Militärregierung in Deutschland beginnt in ihrer Besatzungszone Material für eine Ausstellung über Deutschland zu sammeln, die in den USA gezeigt werden soll. →S. 43

In der UdSSR finden Wahlen der Deputierten zum Obersten Sowjet statt. Generalissimus Josef W. Stalin wird in allen Sowjetrepubliken zum Mitglied des Obersten Sowjet wiedergewählt.

Dem US-Profiboxer Rocky Graciano wird wegen eines nicht gemeldeten Bestechungsangebotes die Boxlizenz zeitweilig entzogen.

Bei einer Brandkatastrophe in einem Berliner Tanzlokal kommen 80 Menschen ums Leben. →S. 41

10. Februar, Montag

In der französischen Hauptstadt Paris findet die Unterzeichnung der Friedensverträge mit Deutschlands europäischen Kriegsverbündeten Italien, Rumänien, Bulgarien, Ungarn und Finnland statt. →S. 36

Wegen der anhaltenden Kohlekrise kommt es in Großbritannien zu Stromabschaltungen. Zwei Millionen Menschen verlieren kurzfristig ihre Arbeit. →S. 37

Über weite Teile Europas bricht erneut eine Kältewelle herein. In Amsterdam werden in der Nacht Tiefstwerte von minus 26 Grad gemessen. →S. 41

US-amerikanischen Staatsbürgern werden wieder Privatreisen nach Europa gestattet.

11. Februar, Dienstag

Die Alliierte Kommandantur in Berlin genehmigt Wahlen zum Vorstand des Freien Deutschen Gewerkschaftsbundes (FDGB). →S. 38

In Großbritannien tritt der Labour-Abgeordnete George Tomlinson die Nachfolge der verstorbenen Erziehungsministerin Ellen Wilkinson, der ersten Frau in der britischen Regierung, an.

In St. Moritz endet die Viererbob-Weltmeisterschaft mit dem Sieg von Schweiz I mit Fritz Feierabend am Steuer vor Belgien und Frankreich. →S. 45

In Oslo findet die Eisschnellauf-Weltmeisterschaft der Frauen statt. Siegerin wird die Norwegerin Else Marie Christiansen.

Der Vulkan Ätna auf Sizilien bricht erneut aus. Lavafontänen werden bis zu 500 m emporgeschleudert.

12. Februar, Mittwoch

Der Oberbefehlshaber der britischen Streitkräfte in Palästina, General Sir Evelyn Barker, legt sein Kommando nieder. Nachfolger wird Generalmajor William H. A. MacMillan.

Der Hafen von Stettin wird von der sowjetischen Kommandantur in polnische Verwaltung übergeben. →S. 37

13. Februar, Donnerstag

Der Sicherheitsrat der UNO bildet eine Kommission für konventionelle Abrüstung, deren Arbeit jedoch durch die wachsenden Gegensätze zwischen den Vereinigten Staaten und der Sowjetunion von Anfang an behindert wird.

14. Februar, Freitag

Der Parteivorstand der SED schlägt einen gesamtdeutschen Volksentscheid zur Bildung eines demokratischen Einheitsstaates und die Schaffung einer Zentralverwaltung aller vier Besatzungszonen vor.

Der britische Premierminister Clement Attlee lehnt das Angebot einer bevorzugten Kohlehilfe durch die USA zur Überwindung der gegenwärtigen Energiekrise ab.

Der britische Außenminister Ernest Bevin gibt bekannt, daß Großbritannien das Palästina-Problem zur Lösung an die UNO überweisen wird.

Die Schauspielerin Marika Rökk wird von einem Ehrengericht des österreichischen Schauspielerverbandes vom Vorwurf, Kontakte zur deutschen Abwehr unterhalten zu haben, freigesprochen.

15. Februar, Sonnabend

Zwei Führer der faschistischen Bewegung in den USA werden wegen Anstiftung zu rassistischen Ausschreitungen zu zwölf Monaten Zwangsarbeit verurteilt.

US-Außenminister George C. Marshall spricht sich gegen eine geplante Kürzung von Lebensmittellieferungen an die von US-Truppen besetzten Länder Europas aus.

Großbritannien, die USA und Frankreich lehnen die jugoslawische Forderung nach Abtretung von Südkärnten und der Südsteiermark von Österreich ab.

Nach einer Mitteilung des Berliner Rundfunks wird durch das Auftreten starker Sonnenflecken der Rundfunkempfang weltweit gestört.

Eines der Wahrzeichen Berlins, der 70 m hohe Glockenturm auf dem Maifeld hinter dem Olympiastadion, wird wegen Einsturzgefahr von britischen Pionieren gesprengt. →S. 40

Der Berliner »Abend« berichtet am 8. Februar über die Unterzeichnung des Pariser Friedensvertrages durch Italien

Der Abend

EINE ZEITUNG FÜR BERLIN

2. JAHR • NR. 33 | SONNABEND, 8. FEBRUAR 1947 | 15 PFG. AUSWÄRTS 20 PFENNIG

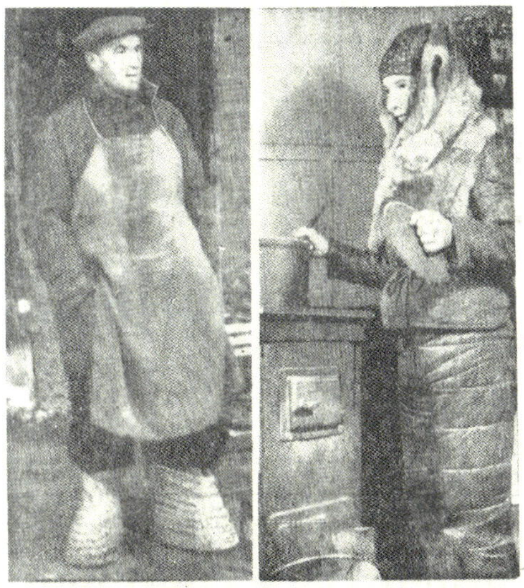

ELEFANTEN-BEINE UND ESKIMO-FRAU. *So versuchen die Berliner mit der Kälte fertig zu werden. Der Schuhputzer erwartet in einem Hausflur seine Kunden. Die Hausfrau steht eingemummt wie ein Eskimo am Kochtopf. Das ist Berlin bei 18 Grad Kälte und der Aussicht auf minus 20 Grad und mehr.* Foto: Puck

Italien protestiert und unterzeichnet

Rom, 8. Februar (AP)

Der italienische Präsident de Nicola weigerte sich, die Beglaubigungsschreiben für den italienischen Bevollmächtigten für die Unterzeichnung des Friedensvertrages zu unterschreiben, bevor ihm Ministerpräsident de Gasperi den einstimmigen Entscheid des Kabinetts über die Unterzeichnung des Vertrages mitgeteilt habe.

Dadurch wird bestätigt, daß Italiens Kabinett, vorbehaltlich der späteren Ratifizierung durch die Verfassunggebende Versammlung, unterzeichnen wird. Die italienische Regierung ist aus Paris durch eine Note benachrichtigt worden, daß am Montag während der Unterzeichnungsfeierlichkeiten lediglich der französische Außenminister sprechen wird, und sich die Vertreter der übrigen Staaten auf den Akt des Unterzeichnens beschränken müßten.

Der italienische Protest gegen den Vertrag werde dem italienischen Vertreter nach Paris nachgesandt werden, wo er ihn dann soweit benutzen könnte, wie die Alliierten es ihm gestatteten. Die Note aus Paris, daß ein mündlicher Protest nicht stattfinden könne, hat die Verwirrung in den italienischen Regierungskreisen verstärkt.

Womöglich soll am Montag vormittag eine Sondersitzung der Verfassunggebenden Versammlung einberufen werden, die der Regierung „als Resonanzboden" dienen soll, falls in Paris kein Protest gestattet ist. In dieser Sitzung soll die Meinung Italiens der Weltöffentlichkeit bekanntgegeben werden.

Hoover an der Arbeit

Berlin, 8. Februar (AP)

Herbert Hoover hatte gestern eine zweistündige Unterredung mit General Clay und dem Leiter der Wirtschaftsabteilung bei der amerikanischen Militärregierung Brigadegeneral Draper.

Besprochen wurden besonders der Gesundheitszustand der deutschen Bevölkerung und die Höhe der für die vereinigten Westzonen notwendigen Lebensmitteleinfuhr.

Das Recht der Gesetzgebung

Eigenbericht „Der Abend"

Berlin, 8. Februar

Die Alliierte Kommandantur beschäftigt sich, wie wir erfahren, zur Zeit mit der Frage, ob Berlin Hoheitsrechte hat. Von einer Besatzungsmacht wird der Standpunkt vertreten, daß Berlin nur Stadt (Gemeinde), aber nicht Land sei. Berlin habe sich also auf die rein kommunale Verwaltungsarbeit zu beschränken und besitze nicht wie die Länder das Recht der Gesetzgebung.

Die Frage rückte durch legislative Beschlüsse der Stadtverordnetenversammlung in den Brennpunkt. Den unmittelbaren Anlaß bildete die Annahme des sozialdemokratischen Dringlichkeitsantrages, durch den alle Verlagerungen von Besitz, der unter das geplante Sozialisierungsgesetz fällt, für rechtsunwirksam erklärt werden. Die Alliierten haben diesen Akt der Gesetzgebung bisher nicht anerkannt. Die SPD hat sich daraufhin, wie wir hören, an die Alliierte Kommandantur mit der Bitte um Klärung gewandt. Sie hat um Entscheidung darüber nachgesucht, ob Berlin Gesetze erlassen darf oder nicht.

Von sozialdemokratischer Seite wird darauf hingewiesen, daß Preußen und das Reich als Hoheitsmächte ausgefallen sind. Dadurch sei Berlin jetzt Träger von Hoheitsrechten. Es habe nicht mehr nur städtischen Charakter, sondern ihm müsse der Charakter eines Landes zuerkannt werden. Das sei auch deswegen notwendig, damit durch neue Gesetze die Durchführung der Wiederaufbauplanung gesichert werden könne. Es müsse zum Beispiel möglich sein, Befugnisse der Wirtschaftskammern, die demnächst gebildet werden sollen, gesetzlich festzulegen.

Auch für die geplante Branchenbereinigung seien gesetzgeberische Maßnahmen unerläßlich. Wie wir hierzu hören, kommt zur Zeit in Berlin auf jeden fünften Einwohner ein Gewerbeunternehmen. Viele von ihnen haben nur Monatsumsätze von 400 bis 500 Mark, können also, so wird erklärt, ihre Existenz nur durch Schwarzhandel behaupten. Hier müsse eine Beschränkung durch Entziehung und Versagung von Gewerbeerlaubnissen durchgeführt werden. Auch in diesem Falle käme man, ebenso wie in vielen anderen, nicht ohne neue Gesetze aus.

Nach sozialdemokratischer Auffassung würde die Aberkennung der Legislative im Widerspruch zur Verfassung stehen. In der Berliner Verfassung heißt es, daß Gesetze der Zustimmung der Kommandantur bedürfen. Bei dieser Vorschrift wurde also, wie die SPD meint, von der Voraussetzung ausgegangen, daß die Stadtverordnetenversammlung Gesetze erlassen darf.

Die Alliierten haben eine schriftliche Antwort auf das sozialdemokratische Ersuchen um Entscheidung über die Legislative in Aussicht gestellt. Die SPD vertritt die Ansicht, daß diese grundsätzliche Entscheidung für Berlin von größter Bedeutung sein werde. Die Verfassung und das Berliner Parlament würden erst dann voll wirksam werden können, wenn die Stadtverordneten das Recht der Gesetzgebung ausüben dürfen.

Pressekonferenz bei Ostrowski

Eigenbericht „Der Abend"

Berlin, 8. Februar

Der Berliner Oberbürgermeister hat den Wunsch, mit der Presse in Berlin engere Fühlung zu nehmen. Veröffentlichungen der letzten Zeit hätten gezeigt, wie notwendig es sei. Dr. Ostrowski wird deshalb heute seine erste Pressekonferenz durchführen.

Streit um enteignete Betriebe

Eigenbericht „Der Abend"

Dresden, 8 Februar

Die Zustimmung der Belegschaften wird von der sächsischen Landesregierung als Vorbedingung für die Rückgabe enteigneter Betriebe in Privathand angesehen.

Die Regierung und die drei Blockparteien hatten vor einiger Zeit eine Entschließung gefaßt, nach der die bisherigen Betriebsenteignungen nachgeprüft und gegebenenfalls rückgängig gemacht werden sollten. Die jetzt von der Regierung gemachte Einschränkung war in der Entschließung nicht vorgesehen.

In einigen Betrieben, die an den ursprünglichen Besitzer zurückgegeben werden sollten, da sich die gegen den Eigentümer erhobenen Vorwürfe nicht als stichhaltig erwiesen hatten, war es in letzter Zeit zu Kundgebungen der Arbeiter gekommen. Die Art der Kundgebungen, in denen mit vorher festgelegten Entschließungen gegen die Rückgabe der Betriebe protestiert wurde, läßt auf eine gutorganisierte, seit langem geplante Aktion schließen.

(Siehe auch Seite 2)

Die deutschen Ostseehäfen

Eigenbericht „Der Abend"

Stralsund, 8. Februar

Der Ausbau und die Wiederinstandsetzung der Häfen von Greifswald, Wolgast und Anklam wurden auf einer Schiffahrtskonferenz in Stralsund gefordert. Die Erweiterung des Hafens von Greifswald zu einem größeren Warenumschlagplatz soll etwa drei Millionen Mark kosten, die Instandsetzung des Hafens von Anklam dreihunderttausend Mark.

Finnlands Wirtschaft optimistisch

Stockholm, 8. Februar (AP)

Finnlands Wirtschaft habe ihre Krise zum größten Teil überstanden, erklärte der finnische Finanzminister Toergren in einem Interview.

Mit einer Inflation sei nicht mehr zu rechnen. Entscheidend für die Wirtschaftsbesserung sei die Unterstützung der Regierung durch die finnische Gewerkschaften gewesen. Sie habe sich auf der Erkenntnis aufgebaut, daß niedrige Preise und niedrige Besteuerung wichtiger als Lohnaufbesserung seien.

Zu den Verhandlungen mit Rußland über die deutschen Guthaben in Finnland sagte der Minister, daß das Abkommen Finnland wirtschaftlich entlasten werde, weil es jetzt wisse, wie diese Guthaben im Werte von sechs Milliarden Finnmark verwendet würden, während sie bisher ein unbekannter Faktor im finnischen Stabilisierungsplan waren. Die Regelung zeige, daß die Russen für die finnischen Schwierigkeiten Verständnis hätten.

Indischer Botschafter für USA

Neu Delhi, 8. Februar (AP)

Der erste indische Botschafter für die Vereinigten Staaten, Asaf Ali, hat sich im Flugzeug nach Amerika begeben, um seinen Posten in Washington anzutreten.

SIE MUSSEN DAS LAND VERLASSEN. *Frauen, Kinder und sonst „entbehrliche" Personen britischer Staatsangehörigkeit werden jetzt aus Palästina evakuiert.* Foto: AP

„Im richtigen Zeitpunkt und durchaus berechtigt"

Times über Robertson

London, 8. Februar (AP)

Die feste Haltung General Robertsons auf der Sitzung des Alliierten Koordinierungsausschusses des Kontrollrates am 5. Februar kam nach der „Times" „im richtigen Zeitpunkt" und war „durchaus berechtigt".

Das Blatt schließt aus der stärkeren Rührigkeit des Senders Moskau und der russischen Presse in ihren Vorwürfen gegen die Methoden der Engländer und Amerikaner in Westdeutschland, es liege offenbar die Ansicht vor, die Westmächte auf der Moskauer Konferenz auf die Anklagebank zu bringen und der Welt einschließlich der Deutschen einzureden, daß, wenn auf dieser Konferenz Zugeständnisse und Aenderungen in der Politik erfolgen sollten, diese allein von England und den USA erwartet werden müßten.

Den entscheidenden Aktionen der Westmächte widme Moskau nur wenig Raum in seiner Politik. Das Blatt verweist in diesem Zusammenhang auf die neuen Bestimmungen für die Behandlung der Naziverdächtigen in der britischen Zone. Sollte der Propagandafeldzug der sowjetischen Regierung ihre wahre Einstellung zum Ausdruck bringen, so müsse man das „pessimistische Gefühl" General Robertsons hinsichtlich der Moskauer Konferenz teilen. Das ehrliche, zielbewußte und leidenschaftslose Streben der Großmächte, ihre Methoden Deutschland gegenüber auf einen Nenner zu bringen, werde größerer Gleichgültigkeit Platz machen, wenn sie durch die ständige Wiederholung der russischen Methoden glauben müßten, daß die Sowjetunion dieses Bestreben nicht immer kennt. Am meisten beunruhige bei alledem die Bereitschaft der Russen, die Deutschen in diese Streitigkeiten mit hineinzuziehen.

Krise der nationalen Front in Prag

Prag, 8. Februar (AP)

Innerhalb der nationalen Front habe eine unbefriedigende Entwicklung Platz gegriffen, mußte der kommunistische Ministerpräsident Gottwald in einer öffentlichen Erklärung feststellen.

Innerhalb der tschechischen Parteien, die gemeinsam die Regierung der nationalen Front bilden, zeigen sich Oppositions-Erscheinungen gegen das Nationalisierungs-Programm der Regierung. Kapitalistische Kreise lehnen ein strenges Vorgehen gegen den schwarzen Markt ab und mischen sich in die Preispolitik der Regierung ein. In der Prager Parteipresse beschuldigt eine Partei die andere, die nationale Front in Gefahr zu bringen.

Jede Partei, die die Regierung übernehmen könnte, müßte dennoch den nach russischem Vorbild aufgezogenen Zweijahresplan der Regierung Gottwald übernehmen, da die Nachkriegslage der Tschechoslowakei große Anstrengung auf dem Gebiet der Wirtschaft und des Gesellschaftslebens erforderlich macht. Bricht die nationale Front auseinander, könnte eine neue Regierung nur in Form einer Koalition gebildet werden.

Für Rußland-Anleihe

Woking, 8. Februar (AP)

Eine amerikanische Anleihe an die Sowjetunion befürwortete der ehemalige Vorsitzende der britischen Labour Party, Professor Laski.

Eine solche Anleihe würde Rußland von der Notwendigkeit des Friedens und vom Friedenswillen Amerikas überzeugen, da eine große Wiederaufbauanleihe das Leben der Sowjetbürger für die nächsten zwanzig Jahre erleichtern würde. Gleichzeitig würden dadurch Arbeitslosigkeit und Wirtschaftskrisen in Amerika verhütet und eine Verständigung zwischen den beiden Ländern angebahnt.

Stettiner Hafen in polnischer Verwaltung

Warschau, 8. Februar (DPD)

Der Hafen von Stettin ist, wie in Warschau bekanntgegeben wurde, durch den sowjetischen Kommandanten jetzt endgültig der polnischen Verwaltung übergeben.

Lediglich einige Hafeneinrichtungen stehen weiterhin den sowjetischen Militärbehörden zur Verfügung.

Großfeuer in Suhl

Eigenbericht „Der Abend"

Suhl/Thüringen, 8. Februar

Durch ein Großfeuer in einer Feinmeßgerätefabrik entstand ein Schaden von 1½ Millionen Reichsmark. Der Brand war in der Versandabteilung der Firma Keilpart u. Co. ausgebrochen und vernichtete die gesamte Dezember- und Januarproduktion.

Suhl galt als thüringisches Zentrum der ostdeutschen Rüstungsindustrie.

Amnestie für Soldaten

Rom, 8. Februar (DPD/Reuter)

Bei ihrer Vereidigung auf die Republik wird den italienischen Soldaten Amnestie für militärische Vergehen und Verbrechen gewährt werden.

Februar 1947

16. Februar, Sonntag

Der deutsche Generaloberst Alexander Löhr, der als Fliegergeneral 1941 den Luftangriff auf Belgrad befohlen hatte, wird von einem jugoslawischen Militärgericht zusammen mit sechs anderen Generalen zum Tod durch Erschießen verurteilt.

Die UdSSR protestiert gegen eine Äußerung des US-amerikanischen stellvertretenden Außenministers Dean Acheson, in der er die Politik der Sowjetunion als expansionistisch und aggressiv bezeichnet hatte.

Der finnische Staatspräsident Juho Paasikivi erläutert Finnlands Bedeutung als militärische Schutzstellung für die Sowjetunion. → S. 36

In Prag beginnt die Eishockey-Weltmeisterschaft, die bis zum 23. Februar dauert (→ 23. 2./S. 45).

Bei den Eiskunstlauf-Weltmeisterschaften in Stockholm siegt bei den Männern Hans Gerschwiler (Schweiz). Bei den Frauen gewinnt Barbara Anne Scott (USA). → S. 45

17. Februar, Montag

Die »Jewish Agency« nimmt den britischen Beschluß, das Palästina-Problem vor die UNO zu bringen, an (→ 1. 5./S. 90).

Der Präsident des slowakischen Nationalrates, Josef Lettrich, spricht sich für einen tschechoslowakischen Einheitsstaat und gegen eine Autonomie der Slowakei aus.

Die »Stimme Amerikas« beginnt mit der Ausstrahlung eines Programms in russischer Sprache.

Infolge der großen Kälte nimmt der Diebstahl von Kohle sprunghaft zu. In Weißenfels in der Ostzone ist die Polizei gezwungen, von der Schußwaffe Gebrauch zu machen.

Wegen der großen Kälte frieren die Niagarafälle im US-Bundesstaat New York ein. → S. 43

18. Februar, Dienstag

Die USA fordern in einem Antrag an die UNO die Treuhänderschaft über die 650 ehemaligen japanischen Mandatsinseln im Pazifik.

Gian Carlo Menottis Opern »Das Medium« und »Das Telefon« werden in New York uraufgeführt.

19. Februar, Mittwoch

Die Ministerpräsidenten der Länder der deutschen Bizone setzen einen Ausschuß ein, der sich mit der Formulierung einer Stellungnahme zu einem Friedensvertrag mit Deutschland befassen soll.

Teile der Goldreserven der österreichischen Nationalbank im Wert von rund sieben Millionen US-Dollar werden von der US-amerikanischen Militärregierung in Österreich an die Bundesregierung zurückgegeben.

Eine jugoslawische Delegation hat ihre Reparationsansprüche gegenüber Österreich dem Rat der stellvertretenden Außenminister in London angemeldet. Jugoslawien verlangt die Zahlung von 150 Millionen US-Dollar.

Die beiden großen US-amerikanischen Gewerkschaften American Federation of Labor (AFL) und Congress of Industrial Organization (CIO) bilden einen gemeinsamen Ausschuß, um gegen die ihrer Ansicht nach arbeitnehmerfeindliche Politik der Regierung vorzugehen.

In New Haven im US-Bundesstaat Connecticut stellt Joe Verdeur mit 2:35 Min. einen neuen Weltrekord im 200-m-Brustschwimmen auf.

20. Februar, Donnerstag

Vor dem britischen Unterhaus gibt Staatsminister John Hynd bekannt, daß künftig die in der britischen Zone Deutschlands lebenden »Displaced Persons« der deutschen Bevölkerung wirtschaftlich gleichgestellt werden. → S. 40

Die britische Militärregierung in Deutschland beschließt, die Insel Helgoland nicht, wie ursprünglich beabsichtigt, zu zerstören, sondern nur die Befestigungsanlagen zu schleifen (→ 18. 4./S. 71).

Der britische Premierminister Clement Attlee kündigt vor dem Unterhaus die beschleunigte Entlassung Indiens in die Unabhängigkeit und die Ernennung von Lord Louis Mountbatten zum neuen Vizekönig von Indien an. → S. 37

Wegen der anhaltenden Kälte und des großen Kohlemangels muß das Volkswagenwerk in Wolfsburg seine Produktion vorläufig einstellen.

Die US-amerikanische Militärverwaltung in Deutschland genehmigt die Neugründung des Münchner Bundes, der dem Deutschen Werkbund angehört. → S. 44

21. Februar, Freitag

In einer Botschaft an den Kongreß ersucht US-Präsident Harry S. Truman um Bewilligung eines Betrages bis zu 350 Millionen Dollar für die Fortsetzung der Hilfsaktionen der UN-Flüchtlingsorganisation UNRRA zugunsten der befreiten Länder Europas.

22. Februar, Sonnabend

In der britischen und US-amerikanischen Besatzungszone Deutschlands werden mehrere hundert Deutsche unter dem Verdacht verhaftet, eine nationalsozialistische Untergrundorganisation gegründet zu haben. → S. 39

Die Kommunistische Partei Großbritanniens veranstaltet ihren 19. Parteikongreß, an dem u. a. eine deutsche Gastdelegation unter Leitung des KPD-Vorsitzenden der britischen Zone, Max Reimann, teilnimmt.

In Tschungking stürzt ein zweimotoriges Transportflugzeug der chinesischen Luftwaffe ab. Dabei kommen alle 21 Insassen ums Leben.

Eine Radioapparate-Fabrik in Chikago im US-Bundesstaat Illinois stellt das kleinste Radio der Welt vor: Es ist 20 cm lang und 10 cm hoch.

23. Februar, Sonntag

Der deutsche Atomphysiker Werner Heisenberg erklärt, daß er in Deutschland bleiben werde. → S. 40

Die US-amerikanische Militärverwaltung in Deutschland gibt bekannt, daß in den letzten zehn Monaten über 400 Anträge für deutsche Forschungsvorhaben gestellt worden sind. → S. 43

Die 13. Eishockey-Weltmeisterschaft in Prag gewinnt überraschend die Tschechoslowakei. → S. 45

24. Februar, Montag

Der ehemalige deutsche Reichskanzler Franz von Papen wird von der Spruchkammer in Nürnberg als Hauptschuldiger eingestuft und zu einer Strafe von acht Jahren Zwangsarbeit verurteilt. → S. 39

In Portland im US-Bundesstaat Oregon werden erste Versuche unternommen, aus Atomkraft elektrische Energie zu gewinnen. Nach Ansicht von Experten wird es jedoch noch Jahre dauern, ehe an eine kommerzielle Nutzung der Kernenergie gedacht werden kann.

25. Februar, Dienstag

Der Staat Preußen wird als »Träger des Militarismus und der Reaktion« durch das Kontrollratsgesetz Nr. 46 aufgelöst. → S. 38

Die Tschechoslowakei und Jugoslawien schließen ein bis 1951 gültiges Warenlieferungsabkommen ab.

26. Februar, Mittwoch

Der ehemalige Generalsekretär und Abgeordnete der ungarischen Kleinlandwirtepartei, Bela Kovacs, wird von Organen der sowjetischen Truppen in Ungarn verhaftet. Er wird beschuldigt, Attentate und Spionage gegen die Rote Armee organisiert zu haben (→ 19. 3./S. 55).

In Prag beginnt die Konferenz des Internationalen Bundes demokratischer Frauen, auf der 21 Nationen, darunter auch eine Delegation aus der UdSSR, vertreten sind.

Nach dem Rücktritt des Leningrader Parteisekretärs der KPdSU, Marschall Andrei A. Schdanow, wird Iwan Parienow Mitglied des Politbüros der kommunistischen Partei.

Vor dem Wiener Volksgerichtshof wird der Prozeß gegen den früheren österreichischen Außenminister Guido Schmidt eröffnet. Er wird der Förderung der NS-Bewegung und des Anschlusses Österreichs an Deutschland beschuldigt.

Am Holmenkollen in Norwegen finden ein 50-km-Skilanglaufwettbewerb und ein Spezialsprunglauf statt. → S. 45

27. Februar, Donnerstag

Der Oberste Chef der sowjetischen Militärverwaltung in Deutschland, Marschall Wassili D. Sokolowski, erläßt einen Befehl, wonach 25 ursprünglich zur Demontage vorgesehene Betriebe in der SBZ an die deutschen Behörden zurückgegeben werden sollen.

Der frühere US-Präsident Herbert Hoover fordert die USA und Großbritannien auf, je 475,5 Millionen US-Dollar zur Beschaffung von Nahrungsmitteln für Deutschland bereitzustellen.

In Luzern beginnt das erste Treffen führender Vertreter christlich-demokratischer Parteien aus mehreren westeuropäischen Ländern. Bei dem bis zum 2. März dauernden Treffen wird eine aktive Zusammenarbeit beim Aufbau Europas beschlossen.

Infolge der Kältewelle ist der Eisenbahnverkehr in Deutschland stark behindert. Allein in der Bizone liegen 326 Güterzüge fest (→ 10. 2./S. 41).

28. Februar, Freitag

Im Alliierten Kontrollrat für Deutschland bezeichnet der Oberste Chef der sowjetischen Militärverwaltung, Marshall Iwan D. Sokolowski die Gründung der Bizone als eine Verletzung des Potsdamer Abkommens von 1945 (→ 1. 1./S. 16).

Heinrich Tillessen wird von einem Gericht in Konstanz wegen Beteiligung an der Ermordung des ehemaligen deutschen Reichsfinanzministers und Zentrumspolitikers Matthias Erzberger 1921 zu 15 Jahren Zuchthaus verurteilt.

Der Landtag von Sachsen verabschiedet eine neue Verfassung.

Islands Regierung protestiert gegen einen im US-Repräsentantenhaus gemachten Vorschlag, wonach das Land den Vereinigten Staaten beitreten soll.

Bei den Deutschen Eiskunstlauf-Meisterschaften in Garmisch-Partenkirchen siegt bei den Frauen Inge Jell; bei den Männern gewinnen Horst Faber und im Paarlaufen Ria Baran und Paul Falk (→ S. 45).

In Berlin sind wieder 72 Tankstellen in Betrieb. Bei Kriegsende waren es nur drei und 1939 insgesamt 2497.

Gestorben:

1. Köln: Paul Moldenhauer (*2. 12. 1876, Köln), deutscher Versicherungswissenschaftler, ehemaliger Reichsfinanzminister.

5. Berlin: Hans Fallada (eigentlich Rudolf Ditzen; *21. 7. 1893, Greifswald), Schriftsteller. → S. 44

Geboren:

27. Riga/UdSSR: Gidon M. Kremer, sowjetischer Violinist.

Die anhaltende Kältewelle in Deutschland erschwert auch die Aufräumarbeiten in den deutschen Städten, berichtet die Kölner »Neue Illustrierte« am 21. Februar 1947

KÖLN, 21. FEBR. 1947 **NEUE JLLUSTRIERTE** 2. JAHR, Nr. 4 / 30 Pfg.

Während der dritten Kältewelle

Das Fett in den Rollenlagern der Krane, die beim Aufbau einer neuen Kölner Brücke eingesetzt sind, wird durch die anhaltende Kälte dauernd hart. Dann muß, oft mehrmals am Tag, ein Arbeiter mühsam hochgehievt werden und die Taue nachziehen, bis die Rollen wieder laufen. Für diese Arbeit, 40 Meter hoch über den Eisschollen des Rheins, erhält er die tariflich festgesetzte Höhenzulage von zehn Pfennig die Stunde.

Aufnahme: Erich Lambertin

Der britische Außenminister Bevin (Mitte) setzt in Paris seine Unterschriften unter die Friedensverträge

Friedensverträge unterzeichnet

10. Februar. In Paris unterzeichnen Vertreter der USA, Großbritanniens, Frankreichs und der UdSSR die Friedensverträge mit Rumänien, Bulgarien, Ungarn, Finnland und Italien. Diesen ehemaligen Verbündeten des Deutschen Reiches während des Zweiten Weltkrieges wird dadurch die Rückkehr in die internationale Staatengemeinschaft ermöglicht. Außer den vier Großmächten unterzeichnen noch 20 weitere Staaten das Vertragswerk.

Die Friedensverträge regeln die Zahlung von Reparationen und legen Gebietsabtretungen sowie die Höhe der Truppenstärken in den betroffenen Ländern fest.

Italien verliert sämtliche Kolonien sowie die Inselgruppe des Dodekanes in der Ägäis, die an Griechenland fällt. Einen besonderen Verlust stellt die Abtretung der Halbinsel Istrien an Jugoslawien dar. Die Hafenstadt Triest und deren Umgebung kommen als Freistaat unter internationale Kontrolle. Darüber hinaus verpflichtet sich Italien zur Zahlung von Reparationen in einer Höhe von 360 Millionen US-Dollar. Den Streitkräften des Landes werden zahlreiche Beschränkungen auferlegt; so muß z. B. die Flotte erheblich reduziert werden.

Finnland verliert einen Teil seines Territoriums, wie z. B. das Gebiet von Petsamo am Eismeer sowie die karelische Landenge an die Sowjetunion. Darüber hinaus erhält die UdSSR auf der Halbinsel Porkkala in der Nähe der finnischen Hauptstadt Helsinki einen Militärstützpunkt. Schließlich muß Finnland Reparationen in Höhe von 300 Millionen US-Dollar entrichten. Der Umfang der Streitkräfte des Landes wird auf 41 000 Mann festgelegt.

Ungarn wird in den Grenzen von 1938 wiederhergestellt. Siebenbürgen, das 1940 an Ungarn gefallen war, geht an Rumänien zurück. Von den 300 Millionen US-Dollar Reparationen erhält allein die UdSSR 200 Millionen.

Rumänien verliert Bessarabien und die Bukowina an die UdSSR. Darüber hinaus sind 300 Millionen US-Dollar in Sachwerten zu bezahlen.

Bulgarien muß seine Streitkräfte reduzieren sowie Reparationen in einer Höhe von insgesamt 70 Millionen US-Dollar entrichten.

Finnland als Nachbarland der UdSSR

16. Februar. Der finnische Staatspräsident Juho Paasikivi erklärt, Finnland werde gegen jede Macht kämpfen, die versuchen sollte, die Sowjetunion über finnisches Territorium anzugreifen.

Finnland hatte sich zwischen 1939 und 1944 zweimal im Kriegszustand mit der UdSSR befunden. Angesichts der sowjetischen Übermacht hatte es 1944 einen Waffenstillstand schließen und Gebietsabtretungen hinnehmen müssen. Der Friedensvertrag vom 10. Februar 1947 bestätigt zwar die Souveränität des Landes, beinhaltet aber auch, daß die UdSSR auf der Halbinsel Porkkala in der Nähe der Hauptstadt Helsinki einen Militärstützpunkt unterhält.

Um Finnlands Unabhängigkeit besorgt: Staatspräsident Paasikivi

Vorgeschichte der Verträge

10. Februar. Die Friedensverträge mit (Italien, Finnland, Rumänien, Ungarn und Bulgarien) erlegen den betroffenen Staaten zum Teil sehr harte Bedingungen auf.

Mit der Aushandlung der Friedensbedingungen war der Rat der Außenminister der vier Hauptsiegermächte des Zweiten Weltkrieges (USA, Großbritannien, UdSSR und Frankreich) beauftragt, der im August 1945 auf der Potsdamer Konferenz eingerichtet wurde.

Erste Beratungen fanden im September 1945 in London statt. Eine Einigung konnte damals jedoch nicht erzielt werden. Zur weiteren Beratung der Vertragsentwürfe wurde dann am 29. Juli 1946 in Paris eine Friedenskonferenz einberufen, die bis zum 15. Oktober 1946 dauerte. An ihr nahmen Vertreter von insgesamt 21 Ländern teil. Neben den vier Hauptsiegermächten zählten dazu u. a. auch Kanada, Neuseeland und Äthiopien.

Die endgültige Einigung über die Friedensverträge erzielte dann der Rat der Außenminister im Dezember 1946 auf seiner Tagung in New York und beauftragte einen Sonderausschuß mit der Formulierung der Verträge. Diese Arbeit konnte am 17. Januar 1947 abgeschlossen werden.

Zahlreiche Kontroversen begleiteten die Aushandlung der Vertragsbedingungen. Schließlich konnte die UdSSR in den Staaten, die von der Roten Armee besetzt worden waren (Rumänien, Ungarn und Bulgarien) ihre Forderungen durchsetzen. Dies gelang ihr auch gegenüber Finnland, dessen Souveränität jedoch gewahrt bleibt. Im Fall Italiens bestimmen dagegen die Westmächte die Friedensbedingungen.

In den betroffenen Ländern kommt es zu Protesten gegen die Verträge. So strebt die italienische Regierung eine Revision an. Kritische Stimmen sind auch aus Rumänien, Bulgarien, Jugoslawien und Ungarn zu hören.

Mountbatten (in weißer Uniform) auf den Stufen der Dunbar Hall in Neu Delhi vor der Amtsübernahme

Mountbatten (in weißer Uniform an der Seite seiner Frau) auf der Fahrt zur Amtsübernahme in Neu Delhi

Unabhängigkeit Indiens geplant

20. Februar. Im britischen Unterhaus in London gibt Premierminister Clement Attlee eine vielbeachtete Erklärung zur Zukunft Indiens ab: Es sei die endgültige Absicht der britischen Regierung, spätestens bis Juni 1948 die Macht in Indien an die Inder selbst zu übertragen.

Mit dieser Ankündigung einer schnellen Entlassung Indiens in die Unabhängigkeit will die Regierung in London gleichzeitig die indische verfassunggebende Versammlung, die sich am 9. Dezember 1946 konstituiert hatte, unter Druck setzen. Diese ist durch interne Streitigkeiten zwischen der Moslem-Liga und den in der Mehrheit befindlichen Hindus der Kongreß-Partei bisher nicht zu einer konstruktiven Arbeit gekommen (→ 30. 3./S. 55).

Während das Echo der indischen Politiker auf die Erklärung Attlees überwiegend positiv ausfällt, übt der Führer der britischen Konservativen, Winston Churchill, scharfe Kritik, besonders an der von Attlee angekündigten Ablösung des Generalgouverneurs und Vizekönigs für Indien, Lord Archibald Wavell, durch Lord Louis Mountbatten.

Lord Mountbatten neuer Vizekönig

Mountbatten

Der neue Vizekönig Indiens, Lord Louis Mountbatten, der am 24. März in Neu Delhi inthronisiert wird, ist in Großbritannien bereits ein sehr populärer Volksheld. Im Zweiten Weltkrieg machte er sich als erfolgreicher Befehlshaber in Nordafrika sowie Birma einen Namen und gilt als Kenner Asiens. Der 46jährige Mountbatten ist der Sohn des aus Hessen stammenden Prinz Ludwig von Battenberg, der als Chef der britischen Admiralität bei Ausbruch des Ersten Weltkrieges zurücktreten mußte.

Kohlekrise in Großbritannien

10. Februar. In Großbritannien kommt es infolge der seit Januar andauernden Kälte zu einer Kohlekrise. Die Produktion der britischen Industrie ist durch den Brennstoffmangel zu großen Teilen lahmgelegt, so daß es zu Massenentlassungen kommt. Etwa zwei Millionen Menschen verlieren ihre Arbeit.

In London sind die Elektrizitätswerke durch die Kohlekrise nicht mehr in der Lage, ausreichend Strom zu erzeugen. Die Folge sind Stromsperren, die das Leben in den kalten Wohnungen zusätzlich erschweren (→ 12. 8./S. 136).

Stromabschaltungen während der Krise: Theaterkasse in London

Kongreß ergänzt USA-Verfassung

7. Februar. In Washington verabschiedet das Repräsentantenhaus der Vereinigten Staaten von Amerika die 27. Ergänzung der Verfassung des Landes seit seiner Gründung im Jahre 1776. Dieses »Amendment« sieht vor, daß der Präsident der USA künftig nur einmal wiedergewählt werden kann. Ein entsprechender Gesetzentwurf kam auf Betreiben der Republikanischen Partei zustande, die im Kongreß die Mehrheit besitzt. Sie will eine ähnlich lange Amtszeit wie die Franklin D. Roosevelts für die Zukunft verhindern. Roosevelt war insgesamt zwölf Jahre Präsident der USA.

Innenansicht der Kuppelhalle des Kapitols, Sitz des US-Kongresses

Stettiner Hafen kommt zu Polen

12. Februar. Zwischen Regierungsvertretern der Sowjetunion und Polens wird in Warschau ein Abkommen unterzeichnet, das die Übergabe des Hafens von Stettin in polnische Verwaltung vorsieht. Entsprechende Verhandlungen konnten nach einmonatiger Dauer abgeschlossen werden. Der Stettiner Hafen war 1945 im Gegensatz zu den übrigen deutschen Ostgebieten noch nicht unter polnische Verwaltung gestellt worden. Der am Ausgang des Stettiner Haffs gelegene Tiefwasserhafen von Swinemünde bleibt vorerst noch unter sowjetischer Kontrolle.

Kerzenschein in einem Londoner Lokal während der Stromsperre

Das Ahlener Programm der CDU

3. Februar. In Ahlen/Westfalen tritt der CDU-Sozialausschuß der britischen Besatzungszone Deutschlands zur Beratung und Verabschiedung »präziser Vorschläge für die strukturelle Neuordnung der Wirtschaft im Sinne der christlichen Gesellschaftsreform« zusammen.

Ohne den Begriff Sozialismus in das Programm aufzunehmen, proklamieren die CDU-Politiker (Konrad Adenauer, Friedrich Holzapfel, Otto Schmidt, Karl Schröter u. a.) das Ziel der Umwandlung der kapitalistischen in eine sozialistische Gesellschaftsordnung: »Inhalt und Ziel dieser sozialen und wirtschaftlichen Neuordnung kann nicht mehr das kapitalistische Gewinn- und Machtstreben, sondern nur das Wohlergehen unseres Volkes sein. Durch eine gemeinwirtschaftliche Ordnung soll das deutsche Volk eine Wirtschafts- und Sozialverfassung erhalten, die dem Recht und der Würde des Menschen entspricht, dem geistigen und materiellen Aufbau unseres Volkes dient und den inneren und äußeren Frieden sichert.«

Nach diesen Leitsätzen werden die Vorstellungen der CDU für eine Wirtschaftsstruktur präzisiert:

- ▷ Die Wirtschaft muß der Entfaltung der schaffenden Menschen und der Gemeinschaft dienen
- ▷ Ziel der Wirtschaft muß die Bedarfsdeckung des Volkes sowie die Freiheit der Person sein
- ▷ Die Zusammenballung wirtschaftlicher Kräfte (Kartelle), durch die die wirtschaftliche oder persönliche Freiheit gefährdet werden kann, muß verhindert werden

Der Abend
EINE ZEITUNG FÜR BERLIN
2. JAHR · NR. 30 MITTWOCH, 5. FEBRUAR 1947 15 PFG. AUSWÄRTS 20 PFENNIG

KARDINAL GRAF PREYSING *fliegt heute nach den USA, wenn das Wetter den Start erlaubt. Er folgt damit einer Einladung der amerikanischen Erzbischöfe. Der Kardinal wird für die großzügige Hilfe den Caritativen Verbänden danken und versuchen, neue Hilfsquellen für das leidende deutsche Volk zu erschließen.*
Sonderaufnahme „Der Abend": Vitanova/Blaurock

Adenauers Sozialprogramm

Ahlen, 5. Februar (DPD)
Ein umfassendes Sozialprogramm wurde auf der Zonentagung der CDU durch Konrad Adenauer bekanntgegeben und vom Zonenausschuß angenommen. In diesem Programm wird zu den Problemen der Vergesellschaftung, der industriellen Wirtschaftsstruktur und der Beziehungen zwischen Arbeitnehmer und Arbeitgeber Stellung genommen. Das Programm umfaßt acht Punkte.

1. Konzerne, die nicht absolut notwendig sind, sollen entflochten und in selbständige Einzelunternehmen verwandelt werden. Gewisse Unternehmungen müßten jedoch eine Mindestgröße haben, um konkurrenzfähig zu bleiben.

... obigen Grundsätze vordringlich für sie angewandt werden sollen. In besonderen Fällen wird die Form des Staatsbetriebes zweckmäßig erscheinen.

4. Auch bei der eisenschaffenden Großindustrie ist der Weg der Vergesellschaftung zu beschreiten.

5. Das Genossenschaftswesen ist auszubauen und die Rechtsform der Stiftungen zu fördern.

6. Geld- und Bankwesen sowie Versicherungsgesellschaften müssen noch stärker staatlich kontrolliert werden.

7. Leistungsfähige Klein- und Mittelbetriebe sind zu fördern.

8. Rechtsmäßig erworbenes Eigentum ist bei der Durchführung dieser

Deutscher Kommunist in USA verhaftet

New York, 5. Februar (AP)
Wegen Verletzung des Gesetzes über feindliche Ausländer wurde der Kommunist Eisler in seinem New-Yorker Heim verhaftet. Er soll nach Ellis Island zur eventuellen Ausweisung nach Deutschland gebracht werden.

Eisler war schon im Oktober des vergangenen Jahres von dem ehemaligen Führer der Kommunistischen Partei der USA, Budenz, bezichtigt worden, der Drahtzieher der kommunistischen Umtriebe in den USA zu

D'e Frage der Urwahl

Eigenbericht „Der Abend"
Berlin, 5. Februar
Der FDGB hat die geplante Konferenz der gewählten Vorstände der Berliner Gewerkschaften von Sonnabend auf Freitag vorverlegt, um einer Konferenz zuvorzukommen, die für Sonnabend von der SPD geplant worden ist, wie wir von in-

Das Ahlener Programm der CDU stößt in der Öffentlichkeit auf großes Interesse, wie die Titelseite der Berliner Zeitung »Der Abend« zeigt

Konrad Adenauer, Vorsitzender der CDU in der britischen Zone

Weiterhin will die CDU durch die Einführung des machtverteilenden Prinzips der Konzentration wirtschaftlicher und damit politischer Macht begegnen.

Die Leitung monopolartiger Unternehmen soll paritätisch vom Staat und den Betriebsbelegschaften besetzt werden. Zur Neuregelung des Verhältnisses zwischen Arbeitern und Unternehmern heißt es: In den »grundlegenden Fragen der wirtschaftlichen Planung und sozialen Gestaltung« sei eine Mitbestimmung der Arbeiter erforderlich.

Der Staat Preußen wird aufgelöst

25. Februar. Der Alliierte Kontrollrat für Deutschland löst durch das Gesetz Nr. 46 den Staat Preußen auf. Seine sämtlichen Instanzen und alle nachgeordneten Behörden hören damit auf zu existieren. Die ehemaligen preußischen Provinzen »sollen die Rechtsstellung von Ländern erhalten oder Ländern einverleibt werden«. Das Vermögen sowie die Verbindlichkeiten Preußens werden den jeweiligen Nachfolgestaaten übertragen.

Zur Begründung der Auflösung Preußens heißt es in der Präambel: »Der Staat Preußen, der seit jeher Träger des Militarismus und der Reaktion in Deutschland gewesen ist, hat in Wirklichkeit zu bestehen aufgehört. Geleitet von dem Interesse an der Aufrechterhaltung des Friedens und der Sicherheit der Völker,

Für die Alliierten Sinnbild des Militarismus: Friedrich II. von Preußen

und erfüllt von dem Wunsche, die weitere Wiederherstellung des politischen Lebens in Deutschland auf demokratischer Grundlage zu sichern, erläßt der Kontrollrat dieses Gesetz.«

Mit der Übernahme der Regierungsgewalt durch die Alliierten am 5. Juni 1945 hatte die preußische Regierung aufgehört zu existieren. Das Staatsgebiet wurde zwischen der sowjetischen und der britischen Besatzungszone aufgeteilt. Die faktische Auflösung Preußens ist bereits 1945 und 1946 mit Gründung der deutschen Länder vollzogen worden.

Proteste gegen Wahlen beim FDGB

11. Februar. In der Alliierten Kommandantur in Berlin einigen sich die Vertreter der vier Besatzungsmächte auf die Durchführung der Wahlen eines neuen Vorstandes des Freien Deutschen Gewerkschaftsbundes (FDGB) in Groß-Berlin am 30. März. Gegen die Art der Durchführung der Wahlen regt sich vor allem unter sozialdemokratischen FDGB-Mitgliedern Widerstand. Sie protestieren dagegen, daß die Übermacht der SED im Vorstand des FDGB auch nach den Wahlen bestehenbleibt und fordern daher eine Urwahl zur Feststellung der tatsächlichen politischen Kräfteverteilung.

Gespräch über Einheit

10. Februar. Auf Initiative der SED findet im sowjetischen Sektor Berlins eine Besprechung der Parteiführungen von LDP (Liberal-Demokratische Partei Deutschlands), CDU und SED in der Ostzone statt.

Otto Grotewohl

Wilhelm Pieck

Sie schlagen vor, einen Ausschuß zu bilden, dem sämtliche Vorsitzende aller in den vier Besatzungszonen zugelassenen Parteien angehören. Er soll Fachleute zur Teilnahme an der bevorstehenden Tagung des Rates der Außenminister in Moskau (→10. 3./S. 50) nominieren, einen Verfassungsentwurf für Deutschland ausarbeiten sowie die Ministerliste einer provisorischen gesamtdeutschen Regierung vorlegen.

Der Vorstoß der SED findet in der deutschen Öffentlichkeit besondere Beachtung, da er die Bereitschaft enthält, auch mit den Sozialdemokraten zu verhandeln, was bisher abgelehnt wurde.

Von Papen verurteilt

24. Februar. Der ehemalige deutsche Reichskanzler Franz von Papen wird von einer Nürnberger Spruchkammer zu acht Jahren Arbeitslager und zur Einziehung seines Vermögens verurteilt. In der Urteilsbegründung heißt es, von Papen habe 1933 beim Zustandekommen der Regierung Adolf Hitlers eine ausschlaggebende Rolle gespielt. Als Vizekanzler habe er die Politik der Nationalsozialisten gedeckt und seine anfängliche Opposition zu Hitler allmählich aufgegeben. Als Gesandter in Wien habe er den Anschluß Österreichs vorbereitet.

Von Papen sei zwar in seiner Einstellung kein Nationalsozialist gewesen. Er habe sich jedoch irrigerweise zur Erreichung seines politischen Ziels – der Wiedereinführung der Monarchie – der NSDAP bedienen wollen. Entlastend sei dagegen, daß von Papen sich während des Zweiten Weltkriegs um die Herbeiführung eines Friedens bemüht habe.

Von Papen will gegen das Urteil Berufung einlegen. Im Nürnberger Hauptkriegsverbrecherprozeß war von Papen am 1. Oktober 1946 freigesprochen worden.

Der ehemalige Reichskanzler von Papen (r.) vor der Spruchkammer

Prozeß gegen Flick

8. Februar. Vor einem US-amerikanischen Militärgericht in Nürnberg beginnt der Kriegsverbrecherprozeß gegen den Industriellen Friedrich Flick. Mitangeklagt sind vier enge Mitarbeiter Flicks, dessen Unternehmen eines der größten deutschen Eisen- und Stahlwerke ist.

Den Angeklagten wird vorgeworfen, sich an der nationalsozialistischen Ausbeutung von Arbeitskräften beteiligt zu haben. Zwangsarbeiter und Kriegsgefangene seien während des Zweiten Weltkriegs in der Rüstungsproduktion eingesetzt und in unmenschlicher Weise ausgebeutet worden.

In der Anklageschrift heißt es, die Beschuldigten hätten »unter dem Deckmantel der Naziherrschaft Kriegsverbrechen und Verbrechen gegen die Menschlichkeit in einem ungeheuren Ausmaß« begangen.

Außerdem habe sich der Flick-Konzern an der Plünderung der von der deutschen Wehrmacht besetzten Länder beteiligt und sei Nutznießer des »Arisierungsprogramms« der NS-Regierung gewesen. Zudem habe der Konzern die SS finanziell unterstützt (→ 22. 12./S. 203).

In Nürnberg auf der Anklagebank; der Industrielle Friedrich Flick (r.)

NS-Verschwörer festgenommen

22. Februar. Die US-amerikanische und die britische Militärregierung veranlassen nach monatelanger Vorbereitung die Verhaftung von mehreren hundert Deutschen in der Bizone. Sie werden beschuldigt, in allen vier deutschen Besatzungszonen am Aufbau einer nationalsozialistischen Widerstandsbewegung beteiligt gewesen zu sein.

Unter den Verhafteten sind hohe Offiziere der SA und der SS sowie andere Funktionsträger des ehemaligen nationalsozialistischen Herrschaftsapparates.

Zu den politischen Zielen der Festgenommenen gehören nach Angaben der Militärregierung der Wiederaufbau eines totalitären Systems und die Rückgewinnung der militärischen Stärke. Die Verschwörer treten für die Wiedereingliederung von Ostpreußen und Schlesien in ein Deutsches Reich ein, sie verlangen die Einstellung der Demontagen und die Freilassung aller inhaftierten und internierten Deutschen.

Die Untergrundbewegung, der viele flüchtige Kriegsverbrecher angehören, sei nun zerschlagen, heißt es in der alliierten Erklärung.

Entnazifizierung in der Britenzone

7. Februar. Der stellvertretende britische Militärgouverneur General William H. Bishop gibt in Düsseldorf neue Instruktionen der britischen Militärregierung für die Schlußphase der Entnazifizierung in ihrer Besatzungszone bekannt.

In der Anordnung wird unterschieden zwischen Kriegsverbrechern, Nationalsozialisten, Militaristen und Jugendlichen. In der Kategorie »Nationalsozialisten« wird zwischen »Übeltätern«, »geringeren Übeltätern« sowie »Anhängern« (des Nationalsozialismus) differenziert. Das Maß der Strafen und Sanktionen reicht vom Todesurteil für Kriegsverbrecher bis zur folgenlosen Einstufung als Mitläufer oder Minder- bzw. Unbelastete. Außerdem ist in der neuen Verordnung vorgesehen, den deutschen Spruchkammern mehr Verantwortung für die politische Säuberung als bisher zu übertragen. Dazu führt General Bishop aus: »Es ist das Ziel der Militärregierung und der deutschen Behörden, die Entnazifizierung so rasch wie möglich ein für allemal zu Ende zu führen.«

Grundlage für die neue Anordnung ist eine Direktive des Alliierten Kontrollrats für Deutschland vom 12. Oktober 1946. Darin wird eine für alle Besatzungszonen gültige Bestrafung all derjenigen festgelegt, die das nationalsozialistische Regime unterstützt haben. Ziel ist es, den Nationalsozialismus und Militarismus auf Dauer auszurotten. Trotz dieser Anordnung wird die Entnazifizierung in den vier Besatzungszonen sehr unterschiedlich gehandhabt. Aus diesem Grund beschuldigen sich nicht nur die Alliierten gegenseitig, die Entnazifizierung zu vernachlässigen, auch von deutscher Seite und aus dem Ausland wird Kritik an den unterschiedlichen Bewertungsmaßstäben laut.

Häufig gibt die Behandlung deutscher Kriegsverbrecher Anlaß zur Kritik in der Öffentlichkeit: Liegewiese im Internierungslager Ludwigsburg

Am Olympiastadion Turm gesprengt

15. Februar. Im Berliner Stadtteil Charlottenburg wird auf Anordnung der britischen Militärregierung der Glockenturm am Olympiastadion gesprengt. Die Sprengung des über 70 m hohen Turms ist wegen der bei einem Bombenangriff auf das nahegelegene ehemalige Reichsfilmarchiv während des Zweiten Weltkriegs erlittenen Beschädigungen notwendig geworden.
Auch die über 200 Zentner schwere Olympiaglocke mit der Inschrift »Ich rufe die Jugend der Welt« kann nicht gerettet werden, da in dem Glockenkorpus ein langer Riß klafft. Bei dem Abriß durch britische Pioniere kommt es zu einer Panne, da ein Teil des aus Granitblöcken gebauten Turms auf das Eingangstor zum Maifeld stürzt.
Mit dem 1936 errichteten Bauwerk verliert der von dem deutschen Architekten Werner March entworfene Olympiakomplex sein markantestes Wahrzeichen.

Das Maifeld in Berlin während der Olympischen Spiele 1936: Vorne links der am 15. Februar 1947 gesprengte Turm, hinten r. das Olympiastadion

700 000 »Displaced Persons«

20. Februar. Vor dem britischen Unterhaus gibt Staatsminister John Hynd bekannt, daß künftig die in der britischen Besatzungszone Deutschlands lebenden verschleppten Personen (»Displaced Persons«) der deutschen Bevölkerung wirtschaftlich gleichgestellt werden. Von dieser Maßnahme der Briten sind rund 234 000 Menschen betroffen.
Bei den »Displaced Persons« handelt es sich zumeist um Fremdarbeiter, die während des Zweiten Weltkrieges nach Deutschland verschleppt wurden. 1945 zählten die alliierten Siegermächte insgesamt 6,5 Millionen Zwangsarbeiter. Die meisten von ihnen konnten in den ersten Nachkriegsmonaten in ihre Heimatländer zurückgebracht werden.
1947 sind in den drei westlichen Besatzungszonen Deutschlands noch 750 000 Verschleppte in Lagern untergebracht. Viele stammen aus osteuropäischen Ländern, wohin sie aus politischen Gründen nicht zurückkehren wollen oder können.
Die meisten der »Displaced Persons« (rund 530 000) halten sich in der US-amerikanischen Besatzungszone auf. Die Lager, in denen sie untergebracht sind, werden von der UNRRA, der Flüchtlingsorganisation der UNO, verwaltet. Ihre Insassen unterstehen jedoch der Militärgerichtsbarkeit der US-Streitkräfte, die auch die Versorgung übernehmen.

Vor der Heimreise: Einkleidung der ehemaligen Fremdarbeiter

Abschied von Verwandten, die ins Heimatland zurückkehren

Heisenberg bleibt in Deutschland

23. Februar. Der deutsche Physiker und Nobelpreisträger Werner Heisenberg erklärt in Göttingen, daß er eine Berufung an die Universität von Buenos Aires in Argentinien ablehnen werde. Er fühle sich mit Deutschland eng verbunden und wolle auch in Zukunft in seiner Heimat forschen und lehren. Zu Gerüchten, man habe ihm angeboten, in den USA zu arbeiten, äußert Heisenberg, sie entbehrten jeder Grundlage. Hingegen beabsichtige er, Forschungsreisen in die Vereinigten Staaten zu unternehmen, sobald ihm die Ausreise gestattet werde.

Kriegsgefangene in Großbritannien

3. Februar. Etwa 430 000 deutsche Kriegsgefangene befinden sich in britischem Gewahrsam außerhalb Deutschlands. Rund 17 000 der ehemaligen Wehrmachtssoldaten werden monatlich in ihre Heimat entlassen. Ab Mitte des Jahres soll die Zahl der Freilassungen auf rund 20 000 erhöht werden.
Die Lebensbedingungen der Inhaftierten sind trotz der allgemein schlechten Versorgungslage in Großbritannien relativ gut. In London erhalten 50 deutsche Kriegsgefangene sogar von einem Fußballklub Freikarten für ein Spiel.

Frankreich zur Zukunft der Ruhr

2. Februar. Auf der Konferenz der Sonderbeauftragten der Außenminister der vier Hauptsiegermächte des Zweiten Weltkrieges in London legt die französische Delegation ein Memorandum zur Zukunft des Ruhrgebietes vor. Darin wird unter anderem verlangt, daß die dort befindliche Industrie in das Eigentum der Staaten überführt werden soll, die sich aktiv am Krieg gegen Deutschland beteiligt haben. Außerdem ist vorgesehen, eine internationale Kontrollorganisation für das Industrierevier zu schaffen. Frankreichs Pläne für das Ruhrgebiet finden jedoch nicht die Zustimmung der übrigen Alliierten (→ 17.1./S. 17).

In Großbritannien werden Soldaten eingesetzt, um zahlreiche vom Schnee blockierte Straßen freizuschaufeln

Treibeismassen, die gegen die belgische Küste getrieben wurden, blockieren den Hafen der Stadt Ostende

Die Auswirkungen der Kältewelle

10. Februar. Die seit Januar (→ 27. 1./S. 14) andauernde Kältewelle hält in Mitteleuropa unvermindert an. In Deutschland wie in anderen europäischen Ländern gefährdet der strenge Frost weiterhin die Versorgung der Bevölkerung und der Industrie mit Brennstoffen. Die Folge sind Hunger und schwerwiegende Produktionsausfälle.

Das Zusammentreffen von Kälte, Hunger und Energiemangel fordert vor allem in den deutschen Besatzungszonen eine hohe Zahl von Opfern. Allein in Berlin sterben in den ersten Wochen des Jahres infolge der Kältewelle 134 Menschen. Die Verzweiflung über die hoffnungslos erscheinende Lage treibt nach Angaben des Magistrats über 200 Berliner in den Freitod. In den vier Sektoren der Stadt müssen alle Lokale und Gaststätten als Wärmehallen zur Verfügung gestellt werden.

Der langanhaltende Frost führt in vielen Regionen zum Zufrieren von Flüssen und Kanälen, wodurch der Schiffsverkehr fast völlig zum Erliegen kommt. So ist der Rhein bereits auf einer Länge von 40 km zugefroren. Durch das Vereisen der als Transportwege wichtigen Wasserstraßen kann vor allem keine Kohle transportiert werden. Die Kohlenhalden im Ruhrgebiet steigen auf über eine Million Tonnen an.

In Norddeutschland, wo die Temperaturen auf bis zu 20°C unter Null sinken, reichen jedoch die Kohlenvorräte nur noch für wenige Tage. In der britischen Besatzungszone bricht der Personenverkehr fast völlig zusammen, da kaum noch Brennstoff für die Lokomotiven vorhanden ist.

Die wachsenden Transportprobleme wirken sich einschneidend auf die Versorgung der Bevölkerung mit Lebensmitteln aus. So quellen z. B. in Bremen die mit Importgetreide gefüllten Speicher über.

Großer Mangel an Lebensmitteln

Die Versorgung der Bevölkerung wird in den meisten Ländern Europas mit Lebensmittelmarken durchgeführt. (Auf dem Foto eine Hausfrau in Großbritannien beim Sortieren der Lebensmittelkarten.) Dies ist notwendig, um eine gerechte Verteilung der knappen Ernährungsgüter sicherzustellen. In Deutschland reichen die Wochenrationen kaum aus. So erhalten die deutschen Verbraucher z. B. in der britischen Zone Nahrungsmittel mit einem Kaloriengehalt von etwa 1000 Einheiten pro Tag. Ein Mensch benötigt im Durchschnitt 2400 Kalorien.

Brandkatastrophe in einem Tanzlokal

9. Februar. Bei einer Brandkatastrophe in einem Tanzlokal im Berliner Bezirk Spandau kommen über 80 Menschen ums Leben. Mehr als 40 Personen erleiden zum Teil schwere Verletzungen.

Das Feuer bricht gegen 23 Uhr in dem vollbesetzten Lokal aus, wo sich auf Einladung des Spandauer Fußballvereins etwa 800 Personen aufhalten. Die Flammen breiten sich rasch in der hölzernen Dachkonstruktion des Gebäudes aus. Obwohl das Lokal fünf Ausgänge hat, drängt die Menschenmenge in einer Panikreaktion fast ausschließlich zum Haupteingang, so daß einige der Opfer zu Boden gerissen und bis zur Unkenntlichkeit verstümmelt werden. Bei den bis in den späten Sonntagmorgen dauernden Löscharbeiten kommen noch drei britische Soldaten ums Leben.

Es wird vermutet, daß das Feuer aufgrund von falsch aufgestellten und überhitzten Öfen in dem Tanzsaal ausgebrochen ist.

Großdemonstration gegen Attentate

1. Februar. Unbekannte Attentäter verüben auf das Gebäude der Nürnberger SPD-Verwaltung ein Bombenattentat. In dem Haus sind außerdem die Oberstaatsanwaltschaft Erlangen und die Räume des Präsidenten der Spruchkammer untergebracht, der die Verhandlung gegen den ehemaligen Reichskanzler Franz von Papen führt (→ 24. 2./S. 39). Menschen kommen bei dem Anschlag nicht zu Schaden.

Der Sprengkörper war nach Angaben der Polizei in nationalsozialistischem Propagandamaterial verpackt. Da die gleichen Flugblätter kürzlich anonym in Nürnberg verteilt worden waren, wird vermutet, daß die Täter ortsansässig sind.

Am 3. Februar findet eine Protestveranstaltung von etwa 60 000 städtischen Arbeitern, Angestellten und Beamten statt. Während ihres sechsstündigen Generalstreiks fordern sie die Bevölkerung auf, bei der Ergreifung der Attentäter mitzuhelfen.

Bereits am → 7. Januar (S. 19) hatten Unbekannte einen Anschlag auf die Nürnberger Spruchkammer verübt.

Mit einem eingetauschten Sack Kartoffeln auf dem Trittbrett des Eisenbahnwagens

Boote der Kriegsmarine werden wieder Fischdampfer

In den USA kein ungewöhnliches Bild: Stau auf dem West Side Highway nahe New York

Wegen der wenigen privaten Verkehrsmittel ist der Andrang auf die Bahn groß

Reisende brauchen 1947 viel Zeit und Geduld: Planmäßige Züge sind die große Ausnahme

Straßen und Verkehr 1947:

Die Kriegsfolgen sind noch immer spürbar

Auch im zweiten Jahr nach Ende des Zweiten Weltkriegs leidet das Verkehrs- und Transportwesen in Deutschland noch immer unter dem katastrophalen Ausmaß der Zerstörungen.

Das mit Abstand wichtigste Transportmittel für den Personen- und Güterverkehr ist in Deutschland die Reichsbahn. Bei Kriegsende war ihr Betrieb nahezu vollständig zusammengebrochen. Nur Bruchteile des Streckennetzes konnten durchgehend befahren werden. Rund 10 000 Lokomotiven, 112 000 Güterwagen und etwa 13 000 Weichenanlagen waren zerstört oder zumindest stark beschädigt.

Obwohl es den Eisenbahnern unter größten Schwierigkeiten inzwischen gelungen ist, das Bahnnetz behelfsmäßig instand zu setzen, bleibt die Deutsche Reichsbahn völlig überlastet. Eine Ursache hierfür ist der schlechte Zustand der Waggons; zudem sind die wenigen guterhaltenen Personenwagen von den Alliierten für eigene Zwecke beschlagnahmt worden. Viele Güterwagen werden im Ausland stillschweigend als Reparationsleistung einbehalten. Vor allem in der Ostzone leidet der Bahnverkehr unter den von der sowjetischen Besatzungsmacht angeordneten Demontagen: So gibt es dort keine elektrifizierten Strecken mehr; Maste und Fahrdrähte gingen bereits 1946 als Reparationsleistung an die UdSSR. Viele Bahnlinien sind nur noch eingleisig befahrbar, da das zweite Gleis abgebaut wurde.

Die Reisezüge in den vier Besatzungszonen sind zumeist hoffnungslos überfüllt; die Fahrzeiten im Vergleich zur Vorkriegszeit um ein Vielfaches länger. So benötigt einer der wenigen Interzonenzüge für die Strecke von Bremerhaven nach München rund 23 Stunden. Der akute Mangel an Kohle im Hungerwinter 1946/47 hat zusätzliche Betriebseinschränkungen im Eisenbahnverkehr zur Folge.

Ohne ein funktionierendes Eisenbahnnetz besteht jedoch in näherer Zukunft kaum Aussicht auf eine durchgreifende Verbesserung der wirtschaftlichen Verhältnisse. Zwar sind inzwischen die Wasserstraßen in Deutschland wieder durchgehend befahrbar, es mangelt jedoch an ausreichendem Schiffsraum und leistungsfähigen Hafenanlagen für den Güterumschlag. Auch das deutsche Straßennetz konnte bisher nur notdürftig repariert werden. Da es zudem an Treibstoffen und Fahrzeugen fehlt, spielt der Personen- und Güterverkehr auf der Straße vergleichsweise eine nur untergeordnete Rolle.

Über 400 deutsche Forschungsanträge

23. Februar. Nach einer Mitteilung der wissenschaftlichen Kontrollabteilung der US-amerikanischen Militärregierung in Deutschland sind in den vergangenen zehn Monaten über 400 Gesuche um Erlaubnis zur Weiterführung wissenschaftlicher Forschungsarbeiten von deutschen Universitäten, Technischen Hochschulen, sowie unabhängigen Forschungseinrichtungen eingegangen.
Die Anträge beziehen sich zum überwiegenden Teil auf Forschungen in der Landwirtschaft, der Biologie und Chemie, der Medizin und Physik sowie dem öffentlichen Gesundheitswesen, wobei die Bekämpfung der Lebensmittel- und Rohstoffknappheit im Vordergrund steht.
Zu den eingereichten Projekten zählen u. a. Verfahren zur Verminderung von Kartoffelverlusten und zur Eßbarmachung von Kartoffelschalen. Untersucht werden soll auch, wie aus Holzbrei künstliches Leder gewonnen werden kann.

Georg VI. in Südafrika

17. Februar. Das britische Königspaar trifft in der südafrikanischen Hafenstadt Kapstadt zu einem über zehnwöchigen Besuch in der Südafrikanischen Union ein. An der Spitze der über 30köpfigen Delegation des britischen Königshauses stehen König Georg VI. und seine Gemahlin Elisabeth.
Während seines Aufenthalts wird Georg VI. am 21. Februar das südafrikanische Parlament formell eröffnen. Die Staatsgäste der Regierung des Feldmarschalls Jan Christiaan Smuts werden in den folgenden Wochen ein umfangreiches Programm absolvieren: So ist eine über 15 000 km lange Reise durch das Land bis zum Sambesi-Fluß und den Victoria-Fällen geplant.
Außerdem wird die königliche Delegation mehrere Häfen, Diamantengruben, Goldminen und Nationalparks besichtigen. Ebenfalls vorgesehen sind drei große Volksversammlungen, die durch die Beteiligung von einheimischen Negerstämmen den Charakter von Volksfesten haben sollen.
Die königliche Familie hat die etwa 10 000 km lange Strecke von Großbritannien an Bord des Schlachtschiffs »Vanguard« zurückgelegt.

Die britische Königsfamilie in Südafrika (vorne r.): Georg VI.

Richtlinien für Auslandsreisen

10. Februar. Die britische Militärregierung in Deutschland erläßt neue Bestimmungen für Auslandsreisen deutscher und staatenloser Personen aus ihrer Besatzungszone.
Danach ist Deutschen die Ausreise nur dann gestattet, wenn dies im Interesse der Besatzungsmacht liegt oder humanen Angelegenheiten dient. Ferner dürfen Kinder und ältere Bürger, die in ärmlichen Verhältnissen leben, in das Ausland, um bei Verwandten zu leben. Frauen und Männern, die mit ihren Familienangehörigen zusammenleben wollen, ist ebenfalls die Ausreise gestattet. Die Erlaubnis zur Ausreise erhalten schließlich auch Personen, die besonderer ärztlicher Behandlung bedürfen.
Alle vier Besatzungsmächte halten den Kreis der Auslandsreisenden sehr klein. Einen Paß benötigen die Deutschen aber auch schon dann, wenn sie von einer Besatzungszone in die andere reisen wollen.

US-Ausstellung über Deutschland

9. Februar. Die US-amerikanische Militärregierung in Deutschland beginnt in ihrer Besatzungszone und in Berlin Material für eine Ausstellung über Deutschland zu sammeln, die in den Vereinigten Staaten gezeigt werden soll.
Noch in diesem Jahr sollen Modelle deutscher Städte, Statistiken sowie Fotografien und Berichte fertiggestellt werden, die dann in mehreren Städten der Vereinigten Staaten zu sehen sein werden.
Um der US-amerikanischen Bevölkerung das Ausmaß der Zerstörung in den deutschen Städten deutlich zu machen, sollen Modelle von deutschen und US-amerikanischen Städten in ihrem jetzigen Zustand gegenübergestellt werden. Es ist geplant, anhand von Dokumenten den Zusammenbruch der nationalsozialistischen Regierung, der Wirtschaft und des gesellschaftlichen Lebens zu demonstrieren.
Ziel ist es auch, über den begonnenen Wiederaufbau, die Arbeit der Militärregierung der Vereinigten Staaten und die künftigen Absichten der Alliierten zu informieren.

Klirrender Frost läßt auch die Niagara-Fälle einfrieren

17. Februar. *Der in Nordamerika herrschende extreme Frost läßt die Niagara-Fälle zu Eis erstarren (Foto). Die im Grenzgebiet zwischen Kanada und den Vereinigten Staaten von Amerika gelegenen Wasserfälle gelten als Naturwunder. Sie werden aus den Wassermassen des Niagara River gespeist, der den Abfluß des Eriesees im US-Bundesstaat New York zum Ontariosee in Kanada bildet.*
Für die Touristen ist die bizarre Eispracht ein Erlebnis, in den Nordstaaten der USA und Ostkanadas bringt die klirrende Kälte den Verkehr jedoch vielfach zum Erliegen: Flugzeuge können aufgrund heftiger Schneestürme nicht starten und landen, der Eisenbahnverkehr muß teilweise eingestellt werden. Auch die Straßenbenutzung wird durch die Schnee- und Eismassen behindert. Zahlreiche Betriebe müssen Produktion und Vertrieb ihrer Waren wegen der niedrigen Temperaturen einstellen.

Buchausstellung in Bielefeld

7. Februar. Mit Eröffnungsansprachen eines Vertreters der britischen Besatzungsmacht in Deutschland, des Verlegers Ernst Rowohlt und des Dichters Manfred Hausmann wird in der Bielefelder Rudolf-Oetker-Halle die Ausstellung »Deutsches Buchschaffen« in einem Festakt eröffnet. Zum ersten Mal sind nicht nur sämtliche Bucherzeugnisse aller vier Zonen aus den Jahren 1945 und 1946 zu sehen, sondern auch Buchverlage aus Großbritannien, Frankreich, den USA, Schweden, den Niederlanden, Belgien und Italien vertreten.
320 Verlage zeigen insgesamt 3500 Bücher, aus dem Ausland kommen 200 Werke. Trotz Beschränkungen aufgrund von Materialknappheit finden die literarisch interessierten Besucher Weltliteratur in kleinen Buchreihen und in Einzelausgaben. Werke von Theodor Storm, Adalbert Stifter und Heinrich Heine sind zahlreich vertreten. Aber auch Autoren, die im Dritten Reich verboten waren, wie Thomas Mann, Hermann Hesse, Erich Kästner und Kurt Tucholsky, werden wieder – z. B. bei Rowohlt – verlegt.

Auch zahlreiche Berliner Verlage wie der Aufbau-Verlag, und der Verlag Neuer Weg stellen in Bielefeld ihr Publikationsprogramm aus.

Präsident des Hamburger Kulturbundes: Dichter M. Hausmann

E. Rowohlt, Verleger der rororo-Reihe (Rowohlts Rotations Romane)

Neugründung des Münchner Bundes

20. Februar. Die US-amerikanische Militärverwaltung genehmigt die Neugründung des Münchner Bundes, der früher den Deutschen Werkbund in München vertrat. Auch an anderen Orten sind Bestrebungen zur Bildung von Werkbund-Arbeitsgemeinschaften im Gang.
In dem 1907 in München gegründeten Werkbund trafen sich Architekten, Künstler, Industrielle und Kulturpolitiker wie Peter Behrens, Friedrich Naumann und Theodor Heuss. Ihnen ging es zunächst darum, hochwertige handwerkliche Leistungen zu fördern.
Später rückte das Streben nach Veredelung der in Maschinenproduktion hergestellten Massenware in den Vordergrund. Gute Ware in guter Form für die Massen war das Postulat des Bundes. Vor dem Zweiten Weltkrieg veranstaltete der Deutsche Werkbund bedeutende Ausstellungen in Köln (1914), Stuttgart (1927) und Paris (1930).

Fallada – ein Advokat der kleinen Leute

5. Februar. Der Schriftsteller Hans Fallada (eigentl. Rudolf Ditzen) stirbt im Alter von 53 Jahren in einem Berliner Krankenhaus an akuter Herzschwäche. 1893 in Greifswald geboren, hatte Fallada zunächst verschiedene Berufe ausgeübt. So arbeitete er u. a. als Buchhalter, Nachtwächter, Getreidehändler, Anzeigenwerber und Bürgermeister in Mecklenburg. Seine dabei gesammelten Erfahrungen verwertete er in seinen zeitkritisch-realistischen Romanen.
Mit seinem Erstlingswerk »Bauern, Bonzen und Bomben« (1931) gelang Fallada der schriftstellerische Durchbruch. Die Anregungen für diesen Roman erhielt er als Beobachter des Landvolkprozesses in Neumünster. In einer Zeit, in der in Schleswig-Holstein Bomben in Landratsämtern gelegt und politisch motivierte Morde verübt wurden, ergriff Fallada Partei für die verhetzten Bauern.
In »Kleiner Mann – was nun?« (1932) und in »Wer einmal aus dem Blechnapf frißt« (1934) zeichnet sich der Romanautor als scharfsinniger Beobachter seiner Zeit aus: »Mein Herz hat immer den Armen und Enterbten gehört.« Beide Romane zeigen den kleinen Mann, der sich ohnmächtig den politischen und wirtschaftlichen Verhältnissen wie Arbeitslosigkeit und Proletarisierung ausgesetzt sieht.
Als 1933 Adolf Hitler Reichskanzler wird, bleibt Fallada in Deutschland. Der Roman »Wolf unter Wölfen« (1937) markiert einen Höhepunkt in seinem Schaffen. In dieser Reportage aus der Inflationszeit werden die lähmende und hoffnungslose Atmosphäre sowie die Abgründe menschlichen Daseins ergreifend geschildert.
Auch als Kinderbuchautor tat sich Fallada hervor, wovon »Hoppel Poppel, wo bist du?« (1936) und »Geschichten aus der Murkelei« (1938) zeugen.
Auf Wunsch des Reichsministeriums für Propaganda schrieb Fallada 1938 das Drehbuch für den Film »Der Eiserne Gustav«. Er schildert das Schicksal eines Berliner Droschkenkutschers, der durch eine spektakuläre Fahrt nach Paris bekannt wird und schließlich in die NSDAP eintritt.
Als Fallada 1944 ablehnte, einen nationalsozialistischen Roman zu schreiben, muß er ins Gefängnis. Von 1945 an bis zu seinem Tod trat Fallada als Autor in der sowjetischen Besatzungszone Deutschlands hervor. Dort veröffentlichte er 1947 seinen letzten Roman: »Jeder stirbt für sich allein«.

Stationen eines Lebens: Hans Fallada als Kind, als junger Mann, mit 39 Jahren und ein Jahr vor seinem Tod

Feierabend wird Bob-Weltmeister

11. Februar. Im Schweizer Wintersportort St. Moritz gewinnt die eidgenössische Mannschaft vor heimischem Publikum die erstmals seit dem Ende des Zweiten Weltkrieges wieder ausgetragene Viererbob-Weltmeisterschaft.
Der Bob »Schweiz I« mit Fritz Feierabend am Steuer siegt in einer Gesamtzeit von 5:16,2 min in den vier Fahrten über jeweils eine englische Meile (1,609 km).
Die Vertretung Belgiens belegt mit einem Rückstand von 3,3 sec den zweiten Platz. Die Bronzemedaille geht an den französischen Bob, der für die Strecke eine Gesamtzeit von 5:20,5 min benötigt.
Der 38jährige Feierabend zählt zu den populärsten Sportlern seines Landes. Bei den Olympischen Winterspielen 1936 in Garmisch-Partenkirchen gewann er sowohl im Zweier- als auch im Viererbob die Silbermedaille. Drei Jahre später wurde Feierabend mit dem Bob »Schweiz I« Weltmeister.

Schon 1936 bei den Olympischen Spielen in Garmisch-Partenkirchen war Fritz Feierabend (r., mit Joseph Beerli) ein erfolgreicher Bobfahrer

Karlsson siegt am Holmenkollen

26. Februar. Im international besetzten 50-km-Skilanglauf am Holmenkollen in Norwegen gewinnt der Schwede Nils Karlsson in 3:01:23 Std. Zweiter wird mit zwei Minuten Rückstand sein Landsmann Arthur Herdin vor dem Norweger Martin Jaere. Der große Favorit Thorleif Vangen aus Norwegen belegt zur Enttäuschung der zahlreichen Zuschauer nur den zehnten Platz. Mit Finnland, der Schweiz, Schweden und Norwegen nehmen insgesamt vier Nationen an diesem Wettbewerb teil.
Der Skimarathon am Holmenkollen bei Oslo gilt als das härteste Rennen der Welt. Bei Temperaturen von minus 20° Celsius erreichen auch dieses Jahr nur 124 Läufer das Ziel. Ein Erfolg in diesem Rennen gilt als größter Erfolg im internationalen Skisport.
Mit einem Spezialsprunglauf auf der Holmenkollen-Sprungschanze enden die Wettkämpfe am 27. Februar.

Eishockey-WM für das ČSR-Team

23. Februar. Bei der 13. Eishockey-Weltmeisterschaft in Prag gewinnt die Mannschaft der ČSR erstmals den Titel. Den zweiten Platz belegt Schweden vor der Mannschaft aus Österreich, die überraschend stark spielt und mit einem 2:1-Sieg über die favorisierten Schweden zum Titelgewinn der Gastgeber beiträgt. Durch die Niederlage am letzten Spieltag fehlt den »Tre Kroners« bei 11:3 Punkten ein Punkt zum Turniersieg.
Platz vier belegt die Schweiz vor den USA, Polen, Rumänien und Belgien. Die belgische Mannschaft wird im Verlauf des Turniers von den Tschechoslowaken mit 24:0 bezwungen und erleidet die höchste Niederlage in allen WM-Spielen.
Während der neuntägigen Titelkämpfe ist das Interesse der Prager gewaltig: Die Gruppenspiele der acht Mannschaften verfolgen mehr als 200 000 Zuschauer. Getrübt wird die Freude der tschechoslowakischen Eishockey-Anhänger jedoch, weil der elfmalige Titelgewinner Kanada sowie Großbritannien nicht an dem Turnier teilnehmen.

Entscheidungen auf dem Eis in Stockholm und Garmisch

16. Februar. *In der schwedischen Hauptstadt Stockholm wird die Weltmeisterschaft im Eiskunstlauf entschieden. Im Wettbewerb der Männer siegt der Schweizer Hans Gerschwiler vor dem Amerikaner Richard Button. Dritter wird der für Großbritannien startende Südafrikaner Arthur Apfel.*
Bei den Frauen gewinnt die Kanadierin Babara Ann Scott (Foto rechts) vor der US-Amerikanerin Gretchen Merrtill und der Engländerin Daphne Walker.
Bei den am 28. Februar stattfindenden Deutschen Meisterschaften in Garmisch-Partenkirchen siegen bei den Herren Horst Faber, bei den Damen Inge Jell. Die Konkurrenz im Eiskunstlauf der Paare gewinnen Rita Baran und Paul Falk (Foto links).

März 1947

Mo	Di	Mi	Do	Fr	Sa	So
					1	2
3	4	5	6	7	8	9
10	11	12	13	14	15	16
17	18	19	20	21	22	23
24	25	26	27	28	29	30
31						

1. März, Sonnabend

Vier Betriebe der deutschen Stahlindustrie werden aus der Kontrolle der britischen Militärregierung entlassen und nach Einführung der Mitbestimmung der Belegschaft in deutsche Regie übergeben. →S. 56

Die USA beteiligen sich auf Ersuchen Großbritanniens an der Wirtschaftshilfe für Griechenland.

Nach dem Rücktritt von Sung Tsö-wön übernimmt Marschall Chiang Kai-shek das Amt des chinesischen Ministerpräsidenten. →S. 53

Unter Ministerpräsident Pierre Dupong wird in Luxemburg eine neue Regierung gebildet.

2. März, Sonntag

Der sächsische Landtag verabschiedet ein Gesetz, in dem das aktive Wahlrecht auf 18 und das passive auf 21 Jahre gesenkt werden. →S. 59

3. März, Montag

Der Präsident der italienischen Nationalversammlung, Umberto Elia Terracini, fordert in einer Note an die vier Hauptsiegermächte des Zweiten Weltkrieges eine Revision der Bestimmungen des Friedensvertrages für Italien (→10. 2./S. 36).

In einer Kongreßbotschaft stellt der US-amerikanische Präsident Harry S. Truman die Abschaffung der allgemeinen Wehrpflicht zur Diskussion. →S. 52

Nikolai A. Bulganin übernimmt von Josef W. Stalin das Verteidigungsministerium der UdSSR.

Die USA beschließen die Schaffung einer Wirtschaftskommission für Europa. Sie soll Maßnahmen zum wirtschaftlichen Wiederaufbau des Kontinents fördern.

In Hamburg entdecken die britischen Militärbehörden den Platinschatz des ehemaligen Führers und Reichskanzlers Adolf Hitler. Der Fund wird auf einen Wert von mehreren tausend Pfund geschätzt.

4. März, Dienstag

In Leipzig wird die Frühjahrsmesse 1947 eröffnet. An ihr beteiligen sich über 5000 Aussteller, darunter auch Firmen aus dem Ausland. →S. 59

Zwischen Großbritannien und der US-amerikanischen, britischen und sowjetischen Besatzungszone in Deutschland wird der regelmäßige Handel aufgenommen.

Großbritannien und Frankreich schließen in Dünkirchen einen auf 50 Jahre befristeten Bündnis- und Beistandspakt. →S. 54

Der US-amerikanische Senat billigt das Budget für das Haushaltsjahr 1947/48. Es umfaßt einen Betrag von 33 Milliarden US-Dollar.

Die Kammeroper »Die Flut« von Boris Blacher kommt in Dresden zur Erstaufführung, nachdem sie 1946 im Rundfunk uraufgeführt wurde.

5. März, Mittwoch

Der sowjetische Botschafter bei den Vereinten Nationen, Andrei A. Gromyko, wirft den USA vor, einen Monopolanspruch auf die Atomkraft zu erheben. →S. 55

Der US-amerikanische Militärgouverneur in Deutschland, General Joseph T. McNarney, erläßt neue Kontrollrichtlinien für den deutschen Außenhandel.

Das US-Verteidigungsministerium gibt bekannt, daß 297 deutsche Wissenschaftler in den USA eingetroffen sind, um dort zu arbeiten. →S. 61

6. März, Donnerstag

Der frühere britische Premierminister Winston Churchill kritisiert den Abzug der britischen Truppen aus Indien.

Das US-Außenministerium richtet an die sowjetische Regierung eine Protestnote, in der der UdSSR eine Einmischung in die inneren Angelegenheiten Ungarns vorgeworfen wird (→19. 3./S. 55).

Der Schweizer Bundesrat wird ermächtigt, in gewissen Fällen Flüchtlingen und Emigranten den dauerhaften Aufenthalt in der Schweiz zu gestatten.

7. März, Freitag

Die Regierung Großbritanniens bekräftigt ihre Entscheidung, die britischen Truppen aus Griechenland zurückzuziehen.

Belgien und die Tschechoslowakei schließen in Prag ein Kulturabkommen ab.

In Venedig wird erstmals seit 23 Jahren wieder der traditionelle Karneval gefeiert. Er war von der faschistischen Regierung von Benito Mussolini verboten worden. →S. 60

8. März, Sonnabend

Das Präsidium des jugoslawischen Parlaments entzieht per Dekret dem früheren König Peter II. die jugoslawische Staatsangehörigkeit.

Flugzeuge der Royal Air Force beginnen, die Nordseeinsel Juist aus der Luft zu versorgen. Die Insel ist seit Tagen vom Treibeis eingeschlossen.

9. März, Sonntag

Nach Angaben der US-amerikanischen Militärregierung in Deutschland wird mit der Verteilung von Care-Paketen begonnen, die größere Mengen an Lebensmitteln enthalten. →S. 59

Österreich werden von der britischen Regierung zehn Millionen Pfund Sterling für Nahrungsmittelimporte zur Verfügung gestellt.

In Warschau wird ein tschechoslowakisch-polnischer Freundschafts- und Beistandspakt unterzeichnet.

10. März, Montag

In Moskau tritt der Rat der Außenminister der alliierten Siegermächte (USA, UdSSR, Großbritannien, Frankreich) zusammen. Die Konferenz, die bis zum 24. April dauert und in deren Mittelpunkt die deutsche Frage steht, ist von Anbeginn von Spannungen zwischen den Westmächten und der UdSSR überschattet. →S. 50

Im Endspiel um die inoffizielle Deutsche Eishockey-Meisterschaft gewinnt die Mannschaft des SC Rießersee 10:1 gegen die Vertretung von Berlin-Eichkamp.

11. März, Dienstag

Vertreter der Länderparlamente von Bayern, Hessen, Württemberg-Baden und Bremen treten erstmals im neugebildeten »Parlamentarischen Rat des Länderrats« der US-amerikanischen Besatzungszone Deutschlands zusammen. →S. 56

12. März, Mittwoch

US-Präsident Harry S. Truman kündigt in einer Kongreßbotschaft an, daß die Vereinigten Staaten künftig freien Staaten Unterstützung gegen die Gefahren eines totalitären Umsturzes gewähren. →S. 51

Der britische Oppositionsführer Winston Churchill unterbreitet im Unterhaus ein Mißtrauensvotum gegen die Regierung von Premierminister Clement Attlee, das abgelehnt wird. Churchill begründet seinen Antrag mit der Verstaatlichungspolitik der Labour-Regierung.

13. März, Donnerstag

Die USA und Frankreich schließen ein Abkommen über die Überführung deutscher Kriegsgefangener nach Frankreich. Danach sollen die aus den Vereinigten Staaten kommenden Deutschen dort zunächst zur Arbeit herangezogen werden.

Der belgische Prinzregent Charles beauftragt Außenminister Paul Henri Spaak mit der Bildung einer neuen Regierung.

Im Glasgower Hampden Park besiegt vor 80 000 Zuschauern die englische Fußball-Nationalmannschaft Schottland 3:1.

In New York wird Frederick Loewes Musical »Brigadoon« uraufgeführt.

14. März, Freitag

Das neu eingerichtete »Deutsche Büro für Friedensfragen« in Stuttgart wird mit der Erstellung eines Gutachtens über eine neue deutsche Verfassung beauftragt. →S. 59

Durch ein Abkommen mit den Philippinen sichern sich die USA für die Dauer von 99 Jahren die Souveränitätsrechte über 16 Militärstützpunkte auf dem Inselstaat. →S. 52

Der ehemalige US-amerikanische Handelsminister Henry Wallace wirft Präsident Harry S. Truman vor, durch seine Hilfszusage an Griechenland und die Türkei das »militärische Lend-Lease-Programm« wiederbeleben zu wollen.

Österreich und Frankreich schließen ein Kulturabkommen ab.

Infolge des einsetzenden Tauwetters kommt es in weiten Teilen Europas zu Überschwemmungen, von denen besonders Deutschland betroffen ist (→24. 3./S. 60).

15. März, Sonnabend

Im US-Hauptquartier in Frankfurt am Main übergibt General Joseph T. McNarney seine Ämter als Chef der US-Landstreitkräfte in Europa sowie als Militärgouverneur für Deutschland an seinen bisherigen Stellvertreter General Lucius D. Clay. →S. 56

Die sowjetische Nachrichtenagentur TASS veröffentlicht ein Kommuniqué, demzufolge sich in der UdSSR noch rund 900 000 deutsche Kriegsgefangene befinden. Seit Kriegsende seien etwa eine Million Kriegsgefangene freigelassen worden. →S. 59

Der Alliierte Kontrollrat für Deutschland dementiert, daß die Heilsarmee wegen ihres militärischen Charakters nicht tätig werden darf. Für ein derartiges Verbot hatte sich die sowjetische Besatzungsmacht eingesetzt.

In Paris endet ein einmonatiger Zeitungsstreik.

Im Pandschab in Indien kommt es zu zweiwöchigen blutigen Auseinandersetzungen zwischen Hindus und Moslems (→30. 3./S. 55).

Argentinien fordert in einer Note an die britische Regierung die Hoheitsrechte über die im Südatlantik gelegenen Falkland-Inseln.

16. März, Sonntag

Das britische Oberkommando in Palästina hebt das Standrecht auf.

17. März, Montag

Die Türkei wird als 41. Mitgliedsstaat in den Internationalen Währungsfonds (IWF) und in die Internationale Bank für Wiederaufbau und Entwicklung aufgenommen.

In London beginnt die Internationale Weizenkonferenz, auf der 37 Länder vertreten sind, darunter alle Weizen produzierenden Staaten mit Ausnahme der Sowjetunion.

Badische Illustrierte

PREIS 40 PF.

8. MÄRZ 1947 HEFT 5

Die WELT blickt auf das RUHR-GEBIET

Die Moskauer Friedenskonferenz wird auch über das Schicksal des Ruhrgebiets entscheiden und damit über eine Lebensfrage des deutschen Volkes. Der Oberkommandierende der amerikanischen Zone, General Lucius D. Clay, und der Oberkommandierende der britischen Besatzungszone, Sir Briand Robertson, besuchten das Schwarze Revier, um sich über die politischen und wirtschaftlichen Probleme zu unterrichten. Aufnahmen: Dr. Paul Wolff & Tritschler, DENA

Die Ausgabe der »Badischen Illustrierten« vom 8. März mit einem ausführlichen Bericht über die Ruhrgebietsfrage

März 1947

Der sowjetische Außenminister Wjatscheslaw M. Molotow veröffentlicht in Moskau das Geheimabkommen, das die Regierungen der USA, Großbritanniens und der UdSSR im Februar 1945 in Jalta abgeschlossen hatten. Es enthält u. a. eine erste Übereinkunft über die von Deutschland zu leistenden Reparationszahlungen.

Die Regierung der UdSSR erklärt sich bereit, den Hafen von Dairen an China zurückzugeben.

18. März, Dienstag

Auf dem Parteikongreß der CDU in Esslingen wird der Unterrichtsminister von Württemberg-Baden, Wilhelm Simpfendörfer, einstimmig zum Vorsitzenden der CDU in der US-amerikanischen Zone gewählt.

In Nürnberg beginnt der Prozeß gegen eine Reihe von Industriellen, denen u. a. vorgeworfen wird, während des Krieges Sklavenarbeiter beschäftigt zu haben (→ 8. 2./S. 39).

Italien und Jugoslawien nehmen wieder diplomatische Beziehungen auf.

Der Wirtschafts- und Sozialrat der UNO beschließt einstimmig die Schaffung einer Wirtschaftskommission für Asien und den Fernen Osten.

19. März, Mittwoch

Paul Henri Spaak bildet in Belgien ein sozialistisch-katholisches Kabinett.

Eine Verordnung des Präsidiums des Obersten Sowjets verbietet die Eheschließungen zwischen Sowjetbürgern und Bürgern der westalliierten Staaten.

Die britische Vertretung in der Alliierten Kontrollkommission für Ungarn übermittelt der Sowjetunion eine Note, in der sie gegen die Verhaftung von Bela Kovacs, den Generalsekretär der Kleinlandwirtepartei, protestiert. → S. 55

Einem Beschluß des UNO-Weltsicherheitsrates entsprechend nimmt eine Kommission die Prüfung des Problems einer internationalen Kontrolle der Atomenergie auf.

20. März, Donnerstag

Die Zentrale Deutsche Kommission für Sequestrierung und Beschlagnahme (ZDK) hat laut Deutschland-Jahrbuch innerhalb der Ostzone über 7000 Betriebe enteignet. Die ZDK war Ende 1946 auf Befehl der sowjetischen Militärverwaltung in der Ostzone errichtet worden.

Im chinesischen Bürgerkrieg evakuieren die Kommunisten ihre Hauptstadt Yenan (Provinz Schensi) und ziehen sich vor den heranrückenden Armeen Marschall Chiang Kai-sheks zurück (→ 26. 3./S. 53).

21. März, Freitag

Das australische Parlament billigt die Beteiligung des Landes an dem 1944 gegründeten Weltwährungsfonds.

22. März, Sonnabend

In den USA wird unter Leitung des Chefs der Bundespolizei (FBI), John Edgar Hoover, eine Säuberung des Verwaltungsapparates von »unamerikanisch gesonnenen Personen« eingeleitet. → S. 52

In Frankreich stellt Ministerpräsident Paul Ramadier im Anschluß an die Debatte über die französische Kriegführung in Indochina die Vertrauensfrage. Die Nationalversammlung spricht ihm bei Stimmenthaltung der Kommunisten das Vertrauen aus.

23. März, Sonntag

Bei den Wahlen des Freien Deutschen Gewerkschaftsbundes (FDGB) in Berlin erhält die SED 344 Sitze, die SPD 117, die CDU neun und die Unabhängigen drei Mandate (→ 11. 2./S. 38).

Der Vizepräsident der indischen Interimsregierung, Jawaharlal Nehru, befürwortet anläßlich einer in Neu-Delhi tagenden »Asian Relation Conference«, an der Delegierte aus 30 asiatischen Ländern teilnehmen, die Bildung einer Union der asiatischen Nationen.

In Milwaukee im US-Bundesstaat Illinois geht der längste in den USA geführte Streik zu Ende. Arbeiter einer Maschinenfabrik hatten für 327 Tage die Arbeit niedergelegt.

Bei einem Fußball-Länderspiel in Paris besiegt Frankreichs Fußball-Nationalmannschaft Portugal 1:0.

24. März, Montag

Von seiten der britischen und US-amerikanischen Regierung wird erklärt, daß beide Staaten nur bei absolut gesicherten Kontrollmaßnahmen einer weltweiten Abrüstung zustimmen werden.

Der Wirtschafts- und Sozialrat der Vereinten Nationen (UNO) erteilt den Aufnahmegesuchen der Schweiz, Italiens und Österreichs in die Kulturorganisation der UNO, UNESCO, seine Zustimmung.

In der Durbar Hall in Indien findet die feierliche Inthronisierung des neuen Vizekönigs von Indien, Lord Louis Mountbatten, statt (→ S. 37).

Der sowjetische Partei- und Regierungschef, Generalissimus Josef W. Stalin, erhält die Ehrenbürgerschaft Rumäniens.

Der Bruch mehrerer Dämme an der Oder führt zur Überschwemmung großer Gebiete. Über 20 000 Menschen müssen evakuiert werden.

In London tritt nach anhaltenden Regenfällen die Themse über die Ufer und löst in der Stadt das größte Verkehrschaos seit 25 Jahren aus. 120 U-Bahn-Stationen müssen wegen Überflutung geschlossen werden. → S. 60

25. März, Dienstag

Ein Mitglied der US-amerikanischen Militärregierung in Deutschland gibt bekannt, daß die UdSSR die Aufklärung über das Verbleiben von mindestens einer Million deutschen Kriegsgefangenen schuldig geblieben sei (→ 15. 3./S. 59).

Der schweizerische Bundesrat Max Petitpierre erklärt, daß die Schweiz auch in Zukunft strikt neutral bleiben werde. → S. 55

In einem Vertrag erkennen die Niederlande de facto die Unabhängigkeit Indonesiens an (→ 3. 8./S. 134).

Der belgische Ministerpräsident Paul Henri Spaak kündigt Maßnahmen zur Kontrolle der Uranvorkommen in Belgisch-Kongo an.

US-Präsident Harry S. Truman ordnet an, daß alle Personen, die subversiver Tätigkeit verdächtigt sind – einschließlich aller Faschisten und Kommunisten –, aus den Verwaltungsbehörden entfernt werden sollen (→ 22. 3./S. 52).

Im Osten der Türkei bricht die Pest aus. Die türkischen Behörden sehen sich deshalb zur Schließung der Grenze zu Syrien veranlaßt.

Im Münchener »Haus der Kunst« endet die Ausstellung »Moderne französische Malerei«. Sie wurde während ihrer vierzehntägigen Dauer von 55 000 Menschen besucht. → S. 61

26. März, Mittwoch

In der Umgebung der Stadt Yenan, die von der Chinesischen Kommunistischen Partei zur Hauptstadt erklärt wurde, beginnen die Vorbereitungen der kommunistischen Truppen für einen Angriff gegen die Truppen der Kuomintang-Armee des Marschalls Chiang Kai-shek. → S. 53

Bei einer Zugkontrolle in Sigmaringen beschlagnahmt die Polizei u. a. 90 kg Getreide, 180 kg Mehl, 425 Eier sowie 130 kg sonstige Lebensmittel.

Der Rennwagen Rudolf Caracciolas, mit dem er am 25. Januar 1938 mit 436,9 km/h auf der Autobahn Frankfurt am Main–Darmstadt einen Geschwindigkeitsrekord aufstellte, wird im US-Bundesstaat Kalifornien von dem Industriellen Thomas Lee ersteigert. Er beabsichtigt, den Wagen bei Rennen in den USA einzusetzen.

27. März, Donnerstag

Mit Streiks und Massenkundgebungen demonstrieren hungernde Arbeiter in weiten Teilen der britischen Besatzungszone Deutschlands gegen die unzureichende Versorgung mit Lebensmitteln. Die Proteste dauern über eine Woche an. → S. 57

Der US-amerikanische Kriegsminister Robert Patterson ordnet die Entlassung sämtlicher Offiziere aus der Armee der Vereinigten Staaten an, die mit dem Kommunismus sympathisieren (→ 23. 3./S. 52).

In London wird zur Förderung einer engeren Zusammenarbeit der europäischen Länder eine Liga für europäische Zusammenarbeit gegründet.

In der bulgarischen Hauptstadt Sofia wird ein Handelsabkommen zwischen Bulgarien und Jugoslawien unterzeichnet.

28. März, Freitag

Das österreichische Patentamt in Wien hat die zu seiner Wiedererrichtung notwendigen Arbeiten abgeschlossen.

Der Alliierte Kontrollrat bevollmächtigt die österreichische Regierung zur Ausstellung von Auslandspässen und Sichtvermerken.

Die USA geben 50 000 t Kartoffeln zur Lieferung an Jugoslawien frei.

29. März, Sonnabend

Auf der Insel Madagaskar, die unter französischer Kolonialverwaltung steht, beginnt ein bis in den Juli andauernder blutiger Aufstand der madegassischen Unabhängigkeitsbewegung. → S. 52

Die Zeppelinwerke in Friedrichshafen am Bodensee werden von der Brüsseler Reparationsagentur den Niederlanden zugesprochen.

Bei der traditionsreichen Ruderregatta auf der Themse besiegt die Universitätsmannschaft von Cambridge das Team aus Oxford mit zehn Längen Vorsprung. → S. 63

Das Grand-National-Steeplechase-Hindernisrennen gewinnt in Aintree nördlich von Liverpool das irische Rennpferd Caughoo. → S. 63

30. März, Sonntag

In Bombay brechen neue Kampfhandlungen zwischen Hindus und Moslems aus. Drei Millionen Sikhs teilen dem Vizekönig in Indien, Lord Louis Mountbatten, mit, daß sie die Errichtung eines Staates Pakistan nicht dulden werden, weil sie damit unter moslemische Herrschaft kämen. → S. 55

31. März, Montag

Die deutschen Erzgruben haben eine Gesamtkapazität von etwa 16 bis 18 Millionen t pro Jahr erreicht.

In einer Rundfunkansprache verkündet der spanische Diktator, General Francisco Franco Bahamonde, einen neuen Gesetzentwurf, demzufolge Spanien wieder eine Monarchie werden soll.

Gestorben:

5. Rom: Alfred Casella (* 25. 7. 1883, Turin), italienischer Komponist.

Geboren:

22. Wien: André Heller, österreichischer Sänger und Komponist.

25. Pinner: Elton John (eigentlich Reginald Dwight), britischer Popsänger und -komponist.

Überschwemmungen, die große Teile Europas betreffen, sind Gegenstand der Artikel vieler Zeitschriften, hier auf dem Titel der »Illustrated London News« vom 29. März

THE ILLUSTRATED LONDON NEWS,

SATURDAY, MARCH 29, 1947.

Außenminister Molotow (3.v.l.) bei der Begrüßung von Bevin (l.), Marshall (2.v.l) und Bidault (r.) in Moskau

Außenminister tagen in Moskau

10. März. In Moskau treten die Außenminister der USA (George C. Marshall), Großbritanniens (Ernest Bevin), Frankreichs (Georges Bidault) und der UdSSR (Wjatscheslaw M. Molotow) zur vierten Konferenz des Rates der Außenminister der Hauptsiegermächte des Zweiten Weltkrieges zusammen.

Auf der Tagesordnung der bis zum → 24. April (S. 72) andauernden Konferenz steht die Erörterung eines Friedensvertrages mit Deutschland an erster Stelle. In den bisherigen Konferenzen des Außenministerrates hatte dieses Thema immer wieder vertagt werden müssen.

Die Atmosphäre auf der Konferenz ist von Anbeginn gespannt. Ursache hierfür sind immer deutlicher zutage tretende Differenzen zwischen der UdSSR und den Westmächten. In den Verhandlungen der Außenminister offenbart sich, wie weit die Vorstellungen der alliierten Siegermächte bereits auseinandergehen.

In der Frage der Vorgehensweise bei der Ausarbeitung eines Friedensvertrages mit Deutschland zeigen zunächst alle vier Mächte ihre Bereitschaft, eine gesamtdeutsche Regierung einzusetzen, die einen solchen Vertrag unterzeichnen soll.

So legt der britische Außenminister Ernest Bevin einen Stufenplan vor, in dem der Aufbau eines föderativen deutschen Staatswesens vorgesehen ist. Nach den Vorstellungen der Briten sollen zunächst deutsche Zentralverwaltungen eingerichtet werden. Anschließend wird ein deutscher Konsultativrat einberufen, der sich aus Vertretern der deutschen Länder zusammensetzt. Schließlich ist die Bildung einer gesamtdeutschen Regierung geplant.

Während der Plan Bevins die Zustimmung der USA findet, stößt er auf seiten Frankreichs und der UdSSR auf Ablehnung. Nach den Vorstellungen des sowjetischen Außenministers Molotow soll Deutschland weder in einen Staatenbund (wie ihn Frankreich befürwortet) noch in einen Bundesstaat, sondern in einen dezentralisierten Einheitsstaat umgewandelt werden.

Ein sowjetischer Stufenplan sieht außerdem vor, daß der Alliierte Kontrollrat für Deutschland eine provisorische Verfassung ausarbeiten soll. Ein deutscher Konsultativrat steht den Alliierten dabei nur beratend zur Seite. Ihm gehören nach sowjetischer Vorstellung nicht nur Vertreter der Länder, sondern auch Angehörige der Parteien, der Gewerkschaften und der Massenorganisationen an.

Nach der Ausarbeitung einer Verfassung folgen nach sowjetischen Vorstellungen allgemeine Wahlen, woraufhin die Bildung einer provisorischen deutschen Regierung erfolgt. Von dieser Regierung verlangt Molotow, daß sie u. a. die Ausrottung des Faschismus konsequent weiterbetreibt und eine vollständige Demokratisierung durchführt. In diesem Zusammenhang verweist er auf die seiner Meinung nach vorbildliche Entwicklung in der sowjetischen Besatzungszone.

Zwar können sich die Außenminister am 3. April grundsätzlich auf die Bildung gesamtdeutscher Zentralverwaltungen verständigen; bei der Erörterung der Einzelheiten kommt jedoch keine Einigung zustande.

Als unüberbrückbar erweisen sich auch die Meinungsverschiedenheiten in der Frage der deutschen Ostgrenze und der Reparationen.

Hier beharrt der sowjetische Außenminister Molotow auf der Endgültigkeit der Oder-Neiße-Linie als Westgrenze Polens. Ferner verlangt Molotow abermals die Festlegung der deutschen Reparationslieferungen an die UdSSR im Wert von zehn Milliarden US-Dollar und eine Viermächtekontrolle des Ruhrgebiets. Beide Forderungen stoßen bei den Vereinigten Staaten und Großbritannien auf Widerstand.

Der Verlauf der Konferenz läßt einen erfolgreichen Abschluß fraglich erscheinen (→ 24. 4./S. 72).

Der Rat der Außenminister

Der »Rat der Außenminister«, der seit dem 10. März 1947 in Moskau tagt, wurde auf der Potsdamer Konferenz im August 1945 eingerichtet. Ihm gehören die Außenminister der USA, Großbritanniens, Frankreichs und der UdSSR an. Zu den Aufgaben des Rates gehört u. a. die Vorbereitung von Friedensverträgen mit Deutschland und dessen ehemaligen Verbündeten im Zweiten Weltkrieg.

Am 10. September 1945 tagte der Rat erstmals in London, ohne jedoch über Deutschland zu sprechen. Hauptsächlich debattierte man über die Friedensverträge mit Ungarn, Rumänien, Bulgarien, Italien und Finnland (→ 10. 2./S. 36). Im Verlauf des Treffens kam es zwischen den Vertretern der UdSSR und der Westmächte zu Kontroversen. Am 2. Oktober 1945 endete die Konferenz ergebnislos.

Nach einer außerplanmäßigen Tagung im Dezember 1945 traten am 24. April 1946 die Außenminister in Paris zu ihrer zweiten Konferenz zusammen. Dieses Mal stand die deutsche Frage im Mittelpunkt der Gespräche.

Während die französische Regierung Gebietsabtretungen und die Umwandlung Deutschlands in einen Staatenbund forderte, lehnte die UdSSR jegliche Föderalisierungspläne ab. Der Plan des US-Außenministers James F. Byrnes für einen Entwaffnungsvertrag, der die Besetzung Deutschlands für 25 Jahre vorsieht, wurde nur kurz diskutiert. Als am 15. Juni die Minister in Paris wieder zusammentraten, lehnte der Außenminister der UdSSR, Wjatscheslaw W. Molotow, am 10. Juli den Plan Byrnes' ab. Wiederum erzielten die Außenminister keine Fortschritte.

Im Dezember 1946 fand in New York die dritte Sitzung des Außenministerrates statt. Auf ihr wurde ein Kompromiß in der Frage der Friedensverträge mit Rumänien, Bulgarien, Ungarn, Italien und Finnland erzielt.

Eine neue außenpolitische Leitlinie der USA

12. März. In einer Rede vor dem US-amerikanischen Kongreß in Washington, in der er die Zustimmung zu einer Militär- und Wirtschaftshilfe für die Türkei und Griechenland fordert, entwickelt US-Präsident Harry S. Truman die neue außenpolitische Leitlinie der USA.

Die Truman-Doktrin besagt, daß die USA allen freien Völkern auf deren Bitte hin militärische und wirtschaftliche Unterstützung gegen kommunistischen Einfluß von innen oder außen gewähren werden.

In seiner Rede fordert Truman die Bereitstellung von 400 Millionen US-Dollar für Griechenland und die Türkei. Zur Begründung seiner Bitte führt er u. a. aus, daß die Völker der Welt gegenwärtig zwischen Freiheit und Totalitarismus zu wählen hätten. Wirtschaftliche Not, Hunger und Elend machten es totalitären Regimen und Bewegungen in vielen Regionen der Welt leicht, ihren Einfluß auszubreiten.

Griechenland und die Türkei hält der US-Präsident für besonders bedroht. Erst am 21. Februar hatte die Regierung Großbritanniens mitgeteilt, daß sie künftig nicht mehr in der Lage sei, die griechische Regierung im Kampf gegen die kommunistischen Partisanen zu unterstützen.

Ohne die Sowjetunion beim Namen zu nennen, richtet sich Trumans Rede in erster Linie jedoch gegen die UdSSR, die in seinen Augen eine expansionistische Außenpolitik betreibt. Ihr wollen die USA mit einer Politik der Eindämmung (Containment) begegnen.

US-Präsident Harry S. Truman (am Rednerpult) verliest seine Botschaft vor beiden Häusern des Kongresses

Hatte man in Washington 1945 noch gehofft, gemeinsam mit der UdSSR eine globale Friedensordnung durchzusetzen, herrscht nun die Auffassung vor, der Sowjetunion sei in erster Linie daran gelegen, den eigenen Machtbereich auszudehnen. Als Indizien dafür wertet die US-Regierung u. a. die Stärkung des kommunistischen Einflusses in Osteuropa, das sowjetische Vordringen im Iran sowie im Fernen Osten.

Außerdem zeigte sich die sowjetische Seite bei den zahlreichen Konferenzen der Alliierten als oft unnachgiebiger Verhandlungspartner. So war es ihr z. B. gelungen, in den Friedensverhandlungen mit Rumänien, Bulgarien, Ungarn und Finnland ihre Forderungen durchzusetzen (→ 10. 2./S. 36).

Truman sieht sich auch aus innenpolitischen Gründen zu seiner Rede veranlaßt: Mit einem Appell an den Antikommunismus soll dem Isolationismus vorgebeugt werden.

Vereinigte Staaten wollen den Einfluß der UdSSR in der Welt zurückdrängen

Die Ausführungen des US-amerikanischen Präsidenten Harry S. Truman in dessen Rede vom 12. März werden als Truman-Doktrin bezeichnet. Sie kennzeichnet den neuen außenpolitischen Kurs der USA gegenüber der Sowjetunion. Truman sagt u. a.:

»Ein Gebiet der Gegenwartslage, das ich Ihnen heute zur Erwägung und Entscheidung vorlegen möchte, betrifft Griechenland und die Türkei. ...

Griechenland muß Unterstützung haben, wenn es eine auf eigenen Füßen stehende und auf Selbstachtung begründete Demokratie werden soll. ...

Griechenlands Nachbar, die Türkei, verdient ebenfalls unsere Beachtung. ...

Eins der ersten Ziele der Außenpolitik der Vereinigten Staaten ist es, Bedingungen zu schaffen, unter denen wir und andere Nationen uns ein Leben aufbauen können, das frei von Zwang ist. Das war ein grundlegender Faktor im Krieg gegen Deutschland und Japan. Wir überwanden mit unserem Sieg Länder, die anderen Ländern ihren Willen und ihre Lebensweise aufzwingen wollten ...

In einer Anzahl von Ländern waren den Völkern kürzlich gegen ihren Willen totalitäre Regime aufgezwungen worden. Die Regierung der Vereinigten Staaten hat mehrfach gegen Zwang und Einschüchterung bei der Verletzung des Jalta-Abkommens in Polen, Rumänien und Bulgarien protestiert. Und weiter muß ich feststellen, daß in einer Anzahl anderer Staaten ähnliche Entwicklungen stattgefunden haben.

Im gegenwärtigen Abschnitt der Weltgeschichte muß fast jede Nation ihre Wahl in bezug auf ihre Lebensweise treffen. Nur allzuoft ist es keine freie Wahl.

Die eine Lebensweise gründet sich auf den Willen der Mehrheit und zeichnet sich durch freie Einrichtungen, freie Wahlen, Garantie der individuellen Freiheit, Rede- und Religionsfreiheit und Freiheit von politischer Unterdrückung aus.

Die zweite Lebensweise gründet sich auf den Willen einer Minderheit, der der Mehrheit aufgezwungen wird. Terror und Unterdrükkung, kontrollierte Presse und Rundfunk, fingierte Wahlen und Unterdrückung der persönlichen Freiheiten sind ihre Kennzeichen ...

Die Saat der totalitären Regime gedeiht in Elend und Mangel. Sie verbreitet sich und wächst auf dem schlechten Boden von Armut und Kampf. Sie wächst sich vollends aus, wenn in einem Volk die Hoffnung auf ein besseres Leben ganz erstirbt. Wir müssen diese Hoffnung am Leben erhalten. Die freien Völker der Erde blicken auf uns und erwarten, daß wir sie in der Erhaltung der Freiheit unterstützen. Wenn wir in unserer Führung zögern, können wir den Frieden der Welt gefährden und werden mit Sicherheit die Wohlfahrt unserer Nation gefährden.«

Antikommunismus in den USA

22. März. In den USA wird unter der Leitung von John Edgar Hoover, dem Chef der US-amerikanischen Bundespolizei FBI (Federal Bureau of Investigation), die »Säuberung« der Verwaltung des Landes von »unamerikanisch gesonnenen Personen« eingeleitet.

Die Überprüfung der Regierungsbediensteten hinsichtlich ihrer Verfassungstreue und einer eventuellen Beteiligung an subversiven Aktionen belegen den Wechsel in der Meinung der US-amerikanischen Öffentlichkeit in bezug auf das Verhältnis zwischen den Vereinigten Staaten und der Sowjetunion.

War bis vor kurzem noch die Rolle der UdSSR als Verbündete im Kampf gegen den Hauptfeind Deutschland in einem positiven Licht erschienen, so breitet sich, verstärkt durch die Truman-Doktrin (→ 12. 3./S. 51), die das offizielle Engagement der USA gegen das Vordringen des sowjetischen Einflusses in Europa zur neuen außenpolitischen Richtung proklamiert, eine breite antikommunistische Strömung im Land aus. So wird das Justizministerium in Washington, dem die Abteilung Hoovers untergeordnet ist, mit Bitten von Politikern, Industriellen und besorgten Bürgern überschwemmt, der »roten Gefahr« zu begegnen. Hoover selbst bezeichnet die Kommunisten öffentlich als »Gefahr«, obwohl die Kommunistische Partei der USA nur rund 100 000 Mitglieder hat.

Das Washingtoner Büro von Hoover ist auf den politischen Umschwung, der aus dem Alliierten von gestern den Gegner von heute macht, bereits gründlich vorbereitet. Dem Kongreßausschuß zur Untersuchung unamerikanischer Umtriebe können Namen und Unterlagen über inzwischen mehr als 100 000 Verdächtige in Regierung und Industrie zur Verfügung gestellt werden. Der Ausschuß der Regierungsdienststellen stellt niemanden mehr ein, gegen den auch nur der leiseste Verdacht besteht, Mitglied der Kommunistischen Partei gewesen zu sein oder an deren Demonstrationen teilgenommen zu haben.

In der breiten Öffentlichkeit nimmt nach den offiziellen Nachrichten über diese Maßnahmen die Alarmbereitschaft zu.

Die »Hexenjagd« auf Kommunisten löst in den USA eine Welle von Verdächtigungen, Denunziationen und Verhaftungen aus.

Kommunistenjagd als Hauptberuf

Der US-amerikanische Kriminalist John Edgar Hoover (Foto) sieht den Kampf gegen eine kommunistische Unterwanderung der Vereinigten Staaten als die Hauptaufgabe während seiner Amtszeit als Direktor der US-amerikanischen Bundespolizei (FBI) an. Hoover, 1885 in Washington geboren, übernahm 1924 die Leitung des FBI (Federal Bureau of Investigation), das er zu einer wirkungsvollen Polizeiorganisation ausbaute.

Dean Acheson, Unterstaatssekretär im US-Außenministerium

US-Stützpunkte auf den Philippinen

14. März. In Manila wird zwischen den Philippinen und den Vereinigten Staaten ein Vertrag unterzeichnet, der die USA berechtigt, auf philippinischem Territorium Militärstützpunkte zu errichten. Zudem erhält die US-amerikanische Regierung in Washington das Recht, im Bedarfsfall weitere sieben Militärbasen zu nutzen.

In dem Abkommen ist auch festgelegt, daß keines der beiden Länder ohne Zustimmung seines Vertragspartners einer dritten Macht irgendwelche Rechte auf die Stützpunkte übertragen darf. Bei gegenseitiger Übereinstimmung können alle Basen dem UNO-Weltsicherheitsrat zur Verfügung gestellt werden. Ferner wird vereinbart, daß die USA die freiwillige Rekrutierung von Filippinos für die US-amerikanische Armee vornehmen können.

Das Abkommen, mit dem die USA ihren militärischen Einfluß in Südostasien ausbauen, soll 99 Jahre gelten. Dean Acheson, Unterstaatssekretär im US-Außenministerium, bewertet die Errichtung nordamerikanischer Militärbasen auf den Philippinen als einen Beitrag für die internationale Sicherheit und den Frieden im Pazifischen Ozean.

Die Vereinigten Staaten von Amerika verfügten vor dem jetzt abgeschlossenen Vertrag mit der Regierung in Manila bereits über zahlreiche Militärstützpunkte im südostasiatischen Raum.

Kämpfe für ein freies Madagaskar

29. März. In Frankreichs Kolonie Madagaskar brechen in mehreren Gebieten Unruhen aus. Aufständische Madagassen greifen ein Militärlager an und töten dabei acht französische Offiziere und Soldaten. Bei einem Überfall auf ein Heeresmagazin gelingt es den Rebellierenden, sich einiger Maschinengewehre und einer geringen Menge von Munition zu bemächtigen.

Die Revolte ist eine Reaktion auf die ablehnende Haltung der Regierung in Paris gegenüber den Forderungen der madagassischen Unabhängigkeitsbewegung, der Demokratischen Bewegung der madagassischen Erneuerung (MDRM). Sie verlangt die Errichtung einer autonomen Republik Madagaskar im Rahmen der französischen Staatengemeinschaft.

Gegen die Wehrpflicht

3. März. Der US-amerikanische Präsident Harry S. Truman regt in einer Botschaft an den Kongreß die Abschaffung der allgemeinen Wehrpflicht zum 31. März 1947 an. Sie war in den Vereinigten Staaten im September 1941 mit dem Ausbildungs- und Dienstpflichtgesetz eingeführt worden.

In der Botschaft heißt es weiter, daß die Armee derzeit ihre Stärke auf 1 070 000 Mann verringert. Die Entlassung aller Nichtfreiwilligen werde in Kürze erfolgen. Die Kriegsmarine soll auf einen Bestand von 571 000 Mann gebracht werden. Um aber diese Kapazität auch in Zukunft aufrechterhalten zu können, werden noch 150 000 freiwillige Rekruten benötigt.

Darüber hinaus stellt Truman in der Botschaft fest, daß die Regierung eine Wiedereinführung der Wehrpflicht für den Fall verlangen werde, daß die Streitkräfte ihre Mindeststärke nicht halten können. Außerdem fordert der US-Präsident die Genehmigung zur Beschäftigung von Zivilisten in der Armee. Etwaige personelle Lücken, die künftig auftreten können, sollen auf diese Weise geschlossen werden.

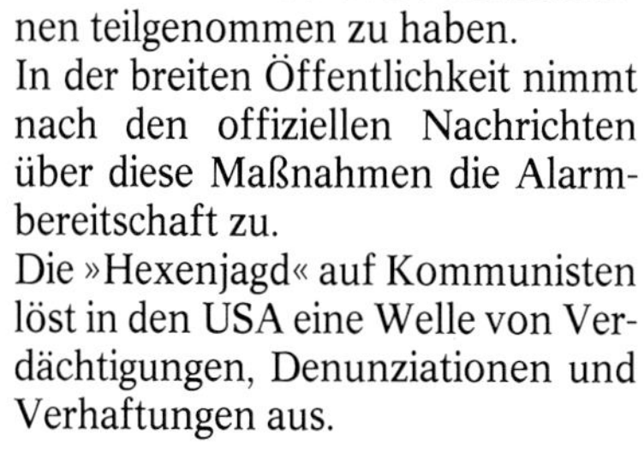

US-Präsident Harry S. Truman

Chiang Kai-shek Chinas Premier

1. März. Der chinesische Premierminister Sung Tsö-wön tritt zurück. Der Führer der Kuomintang-Partei und Oberkommandierende der nationalchinesischen Truppen, Marschall Chiang Kai-shek, wird Regierungschef in China bis zur Bildung des neuen Kabinetts.

Der bisherige Premier war bereits seit einiger Zeit stark kritisiert worden, weil er keine schärferen Maßnahmen gegen die Inflation ergriffen hatte. Sung Tsö-wöns Rücktrittserklärung wird im Parlament von tumultartigen Szenen begleitet. An der Börse in Schanghai ruft die Demission große Erregung hervor, denn Soong gilt trotz aller Kritik in chinesischen Unternehmer- und Bankierkreisen als der fähigste Mann, um die Wirtschaftslage Chinas zu verbessern. Diese Kreise gehen davon aus, daß sich infolge des Rücktritts die finanzielle und wirtschaftliche Situation noch weiter verschlechtern wird.

Soong verdankte den Posten des Regierungschefs der in der »Nationalen Volkspartei«, der Kuomintang, verbreiteten Vetternwirtschaft. Er war im Juni 1945 von seinem Schwager Chiang Kai-shek zum Ministerpräsidenten ernannt worden.

Mit der Übernahme des Amtes des Regierungschefs kann Chiang Kai-shek seine Macht weiter in Richtung auf eine Militärdiktatur ausbauen. Die erste Amtshandlung des kommissarischen Premierministers Chiang Kai-shek ist der Befehl, alle Delegationen der Kommunistischen Partei Chinas bis zum 5. März aus dem von der Kuomintang beherrschten Gebiet auszuweisen. Dabei handelt es sich um Personen in den Städten Nanking, Tschungking und Schanghai. Sie sollen per Flugzeug in das von den Kommunisten besetzte Gebiet Chinas transportiert werden. Durch diese Maßnahme wird zum ersten Mal seit 1937 der Kontakt zwischen der Regierung und der chinesischen KP unterbrochen (→ 22. 5./S. 90).

In einem chinesischen Teehaus hält ein junger Lehrer vor Bauern einen Vortrag über politische Fragen

Die Ehefrau Chiang Kai-sheks sieht sich als Mittlerin zwischen der westlichen Kultur und der Kultur Chinas

Kuomintang siegreich

26. März. Eine Woche nach Einnahme der kommunistischen Hauptstadt Yenan durch Truppen der Kuomintang ziehen die chinesischen Kommunisten Streitkräfte zu einer Gegenoffensive zusammen. Der Angriff soll von Einheiten vorbereitet werden, die verschiedene Städte nördlich und nordöstlich von Yenan besetzt halten.

Yenan war von einer 100 000 Mann starken kommunistischen Armee verteidigt worden. Als sich jedoch die Truppen der Kuomintang, deren Vormarsch durch Bombenangriffe unterstützt wurde, den Vororten Yenans näherten und die Einschließung der Stadt drohte, gaben die Kommunisten ihr Quartier auf.

Bei den Kämpfen waren etwa 10 000 kommunistische Soldaten gefallen und rund 2000 gefangengenommen worden. Die kommunistischen Einheiten zogen sich in Richtung Mandschurei zurück. Damit sind sämtliche Distrikte südlich des Sugariflusses in der Hand der Kuomintang.

Die Einnahme Yenans, des kommunistischen Hauptquartiers, ist kein besonderer militärischer Erfolg, doch ein wichtiger Prestigegewinn für die Kuomintang.

Die Kampfhandlungen zwischen den Streitkräften der Kommunistischen Partei und der Armee der Kuomintang haben in der letzten Zeit zugenommen. Eine Lösung auf dem Verhandlungsweg scheint inzwischen unmöglich. Im Januar haben die USA ihre Vermittlungsbemühungen eingestellt: Sie sind aus dem Komitee der drei Großmächte ausgetreten, das von ihnen, Großbritannien und der Sowjetunion 1945 zur Beendigung des Bürgerkriegs eingesetzt worden war.

Chinas kommunistische Führung: rechts Regierungschef Hsu Tzu-wei

Chinas Ministerpräsident Marschall Chiang Kai-shek

Chiang Kai-sheks Kampf um China

Der derzeitige chinesische Ministerpräsident, Marschall Chiang Kai-shek, wurde 1887 in einem Dorf bei Ningpo in der Provinz Tschekiang geboren. Entgegen der bäuerlich-kaufmännischen Familientradition entschied er sich für den Offiziersberuf.

Beim Ausbruch der Revolution 1911 schloß Chiang sich Sun Yat-sen und der von diesem gegründeten Kuomintang-Partei an. Ab 1920 gehörte er der zusammen mit den Kommunisten in Kanton gebildeten Regierung an. 1924 wurde Chiang Leiter der neuen Militärakademie Whampoa, in der die Offiziere der Kuomintang-Armee ausgebildet wurden.

Nach Sun Yat-sens Tod 1925 übernahm Chiang die Parteiführung und das militärische Oberkommando. 1927 beendete er das Bündnis mit den Kommunisten. Bis 1928 gelang es der Kuomintang, den Süden Chinas zu kontrollieren.

Der Ausbruch des chinesisch-japanischen Krieges 1937 zwang Chiang Kai-shek zur Aufgabe des Kampfes gegen die von Mao Tse-tung geführten Kommunisten. Sie und die Kuomintang bildeten eine Einheitsfront bis zur Kapitulation Japans 1945. Danach brach der Gegensatz zwischen den beiden Parteien jedoch wieder auf.

Die Außenminister Frankreichs und Großbritanniens, Bidault (l.) und Bevin (r.), unterzeichnen den Vertrag

Französisch-britischer Pakt

4. März. In der französischen Hafenstadt Dünkirchen unterzeichnen der britische Außenminister Ernest Bevin und sein französischer Amtskollege Georges Bidault einen Bündnis- und Beistandspakt zwischen Frankreich und Großbritannien. Der Vertrag ist auf zunächst 50 Jahre befristet.

In dem Vertrag versichern sich die beiden Nationen der gegenseitigen Hilfe für den Fall, daß von Deutschland aus ein militärischer Angriff auf einen oder beide Staaten ausgeht. Wenn die Sicherheit der Vertragspartner durch Deutschland bedroht ist, sollen gemeinsame Beratungen über mögliche Gegenmaßnahmen erfolgen.

Im Vertragstext wird festgestellt, daß diese Übereinkunft mit dem Artikel 107 der Charta der Vereinten Nationen in Einklang steht. Darin heißt es, daß Mächte, die direkt am Krieg gegen das Deutsche Reich beteiligt gewesen sind, das Recht haben, sich gegen einen eventuellen neuen Angriff von deutscher Seite im voraus abzusichern.

Großbritannien und Frankreich halten sich in dem Vertrag die Möglichkeit offen, gemeinsame Maßnahmen gegen Deutschland zu ergreifen, falls der ehemalige Kriegsgegner den in der Kapitulationserklärung von 1945 festgelegten Bestimmungen nicht nachkommt. Dieser Passus bezieht sich in erster Linie auf die wirtschaftlichen Verpflichtungen (wie z. B. die zu leistenden Reparationen), die Deutschland einzuhalten hat. Darüber hinaus wollen beide Nationen die gemeinsame wirtschaftliche Entwicklung vorantreiben, um ihren Wohlstand zu steigern und die ökonomische Sicherheit zu garantieren.

Bei der Vertragsunterzeichnung betonen die beiden Außenminister, daß nun der Wiederaufstieg eines aggressiven Deutschland nicht mehr möglich sei. Sie würdigen den Vertrag als Bestätigung des guten Verhältnisses, das seit langem zwischen beiden Nationen herrsche.

Der Dünkirchen-Pakt ergänzt die bereits bestehenden zweiseitigen Verträge, die beide Nationen mit der UdSSR abgeschlossen haben. Der Vertrag könne, so Bevin und Bidault, als Modell für einen Viermächtepakt unter Einschluß der USA und der UdSSR dienen.

Frankreich will nun an Belgien und die Niederlande sowie Polen und die Tschechoslowakei herantreten, um mit diesen Ländern ähnliche Bündnisse zu schließen.

Der Tagungsort Dünkirchen erinnert an die Evakuierung von 340 000 britischen und französischen Soldaten vor den Deutschen im Kriegsjahr 1940

Der Vertrag von Dünkirchen

4. März. Der in Dünkirchen unterzeichnete französisch-britische Beistands- und Bündnispakt richtet sich ausdrücklich gegen Deutschland. Bereits die Wahl des Ortes der Vertragsunterzeichnung hat eine symbolische Bedeutung: Im Juni 1940 hatten sich in einer gemeinsamen Aktion rund 340 000 britische und französische Soldaten von Dünkirchen vor den deutschen Angriffen über den Kanal nach Großbritannien gerettet.

Der Vertrag ist von der Sorge bestimmt, daß der nun besiegte Gegner aus zwei Weltkriegen künftig wieder eine Bedrohung darstellen könnte. Dieser Gefahr soll mit dem Pakt vorgebeugt werden.

Der für Deutschland bedeutsamste Punkt des Vertragswerks liegt in der Bestimmung, daß Großbritannien und Frankreich gemeinsame Maßnahmen ergreifen wollen, wenn die Deutschen ihren von den Siegermächten des Zweiten Weltkriegs auferlegten wirtschaftlichen Verpflichtungen nicht nachkommen.

Im Vorfeld der Vertragsunterzeichnung hatte der französische Außenminister Georges Bidault kein Hehl daraus gemacht, daß sein Land mit dem Pakt vor allem die Sicherstellung seiner wirtschaftlichen Interessen verfolge. Es sei beabsichtigt, »das Ruhrgebiet zu einer Schatzkammer der gesamten Welt zu machen«. Frankreich wolle aus den deutschen Kohlegruben seinen Energiebedarf decken. Die deutsche Industrie müsse weiterhin auf einem niedrigen Produktionsstand gehalten werden.

Der britische Außenminister Ernest Bevin hatte am 27. Februar festgestellt, daß Deutschland kein Elendsgebiet bleiben dürfe, die europäische Sicherheit jedoch gewährleistet sein müsse. Die Meinungsverschiedenheiten zwischen den vier Großmächten enthielten die Gefahr, daß das »alte Deutschland« wieder zu neuem Leben erwachen könnte.

Kein Atommonopol

5. März. Der sowjetische Delegierte bei den Vereinten Nationen in New York, Andrei A. Gromyko, beschuldigt die Vereinigten Staaten in einer Erklärung, sie wollten sich ein Monopol in der Atomenergie sichern

Atombombenexplosion auf dem US-Versuchsgelände in New Mexico

und anderen Mächten ihre Vorstellungen aufzwingen. In diesem Zusammenhang verlangt die Sowjetunion erneut ein sofortiges Verbot der Herstellung und Anwendung der Atombombe.
Einen Vorschlag der USA zur Schaffung einer internationalen Konvention, die eine Verwendung der Atomenergie nur für friedliche Zwecke vorsieht, lehnt Gromyko ab. Solch ein Abkommen sei nicht durchführbar, so lange nicht alle Nationen die Atomwaffe ächten.
Gromyko wendet sich auch gegen Teile des sog. Baruch-Planes, nach dem einer künftigen Atomkontrollbehörde das Recht eingeräumt werden soll, atomare Anlagen in allen Staaten zu überwachen.
Am 19. März nimmt die Atomenergiekommission der UNO den Vorschlag Gromykos an, die Kontrolle der Atomenergie zwei besonderen Ausschüssen zu überlassen. Nach Auffassung der USA müssen diese Gremien einen Plan zur Errichtung einer internationalen Kontrollbehörde entwerfen.

Andrei Gromyko

Andrei A. Gromyko (Foto) wurde am 18. Juli 1909 in Starye Gromyki geboren. Der studierte Landwirt trat 1939 in den diplomatischen Dienst ein. Seit 1943 war er Botschafter der UdSSR in den USA und Kuba. Seit 1946 ist er Ständiger Vertreter der UdSSR im Weltsicherheitsrat der UNO.

Schweiz bleibt weiterhin neutral

25. März. Bundesrat Max Petitpierre gibt vor dem Schweizer Parlament in Bern bekannt, daß die Schweiz auch in Zukunft neutral bleiben werde und der Zeitpunkt für einen Beitritt zu den Vereinten Nationen noch nicht gekommen sei.
Trotz ihrer seit 1815 bestehenden Neutralität war die Schweiz nach dem Ersten Weltkrieg dem Völkerbund beigetreten.
Eine Mitgliedschaft in dessen Nachfolgeorganisation UNO wird allein schon deshalb abgelehnt, weil deren Mitgliedstaaten verpflichtet sind, sich an Sanktionsmaßnahmen gegen einen Staat zu beteiligen, sobald dieser die Charta der Vereinten Nationen verletzt.
Dabei ist die Schweiz jedoch grundsätzlich um einen Beitritt zur UNO bemüht, falls dem Land eine entsprechende Sonderrolle innerhalb der UNO eingeräumt wird. Bis zu diesem Zeitpunkt will die Schweiz in der UN-Flüchtlingsorganisation UNRRA und dem Kinderhilfswerk UNESCO mitarbeiten.

In Indien brechen neue Unruhen aus

30. März. In Indien verschärfen sich die Konflikte zwischen den verschiedenen Religionsgemeinschaften, nachdem durch die Erklärung des britischen Premierministers Clement Attlee (→ 20. 2./S. 37) die baldige Unabhängigkeit erwartet wird.
In diesem Zusammenhang ist aber eine Teilung in einen Moslemstaat (Pakistan) und einen Hindustaat (Indien) zu befürchten.
Während die Verhandlungen der Führer dieser Gruppen, Mohammad Ali Dschinnah für die Moslem-Liga und Jawaharlal Nehru für die Kongreß-Partei der Hindus, weiter keine Fortschritte zeigen, melden andere Minderheiten ihre Proteste gegen eine Teilung Indiens an. Sprecher der drei Millionen Sikhs der indischen Provinzen Sind, Patalia, Kapurtala und Nabha teilen dem britischen Vizekönig, Lord Louis Mountbatten mit, daß sie die Errichtung eines Staates Pakistan auf keinen Fall dulden würden, weil sie damit unter moslemische Herrschaft kommen würden (→ 3. 6./S. 104).

Gespannte Lage in Ungarn

19. März. Die britische Vertretung in der Alliierten Kontrollkommission für Ungarn protestiert in einer Note an die UdSSR gegen die Verhaftung des Generalsekretärs der ungarischen Kleinlandwirtepartei, Bela Kovacs. Auch von seiten der USA erfolgt ein Protest.
Bela Kovacs war am 27. Februar von sowjetischer Militärpolizei aus ungarischem Gewahrsam entführt worden. Er hatte sich der Polizei stellen wollen, nachdem er beschuldigt worden war, er stehe im Sold des US-Geheimdienstes.

Störungen von Versammlungen der nichtkommunistischen Parteien Ungarns wie hier in Szegedin sind eine alltägliche Erscheinung geworden

Die ungarische Kleinlandwirtepartei gerät durch die Verhaftung ihres Generalsekretärs immer mehr unter Druck. Sie war im August 1945 mit 57% der abgegebenen Stimmen als stärkste Partei aus den Parlamentswahlen hervorgegangen. Die von der sowjetischen Besatzungsmacht favorisierte Kommunistische Ungarische Arbeiterpartei erreichte nur einen Stimmenanteil von 17%. In den darauffolgenden Jahren eroberten die Kommunisten mit sowjetischer Unterstützung Schritt für Schritt Schlüsselpositionen in Staat und Armee. Seit Ende 1946 sind sie die treibende Kraft in einer Kampagne, deren Anlaß die Aufdeckung einer angeblichen Verschwörung zum Sturz der Republik war. Das Ziel der Kommunisten ist die Entmachtung der Kleinlandwirtepartei (→ 23. 5./S. 90).

General Clay löst McNarney ab

15. März. Der US-amerikanische General Joseph T. McNarney übergibt seine Ämter als Oberbefehlshaber der US-Landstreitkräfte in Europa und Militärgouverneur in Deutschland an seinen bisherigen Stellvertreter, General Lucius D. Clay. Die Amtsübergabe erfolgt in einer kurzen Zeremonie vor dem Gebäude des US-Hauptquartiers in Frankfurt am Main. McNarney hatte bereits am 4. Januar seinen Rücktritt offiziell bekanntgegeben.

In seiner Abschiedsansprache hebt der scheidende General hervor, daß seit 1945 in Deutschland viel erreicht worden sei, vieles aber noch zu tun bleibe. Die Streitkräfte der USA fühlten sich verantwortlich für die Schaffung einer Atmosphäre von Recht und Ordnung. Auch in Zukunft sei es ihre Aufgabe, das deutsche Volk »bei seiner wirtschaftlichen, politischen und sozialen Rehabilitierung nach demokratischen Grundsätzen zu leiten«.

In seiner Erwiderung betont General Clay, daß sich McNarney um die Errichtung eines künftigen friedlichen deutschen Staates verdient gemacht habe.

Der 49jährige Clay wurde 1897 in Marietta im US-amerikanischen Bundesstaat Georgia geboren.

Als stellvertretender Chef im Stab von General Dwight D. Eisenhower war Clay 1944 wesentlich am Gelingen der alliierten Invasion in Europa beteiligt. Sein bisheriges Amt bekleidete Lucius D. Clay seit 1945, zunächst unter Eisenhower, dann unter McNarney.

*Lucius DuBignon Clay (*23. 4. 1897) hatte während des Zweiten Weltkrieges im Amt für Kriegsmobilisierung in Washington gearbeitet; aufgrund seines Organisationstalents wurde er im April 1945 zum Generalleutnant befördert und als stellvertretender US-amerikanischer Militärgouverneur nach Deutschland versetzt*

Industriebetriebe in deutsche Hände

1. März. In der britischen Besatzungszone Deutschlands wird die Kontrolle der britischen Militärregierung über die ersten vier Betriebe der Stahlindustrie aufgehoben. Es handelt sich um das Dortmund-Hörder-Hüttenwerk, die Gutehoffnungshütte in Oberhausen, das Klöckner-Stahlwerk in Haspe sowie ein Eisenhüttenwerk in Bochum.

Die Betriebe werden nach Einführung der Mitbestimmung der Belegschaft in deutsche Verantwortung übergeben. Die Übergabe ist Teil der Entflechtung der Eisen- und Stahlindustrie, die im Februar von der britischen Militärregierung endgültig festgelegt wurde.

Die deutschen Schwerindustriebetriebe waren im Herbst 1945 von der Besatzungsmacht mit dem Ziel einer Aufteilung beschlagnahmt worden. Eine formelle Enteignung hatte jedoch nicht stattgefunden; die bisherigen Unternehmensverwalter blieben im Amt. Nach Bildung der britischen Kontrollbehörde hatten sie vergeblich versucht, die Dekartellisierung zu verhindern.

Parlamentarischer Rat

11. März. In der US-amerikanischen Besatzungszone in Deutschland tritt erstmals der Parlamentarische Rat des Länderrats zusammen. Er wird von je sieben Mitgliedern des bayerischen, des württemberg-badischen und des hessischen Landtags sowie drei Vertretern der bremischen Bürgerschaft gebildet.

Dieses Kontrollorgan, dessen Einrichtung am 27. Februar 1947 beschlossen worden ist, nimmt künftig in beratender Funktion an den Tagungen des Länderrats teil. Die Parlamentarier sollen sowohl zu allen vom Länderrat behandelten Gesetzen als auch zu den von den alliierten Behörden erlassenen Anordnungen Stellung nehmen.

Bei der ersten gemeinsamen Sitzung wertet der stellvertretende US-amerikanische Militärgouverneur in Deutschland, General Lucius D. Clay, die Einrichtung des Parlamentarischen Rats als einen weiteren Schritt auf dem Weg zu einer Übergabe der politischen Verantwortung in deutsche Hände. Seine wichtigste Aufgabe sei die Vereinheitlichung von Anordnungen und Gesetzen.

Zu den prominentesten Mitgliedern des neuen Rats zählen die Bayern Alois Hundhammer (CSU) und Thomas Dehler (FDP), der Stuttgarter Alex Möller (SPD) und der Hesse Otto Witte (SPD).

Thomas Dehler

A. Hundhammer

Otto Witte

Alex Möller

Zwei Arbeiter beim Nieten im landeseigenen Eisenwerk Riesa

Deutsche Betriebe zurückerstattet

31. März. In den Monaten Februar und März sind in der sowjetischen Besatzungszone Deutschlands 74 Industriebetriebe aus sowjetischem Besitz in deutsche Hände zurückgegeben worden (→ 15. 1./S. 17).

Hierbei handelt es sich um Industrieanlagen, die Ende Oktober 1945 von der sowjetischen Besatzungsmacht beschlagnahmt worden waren. Ein Teil davon ging im März 1946 in den Besitz deutscher Verwaltungsorgane über, ein anderer Teil wurde in »Sowjetische Aktiengesellschaften« (SAG) umgewandelt, d. h. sie wurden Eigentum der UdSSR.

Die Betriebe, bei denen es sich zumeist um Anlagen der Schwer- und Grundstoff- sowie der Chemieindustrie handelt, wurden damit der deutschen Verfügungsgewalt entzogen. Bei der Übernahme in sowjetischen Besitz wurde nur ein Teil ihres Wertes auf dem deutschen Reparationskonto gutgeschrieben.

Zu den SAG-Betrieben gehören u. a. die Leunawerke, die Hydrierwerke in Böhlen und Espenhain, die Elektrochemischen Werke in Bitterfeld sowie die Agfa-Filmfabrik in Wolfen. Der Anteil der sowjetischen Aktiengesellschaften an der Gesamtwirtschaft der Ostzone beläuft sich 1947 auf rund 19,5%. In einzelnen Bereichen wie der Energiewirtschaft liegt er bei 34,7%, in der Chemieindustrie bei 54% sowie auf dem Gebiet des Maschinenbaus und der Elektroindustrie bei etwa 39%.

Jugendliche Arbeiter bei einer Protestkundgebung

Eine der vielen Protestkundgebungen in der britischen Besatzungszone (hier in Düsseldorf)

Protest gegen Demontagen: Demonstration in Kassel

Diskussion auf einer Demonstration in Köln

Ein britischer Wagen ist umgestürzt worden

Hungernde Arbeiter treten in Massenstreik

27. März. In fast allen größeren Städten Nordrhein-Westfalens beginnen Streiks und Massenkundgebungen hungernder Arbeiter. Die Demonstrationen, an denen mehrere hunderttausend Menschen beteiligt sind, dauern über eine Woche an. Die Arbeiter wenden sich gegen die unzureichende Lebensmittelversorgung, die in der britischen Besatzungszone seit längerem bei etwa 1050 Kalorien pro Tag stagniert.

Allein an einer Kundgebung in Düsseldorf nehmen rund 80 000 Menschen teil, wodurch fast das gesamte öffentliche Leben zum Stillstand kommt. Die Demonstranten führen Transparente mit sich, auf denen »Wir haben Hunger«, »Versprechungen machen nicht satt« oder »Wir fordern Brot« zu lesen ist. Die Arbeiter verlangen eine Erfassung aller noch vorhandenen Lebensmittelvorräte, eine Überführung von Nahrungsmitteln aus den anderen Besatzungszonen, die generelle Beseitigung der Zonengrenzen sowie eine Bodenreform.

An den Kundgebungen in Düsseldorf und anderen Städten nehmen Vertreter der Gewerkschaften, Betriebsräte und Mitarbeiter der deutschen Behörden teil. Angehörige der Militärbehörden sind vielerorts als Beobachter zugegen.

Parallel zu den Massendemonstrationen finden überall im Ruhrgebiet Verhandlungen zwischen den örtlichen Militärbehörden und Vertretern der Landesregierung statt. Die nordrhein-westfälische Landesregierung schlägt der britischen Seite in den folgenden Tagen ein Bündel von Sofortmaßnahmen vor. Darin werden eine Steigerung der Getreideeinfuhr, die Sicherung einer ausreichenden Getreidereserve nach einer umfassenden Brotversorgung sowie die Sicherstellung der Nährmittelausgabe angeregt.

Die britische Militärregierung wird nochmals darauf hingewiesen, daß seit Monaten keine vollen Rationen auf die Lebensmittelkarten mehr ausgegeben worden sind und gegenwärtig die Versorgung völlig zusammengebrochen ist. Gesundheit und Leistungskraft der Bevölkerung seien daher zunehmend gefährdet.

Der stellvertretende nordrhein-westfälische Ministerpräsident Karl Arnold droht bei einer Kundgebung mit der Einstellung der Kohlelieferungen an Bayern, wenn nicht umgehend von dort Lebensmittel eintreffen. Die Möglichkeit eines Wirtschaftskrieges zwischen den einzelnen Zonen sei zwar bedauerlich, aber nicht zu umgehen, falls auch die anderen deutschen Länder ihren vertraglich zugesicherten Lieferungen nicht nachkämen.

Die Demonstrationen und Massenkundgebungen, die sich am Monatsende über das Münsterland bis nach Niedersachsen ausbreiten, finden ihren Höhepunkt und Abschluß am 3. April: An diesem Tag treten rund 300 000 Bergarbeiter in einen 24stündigen Generalstreik.

Am folgenden Tag wenden sich jedoch die Gewerkschaften nachhaltig gegen weitere Arbeitsniederlegungen, da inzwischen ein völliger wirtschaftlicher Zusammenbruch droht. Die britische Militärregierung verbindet ihre wiederholten Aufrufe zur Beendigung der Streiks und Demonstrationen mit dem Versprechen, den größtenteils als berechtigt anerkannten Forderungen schnellstmöglich nachzukommen.

Wirtschaft 1947:

Wirtschaftliche Not ist noch immer groß

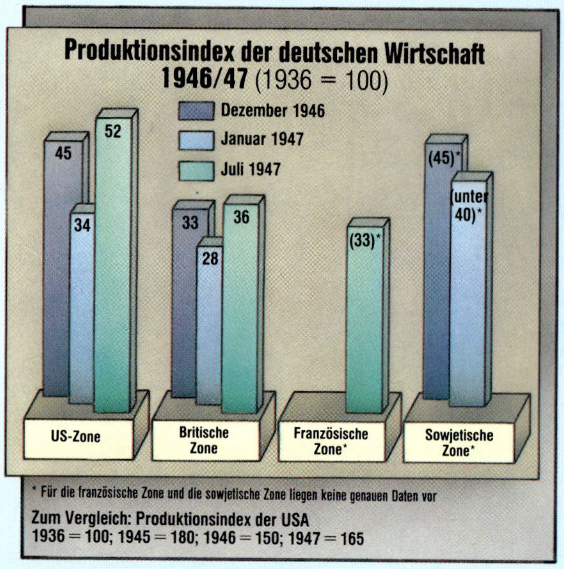

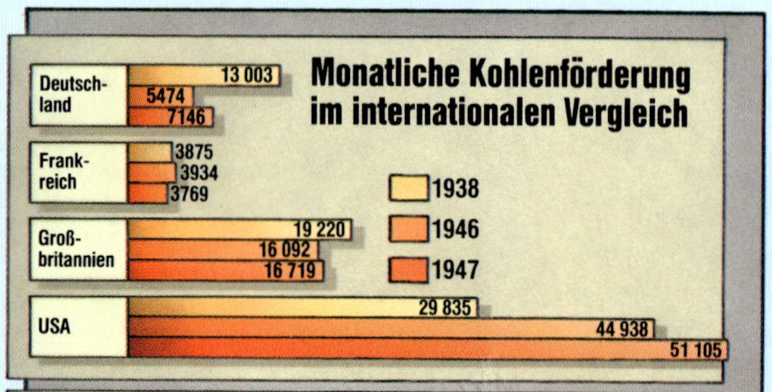

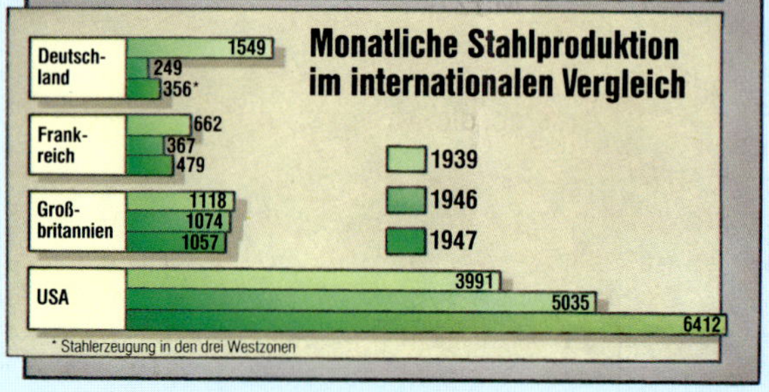

Die Rede des US-amerikanischen Außenministers George C. Marshall am 5. Juni des Jahres markiert für die wirtschaftliche Entwicklung der meisten europäischen Länder einen Wendepunkt. Sein Angebot, ein umfassendes wirtschaftliches Hilfsprogramm der USA einzuleiten, bedeutet für die angesprochenen Staaten die Möglichkeit, sich aus ihrer nahezu ausweglosen Notlage zu befreien.

Das Jahr 1947 ist ein Hungerjahr. Nahezu der gesamte europäische Kontinent leidet nicht nur unter der Knappheit an Lebensmitteln, sondern auch weiterhin unter der Zerstörung der industriellen Kapazität infolge des Zweiten Weltkrieges. In den vergangenen zwei Jahren ist es den vom Krieg betroffenen Staaten nicht gelungen, beim Wiederaufbau ihrer Industrie entscheidend voranzukommen.

Selbst Siegermächte wie Großbritannien und Frankreich leiden unter Rohstoffverknappung und Auslandsverschuldung. Besonders groß ist das Ausmaß der Zerstörungen in der UdSSR. Große Teile im Westen der Sowjetunion, der am weitesten industrialisiert war, sind immer noch verwüstet.

Insofern wird das Hilfsangebot der USA, der Marshallplan, in vielen europäischen Staaten begrüßt. Er bedeutet aber auch, daß sich die Empfängerländer für längere Zeit in finanzielle Abhängigkeit von den Vereinigten Staaten begeben. Für die Sowjetunion ist dies ein Grund, den Plan abzulehnen. Auch die meisten osteuropäischen Staaten müssen diesem Schritt folgen.

Für die deutsche Wirtschaft in den drei westlichen Besatzungszonen bedeutet die Einbeziehung in den Marshallplan einen ersten Hoffnungsschimmer. Die Industrieproduktion hat noch nicht einmal die Hälfte des Standes von 1936 wieder erreicht. Reparationsleistungen und die Demontage wichtiger Industriebetriebe tragen dazu bei, daß sich die Lage in Deutschland nicht verbessert.

Während die Sowjetunion trotz gegenteiliger Ankündigung im Januar mit den Demontagen in der Ostzone fortfährt, besitzt in den westlichen Besatzungszonen ein Industrieplan vom August 1946 weiterhin Gültigkeit. Er sieht gegenüber dem Jahre 1936 eine Reduzierung der Industriekapazität auf rund 55% vor. Erst im Oktober 1947 wird er zugunsten der deutschen Wirtschaft revidiert.

Auch die Zusammenlegung der britischen und US-amerikanischen Besatzungszone Deutschlands zur Bizone im Januar führt zunächst noch zu keiner spürbaren Verbesserung der Lage. Die deutschen Verwaltungsinstanzen im Vereinigten Wirtschaftsgebiet verfügen noch nicht über die notwendigen Kompetenzen. Zwar ändert sich dies im Juni, nach einer Neuordnung der Verwaltung des Vereinigten Wirtschaftsgebietes ist jedoch noch immer nicht über den wichtigsten Schritt zur Gesundung der Wirtschaft, eine Währungsreform, entschieden worden.

Im Ruhrbergbau dringend benötigte Arbeitskräfte: Freiwillige beim Abtransport eines Wagens mit selbstgeförderter Kohle

Mit geretteten Spezialwerkzeugen wieder bei der Arbeit: Silberschmiede aus Hanau fertigen Schmuck, der zumeist von US-amerikanischen Soldaten gekauft wird

Leipziger Messe wird eröffnet

4. März. In Leipzig wird die Frühjahrsmesse vom sächsischen Minister für Wirtschaft und Wirtschaftsplanung, Fritz Selbmann, eröffnet. Über 5000 Firmen nehmen an der Messe teil, darunter erstmals Aussteller aus allen vier deutschen Besatzungszonen. Die meisten Betriebe und Händler kommen jedoch aus dem sowjetisch besetzten Teil Deutschlands.
Auf der bis zum 9. März dauernden Ausstellung zeichnet sich bereits am ersten Tag ein ungewöhnlich hohes Besucherinteresse ab, die Messeleitung gibt schon jetzt keine Eintrittskarten mehr an die Einwohner Leipzigs aus. Besonders stark werden auch die amtlichen Bewilligungsstellen für das Interzonen- und Auslandsgeschäft beansprucht.
Gegenüber dem Vorjahr fällt auf, daß das Warenangebot anscheinend mehr auf die Konsumenten zugeschnitten ist. Bei der letzten Leipziger Messe bemängelten Beobachter, daß viele der knappen Rohstoffe nicht zugunsten der Verbraucher verarbeitet wurden. Dieses Jahr dagegen werden viele praktische Güter angeboten, die für Flüchtlinge, Heimkehrer oder Bombengeschädigte gedacht sind.
Besonders auffällig ist die umfangreiche Ausstellung der deutschen Textilindustrie im Leipziger Ringmessehaus. Die ausgestellten Produkte beziehen sich jedoch hauptsächlich auf die Veredelung vorhandener Kleidungsstücke und Gebrauchstextilien.
Über allen Geschäftsabschlüssen auf der Frühjahrsmesse steht das Problem der Rohstoffbeschaffung. Viele der ausgestellten Waren sind nur Muster, ihre Produktion hingegen bleibt eine Frage der Zukunft. Andere Erzeugnisse können nur beschränkt gefertigt werden, und der Transport zum Endverbraucher bringt weitere Probleme mit sich. Dies wird besonders deutlich auf der Möbelausstellung in Leipzig. Viele Waren sind ausschließlich für den Export bestimmt.
Erfreut zeigt sich die Messeleitung über die gesteigerte Auslandsnachfrage. So reisen Fachbesucher z. B. aus den Niederlanden, Norwegen und der Schweiz nach Leipzig.

Nur selten sind auf der Leipziger Messe derartige Hinweise zu sehen

Andrang in einer Kantine auf dem Messegelände in Leipzig; täglich sind insgesamt 280 000 Gäste aus dem In- und Ausland zu versorgen

Wahlalter wird herabgesetzt

2. März. Der sächsische Landtag setzt mit den Stimmen der SED das aktive Wahlalter auf 18 und das passive Wahlrecht auf 21 Jahre fest. Damit ist Sachsen das erste Land in Deutschland, das auf diese Weise den Wählerkreis erweitert.
Ein Antrag der Liberal-Demokratischen Partei, das aktive Wahlalter von bisher 20 auf nunmehr 25 Jahre festzusetzen, scheitert, denn die SED besitzt zusammen mit der Bauernhilfe die absolute Mehrheit im sächsischen Landtag.

Neue Pakete der CARE-Organisation

9. März. Die US-amerikanische Militärregierung in Deutschland gibt bekannt, daß jetzt mit der Verteilung eines neuen Typs von CARE-Paketen begonnen werde. Diese Pakete seien zweckmäßiger zusammengestellt und gewichtssparender verpackt. Im Paket befänden sich Nahrungsmittel mit etwa 41 000 Kalorien Energiegehalt.
Ebenso werde demnächst mit der Lieferung sog. Deckenpakete begonnen. Sie sollen außer Näh- und Futtermaterial auch Scheren und Schnittmuster enthalten. Die Kleidungsmodelle seien in New York auf einer CARE-Modenschau vorgeführt worden (→ 8. 10./S. 171).

Zwei Millionen Kriegsgefangene

15. März. Die Außenminister der vier Siegermächte beziffern die Zahl der deutschen Kriegsgefangenen auf etwa zwei Millionen. Die sowjetische Nachrichtenagentur TASS gibt während der Moskauer Außenministerkonferenz (→ 10. 3./S. 50) bekannt, daß sich noch 890 532 Kriegsgefangene in der UdSSR befinden. Den offiziellen Angaben zufolge sind seit der deutschen Kapitulation 1 003 974 ehemalige Soldaten freigelassen worden.
Frankreich hält noch 631 483 Deutsche gefangen, davon 593 276 im eigenen Land und 38 207 in Lagern der französischen Besatzungszone Deutschlands.
Großbritannien erklärt, daß sich außerhalb Deutschlands noch 435 295 Kriegsgefangene in britischem Gewahrsam befinden.
Die USA beziffern die Zahl ihrer Gefangenen auf 30 976, davon 15 873 in der US-amerikanischen Zone Deutschlands, 13 825 in Italien und 1278 in Frankreich und in Lagern in Nordamerika.
Die niedrigen US-amerikanischen Zahlen im Gegensatz zu den hohen französischen erklären sich daraus, daß die meisten französischen Kriegsgefangenen ursprünglich von US-Truppen festgenommen wurden, später jedoch übergeben worden waren. Die sowjetischen Angaben werden von US-amerikanischen Offiziellen bezweifelt.

Ungewöhnliche Arbeit für deutsche Kriegsgefangene: Errichtung eines Zeltlagers für britische Truppen

Pläne für eine neue Verfassung

14. März. Das Deutsche Büro für Friedensfragen in Stuttgart wird mit der Anfertigung eines Gutachtens über eine künftige deutsche Verfassung beauftragt. Auftraggeber ist der Länderrat der US-amerikanischen Besatzungszone.
Pläne für eine Verfassung sind von deutscher Seite seit Kriegsende entworfen worden. Gefördert werden diese Initiativen vor allem von den USA. Sie favorisieren die Bildung eines föderalistischen Staatenbundes. Während diese Lösung von den süddeutschen Ländern unterstützt wird, hat die SED in der Ostzone bereits im Herbst 1946 Pläne für einen deutschen Einheitsstaat vorgelegt.

Die schlimmsten Überschwemmungen in England seit 50 Jahren: Ein überfluteter Rummelplatz nahe der Themse

Überschwemmungen in Europa

24. März. Durch das einsetzende Tauwetter verbunden mit langanhaltenden Regenfällen kommt es in weiten Teilen Europas zu Überschwemmungen. An der Oder brechen durch das Hochwasser mehrere Dämme. Mehr als 20 000 Menschen müssen evakuiert werden, über 70 000 ha Land stehen unter Wasser. Viele Deichbrüche sind auf mangelhafte Wartungsarbeiten während des Zweiten Weltkriegs zurückzuführen.

In Süddeutschland werden zahlreiche Eisenbahnstrecken unterspült und Straßenverbindungen überflutet. In Bremen stürzen sämtliche Weserbrücken ein; sie waren infolge des Kriegs baufällig geworden und nur provisorisch wiederhergestellt worden. In Berlin kommt es durch das Tauwetter zu etwa 300 000 Rohrbrüchen.

In der britischen Hauptstadt London tritt nach sintflutartigen Regenfällen die Themse über die Ufer und setzt 120 U-Bahnhöfe unter Wasser. Im südlichen England werden außerdem etwa 150 Hauptverkehrsstraßen überflutet.

Überfluteter Rangierbahnhof Hackney Wick bei London

In Woodford/Großbritannien ist dieser Bus »gestrandet«

Das westlich von London gelegene Uxbridge unter Wasser

Selbst Sandsäcke halten die Fluten nicht auf

In Venedig wieder Karnevalstrubel

7. März. Zum ersten Mal nach 24 Jahren findet in Venedig wieder der seit Jahrhunderten begangene Karneval statt. Dieses traditionelle Fest wurde 1923 von den italienischen Faschisten verboten, da sie befürchteten, daß sich unter den Masken Kommunisten und andere politische Gegner verbergen könnten. So hofften die Faschisten, die in den 20er Jahren häufigen Attentate auf Personen des öffentlichen Lebens zumindest während der Karnevalszeit zu vermeiden.

Tod als Kostüm

Ein Komödiant

Hut und Maske

Politik war im venezianischen Karneval schon immer präsent. Mit den farbenprächtigen Kostümen, Zeremonien und Festen wurde an politische und militärische Ereignisse erinnert. Unter der schützenden Verkleidung ließ sich Kritik an der Obrigkeit ohne Gefahr äußern.

Aber auch kriminelle Elemente suchten schon immer den Schutz der Masken und des unübersichtlichen Trubels. 1339 bereits verbot der Adel das Tragen von Kostümen, um Diebstahl und Betrug zu verhindern. Ähnliche Verbote wurden durch die Jahrhunderte hindurch immer wieder ausgesprochen.

Auch die venezianische Kirche sah das Karnevalstreiben ungern, ihr erschien das ausgelassene Feiern als unsittlich und schamlos. Bald jedoch bemerkten die Stadtherren den ökonomischen Nutzen des schnell über die Grenzen Venedigs hinaus bekannt gewordenen Spektakels. Während des 1701 stattfindenden Karnevals beherbergte die Stadt über 30 000 Fremde.

Kom(m)ödchen ohne Komödien

29. März. Das Kom(m)ödchen, die »Kleine Literaten-, Maler- und Schauspielerbühne«, wird in den zerbombten, notdürftig wiederhergerichteten Hinterräumen einer Düsseldorfer Altstadt-Kneipe in der Hunsrückenstraße mit dem Programm »Positiv dagegen« eröffnet.
Die Begründer dieses neuen Kabaretts, das Studentenehepaar Kay und Lore Lorentz, haben mit dem Erlös vom Verkauf einer alten Leica-Kamera das nötige Geld aufgebracht, um dem neu erweckten Bedürfnis der Nachkriegsdeutschen nach kritischer Unterhaltung gerecht zu werden. Regisseur und Verfasser der meisten Texte ist Kay Lorentz, während seine Frau mit den satirisch-politischen Liedern und Gedichten auftritt.

Lore und Kay Lorentz, die Begründer des Kom(m)ödchens in Düsseldorf

Die Darbietungen des Kom(m)ödchens sollen souverän-distanziert Kritik an den herrschenden Verhältnissen in Deutschland und der Welt üben und intellektuelle Fundiertheit aufweisen. Die Kabarettisten wollen sich »den Kummer von der Seele reden«, bzw. singen, der die Not des Nachkriegsdeutschland widerspiegelt. Neben den beiden Laienschauspielern sorgt der Pianist und Komponist Emil Schuchardt für die musikalische Untermalung.
Die Existenz des Kom(m)ödchens war kurzzeitig durch den Einspruch der Düsseldorfer Polizei gefährdet, die in dem Programm eine »zu kritische Auseinandersetzung mit der Realität« vermutete und die sofortige Schließung verfügte. Auf den Einspruch der Presse, und nach der Streichung des zweiten »m«, so daß der Eindruck entsteht, es handele sich um ein Komödienhaus, kann sich der Vorhang heben.

Neues Kabarett in Düsseldorf

Kay Lorentz über die Rolle des Kabarettisten:
»Man spricht zwar keinen Dichter, man verkörpert keinen Don Carlos, aber man ist jeden Abend sein eigener kleiner Marquis Posa, der zwar nicht so schön, auch mit weniger Pathos, aber unmißverständlich sagt: ›Geben Sie Gedankenfreiheit, Sire!‹«
Im Eröffnungsprogramm verkündet Lore Lorentz die Absichten des Hauses:
»Wenn es dem Kom(m)ödchen
nicht gefällt, was sich so ereignet auf der Welt
immer, immer wieder, zieht's
den Vorhang nieder
und singt seine kleinen
frechen Lieder.
Das, was dem Kom(m)ödchen
wichtig schien zwischen
Honolulu und Berlin,
wird es ohne Hemmung, innerer Beklemmung,
durch den Wochenschau Kakao stets ziehn.«

200 Werke der modernen Malerei

25. März. Die Ausstellung »Moderne französische Malerei« endet nach 14tägiger Dauer im Münchner Haus der Kunst. Über 50 000 Besucher sahen die Bilder, die zuvor bereits in Baden-Baden, Berlin und Wien ausgestellt worden waren.
Dem Kunstfreund wurden 200 Bilder präsentiert. Neben Werken aus Frankreich waren auch Gemälde aus Deutschland, Spanien, den Niederlanden und Belgien ausgestellt. Zeitlich erstreckte sich das Spektrum von den französischen Impressionisten Ende des 19. Jahrhunderts bis zu den Surrealisten und Malern, die sich keiner Strömung zuordnen lassen, wie z. B. Marc Chagall. Seine Werke hingen mit denen der gegenständlichen Maler zusammen in einem Raum. Hier wurden Bilder von Vincent van Gogh, Amedeo Modigliani, Henri de Toulouse-Lautrec, Edouard Manet, Edgar Degas, Auguste Renoir, Henri Matisse und Paul Cézanne präsentiert. Daneben hingen Landschaftsbilder von André Derain und Maurice de Vlaminck. Die zeitgenössische Kunst wurde mit Gemälden von Georges Braque, Pablo Picasso, Juan Gris, Fernand Léger, Salvador Dali und Max Ernst dokumentiert.

»Bar in den Folies-Bergère« (Edouard Manet, 1882)

»Liegendes Mädchen am Rosenhang« (Pissarro, 1882)

Wissenschaftler gehen in die USA

5. März. In den USA treffen 297 deutsche Wissenschaftler ein, um in der US-amerikanischen Wirtschaft zu arbeiten. Wie das US-Verteidigungsministerium bekanntgibt, sollen sie die Industrie über den Stand der deutschen Forschungsarbeiten während des Zweiten Weltkriegs informieren.
Die Arbeitsplätze der deutschen Wissenschaftler werden vom US-Verteidigungsministerium zugewiesen und überwacht. Die Deutschen dürfen nur an gesonderten Arbeitsprozessen mitwirken, ohne dabei Kenntnis anderer Produktionszweige zu bekommen. Ebenso ist die persönliche Bewegungsfreiheit der Forscher eingeschränkt.
Es wird erwartet, daß auch ein Teil der etwa 24 000 in der US-amerikanischen Besatzungszone Deutschlands lebenden Wissenschaftler in die USA reisen wird. Ehemaligen NSDAP-Mitgliedern, die vor 1933 in die Partei eintraten, ist die Einreise allerdings verboten.

Kinder finden überall Gelegenheiten zum Spielen, auch wenn sich diese provisorische Rutschbahn (ein Eisenträger) in einer Hausruine befindet

Dinnerparty in den Vereinigten Staaten mit dem Schauspieler James Stewart (vorn r.) und dem Industriellen Henry Ford II. (vorn l.)

Kriegsergebnisse: Ein Versehrter auf Hamburgs Reeperbahn

Unterhaltung 1947:

Ein Stück Lebensfreude zurück

Obwohl das Alltagsleben der Deutschen noch immer von Entbehrungen gekennzeichnet ist, erlebt der Unterhaltungssektor einen steten Aufschwung in allen vier Besatzungszonen. Sport- und Kulturveranstaltungen stehen im Mittelpunkt der Freizeitgestaltung. Sie können vom tristen Alltag ein wenig ablenken und geben den Menschen ein Stück lange vermißter Lebensqualität und Lebensfreude zurück.

Das sich in allen Zonen rasch entwickelnde Sportgeschehen wird vor allem vom Fußball und Boxen bestimmt. Vor allem bei den Boxkämpfen, die sich mit wenig Aufwand organisieren lassen, sind es international besetzte Wettkämpfe, die in der Publikumsgunst ganz oben stehen.

Sehr beliebt sind auch Musikveranstaltungen. Die meisten deutschen Rundfunksender unterhalten eigene Orchester, deren Konzerte mit großer Begeisterung von den Hörern verfolgt werden.

Kulturelle Ereignisse haben ohnehin ihren festen Platz in der Freizeitgestaltung. Neben dem Theater ist es vor allem das Kino, das die Zuschauer anzieht. Auch Kunstausstellungen registrieren einen starken Zulauf.

Die von den Besatzungsmächten kontrollierten und geförderten Veranstaltungen bieten den Deutschen nach langen Jahren kultureller Isolation die Möglichkeit, das Kunst- und Kulturschaffen des Auslands kennenzulernen. Außerdem machen viele Deutsche erstmals Bekanntschaft mit den Werken deutscher Künstler, die während der NS-Zeit verboten waren.

Tanzvergnügen in den Vereinigten Staaten: Teenager feiern mit Coca Cola und Doughnuts

Tanzvergnügen in Deutschland: Der Besatzungssoldat und sein »Fraulein«

Wochenende in der Großstadt Berlin: Ein Schrebergarten inmitten der Trümmerwüste

Lange Menschenschlangen wie hier an Berlins Kurfürstendamm bilden sich überall dort, wo Unterhaltung vom tristen Alltag ablenkt

Ein Tanzcafé im britischen Sektor Berlins: Die feine Garderobe der Gäste läßt darauf schließen, daß hier hohe Preise verlangt werden

Cambridge gewinnt

29. März. Die Universitätsmannschaft von Cambridge gewinnt in Großbritannien zum 49. Mal das traditionelle Ruderduell gegen Oxford. Cambridge benötigt für die viereinhalb Meilen (7,5 km) lange Regattastrecke 23:01 Min. Etwa 250 000 Zuschauer sehen die aufgrund hervorragender Trainingsergebnisse favorisierten Oxforder klar mit zehn Längen verlieren. Eine so deutliche Entscheidung hat es in der 117jährigen Geschichte dieses Achterrennens noch nie gegeben.

Beide Mannschaften hatten sich sehr intensiv auf den Wettkampf vorbereitet. Oxford unterbot im Training sogar die bisherige Rekordzeit von 18:03 Min. Auch in finanzieller Hinsicht werden neue Maßstäbe gesetzt: Beide Mannschaften ließen sich spezielle Boote konstruieren, die jeweils etwa 270 Pfund Sterling kosteten.

Die Begeisterung der britischen Zuschauer kennt auch dieses Jahr keine Grenzen, das Themseufer zwischen Putney und Mortlake gleicht bereits am Tag vor dem Rennen einem Zeltlager. Trotz strömenden Regens übernachten Zehntausende an der Regattastrecke. Auch die Wettleidenschaft der Briten erreicht einen Höhepunkt: Zusammen mit den Wettgeldern für das am selben Tag stattfindende Grand-National-Steeplechase-Pferderennen sind über sieben Millionen Pfund im Umlauf.

Um drei Längen voraus: Der Achter von Cambridge siegt über Oxford

Irischer Sieg beim Grand National

29. März. *Das irische Pferd Caughoo gewinnt in Aintree das Grand-National-Steeplechase-Hindernisrennen in der Zeit von 10:31,5 Min. mit 20 Längen Vorsprung. (Die Aufnahme zeigt die Teilnehmer des Rennens am ersten Hindernis.) Auf dem viereinhalb Meilen (7,5 km) langen Kurs erreichen von 57 gestarteten Pferden lediglich 21 das Ziel. Trotz schlechten Wetters sehen fast 300 000 Zuschauer dem Traditionsrennen zu. Viele sind jedoch enttäuscht, denn im Heimatland des Grand National wartet man seit 15 Jahren vergeblich auf einen britischen Sieg in diesem schwersten Rennen der Welt.*

April 1947

Mo	Di	Mi	Do	Fr	Sa	So
	1	2	3	4	5	6
7	8	9	10	11	12	13
14	15	16	17	18	19	20
21	22	23	24	25	26	27
28	29	30				

1. April, Dienstag

Paul I., der neue griechische König, legt in Athen den Eid auf die Verfassung ab. →S. 72

Bei einem Anschlag auf die britische Garnison in Jerusalem werden zwölf Menschen getötet (→22. 4./S. 73).

Die bulgarische Nationalversammlung nimmt das Gesetz über den Zweijahresplan für die bulgarische Wirtschaft an.

Die US-amerikanische Fluggesellschaft »American Overseas Airlines« (AOA) richtet eine tägliche Flugverbindung zwischen den USA und Deutschland ein.

2. April, Mittwoch

In weiten Teilen des Ruhrgebiets und einigen anderen Städten der britischen Besatzungszone Deutschlands finden Protestdemonstrationen gegen die katastrophale Ernährungslage statt.

Großbritannien bringt das Palästina-Problem vor die UNO. Eine Sonderkommission der Generalversammlung erarbeitet Lösungsvorschläge.

Das polnische Ministerium für öffentliche Verwaltung kündigt an, daß die restlichen 600 000 Deutschen aus den polnischen Westgebieten ausgesiedelt werden sollen. →S. 68

Ein Warschauer Volkstribunal verkündet das Todesurteil gegen Rudolf Höß, den ehemaligen Kommandanten des Konzentrationslagers Auschwitz. →S. 69

Im Schnellzug Passau–Nürnberg beschlagnahmt die Polizei bei einer Zugkontrolle große Mengen Lebensmittel. →S. 76

3. April, Donnerstag

In Lübeck demonstrieren 50 000 Einwohner gegen die schlechte Ernährungslage. In vielen Betrieben wird gestreikt.

Durch Winterschäden sind in der Ostzone 25% bis 100% der Getreideaussaat vernichtet.

Das Komitee der UNO-Gesundheitsorganisation beschließt, in Genf ein Zentralbüro für Epidemie- und Quarantänefragen einzurichten.

Das belgische Ministerium für den Wiederaufbau veröffentlicht einen Plan zur Rekonstruktion der Wirtschaft des Landes. →S. 72

Die US-Armeezeitung »Stars and Stripes« berichtet, daß die US-amerikanischen Besatzungstruppen keine Nahrungsmittel aus Deutschland requirieren. →S. 70

4. April, Karfreitag

Jugoslawien fordert von Österreich die Zahlung von 150 Millionen US-Dollar Reparationen.

In Italien legt die dritte Regierung unter Ministerpräsident Alcide De Gasperi ein Programm zur Bekämpfung der Inflation vor. Der Staatshaushalt soll saniert, der Konsumverbrauch eingeschränkt und die Rohstoffknappheit beseitigt werden.

In Nürnberg treffen die populärsten Fußballmannschaften Deutschlands, der 1. FC Nürnberg sowie Schalke 04, zusammen. Die Mannschaft aus Nürnberg schlägt die »Knappen« aus Gelsenkirchen 2:1. →S. 79

5. April, Sonnabend

Die sowjetische Besatzungsmacht in Deutschland errechnet für die Ostzone einen Fehlbestand von 1,3 Millionen Wohnungen. →S. 76

Die Ergebnisse der Gemeindewahlen in Japan ergeben einen vollständigen Sieg der konservativen politischen Parteien und eine Niederlage der Sozialisten (→25. 4./S. 72).

Eine Gruppe japanischer Soldaten ergibt sich auf der Peleliu-Insel. Sie hatte eigenen Angaben zufolge die Kapitulation Japans nicht erfahren.

6. April, Ostersonntag

Der ehemalige Reichsminister für Ernährung und Landwirtschaft, Hermann Backe, verübt in der Nürnberger Untersuchungshaft Selbstmord. Backe, der 1944 die Nachfolge von Richard Walther Darré angetreten hatte, stand in Nürnberg als Kriegsverbrecher vor Gericht.

In Deutschland beginnt um 3 Uhr die Sommerzeit. Die Uhren werden eine Stunde vorgestellt.

US-amerikanische Besatzungssoldaten veranstalten Osterfeiern für deutsche Kinder. →S. 76

7. April, Ostermontag

Der sowjetische UNO-Botschafter Andrei A. Gromyko wendet sich gegen die US-Hilfe für Griechenland und die Türkei (→12. 3./S. 51).

Das von General Francisco Franco erlassene Gesetz über die Einführung der monarchistischen Staatsform in Spanien wird von dem spanischen Thronprätendenten Don Juan in dessen portugiesischem Exil für ungültig erklärt.

8. April, Dienstag

Die Vereinigten Staaten bereiten eine einseitige Souveränität des südlichen Teils von Korea vor.

Im US-Bundesstaat New York wird von Gouverneur Thomas E. Dewey die Tätigkeit der Kommunistischen Partei der Vereinigten Staaten verboten (→22. 3./S. 52).

9. April, Mittwoch

Ein Tornado, der die US-Bundesstaaten Texas und Oklahoma heimsucht, fordert 167 Menschenleben. →S. 75

Die letzten 400 US-amerikanischen Soldaten auf Island beginnen mit ihrem Abzug.

In den USA streiken 350 000 Arbeiter der Telefongesellschaften. Von der Aktion ist das gesamte Fernsprechnetz betroffen. →S. 75

Der Tennisspieler Gottfried von Cramm erhält als erster deutscher Sportler von der britischen Besatzungsmacht eine Ausreisegenehmigung, um in Stockholm die schwedischen Davis-Cup-Spieler zu trainieren. →S. 79

10. April, Donnerstag

In Berlin beginnt eine umfangreiche Razzia gegen Kriegsverbrecher, Schwarzhändler sowie Deserteure der alliierten Streitkräfte. Neben alliierter Militärpolizei beteiligen sich an der Aktion auch 5000 Berliner Polizisten. →S. 69

Die USA stimmen der Absicht Frankreichs zu, das Saargebiet wirtschaftlich zu integrieren, und lehnen dies für das Ruhrgebiet ab.

Harry White, US-amerikanischer Direktor des Internationalen Währungsfonds, tritt zurück.

David Lilienthal wird anstelle von Bernard Baruch vom US-Senat zum Vorsitzenden der Atomenergiekommission gewählt.

11. April, Freitag

270 km nördlich der iranischen Hafenstadt Abadan werden neue Ölvorkommen entdeckt. Nach Angaben der Anglo-Iranian Oil Company handelt es sich um die reichsten Ölvorkommen im Orient.

In Dänemark werden 28 neue Mitglieder für das Oberhaus gewählt. 13 Mandate entfallen auf die Sozialdemokraten.

Wegen starken Eisgangs liegen im Hafen von Gdingen (Polen) 45 ausländische Schiffe fest.

Aufgrund der katastrophalen Ernährungslage sieht sich die Universität Tübingen in der Lage, von 4000 Studienbewerbern lediglich 50 aufzunehmen.

Im Hamburger Schauspielhaus findet in der Inszenierung von Alfred Noller die deutsche Erstaufführung von Eugene O'Neills Theaterstück »Trauer muß Elektra tragen« statt. →S. 79

12. April, Sonnabend

In der britischen Universitätsstadt Oxford findet eine internationale Konferenz liberaler Politiker statt. Auch deutsche Delegierte sind vertreten.

Die UNO überträgt den USA die Treuhandverwaltung für die ehemaligen japanischen Inseln im Pazifik.

In Finnland tritt die Regierung unter Mauno Pekkala zurück, nachdem die vier Minister der Agrarpartei demissioniert sind.

13. April, Sonntag

New Yorks Oberbürgermeister William O'Dwyer übergibt dem UNO-Generalsekretär Trygve Lie am East River in Manhattan gelegene Grundstücke für den neuen Sitz der Vereinten Nationen.

Die Regierung der Sowjetunion in Moskau weigert sich, chinesischen Truppen den Zutritt zu den Häfen Dairen und Port Arthur am Gelben Meer zu gestatten.

14. April, Montag

Nach Angaben des Berliner Rundfunks ist in der sowjetischen Besatzungszone Deutschlands die Säuberung des Wirtschaftslebens von Nationalsozialisten und »Kriegsgewinnlern« abgeschlossen worden.

Die im Krieg am meisten zerstörte deutsche Stadt Jülich zählt wieder 7000 Einwohner. →S. 77

In Frankreich gründet General Charles de Gaulle das Rassemblement du Peuple Français (RPF). →S. 72

In Großbritannien wird ein unbemanntes ferngelenktes Raketengeschoß erfolgreich getestet. Das Fluggerät erreicht eine Geschwindigkeit bis zu 500 mph (etwa 800 km/h) und kann bis zu 110 kg Sprengstoff transportieren.

Die UdSSR erklärt ihre Bereitschaft, mit den USA über die aus den Lieferungen des Leih- und Pachtgesetzes (Lend Lease) entstandenen Schulden zu verhandeln.

Der US-amerikanische Admiral Richard Evelyn Byrd kehrt von einer US-amerikanischen Expedition in die Antarktis zurück und berichtet von erheblichen Kohlevorkommen im sechsten Erdteil. →S. 77

Im New Yorker Broadway-Filmtheater wird Charlie Chaplins neuester Film »Monsieur Verdoux« uraufgeführt. Der weltberühmte Komiker spielt in dieser Komödie einen Frauenmörder. →S. 79

15. April, Dienstag

Der am 2. April in Warschau zum Tode verurteilte ehemalige Kommandant des Konzentrationslagers Auschwitz, Rudolf Höß, wird hingerichtet (→2. 4./S. 69).

Der frühere Staatspräsident der slowakischen Regierung, Jozef Tiso, wird von einem Gericht in Bratislava (Preßburg) zum Tode verurteilt.

Österreich und Argentinien beschließen die Wiederaufnahme diplomatischer Beziehungen.

Der Abschluß der Außenminister-konferenz in Moskau ist der Auf-macher der »Abend«-Ausgabe vom 24. April 1947

Der Abend

EINE ZEITUNG FÜR BERLIN

2. JAHR · NR. 95 — DONNERSTAG, 24. APRIL 1947 — 15 PFG. AUSWÄRTS 20 PFENNIG

Schluß in Moskau

Marshall wird Rechenschaft ablegen

Moskau, 24. April (AP)

Vor der heutigen, voraussichtlich letzten Sitzung der Außenminister wurde Marshalls Absicht bekannt, nach seiner Rückkehr von der Moskauer Konferenz dem amerikanischen Volk in einer ausführlichen Rundfunkrede über den Verlauf der Moskauer Beratung Bericht zu erstatten. Er wird die Politik der amerikanischen Delegation in Moskau darlegen, den Mißerfolg und die wenigen positiven Leistungen der Großen Vier schildern und den künftigen Kurs der Außenpolitik, vor allem in den Beziehungen zwischen den USA und der Sowjetunion, in großen Zügen umreißen.

Der letzte Tag

Der Abschlußtag der sechseinhalbwöchigen Konferenz wird eine Sitzung der Außenministerstellvertreter für den Oesterreich-Vertrag und eine Sitzung der Außenminister bringen. In diesen Sitzungen werden die letzten Punkte behandelt und Zeit und Ort der nächsten Konferenz festgelegt. Einige Delegierte nannten schon vor Beginn die Sitzung der Außenministerstellvertreter eine bloße Zeitverschwendung.

Kommt Oesterreich vor UN?

In der Sitzung der Außenminister wird Molotow die letzte Rede der Tagung halten und auf die gestrigen Vorwürfe Marshalls antworten, daß die Sowjets in den österreichischen Fragen jede Nachgiebigkeit hätten vermissen lassen, und daß infolgedessen der Oesterreich-Vertrag vor die UN kommen müsse, wenn er nicht bis September fertiggestellt sei.

Der Artikel 14 der Charta der Vereinten Nationen berechtigt nämlich die Vollversammlung zur Beschäftigung mit jeder Situation, die die allgemeine Wohlfahrt und die freundschaftlichen Beziehungen zwischen den Nationen gefährdet.

Diplomaten der Westmächte sind der Ansicht, daß der sowjetische Außenminister gegen die USA scharfe Worte gebrauchen und versuchen werde, die Schuld am Mißerfolg der Konferenz dem Verhalten der amerikanischen Delegation zuzuschreiben.

Noch einmal Viermächtepakt

Moskau, 24. April (DENA)

Ueber das Scheitern des amerikanischen Vorschlages für den Viermächtevertrag gab es gestern noch einmal eine heftige Debatte zwischen Marshall und Molotow. Marshall stellte fest, daß die amerikanische Regierung die Zurückweisung ihres Vorschlages durch die Sowjetunion als sehr ernst ansehe.

Er gebrauchte das Wort „Zurückweisung", weil die von Molotow vorgelegte Neufassung des Vertrages alle grundlegenden Meinungsverschiedenheiten über das Deutschlandproblem in sich berge und ein Uebereinkommen über den amerikanischen Vertragsentwurf unmöglich mache.

Molotow erwiderte, der sowjetische Vorschlag scheine nicht richtig ausgelegt worden zu sein. Die amerikanische Delegation habe abgelehnt, den sowjetischen Abänderungsantrag in Erwägung zu ziehen. Die Ziele des amerikanischen Entwurfs beruhten auf einer engstirnigen Auffassung im Gegensatz zu den Potsdamer Beschlüssen und seien daher nicht korrekt.

Marshall erklärte, die Absichten des Viermächtepaktes seien nicht nur für die künftige Lösung von Fragen, die mit Deutschland zusammenhängen, sondern auch für die außenpolitische Gesamtlage so offenkundig, daß die USA-Regierung die Gründe für ihre Ablehnung durch die Sowjetunion nicht begreifen könne. Trotzdem ziehe sie ihren Vorschlag nicht zurück.

EIN JAHR SED. *Zu ihrem einjährigen Bestehen überbrachte Oberst Tulpanow der SED auf einer Feier in der Staatsoper die Glückwünsche der sowjetischen Militär-Regierung.* Foto: AP

Deutschland? — Dürftiges Ergebnis

Moskau, 24. April (DENA)

Der Bericht der Deutschlandbeauftragten empfiehlt, alle Punkte, über die eine Einigung erzielt wurde, dem Alliierten Kontrollrat in Berlin als Richtlinie für seine Maßnahmen zuzuleiten.

Die amerikanischen, französischen und sowjetischen Sonderbeauftragten empfehlen, auch die noch ungelösten Fragen dem Kontrollrat zu überweisen. England hat zu diesem Vorschlag noch nicht endgültig Stellung genommen. Es handelt sich u. a. um folgende Punkte: Demokratisierung, Denazifizierung, Entmilitarisierung, Umsiedlung von Bevölkerungsteilen sowie verschiedene wirtschaftliche Probleme.

Alle diese Punkte setzten jedoch eine Verständigung über die Frage der wirtschaftlichen Einheit Deutschlands voraus. Auch mehrere der von den Sonderbeauftragten in ihrem Bericht niedergelegten gemeinsamen Empfehlungen über die künftige provisorische Verwaltung Deutschlands hängen vom Uebereinkommen in der Frage der wirtschaftlichen Einheit ab.

Noch 20 Monate

Moskau, 24. April (AP)

Der einzige Erfolg der gestrigen Sitzung des Außenministerrates war, daß die Sowjetdelegation plötzlich dem britischen Vorschlag, alle deutschen Kriegsgefangenen bis spätestens zum 31. Dezember 1948 nach Deutschland zu entlassen, zustimmte.

Im Verlauf der Besprechungen über Deutschland hatte Bevin darauf hingewiesen, daß die Sowjets seine Anregung auf Rückführung der deutschen Kriegsgefangenen **nie** einer Antwort gewürdigt hätten. Daraufhin machte Molotow den Vorschlag, daß die außerhalb Deutschlands internierten Gefangenen bis zum Dezember des nächsten Jahres heimgeschickt würden, und daß der Alliierte Kontrollrat in Berlin Anweisung erhalten soll, einen entsprechenden Plan bis zum 1. Juli 1947 zu entwerfen.

Bidault wies darauf hin, daß Molotows Vorschlag sich Wort für Wort mit dem früheren Antrag Bevins decke, abgesehen vom Termin für den Entwurf des Planes, für den Bevin den Juni dieses Jahres genannt hatte. Die Außenminister einigten sich auf den ursprünglichen Plan mit Molotows Abänderung für das Datum der Planfertigstellung.

Vor der Abreise

Moskau, 24. April (AP)

Der amerikanische Außenminister Marshall hat sein viermotoriges Flugzeug von Berlin nach Moskau bestellt, wo seine Ankunft heute erwartet wird.

In der französischen Botschaft waren schon gestern Arbeiter mit dem Abtransport von Reisegepäck nach dem Moskauer Bahnhof beschäftigt.

Wo tagt die nächste Konferenz?

Moskau, 24. April (AP)

Der Tagungsort für die nächste Außenministerkonferenz stand gestern abend noch nicht fest. Die amerikanische und die französische Delegation bevorzugen, wie aus zuverlässiger Quelle verlautet, New York als nächsten Tagungsort.

Dort sollen die Außenminister zur gleichen Zeit wie die Vollversammlung der Vereinten Nationen ihre Sitzungen abhalten.

Bevin ist der Ansicht, daß eine Tagung in New York eine zu große Arbeitsbelastung mit sich bringen würde.

Die Sowjetdelegation hat sich über den Ort der nächsten Konferenz noch nicht geäußert.

Churchill kritisiert

London, 24. April (UP)

Obwohl die Labour-Regierung die Bedeutung der allgemeinen Wehrpflicht betont und eine Dienstzeit von 18 Monaten gefordert habe, habe sie später wegen innerer Parteistreitigkeiten eine Dienstzeit von 12 Monaten für ausreichend gehalten, erklärte Churchill gestern in seinem Wahlkreis.

Noch nie habe sich Großbritannien solchen Schwierigkeiten und Nöten gegenübergesehen wie heute. Durch den Kurs der Labour-Regierung würden diese Schwierigkeiten aber noch vervielfacht.

Mit starker Hand

Rom, 24. April (UP)

Mit Feuerwaffen wird die italienische Polizei in Zukunft gegen alle Demonstranten vorgehen, die sich zu Ausschreitungen gegenüber einzelnen Personen oder zur Beschädigung oder Plünderung von Geschäften hinreißen lassen.

Streik der Triester Studenten

Triest, 24. April (UP)

Als Protest gegen die Absetzung ihres Rektors durch die Militärregierung sind die Studenten der Triester Universität in den Streik getreten.

Sie versuchten, die Schließung der übrigen Schulen Triests zu erzwingen.

Seeschlange schon im April

Zürich, 24. April (UP)

Mehrere Personen haben im Thuner See eine Abart des berühmten „Loch-Ness-Ungeheuers" gesehen, berichtet die Züricher Zeitung „Die Tat" aus dem Kanton Bern.

Die Seeschlange, die eine Länge von etwa 20 Meter haben soll, war nur für kurze Zeit an der Oberfläche des Sees zu sehen und verschwand dann, so erklären die Augenzeugen, mit außerordentlich großer Geschwindigkeit in den „heimatlichen Tiefen".

Schluß-Nachrichten

Der 7200 BRT. große britische Frachtdampfer „Sampampa" lief heute nacht in einem schweren Sturm auf ein Riff im Bristol-Kanal auf.

Es wird befürchtet, daß von der Besatzung niemand gerettet worden ist. An Bord befanden sich nach einigen Berichten 40 und nach anderen nahezu 80 Personen. (UP)

BEISST HIER JEMAND INS GRAS? *Dieser Sturz bei einem Rennen in den USA sieht wirklich gefährlich aus. Aber der „Stand auf der Nase" schadete weder Reiter noch Pferd. Sie gingen außer Konkurrenz doch noch durchs Ziel.* Foto: AP

Das Vetorecht in Berlin

Eigenbericht „Der Abend"

Die Erklärung, die der Direktor der amerikanischen Militärregierung gestern zur Behandlung des Rücktrittsgesuches von Dr. Ostrowski abgab, findet in den Kreisen des Parlaments und der Parteien stärkste Beachtung. Wie wir erfahren, werden dabei besonders die Konsequenzen erörtert, die sich aus der Anwendung des Vetorechts durch den sowjetischen Kommandanten ergeben könnten. Obwohl drei von vier alliierten Mächten gewillt sind, das Rücktrittsgesuch anzunehmen, würde Dr. Ostrowski, wie Oberst Howley erklärte, im Amt bleiben müssen, wenn durch den russischen Einspruch die Genehmigung des Rücktritts verhindert werden sollte.

Nach Auffassung parlamentarischer Kreise würde damit die merkwürdige Situation geschaffen werden, daß Berlin nur nominell einen Oberbürgermeister hätte, denn man müßte dann einen Dauerurlaub Ostrowskis erwarten. In diesem Fall würde, wie uns erklärt wird, die Regelung der Stellvertretung des Oberbürgermeisters erhöhte Bedeutung erlangen.

In politischen Kreisen befürchtete man, wie wir erfahren, bereits am Abend nach der Kommandantursitzung, daß die sowjetische Kommandantur gegen die Wahl von Stadtrat Ernst Reuter ihr Veto einlegen würde. Die Ablehnung wird damit in Zusammenhang gebracht, daß Reuter nach dem ersten Weltkrieg der KPD angehört hat und dann zur SPD gegangen ist.

Zwei Berliner Parteiführer werden am Wochenende zu den Oberbürgermeisterfragen Stellung nehmen. Kurt Landsberg spricht am Sonnabend in einer Versammlung in Steglitz. Franz Neumann wird in seiner Parteitagrede am Sonntag auf die jüngste Berliner Entwicklung eingehen.

(Siehe auch Seite 2)

Ostrowskis Vertreter

Eigenbericht „Der Abend"

Berlin, 24. April

Der Aeltestenausschuß der Stadtverordnetenversammlung beschäftigte sich gestern, wie wir erfahren, mit einem Ersuchen der SED-Mitglieder des Magistrats. Der Ausschuß war gebeten worden, zu der Frage der Vertretung des Oberbürgermeisters Stellung zu nehmen. Er hat dieses Ersuchen zunächst abgelehnt und sich nach kurzer Sitzung vertagt. Sollte beim Aeltestenausschuß rechtzeitig eine offizielle Vorlage des Magistrats eingehen, so wird, wie wir hören, die Frage der Stellvertretung für Dr. Ostrowski in der Stadtverordnetensitzung am Dienstag zur Beratung kommen.

Wie wir erfahren, wäre dabei zu entscheiden, ob die Stellvertretung grundsätzlich oder nur für den augenblicklichen Fall geregelt werden soll.

Deutschlandabteilung im Foreign Office

London, 24. April (AP)

Eine „Deutsche Abteilung" wurde gestern dem britischen Auswärtigen Amt angegliedert.

Die Schaffung dieser Abteilung ergibt sich aus Attlees Kabinetts-Umbildung, bei der die Aufsicht über die britischen Zonen Deutschlands und Oesterreichs dem Auswärtigen Amt unterstellt wurde.

Balkanausschuß unparteiisch

Lake Success, 24. April (UP)

Die Mitglieder der UN-Balkankommission hätten sich keiner prorussischen Einstellung schuldig gemacht, erklärte der Generalsekretär der UN nach einer Untersuchung dieser Beschuldigungen durch seinen Beauftragten Steneman.

Die Berichte, nach denen Dokumente gefälscht und Einbrüche bei den Kommissionsmitgliedern vorgekommen seien, seien unrichtig.

Streiks in USA

Washington, 24. April (AP)

Zur baldigen Beilegung des schon 17 Tage währenden Telefonistenstreiks ersuchte die amerikanische Regierung drei große Gesellschaften des „American Bell Systems" und die Telefonistengewerkschaften, sich mit den Unterhändlern der Bundesregierungen in Verbindung zu setzen.

Die der Gewerkschaftsorganisation CIO angeschlossenen Automobilarbeiter lehnten das Angebot der General-Motors-Werke, den Stundenlohn um 11½ Cent zu erhöhen, ab. Sie forderten 15 Cents.

Der Präsident der CIO, Murray, trifft, wie er mitteilte, alle Vorbereitungen, um sobald wie möglich mit dem Präsidenten der AFL über die Verschmelzung der beiden Gewerkschaftsorganisationen zu verhandeln.

„Irgun" droht

Jerusalem, 24. April (UP)

Britische Gefangene der „Irgun", der jüdischen Untergrundbewegung, werden künftig vor ein „Militärgericht" gestellt werden, meldete ein jüdischer Geheimsender.

Todesurteile des Gerichtshofes werden durch Henker oder durch Exekutionskommandos vollstreckt werden.

Opfer der Palästina-Unruhen

London, 24. April (DENA/Reuter)

86 Soldaten, 30 Polizisten und 15 Zivilpersonen waren die britischen Verluste in den Palästina-Unruhen seit August 1945, wurde in der Oberhausdebatte über Palästina von der Regierung bekanntgegeben.

Verletzt wurden 191 Soldaten, 49 Polizisten und 9 Zivilpersonen. Bei Zusammenstößen mit der Polizei wurden 33 Terroristen getötet und mindestens 129 verletzt.

Bandenkämpfe bei Sparta

Athen, 24. April (UP)

In der Nähe von Sparta kam es, wie der Minister für öffentliche Ordnung bekanntgab, zu einem Zusammenstoß zwischen einer 300 Mann starken Gruppe von Partisanen und griechischen Gendarmen.

Ueber die Verluste liegen noch keine Angaben vor.

April 1947

Das 17. Heft der Zeitschrift »Der Ruf« darf auf US-amerikanische Anordnung hin nicht erscheinen. → S. 79

16. April, Mittwoch

Im Hafen von Texas-City (USA) explodiert der mit Aluminiumnitrat beladene französische Dampfer »Grand-Camp«. → S. 75

Aufgrund eines Parlamentsbeschlusses wird in Italien die Todesstrafe abgeschafft.

Das chinesische Außenministerium richtet an US-Außenminister General George C. Marshall eine Note, in der die Einsetzung einer unabhängigen Regierung für ganz Korea verlangt wird.

In Hannover wird der Bund der deutschen Architekten (BdA) wiedergegründet. Er ist 1934 von der nationalsozialistischen Reichsregierung verboten worden.

17. April, Donnerstag

Der Berliner Oberbürgermeister Otto Ostrowski (SPD) tritt zurück, nachdem ihm die Stadtverordnetenversammlung das Mißtrauen ausgesprochen hat. → S. 70

Der ehemalige Generalfeldmarschall Erhard Milch wird vom US-amerikanischen Gerichtshof in Nürnberg zu lebenslänglichem Zuchthaus verurteilt. → S. 69

Im sowjetischen Sektor von Berlin findet der zweite Kongreß des Freien Deutschen Gewerkschaftsbundes (FDGB) statt.

Die liberalen Parteien in den vier Besatzungszonen Deutschlands bilden einen Koordinierungsausschuß.

Die britische Regierung gibt bekannt, daß bis zum Herbst sämtliche britischen Landstreitkräfte aus dem Irak zurückgezogen werden.

18. April, Freitag

Britische Marineeinheiten sprengen militärische Befestigungsanlagen und den Hafen von Helgoland. Die erwartete vollständige Zerstörung der Insel findet jedoch nicht statt. → S. 71

Die USA beschließen, die Regierung der indonesischen Republik auf den Inseln Java und Sumatra de facto anzuerkennen.

19. April, Sonnabend

In Monte Carlo kommen Vertreter aus 37 Staaten zusammen, um die Neuverteilung der Wellenlängen des Rundfunks vorzunehmen.

Die Uraufführung von Friedrich Dürrenmatts Schauspiel »Es steht geschrieben« löst in Zürich einen Theaterskandal aus.

Im Bahnhof der jugoslawischen Stadt Rijeka detoniert ein Munitionszug. 40 Menschen werden dabei getötet und über 300 verletzt. → S. 77

20. April, Sonntag

In den Ländern der britischen Besatzungszone Deutschlands finden die ersten Landtagswahlen statt. Während in Schleswig-Holstein und Niedersachsen die SPD führt, steht in Nordrhein-Westfalen die CDU vor der SPD. In allen drei Ländern verzeichnet die KPD beträchtlichen Stimmenzuwachs. → S. 70

Die US-amerikanische Militärregierung in Deutschland bestätigt die vom Länderrat der US-Zone in Stuttgart ernannten Treuhänder für die aus dem früheren I. G. Farben-Konzern hervorgegangenen selbständigen Betriebe. → S. 74

Als Nachfolger des am gleichen Tag verstorbenen Königs Christian X. wird Friedrich IX. dänischer König. → S. 73

In Italien kommt es zu zahlreichen Streiks gegen die gestiegenen Lebenshaltungskosten.

21. April, Montag

Die drei westlichen Besatzungsmächte Deutschlands vereinbaren Kohlelieferungen aus dem Saar- und Ruhrgebiet nach Frankreich.

In Jerusalem begehen zwei zum Tode verurteilte Angehörige der jüdischen Untergrundbewegung Selbstmord, indem sie sich mit in das Gefängnis eingeschmuggeltem Dynamit in die Luft sprengen.

22. April, Dienstag

Mit 67 : 23 Stimmen billigt der Senat der USA das von Präsident Harry S. Truman am 12. März angekündigte Hilfsprogramm für Griechenland und die Türkei. → S. 72

Palästinensische Terroristen sprengen den Palästina-Nachtexpreß, der zwischen Kairo und Beirut verkehrt. Acht Passagiere, darunter sechs britische Soldaten, kommen dabei ums Leben. → S. 73

Die Spitzen der römisch-katholischen Kirche in Großbritannien fordern in einer Erklärung die britische Regierung auf, Maßnahmen zur sofortigen Rückkehr der deutschen Kriegsgefangenen in ihre Heimat zu ergreifen.

23. April, Mittwoch

Die deutsche Wirtschaftsvereinigung Stahl und Eisen stellt ein auf fünf Jahre berechnetes Notprogramm für die deutsche Industrie auf.

In London endet die Internationale Getreidekonferenz, die seit dem 18. März tagte, ohne Ergebnis.

Anhaltende schwere Stürme im Ärmelkanal fordern insgesamt 53 Todesopfer. → S. 75

24. April, Donnerstag

In Moskau endet die am 10. März begonnene Außenministerkonferenz der vier Siegermächte ergebnislos. Die Vertreter der USA, der UdSSR, Großbritanniens und Frankreichs konnten sich vor allem über Deutschland nicht einigen. Die Minister vereinbaren lediglich, sich im November in London wiederzutreffen. → S. 69

Die sowjetische Besatzungszone Deutschlands und die Tschechoslowakei schließen ein Warenaustauschabkommen ab.

Sechs ehemalige SS-Angehörige, die für die Zerstörung des tschechoslowakischen Dorfes Lidice im Jahre 1942 die Verantwortung tragen, werden in Prag hingerichtet.

Das dänische Außenministerium gibt die Unterzeichnung eines Abkommens mit Großbritannien bekannt. Es regelt die Beteiligung eines dänischen Truppenkontingents an der Besetzung Deutschlands.

25. April, Freitag

In Bielefeld endet der Gründungskongreß des Deutschen Gewerkschaftsbundes (DGB), auf dem sich 14 Einzelgewerkschaften in der britischen Besatzungszone zusammenschließen. Die Delegierten wählen Hans Böckler zum Vorsitzenden des DGB. → S. 70

Der US-amerikanische Senat bewilligt weitere 350 Millionen US-Dollar zur Durchführung des Wiederaufbau- und Verwaltungsprogramms in den Besatzungszonen Österreichs, Deutschlands, Japans und Koreas.

Aus den japanischen Parlamentswahlen gehen die Sozialisten als stärkste Partei hervor. Ihnen folgen Liberale und Demokraten. → S. 72

26. April, Sonnabend

In Berlin wird zwischen einer dänischen Militärdelegation und den sowjetischen Besatzungsbehörden in Deutschland ein Abkommen unterzeichnet, das die Rückführung eines Kontingents deutscher Flüchtlinge in die Ostzone regelt.

27. April, Sonntag

In München findet die Gründung des Bayerischen Gewerkschaftsbundes statt.

Auf Empfehlung der Moskauer Außenministerkonferenz wird die weitere Durchführung der Entnazifizierung in deutsche Verantwortung übertragen.

Die britische Militärregierung erläßt eine Verordnung, wonach alle auf kulturellem Gebiet tätigen Deutschen politische Unbedenklichkeitsbescheinigungen erhalten.

Der in Prag tagende Europäische Rat des Jüdischen Weltkongresses faßt eine Resolution über Deutschland. Darin heißt es u. a., daß eine Erklärung über die Verantwortlichkeit Deutschlands für die Vernichtung von europäischen Juden in einen Friedensvertrag aufgenommen werden müsse.

Der neue britische Minister für die besetzten Gebiete Deutschlands, Lord Francis Aungier Pakenham, trifft zu einem Besuch in Berlin ein.

In London wird zwischen Großbritannien und Polen ein auf drei Jahre befristetes provisorisches Handelsabkommen abgeschlossen.

28. April, Montag

Nach dem Rücktritt des Berliner SPD-Vorsitzenden Franz Neumann wird Curt Swolinski einstimmig vom Landesparteitag zu seinem Nachfolger bestimmt.

Der deutsche Luftschiffkonstrukteur und Direktor der Zeppelin-Werke in Friedrichshafen am Bodensee, Hugo Eckener, reist in die USA ab. Er gehört zu einer Gruppe von rund 1000 führenden deutschen Wissenschaftlern und Ingenieuren, die dort arbeiten werden. → S. 74

In Jugoslawien wird das Gesetz über den Fünfjahresplan 1947 bis 1951 von beiden Häusern des Parlamentes einstimmig angenommen.

29. April, Dienstag

Aufgrund des Ergebnisses der Landtagswahlen in Schleswig-Holstein wird der bisherige stellvertretende Ministerpräsident und Innenminister Hermann Lüdemann (SPD) mit der Kabinettsbildung betraut.

Auf Beschluß der indischen verfassunggebenden Nationalversammlung wird die »Unberührbarkeit« in jeder Form für beseitigt erklärt. 50 Millionen Parias sollen damit vor dem Gesetz der übrigen Bevölkerung gleichgestellt werden.

Das Entnazifizierungskomitee der Alliierten Kommandantur in Berlin bestätigt ein Urteil der deutschen Spruchkammer, die im Dezember 1946 den Dirigenten Wilhelm Furtwängler von der Anklage der Zusammenarbeit mit dem nationalsozialistischen Regime freigesprochen hatte (→ 25. 5./S. 95).

30. April, Mittwoch

Der britische Außenminister Ernest Bevin gibt vor dem Unterhaus in London bekannt, daß Großbritannien insgesamt 155 Millionen Pfund Sterling für die Flüchtlingsorganisation der Vereinten Nationen (UNRRA) und andere internationale Organisationen beigesteuert hat.

Gestorben:

1. Athen: Georg II. (* 19. 7. 1890 Schloß Tatoi bei Athen), König von Griechenland seit 1922. → S. 72

7. Detroit: Henry Ford I. (* 30. 7. 1863, Dearborn), US-amerikanischer Automobilfabrikant. → S. 73

20. Kopenhagen: Christian X. (* 26. 9. 1870, Charlottenlund), König von Dänemark seit 1912 und König von Island 1918 bis 1943. → S. 73

27. Zürich: Heinrich Altherr (* 11. 4. 1878, Basel), schweizerischer Maler.

Eine deutsch-amerikanische Hochzeit auf dem Titelblatt der in US-amerikanischer Lizenz herausgegebenen Illustrierten »Heute« vom 15. April

Eine Bauernfamilie ist aus dem Osten vertrieben worden; die restliche Habe hat auf einem Pferdewagen Platz

Ankunft einer Gruppe deutscher Flüchtlinge aus der tschechoslowakischen Hauptstadt Prag: Sie hatte unter tschechischer Bewachung nur mit der nötigsten Habe das Land verlassen müssen

Neue Welle von Ausweisungen

2. April. Das polnische Ministerium für öffentliche Verwaltung kündigt die Aussiedlung mehrerer hunderttausend Deutscher an, die noch in den Gebieten östlich von Oder und Neiße verblieben sind. Von dieser neuen Ausweisungswelle sind rund 500 000 Menschen betroffen.

Anfang 1947 zählen Ostpommern, der südliche Teil von Ostpreußen, Ostbrandenburg, Schlesien und das Gebiet von Danzig etwa 5,1 Millionen Einwohner; 4,4 Millionen davon sind Polen, die zum großen Teil aus dem Osten des Landes zugewandert sind, der im August 1945 offiziell an die Sowjetunion abgetreten wurde. An deutscher Bevölkerung sind noch rund 600 000 Menschen im Land geblieben. 1933 waren es rund 14 Millionen, bei Kriegsende noch fünf Millionen Deutsche.

Vertriebene aus dem Sudetenland bei einem Zwischenhalt ihres Zuges; mit dem wenigen Gepäck, das sie mitnehmen dürfen, sind die Ausgewiesenen, zumeist eingepfercht in Güterwagen, oft tagelang unterwegs

Ein Teil der Bevölkerung der deutschen Ostgebiete war bereits 1944 und 1945 vor den herannahenden sowjetischen Truppen geflohen. Im August 1945 kamen die USA, Großbritannien und die UdSSR auf der Potsdamer Konferenz überein, daß die Deutschen aus den nun polnisch verwalteten Gebieten sowie aus den osteuropäischen Staaten ausgewiesen werden sollen.

Die daraufhin einsetzenden Ausweisungswellen erreichten 1946 mit mehr als zwei Millionen Vertriebenen ihren Höhepunkt. Obwohl die Alliierten in Potsdam vereinbart hatten, »die Überführung [. . .] auf eine geregelte und menschliche Weise« durchführen zu lassen, verläuft sie chaotisch und unter unmenschlichen Bedingungen.

Der Flüchtlingsstrom aus dem Osten stellt die vier Besatzungszonen Deutschlands vor schwer lösbare Probleme. Wohnraum ist kaum vorhanden. Außerdem fehlt es an Arbeitsplätzen. Zudem verschärft sich durch die Vertriebenen die Ernährungslage.

Allein 1946 trafen in der britischen Besatzungszone 1 375 000 Flüchtlinge aus den Gebieten jenseits von Oder und Neiße ein. Die Gesamtzahl der Vertriebenen beläuft sich Anfang 1947 auf mehr als drei Millionen. In allen vier Besatzungszonen zählt man bereits fast zehn Millionen Flüchtlinge.

Transport in Viehwaggons

Die Ausweisung der restlichen deutschen Bevölkerung aus den Gebieten jenseits von Oder und Neiße, wie sie auf der Potsdamer Konferenz 1945 von den Alliierten vereinbart wurde, vollzieht sich oftmals unter unmenschlichen Bedingungen. So berichtet die Zeitschrift »Der Spiegel« am 25. Januar 1947 folgendes über einen Flüchtlingstransport aus Breslau:

»Am 16. Dezember [1946] rollte aus dem Breslauer Bahnhof der Deportiertenzug Nr. 514. Er bestand aus einer Lokomotive, einem geheizten Personenwagen und zweiundfünfzig ungeheizten Viehwagen. In dem geheizten Wagen fuhren fünf Mann polnisches Bewachungspersonal, in den ungeheizten Wagen 1543 ausgewiesene Deutsche. Von ihnen waren 80 Prozent Frauen und Kinder und 60 Prozent über sechzig Jahre alt. Der jüngste Ausgewiesene war drei Monate alt; die Außentemperatur betrug minus 15 Grad Celsius. . . .

Die Viehwagen waren ausgestattet wie für den Transport von Seefischen. Es gab in ihnen weder Stroh noch Torf. Offenstehende Luken und Ritzen sorgten für gute Durchlüftung. Fünfunddreißig Menschen nebst Gepäck füllten einen Wagen . . . Es gab Erfrierungen ersten, zweiten und dritten Grades. Am dritten Tag zählte man schon sechs Tote. Zwischendurch gab es drei Entbindungen und zwei Fehlgeburten.«

KZ-Kommandant Höß verurteilt

2. April. In Warschau wird der ehemalige Kommandant des Vernichtungslagers Auschwitz, Rudolf Höß, zum Tod durch Erhängen verurteilt. Das Todesurteil soll kurz nach Ostern vollstreckt werden.
Höß, der für den Mord an Millionen Menschen verantwortlich ist, zeigt keinerlei Reue für sein Handeln. Während des Prozesses sagte er, daß er ohne zu zögern auch seine Angehörigen vergast hätte, ebenso wie er auch sein eigenes Leben der nationalsozialistischen Idee bedingungslos geopfert hätte. Als ihn ein Reporter nach der Verhandlung fragt, wie man sich fühlt, wenn man eine Mordzentrale geleitet hat, in der vier Millionen Menschen ihr Leben lassen mußten, antwortet der 47jährige Höß: »Es waren keine vier Millionen, es waren nur zwei Millionen.«
Das Vernichtungslager Auschwitz wurde 1940 auf Befehl des Reichsführers SS und Chefs der deutschen Polizei Heinrich Himmler errichtet, um die »Endlösung« der Judenfrage im Sinne der Nationalsozialisten voranzutreiben. Geplant war die Unterbringung von 30 000 Häftlingen und 100 000 Kriegsgefangenen, die in den nahegelegenen Buna-Werken der Chemie-Firma I. G. Farben (→ 20. 4./S. 74) Zwangsarbeit verrichten sollten. 1941 fanden die ersten Massenvergasungen statt, im Mai 1942 wurden im Nebenlager Birkenau die ersten »Selektionen« durchgeführt: Die eintreffenden Häftlinge wurden sofort an den Bahnsteigen in arbeitsfähig und nicht arbeitsfähig eingeteilt. Die nicht Arbeitsfähigen wurden sofort in die Gaskammern geführt.

Rudolf Höß, Kommandant des Konzentrationslagers Auschwitz

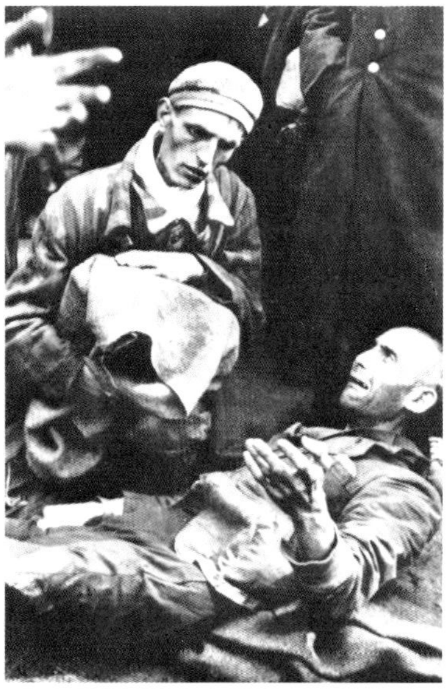
Häftlinge eines Konzentrationslagers bei der Befreiung

Lebenslänglich für Erhard Milch

17. April. Der ehemalige Generalfeldmarschall der deutschen Wehrmacht, Erhard Milch, wird von einem US-amerikanischen Militärgericht in Nürnberg zu lebenslanger Haft verurteilt. Das Gericht hält Milch für schuldig, Arbeitskräfte aus den vom Deutschen Reich besetzten Gebieten verschleppt und sie zusammen mit Kriegsgefangenen unter unmenschlichen Bedingungen in der Rüstung beschäftigt zu haben. Von der Anklage, er habe an Höhen- und Kälteexperimenten in deutschen Konzentrationslagern teilgenommen, wird Milch von den Richtern freigesprochen.
Milch spielte seit 1933 eine bedeutende Rolle in der NSDAP. Im Zweiten Weltkrieg war er maßgeblich an der Leitung der gesamten deutschen Kriegsproduktion beteiligt. Die Anklage warf dem ehemaligen Generalfeldmarschall zu Prozeßbeginn am 2. Januar 1947 vor, Verbrechen gegen die Menschlichkeit begangen und seine Fähigkeiten für die Versklavung von fünf Millionen Menschen mißbraucht zu haben.

2000 Verhaftungen bei Großrazzia

10. April. In Berlin führen die vier Besatzungsmächte Frankreich, Großbritannien, USA und UdSSR eine umfangreiche Razzia durch. Ziel ist die Festnahme von Kriegsverbrechern, Schwarzhändlern und Deserteuren. Beteiligt sind die Militärpolizei der Besatzungsmächte sowie rund 5000 Berliner Polizisten.
Grund für die Razzia ist die hohe Kriminalität in Berlin und die große Zahl der sowjetischen Deserteure. Die Aktion wurde schon Anfang des Jahres von der UdSSR beantragt, wurde aber von den USA wegen der ihrer Meinung nach rüden sowjetischen Methoden zunächst abgelehnt. So werden im sowjetischen Sektor auch Untersuchungen von Haus zu Haus vorgenommen, was in den drei Westsektoren nur bei begründetem Verdacht möglich ist.
Insgesamt erfolgen über 2000 Festnahmen, etwa die Hälfte davon allein im sowjetischen Sektor. Rund 50 langgesuchte Verbrecher werden während dieser Razzia verhaftet.

Noch keine Übereinstimmung in der Deutschland-Frage

24. April. In Moskau endet die Tagung des Rats der Außenminister der USA, Großbritanniens, Frankreichs und der UdSSR. Die Konferenz, die am → 10. März (S. 50) begonnen hatte, kann keine Einigung über die Lösung der deutschen Frage erzielen.
Die Vertreter der vier Hauptsiegermächte des Zweiten Weltkriegs einigen sich lediglich darauf, an den Alliierten Kontrollrat für Deutschland eine Reihe von Empfehlungen zu geben. Sie betreffen u. a. die Beschleunigung der Entmilitarisierung sowie der Entnazifizierung, die in deutsche Verantwortung übergehen soll. Weiter heißt es, daß in allen vier Besatzungszonen eine Bodenreform durchgeführt werden soll. Schließlich bestätigen die Außenminister das Gesetz des Kontrollrats vom → 25. Februar (S. 38) über die Auflösung des Staates Preußen. Ohne in der zentralen Frage eines Friedensvertrages für Deutschland zu einem Ergebnis zu kommen, vereinbaren die Außenminister, die nächste Konferenz für den Dezember nach London einzuberufen.
In einer ersten Reaktion spricht der US-amerikanische Außenminister George C. Marshall in einer Rundfunkrede davon, daß die Kernfrage der Konferenz ungelöst geblieben sei. Hieran sei vor allem die UdSSR schuld. Die Vereinigten Staaten lehnten die Oder-Neiße-Linie als deutsche Ostgrenze ab und hielten den Wiederaufbau der Wirtschaft für wichtiger als die Zahlung von Reparationen.
Vor dem Unterhaus in London bemerkt der britische Außenminister Ernest Bevin: »Ehe ich aus London abreiste, deutete ich schon an, daß es falsch sei, von der Moskauer Konferenz allzuviel für eine endgültige Friedensregelung für Deutschland zu erwarten.«
Frankreichs Außenminister Georges Bidault spricht vor der Nationalversammlung in Paris von einem Fehlschlag, der nicht wiedergutzumachen sei.
Die sowjetische Nachrichtenagentur TASS in Moskau verbreitet einen Kommentar, in dem es u. a. heißt: »Ohne Zweifel ist nicht wenig erreicht worden. Die Behandlung einer Reihe von Fragen konnte jedoch nicht zum Abschluß gebracht werden.«

Der britische Außenminister Ernest Bevin in Moskau

SPD siegt in der britischen Zone

20. April. Aus den Wahlen in drei Ländern der britischen Besatzungszone geht die SPD als Sieger hervor. Sowohl in Niedersachsen als auch in Schleswig-Holstein erzielen die Sozialdemokraten über 43% der Stimmen. Lediglich in Nordrhein-Westfalen erreicht die SPD nur 32%. Gegenüber den Wahlen vom Oktober 1946 muß die CDU in allen drei Ländern Verluste hinnehmen. In Nordrhein-Westfalen bildet sie jedoch nach wie vor die stärkste Fraktion. In Niedersachsen und in Nordrhein-Westfalen kann die KPD Gewinne verbuchen, ebenso wie die FDP gelangt sie aber nicht in den schleswig-holsteinischen Landtag.

V. l.: Ministerpräsident Karl Arnold aus Nordrhein-Westfalen, Hermann Lüdemann aus Schleswig-Holstein und Christian Stock aus Hessen

In den drei Ländern kommt die SPD auf insgesamt 173 Mandate, die CDU erhält 143, die KPD (sie kommt in Nordrhein-Westfalen auf 14%) 36 und die FDP 25 Sitze. Die Niedersächsische Landespartei erhält in Niedersachsen 27 Mandate (17,9% der Stimmen), der Südschleswigsche Verein erzielt in Schleswig-Holstein mit 9,3% sechs Mandate. Das Zentrum kommt in Nordrhein-Westfalen mit 9,8% auf 20 Landtagssitze. Alle anderen angetretenen Parteien scheitern an der Fünf-Prozent-Hürde.
Etwa 67% der rund 12,7 Millionen Wahlberechtigten gehen an die Urnen. In zwei Wahlkreisen muß die Wahl vertagt werden: In Schleswig-Holstein ist ein Kandidat verstorben, und in Kleve (Nordrhein-Westfalen) hat die britische Militärregierung gegen einen Kandidaten der CDU Einspruch erhoben.
An der Spitze der neuen Landesregierungen stehen in Niedersachsen und Schleswig-Holstein die Sozialdemokraten Hinrich Wilhelm Kopf und Hermann Lüdemann. Regierungschef in Nordrhein-Westfalen wird der Christdemokrat Karl Arnold (→ S. 118).

Gewerkschaftsbund wird gegründet

25. April. In Bielefeld endet der Kongreß der Vertreter von 15 Einzelgewerkschaften aus der britischen Besatzungszone Deutschlands. Die Konferenzteilnehmer, die am 22. April zusammentraten, beschließen, sich im Deutschen Gewerkschaftsbund (DGB) zusammenzuschließen. Sie wählen den ehemaligen Bezirksleiter des Deutschen Metallarbeiterverbandes in Rheinland und Westfalen, Hans Böckler, zum Vorsitzenden.

Hans Böckler

Der DGB ist der erste länderübergreifende Gewerkschafts-Dachverband in einer der drei Westzonen Deutschlands. Er vertritt über zwei Millionen Arbeiter, Angestellte und Beamte.
Während in der Ostzone seit Anfang 1946 ein Freier Deutscher Gewerkschaftsbund (FDGB) existiert, stießen die Bestrebungen zur Gründung zonaler Einheitsgewerkschaften in den Westzonen auf den Widerstand der Besatzungsmächte. Sie genehmigten zunächst Industriegewerkschaften auf örtlicher, dann auf Länderebene. Die Gründung eines zonalen Dachverbandes kommt vorerst nur in der britischen Besatzungszone zustande.

Auch er wird durch den DGB vertreten: Ingenieur im Maschinensaal

Keine deutschen Lebensmittel

3. April. Die Angehörigen der US-amerikanischen Militärverwaltung und Besatzungstruppen ernähren sich nicht von in Deutschland requirierten Lebensmitteln. Wie die US-amerikanische Armeezeitung »Stars and Stripes« unter Berufung auf einen Quartiermeister berichtet, stellen die USA daher keine Belastung für die deutsche Wirtschaft dar.
Lediglich verderbliche Nahrungsgüter werden in einigen europäischen Staaten eingekauft. So z. B. Milchprodukte in Dänemark, Frischfisch in Norwegen, Gemüse in Italien und den Niederlanden sowie Tiefkühlkost in der Schweiz. Fleischwaren kommen ausschließlich aus den Vereinigten Staaten.
Bis zum 1. Dezember 1946 waren aus bayerischen Beständen deutsche Kartoffeln bezogen worden. Diese Warenkontingente sind inzwischen zurückerstattet worden, heißt es in dem Bericht.

Krise im Magistrat

17. April. Berlins Oberbürgermeister Otto Ostrowski (SPD) erklärt seinen Rücktritt. Er begründet seinen Entschluß mit der Zwangslage, in die er am 11. April geraten war. An diesem Tag hatte ihm die Stadtverordnetenversammlung auf Antrag seiner eigenen Partei mit 85 Stimmen bei 20 Gegenstimmen das Mißtrauen ausgesprochen. Die Magistratskrise in Berlin hat damit ihren Höhepunkt erreicht.

Otto Ostrowski

Ausgelöst wurde sie durch ein Abkommen, das Ostrowski mit Vertretern des Parteivorstandes der SED am 22. Februar getroffen hatte. Dieser Vertrag hat eine Zusammenarbeit von SPD und SED auf kommunalpolitischem Gebiet zum Inhalt; entsprechende Verhandlungen sollten gegenüber der Öffentlichkeit vertraulich behandelt werden. Die Kontaktaufnahme Ostrowskis mit der SED geschah jedoch ohne Rücksprache mit der SPD. Aus diesem Grund verlangten die Sozialdemokraten Ostrowskis Rücktritt, was von der SED wiederum abgelehnt wurde. Hintergrund der Absprache Ostrowskis mit den SED-Vertretern war der Versuch des Oberbürgermeisters, die Zusammenarbeit im Berliner Magistrat zu verbessern.
Seit den Wahlen am 20. Oktober 1946 stellt die SPD in der Stadtverordnetenversammlung Berlins die Mehrheit. Der von ihr geführte Magistrat löste am 5. Dezember 1946 die noch von der sowjetischen Besatzungsmacht eingesetzte Stadtregierung ab, in der Vertreter der KPD bzw. SED dominierten, was auch nach der Wahlniederlage der Einheitssozialisten im Oktober 1946 noch der Fall war.

Luftaufnahme von Helgoland nach der Sprengung: Eine mit Bombenkratern übersäte Trümmerlandschaft

Helgoland übersteht Sprengung

18. April. Die britische Besatzungsmacht in Deutschland sprengt ehemalige Militäranlagen der Wehrmacht auf der Nordseeinsel Helgoland. Die Detonation ist die stärkste, die jemals auf der Welt durch konventionellen Sprengstoff ausgelöst wurde. Entgegen den Befürchtungen vieler Experten wird Helgoland nicht völlig zerstört; die Insel ist allerdings mit Kratern übersät und unbewohnbar.

Gegen 13 Uhr beginnt die Sprengung. Von Bord des britischen Zerstörers »Dunkirk« aus befiehlt der Oberbefehlshaber der britischen Besatzungszone Deutschlands, Sir Sholto Douglas, die Zündung. Die Detonation kann in weiten Teilen Europas durch Seismographen erfaßt werden. Den Knall der Explosion hört man bis nach Hamburg, wo die Schallwellen durch die Entfernung mit etwa neun Minuten Verspätung eintreffen. Die 1200 m hohe Rauchwolke ist noch in Cuxhaven deutlich zu beobachten. Die militärischen Anlagen auf Helgoland werden durch die Explosion nahezu völlig zerstört.

Die Sprengung wurde unter der Leitung britischer Sachverständiger mit Hilfe deutscher Arbeitskommandos monatelang vorbereitet. Mehr als 5700 t Sprengstoff, darunter 4000 Torpedoköpfe, 9000 Wasserbomben und über 91 000 Granaten aus Wehrmachtsbeständen wurden auf die Insel geschafft. Hauptstapelplätze waren die Tunnelanlagen, der U-Boot-Bunker und die Küstenbatterien. Die Bevölkerung wurde evakuiert und das Zündsystem installiert. Das Gebiet um Helgoland wurde im Umkreis von neun Seemeilen zur Gefahrenzone erklärt.

7000 t Sprengstoff explodieren: Eine gigantische Staub- und Rauchwolke steigt über der Insel Helgoland bis in eine Höhe von über 4000 m

Schicksal der Insel Helgoland

18. April. Mit der Sprengung auf der Insel Helgoland endet ein weiteres Kapitel der wechselvollen Geschichte des Nordsee-Eilands. Das 45 km vor der Küste gelegene, mit aufgespültem Gelände 1,4 km^2 große Buntsandsteinmassiv mit seinen charakteristischen roten Felsen war schon oft in der Vergangenheit ein Opfer der Politik. Durch die geographische Lage fiel der Insel stets eine militärische Schlüsselrolle zu: Wer Helgoland beherrscht, kontrolliert die Mündungen der Elbe, der Weser und der Eider.

Im Mittelalter wurde die felsige Insel häufig von Seeräubern erobert. Sie fanden dort ein leicht zu verteidigendes Versteck und einen idealen Ausgangspunkt für ihre Raubzüge vor, die sie bis in die reichen Hansestädte Hamburg und Bremen führten. 1714 kam Helgoland in die Hände der Herzöge von Schleswig-Holstein, die damals der dänischen Krone unterstanden. Im Jahre 1807 übernahm Großbritannien die Herrschaft und behielt sie bis 1890.

Dann erhielt das Deutsche Reich die kleine Insel durch ein Dreiecksgeschäft: Das deutsche Schutzgebiet Sansibar wurde gegen Helgoland eingetauscht. Das Deutsche Reich erkannte Sansibar als britisches Protektorat an; damit Frankreich diesen Schritt billigte, erhielt es das britische Madagaskar.

Dieser Tausch des rohstoffreichen Sansibar gegen das kleine Helgoland wurde später häufig verspottet, den Preis für den »Hosenknopf« Helgoland empfand man als zu hoch.

In der NS-Zeit wurde die Insel von der deutschen Wehrmacht zu einer Festung ausgebaut. Umfangreiche Tunnelanlagen, Geschütze und U-Boot-Bunker wurden wegen der Schlüsselposition in der Nordsee errichtet. Nach dem Zweiten Weltkrieg wurde Helgoland Übungsziel der britischen Luftwaffe. Die verbliebenen 2700 Einwohner wurden evakuiert und die militärischen Anlagen gesprengt.

Hilfe der USA für Athen und Ankara

22. April. Der Senat der USA billigt in Washington mit 67 gegen 23 Stimmen ein Hilfsprogramm der Vereinigten Staaten für Griechenland und die Türkei. Es hat einen Umfang von insgesamt 400 Millionen US-Dollar, von denen 100 Millionen als Soforthilfe zur Verfügung stehen. Der Senat genehmigt außerdem die Entsendung von Militärberatern der USA sowie die Lieferung von Waffen und Munition in beide Länder.
Nach der Billigung des Hilfsprogramms im Senat wird auch mit einer Zustimmung des Repräsentantenhauses gerechnet.
US-Präsident Harry S. Truman hatte am → 12. März (S. 51) in einer Rede vor beiden Häusern des US-Kongresses eindringlich ein Hilfsprogramm für Griechenland und die Türkei gefordert. Er begründete dies mit dem Entschluß seiner Regierung, von totalitären Bewegungen bedrohten Staaten künftig helfen zu wollen (Truman-Doktrin). Ohne daß der Präsident in seiner Rede die Sowjetunion beim Namen nannte, richteten sich seine Ausführungen gegen die Außenpolitik der UdSSR.
In diesem Zusammenhang sieht die US-Regierung vor allem Griechenland bedroht, wo ein Bürgerkrieg tobt. Auch die Türkei, die für die USA große strategische Bedeutung besitzt, benötigt nach Ansicht der Truman-Regierung militärische und finanzielle Unterstützung, um sich dem Druck der Sowjetunion widersetzen zu können.

Griechenland hat einen neuen König: Paul I., hier mit seiner Frau, Prinzessin Friederike von Braunschweig

König Georg II. erliegt Herzanfall

1. April. Im Alter von 56 Jahren erliegt König Georg II. von Griechenland den Folgen eines Herzanfalls. Sein Bruder, der 45jährige Kronprinz Paul, wird zum neuen griechischen Staatsoberhaupt ausgerufen und ist damit bereits der sechste Monarch in der 125jährigen Geschichte des unabhängigen Griechenlands.
Der 1890 geborene Georg II. verbrachte einen großen Teil seines Lebens im Exil. Zum ersten Mal verließ er seine Heimat, als er 1917 in der Thronfolge zugunsten seines Bruders Alexander (1917–1920) übergangen worden war. Nach der Abdankung seines Vaters Konstantin (1913–1917, 1920–1922) bestieg Georg II. 1922 den Thron. Seine Regentschaft dauerte jedoch nur zwei Jahre, da er 1924 nach einem Militärputsch und der Umwandlung Griechenlands in eine Republik ins Exil gehen mußte.
1935 wurde Georg II. erneut König, mußte jedoch 1941 bis 1946 in Verbannung leben (→ 24. 12./S. 204).

Der verstorbene König Georg II.

Sozialdemokraten siegen in Japan

25. April. Die Parlamentswahlen in Japan gewinnen die Sozialdemokraten. Als stärkste Partei erhalten sie 143 Sitze in der Volksvertretung. Die beiden konservativen Organisationen, die Liberalen und die Demokraten, bekommen 133 bzw. 126 der insgesamt 466 Abgeordnetensitze. Die Kommunisten erreichen vier Mandate.
Im ganzen Land überwachen die Alliierten die Wahlen, damit die Polizei die Wähler nicht behindert und Wahlmanipulationen wie Bestechungen und Stimmenkauf vermieden werden können (→ 3. 5./S. 90).

De Gaulle gründet RPF

General Charles de Gaulle auf einer Wahlveranstaltung in Vincennes

14. April. General Charles de Gaulle gründet in Frankreich eine neue Partei, die Rassemblement du Peuple Français (RPF). Zu den Zielen der RPF gehören u. a. eine Verfassungsreform sowie eine Umorientierung der französischen Außenpolitik.
Bei einer vielbeachteten Rede hatte de Gaulle am 7. April in Straßburg erklärt, daß Frankreich enger mit den USA und Großbritannien zusammenarbeiten müsse; gegenüber der UdSSR solle Paris auf Distanz gehen. Die französische Regierung dagegen bemüht sich um gute Beziehungen zu allen Großmächten (→ 19. 10./S. 172).

Belgischer Plan für Wiederaufbau

3. April. Das belgische Wiederaufbauministerium in Brüssel veröffentlicht einen Zehn-Jahres-Plan, in dem alle wichtigen Wirtschaftszweige des Landes berücksichtigt werden sollen.
Als besonders dringlich wird der Bau von 500000 Wohnungen bezeichnet, da während des Zweiten Weltkriegs viel Wohnraum zerstört wurde und das Wohnungsbauprogramm seit 1940 ruht. Im Bereich des Verkehrswesens soll vor allem das Eisenbahnnetz ausgebaut werden, wobei rund 1500 km Bahnstrecke elektrifiziert werden sollen.

König Christian X. stirbt 76jährig

Christian X.

Friedrich IX.

20. April. König Christian X. von Dänemark stirbt im Alter von 76 Jahren nach längerer Krankheit an Herzschwäche auf Schloß Amalienborg bei Kopenhagen. Für ganz Dänemark wird eine dreitägige Staatstrauer angeordnet. Die Hoftrauer wird auf ein Jahr festgelegt.

Der am 26. September 1870 geborene König bestieg im Mai 1912 den Thron. Er war sehr beliebt bei seinem Volk. 1915 bestätigte er eine neue demokratische Verfassung. Im Ersten Weltkrieg konnte Christian X. die dänische Neutralität bewahren, während des Zweiten Weltkriegs mußte er 1940 sein Land den Deutschen übergeben.

Neues Staatsoberhaupt von Dänemark wird sein Sohn, Friedrich IX.

Britische Soldaten bei der Untersuchung der Trümmer des von Terroristen gesprengten Palästina-Nachtexpreß

Sprengung des Ägypten-Expreß

22. April. Sechs Tote und 41 Verletzte fordert ein Terroranschlag in Südpalästina auf den von Kairo kommenden Ägypten-Expreß. Als Attentäter werden palästinensische Terroristen verdächtigt.

Bei Rehovoth, zwischen Ismailia und Lydda, wird der Zug durch Minenketten, die unter den Schienen angebracht waren, in die Luft gesprengt. Kurz nach der Explosion eröffnen die unbekannten Angreifer ein Kleinwaffen- und Handgranatenfeuer auf die Zuginsassen. Diese, zumeist britische Militärpersonen, erwidern das Feuer.

Nach amtlichen Angaben werden fünf Angehörige der britischen Streitkräfte und ein Zivilist als tot, 23 Soldaten und 18 Zivilisten als verletzt gemeldet. Die von der Explosion unmittelbar betroffenen vier Waggons des britischen Militärzuges sind total zerstört.

Ford – Begründer des Auto-Imperiums

7. April. In der US-amerikanischen Stadt Detroit stirbt der Autoindustrielle Henry Ford im Alter von 83 Jahren unerwartet an einer Herzschwäche. Ford war der Gründer und Inhaber der Ford-Motor-Company, einer der größten Autofirmen der Welt.

Ford gründete 1903 mit einigen Freunden die Firma, die er 1905 mehrheitlich übernahm. Im Jahre 1919 schließlich erwarb seine Familie den gesamten Aktienbesitz der Fordwerke. Seinen legendären Ruf verdiente sich Ford durch die revolutionäre Firmenpolitik. Er setzte als erster Industrieller die moderne Fließbandfertigung durch, die seine Produktionskosten niedrig hielt. So konnte er seinen einzigen Autotyp, das Modell T, billig anbieten. Es wurde nur in schwarzer Lackierung ausgeliefert und verkaufte sich bis 1924 zehnmillionenmal. Damit leitete Ford die Massenmotorisierung ein.

Henry Ford, der erfolgreichste Automobilfabrikant der Welt

Lange widersetzte Ford sich dem Druck der Gewerkschaften, obwohl er schon vor 1934 Mindestlöhne und eine 32-Stunden-Woche eingeführt hatte. Es widerstrebte seiner Persönlichkeit zutiefst, sich in Firmenbelange reinreden zu lassen. Ford lehnte deshalb auch immer Bankkredite ab und finanzierte seine Geschäftsvorhaben ausschließlich selbst (bis auf die Firmengründung).

Ford hinterläßt ein Privatvermögen von rund 200 Millionen US-Dollar. Die Leitung des Automobilkonzerns, der über Niederlassungen in fast allen Ländern der Welt verfügt, übernimmt sein Sohn Henry Ford II.

Stationen in Henry Fords Leben

Henry Ford wurde am 30. Juli 1863 als Sohn eines Farmers in der Nähe von Detroit im US-Bundesstaat Michigan geboren. Nach einer Lehrzeit als Uhrmacher ging er als Ingenieur zur Edison-Illumination-Company. In seiner Freizeit entwickelte er einen Benzinmotor und gründete 1899 die Detroit-Motor-Company, die später zur Cadillac-Motor-Co. wurde. Er überwarf sich mit seinen Partnern und gründete 1903 die Ford-Motor-Co. Er entwickelte das legendäre Modell T und entwarf die Fließbandfertigung. 1918 gab Ford die Leitung der Firma an seinen Sohn Edsel ab, übernahm sie aber 1943 nach dem Tod seines Sohnes wieder. Er schrieb mehrere Bücher, in denen er seine nicht unumstrittenen Ansichten äußerte. Trotz seiner pazifistischen Grundhaltung stellte Henry Ford seine gesamten Werke im Jahr 1941 der US-amerikanischen Rüstung zur Verfügung.

Deutsche forschen für die USA

28. April. Hugo Eckener, der frühere Chef der Zeppelin-Werke in Friedrichshafen, ist einer von rund 1000 deutschen Wissenschaftlern, die nunmehr neue Arbeitsmöglichkeiten in den Vereinigten Staaten gefunden haben. Als Berater der »Goodyear Aviation Company« ist Eckener vorläufig für sechs Monate in Ohio an der Konstruktion eines Arktis-Riesenluftschiffes beteiligt.

Eckener gehört nicht unmittelbar zu der Gruppe deutscher Chemiker, Physiker, Raketenforscher und Luftfahrtingenieure, die inzwischen im Dienste der US-Armee stehen. Sie arbeiten unter amerikanischer Aufsicht in Versuchsstationen und Laboratorien, wie der Erfinder der V-2 (Vergeltungswaffe), Wernher von Braun, der zusammen mit seinen Mitarbeitern inzwischen in Fort Bliss, Texas, an der Entwicklung von lenkbaren Raketengeschossen für die US-Luftwaffe beteiligt ist.

Weitere prominente deutsche Wissenschaftler im Dienst der Amerikaner sind Anselm Franz, Konstrukteur des O-4-Düsenflugzeuges, Alexander Lippisch, Konstrukteur des Messerschmitt - Me - 163 - Raketenflugzeuges, sowie Hans Heinrich, Erfinder des Band-Fallschirmes.

Diese Gruppe arbeitet in Wright Field in der Nähe von Dayton, Ohio. Die dort beschäftigten Forscher haben alle einjährige Verträge als Zivilangestellte des US-Verteidigungsministeriums abgeschlossen. Ihr Tagesverdienst – zwischen zwei und elf US-Dollar – wird zugunsten ihrer Familienangehörigen in Deutschland gutgeschrieben. Darüber hinaus erhalten die Wissenschaftler für ihre persönlichen Bedürfnisse sechs US-Dollar täglich.

Luftschiffbauer Hugo Eckener, der nun in den USA Forschung betreibt

Die Arbeit in der amerikanischen Luftfahrtforschung ist für diese Deutschen im Augenblick die einzige Möglichkeit, in ihrem jeweiligen Fachgebiet tätig zu werden. Die gesamte deutsche Flugzeugindustrie ist durch Kriegseinwirkung und Demontagen zerstört. So wurde z. B. das komplette Junkers-Werk in Dessau demontiert und in der Sowjetunion neu aufgebaut. Bestimmungen der Alliierten untersagen Deutschland ferner den Wiederaufbau einer eigenen Luftfahrtindustrie. Dieses Verbot erstreckt sich bis auf das Gebiet des privaten Modellflugzeugbaus.

Auch die Sowjetunion bedient sich der Kenntnisse der deutschen Forscher, die während des Vormarsches der Roten Armee in sowjetische Gefangenschaft gerieten. Am Aufbau der russischen Luftfahrtindustrie, besonders auf dem Gebiet der Raketenwaffen, arbeiten nun die deutschen Experten unter Aufsicht der Sowjets.

Während über den Verbleib der deutschen Forscher in der Sowjetunion nichts Näheres bekannt wird, beschäftigt sich die amerikanische Öffentlichkeit mit den in den USA beschäftigten Deutschen. Die Presse und die »Vereinigung der Atom-Forscher« kritisieren die Zulassung deutscher Forscher in den USA als einen »Affront für alle, die einst gegen die Nazis kämpften«. Man ist in den USA der Meinung, man habe den deutschen Militarismus nicht bekämpft, um nun Deutsche in der Rüstung zu beschäftigen.

Alexander Lippisch (r.), Konstrukteur des Raketenflugzeuges Me 163, forscht nun in den USA, l. Pilot R. T. Opitz

I. G. Farben-Werke an Treuhänder

20. April. Die vom Länderrat in Stuttgart ernannten Treuhänder für 19 selbständige Betriebe der früheren I. G. Farben-Industrie werden von der US-amerikanischen Militärregierung bestätigt. Die Treuhänder besitzen die Rechte von Eigentümern und sind allein der Überwachung der alliierten I. G.-Farben-Kontrolloffiziere unterworfen.

Sobald die Genehmigung der US-amerikanischen Militärbehörden vorliegt, kann jeder der 19 Treuhandbetriebe in eine Gesellschaft umgewandelt und das Stammkapital in Form von Anteilen ausgegeben werden. Die einzelnen Firmen dürfen normale Geschäftsbeziehungen aufrechterhalten. Sie sind jedoch verpflichtet, ihre Produkte ohne Berücksichtigung früherer Bindungen des Konzerns abzusetzen.

Geschichte eines Chemiekonzerns

Durch einen Zusammenschluß verwandter Unternehmen war die Interessengemeinschaft der deutschen Farbenindustrie (I. G. Farben) 1925 gegründet worden. In den folgenden 20 Jahren entwickelte sich die I. G. Farben zum größten chemischen Werk der Welt. Nach der nationalsozialistischen Machtergreifung 1933 begann der Aufbau einer deutschen Mineralölindustrie für wehrwirtschaftliche Zwecke.

Im Dritten Reich wurde die I. G. Farben zum »Staat im Staate«. Das Unternehmen wurde zum deutschen Hauptproduzenten von Kriegsmaterial, u. a. auch von Sprengstoff und Giftgas. Darüber hinaus stellte der Konzern Textilien, Arzneimittel, Leichtmetallerzeugnisse usw. her. Bei Kriegsende zählten die über 1000 Einrichtungen des Konzerns rund 400 000 Beschäftigte. Am 23. November 1945 hatten die vier alliierten Siegermächte die Beschlagnahme der in ihren jeweiligen Zonen liegenden I. G.-Farben-Werke abgeschlossen (→ 31. 3./S. 56).

Die US-amerikanische Militärverwaltung hatte die in ihrer Zone liegenden Werke und Einrichtungen der I. G. Farben am 5. Juli 1945 beschlagnahmt. Diese machen rund ein Zehntel des Konzerns aus.

Brandkatastrophe in Texas-City

16. April. In Texas-City im US-Bundesstaat Texas kommt es zu einer der größten Brandkatastrophen der letzten Jahre. Tagelang brennt es in weiten Teilen der Stadt, Schiffe explodieren und Ölraffinerien stehen in Flammen. Die Zahl der Todesopfer wird auf 2000 geschätzt, verletzt werden noch erheblich mehr Menschen. Der Sachschaden beträgt über 100 Millionen US-Dollar.
Die Katastrophe kommt zum Ausbruch, weil auf dem mit Ammonium-Nitrat-Dünger beladenen französischen Frachter »Grandcamp« die Feuervorschriften nicht beachtet werden. Das Schiff gerät in Brand und explodiert. Die Trümmer des Frachters werden auf eine nahegelegene Chemiefabrik geschleudert und setzen diese in Brand. Von dort aus springen die Flammen in einer Kettenreaktion auf Häuser, Öltanks, Raffinerien und Schiffe über. Bereits am ersten Tag der Katastrophe sterben 700 Menschen, liegt ein Drittel der Stadt Texas-City in Schutt und Asche.
Am zweiten Tag kommt es im Hafengebiet zu weiteren Detonationen, zwei Schiffe explodieren. Die Lösch- und Bergungsarbeiten werden durch den ungünstig stehenden Wind behindert, so daß sich die Zahl der Todesopfer auf 1800 erhöht. US-Präsident Harry S. Truman fordert die amerikanische Öffentlichkeit auf, den vom Unglück betroffenen Menschen zu helfen.
Am 18. April stehen über 50 Öltanks in Flammen. Inzwischen gleicht Texas-City einem Trümmerhaufen, etwa 90% aller Wohnungen sind beschädigt oder zerstört.
Als am nächsten Tag der Wind günstiger steht, gelingt es der Feuerwehr, die Flammen und die Explosionen unter Kontrolle zu bekommen. Die Stadt Texas-City muß völlig wieder aufgebaut werden.

Das Inferno von Texas-City: Ein Drittel der Stadt am Golf von Mexiko ist nach Explosionen und anschließend ausbrechenden Großfeuern zerstört

Sturm fordert 53 Menschenleben

23. April. Die anhaltenden schweren Stürme vor den britischen Küsten fordern insgesamt 53 Menschenleben. Mehrere Schiffe geraten in Seenot und sinken. Im Sankt-Georgs-Kanal vor der Küste von Wales ist der britische Öltanker »Samtampa« manövrierunfähig geworden und wird durch die Wassermassen auf die der Küste vorgelagerten Felsen geschleudert, wobei das Schiff auseinanderbricht. Ein vom Festland zu Hilfe kommendes Rettungsboot gerät selbst in Seenot und wird mit der achtköpfigen Besatzung von den Fluten verschlungen. Von den 42 Mann der Besatzung des Tankers kann sich keiner retten.
Bereits am 22. April kamen drei Marinesoldaten ums Leben, als das britische Schlachtschiff »Warspite« vor Cornwall auf Felsen gespült wurde.
Von dem vor der schottischen Küste schiffbrüchig gewordenen britischen Fischdampfer »Benghazi« können sich alle 14 Besatzungsmitglieder an Land retten.
Vor der Küste von Yorkshire werden mehrere vor Anker liegende Schiffe durch die schwere See zum Teil schwer beschädigt.

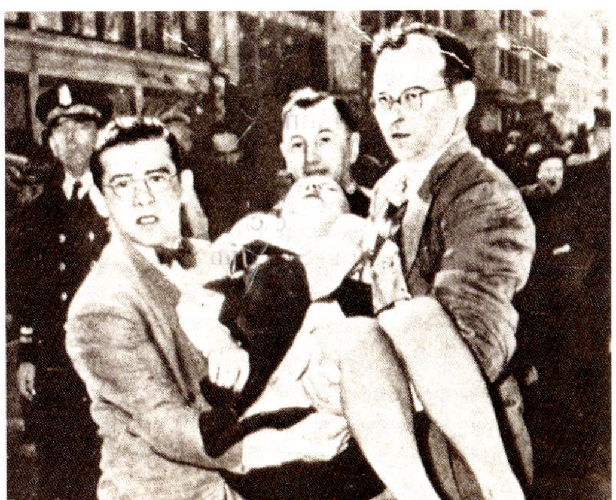

Gesetz gegen Streik

9. April. *In der US-amerikanischen Hauptstadt Washington verabschieden das Repräsentantenhaus und der Kongreß ein Gesetz, das einen Streik der Angestellten von Telefongesellschaften unter Strafe stellt. (Abb.: Während einer zum Teil gewalttätig verlaufenden Demonstration wird eine ohnmächtige Telefonistin von Polizisten weggetragen.)*
Das Gesetz sieht ein Strafmaß von bis zu 30 Tagen Freiheitsentzug für die Streikenden vor. Auch können für jeden Streiktag bis zu 500 US-Dollar Geldstrafe verhängt werden.

Orkan tobt in USA

9. April. *Ein Orkan verwüstet in der Nacht weite Teile der US-amerikanischen Bundesstaaten Texas und Oklahoma. 92 Menschen werden getötet, mehrere hundert Personen zum Teil erheblich verletzt. Am schwersten betroffen ist die Stadt Westward im nordwestlichen Oklahoma, wo der Sturm, einer der bisher schwersten in den USA, allein 50 Todesopfer fordert. Die texanische Stadt Higgins wird fast vollständig zerstört. (Abb.: Eine der gefürchteten Windhosen im Stadium ihrer Entstehung.)*

Flugrekord gebrochen

16. April. *Der US-Amerikaner Milton Reynolds fliegt zusammen mit seiner drei Mann starken Besatzung in 78:55 h um die Welt. Er bricht damit den bisherigen Rekord des Multimillionärs Howard Hughes, der 1938 12:19 h länger benötigte. Reynolds benutzte für seinen Rekord ein zweimotoriges Kampfflugzeug der Firma Douglas, das speziell für diesen Flug umgebaut wurde.*
Nach seiner Landung in New York (Foto) erklärt Reynolds vor Reportern, er werde einen solchen Flug nicht noch einmal unternehmen.

Auf den Trümmern ihres Hauses legte sich eine Einwohnerin aus Frankfurt am Main eine Gärtnerei an

Die Not macht erfinderisch

2. April. Im Schnellzug Passau–Nürnberg veranstaltet die Polizei eine Razzia, in deren Verlauf u. a. beschlagnahmt werden: 1500 Eier, 50 kg Rauchfleisch, 15 kg Wurst, vier Hühner, eine Kiste Trockenmilch, 125 kg Fett und ein Spanferkel. Die Polizei teilt mit, daß sie mit dieser Aktion gegen die immer umfangreicher werdenden illegalen Hamsterfahrten vorgehen will. Vor allem Großstädter fahren immer wieder in überfüllten Zügen aufs Land, um bei den Bauern Wurst, Eier und Schinken gegen Meißner Porzellan oder einen Perserteppich zu tauschen.

Bei dem in Deutschland herrschenden Hunger und der allgemeinen Not greifen die Bürger vielfach zur Selbsthilfe. Es werden z. B. Schlüsselblumen, Lindenblüten, Kamillen und Brombeerblätter für Tee gesammelt, Salate, Suppen und Gemüse aus Brennesseln, Löwenzahn, Sauerampfer und Spitzwegerich zubereitet.

Durch die zunehmenden Hamsterfahrten aufs Land wird der Landwirtschaft großer Schaden zugefügt. Saatkartoffeln müssen in einigen Gegenden von der Polizei bewacht werden, auf den Weiden wird nachts sogar das Vieh schwarzgeschlachtet, und einsame Höfe werden oft von Banden ausgeraubt. Scharfe Kontrollen zwischen den einzelnen Besatzungszonen haben zwar häufig Erfolge bei der Beschlagnahme von unrechtmäßig erworbenen Nahrungsmitteln, können aber dem Grundübel – dem allgemeinen Hunger – nicht abhelfen.

Ein weiteres Problem in Deutschland ist die katastrophale Wohnungssituation. Hier werden, besonders in Berlin, die »Trümmerfrauen« zum Symbol des Wiederaufbaus. Aus Ruinen holen sie die erhalten gebliebenen Ziegel und Steine, die zur Reparatur der beschädigten Häuser verwendet werden. Die ehemaligen Bunker in den Städten beherbergen nun viele der Millionen von Ausgebombten und Flüchtlingen, die Keller der zerstörten Häuser dienen als Unterkünfte, und vor den Großstädten entstehen riesige Barackenlager aus Wellblechhäusern, den »Nissenhütten«.

Läden werden in ausgedienten Omnibussen, Hauseingängen und nicht verschütteten Kellern eingerichtet. Da Benzin rationiert ist, werden die wenigen Pferde vor die nutzlosen Pkw gespannt.

Überfüllte Eisenbahnzüge sind ein alltägliches Bild; wie bei diesem »Hamsterzug« drängen sich die Reisenden auf den Trittbrettern

Osterfeiern für deutsche Kinder

6. April. Die US-amerikanischen Besatzungstruppen veranstalten in ihrer Zone Osterfeiern für bedürftige deutsche Kinder. Die größte Veranstaltung findet am Ostersonntag in Fürth statt. Dort erhalten 800 Jungen und Mädchen Ostereier und Süßigkeiten, die aus den Rationen der US-amerikanischen Soldaten zusammengestellt worden sind.

Das US-Frauenhilfskorps in Frankfurt am Main bedenkt 250 Waisen mit Ostergeschenken. Weitere 100 elternlose Kinder sind bei einem in der Nähe von Wiesbaden stationierten Rot-Kreuz-Klub eingeladen. In Mannheim veranstalten die US-Soldaten ein großes Ostervolksfest, bei dem 2000 Kinder Geschenkpäckchen erhalten. Kleinere Feste und Feiern werden auch an anderen Orten der US-Zone durchgeführt.

Vielerorts stellen die Besatzungstruppen für die Feiertage Fahrzeuge zur Verfügung, um den Kindern Ausflüge zu ermöglichen. So fahren Freisinger Kinder auf Einladung der US-Truppen für einen Tag in den Münchener Tierpark Hellabrunn.

Wohnungsbilanz in der Ostzone

5. April. In der sowjetischen Besatzungszone Deutschlands werden von der Militärregierung Angaben über die Wohnungssituation veröffentlicht. Danach wird der Bedarf an Neubauwohnungen auf etwa 1,3 Millionen geschätzt.

Vor dem Zweiten Weltkrieg gab es im Gebiet der jetzigen Sowjetzone über 4,6 Millionen Wohnungen, wovon in den Kriegsjahren rund 30% beschädigt wurden. Das entspricht 1,4 Millionen. Völlig zerstört und damit nicht nutzbar sind jetzt noch 433 000 Wohnungen, stark beschädigt, aber reparabel noch 207 000. Fast wiederhergestellt sind 757 000 Wohnungen, die schon bald wieder der Bevölkerung zur Verfügung gestellt werden können.

Im Verhältnis zur früheren Zahl der vorhandenen Wohnungen hat Mecklenburg-Vorpommern die größten Kriegsschäden davongetragen, auch jetzt noch liegt rund ein Viertel der ehemaligen Wohnungen in Schutt und Asche.

Kohle in der Antarktis entdeckt

14. April. Der US-amerikanische Admiral Richard Evelyn Byrd kehrt von einer großen Antarktis-Expedition zurück. Die bislang unbekannten Teile des sechsten Kontinents sind durch Flugaufnahmen kartographiert worden.

Byrd berichtet von riesigen Kohlevorkommen in der Region, mit denen vermutlich die gesamte Welt für einen längeren Zeitraum versorgt werden könnte. Außerdem vertritt Byrd die Auffassung, daß die Antarktis einem gewaltigen Eisschrank ähnelt, in dem man riesige Mengen an Lebensmitteln gegen künftige Hungersnöte lagern könnte. Strategisch sei dagegen die Eiswüste am Südpol uninteressant.

Der Eisbrecher »Northwind« am Packeis: Ausgangspunkt der Expedition

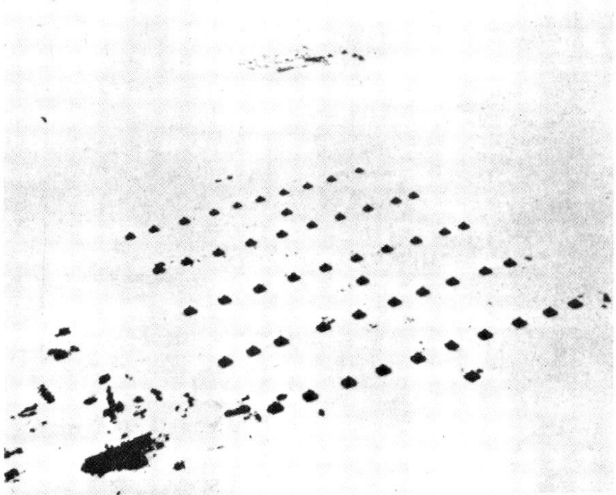

Luftaufnahme des Basiscamps der Antarktisexpedition unter der Leitung von Admiral Richard E. Byrd

Admiral Richard E. Byrd in der Unterkunft, die er bereits 1935 bei seiner zweiten Expedition errichtete

Die Erforschung der Antarktis

Der 1888 geborene Richard Evelyn Byrd zählt zu der kleinen Schar der Pioniere in der Antarktis-Forschung. Im Rahmen einer US-amerikanischen Expedition überflog Byrd 1928/29 als erster Mensch den Südpol und errichtete den Stützpunkt Klein-Amerika in der Walfisch-Bai. 1933 startete Byrd eine Reihe von Flügen von einem Versorgungsschiff vor der Antarktis-Küste. Im folgenden Jahr richtete er 200 km südlich von Klein-Amerika einen Stützpunkt für Wettermessungen ein. In dieser Station wohnte Byrd fast fünf Monate im arktischen Winter.

Die Geschichte der Antarktis-Erforschung geht bis in das Jahr 1773 zurück, als der britische Entdecker James Cook erstmals den südlichen Polarkreis überquerte. Bei seiner zweiten Reise sichtete er treibende Eisberge und schloß daraus, daß im Süden Land liegen müsse. Dies löste die Suche nach dem sechsten Kontinent aus.

Am 14. Dezember 1911 erreichte der Norweger Roald Amundsen mit vier Begleitern als erster Mensch den Südpol. Einige Wochen später folgte ihm der britische Forscher Robert Falcon Scott.

Explosion fordert 40 Menschenleben

19. April. 40 Todesopfer und über 300 Verletzte fordert eine Explosion im Bahnhof der jugoslawischen Stadt Rijeka, dem ehemals zu Italien gehörenden Fiume. Die Detonation wird in einem abgestellten Eisenbahnwaggon ausgelöst, der mit etwa 20 t Munition beladen war.

Die Explosion ist auf große Entfernung zu hören und löst in Rijeka eine Panik unter der Bevölkerung aus. Die Bahnhofsanlagen werden teilweise zerstört, auf dem Bahnhof selbst bricht ein Feuer aus. Die jugoslawischen Behörden nehmen an, daß die Explosion auf einen Sabotageakt extremistischer Regierungsgegner zurückzuführen ist.

Brot wird 45% teurer

10. April. Angesichts der angespannten wirtschaftlichen Lage sieht sich die Regierung Italiens unter Ministerpräsident Alcide De Gasperi gezwungen, die staatlichen Subventionen für den Brotpreis zu streichen. Mit Wirkung vom 15. April wird der Preis für dieses Grundnahrungsmittel um rund 45% steigen.

Mit der Erhöhung des Brotpreises in Italien geht eine generelle Preiserhöhung von etwa 5% einher. Ausschlaggebend hierfür ist auch die hohe Auslandsverschuldung; für das Jahr 1947 wird sie auf 700 Millionen US-Dollar geschätzt.

Die Arbeitslosenzahl in Italien ist im Jahr 1946 um 46% auf 2,1 Millionen gestiegen.

Selbst Oliven, ein Volksnahrungsmittel in Italien, sind für die meisten Menschen zu teuer geworden

Jülich hat wieder 7000 Einwohner

14. April. Die im Regierungsbezirk Aachen gelegene Kreisstadt Jülich zählt wieder über 7000 Einwohner. Am Ende des Zweiten Weltkriegs galt Jülich als die am stärksten zerstörte Stadt Europas: Nach schweren Bombenangriffen lag Jülich zu 97% in Trümmern, die Infrastruktur und Industrie waren zerstört.

Lediglich einige am Stadtrand gelegene Gebäude und Straßen waren dem Bombenhagel entgangen. Auf den Trümmern der ehemals 12 000 Einwohner zählenden Gemeinde ist inzwischen eine Barackenstadt entstanden. Die ersten Straßen sind neu angelegt worden, Wasser und Licht funktionieren wieder.

Hochschulstudium in britischer Kriegsgefangenschaft: Im Lager unterrichten deutsche Professoren künftige Lehrer und Theologen

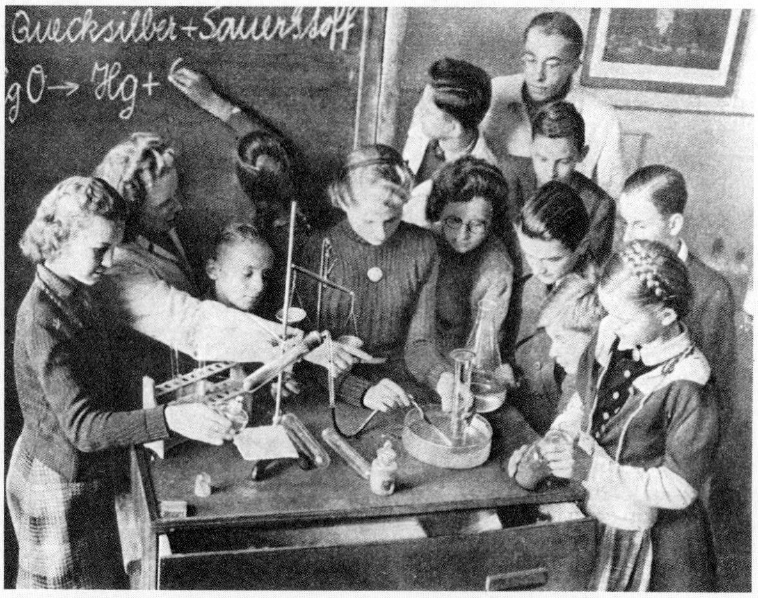

3000 Chemiebaukästen für den physikalisch-chemischen Unterricht sollen in Thüringen die Lehrmittelknappheit überwinden helfen

Bildungswesen 1947:

Die Demokratie als Lernziel in der Schule

Auch das deutsche Bildungswesen leidet 1947 noch immer unter den Folgen des Zweiten Weltkriegs: Ein Großteil der Schul- und Lehrgebäude ist zerstört oder beschädigt; viele erhaltene Gebäude werden als Lazarette oder zur Unterbringung von Flüchtlingen genutzt. Die meisten der in der Zeit des Nationalsozialismus herausgegebenen Lehrmittel sind unbrauchbar geworden, neue Lehrbücher sind entweder noch nicht herausgegeben worden, oder es fehlt an Papier, um sie in ausreichend hohen Auflagen drucken zu lassen.

In den überfüllten Schulklassen fehlt es vor allem an Lehrern: Viele sind gefallen oder in Gefangenschaft, andere sind noch nicht entnazifiziert worden. Sie werden von der unter der Kontrolle der alliierten Besatzungsmächte stehenden deutschen Schulaufsicht nicht wieder eingestellt.

Im Potsdamer Abkommen hatten sich die alliierten Siegermächte 1945 darauf geeinigt, das künftige Erziehungswesen in Deutschland streng zu überwachen. Nationalsozialistische und militärische Lehren sollen ausgemerzt werden, damit die Jugend die westliche Demokratie kennenlernen kann.

Die Siegermächte beabsichtigen daher, Teile ihres Schulsystems auf ihre Besatzungszonen zu übertragen. In allen deutschen Ländern, in denen inzwischen Kulturhoheit herrscht, werden die Schulreformen kontrovers diskutiert. Umstritten ist vor allem die Frage der Einbeziehung des Religionsunterrichts in den Schulbetrieb.

Unter den materiellen und geistigen Folgen der NS-Zeit leiden auch die Hochschulen und Universitäten. Viele Dozenten sind nach 1933 ausgewandert und nicht zurückgekehrt, andere haben wegen ihrer Zugehörigkeit zur NSDAP Lehrverbot. Ungeklärt ist für die meisten Studenten die Frage, wie sie neben dem Studium ihren Lebensunterhalt bestreiten sollen.

Der Mangel an demokratisch erzogenen Akademikern stellt bereits jetzt für den Wiederaufbau des öffentlichen Lebens eine Last dar. Daher bieten jetzt die USA und Großbritannien einem zunächst noch sehr kleinen Kreis von Studenten die Möglichkeit eines Studienaufenthaltes im Ausland an.

200 Studenten des Polytechnikums in München helfen beim Wiederaufbau der Universität

Medizinstudenten in den USA beobachten Operation

Amerikaner verbieten den »Ruf«

15. April. Die US-amerikanische Militärregierung verbietet Alfred Andersch und Hans Werner Richter die Veröffentlichung der Nummer 17 ihrer Zeitschrift »Der Ruf«. Dem in München in einer Auflage von 70 000 Exemplaren erscheinenden Organ wird von den US-amerikanischen Besatzungsbehörden vorgeworfen, es verbreite eine Mischung von »Widerstandsnationalismus und Chauvinismus«.

Der »Ruf« war von Richter und Andersch am 1. März 1945 in einem Kriegsgefangenenlager in den Vereinigten Staaten erstmals herausgegeben worden.

Seit dem 15. August 1946 erscheint er mit dem Untertitel »Unabhängige Blätter der jungen Generation« mit wachsendem Erfolg in München. Die Herausgeber propagieren in ihrer Zeitschrift einen freiheitlichen, humanitären Sozialismus. Der »Ruf« will als Organ der Jüngeren verstanden werden und soll Oppositionsblatt auch gegenüber den Besatzungsmächten sein. Diese sind jedoch über die beißende Ironie und die Überheblichkeit der Autoren bestürzt, die die Jugend Deutschlands idealisieren und eine Änderung der gesellschaftlichen Verhältnisse für die Zukunft propagieren.

Richters Vorstellung ist die einer Verbindung von Sozialismus und Demokratie in einer neuen Staatsform im Namen der jungen Generation: »Die Älteren wollten an das System von Weimar anknüpfen und lediglich ›Sicherheitsfaktoren‹ einbauen. Die Vertreter der ›jüngeren Generation‹ aber wollten radikal erneuern« (→ 8. 11./S. 196).

UNABHÄNGIGE BLÄTTER DER RUF DER JUNGEN GENERATION

Zwischen Freiheit und Quarantäne

Titelblatt der literarisch-politischen Zeitschrift »Der Ruf«

Alfred Andersch, Mitherausgeber der Zeitschrift »Der Ruf«

Mord zum Wohl der eigenen Familie

14. April. Charlie Chaplins neuester Film »Monsieur Verdoux« wird mit viel Erfolg im New Yorker Broadway-Filmtheater uraufgeführt. Nach sieben Jahren Produktionszeit ist dieser neue Streifen nun fertig.

Der Drehbuchautor, aus dessen Feder schon »Der große Diktator« (1940) stammt, spielt in seinem Film die Hauptrolle, einen eleganten französischen Geschäftsmann mit Zylinder und Plastron. Der Titelheld hat seine eigene, seltsame Pflichtauffassung. Chaplin charakterisiert sie so: »Zu Beginn des Films bin ich ein Bankangestellter ... Die Krise des Jahres 1930 kostet mich die Stellung. Ich habe Weib und Kinder, die ich ernähren muß. So wende ich mich dem Geschäft zu, Frauen umzubringen, die ich ihres Geldes wegen geheiratet habe.«

Charlie Chaplin

Cramm darf nach Schweden reisen

9. April. Als erster deutscher Sportler erhält der Tennisspieler Gottfried von Cramm von der britischen Besatzungsmacht die Genehmigung zur Ausreise aus Deutschland. Damit ist es dem »Tennisbaron« möglich geworden, die schwedische Davis - Cup - Nationalmannschaft in Stockholm zu trainieren.

G. von Cramm

Der am 7. Juli 1909 in Nettlingen (heute Niedersachsen) geborene Cramm ist sowohl in seiner Heimat als auch im Ausland seit vielen Jahren bekannt und beliebt. In den 30er Jahren stand Cramm dreimal im Wimbledon-Finale, wobei er jedoch jedesmal verlor. 1938 geriet er mit den Nationalsozialisten in Konflikt, so daß er für einige Zeit in Gestapo-Haft kam.

Nürnberg siegt 2:1

4. April. Bei einem Fußballspiel in Nürnberg schlägt der einheimische 1. FC den FC Schalke 04 mit 2 : 1 Toren. 50 000 Zuschauer verfolgen die Begegnung der beiden Altmeister, die als inoffizielles Endspiel um die Deutsche Fußballmeisterschaft gilt.

In einem interessanten und fairen Spiel geraten die Schalker durch Tore von Hans Poeschl und Max Morlock in Rückstand, ehe Heinz Hinz fünf Minuten vor Abpfiff der Anschlußtreffer gelingt. Die Schlußoffensive kommt jedoch zu spät.

Max Morlock ist einer der Spieler, die nach dem Ende des Zweiten Weltkrieges die erfolgreiche Tradition des 1. FC Nürnberg fortsetzen helfen; seine Karriere erlebt in späteren Jahren noch eine Reihe von Höhepunkten: So gehört er u. a. 1954 zur deutschen Nationalmannschaft, die Weltmeister wird

O'Neill-»Elektra« jetzt in Hamburg

11. April. Im Deutschen Schauspielhaus in Hamburg findet die deutsche Erstaufführung von Eugene O'Neills Theaterstück »Trauer muß Elektra tragen« statt. Viereinhalb Stunden dauert das Stück des 59jährigen US-amerikanischen Dramatikers in der Inszenierung von Alfred Noller. Der Literaturnobelpreisträger (1936) und Schwiegervater von Charlie Chaplin, hat in diesem Drama, das 1865 in Neu-England spielt, seine pessimistische Weltsicht, unter Einbeziehung psychoanalytischer Kenntnisse, nach dem Muster einer antiken Tragödie gestaltet.

In drei Teilen – »Heimkehr«, »Die Gehetzten« und »Die Verfluchten« – in Anlehnung an die »Orestie« des antiken Autors Aischylos stellt O'Neill das Gefangensein des Menschen in seinem Charakter und seinen Leidenschaften dar. Das Bühnenbild stammt von Karl Gröning. Käthe Braun spielt den Part der Elektra, Werner Hinz ist Agamemnon, und Erich Schellow Orest.

Mai 1947

Mo	Di	Mi	Do	Fr	Sa	So
			1	2	3	4
5	6	7	8	9	10	11
12	13	14	15	16	17	18
19	20	21	22	23	24	25
26	27	28	29	30	31	

1. Mai, Maifeiertag

Eine Betriebsrätekonferenz in Duisburg fordert die Einführung des Sechs-Stunden-Tages. Sie begründet dies mit der Entkräftung der Arbeiterschaft durch Unterernährung.

Ein Prager Gericht verurteilt den ehemaligen Kommandanten des jüdischen Ghettos von Theresienstadt, Karl Rahn, zum Tode.

Die Vollversammlung der UNO beschließt die Schaffung eines Komitees zur Erörterung der Palästina-Frage. Ein Antrag der Staaten der Arabischen Liga, Palästina für unabhängig zu erklären, kommt nicht auf die Tagesordnung. →S. 90

Die von der UdSSR teildemontierten Zeiss-Werke in Jena sind an verschiedenen Orten der UdSSR wiederaufgebaut worden. Es werden dort deutsche Arbeiter zu gleichen Lohnbedingungen wie Russen beschäftigt. →S. 84

In der Bayerischen Staatsoper München wird Richard Wagners Oper »Die Walküre« aufgeführt. Es ist die erste Wagneroper, die dort seit Kriegsende inszeniert wird. Regisseur ist Max Hofmüller; die musikalische Leitung hat Georg Solti.

2. Mai, Freitag

In Rheinland-Pfalz wird ein Allgemeiner Gewerkschaftsbund gegründet.

Der stellvertretende Militärgouverneur der britischen Zone, Sir Brian Robertson, gibt eine Umbildung des Zonenbeirates bekannt, der künftig sieben Mitglieder hat. Sie werden durch die Landtage in der britischen Zone bestellt.

Auf Befehl des US-amerikanischen Militärgouverneurs, General Douglas MacArthur, darf in Japan wieder die Landesflagge gehißt werden.

3. Mai, Sonnabend

Die US-amerikanische Militärregierung lehnt einen Antrag der KPD auf Zulassung der SED in Bayern ab. Der Antrag sei nur von der KPD Bayern gestellt worden, nicht aber von der SPD, die gegen eine Verschmelzung mit der KPD ist, heißt es in der Begründung der Ablehnung.

Die französische Militärregierung in Deutschland beschließt, alle seit dem 1. Januar 1919 geborenen Deutschen hinsichtlich ihrer politischen Vergangenheit zu amnestieren. Davon ausgeschlossen sind ehemalige Mitglieder der SS, der Gestapo, des Sicherheitsdienstes und Kriegsverbrecher.

24 Direktoren der I. G.-Farben stehen vor dem US-amerikanischen Militärgericht in Nürnberg. Sie werden beschuldigt, sich an der Vorbereitung eines Angriffskrieges beteiligt und im Zweiten Weltkrieg Sklavenarbeiter beschäftigt zu haben.

Sozialdemokratische Mitglieder des Freien Deutschen Gewerkschaftsbundes (FDGB) in Berlin beschließen, eine Oppositionsgruppe innerhalb des von der SED dominierten FDGB zu bilden. →S. 87

In Japan tritt die am 3. November 1946 proklamierte neue Verfassung in Kraft. →S. 90

4. Mai, Sonntag

Der Landtag Mecklenburgs beschließt, die Häfen von Wismar, Rostock und Stralsund auszubauen.

Nach einer Umfrage der US-amerikanischen Besatzungsmacht haben große Teile der deutschen Bevölkerung noch immer eine antisemitische Einstellung. →S. 86

Im Streit um die Lohnpolitik scheiden die vier kommunistischen Minister aus dem französischen Kabinett aus. Unter ihnen befindet sich auch Maurice Thorez, der Stellvertreter des sozialistischen Premierministers Paul Ramadier. →S. 89

Das kambodschanische Staatsoberhaupt Norodom Sihanuk setzt die von der Nationalversammlung des Landes angenommene neue Verfassung in Kraft.

Der Kandidat der Republikanischen Partei für das Amt des US-Präsidenten, Harold Stassen, führt in Moskau ein 80minütiges Gespräch mit dem sowjetischen Partei- und Regierungschef Josef W. Stalin.

Zwischen München und Bremerhaven wird eine Expreßzugverbindung, der Alpen-Nordsee-Expreß, eingerichtet. Für die rund 820 km lange Strecke benötigt der Zug etwa 23 Stunden. →S. 88

In Seattle im US-Bundesstaat Washington stellt die US-Amerikanerin Ann Curtis einen Weltrekord im 440-Yards-Freistilschwimmen auf.

5. Mai, Montag

Wegen Papierknappheit müssen die Zeitungen in der britischen Besatzungszone Deutschlands erhebliche Auflagenkürzungen hinnehmen.

Die Regierung der USA übermittelt Panama einen Vertragsentwurf, der die Errichtung von US-amerikanischen Militärstützpunkten außerhalb der Kanalzone vorsieht.

Zwischen der Exportschau im Münchener Haus der Kunst und New York wird eine ständige Telefonverbindung eingerichtet. Sie soll ermöglichen, daß US-amerikanische Geschäftsleute direkte Bestellungen bei bayerischen Unternehmen aufgeben können.

6. Mai, Dienstag

Ein britisches Militärgericht in Venedig verurteilt den ehemaligen deutschen Feldmarschall Albert Kesselring wegen Geiselerschießungen zum Tode. →S. 85

Französische Pioniere sprengen die unterirdischen Anlagen der Dornier-Flugzeugwerke in Überlingen am Bodensee.

7. Mai, Mittwoch

In Brasilien wird die Kommunistische Partei nicht zu den Parlamentswahlen zugelassen. Außerdem werden die von den Kommunisten kontrollierten Gewerkschaften verboten.

Italien beantragt seine Aufnahme in die UNO.

Im Hafen von Buenos Aires kommt es zu einer Schießerei zwischen zwei paraguayanischen Kanonenbooten. Die Besatzung eines der Boote versuchte zu verhindern, daß die Mannschaft des anderen Bootes sich den Aufständischen in Paraguay anschließt. →S. 90

8. Mai, Donnerstag

Aus Protest gegen die schlechte Ernährungslage streiken die Braunschweiger Stadtverordneten.

In einer Rede stellt der südafrikanische Ministerpräsident Jan Christiaan Smuts eine den Schwarzen entgegenkommende Politik in Aussicht.

In New York werden die diesjährigen Pulitzer-Preise vergeben. Geehrt wird u. a. der Moskauer Korrespondent der US-amerikanischen Nachrichtenagentur Associated Press, Edward Gilmore.

9. Mai, Freitag

In mehreren deutschen Städten treten Hunderttausende in den Streik. Sie wenden sich gegen die unzureichende Ernährung. →S. 87

Vor dem US-amerikanischen Militärgericht in Nürnberg werden zwölf ehemalige deutsche Generäle unter Anklage gestellt.

In ihrem ersten Kreditvertrag gibt die Weltbank Frankreich zum Wiederaufbau seiner Wirtschaft 250 Millionen US-Dollar.

In Deutschland herrscht hochsommerliches Wetter: Während in Hamburg die Temperaturen auf über 25°C steigen, werden in einigen Städten der US-amerikanischen Zone bis zu 30°C gemessen. →S. 88

10. Mai, Sonnabend

Im britischen Unterhaus in London wird mitgeteilt, daß bis zum heutigen Tag 3633 britische Besatzungssoldaten den Antrag auf Heirat mit einer Deutschen gestellt haben. 114 Ehen wurden genehmigt (→29. 5./S. 88).

11. Mai, Sonntag

Die sowjetische Militärverwaltung in der Ostzone bestätigt ein Gesetz, wonach jugendliche Mitglieder der NSDAP amnestiert werden.

In Rom werden drei Professoren verhaftet. Sie sind beschuldigt, gegen die Zahlung hoher Summen akademische Titel verkauft zu haben.

Im Hampdon Park in Glasgow schlägt die englische Fußball-Nationalmannschaft eine Europa-Auswahl 6:1. →S. 95

In der Berliner Waldbühne schlägt Dietrich Hucks seinen Herausforderer Erich Campe aus Berlin nach Punkten und bleibt damit Deutscher Meister im Mittelgewichtsboxen (→22. 6./S. 109).

Nach einer rund dreimonatigen Weltreise trifft die britische Königsfamilie wieder in London ein. →S. 93

In den vier deutschen Besatzungszonen wird um drei Uhr morgens die doppelte Sommerzeit eingeführt. Die bereits am 6. April vorgestellten Uhren werden um eine weitere Stunde vorgestellt.

12. Mai, Montag

Nach Auskunft des französischen Kriegsministeriums hat das französische Expeditionskorps die Kontrolle über alle strategisch wichtigen Punkte in Vietnam erlangt. →S. 89

Der stellvertretende US-Außenminister Dean Acheson erklärt seinen Rücktritt. Präsident Harry S. Truman ernennt den New Yorker Bankier Robert A. Lovett zum Nachfolger.

Bei der Londoner Versicherungsgesellschaft Lloyds kommt es zu einem ungewöhnlichen Vertragsabschluß: Die 22jährige irische Schauspielerin Maureen Harley läßt ihren Sex-Appeal versichern.

13. Mai, Dienstag

Die französische Regierung veröffentlicht einen Stufenplan zur Entlassung der rund 630 000 deutschen Kriegsgefangenen. →S. 92

Der ehemalige Reichsfinanzminister Hjalmar Schacht wird in Stuttgart zu acht Jahren Arbeitslager verurteilt, sein Vermögen bis auf 10 000 RM beschlagnahmt. →S. 85

Das Kabinett des christdemokratischen Ministerpräsidenten Italiens Alcide De Gasperi tritt nach anhaltenden Spannungen mit den Regierungsmitgliedern der Linksparteien zurück (→31. 5./S. 89).

14. Mai, Mittwoch

Waldemar von Knoeringen wird anstelle von Wilhelm Högner zum bayerischen SPD-Vorsitzenden gewählt.

15. Mai, Christi Himmelfahrt

Unbekannte Täter verüben in Helsinki ein Bombenattentat auf die sowjetische Botschaft.

Papst Pius XII. spricht den Schweizer Mönch Niklaus von Flüe heilig.

Iarlene Dietrich und ean Gabin in einer zene des Films Martin Romagnac« uf der ersten Seite er dritten Mainumer der »Neuen Berli- er Illustrierten«

NEUE

1947/20 - 3. MAIHEFT - 20 Pf.
DRITTER JAHRGANG - VERLAGSORT BERLIN

Berliner Illustrierte

Aufnahme: AFP

BERLINS „BLAUER ENGEL" - 20 JAHRE SPÄTER FILMSTAR IN PARIS: MARLENE DIETRICH

Goebbels bot ihr Riesengagen, um sie für den NS-Film zu gewinnen. Sie lehnte ab. Jetzt spielt sie mit Jean Gabin (rechts) in dem Film „Martin Romagnac", der demnächst auch in Berlin zu sehen sein wird

(Zu unserem Schauspieler-Bildbericht: „Wo sind sie geblieben?")

Mai 1947

In Hamburg endet eine internationale Jugendbuchausstellung, die seit ihrer Eröffnung am 15. April 63 000 Besucher zählte. →S. 95

Der Rennfahrer Hans Stuck gewinnt das Große Rennen von Hockenheim mit einem neukonstruierten Rennwagen. →S. 95

16. Mai, Freitag

Auf dem Landesparteitag der KPD Nordrhein-Westfalens wird Max Reimann als Vorsitzender der Landesleitung wiedergewählt.

Der Führer der italienischen Liberalen Partei, Francesco Nitti, bemüht sich ohne Erfolg um die Bildung einer neuen Regierung (→31. 5./S. 89).

Generalleutnant Geoffrey Keys wird zum US-amerikanischen Hochkommissar im Alliierten Kontrollrat für Österreich ernannt. Gleichzeitig übernimmt er das Oberkommando der US-Besatzungstruppen.

17. Mai, Sonnabend

Der bayerische Ministerpräsident Hans Ehard lädt seine Amtskollegen aus den Ländern aller vier Besatzungszonen Deutschlands zu einer Interzonenkonferenz nach München ein (→5. 6./S. 102).

Auf der Insel Ceylon wird eine Verfassung beschlossen, die ein Zweikammersystem mit Senat und Parlament vorsieht.

18. Mai, Sonntag

In den Ländern der französischen Besatzungszone, Baden, Württemberg-Hohenzollern und Rheinland-Pfalz, stimmt die Bevölkerung über die neuen Länderverfassungen ab. Gleichzeitig finden Landtagswahlen statt, aus denen die CDU als stärkste politische Kraft hervorgeht. →S. 86

Ein Antrag der Arabischen Liga auf Abzug der britischen Truppen aus Palästina und Errichtung eines palästinensischen Staates findet in der UNO keine Mehrheit (→1. 5./S. 90).

13 000 Kirchenglocken, die während des Zweiten Weltkrieges zur Einschmelzung beschlagnahmt worden waren, werden von der britischen Militärregierung an ihre Herkunftsorte zurückgeführt. →S. 88

19. Mai, Montag

Die ersten 20 Mitglieder einer US-amerikanischen Militärmission, die mit der Durchführung des US-Hilfsprogramms für die Türkei beauftragt ist, reisen nach Istanbul ab (→23. 4./S. 72).

Die USA liefern 75 Frachtschiffe des Typs »Liberty« als Grundstock für eine deutsche Handelsflotte. →S. 87

20. Mai, Dienstag

Die Fernostkommission, der Vertreter aus den USA, Großbritannien, der UdSSR und acht weiteren Länder angehören, trifft eine Regelung über die japanischen Reparationsleistungen.

Das dänische Parlament nimmt ein Gesetz zur Zulassung von weiblichen Pfarrern an.

21. Mai, Mittwoch

In Paris wird ein Handelsabkommen zwischen der deutschen Bizone und Frankreich abgeschlossen. →S. 86

Das britische Verteidigungsministerium gibt in London bekannt, daß die Besetzung Deutschlands Großbritannien im Finanzjahr 1946/47 insgesamt 48 Millionen Pfund Sterling gekostet hat. →S. 87

Ein weißes Geschworenengericht im US-Bundesstaat South Carolina spricht 28 weiße Angeklagte vom Vorwurf frei, einen Schwarzen gelyncht zu haben.

Der österreichische Innenminister Oskar Helmer erklärt, daß bis jetzt 823 000 Österreicher aus der Kriegsgefangenschaft zurückgekehrt seien, davon 112 000 aus der UdSSR.

US-Präsident Harry S. Truman unterzeichnet das Gesetz über die Hilfe der Vereinigten Staaten an Griechenland und die Türkei. Es sieht die Zahlung von 450 Millionen US-Dollar sowie eine weitere Anleihe von 350 Millionen US-Dollar vor (→23. 4./S. 72).

22. Mai, Donnerstag

Durch Regierungsverordnung wird in Hessen das Schulgeld abgeschafft.

Die chinesischen kommunistischen Truppen von Mao Tse-tung besetzen Tschangtschun, die Hauptstadt der Mandschurei. →S. 90

23. Mai, Freitag

Der niedersächsische Landtagsabgeordnete Pastor Heinrich Albertz erklärt, daß monatlich bis zu 15 000 illegale Grenzgänger aus der Ostzone nach Niedersachsen kommen.

Ungarns Ministerpräsident Ferenc Nagy kehrt von einem Aufenthalt in der Schweiz nicht in sein Heimatland zurück. →S. 90

In Italien nimmt die verfassunggebende Nationalversammlung einen Verfassungsartikel an, der die Einführung der obligatorischen Militärdienstpflicht vorsieht.

In Indien sind nach offiziellen Angaben in den vergangenen sechs Monaten bei Unruhen 4014 Menschen getötet und 3616 verletzt worden.

Nach einer Mitteilung des französischen Ministeriums für Kriegsopfer und Angelegenheiten der Kriegsteilnehmer kamen während des Zweiten Weltkriegs 620 000 französische Staatsbürger ums Leben.

In Japan wird der Führer der Sozialdemokratischen Partei, Tetsu Katayama, vom Parlament zum Premierminister gewählt.

Die US-amerikanische Militärregierung in Deutschland kündigt die Lizenzierung der Oberammergauer Passionsspiele an.

24. Mai, Sonnabend

Der sächsische Ministerpräsident Rudolf Friedrich gibt anläßlich einer in Hof/Bayern abgehaltenen Besprechung mit seinem bayerischen Amtskollegen Hans Ehard die Zusage, daß die Ministerpräsidenten der fünf Länder und Provinzen der Ostzone an der in München vorgesehenen Ministerpräsidentenkonferenz teilnehmen wollen (→5. 6./S. 102).

Der Schriftsteller Thomas Mann bleibt vorläufig in seinem Exil im US-amerikanischen Bundesstaat Kalifornien. →S. 93

Anläßlich einer bis zum 8. Juni dauernden Veranstaltungsreihe »Englische Musik« wird in der Städtischen Oper Berlin Benjamin Brittens Oper »Peter Grimes« erstmals in Deutschland aufgeführt.

25. Mai, Pfingstsonntag

Der Dirigent Wilhelm Furtwängler dirigiert zum ersten Mal nach dem Krieg wieder das Berliner Philharmonische Orchester im Berliner Titania-Palast. →S. 95

26. Mai, Pfingstmontag

Im britischen Seebad Margate wird der zweitägige Parteitag der britischen Labour Party eröffnet.

Eine Revolte der Armee in Nicaragua führt zum Sturz der Regierung unter Präsident Leonardo Arguello, der sein Amt am 1. Mai angetreten hat. Vorläufiger neuer Präsident wird Benjamin Lescayo. →S. 89

Die Regierung von Vietnam richtet ein Schreiben an die französische Regierung, in dem ein Waffenstillstand beantragt wird. Damit soll eine friedliche Lösung des Konflikts erreicht werden (→12. 5./S. 89).

27. Mai, Dienstag

In Landsberg werden 22 im Mauthausen-Prozeß zum Tode Verurteilte hingerichtet.

In der UdSSR wird mit sofortiger Wirkung die Todesstrafe aufgehoben. Verbrechen, die bisher mit dem Tode bestraft worden sind, werden nunmehr mit 25 Jahren Arbeitslager geahndet.

28. Mai, Mittwoch

Die Ministerpräsidenten der fünf Länder der sowjetischen Besatzungszone sagen ihre Teilnahme an der Münchener Ministerpräsidentenkonferenz zu (→5. 6./S. 102).

Der Oberbefehlshaber der US-Luftwaffe, General Carl Spaatz, fordert vor dem Bewilligungsausschuß des Kongresses den Aufbau von Verteidigungsanlagen in der Arktis.

Die chinesische Regierung lädt die Führer der Kommunisten ein, eine neue Friedensdelegation nach Nanking zu entsenden (→22. 5./S. 90).

29. Mai, Donnerstag

Die Militärgouverneure und Oberbefehlshaber der US-amerikanischen und der britischen Besatzungszone Deutschlands beschließen eine Neugestaltung der bizonalen Wirtschaftsverwaltung. →S. 85

Nach Mitteilung der US-amerikanischen Militärregierung sind seit der Aufhebung des Heiratsverbots zwischen Deutschen und US-Soldaten etwa 1200 Anträge auf Eheschließung gestellt worden. →S. 88

Die Ehefrau des ehemaligen Reichsmarschalls Hermann Göring, Emmy, wird auf Antrag des bayerischen Ministers für Entnazifizierung, Alfred Loritz, in München verhaftet.

30. Mai, Freitag

Die Landtage von Sachsen-Anhalt und Sachsen verabschieden Gesetze über die Enteignung der Bodenschätze.

Die SPD-Politikerin Louise Schroeder wird vorläufige Berliner Oberbürgermeisterin.

Die US-amerikanische Militärregierung in Deutschland spricht für Bayern ein totales Bierbrauverbot aus. Ferner erhält Bayerns Landwirtschaft die Anweisung 5000 t Kartoffeln nach Nordrhein-Westfalen zu liefern (→29. 11./S. 189).

31. Mai, Sonnabend

Der Deutsche Pressedienst erhält von der britischen Besatzungsmacht die Erlaubnis, sich vom 1. Juli an als Deutsche Nachrichtenagentur in der britischen Zone zu konstituieren.

Alcide De Gasperi bildet in Italien ein neues Kabinett aus Christdemokraten und Unabhängigen. Damit sind die Kommunisten aus der Regierung ausgeschlossen. →S. 89

Der ungarische Ministerpräsident Ferenc Nagy erklärt offiziell seinen Rücktritt. Nachfolger wird Lajos Dinnyes (→23. 5./S. 90).

Der marokkanische Emir Abd El Krim, Führer des Rifkabylen-Aufstandes gegen die Franzosen 1921 in Marokko und seit 1926 auf der Insel Réunion in Indischen Ozean festgehalten, wird freigelassen.

Wegen Verstößen gegen die Strom- und Gasverbrauchsbestimmungen werden allein in Berlin monatlich bis zu 300 Gefängnisstrafen verhängt.

Gestorben:

2. Icking/Bad Tölz: Adolf Erbslöh (*27. 5. 1881, New York), deutscher Maler und Graphiker.

20. Messelhausen: Philipp Lenard (*7. 6. 1862, Preßburg), Professor für Physik in Kiel und Heidelberg.

23. Pully bei Lausanne/Schweiz: Charles Ferdinand Ramuz (*24. 9. 1878, Cully), schweizerischer Schriftsteller.

Die illustrierte Zeitschrift »Heute« vom 15. Mai mit einem Foto von US-Präsident Harry S. Truman und seiner Mutter

Eine leergeräumte Fertigungshalle der Zeiss-Werke

Trotz der Demontagen beginnt die Produktion wieder

Deutsche Betriebe in der UdSSR

1. Mai. In vier Städten der UdSSR, darunter in Moskau, sind einige Produktionsanlagen der 1946 von der UdSSR teildemontierten Zeiss-Werke aus Jena wiederaufgebaut worden. In ihnen arbeiten rund 300 deportierte deutsche Facharbeiter und Forscher.

Die Zeiss-Werke sind wegen des hohen Standards vor allem ihrer optischen Erzeugnisse ein begehrtes Reparationsobjekt. Als die US-amerikanische Besatzungsmacht die Stadt Jena im Juli 1945 vereinbarungsgemäß an die UdSSR übergab, gingen bereits viele Fachkräfte mit den US-Truppen in den Südwesten Deutschlands. Dort wurde in Heidenheim an der Brenz ein neues Forschungszentrum aufgebaut.

Die weitere Demontage der Zeiss-Werke und die Deportation eines Teils der Beschäftigten trägt dem Mangel der sowjetischen Wirtschaft an modernen Industriebetrieben und an geeigneten Fachkräften zur Bedienung der komplizierten Maschinen Rechnung.

Bisher vorgenommene Demontagen in deutschen Industriebetrieben in der Ostzone haben der UdSSR insgesamt nur wenig volkswirtschaftlichen Nutzen gebracht. Ein Großteil abgebauter Maschinen ging auf dem Transport verloren.

Erst seit Ende des vergangenen Jahres verfolgt die Sowjetunion in Deutschland eine systematische Demontage- und Reparationspolitik.

Objektivdrehplatten für Kameras werden wieder hergestellt

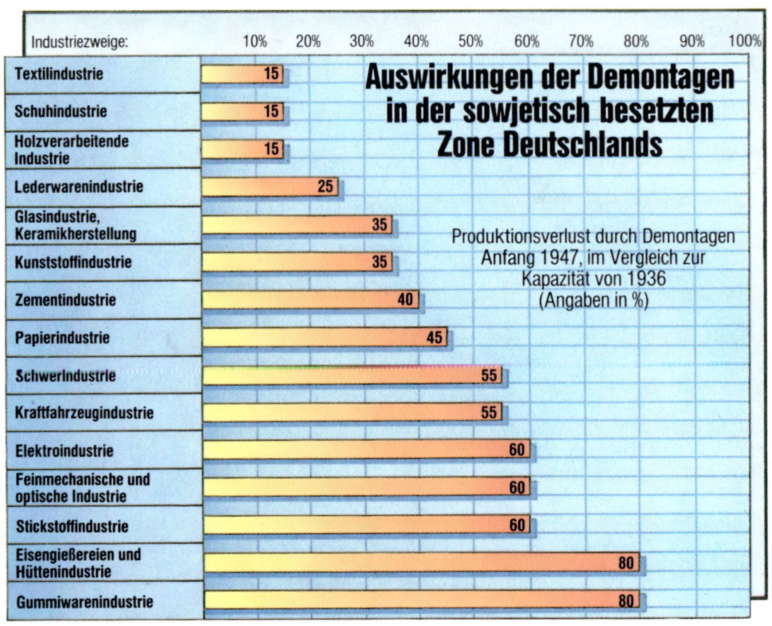

Belastung durch Demontagepraxis

Die Demontagepolitik der alliierten Siegermächte in Deutschland hat auf die Bevölkerung große psychologische Auswirkungen. Vor allem in den Westzonen führt sie zu heftigen Protesten und Streiks. Daran beteiligen sich sowohl Landesregierungen, Parlamente, Parteien als auch die Beschäftigten betroffener Betriebe. Auch in der Ostzone herrscht über die Demontagepraxis große Unzufriedenheit; die Bevölkerung wagt aber nicht, offen gegen die Politik der sowjetischen Besatzungsmacht zu demonstrieren.

Die Alliierten hatten 1945 vereinbart, daß Deutschland nicht – wie nach dem Ersten Weltkrieg – Wiedergutmachung in Geld-, sondern in Sachwerten zu leisten habe. Im einzelnen bedeutete dies: Demontagen, Warenentnahmen aus der laufenden Produktion und der Einsatz deutscher Arbeitskräfte im Ausland. Grundlage der augenblicklich gültigen Demontagepolitik ist ein Industrieniveauplan, den die vier Besatzungsmächte im März 1946 verabschiedet haben. Er sieht eine Reduzierung der deutschen Produktionskapazität auf den Stand des Krisenjahres 1932 vor.

Die Interessen der Siegermächte hinsichtlich der Reparationen sind jedoch sehr verschieden. Für die UdSSR ist die Reparationsfrage ein Schwerpunkt ihrer Nachkriegspolitik. Insgesamt fordert sie Leistungen im Wert von 20 Milliarden US-Dollar. Jährlich entnimmt die Sowjetunion der Ostzone Waren im Wert von 624 Millionen US-Dollar.

Die US-amerikanische und die britische Besatzungsmacht haben ohnehin weniger Interesse an demontierten deutschen Industrieanlagen.

Frankreich betreibt dagegen wie die UdSSR in seiner Besatzungszone eine rigide Reparationspolitik. Dort werden nicht nur kriegswichtige Betriebe, sondern auch Teile der Friedensindustrie demontiert.

Schacht verurteilt

13. Mai. Der frühere deutsche Reichsbankpräsident und ehemalige Reichswirtschaftsminister Hjalmar Schacht wird von der Stuttgarter Spruchkammer zu acht Jahren Arbeitslager verurteilt. Das Gericht hält ihn für schuldig, die Gewaltherrschaft der Nationalsozialisten maßgeblich unterstützt zu haben.
In der Urteilsbegründung heißt es, Schacht habe die Schwerindustrie und Hochfinanz für die Zwecke der Nationalsozialisten eingespannt und trage Verantwortung für die Aufrüstung des Deutschen Reiches. Die Tatsache, daß Schacht 1937 seine Ämter niederlegte, sei nicht als eine Kritik an der NSDAP zu werten, er habe lediglich persönliche Unstimmigkeiten mit Amtskollegen gehabt. Er habe auch später noch zahlreiche Propagandareden gehalten und niemals Kontakt zu Widerstandsgruppen aufgenommen, wie Schacht selbst es behauptet.
Das erhebliche Vermögen Schachts wird als Wiedergutmachung eingezogen. Als zukünftiger Lebensunterhalt wird ihm ein Betrag von 10 000 RM im Monat überlassen. Die Prozeßkosten in Höhe von 1 192 000 RM muß der Verurteilte tragen. Auch darf er nie wieder ein öffentliches Amt bekleiden und verliert zudem das Wahlrecht.

H. Schacht (2. v. l.) nach dem Urteil

Kesselring schuldig

6. Mai. Der ehemalige Feldmarschall der deutschen Wehrmacht, Albert Kesselring, wird in Venedig von einem britischen Militärgericht zum Tod durch Erschießen verurteilt. Das Gericht befindet Kesselring für schuldig, verantwortlich für die Erschießung von 336 italienischen Partisanen und vielfachen Mord an der italienischen Zivilbevölkerung zu sein.
Der Hauptanklagepunkt war die von Kesselring befohlene sofortige Erschießung von 336 gefangengenommenen Partisanen in den ardeatinischen Höhlen im Jahre 1944. Diese Aktion wurde als Vergeltungsmaßnahme für ein Bombenattentat in Rom durchgeführt, bei dem 32 deutsche Soldaten getötet worden waren. Außerdem warfen die Ankläger dem ehemaligen Feldmarschall vor, seine Einheiten ermächtigt zu haben, Dörfer niederzubrennen und verdächtige Personen sofort aufzuhängen.
Während der gesamten elfwöchigen Prozeßdauer betonte Kesselring seine Unschuld, er habe auf direkten Befehl aus dem Führerhauptquartier handeln müssen. Nach der Urteilsverkündung erklärt sein Verteidiger, persönlich Berufung einlegen zu wollen. Sein Mandant wünsche von sich aus keine Revision.

Feldmarschall Albert Kesselring

Reform der Bizonen-Verwaltung

29. Mai. Nach rund vierwöchigen Verhandlungen kommen der britische und der US-amerikanische Militärgouverneur für Deutschland, General Sir Brian Robertson und General Lucius D. Clay, überein, die Verwaltung des Vereinigten Wirtschaftsgebietes (Bizone) gründlich zu reformieren.
Ein entsprechendes Abkommen, das am 10. Juni in Kraft tritt, sieht die Einrichtung eines Wirtschaftsrates für die britische und US-amerikanische Besatzungszone mit Sitz in Frankfurt am Main vor. Ihm steht ein Exekutivausschuß zur Seite, dem wiederum die Direktoren von fünf Verwaltungen (Finanzen, Wirtschaft, Ernährung und Landwirtschaft, Verkehr, Post und Fernmeldewesen) unterstehen.
Der Wirtschaftsrat wird sich aus 54 Vertretern der Länderparlamente der Bizone zusammensetzen. Er erhält das Recht, Gesetze zu erlassen, die nach ihrer Billigung durch die Besatzungsmächte für die Länder bindend sind.
Dem Exekutivausschuß gehören Vertreter der acht Länderregierungen des Vereinigten Wirtschaftsgebietes an. Er beaufsichtigt die Direktoren der Zweizonenämter und soll die Länderinteressen wahren.
Die in Minden, Bielefeld, Stuttgart und Frankfurt am Main bestehenden Bizonenämter werden nach Frankfurt am Main verlegt, in Verwaltungen umgewandelt und ihre Direktoren dem Wirtschaftsrat unterstellt (→ 23. 7./S. 117).

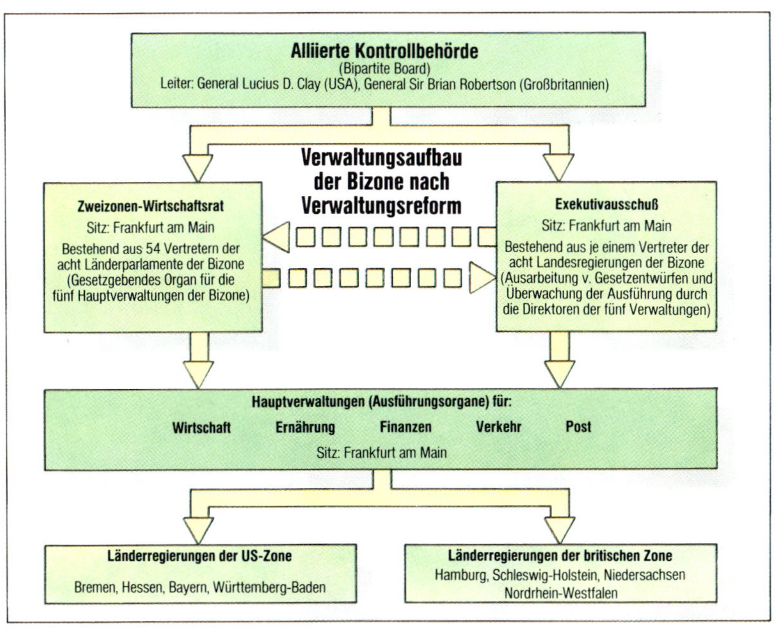

Ämter verlegt

Durch die am 29. Mai vereinbarte Verwaltungsreform erhält die Bizone mit Frankfurt am Main eine Hauptstadt. Die US-amerikanische Besatzungsmacht hat den Oberbürgermeister Walter Kolb (Foto) bereits Mitte Mai darüber unterrichtet, daß die Zweizonenämter in seine Stadt verlegt werden.

CDU wird Wahlsieger

18. Mai. In den drei Ländern der französischen Besatzungszone Deutschlands finden Wahlen und gleichzeitig Abstimmungen über die neuen Landesverfassungen statt. Trotz Stimmverlusten geht die CDU in allen drei Ländern als Sieger hervor: In Baden und Württemberg-Hohenzollern kann sie die bei den Kreistagswahlen 1946 erzielte absolute Mehrheit der Stimmen halten, in Rheinland-Pfalz erreicht sie als stärkste Partei 47,2%.

Leo Wohleb

Die Zustimmung zur neuen Landesverfassung liegt in Rheinland-Pfalz bei nur etwa 55%, während in den beiden anderen Ländern rund zwei Drittel der Wähler die Verfassung annehmen. Die Wahlbeteiligung liegt bei über 70%.
Obwohl die SPD einen Stimmenzuwachs verzeichnet, erzielt sie ihr bestes Landesergebnis mit nur 34,3% in Rheinland-Pfalz. Die KPD, die in Baden auf 14,3% kommt, registriert insgesamt geringe Stimmverluste.
Die dem liberalen Lager zugerechneten Gruppierungen Demokratische Partei (Baden), Deutsche Volkspartei (Württemberg-Hohenzollern) und Liberaldemokratische Partei (Rheinland-Pfalz) treten nur in jeweils einem Land an und erreichen bis zu 17,4% (in Württemberg-Hohenzollern) der Stimmen.
Die neuen Landesregierungen werden von den christdemokratischen Politikern Leo Wohleb (Baden), Lorenz Bock (Württemberg-Hohenzollern) und Peter Altmeier (Rheinland-Pfalz) gebildet.

Ministerpräsident Peter Altmeier

Handelsabkommen mit der Bizone

21. Mai. In Paris werden vier Abkommen über den Zahlungsverkehr und den Handelsaustausch zwischen der deutschen Bizone und Frankreich unterzeichnet.
Sie betreffen vor allem den Austausch von Produkten. So wird Frankreich beispielsweise chemische Phosphate, Samen und Rohstoffe liefern. Im Gegenzug exportiert die Bizone Nichteisenmetalle, Werkzeugmaschinen und elektrischen Strom. Die Lieferung von Eisenerzen an die Bizone wird hingegen von der französischen Regierung abgelehnt, da sie längerfristig eine Verlagerung der Eisen- und Stahlindustrie aus Deutschland anstrebt.
Die Abkommen mit Frankreich gehören zu einer Serie von Vereinbarungen, die mit Nachbarstaaten der Bizone abgeschlossen werden.

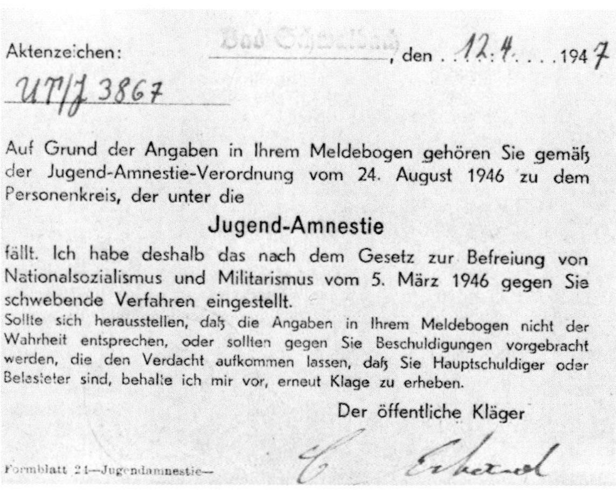

Aktenzeichen: Bad Schwalbach, den 12.4. 1947
UT/J 3867

Auf Grund der Angaben in Ihrem Meldebogen gehören Sie gemäß der Jugend-Amnestie-Verordnung vom 24. August 1946 zu dem Personenkreis, der unter die

Jugend-Amnestie

fällt. Ich habe deshalb das nach dem Gesetz zur Befreiung von Nationalsozialismus und Militarismus vom 5. März 1946 gegen Sie schwebende Verfahren eingestellt.
Sollte sich herausstellen, daß die Angaben in Ihrem Meldebogen nicht der Wahrheit entsprechen, oder sollten gegen Sie Beschuldigungen vorgebracht werden, die den Verdacht aufkommen lassen, daß Sie Hauptschuldiger oder Belasteter sind, behalte ich mir vor, erneut Klage zu erheben.

Der öffentliche Kläger

Formblatt 21—Jugendamnestie—

Faksimile einer politischen Unbedenklichkeitsbescheinigung, im Volksmund auch »Persilschein« genannt

Aktenzeichen: Bad Schwalbach, den 9.10.47 194
B. Schwalbach/24

Auf Grund der Angaben in Ihrem Meldebogen sind Sie von dem Gesetz zur Befreiung von Nationalsozialismus und Militarismus vom 5. März 1946 nicht betroffen.

Der öffentliche Kläger

Formblatt 11 — Mitteilung an Nichtbetroffene —

Die Überprüfung der politischen Vergangenheit ist keine Gewähr für die Beseitigung des Antisemitismus

Antisemitismus weit verbreitet

4. Mai. Große Teile der deutschen Bevölkerung neigen noch immer zum Antisemitismus. Dies ergibt sich aus einer jetzt abgeschlossenen Umfrage der Nachrichtenkontrollabteilung der US-amerikanischen Besatzungsmacht.
Danach wurden insgesamt 3415 Personen in der US-Zone sowie in Berlin nach ihren Einstellungen zum Judentum befragt. Es stellte sich dabei heraus, daß noch immer 19% der Befragten als Nationalsozialisten einzuschätzen sind, 22% als Anhänger des Nationalsozialismus und weitere 20% mehr oder weniger als Antisemiten einzustufen sind. Nach Ansicht der US-Militärregierung geht aus der Umfrage hervor, daß Menschen mit höherer Bildung weniger zum Antisemitismus neigen. Es komme daher darauf an, die Erziehung an den deutschen Schulen in Zukunft entsprechend zu verbessern (→ S. 78).
Die Umfrage der Nachrichtenkontrollabteilung zeigt auch, daß in den vergangenen acht Monaten ein erhebliches Anwachsen des Antisemitismus in der US-amerikanischen Besatzungszone festgestellt werden kann. Rund 40% der Bevölkerung neigen inzwischen wieder oder noch immer zu rassistischen Vorurteilen. Weitere 25% würden sich selbst zwar nicht zum Rassismus bekennen, hätten aber gegen entsprechende Äußerungen anderer nichts einzuwenden.
Generell kann den Ergebnissen der Umfrage zufolge festgestellt werden, daß der Antisemitismus in Bayern am wenigsten verbreitet ist. Dagegen sind in Hessen rassistische Vorurteile noch weit verbreitet.

Ursachen des Antisemitismus

Die Ergebnisse einer Umfrage der Nachrichtenkontrollabteilung der US-amerikanischen Besatzungsmacht in Deutschland zur Verbreitung des Antisemitismus in der US-Zone haben erschreckende Ergebnisse zutage gefördert. Rund 40% der Bevölkerung neigen zu rassistischen Vorurteilen, weitere 25% stehen diesem Phänomen mehr oder weniger gleichgültig gegenüber. Zu den Ergebnissen der Untersuchung heißt es von US-amerikanischer Seite, daß es für den Antisemitismus in Deutschland viele Gründe gebe.
Für die Vorurteile gegenüber Juden sei weder der Dienst in der ehemaligen Wehrmacht noch die Mitgliedschaft in der NSDAP ausschlaggebend. In der Regel präge sich der Antisemitismus schon vor dem 18. Lebensjahr aus. Auffallend sei auch, daß rassistische Ansichten unter Frauen weiter verbreitet sind als unter Männern. Auffallend hoch sei auch der Prozentsatz antisemitischer Einstellungen unter der evangelischen Bevölkerung.

Aus Protest gegen die zu niedrigen Lebensmittelrationen formieren Hamburger Arbeiter einen Hungermarsch

Arbeiter streiken gegen den Hunger

9. Mai. Aus Protest gegen die unzureichende Ernährung legen in Hamburg, Hannover und Köln-Mülheim Hunderttausende Arbeiter und Angestellte für mehrere Stunden die Arbeit nieder. Allein in Hamburg streiken 500 000 Menschen. Nur die Mitarbeiter der Versorgungs- und Verkehrsbetriebe nehmen an den zahlreichen Protestkundgebungen nicht teil.
Die Streikenden fordern eine sofortige Verbesserung der Ernährungslage. Hamburg und das Ruhrgebiet sollen zu Notstandsgebieten erklärt werden. In der Hansestadt erreichen die Lebensmittelrationen seit einiger Zeit keine 1500 Kalorien pro Tag mehr, in Wuppertal liegen sie nicht einmal halb so hoch. Die US-Regierung beschließt, 1,2 Millionen t Getreide zusätzlich nach Deutschland zu verschiffen.

SPD-Opposition im Gewerkschaftsbund

3. Mai. In Berlin fordern sozialdemokratische Funktionäre des Freien Deutschen Gewerkschaftsbundes (FDGB) auf einer Tagung die Bildung einer Unabhängigen Gewerkschaftsorganisation (UGO). Sie soll ein wirksames Gegengewicht zum Einfluß der Sozialistischen Einheitspartei Deutschlands (SED) im FDGB bilden. Die Tagungsteilnehmer formulieren elf Grundsätze, die sich gegen die ideologische Ausrichtung der Gewerkschaften richten.

US-Schiffe für eine Handelsflotte

19. Mai. 75 US-amerikanische Schiffe vom Typ »Liberty« sollen den Grundstock für eine von den Alliierten genehmigte deutsche Handelsflotte bilden. Die Schiffe werden umsonst zur Verfügung gestellt und sollen Lebensmittel aus den USA nach Deutschland transportieren. Die für die Flotte benötigten 4000 deutschen Seeleute sind verpflichtet, Fragebögen über ihre Vergangenheit auszufüllen, damit ihnen die vorgeschriebene politische Unbedenklichkeit bescheinigt werden kann.

Besatzungskosten zu hoch

21. Mai. Die britische Regierung gibt bekannt, daß die Besetzung Deutschlands in den Jahren 1946 und 1947 bislang insgesamt 48 Millionen Pfund Sterling gekostet hat. Darin enthalten sind vor allem die Aufwendungen, die zur Deckung des deutschen Importbedarfs nötig sind. Seitdem am 1. Januar 1947 das Gesetz über die Schaffung der Bizone in Kraft getreten ist, übernimmt Großbritannien die Hälfte der Kosten für Importe in das Vereinigte Wirtschaftsgebiet (Bizone). Nach britischer Auffassung sind die Besatzungskosten für das von den Kriegsfolgen wirtschaftlich geschwächte Land zu hoch.

Kohle für den Export: Obwohl Brennstoffe in Deutschland Mangelware sind, müssen sie zur Beschaffung von Devisen verkauft werden

Das Problem der Besatzungskosten stellt sich für alle Siegermächte: Die deutschen Länder sollen deshalb für den Unterhalt der Besatzungstruppen aufkommen. So leisten die Westzonen seit 1945 jährlich rund 4,8 Milliarden RM. Die Ostzone zahlte 1946 allein für den Unterhalt der sowjetischen Besatzungstruppen rund 900 Millionen RM.
Neben der Finanzierung der Besatzungskosten ist die deutsche Wirtschaft außerdem durch Reparationen und Produktionsbeschränkungen stark belastet. Hinzu kommt, daß z. B. die britische Besatzungszone nicht in der Lage ist, sich selbst zu ernähren. Auch die US-Zone kann sich wirtschaftlich nicht selbst tragen.
Entgegen den alliierten Vereinbarungen, Deutschland als Wirtschaftseinheit zu betrachten, liefert die UdSSR nicht die 1945 zugesagten Kontingente an Lebensmitteln aus ihrer Zone, so daß sie aus dem Ausland importiert werden müssen.
UdSSR und Frankreich decken den Bedarf ihrer Besatzungstruppen in Deutschland vollständig.

Sommerwetter in Deutschland

9. Mai. Nach einem kalten und ungewöhnlich harten Winter erreichen die Tagestemperaturen in weiten Teilen Deutschlands für die Jahreszeit außergewöhnlich hohe Werte. So werden in Hannover über 26°C gemessen. Die britische Besatzungszone ist damit die augenblicklich wärmste Gegend in ganz Europa. In Frankfurt am Main sowie in anderen Städten der US-amerikanischen Besatzungszone klettert das Thermometer auf über 30°C.
Verantwortlich für die ungewöhnliche Wärme ist eine ähnliche Ostwindlage, wie sie in den ersten beiden Monaten des Jahres herrschte und die bittere Kälte in Mitteleuropa verursacht hatte.
Während die Deutschen über die hohen Temperaturen klagen, ist es in weiten Teilen Südeuropas ungewöhnlich kalt. In Madrid steigt beispielsweise die Quecksilbersäule kaum über 14°C.
Kurios sind auch die erheblichen Temperaturunterschiede innerhalb Deutschlands. So melden Lübeck und Warnemünde nur 11°C Höchsttemperatur. Ursache hierfür ist ein kräftiger Seewind, der über das noch sehr kalte Ostseewasser streicht und sich dabei abkühlt.
Nach Auskunft der Meteorologen ist für Deutschland in den nächsten vier Wochen mit keiner entscheidenden Wetteränderung zu rechnen. Sie erwarten vielmehr eine Stabilisierung der Witterungslage und sagen Tageshöchsttemperaturen von sogar mehr als 30°C voraus.
In den vergangenen zwei Wochen gab es allein in Hamburg fünfmal so viele Sommertage mit Temperaturen von über 25°C wie sonst in dieser Jahreszeit üblich. Auch die tägliche Sonnenscheindauer liegt erheblich über dem Durchschnitt.
Obwohl die Bevölkerung in den vom Krieg zerstörten deutschen Städten den Klimawechsel als Erleichterung empfindet, sieht sich die Landwirtschaft vor erhebliche Probleme gestellt. Da es in den vergangenen Wochen zu wenig geregnet hat, sind die Anbauflächen insbesondere in Nordwestdeutschland ausgetrocknet. Dies könnte, so befürchten die Landwirte, den Ernteertrag vermindern und schwerwiegende Folgen für die ohnehin äußerst angespannte Ernährungssituation in Deutschland haben.
Die Versorgungslage ist bereits durch den harten Winter ernsthaft gefährdet. So wird z. B. aus der Ostzone die frostbedingte Vernichtung von bis zu 100% der Winteraussaat an Getreide gemeldet.

Auf dem Dach eines Hauses nimmt diese Münchnerin ein Sonnenbad

Kirchenglocken kehren zurück

18. Mai. Die britische Militärregierung beginnt in Hamburg mit der Rückführung von 13000 Kirchenglocken. Die Glocken wurden während des Zweiten Weltkriegs von den Deutschen beschlagnahmt und in Hamburg, Wilhelmsburg, Lünen und Ilsenburg eingelagert.
Die deutschen Behörden veranlaßten 1942 die Beschlagnahmung, um die Kirchenglocken einzuschmelzen und die gewonnene Bronze zu Geschützen zu verarbeiten. Wie viele Glocken insgesamt eingeschmolzen wurden, ist unbekannt. Allein 9000 Glocken beschlagnahmte die Wehrmacht in der damals besetzten Tschechoslowakei. Davon ist nur noch eine vorhanden.
Der Hauptanteil der verbliebenen 13000 Glocken stammt aus Bayern (5000) und aus von den Deutschen im Zweiten Weltkrieg besetzten Staaten. Die Kirchenglocken wurden zum Teil durch Bombenangriffe, Witterungseinflüsse und Transport stark beschädigt.

Glocken, die 1942 zum Zwecke der Einschmelzung beschlagnahmt worden sind, warten jetzt auf den Rücktransport in ihre Heimatgemeinden

US-Besatzungssoldat mit deutscher Ehefrau vor dem Heimflug

Heiratswillige deutsche Frauen

29. Mai. Seit der Aufhebung des Heiratsverbots zwischen Deutschen und Besatzungssoldaten in der US-amerikanischen Zone steigt die Anzahl der Heiratsanträge. Allein im April wurden 474 Heiratsanträge gestellt, von denen 199 genehmigt wurden. Dies veröffentlicht die US-Militärregierung.
Insgesamt liegt die Zahl der gestellten Anträge nunmehr bei 1200, die der genehmigten bei 335. Zugestimmt wird einem Antrag nur, wenn die deutsche Heiratswillige von der Militärregierung für politisch unbedenklich erklärt wird.

Von München nach Bremen 23 Stunden

4. Mai. Zwischen München und Bremerhaven verkehrt eine neue Schnellzugverbindung, der Alpen-Nordsee-Expreß. Für die etwa 820 km lange Strecke benötigt der Zug rund 23 Stunden, das entspricht einer Durchschnittsgeschwindigkeit von 35,6 km/h. Der Eröffnung der Linie gingen langwierige Instandsetzungsarbeiten voraus.
Seine Jungfernfahrt beginnt der feierlich mit Girlanden geschmückte Zug in Bremen, wo er von Bürgermeister Wilhelm Kaisen mit einem Festakt verabschiedet wird.

Kommunisten in die Opposition

4. Mai. In Frankreich scheiden die kommunistischen Regierungsmitglieder aus dem Kabinett des Ministerpräsidenten Paul Ramadier aus. Zum Bruch der Linkskoalition trägt wesentlich der Streit um die Deflationspolitik bei, die von den sozialistischen Mitgliedern der Regierung seit Jahresbeginn verfolgt wird. Sie hat bei gleichbleibenden Löhnen und steigenden Preisen ein Sinken des Realeinkommens bewirkt.

An der Spitze der ausscheidenden Regierungsmitglieder steht der bisherige stellvertretende Ministerpräsident und Vorsitzende der Kommunistischen Partei Frankreichs (KPF), Maurice Thorez. Außer ihm verlieren Verteidigungsminister François Billioux, Arbeitsminister Ambroise Croizat und Wiederaufbauminister Charles Tillon ihre Ämter. Der ebenfalls der KPF angehörende Gesundheitsminister Georges Marrane tritt aus Solidarität mit seinen Parteifreunden zurück. Die vakanten Ämter werden von anderen Ministern bis zu einer Kabinettsumbildung mit übernommen.

Die Nationalversammlung spricht am nächsten Tag Ramadier ihr Vertrauen aus und billigt die Fortsetzung der Deflationspolitik. Sie soll die angeschlagene Wirtschaft des Landes stabilisieren.

Mit der KPF ist die stärkste Partei Frankreichs nicht mehr an der Regierung beteiligt. Da die neugegründete Partei des Generals Charles de Gaulle, die RPF (→ 14. 4./S. 72), inzwischen über 800 000 Mitglieder zählt, gibt es nun in Frankreich eine äußerst starke Oppositionsbewegung (→ 23. 11./S. 186).

Frankreich leidet seit einiger Zeit unter wirtschaftlichen Schwierigkeiten und politischen Streiks: Menschenschlange vor einer Bäckerei

Alcide De Gasperi bekleidete seit 1944 mehrfach das Amt des italienischen Ministerpräsidenten

Neues Kabinett De Gasperi in Italien

31. Mai. In Italien bildet der christdemokratische Ministerpräsident Alcide De Gasperi sein Kabinett um. In der neuen Regierung sind Mitglieder der Kommunistischen Partei sowie die Sozialisten nicht mehr vertreten. Die Regierungsverantwortung liegt allein bei den Christdemokraten sowie einigen Parteilosen. Im Streit um die Wirtschaftspolitik war das bisherige Kabinett De Gasperi am 13. Mai zurückgetreten. De Gasperi bedauert, daß es ihm nicht gelungen sei, eine Mehrparteienregierung zu bilden. Die Lösung der dringenden wirtschaftlichen Probleme müsse jedoch Vorrang gegenüber dem Parteienzwist haben.

Waffenstillstand in Indochina?

12. Mai. Nach seiner Rückkehr aus Saigon erklärt der französische Kriegsminister Paul Coste-Floret, daß in Indochina nunmehr die politischen Fragen bedeutender seien als die militärischen Probleme. Dem 115 000 Mann zählenden französischen Expeditionskorps sei es in dem seit 1946 andauernden Krieg gelungen, die Kontrolle über die strategisch wichtigen Punkte Vietnams zu erlangen.

In einem Schreiben an die französische Regierung beantragt die Regierung von Vietnam wenige Tage später einen Waffenstillstand, um eine friedliche Lösung des Konflikts zu ermöglichen. Falls Frankreich jedoch an seinen bisherigen Bedingungen für einen Waffenstillstand festhalte, werde das vietnamesische Volk die Angreifer in einem noch schärferen Kampf vernichten, heißt es weiter in einer Proklamation des vietnamesischen Präsidenten Ho Chi Minh.

Die französische Regierung hatte als Bedingung für ein Ende des seit Monaten andauernden Krieges verlangt, daß die Soldaten der von Ho Chi Minh ausgerufenen Demokratischen Republik Vietnam alle ihre Waffen ausliefern. Außerdem müßten die französischen Truppen das Recht haben, sich im ganzen Land, dessen Selbständigkeit Frankreich am 14. September 1946 anerkannt hatte, frei zu bewegen, was Ho Chi Minh als unannehmbar zurückwies.

Nach Auffassung von Beobachtern besteht jetzt die Möglichkeit einer Verständigung (→ 31. 7./S. 115).

Die Kämpfe zwischen der ehemaligen Kolonialmacht Frankreich und den Truppen des seit 1946 selbständigen kommunistischen Staates Vietnam unter Führung von Ho Chi Minh begannen im Dezember 1946, von Franzosen provoziert. Frankreich versucht, Vietnam wieder unter seine Kontrolle zu bringen

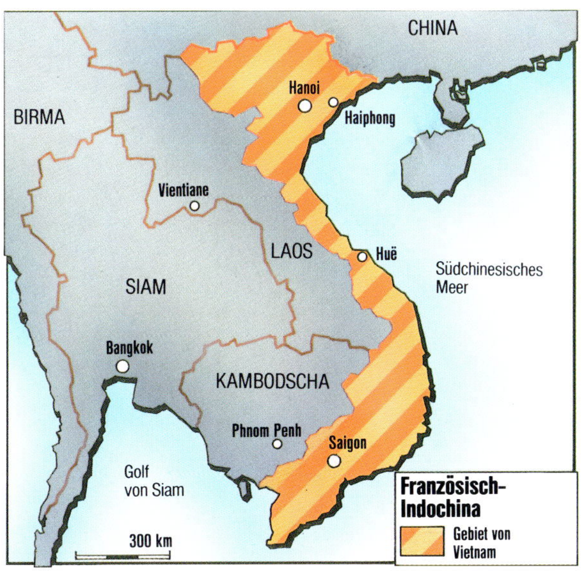

Anastasio Somoza putscht in Managua

26. Mai. Der bisherige nicaraguanische Präsident Leonardo Arguello wird von seinem Vorgänger, General Anastasio Somoza, gestürzt. Der Kongreß des Landes erklärt daraufhin, Arguello sei unfähig gewesen, die öffentliche Ordnung in Nicaragua aufrechtzuerhalten.

Nach Angaben des US-amerikanischen Außenministeriums wird am folgenden Tag Benjamin Lescayo zum vorläufigen Präsidenten von Nicaragua bestimmt. Der eigentliche Machthaber in Nicaragua bleibt jedoch Anastasio Somoza.

Nagy nicht nach Ungarn zurück

23. Mai. Der ungarische Ministerpräsident Ferenc Nagy, der sich in der Schweiz aufhält, gibt bekannt, daß er nicht nach Ungarn zurückkehren wird. In einer offiziellen Erklärung aus Budapest heißt es dazu, der Rücktritt von Nagy sei unvermeidlich geworden, da er an einer Verschwörung »gegen die Republik und die Besatzungsbehörden« teilgenommen habe.

Bei einer Rückkehr nach Ungarn müßte Nagy damit rechnen, unter dem Vorwurf der Verschwörung vor Gericht gestellt zu werden. Die Beschuldigungen gegen ihn stehen in Zusammenhang mit den angeblich belastenden Aussagen, die der Generalsekretär der Kleinlandwirtepartei, Bela Kovacs, über seinen Parteifreund gemacht haben soll. Kovacs war am 27. Februar von den sowjetischen Besatzungsbehörden verhaftet und mehrfach verhört worden (→ 19. 3./S. 55).

Mit der durch die Bedrohung seiner Familie erzwungenen Flucht von Nagy ist die UdSSR ihrem Ziel, die demokratischen Parteien in Ungarn zu zerschlagen, nähergekommen. Da die Kleinlandwirtepartei aus den Parlamentswahlen vom August 1945 mit 57% der abgegebenen Stimmen als stärkste politische Kraft des Landes hervorgegangen ist, sind ihre führenden Mitglieder dem Druck durch die Kommunisten und die sowjetische Besatzungsmacht besonders ausgesetzt: Während die einen gezwungen werden, von ihren Ämtern zurückzutreten, werden andere unter fadenscheinigen Vorwürfen vor Gericht gestellt.

Nach seiner Demission reist Ungarns Ministerpräsident Ferenc Nagy mit seiner Familie in die USA, wo er wie ein Staatsgast empfangen wird

Durch die zunehmende Schwächung der Kleinlandwirtepartei kann die Kommunistische Partei Ungarns ihren Einfluß auf die Regierungspolitik stetig vergrößern. Für dieses Verfahren prägt ihr Vorsitzender, der stellvertretende Ministerpräsident von Ungarn, Mátyás Rákosi, den Begriff der »Salami-Taktik«. (→ 31. 8./S. 135).

Armeerevolte im südamerikanischen Staat Paraguay

__7. Mai.__ Im Hafen der argentinischen Hauptstadt Buenos Aires kommt es zu einer Schießerei zwischen zwei paraguayanischen Kanonenbooten. Die »Humaita« und die »Paraguay« waren nach Argentinien zur Reparatur geschickt worden. Dort wurden die Besatzungen von einer Rebellion von Teilen der Streitkräfte gegen den paraguayanischen Diktator Higinio Moríñigo (rechtes Foto, rechts) überrascht. Ursache der Schießerei war der vergebliche Versuch von regierungstreuen Matrosen, einen Teil ihrer Kameraden daran zu hindern, sich den Rebellen anzuschließen.

In Paraguay herrschen seit März bürgerkriegsähnliche Zustände. Während es Präsident Moríñigo gelang, zwei Putschversuche in der Hauptstadt Asunción niederzuschlagen (linkes Foto), beherrschen aufständische Truppenteile den Norden des Landes. Gegen sie sind die paraguayanischen Regierungstruppen Anfang Mai zu einer Großoffensive angetreten.

Straßenkämpfe in Tschangtschun

22. Mai. Truppen der chinesischen Kommunisten dringen in die mandschurische Hauptstadt Tschangtschun ein. Sie besiegen in Straßenkämpfen die 74. Division der Kuomintangarmee. Der kommandierende Divisionsgeneral und sein Adjutant verüben daraufhin Selbstmord. In der Stadt anwesende britische und US-amerikanische Staatsangehörige werden evakuiert. Wegen einer Unterbrechung der Bahnlinie Peking–Mukden können keine Verstärkungen der Kuomintang in die Mandschurei geschickt werden. Mit Flugzeugeinsätzen versucht die Regierung, die Kommunisten aufzuhalten (→ 29. 6./S. 105).

Japans Verfassung wird rechtsgültig

3. Mai. Die neue japanische Verfassung tritt in Kraft. Durch sie erhält eine gewählte Volksvertretung die volle gesetzgebende Gewalt. Erstmalig in der Geschichte Japans haben nun auch Frauen Stimmrecht bei den Wahlen, die geheim und frei sein sollen. Der Kaiser hat als Staatsoberhaupt nur symbolische Bedeutung. Er genießt keine religiöse Verehrung mehr, denn Kirche und Staat sind nun getrennt. Das japanische Volk verzichtet in der Verfassung für alle Zeiten auf den Krieg als Mittel nationaler Politik und auf die Androhung oder Anwendung von Gewalt (→ 25. 9./S. 151).

Palästina-Problem kommt vor die UNO

1. Mai. Die Vollversammlung der Vereinten Nationen lehnt den Antrag der Arabischen Liga auf Abzug der britischen Truppen aus Palästina und Errichtung eines palästinensischen Staates ab mit der Begründung, daß dieser Antrag bereits eine bestimmte Lösung für das Palästina-Problem vorschreibe. Der Sonderausschuß der UNO für Palästina (UNSCOP = United Nations Special Committee on Palestine), dem elf UN-Mitgliedsstaaten angehören, wird seine Arbeit noch in diesem Monat aufnehmen (→ 17. 7./S. 115).

An New York ist der Krieg spurlos vorübergegangen: Blick auf das Chrysler-Building in Manhattan

Auch Kölns Wahrzeichen wird wiederhergestellt: Restaurierungsarbeiten am Südostchor des Doms

Dresdens Innenstadt 1947; bei Luftangriffen im Februar 1945 ist die historische Innenstadt nahezu vollständig zerstört worden

Holzhaus aus Fertigteilen; für Bergleute in Dortmund bestimmt

Wiederaufbau im Zentrum von London: Auch Großbritanniens Hauptstadt litt unter dem Bombenkrieg

Richtfest in der Ostzone; seit der Bodenreform besteht großer Wohnraumbedarf für die Neubauern

Architektur 1947:

Restaurierung und Sicherung

Zwei Jahre nach Kriegsende diskutiert man in der deutschen Öffentlichkeit über die Restaurierung von historischen Gebäuden und Kulturdenkmälern. In Frankfurt am Main z. B. streiten sich die Experten gleich über zwei Projekte: Über die Wiederaufbaupläne für die Paulskirche und über die Rekonstruktion des völlig zerstörten Goethe-Hauses. Dort, wo das Haus einst stand, befindet sich nun die graue Steinwüste der völlig zerbombten Altstadt.

Allerdings existiert noch sehr viel von der Einrichtung des Hauses. Möbel, Bücher, Kupferstiche und sogar Tapeten waren ausgelagert worden. Die Gegner dieses Projekts halten eine Rekonstruktion von Goethes Geburtsstätte für »ein peinliches Surrogat«. Doch Frankfurts Stadtväter beschließen, das Gebäude originalgetreu nachzubauen. 1949, zum 200. Geburtstag des Dichters am 28. August, soll es zusammen mit der Paulskirche, an der bereits gearbeitet wird, fertig sein. Die beiden Bauten werden dann als einzige in der Ruinenein-öde des alten Stadtkerns stehen.

Nicht selten jedoch sind vor der eigentlichen Wiederherstellung bauliche Rettungsmaßnahmen notwendig. In Würzburg z. B. müssen die Madonnenfiguren, die von zertrümmerten oder baufälligen Häusern unversehrt geblieben sind, per Polizeierlaß geschützt werden. Nur so läßt sich verhindern, daß weitere dieser Statuen als mehr oder minder wertvolle Objekte auf dem Schwarzmarkt angeboten werden. Etwa 700 dieser Kostbarkeiten sind inzwischen sichergestellt. Einige werden später an den restaurierten Häusern ihren ursprünglichen Platz einnehmen.

Besonders schwierig gestaltet sich die Bausicherung, wenn Material und Facharbeiter fehlen wie in Lübeck, wo der Einsturz der Marienkirche verhindert werden soll. Drängendstes Problem der Architekten ist 1947 jedoch die schnelle und preiswerte Beschaffung von Wohnraum. Deswegen hat auch die Instandsetzung von nur wenig beschädigten Häusern Vorrang.

Frankreich entläßt Kriegsgefangene

13. Mai. Die französische Regierung hat über die Rückführung der rund 630 000 deutschen Kriegsgefangenen entschieden. Sie wird im Laufe der nächsten zwölf Monate etappenweise durchgeführt. Ausgenommen sind ehemalige Mitglieder der Waffen-SS oder gleichgesetzter Organisationen, ehemalige NSDAP-Mitglieder in höheren Positionen, aktive Offiziere und Kriegsverbrecher.
Der Zeitpunkt der Entlassung wird durch folgende Kriterien bestimmt:

▷ Gefangene, die im Widerstand waren oder in der französischen Armee gegen Deutschland gekämpft haben, werden sofort freigelassen; gleiches gilt für Inhaftierte, die über 50 Jahre alt sind oder am 1. Juni das 45. Lebensjahr erreichen

▷ Unteroffiziere, die im freiwilligen Arbeitseinsatz schwere Tätigkeiten verrichten, kommen im Juli frei

▷ Gefangene, die Frankreich oder Franzosen persönlich geholfen haben, sowie Väter von vier oder mehr Kindern können im August nach Hause zurückkehren

▷ Witwer, die Väter von mindestens zwei Kindern sind, werden wie auch Offiziere, die freiwillig leichte Arbeiten verrichten, im Dezember entlassen

▷ Inhaftierte, die am 1. Juni über 40 Jahre alt werden, kommen im Februar 1948 frei, Väter von drei Kindern ab April. Ab Mai 1948 sollen dann die übrigen internierten deutschen Kriegsgefangenen freikommen

Die USA haben bereits alle, Großbritannien einen Großteil der Kriegsgefangenen freigelassen.
Obwohl aus der UdSSR laufend große Transporte von Kriegsgefangenen in Deutschland eintreffen, gehen jüngste Schätzungen davon aus, daß sich noch rund 3,1 Millionen ehemalige Wehrmachtsangehörige in sowjetischem Gewahrsam befinden. Da die Sowjetunion das Genfer Kriegsgefangenenabkommen von 1929 nicht unterzeichnet hat, erhält das Internationale Rote Kreuz von dort keine genauen Zahlenangaben (→ 15. 3./S. 59; 21. 8./S. 137).

Viele Heimkehrer haben ihre Familien im Krieg verloren; Kriegsversehrter am Grab seiner Ehefrau ▷

Skepsis gegenüber Deutschland

24. Mai. Der Schriftsteller Thomas Mann beschließt, vorerst in seinem selbstgewählten Exil in Santa Monica im US-Bundesstaat Kalifornien zu bleiben. Der Autor der »Buddenbrooks«, des »Zauberberg« und des »Doktor Faustus« zeigt sich weiterhin seiner deutschen Heimat gegenüber skeptisch.

Während der gebürtige Lübecker das internationale Ausland bereist, wartet er mit einem Deutschlandbesuch noch so lange, bis mit seinen Landsleuten »besser zu reden sein wird«. Skepsis und Hoffnung bestimmen die Haltung Thomas Manns gegenüber den Deutschen. Die Ehrendoktorwürde der Universität Bonn, die ihm vom NS-Regime 1936 aberkannt worden war, hat er nun, auf eigenen Wunsch, zurückerhalten (→ 23. 1./S. 28).

In Essays und Reden hat der Autor sein Engagement für die demokratisch-humane Freiheit und gegen den Nationalsozialismus unter Beweis gestellt. Seine »Deutsche Ansprache« von 1930 ist, so der Untertitel, ein »Appell an die Vernunft«: »Ist das Wunschbild einer primitiven, blutreinen, herzens- und verstandesschlichten, hacken-zusammenschlagenden, blauäugig gehorsamen und strammen Biederkeit auch nach zehntausend Ausweisungen und Reinigungsexekutionen zu verwirklichen?« fragte Mann, auf Einsicht der Menschen hoffend.

Er selbst beschloß 1930 in seinem Schweizer Urlaubsort Küsnacht, der Heimat für immer den Rücken zu kehren. Nach der Emigration in die Schweiz lebt Mann nun in den USA, deren Staatsbürger er seit 1944 ist.

Der Schriftsteller Thomas Mann (geboren am 6. Juni 1875 in Lübeck) erlangte bereits 1901 mit seinem Roman »Buddenbrooks« Weltruhm. 1929 wurde er mit dem Nobelpreis für Literatur ausgezeichnet. 1933, nach der Machtübernahme durch die Nationalsozialisten in Deutschland emigrierte er zunächst in die Schweiz und übersiedelte im Jahre 1938 in die USA

Rückgabe von Kunstschätzen

4. Mai. Die US-amerikanische Militärregierung in Deutschland teilt mit, daß eine Sammlung italienischer Kunstwerke, die während des Zweiten Weltkrieges von der Division »Hermann Göring« aus dem Kloster Montecassino fortgeschafft und nach Deutschland gebracht worden war, nach Italien zurückgegeben wird. Das Kloster Montecassino war 1944 schwer umkämpft worden und fiel am 18. Mai 1944 in die Hand der Alliierten.

In der Münchener Sammelstelle der US-amerikanischen Rückgabeabteilung befinden sich noch Hunderttausende Kunstwerke, die auf Anweisung der NS-Behörden aus eroberten Ländern nach Deutschland gebracht worden waren.

Nach dem Abschluß des Friedensvertrags zwischen den Alliierten und Italien, Bulgarien, Finnland, Rumänien und Ungarn in Paris am → 10. Februar (S. 36) gehört Italien zu den Staaten, denen nun das Raubgut zurückgegeben wird. Mehrere Länder wie Frankreich, Polen und andere haben inzwischen Teile ihrer von den Nationalsozialisten geraubten Kunstschätze zurückerhalten.

König Georg VI. auf Weltreise

11. Mai. *Die britische Königsfamilie, die seit drei Monaten die Staaten des Commonwealth und die angeschlossenen Dominions bereist, trifft wieder in der britischen Hauptstadt London ein.*

König Georg VI. war mit seinen Angehörigen am 31. Januar an Bord des Schlachtschiffs »Vanguard« gegangen, um den befreundeten Staaten mit seiner Reise für ihre Unterstützung während des Zweiten Weltkriegs zu danken (→ 17. 2./S. 43). Soldaten und Material aus Kanada, Australien, Neuseeland und Südafrika steigerten die Kampfkraft der britischen Armee. Die guten Beziehungen zwischen dem Mutterland und den Dominions sind für den Aufbau einer Industrie nach dem Krieg von Bedeutung (v. l.: Georg VI., Elisabeth, Prinzessinnen Margaret und Elisabeth).

Gisela Deege und Frantisek Karhanek in dem Ballett »Der Pfeil« von Fried Walter, das 1947 in der Berliner Staatsoper uraufgeführt wird

Nach der deutschen Erstaufführung in Hamburg hat Benjamin Brittens Oper »Peter Grimes« in der Städtischen Oper Berlins Premiere

Oper/Operette 1947:

Auch Opern sind wieder gefragt

An den deutschen Opernhäusern ist der Kulturbetrieb wieder in Gang gekommen. Neben Aufführungen ausländischer Komponisten bringt auch das deutschsprachige Musiktheater neue Impulse.
Höhepunkt des Opernjahres ist die Uraufführung von Gottfried von Einems »Dantons Tod« während der Salzburger Festspiele am 6. August. Auch für Carl Orffs Musikdrama »Die Bernauerin« hebt sich erstmals der Vorhang in Stuttgart am 15. Juni. Das Publikum ist überrascht von den derben Texten, die in altbayerischer Mundart gesungen und gesprochen werden. Vom gleichen Komponisten geht die am 5. Februar 1939 in München im Nationaltheater uraufgeführte Oper »Der Mond« in einer Neufassung in Darmstadt in Szene.
Musik, die unter den Nationalsozialisten als »entartet« verboten war, kann nun wieder ihre Qualität unter Beweis stellen. Dies gilt u. a. für Paul Hindemiths »Cardillac«, der das erste Mal seit 18 Jahren nun wieder in Deutschland aufgeführt wird.
Die Werke ausländischer Komponisten sind ebenfalls stark gefragt. Auf der Notbühne der Hamburger Staatsoper wird die deutsche Erstaufführung von »Peter Grimes« gefeiert. Sein Komponist, der Brite Benjamin Britten, sorgt auch mit der Uraufführung von »Albert Herring« am 20. Juli in Glyndebourne für ein Opernereignis.

Premiere in Mannheim: Menottis »Die alte Jungfer und der Dieb«

Szene aus der Erstaufführung von Benjamin Brittens »Peter Grimes« in den USA

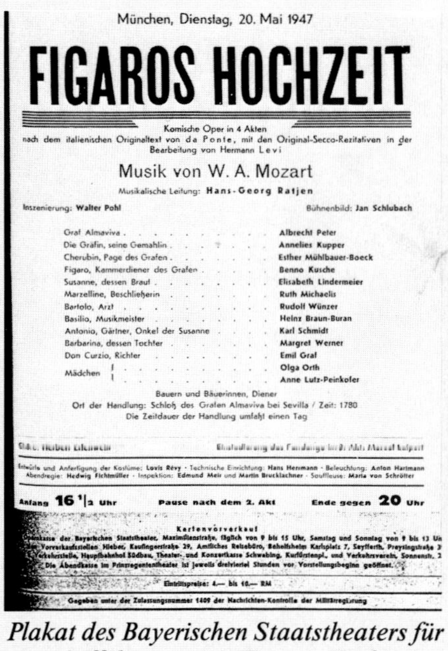

München, Dienstag, 20. Mai 1947

FIGAROS HOCHZEIT

Komische Oper in 4 Akten
nach dem italienischen Originaltext von da Ponte, mit den Original-Secco-Rezitativen in der Bearbeitung von Hermann Levi

Musik von W. A. Mozart

Musikalische Leitung: **Hans-Georg Ratjen**

Inszenierung: **Walter Pohl** Bühnenbild: **Jan Schlubach**

Graf Almaviva	Albrecht Peter
Die Gräfin, seine Gemahlin	Annelies Kupper
Cherubin, Page des Grafen	Esther Mühlbauer-Boeck
Figaro, Kammerdiener des Grafen	Benno Kusche
Susanne, dessen Braut	Elisabeth Lindermeier
Marzelline, Beschließerin	Ruth Michaelis
Bartolo, Arzt	Rudolf Wünzer
Basilio, Musikmeister	Heinz Braun-Buran
Antonio, Gärtner, Onkel der Susanne	Karl Schmidt
Barbarina, dessen Tochter	Margret Werner
Don Curzio, Richter	Emil Graf
Mädchen	Olga Orth
	Anne Lutz-Peinkofer

Bauern und Bäuerinnen, Diener
Ort der Handlung: Schloß des Grafen Almaviva bei Sevilla / Zeit: 1780
Die Zeitdauer der Handlung umfaßt einen Tag

[illegible]

Entwürfe und Anfertigung der Kostüme: Lovis Révy · Technische Einrichtung: Hans Herrmann · Beleuchtung: Anton Hartmann
Abendregie: Hedwig Fichtmüller · Inspektion: Edmund Meir und Martin Brucklachner · Souffleuse: Maria von Schrötter

Anfang 16 ½ Uhr Pause nach dem 2. Akt Ende gegen 20 Uhr

Kartenvorverkauf
Opernkasse der Bayerischen Staatstheater, Maximilianstraße, täglich von 9 bis 15 Uhr, Samstag und Sonntag von 9 bis 13 Uhr
Vorverkaufsstellen Hieber, Kaufingerstraße 29, Amtliches Reisebüro, Behelfsheim Karlsplatz 7, Seyfferth, Preysingstraße 3
Verkehrsstelle, Hauptbahnhof Südbau, Theater- und Konzertkasse Schwabing, Kurfürstenpl., und Verkehrsverein, Sonnenstr. 2
Die Abendkasse im Prinzregententheater ist jeweils dreiviertel Stunden vor Vorstellungsbeginn geöffnet.

Eintrittspreise: 4.— bis 10.— RM

Gegeben unter der Zulassungsnummer 1409 der Nachrichten-Kontrolle der Militärregierung

Plakat des Bayerischen Staatstheaters für eine Aufführung von »Figaros Hochzeit«

Zuschauerandrang vor Operettenaufführung; es herrscht großer Bedarf an Kultur und Unterhaltung

Großer Erfolg für Furtwängler

25. Mai. Mit überwältigendem Erfolg dirigiert Wilhelm Furtwängler zum ersten Mal nach dem Krieg wieder das Berliner Philharmonische Orchester. Der im US-amerikanischen Sektor von Berlin gelegene Titania-Palast ist für dieses Konzert am Vormittag des Pfingstsonntag bis auf den letzten Platz besetzt.

Das Konzertprogramm beginnt mit der »Egmont«-Ouvertüre von Ludwig van Beethoven. Darauf folgen zwei Sinfonien des Komponisten: Die Sechste, die »Pastorale«, und – nach der Pause – Furtwänglers Lieblingssinfonie, die Fünfte, die auch als »Schicksals-Sinfonie« bekannt ist. Diese läßt der Dirigent in einer Intensität spielen, wie man sie so wuchtig in Berlin lange nicht gehört hat.

Nach Abschluß des Konzerts wird Furtwängler vom begeisterten Publikum 17mal auf das Podium applaudiert. In Berlin wird das Konzert vom Rundfunk im US-amerikanischen Sektor (RIAS) für eine große Zuhörerschaft übertragen. Musikinteressierte ohne Radiogerät sammeln sich vor den Lautsprecherwagen des RIAS.

200 bis 500 Reichsmark oder eine entsprechende Menge an Lebensmitteln oder Tabak haben die Besucher des Konzerts auf dem Schwarzen Markt bezahlt, um Furtwängler wieder zu erleben. 1922 wurde Furtwängler Leiter der Berliner Philharmoniker. In dieser Position setzte er sich während der Nazi-Zeit für jüdische Kollegen ein und versuchte, das Orchester von nationalsozialistischen Eingriffen freizuhalten.

Wilhelm Furtwängler (Mitte) vor der Entnazifizierungskommission

Furtwänglers Hinwendung zur zeitgenössischen Musik, insbesondere der von Paul Hindemith, führte 1934 zum vorübergehenden Rücktritt Furtwänglers von seinen Ämtern. Nach einem Kompromiß mit Reichskulturkammerpräsident Joseph Goebbels übernahm Furtwängler von 1935 bis 1945 erneut die Leitung der Berliner Philharmoniker. 1945 ließ sich der Dirigent in der Schweiz nieder. Am 29. April 1947 wurde Furtwängler entnazifiziert und darf nun auch wieder »seine« Philharmoniker in Berlin dirigieren.

Nach seiner Entnazifizierung umjubelt; der Dirigent Wilhelm Furtwängler nimmt in Berlins Titania-Palast Ovationen des Publikums entgegen

Neue Kinderbücher zeigen heile Welt

15. Mai. Im Völkerkundemuseum in Hamburg endet eine internationale Jugendbuchausstellung. Seit ihrer Eröffnung am 15. April haben 63 000 Besucher die Ausstellung gesehen. Davon waren zwei Drittel Kinder. Doppelt so viele Menschen wie zuvor in Berlin haben damit ihr Interesse an Jugendliteratur bekundet.

Daniel Defoe

Auf der Ausstellung waren Klassiker wie »Robinson Crusoe« von Daniel Defoe und »Gullivers Reisen« von Jonathan Swift zahlreich vertreten. Aber auch Neuerscheinungen erregten das Interesse. Hier ist das »Alpenblumenmärchen« des Schweizers Ernst Kreidolf zu nennen sowie »Das Zauberschiff« von Hans Leip. Diese Bücher zeigen die Tendenz vieler neuer Jugendbücher, den Versuch, die Kinder nicht zu manipulieren oder zu ängstigen, sondern durch natürliche Heiterkeit in der Darstellung Optimismus und Kreativität zu wecken.

Märchen- und Puppenspiele sowie andere Aufführungen taten ein übriges für die Unterhaltung der jungen Bücherfreunde.

Briten besiegen Europaauswahl

11. Mai. In Glasgow besiegt die englische Fußball-Vertretung eine nur für dieses Spiel zusammengestellte Europaauswahl 6:1. Europa ist mit Spielern aus vielen Ländern vertreten; Fußballspielern aus Deutschland war die Teilnahme jedoch nicht gestattet worden.

Vor 140 000 Zuschauern im Stadion am Hampdon-Park imponiert die britische Mannschaft durch gelungenes Kombinationsspiel. Bereits am Ende der ersten Halbzeit liegen die Spieler der Europaauswahl 4:1 im Rückstand. In der zweiten Halbzeit können sich die europäischen Gäste besser auf die Spielweise der englischen Mannschaft einstellen. Dennoch gelingt es dieser, zwei weitere Tore zu schießen.

6:1 gewinnt die englische Mannschaft das Fußballspiel gegen die Auswahl vom europäischen Kontinent; nur mit Mühe kann auf diesem Bild der französische Torwart den Angriff eines Engländers (l.) rechtzeitig abwehren

Stuck gewinnt am Hockenheimring

15. Mai. Der deutsche Rennfahrer Hans Stuck siegt in der Rennwagenklasse des international besetzten Hockenheimring-Rennens überlegen auf einem Cisitalia mit einem 1097 cm^3-Motor. Dieser Wagen ist zwar relativ langsam, aber sehr wendig, so daß Stuck das Rennen in den Kurven für sich entscheiden kann.

Auch im Rennsport machen sich die Folgen des Zweiten Weltkriegs bemerkbar. Die meisten Fahrer müssen alte Modelle fahren, so z. B. Deutz Ludenschmidt, der den Alfa-Romeo steuert, den Rudolf Caracciola vor 15 Jahren in Monte Carlo in ein Hafenbecken gelenkt hatte. Viele Fahrer richten sich ihre Fahrzeuge für dieses Rennen selbst her.

Juni 1947

Mo	Di	Mi	Do	Fr	Sa	So
						1
2	3	4	5	6	7	8
9	10	11	12	13	14	15
16	17	18	19	20	21	22
23	24	25	26	27	28	29
30						

1. Juni, Sonntag

Der Vorsitzende der SPD der Westzonen Deutschlands, Kurt Schumacher, bezeichnet in einer Rede in Frankfurt am Main die Verhältnisse in der Ostzone als einen »totalitären Staatskapitalismus« und fügt hinzu: »Wir sind nicht anti-russisch ... wir sind nur pro-deutsch.«

Auf Anordnung der sowjetischen Besatzungsmacht wird die Auflage des Parteiorgans der CDU der Ostzone, »Neue Zeit«, von 100 000 auf 20 000 Exemplare pro Ausgabe gesenkt. In einem Artikel vom 30. Mai hatte die Zeitung die Bevorzugung der SED-Presse in der Ostzone kritisiert (→12. 7./S. 117).

Der nach 17 Jahren Auslandsaufenthalt nach Kenia zurückgekehrte Jomo Kenyatta wird Präsident der Kenya African Union. →S. 104

Der neue japanische Ministerpräsident Tetsu Katayama bildet ein Koalitionskabinett aus Angehörigen der sozialistischen, der demokratischen und der genossenschaftlichen Partei (→25. 4./S. 72).

2. Juni, Montag

Generalissimus Francisco Franco Bahamonde legt einen Plan vor, der seine Nachfolge regelt: Spanien wird Königreich, wobei es Franco überlassen ist, einen Regenten seiner Wahl einzusetzen (→6. 7./S. 115).

Die USA sperren einen 30-Millionen-Dollar-Kredit an Ungarn, der zum Ankauf überschüssigen Heeresmaterials dienen soll.

Eine Hitzewelle beschert weiten Teilen Europas Temperaturen von über 30°C. Hingegen meldet Moskau lediglich 6°C Höchsttemperatur.

3. Juni, Dienstag

Großbritannien veröffentlicht einen Vorschlag zur Teilung Indiens. Der Vizepräsident der provisorischen Regierung Indiens, Jawaharlal Nehru, nimmt den Vorschlag an. →S. 104

In Montrouge (Frankreich) gründen die Vertreter der sozialistischen Parteien die Sozialistische Bewegung für die Vereinigten Staaten von Europa.

Nach seiner Flucht in die Schweiz wird der frühere ungarische Ministerpräsident Ferenc Nagy aus der Kleinlandwirtepartei ausgeschlossen (→23. 5./S. 90).

In Zürich wird der 19. Internationale Kongreß des PEN-Clubs eröffnet. Rund 350 der bekanntesten Schriftsteller aus aller Welt nehmen daran teil. →S. 108

4. Juni, Mittwoch

Ein Großteil der deutschen Fischereiflotte, bestehend aus 209 Fischdampfern und 2751 Kuttern, wird wieder in Betrieb genommen.

5. Juni, Donnerstag

In München treffen die Ministerpräsidenten der deutschen Länder zu einer Konferenz zusammen. →S. 102

In einer Rede in der Harvard-Universität schlägt US-Außenminister George C. Marshall ein Wirtschaftsaufbauprogramm für Europa vor, in das auch Deutschland einbezogen werden soll (Marshallplan). →S. 100

Der stellvertretende britische Militärgouverneur, Sir Brian Robertson, lehnt die Zulassung der SED in der britischen Zone ab. Außerdem wird der KPD nicht gestattet, sich in SED umzubenennen.

Der AC Turin wird durch einen 4:1-Sieg über den AC Florenz italienischer Fußballmeister.

6. Juni, Freitag

Nach Angaben des hessischen Innenministeriums ist das Abspielen von Militärmärschen der ehemaligen Wehrmacht in der Öffentlichkeit verboten. In jüngster Zeit haben zahlreiche Verstöße dagegen bei Jahrmärkten und ähnlichen Veranstaltungen stattgefunden.

In Friedland trifft der erste Transport ehemaliger Rotkreuzschwestern ein, die sich in sowjetischer Kriegsgefangenschaft befunden hatten.

In Bulgarien wird die Immunität des Parlamentsabgeordneten Nikola Petkoff, des Führers der Agrarpartei, aufgehoben. Damit kann er vor Gericht gestellt werden (→16. 8./S. 135).

7. Juni, Sonnabend

Der bulgarische Ministerpräsident Georgi Dimitroff bezeichnet gegenüber Vertretern Großbritanniens und der USA die Verhaftung des Oppositionspolitikers Nikola Petkoff als eine rein innerbulgarische Angelegenheit (→16. 8./S. 135).

In Halle/Saale schlägt der Deutsche Meister im Mittelgewichtsboxen, Dietrich Hucks, den Hamburger Richard Zabel in der 5. Runde k. o. (→22. 6./S. 109).

In der italienischen Hauptstadt Rom zerschlägt die Polizei einen der größten Fälscherringe in der Geschichte des Landes. →S. 107

8. Juni, Sonntag

Die Ministerpräsidenten der Länder der drei Westzonen beenden in München ihre am 6. Juni begonnene Konferenz (→5. 6./S. 102).

Im Saargebiet löst die Saarmark die Reichsmark ab (→15. 6./S. 103).

In Hamburg findet der erste deutsche Journalistenkongreß seit Kriegsende mit 250 Teilnehmern statt. Es treffen Redakteure aus allen vier Besatzungszonen sowie ausländische Gäste zusammen.

Der französische Oberbefehlshaber in Deutschland, General Pierre Koenig, ordnet die Liquidation der deutschen Rüstungsunternehmen in der französischen Besatzungszone an.

Das Werk »Die Bernauerin« des deutschen Komponisten Carl Orff wird in Stuttgart uraufgeführt.

Bei einem Autorennen in München verliert der Frankfurter Rennfahrer Heinrich Kleier beim Überqueren von Straßenbahnschienen die Herrschaft über sein Fahrzeug und rast in die Zuschauermenge. Sieben Personen werden getötet, 28 verletzt.

9. Juni, Montag

Die Ministerpräsidenten der Ostzone veröffentlichen eine Erklärung, in der sie ihre Abreise aus München begründen und abermals die Bildung von deutschen Zentralverwaltungen fordern (→5. 6./S. 102).

In einer Erklärung protestiert die rumänische Bauernpartei gegen die Politik der von den Kommunisten dominierten Regierung.

Der internationale Sozialistenkongreß lehnt auf einer Tagung in London den Antrag der Sozialdemokratischen Partei Deutschlands auf Aufnahme ab. Der Antrag konnte die erforderliche Zweidrittelmehrheit nicht erreichen. →S. 103

10. Juni, Dienstag

Das US-Landwirtschaftsministerium gibt bekannt, daß die diesjährige Weizenernte die größte in der gesamten US-amerikanischen Geschichte sei.

Auf dem Bahnhof von Neustadt an der Dosse in der Ostzone beschlagnahmt die Polizei bei einer Großrazzia 20 000 Eier, 125 kg Butter sowie große Mengen Mehl und Kartoffeln.

11. Juni, Mittwoch

Unter der Leitung von Ministerpräsident Hinrich Wilhelm Kopf (SPD) wird in Niedersachsen ein neues Kabinett gebildet (→S. 118).

2000 deutsche Kriegsgefangene, die in französischen Bergwerken in der Nähe von Lille beschäftigt sind, treten in den Streik. Sie protestieren gegen ihre schlechten Arbeits- und Lebensbedingungen.

Dem Vorsitzenden der SPD, Kurt Schumacher, wird von der französischen Militärregierung verboten, auf Versammlungen in der französischen Besatzungszone zu sprechen.

Nach sechstägiger Dauer beenden die französischen Eisenbahner einen Streik. Der Ausstand hatte den gesamten Eisenbahnverkehr Frankreichs zum Erliegen gebracht.

Die USA werfen der UdSSR fortgesetzte Einmischung in die inneren Angelegenheiten Ungarns vor. Sie verlangen zugleich die Einrichtung einer Untersuchungskommission, der die USA, die UdSSR und Großbritannien angehören.

Der Botschafter der UdSSR bei der UNO, Andrei A. Gromyko, unterbreitet der Atomenergiekommission neue Vorschläge zur Kontrolle der Atomenergie.

12. Juni, Donnerstag

60% der bayerischen Eltern sprechen sich für eine Wiedereinführung der Prügelstrafe an den Schulen aus.

Der Wiederaufbau-Ausschuß der Evangelischen Kirchen in Deutschland tritt in Bethel bei Bielefeld zu einer Tagung zusammen.

13. Juni, Freitag

In Österreich führt die Annahme des US-amerikanischen Marshallplans zu Tumulten und Demonstrationen, die von der Kommunistischen Partei Österreichs (KPÖ) organisiert werden (→5. 6./S. 100).

Anläßlich der bevorstehenden Einführung der Saarmark erklären die kommunistischen Mitglieder der saarländischen Regierung ihren Rücktritt. Sie lehnen die wirtschaftliche Vereinigung mit Frankreich ab (→15. 6./S. 103).

In Rheinland-Pfalz wird Ministerpräsident Wilhelm Boden (CDU) wiedergewählt (→S. 118).

Im Hamburger Waterloo-Theater wird der Film »In jenen Tagen« des Regisseurs Helmut Käutner uraufgeführt. →S. 108

14. Juni, Sonnabend

Die Sowjetische Militäradministration in Deutschland (SMAD) überträgt der Deutschen Wirtschaftskommission (DWK) wirtschaftliche Befugnisse in der sowjetischen Besatzungszone. →S. 103

Die Vatikanstadt, in der 607 Männer wohnen, trägt erstmals eine eigene Fußballmeisterschaft aus, an der fünf Klubs teilnehmen.

15. Juni, Sonntag

Im Saargebiet beginnt der Umtausch der deutschen Währung gegen die Saarmark. →S. 103

Die indische Kongreßpartei lehnt die Autonomie der Maharadscha-Staaten ab, billigt jedoch den britischen Indien-Plan (→3. 6./S. 104).

Die über 3806 km führende Italien-Radrundfahrt (Giro d'Italia) gewinnt der Italiener Fausto Coppi. →S. 109

16. Juni, Montag

Der CDU-Politiker Karl Arnold wird zum Ministerpräsidenten von Nordrhein-Westfalen gewählt. Bei den Landtagswahlen hatte die CDU die meisten Stimmen erreicht. (→S. 118)

Die Berliner verbringen den Sommer im Strandkorb am Wannsee, Titelblatt der 4. Juniausgabe der »Neuen Berliner Illustrierten«

1947/26 - 4. JUNIHEFT - 20 Pf.
DRITTER JAHRGANG · VERLAGSORT BERLIN

NEUE Berliner Illustrierte

Aufnahme: Ullmann

IM STRANDKORB: SCHLAGER UND SCHLAGKREM...

Die neue Berliner Schaumspeise – eine schwachgesüßte Jllusion – ist 1947 am Wannseestrand in aller Munde

Juni 1947

Die Menschenrechtskonferenz der Vereinten Nationen (UNO) stellt fest, daß auf der Erde noch rund neun Millionen Menschen in der Sklaverei leben. →S. 105

In den USA treten 200 000 Seeleute in einen viertägigen Streik. Sie fordern die Einführung der 40-Stunden-Woche. →S. 107

Der FC Liverpool gewinnt die englische Fußballmeisterschaft. →S. 109

17. Juni, Dienstag

In Freiberg in Sachsen kommt es zu einer Hungerdemonstration der Bevölkerung. Die Demonstranten fordern eine Erhöhung der Lebensmittelrationen.

In Paris beginnen zwischen Großbritannien und Frankreich erste Verhandlungen über den Marshallplan, an denen ab dem 23. Juni auch die UdSSR teilnimmt. Sie dauern bis zum 2. Juli. →S. 101

Die USA tragen einen Beitrag von 15 Millionen US-Dollar zum Internationalen Kinderhilfsfonds bei.

Die US-amerikanische Fluggesellschaft »Pan American Airways« startet mit 21 Fluggästen und zehn Mann Besatzung in New York zum ersten Flug des regelmäßigen Passagierflugdienstes rund um die Welt.

18. Juni, Mittwoch

Aus Sorge, die sowjetische Besatzungsmacht in Deutschland könnte eine eigene Besatzungswährung herausgeben, überläßt die US-amerikanische Besatzungsmacht in Deutschland der sowjetischen Militärverwaltung die Druckplatten der Deutschen Reichsmark.

Die Insel Ceylon wird von der britischen Regierung in London zum Dominion erklärt. →S. 104

Die Regierungen Frankreichs, Großbritanniens, der Niederlande und Italiens begrüßen den Marshallplan (→5. 6./S. 100).

Die Kriegsverluste der Tschechoslowakei werden nach Angaben der Regierung des Landes auf 3 335 000 Opfer beziffert. Weitere 45 000 Menschen werden immer noch vermißt.

19. Juni, Donnerstag

Der britische Außenminister Ernest Bevin erklärt die Beschwichtigungspolitik (»appeasement«) gegenüber der UdSSR für beendet.

Eine Volkszählung in Argentinien ergibt eine Bevölkerungszahl von gegenwärtig mehr als 16 Millionen Menschen.

20. Juni, Freitag

Die SPD-Zeitung »Sozialdemokrat« veröffentlicht eine Liste der von Jahresbeginn bis Juni 1947 über Frankfurt an der Oder und Küstrin in die Sowjetunion geleiteten Reparationsgüter aus der Ostzone.

Als Vorsitzender der Wirtschaftlichen Wiederaufbauvereinigung wird der bayerische Minister für Entnazifizierung, Alfred Loritz, abgesetzt (→15. 7./S. 120).

In Eutin tritt der erste deutsche Europa-Kongreß zusammen, an dem 500 Vertreter aus allen Teilen Deutschlands teilnehmen.

Die Vereinigten Staaten bewilligen dem Iran eine Anleihe in Höhe von 25 Millionen US-Dollar zum Ankauf von Waffen.

21. Juni, Sonnabend

Die Ministerpräsidenten der Länder der Ostzone wenden sich an den Alliierten Kontrollrat in Berlin mit der Bitte, ihre Vorschläge zur Vereinigung der Besatzungszonen erläutern zu können(→5. 6./S. 102).

Der US-amerikanische Hochkommissar General Sir Geoffrey Keys informiert die österreichische Regierung über den Entschluß der USA, auf ihren Anteil an den Besatzungskosten in Österreich vom 1. Juli 1947 an zu verzichten.

Dem vierten Kabinett Alcide De Gasperi wird von der italienischen Nationalversammlung das Vertrauen ausgesprochen.

Neuer österreichischer Fußballmeister wird Wacker Wien vor dem Lokalrivalen Vienna, Rapid.

22. Juni, Sonntag

Der Chef der jugoslawischen Militärmission in Berlin, Generalmajor Vjekoslav Hollevac, verlangt vom Alliierten Kontrollrat die Auslieferung der jugoslawischen Kriegsverbrecher, die sich in der britischen Besatzungszone Deutschlands aufhalten.

Der österreichische Bundeskanzler Leopold Figl gibt bekannt, daß die USA von nun an ihre Besatzungskosten selbst tragen.

Erstmals erscheint die Wiener »Tageszeitung«, das Zentralorgan der Österreichischen Volkspartei.

In Zürich endet die Internationale Konferenz des PEN-Clubs. Im Verlauf der Tagung ist eine Gruppe von deutschen Schriftstellern aufgenommen worden (→3. 6./S. 108).

In Berlin schlägt Fritz Gahrmeister den Deutschen Mittelgewichtsmeister im Boxen, Dietrich Hucks, in der 8. Runde k. o. →S. 109

Auf der Trabrennbahn in Berlin-Karlshorst siegt Johannes Frömming mit Avanti im Deutschen Traber-Derby. →S. 109

23. Juni, Montag

In Paris treten die Außenminister der UdSSR, Großbritanniens und Frankreichs zu einer ersten Sitzung ihrer Konferenz über den am 5. Juni angekündigten Marshallplan zusammen (→17. 6./S. 101).

Kaiser Hirohito eröffnet den neuen japanischen Reichstag.

24. Juni, Dienstag

In Bad Ems schließen Vertreter der Bizone mit der französischen Besatzungszone Deutschlands ein Wirtschaftsabkommen.

Ernst Reuter (SPD) wird zum neuen Oberbürgermeister der Stadt gewählt. Auf Einspruch der sowjetischen Militärverwaltung kann er sein Amt jedoch nicht antreten. →S. 103

Der bayerische Ministerpräsident Hans Ehard enthebt den bayerischen Staatsminister Alfred Loritz seines Amtes (→15. 7./S. 120).

Die Deutsche Akademie der Wissenschaften in Berlin erhält für ihre Publikationen wieder einen eigenen Verlag.

Der sowjetische Komponist Sergei S. Prokofjew erhält für seine Violinsonate Nr. 1 den Stalin-Preis.

25. Juni, Mittwoch

Der Wirtschaftschaftsrat der Bizone konstituiert sich in Frankfurt am Main (→29. 5./S. 85).

Die französische Militärregierung in Deutschland erläßt eine Verordnung zur Verhinderung übermäßiger Machtkonzentration in der deutschen Wirtschaft.

In Frankreich treten 400 000 Arbeiter und Angestellte aus Protest gegen das Sparprogramm der Regierung in den Ausstand. →S. 107

Der Staatssekretär im US-Außenministerium, Dean Acheson, sieht in dem wirtschaftlichen Wiederaufbau Deutschlands eine wichtige Voraussetzung für das Gelingen der Marshallplan-Hilfe (→5. 6./S. 100).

Im Théâtre de Poche in Paris wird Jacques Audibertis politisches Märchen »Der Lauf des Bösen« uraufgeführt.

Im Londoner Auktionshaus Sotheby wird das Manuskript einer Klaviersonate des Komponisten Ludwig van Beethoven zum Preis von 1050 Pfund Sterling versteigert.

26. Juni, Donnerstag

Nach Feststellung der US-amerikanischen Militärregierung leben in allen vier Besatzungszonen Deutschlands 65,6 Millionen Einwohner. →S. 103

Der Präsident Italiens, Enrico de Nicola, der sein Rücktrittsgesuch eingereicht hatte, wird von der Nationalversammlung wieder zum Staatsoberhaupt gewählt.

Österreichs Außenminister Karl Gruber erklärt, daß Österreich jede Zusammenarbeit mit den benachbarten kommunistisch regierten Ländern zurückweise.

27. Juni, Freitag

In Berlin tritt die Ständige Wirtschaftskommission der Ostzone zu ihrer ersten Sitzung zusammen.

Der Schweizer Bundesrat begrüßt den US-amerikanischen Marshallplan (→5. 6./S. 100).

28. Juni, Sonnabend

Die Alliierte Kommandantur in Berlin kann sich nicht über die Bestätigung der Wahl von Ernst Reuter zum Oberbürgermeister von Berlin einigen (→24. 6./S. 103).

Jimmy Doyle stirbt an den Verletzungen, die er in einem Weltmeisterschaftskampf im Weltergewicht in Cleveland (US-Bundesstaat Ohio) gegen Titelverteidiger Ray Robinson bei seiner K. o.-Niederlage erlitten hatte.

29. Juni, Sonntag

Der Oberste Gerichtshof in China erläßt einen Haftbefehl gegen den Führer der Kommunistischen Partei Chinas, Mao Tse-tung. Er wird beschuldigt, eine Volkserhebung organisiert zu haben. →S. 105

Die 30. Internationale Arbeiterkonferenz der Vereinten Nationen (UNO) beschließt einstimmig, Österreich wieder aufzunehmen.

Die am 6. April in Deutschland eingeführte Sommerzeit ist wieder aufgehoben. Die Uhren werden um 3 Uhr um eine Stunde zurückgestellt.

In New York deckt die Polizei einen Schwarzmarkt für Neugeborene auf. Für Säuglinge wurden bis zu 2500 US-Dollar gezahlt.

30. Juni, Montag

Im sowjetischen Sektor von Berlin wird die »Gesellschaft zum Studium der Kultur der Sowjetunion« gegründet.

Das US-Repräsentantenhaus billigt eine Resolution, in der die Aufnahme der Hawaii-Inseln als 49. Staat in die USA gefordert wird.

Polnische Truppen und polnische Polizei sind an der Ostgrenze des Landes in Kämpfe mit ukrainischen Freischärlern verwickelt.

In Deutschland werden die höchsten Juni-Temperaturen seit 60 Jahren gemessen. In Frankfurt am Main zeigt das Thermometer 38° C, in Hamburg 35° C an.

In der UdSSR beginnt eine kulturpolitische Kampagne, bei der die Person des Partei- und Regierungschefs Josef W. Stalin sowie die Sowjetunion verherrlicht werden (→S. 105).

Gestorben:

14. Paris: Albert Marquet (*27. 3. 1875, Bordeaux), französischer impressionistischer Maler.

16. Corsier-sur-Vevey/Schweiz: Bronislaw Huberman (*19. 12. 1882, Tschenstochau), polnischer Violinvirtuose.

Urlaubsstimmung vermittelt die Juni-Ausgabe der US-amerikanischen Illustrierten »Harper's Bazaar«

Ein Hilfsprogramm für Europa ist in Aussicht

5. Juni. Der US-amerikanische Außenminister George C. Marshall regt in einer Rede an der Harvard-Universität im US-Bundesstaat Massachussetts ein wirtschaftliches Wiederaufbauprogramm für Europa an. Marshall ruft alle europäischen Nationen auf, sich darauf zu verständigen, welche Hilfsleistungen sie am dringendsten benötigen. Die Vereinigten Staaten seien dann bereit, die angeforderten Rohstoffe, Gelder oder Ausrüstungen umgehend zur Verfügung zu stellen.

Zuvor war US-Außenminister Marshall in seiner Grundsatzrede zu dem Schluß gekommen, daß die wirtschaftliche Lage der europäischen Staaten zwei Jahre nach Kriegsende Anlaß zu großer Sorge bietet – zum einen fehlen den USA mit den wirtschaftlich geschwächten europäischen Staaten leistungsfähige Handelspartner, zum andren bildet die allgemeine Notlage einen politischen Unruheherd.

Gegenwärtig benötigen die Regierungen Europas den größten Teil der Finanzmittel zur Deckung von Lebensmittelimporten vor allem aus den USA. Der Bedarf an Nahrungsmittel ist jedoch größer als die dafür zur Verfügung stehenden Devisen.

Ein entscheidendes Hindernis für den Wiederaufbau ist nach Auffassung des US-Außenministers auch die Tatsache, daß es den europäischen Industrien an Leistungsfähigkeit fehlt. Schuld daran sind nicht nur die Zerstörungen, sondern auch die einseitige Ausrichtung der Wirtschaft auf die Kriegsbedürfnisse.

Marshall fordert, daß Europa wieder Vertrauen in seine wirtschaftliche Zukunft gewinnen muß; es gelte den Teufelskreis des gegenwärtigen Elends zu durchbrechen: »Unsere Politik richtet sich nicht gegen irgendein Land oder irgendeine Doktrin, sondern gegen Hunger, Armut, Verzweiflung und Chaos.«

Das Angebot der USA, die Beseitigung der Not in Europa zu beschleunigen, gilt für alle europäischen Staaten, wie Marshall am 12. Juni in einer Pressekonferenz erklärt.

Allerdings richtet der US-Außenminister in seiner Rede in Harvard auch eine indirekte Warnung an die Adresse der Sowjetunion. Er erklärt, daß Regierungen, die das Angebot der USA zu mißbrauchen beabsichtigen und die Not in Europa zum Dauerzustand machen wollen, auf den Widerstand der USA stoßen werden (→ 12. 7./S. 114).

US-Außenminister George C. Marshall schlägt in seiner Rede am 5. Juni ein Hilfsprogramm für Europa vor

Karikatur zum Marshallplan: Josef Stalin (M.) prüft kritisch die Beschaffenheit des »Renners« Marshallplan

USA wollen mit Marshallplan Stabilisierung der europäischen Länder erreichen

5. Juni. Die Ankündigung des US-amerikanischen Außenministers George C. Marshall, die Regierung der Vereinigten Staaten von Amerika werde ein umfangreiches Hilfsprogramm für den wirtschaftlichen Wiederaufbau Europas unterstützen, sieht in erster Linie eine Hilfe zur Selbsthilfe vor.

Die USA sind demnach bereit, auf der Grundlage eines von europäischen Regierungen ausgearbeiteten Planes Lebensmittel, Rohstoffe, Kredite sowie technisches Knowhow zu liefern.

Ausdrücklich sieht der von Marshall vorgetragene Plan die Einbeziehung der vier Besatzungszonen Deutschlands vor. Diese Entscheidung ist vor allem auch vor dem Hintergrund innenpolitischen Drucks in den USA und Großbritanniens zu sehen.

Die republikanische Mehrheit im US-Kongreß drängt seit längerem auf eine Senkung der Steuerlasten. Erhebliche Kritik wird an den hohen Besatzungskosten in Deutschland geübt. Daher soll erreicht werden, daß die deutsche Wirtschaft sich künftig selbst tragen kann. Produktionsbeschränkungen und Reparationen sollen dementsprechend verringert oder ganz beseitigt werden. Großbritannien, das in großer Finanznot steckt, drängt ebenfalls auf eine Steigerung der deutschen Produktionskapazitäten, insbesondere auf eine Erhöhung der Stahlproduktion.

Ein weiterer Grund für die US-amerikanische Entscheidung, Europa wirtschaftlich zu unterstützen, richtet sich gegen die UdSSR. In den Augen der Regierung der Vereinigten Staaten ist die sowjetische Führung an einer weiteren Verelendung Europas interessiert, weil sie darin eine günstige Gelegenheit sieht, ihren politischen Einfluß in Europa auszuweiten.

Obwohl Marshalls Angebot sich formell auch an die Sowjetunion richtet, rechnet man in den Vereinigten Staaten nicht mit einer Annahme durch die Führung in Moskau. Eine Ablehnung des Marshallplans würde zwar die Teilung Europas besiegeln, die Sowjetunion jedoch als die dafür verantwortliche Macht hinstellen.

Andererseits erhofft man sich in den Vereinigten Staaten, daß die osteuropäischen Länder auch nach einer sowjetischen Absage in das Hilfsprogramm einbezogen werden können. Dadurch ließe sich eine Verminderung des sowjetischen Einflusses in diesen Staaten erreichen.

Im Endeffekt sieht also der von Marshall vorgeschlagene Plan nur den wirtschaftlichen Wiederaufbau Westeuropas einschließlich der drei westlichen Besatzungszonen Deutschlands vor.

Wjatscheslaw M. Molotow, sowjetischer Außenminister, reist nach Paris

Erste Gespräche über Marshallplan

17. Juni. Die Anregung des US-amerikanischen Außenministers George C. Marshall vom → 5. Juni (S. 100) eines Hilfsprogramms der USA für Europa wird von dem britischen Außenminister Ernest Bevin unmittelbar aufgegriffen. Er reist nach Paris, um mit der französischen Regierung die Ausarbeitung des von Marshall vorgeschlagenen Planes eingehend zu besprechen.

Ernest Bevin

Am 18. Juni laden Großbritannien und Frankreich den sowjetischen Außenminister Wjatscheslaw M. Molotow zur Teilnahme an den Verhandlungen ein. Die sowjetische Führung ließ zwar durch einen Artikel im Parteiorgan »Prawda« vom 16. Juni den Plan Marshalls kritisieren; dennoch nimmt Molotow am 23. Juni die Einladung nach Paris an.

Georges Bidault

Am 27. Juni trifft Molotow mit Bevin und Georges Bidault, dem französischen Außenminister, zusammen (→ 12. 7./S. 114).

Außenminister Marshall bietet Hilfen zur Selbsthilfe an

5. Juni. Der US-amerikanische Außenminister George C. Marshall entwickelt in einer Rede an der Harvard-Universität im US-Bundesstaat Massachussetts einen Wirtschaftsplan für Europa (Auszüge):

»Ich brauche Ihnen, meine Herren, nicht zu erzählen, daß die Weltlage sehr ernst ist ... Eine der Schwierigkeiten liegt meiner Ansicht nach darin, daß das Problem so ungeheuer verwickelt ist, so daß es bei der großen Menge von Tatsachenmaterial, das der Öffentlichkeit ... geboten wird, für den Mann auf der Straße überaus schwierig wird, zu einer klaren Beurteilung der Lage zu kommen. Außerdem sind die Menschen hier fern von den Notgebieten der Erde, und es ist für sie nicht leicht, sich eine Vorstellung von der Notlage ... der Völker oder von der Auswirkung ... auf die Regierungen im Zusammenhang mit unseren Friedensbemühungen zu machen ...

Zehn Jahre haben [in Europa] höchst annormale Zustände geherrscht. Die fieberhaften Kriegsvorbereitungen und die noch fieberhaftere Aufrechterhaltung der Kriegsanstrengungen haben alle Gebiete der Volkswirtschaft in Mitleidenschaft gezogen. Der Maschinenbestand verfiel oder veraltete. Unter der willkürlichen und zerstörungswütigen Naziherrschaft wurde praktisch jeder geeignete Betrieb in die deutsche Kriegsmaschine eingespannt. Alte Handelsverbindungen, private Einrichtungen, Banken, Schiffahrtsgesellschaften und Versicherungsgesellschaften verschwanden durch Kapitalverlust, Verstaatlichung oder einfach durch Vernichtung. In vielen Ländern ist das Vertrauen in die Währung stark erschüttert. Das Geschäftsleben in Europa hat während des Krieges einen ... Zusammenbruch erlitten ...

Der Bauer hat schon immer Nahrungsmittel zum Tausch gegen andere lebenswichtige Güter für den Städter produziert. Diese Arbeitsteilung ist die Grundlage der modernen Zivilisation. Im Augenblick steht sie vor dem Zusammenbruch. Die städtischen Industrien bringen keine ausreichende Warenmenge zum Tausch gegen Nahrungsmittel der Landbevölkerung hervor ...

Inzwischen leidet die Stadtbevölkerung unter dem Mangel an Nahrungsmitteln und Brennstoffen. Die Regierungen sind also gezwungen, ihre Devisen und ausländischen Kredite zum Einkauf dieser lebensnotwendigen Dinge aus dem Ausland zu benutzen. Durch diesen Vorgang werden die Geldmittel erschöpft, die für den Wiederaufbau dringend benötigt werden ... Das moderne System der Arbeitsteilung, auf das sich der Warenaustausch gründet, steht vor dem Zusammenbruch.

In Wahrheit liegt die Sache so, daß Europas Bedarf an ausländischen Nahrungsmitteln und anderen wichtigen Gütern – hauptsächlich aus Amerika – während der nächsten drei oder vier Jahre ... höher liegt als seine gegenwärtige Zahlungsfähigkeit, daß beträchtliche zusätzliche Hilfsleistungen notwendig sind, wenn es nicht in einen wirtschaftlichen, sozialen und politischen Verfall sehr ernster Art geraten soll.

Die Lösung liegt in einer Durchbrechung des Circulus vitiosus und in der Wiederherstellung des Vertrauens bei den europäischen Völkern in die wirtschaftliche Zukunft ihrer Länder und ganz Europas. Der Fabrikant und der Landwirt ... müssen gewillt und in der Lage sein, ihre Produkte für eine Währung in Tausch zu geben, deren fester Wert außer Zweifel steht. Abgesehen von der demoralisierenden Wirkung auf die ganze Welt und von der Möglichkeit, daß aus der Verzweiflung der betroffenen Völker sich Unruheherde ergeben könnten, dürfte es auch offensichtlich sein, welche Folgen dieser Zustand auf die Wirtschaft der Vereinigten Staaten haben muß.

Es ist nur logisch, daß die Vereinigten Staaten alles tun, was in ihrer Macht steht, um die Wiederherstellung gesunder wirtschaftlicher Verhältnisse in der Welt zu fördern, ohne die es keine politische Stabilität und keinen sicheren Frieden geben kann. Unsere Politik richtet sich nicht gegen irgendein Land oder irgendeine Doktrin, sondern gegen Hunger, Armut, Verzweiflung und Chaos ... Wenn die Regierung der Vereinigten Staaten in Zukunft Hilfsleistungen gewährt, so sollten diese eine Heilungskur und nicht nur ein Linderungsmittel darstellen. Jeder Regierung, die bereit ist, beim Wiederaufbau zu helfen, wird die volle Unterstützung der Regierung der Vereinigten Staaten gewährt werden, dessen bin ich sicher. Aber eine Regierung, die durch Machenschaften versucht, die Gesundung der anderen Länder zu hemmen, kann von uns keine Hilfe erwarten. Darüber hinaus werden alle Regierungen ... die es darauf abgesehen haben, das menschliche Elend zu einem Dauerzustand zu machen, um in politischer oder anderer Hinsicht Nutzen daraus zu ziehen, auf den Widerstand der Vereinigten Staaten stoßen.

Eines ist jetzt schon klar: Bevor die Vereinigten Staaten ihre Bemühungen ... zum Gesundungsprozeß der europäischen Welt beitragen können, müssen die Länder Europas untereinander zu einer Einigung darüber kommen, was die gegenwärtige Lage am dringendsten erfordert und inwieweit die Länder Europas selbst dazu beitragen können, eine volle Auswertung der Maßnahmen unserer Regierung zu erzielen.

Es wäre weder angebracht noch zweckmäßig, wenn die Regierung der Vereinigten Staaten von sich aus ein Programm entwerfen würde ... Das ist Sache der Europäer selbst. Die Initiative muß von Europa ausgehen ... Unsere Rolle sollte darin bestehen, den Entwurf eines europäischen Programms freundschaftlich zu fördern und später dieses Programm zu unterstützen, soweit das für uns praktisch ist. Es sollte ein gemeinsames Programm entworfen werden, hinter dem, wenn nicht alle, so doch eine Anzahl von europäischen Nationen stehen.

Wesentlich für den Erfolg einer Maßnahme seitens der Vereinigten Staaten ist das Verständnis des amerikanischen Volks für die Natur des Problems selbst und der anzuwendenden Heilmittel. Politische Leidenschaften und Vorurteile müssen ganz ausgeschaltet werden. Mit der nötigen Voraussicht und Bereitwilligkeit seitens unseres Volkes, die ... Verantwortung auf sich zu nehmen, die die Geschichte unserem Land auferlegt hat, können und sollen die geschilderten Schwierigkeiten gemeistert werden.«

Interzonenkonferenz scheitert

5. Juni. Auf Einladung Hans Ehards, des bayerischen Ministerpräsidenten, findet in München eine Konferenz der Chefs der Länderregierungen aus allen vier Besatzungszonen statt. Diese Ministerpräsidentenkonferenz soll die immer schärfer werdende Zonentrennung, vor allem zwischen der Ostzone und den Westzonen, überwinden.

Die innerdeutschen Probleme zeigen sich jedoch schon bei den Vorbereitungen. Die Ministerpräsidenten der fünf Länder der Ostzone fordern eine Verlegung der Konferenz nach Berlin und eine vorrangige Erörterung der Wege zu einer politischen und wirtschaftlichen Einheit Deutschlands. Den Ministerpräsidenten der französischen Besatzungszone Deutschlands dagegen wird von der Militärregierung untersagt, an Verhandlungen zur Wiederherstellung der deutschen Einheit teilzunehmen.

Die Vertreter der Zonen erklären sich jedoch schließlich, obwohl über die Tagesordnung noch keine Einigung erzielt worden ist, zur Reise nach München bereit.

Aber schon an der Vorbesprechung über die Tagesordnung scheitert das Projekt Ehards. Wilhelm Höcker, Ministerpräsident von Mecklenburg, beantragt als Tagesordnungspunkt der Konferenz Verhandlungen über die Bildung einer »deutschen zentralen Verwaltung durch Verständigung der demokratischen Parteien und Gewerkschaften zur Schaffung eines Einheitsstaates«. Als jedoch die politischen Themen nicht in die Tagesordnung aufgenommen werden, verlassen die Ministerpräsidenten der Ostzone noch am selben Abend die Konferenz. Ein Vermittlungsversuch des Berliner Bürgermeisters Ferdinand Friedensburg bleibt erfolglos.

Ohne die Vertreter aus der Ostzone verständigen sich die westdeutschen Ministerpräsidenten über Fragen der Ernährung, Wirtschafts- und Flüchtlingsnot. Fragen der deutschen Einheit werden nicht behandelt. In Entschließungen zum Abschluß der Konferenz bekunden die Teilnehmer ihren Willen zur »Neugestaltung unseres staatlichen Lebens ... nur auf dem Wege echter Demokratie ..., in der alle Grundrechte gewährleistet sind«.

Ankunft der Delegationen aus der französischen Besatzungszone Deutschlands in München: Eine Abteilung berittener Polizei bildet ein Spalier

Eröffnungssitzung der Ministerpräsidentenkonferenz in München: Hans Ehard (stehend vor dem Mikrofon) bei der Eröffnungsansprache; am Tisch neben Ehard sitzen u. a. Louise Schroeder (2. v. l.), Berliner Bürgermeisterin, sowie Wilhelm Högner (3. v. l.), SPD-Vorsitzender der Bayerns

Hans Ehard, Bayerns Ministerpräsident und Initiator der Konferenz

Reaktionen auf die Konferenz

9. Juni. Auf einer Pressekonferenz in München äußert sich der stellvertretende Vorsitzende der SED, Walter Ulbricht, zum Scheitern der Konferenz der Ministerpräsidenten (→5. 6./S. 102). Er wirft den Politikern der Westzonen vor, eine föderalistische Struktur Deutschlands zu planen, anstatt die Einheit des Landes anzustreben: »Ein solches in Bundesstaaten zersplittertes Deutschland wäre nichts anderes als ein Spielball des westlichen Monopolkapitalismus.« Paul Löbe von der SPD kritisiert dagegen die Haltung der Abgeordneten aus der Ostzone: »Man muß es offen aussprechen, die Sezession ist eine deutsche Blamage vor der Welt und ein Schlag gegen das eigene Volk. Dieses Volk wird täglich zur Zusammenarbeit aufgerufen, und die dazu rufen, laufen fort, wenn die Zusammenarbeit beginnen soll.« Jakob Kaiser, Vorsitzender der CDU der Ostzone, beschwört in Berlin die deutschen Politiker aus allen Zonen, die Kluft zu überwinden: »Weil wir nun einmal nicht in einer reinen Westorientierung die Zukunft Deutschlands ... sehen, sondern [darin], Brücke zwischen Ost und West zu sein.« Der Berliner Bürgermeister Ferdinand Friedensburg (CDU) kritisiert die starre Verhandlungsführung aller Seiten: »Die sachlichen und politischen Gegensätze waren zweifellos vorhanden, waren aber ... nicht so groß, daß sie nicht im Interesse Deutschlands überbrückt werden könnten.«

W. Ulbricht

Paul Löbe

Reuter wird Oberbürgermeister

24. Juni. Die Berliner Stadtverordnetenversammlung wählt den bisherigen Verkehrsstadtrat Ernst Reuter (SPD) zum neuen Oberbürgermeister. Die Wahl war nach dem Rücktritt von Otto Ostrowski (SPD) am → 17. April (S. 70) notwendig geworden. Ostrowski hatte sein Amt zur Verfügung gestellt, nachdem ihm seine Partei wegen nicht genehmigter Verhandlungen mit der SED das Vertrauen entzogen hatte.
Obwohl gewählt, kann Reuter sein Amt vorläufig nicht antreten. Die hierfür erforderliche Bestätigung durch die Alliierte Kommandantur kommt infolge des sowjetischen Einspruchs nicht zustande. Auch der Alliierte Kontrollrat, der sich mit dieser Angelegenheit befaßt, kann sich nicht einigen.
Von seiten der sowjetischen Besatzungsmacht wird Reuter u. a. eine antikommunistische und antisowjetische Haltung vorgeworfen.

Ernst Reuter, 1889 geboren, ist seit 1912 Mitglied der SPD. In der Weimarer Zeit bekleidete er u. a. das Amt des Verkehrsstadtrates von Berlin und des Oberbürgermeisters von Magdeburg. Während der NS-Zeit emigrierte er in die Türkei, wo er als Hochschullehrer arbeitete.

Die sowjetische Besatzungsmacht lehnt ihn ab: Ernst Reuter (l.), gewählter Oberbürgermeister von Berlin, mit SPD-Vorsitzendem Kurt Schumacher

Sozialistenkongreß lehnt die SPD ab

9. Juni. Zum Abschluß einer viertägigen Tagung lehnt der Internationale Sozialistenkongreß in London eine Aufnahme der Sozialdemokratischen Partei Deutschlands in seine Organisation ab. Der Antrag der SPD erreicht nicht die erforderliche Zweidrittelmehrheit, obwohl sich ihr Vorsitzender Kurt Schumacher eindringlich für die Aufnahme in die Organisation eingesetzt hatte.
Mit Großbritannien, Frankreich, den Niederlanden, Luxemburg, Norwegen, Schweden, Dänemark, Finnland und Österreich stimmen nur neun der 19 nationalen Parteivertreter für den SPD-Antrag. Die Delegierten Polens, der Tschechoslowakei, Rumäniens, Ungarns und Palästinas votieren gegen die Aufnahme. Vertreter der sozialistischen Parteien Italiens, Belgiens, der Schweiz, Südafrikas und Griechenlands enthalten sich der Stimme.
Mit 17 Stimmen – bei zwei Enthaltungen – beschließt die Konferenz lediglich die Schaffung einer Kommission, die den Kontakt mit den deutschen Sozialdemokraten pflegen soll. Die nächste Konferenz soll voraussichtlich im Dezember 1947 in Belgien stattfinden.

Die »Saarmark« wird eingeführt

15. Juni. Im Saarland wird auf Anordnung der französischen Besatzungsmacht eine eigene Währung, die »Saarmark«, eingeführt. Die »Saarmark« wird gegenüber der Reichsmark im Verhältnis 1:1 getauscht, der Wechselkurs gegenüber dem französischen Franc ist jedoch noch nicht festgelegt.
Die Umtauschaktion findet in insgesamt 900 Wechselstellen statt.

Gilbert Grandval, der französische Gouverneur für das Saarland

Zuwachs bei der Bevölkerungszahl

26. Juni. Im Monatsbericht der US-amerikanischen Militärregierung in Deutschland werden statistische Angaben über die derzeitige Höhe der deutschen Bevölkerung sowie über die Berufsgliederung in allen vier Besatzungszonen veröffentlicht. Aus den Zahlen geht hervor, daß in Deutschland 65,6 Millionen Menschen leben, wobei Internierte, verschleppte Personen usw. nicht berücksichtigt sind. Da im Gebiet des ehemaligen Deutschen Reiches im Mai 1939 59,8 Millionen Menschen lebten, bedeutet dies trotz großer Kriegsverluste einen Zuwachs der Bevölkerung von etwa 5,8 Millionen Einwohnern.
Rund zwei Millionen Kriegsgefangene werden noch zurückerwartet, während die Zahl der deutschen Todesopfer des Zweiten Weltkriegs mit drei Millionen beziffert wird. In dem Bericht heißt es weiter, diese Zahlen ließen Rückschlüsse darauf zu, wie stark die deutsche Wirtschaft durch die gestiegenen Bevölkerungszahlen bei gleichzeitig reduzierter Gesamtfläche belastet sei.
Trotz des Bevölkerungszuwachses ist die Zahl der Berufstätigen indes um drei Millionen zurückgegangen.

Zentralisierung der Wirtschaft

14. Juni. Auf Befehl des Obersten Chefs der Sowjetischen Militärverwaltung, Marschall Wassili D. Sokolowski, wird in der sowjetischen Besatzungszone eine Deutsche Wirtschaftskommission (DWK) gegründet. Diese Institution mit Sitz in Berlin soll die Tätigkeit der Zentralverwaltungen in der Ostzone koordinieren. Leiter wird Heinrich Rau, der seit ihrer Gründung Mitglied der KPD ist.

W.D. Sokolowski

Heinrich Rau

Die Einrichtung der DWK ist als Antwort auf die inzwischen in den Westzonen erfolgte Schaffung von zentralen Institutionen wie dem Bizonen-Wirtschaftsrat und dem Parlamentarischen Rat des Länderrats (→ 11. 3./S. 56) zu sehen. Ebenfalls entscheidend für die damit wesentlich weiter vorangetriebene Verselbständigung der Ostzone ist das Scheitern der Münchener Ministerpräsidentenkonferenz (→ 5. 6./S. 102), die ein Versuch zur Schaffung einer gesamtdeutschen Einheit auf zunächst wirtschaftlicher Basis hatte sein sollen.
Die DWK besteht aus den bisher selbständig arbeitenden fünf Präsidenten der Zentralverwaltungen für Industrie, Verkehr, Handel und Versorgung, Land- und Forstwirtschaft, Brennstoff und Energie sowie den beiden Vorsitzenden der Vereinigung der gegenseitigen Bauernhilfe und des Freien Deutschen Gewerkschaftsbundes. Um eine weitere Straffung des Verwaltungsapparates zu erreichen, werden die neben der DWK weiterbestehenden neun Zentralverwaltungen für Finanzen, Gesundheit, Arbeit und Sozialfürsorge, Inneres, Justiz, Post, Statistik, Umsiedler und Volksbildung in Zukunft der DWK unterstellt. Die Leitung hat ein Sekretariat, dessen acht Mitglieder jeweils für ein Arbeitsgebiet verantwortlich sind.

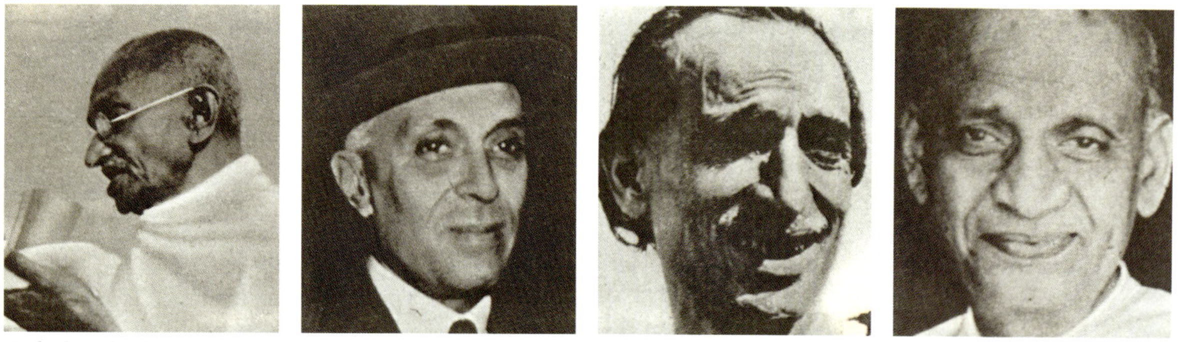

Politiker der Kongreßpartei, v.l.: Mahatma Gandhi, Jawaharlal Nehru, J. B. Kripalani, S. V. Patel

V.l.: Moslemführer M. A. Dschinnah, Liaquat Ali Khan, S. A. R. Nishtar, Sikhführer S. Baldev Singh

Teilung Indiens nun schon 1947

3. Juni. Der britische Premierminister Clement Attlee gibt im Unterhaus in London bekannt, daß die Führer der indischen Parteien einen Plan der britischen Regierung angenommen hätten, der die Unabhängigkeit Indiens regeln soll. Die Erklärung, die am selben Tag im britischen Oberhaus und in Neu-Delhi bekanntgegeben wird, geht auf eine Initiative des britischen Vizekönigs in Indien, Lord Louis Mountbatten (→ 20. 2./S. 37), zurück, der als Vermittler zwischen den indischen Politikern und der Regierung in London agiert hatte.

Die wichtigsten Punkte des neuen Abkommens sehen nun endgültig eine Teilung des Subkontinents in Indien und Pakistan sowie die Unabhängigkeit beider Teile bereits im Laufe des Jahres 1947 und nicht, wie bisher geplant, erst 1948 vor. Im einzelnen heißt es in der Erklärung:

▷ Die Hoffnung auf eine Einigung nach der Erklärung vom 20. Februar hat sich nicht erfüllt; die Moslemliga bleibt weiterhin den Arbeiten der Verfassunggebenden Versammlung fern

▷ Die Inder müssen selbst über ihre Zukunft entscheiden

▷ Die Provinzialparlamente des Pandschabs und Bengalens stimmen nach einem besonderen Modus darüber ab, ob die Provinzen geteilt werden sollen

▷ Die Übergabe der Macht an den oder die Nachfolgestaaten, die Dominionstatus erhalten, kann noch im Laufe des Jahres 1947 erfolgen

Der Führer der Opposition im britischen Unterhaus, Winston Churchill, erklärt im Namen der Konservativen, daß dem auf diesem Entwurf aufgebauten Gesetz die Zustimmung seiner Partei sicher ist. Abweichend von seiner bisherigen Einstellung (→ 20. 2./S. 37) betrachtet Churchill die Erklärung als »den organischen Endpunkt der Entwicklung der letzten Jahre«.

Die Meinung in Indien faßt die Zeitung »Indian News Chronicle« zusammen: »Alle nehmen den Plan widerstrebend an.« Weiter ungeklärt bleibt die Frage nach der Durchführung der Teilung Indiens sowie das Problem der religiösen Minderheiten (→ 15. 8./S. 130).

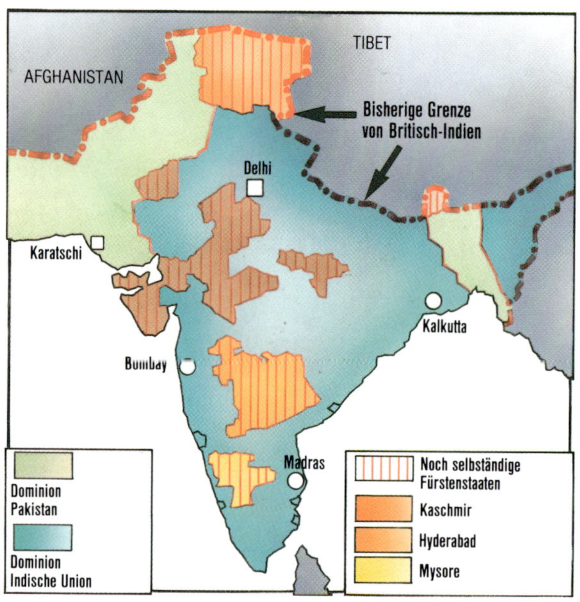

Die Teilung des indischen Subkontinents; aus der ehemaligen britischen Kronkolonie werden die unabhängigen Staaten Indische Union und Pakistan; wie auf der Karte zu sehen, besteht Pakistan aus dem Westteil mit der Hauptstadt Karatschi und Ostpakistan mit Dacca als dem Verwaltungszentrum

Kolonie Ceylon bald ein Dominion

18. Juni. Die britische Regierung gibt im Unterhaus ihre Absicht bekannt, der Insel Ceylon innerhalb des Commonwealth of Nations die volle Selbständigkeit zu gewähren. Die Insel wird wie andere ehemalige Kolonien im Britischen Empire den Status eines Dominions erhalten. Damit bekommen die Ceylonesen das Recht, bei fortdauernder Bindung an die Krone weitgehend unabhängig über sich selbst zu bestimmen. Die Grundlage hierfür wird die neue Verfassung sein, die eine aus Senat und Repräsentantenhaus bestehende Volksvertretung vorsieht. Ein dem Parlament verantwortlicher Ministerpräsident wird die Regierung leiten, der König durch den Gouverneur vertreten sein. Im Oktober soll das erste gewählte Parlament zusammentreten.

Kenyatta leitet Freiheitsbewegung

1. Juni. Zum Präsidenten der Kenya African Union (KAU) wird Jomo Kenyatta gewählt. Kenyatta, der zum Stamm der Kikuyu gehört, übernimmt damit die Führung der antikolonialen Bewegung in dieser britischen Kolonie. In der KAU haben sich Mitglieder mehrerer kenianischer Stämme wie der Kikuyu, Luo und Massai zusammengeschlossen. Sie verlangen u. a. mehr politische Rechte für die Afrikaner.

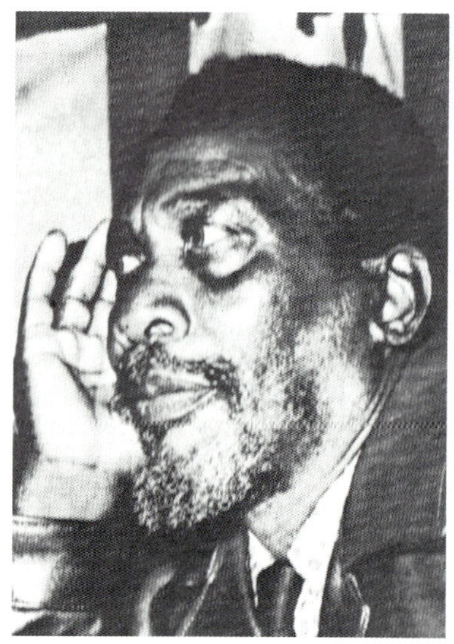

Jomo Kenyatta, neuer Präsident der Kenya African Union (KAU)

Mao Tse-tung, Vorsitzender der chinesischen kommunistischen Partei

Haftbefehl gegen Parteiführer

29. Juni. Die chinesische Regierung veröffentlicht im Amtsblatt einen Haftbefehl gegen den Vorsitzenden der Kommunistischen Partei Chinas, General Mao Tse-tung. Gegen ihn wird Anklage erhoben, eine illegale politische Partei organisiert und eine Rebellion zum Sturz der Nationalregierung veranlaßt zu haben. Mit dieser amtlichen Order wird der erste Schritt getan, die Kommunisten als außerhalb des Gesetzes stehend zu erklären.
Mao Tse-tung gehörte 1921 zu den Gründern der chinesischen KP und ist seitdem deren führende Persönlichkeit (→ 2. 12./S. 206).

Neun Millionen leben in Sklaverei

16. Juni. Die in London tagende Internationale Konferenz für Menschenrechte verlangt in einem Appell an die UNO die Abschaffung der Sklaverei. Nach Angaben der Organisation gibt es auf der Welt noch etwa neun Millionen Menschen, die als versklavt gelten.
Vier Millionen Lateinamerikaner fallen in diese Kategorie. Dazu kommen zwei Millionen Abessinier und eine gleichhohe Zahl an sog. Kindersklaven in China. Etwa 700 000 Araber sowie 300 000 Afrikaner und Inder sind ebenfalls unfrei in der Wahl ihrer Arbeit und des Arbeitsplatzes.

Die UdSSR wird verherrlicht

In den sowjetischen Medien sind seit geraumer Zeit die Auswirkungen einer kulturpolitischen und nationalistischen Kampagne festzustellen. So wird zum Beispiel der Anspruch erhoben, eine ganze Reihe von Erfindungen sei nicht im Ausland, sondern in Rußland gemacht worden. Sei es das Radio, der elektrische Generator, das Flugzeug oder die Dampfmaschine. In allen Fällen wird behauptet, es handele sich ursprünglich um russische oder sowjetische Errungenschaften.
Was sich in den Medien der UdSSR derzeit abspielt, ist Teil einer Kampagne auf kulturellem und wissenschaftlichem Gebiet, deren treibende Kraft Andrei A. Schdanow, Mitglied des Politbüros der KPdSU, ist.
1946 startete er eine Kampagne auf kulturpolitischem Gebiet, die 1947 einen ersten Höhepunkt erreichte. Unter der Parole des Kampfes gegen »Objektivismus« und »Kosmopolitismus« werden die sowjetischen Künstler wieder rigoros auf die Richtlinien des »sozialistischen Realismus« eingeschworen. Wissenschaftler oder Schriftsteller, deren Werke nicht in das Bild der Kulturkampagne passen, müssen Verunglimpfungen und Maßregelungen über sich ergehen lassen. Die Verherrlichung der Leistungen sowjetischer bzw. russischer Kultur und Wissenschaft nimmt mehr und mehr Züge eines nationalistischen Chauvinismus an. Der Personenkult um den Partei- und Staatschef Josef W. Stalin nimmt beinahe groteske Züge an.
Besonders auffällig sind die antiwestlichen Züge der Kampagne. Beobachter sehen darin vor allem den Versuch, die Bevölkerung der Sowjetunion von ausländischen Einflüssen abzuschotten und die UdSSR im Zeichen der sich verschärfenden internationalen Spannungen auf politischem, wirtschaftlichem und kulturellem Gebiet autark zu machen.

Verherrlichung der UdSSR auch in der Ostzone: Titelblatt der »Illustrierten Rundschau«, einer Zeitschrift der sowjetischen Besatzungsmacht

Stalinkult auch im Ausland: Parade in Belgrad

Personenkult: Stalinporträt in Öl von I. Toidze

Badestrand an der Themse inmitten von London

Deutsche Großstadtkinder genießen ein Spiel während eines Ausflugs ins Grüne

Urlaub 1947:

Reisen trotz Devisenmangels

Zum ersten Mal seit dem Zweiten Weltkrieg wird das Reisen in Europa einfacher. Einzelne Länder schaffen den Visumzwang ab oder erleichtern zumindest die Visaausgabe. Einige Grenzen stehen damit wieder offen, allerdings vorerst noch nicht für die Deutschen. Sie sind auf die eigenen Erholungsgebiete angewiesen. Jedoch nur in wenigen europäischen Ländern dürfen die Bürger Geld in unbegrenzter Menge ausführen. Bis auf die Schweizer, Schweden und US-Amerikaner dürfen alle anderen nur so wenig Bares ausführen, daß ein Ferienaufenthalt entweder zeitlich sehr beschränkt oder vollkommen unmöglich ist.

Daher sucht jeder nach eigenen Wegen, um eine Auslandsreise zu finanzieren. Unter der Kleidung versteckt, passieren antike Bücher, Kupferstiche, Tabak, Parfüm usw. die Grenzen. Durch den Verkauf dieser »Exportartikel« hofft man, sich ein paar weitere Ferientage leisten zu können.

Die Unterkunftsmöglichkeiten in den Urlaubsgebieten sind – wegen der Zerstörungen im Krieg – häufig sehr eingeschränkt. Auch die Möglichkeiten, mit Bahn, Schiff oder gar dem eigenen Auto zu verreisen, stehen wegen der allgemeinen Notlage nur wenigen Menschen offen. Ungeachtet dieser Erschwernisse wird in Europa 1947 viel gereist.

Urlaubsidylle in Deutschland: Ein »friedensmäßiger« Anblick

500 RM Vollpension zahlt dieser »Schieber« in Westerland

Urlaubsvergnügen herrscht auch an der Ostseeküste der Ostzone

Eines der Flaggschiffe der britischen Passagierflotte: Der 1936 gebaute Luxusdampfer »Queen Mary«

Streik gefährdet die Versorgung

16. Juni. 200 000 US-amerikanische Seeleute streiken und legen den gesamten Schiffsverkehr an der Ostküste lahm. Fachleute befürchten schwerwiegende Folgen für die Versorgung Europas mit Lebensmitteln und Brennstoffen aus den Vereinigten Staaten. Bisher liegen etwa 1100 Frachtschiffe in den Häfen fest.

Kein Export

Die Gewerkschaft der Seeleute fordert verschiedene soziale Verbesserungen für ihre Mitglieder, darunter die Einführung der 40-Stunden-Woche. Die Verhandlungen mit den Schiffseignern scheiterten jedoch, so daß zunächst etwa 200 000 Seeleute an der US-amerikanischen Ostküste in den Ausstand treten. Die Gewerkschaft droht mit einer Ausweitung des Streiks auch auf die Westküste der USA, was katastrophale Auswirkungen auf die europäische Versorgung haben könnte.

Schon jetzt drohen in Europa Probleme auf dem angespannten Lebensmittel- und Brennstoffmarkt.

Hunger trotz Überschuß in der Weltgetreideproduktion

13. Juni. *Nach Einschätzung des Internationalen Notstands-Ernährungsrats in New York wird der exportierbare Überschuß der Weltgetreideproduktion 28 Millionen t betragen. Davon sind rund 3 600 000 t für die Westzonen in Deutschland bestimmt. Damit ist Deutschland eines der größten Einfuhrgebiete für Getreide überhaupt. Insgesamt wird die Weltgetreideernte 1947 jedoch geringer ausfallen als im Vorjahr. Größter Exporteur und Erzeuger sind auch weiterhin die USA. Nicht nur im Weizenanbau, sondern in der gesamten landwirtschaftlichen Produktion stehen die USA an führender Stelle. Die Leistungsfähigkeit der US-Landwirtschaft führt zu Überproduktion (das Foto zeigt die Verladung von Weizen in den Vereinigten Staaten), während in allen mitteleuropäischen Ländern die Hungersnot herrscht.*

Problematisch ist auch die Ernährungssituation in Asien. Dort wird die Versorgung der Bevölkerung schwierig, da die Reisernte in diesem Jahr katastrophal ausfällt. Experten schätzen, daß die Überwindung der Nahrungsmittelknappheit in der Welt noch mehrere Jahre in Anspruch nehmen wird.

400 000 Franzosen im Ausstand

25. Juni. Rund 400 000 Arbeiter und Angestellte streiken in Frankreich aus Protest gegen das von der französischen Regierung beschlossene Sonderprogramm zur Behebung der Finanzkrise. Die für die Versorgung der Industrie wichtige Kohleförderung kommt völlig zum Erliegen und gefährdet die gesamte Volkswirtschaft des Landes.

Das Sonderprogramm sieht radikale Sparmaßnahmen bei den Staatsausgaben für Soziales vor und beinhaltet Steuererhöhungen. Es wird von der Regierung angesichts der schlechten Finanzlage Frankreichs für unbedingt nötig erachtet. Die Opposition dagegen meint, die Regierung müsse auf höhere Reparationsleistungen der Deutschen bestehen, die für die wirtschaftliche Misere als Folge des Zweiten Weltkriegs verantwortlich seien.

Weil die Busse und die Metro bestreikt werden, hat man in Paris, wie dieses Foto zeigt, einen Notdienst mit Lastkraftwagen eingerichtet; in ganz Frankreich lähmt ein Ausstand von über 400 000 Arbeitern und Angestellten in der Wirtschaft und dem öffentlichen Dienst das Land weitgehend, ein Protest gegen das Sparprogramm der Regierung

Fälscherring in Italien entdeckt

7. Juni. In Rom zerschlägt die italienische Polizei einen umfangreichen Geldfälscherring. Mehrere Angestellte der italienischen Münzanstalt werden verhaftet. Nach Auskunft der Behörden handelt es sich um den bisher größten Fälschungsskandal des Jahrhunderts, der Schaden sei kaum meßbar.

Seit mehreren Monaten nutzten die Angestellten der Münzanstalt ihren Zugang zu den Materialien der Banknotenherstellung aus und entwendeten die Druckplatten für 1000-Lire-Scheine. Zusätzlich stahlen sie das Originalpapier für die Banknoten, so daß das Falschgeld nicht von echtem Geld zu unterscheiden ist. Deshalb ist der angerichtete Schaden noch überhaupt nicht absehbar, geht vermutlich aber in die Millionen.

Szenenfoto mit Hans Nielsen, Gisela Tantau und Alice Treff in Helmut Käutners Film »In jenen Tagen«

Ein Auto erinnert sich an NS-Zeit

13. Juni. Der Film »In jenen Tagen« wird im Hamburger Waterloo-Theater uraufgeführt. Der Drehbuchautor und Regisseur Helmut Käutner hat, in Zusammenarbeit mit Ernst Schnabel, seine erste Produktion nach Kriegsende vollendet.

Dieses Werk, das nur aus Außenaufnahmen besteht, die zum großen Teil vor der Trümmerkulisse Hamburgs entstanden sind, hat keine Person, sondern einen Gegenstand als Mittelpunkt – ein Auto. Dieses Fahrzeug läßt, abgewrackt auf einem Autofriedhof stehend, die Jahre 1933 bis 1944 Revue passieren.

Die Erinnerungen des Autos, kommentiert von der Stimme des Autors, werden durch sieben Gegenstände hervorgerufen, die zwei Männern beim Ausschlachten des Wracks in die Hände fallen. Diese Dinge bilden jeweils den Aufhänger für die Episoden des Films.

Mit jedem dieser Erinnerungszeichen ist außerdem ein Menschenschicksal verbunden: Der Jude, der vor den Nationalsozialisten fliehen muß, der Künstler, der als »entartet« gebrandmarkt wird, das Ehepaar, das den gemeinsamen Tod einer Trennung durch die Rassengesetze vorzieht oder die beiden Soldaten, die im Krieg fallen.

Darsteller in diesem Episodenfilm sind u. a.: Winnie Markus, Karl John, Werner Hinz, Ida Ehre, Karl Raddatz, Bettina Moissi, Willy Maertens und Gisela Tantau.

Dreharbeiten zu »In jenen Tagen«: Mangels eines Ateliers besteht der Film nur aus Außenaufnahmen

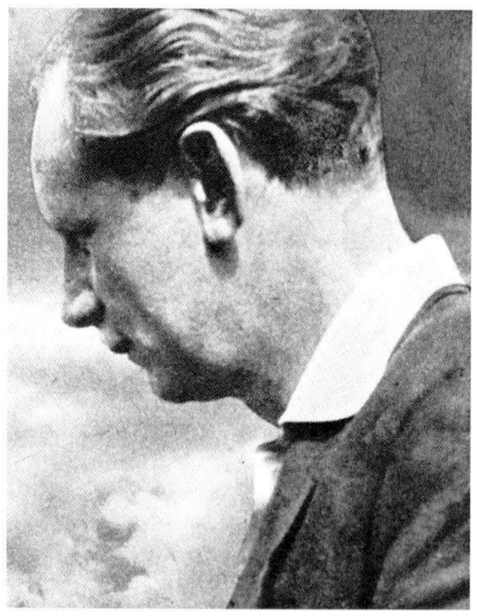

Helmut Käutner, dessen Spielfilm »In jenen Tagen« auch international große Anerkennung findet

Szenenfoto aus Helmut Käutners Film »In jenen Tagen«: Bettina Moissi in der Rolle des Flüchtlingsmädchens und Karl Raddatz als Kradfahrer

Literatenkongreß beginnt in Zürich

3. Juni. Der 19. internationale Kongreß des Pen-Clubs wird in Zürich eröffnet. Er dauert bis zum 22. Juni. Einer der Tagesordnungspunkte ist die Frage nach der Wiederaufnahme einer deutschen Vertretung in den Schriftstellerverband.

Als sich die Versammlung mehrheitlich für den deutschen Wiedereintritt entscheidet, gilt das auch als Erfolg von Thomas Mann, der sich in vielen Diskussionen dafür eingesetzt hat. Mann ist als Vertreter der deutschen Exilsektion des Pen-Clubs, die als Reaktion auf die Einflußnahme der Nationalsozialisten 1933 gegründet worden war, nach Zürich gekommen.

Thomas Mann

Ernst Wiechert

Erich Kästner

Der Pen-Club, eine Vereinigung von P(oets und playwriters), E(ssayists and editors) und N(ovelists), 1921 von dem Briten Charles A. Dowson-Scott in London gegründet, ist ein internationales Forum für Schriftsteller. Das Anliegen des Pen-Clubs ist es, durch freien Gedankenaustausch zur Verständigung der Völker beizutragen.

Zu den bekanntesten Literaten auf dem diesjährigen Kongreß gehört der Franzose Jean Schlumberger, Autor des Kriegsbuches »Silence de la mer«. Italien wird durch Ignazio Silone vertreten, der eines der bekanntesten Mitglieder des Widerstands gegen den italienischen Faschismus war. Weiterhin sind u. a. Ernst Wiechert und Erich Kästner aus Deutschland, Robert Neumann aus Österreich, Emanuel Stickelberger aus der Schweiz und Prinz Wilhelm aus Schweden vertreten.

Fausto Coppi gewinnt den Giro

15. Juni. Der italienische Radrennfahrer Fausto Coppi gewinnt den Giro d'Italia, die bedeutendste Rundfahrt nach der Tour de France (→ 21. 7./S. 125).
Coppi legt die insgesamt 3865 km des rund drei Wochen dauernden Wettbewerbs in einer Durchschnittsgeschwindigkeit von 33,133 km/h zurück. Der Bergpreis des Giro geht an den Vorjahrs-Gesamtsieger Gino Bartali (Italien), der die Radrundfahrt durch Italien bereits 1936 und 1937 gewonnen hat und seit langem Coppis größter Konkurrent ist. Von 84 Teilnehmern erreichen in diesem Jahr nur 50 das Ziel.
Der 27jährige Coppi hat mit diesem Sieg einen weiteren Höhepunkt in seiner Karriere erreicht. In seinem vom Radsport begeisterten Heimatland ist der am 19. September 1919 in Castellania geborene Athlet zum Idol geworden. Der »Campionissimo« (Superchampion) stammt aus einer armen Familie. Früh mußte er sich seinen Lebensunterhalt selbst verdienen als radelnder Ausfahrer einer Wursthandlung. Von seinen Ersparnissen kaufte er sich sein erstes Rennrad.
Coppis Karriere begann 1937, als ihn der blinde Masseur Biagio Cavanna, ein Radsportfachmann, entdeckte. Aufgrund seines großen Kampfgeistes und idealer körperlicher Voraussetzungen verzeichnete Coppi bald seine ersten Erfolge. So gewann er 1940 die Romagna-Rundfahrt und im selben Jahr erstmals auch den Giro. 1941 folgten Siege in der Emilia-Rundfahrt, in der Venezia-Rundfahrt sowie im Etappenrennen durch die Varesiner Täler.
1942 wurde Coppi Italienischer Straßenmeister der Radprofis und stellte im November des gleichen Jahres in Mailand den Stundenweltrekord mit 45,871 km ein. Diese Leistung war um so beachtlicher, als die lombardische Hauptstadt in der Nacht vor dem Rekordversuch von britischen Flugzeugen bombardiert wurde und Coppi in einem Luftschutzkeller kaum zur Ruhe gekommen war.
1946 gewann Coppi mit Ausnahme des Giro alle bedeutenden italienischen Straßenrennen der Saison.

Gino Bartali, Sieger des Giro d'Italia der Jahre 1936 und 1937

Fausto Coppi, umjubelter Sieger des diesjährigen Giro d'Italia

Italiens Radfahreridol Fausto Coppi während des Giro d'Italia

Frömming siegt im Traber-Derby

22. Juni. Der Traber Avanti mit Johannes (»Hänschen«) Frömming im Sulky gewinnt das Deutsche Traber-Derby vor 30 000 Zuschauern auf der Rennbahn Berlin-Karlshorst.
Die Entscheidung in diesem Rennen der Dreijährigen ist ausgesprochen knapp: Nach Meinung der Kampfrichter hat Avanti im Ziel einen Kopf Vorsprung. Viele Zuschauer und Rennbeobachter sind allerdings der Ansicht, daß beide Pferde gleichauf waren und der Sieg hätte geteilt werden müssen. Für Sieger und Zweiten werden für einen Kilometer 1:26,8 Min. gestoppt.
Während des Rennens wechselte die Führung ständig: Zunächst belegte Avanti nur Platz vier hinter den Mitfavoriten Alberta, Blaupeter und Lortzing. Eingangs der Zielgeraden gelang es dann jedoch Frömming, sich um einige Längen vom Feld abzusetzen. Auf den letzten Metern kam allerdings Verfolger Almansor bedrohlich auf.
Für Frömming ist dies bereits der fünfte Sieg in einem Traber-Derby. Während der Reitsportveranstaltung in Berlin-Karlshorst kann Frömming noch zwei weitere Rennen für sich entscheiden.

Frömming (r.)

Hucks verliert gegen Gahrmeister

22. Juni. Der Deutsche Meister im Mittelgewichtsboxen der Profis, Dietrich Hucks, verliert seinen Titel in einem Kampf in der Berliner Waldbühne gegen den Wahlberliner Fritz Gahrmeister. Vor 20 000 Zuschauern muß Hucks nach der achten Runde aufgeben.
Nach einem vorsichtigen Abtasten in den ersten beiden Runden zwingt Gahrmeister seinen Kontrahenten erstmals in der vierten Runde zu Boden. Im weiteren Verlauf des einseitigen Duells wird Hucks nicht weniger als 16mal angezählt. Schwer angeschlagen gibt der chancenlose Titelverteidiger schließlich auf.

Im Kampf um die Deutsche Meisterschaft im Mittelgewichtsboxen geht Titelverteidiger Dietrich Hucks (l.) nach zehn Minuten erstmals zu Boden

Nach dem 16. Niederschlag kommt für Dietrich Hucks das »Aus«

Juli 1947

Mo	Di	Mi	Do	Fr	Sa	So
	1	2	3	4	5	6
7	8	9	10	11	12	13
14	15	16	17	18	19	20
21	22	23	24	25	26	27
28	29	30	31			

1. Juli, Dienstag

Der von einem britischen Militärgericht zum Tod verurteilte ehemalige General der deutschen Wehrmacht, Albert Kesselring, wird zu lebenslanger Haft begnadigt (→ 6. 5./S. 85).

Bei einem Außenministertreffen der UdSSR, Großbritanniens und Frankreichs in Paris lehnt der sowjetische Außenminister Wjatscheslaw M. Molotow den Marshallplan der USA ab (→ 10. 7.; 12. 7./S. 114).

Die Polizei deckt in Frankreich eine Verschwörung gegen die Republik auf. → S. 115

In den USA wird die Ermordung des Gangsterchefs Benjamin (»Bugsy«) Siegel bekanntgegeben.

2. Juli, Mittwoch

In Nürnberg endet der Parteitag der Sozialdemokraten, der am 28. Juni begonnen hatte. Die Delegierten bestätigen Kurt Schumacher als Parteivorsitzenden.

3. Juli, Donnerstag

Die französische und die britische Regierung laden nach dem Scheitern der Pariser Marshallplan-Konferenz 22 west- und osteuropäische Staaten für den 12. Juli zu einer Konferenz ein (→ 12. 7./S. 114).

Zwischen den vier Besatzungsmächten Deutschlands wird der freie Austausch von Zeitungen, Zeitschriften und Büchern vereinbart. → S. 119

Das belgische Parlament ratifiziert das Gesetz über die Bildung einer Zollunion mit den Niederlanden, das am 1. Januar 1948 in Kraft treten soll.

In Indonesien wird von Ministerpräsident Amir Scharif ud-Din eine neue Regierung gebildet.

4. Juli, Freitag

Im britischen Unterhaus in London wird von Premierminister Clement Attlee ein Gesetz über die Bildung zweier neuer Dominions (Indien und Pakistan) vorgelegt.

Bei den inoffiziellen Tennis-Weltmeisterschaften im Londoner Stadtteil Wimbledon, die am 30. Juni begonnen haben, gewinnt im Finale des Herren-Einzels der US-Amerikaner Jack Kramer gegen seinen Landsmann Tom Brown in drei Sätzen (→ 7. 7./S. 125).

In den USA wird ein speziell ausgerüstetes Flugzeug für den Präsidenten in Dienst gestellt. → S. 124

5. Juli, Sonnabend

Von der britischen Militärregierung in Deutschland wird im Hamburger Rathaus dem Deutschen Presse-Dienst (DPD) die Lizenz überreicht. Der DPD steht ausschließlich unter deutscher Verwaltung. → S. 119

In Genf findet eine Tagung der Europäischen Wirtschaftkommission der UNO statt.

Die Verhandlungen zwischen den USA und der UdSSR über die Bildung einer einheitlichen koreanischen Regierung werden ergebnislos abgebrochen. Beide Seiten können sich über die Zahl der zuzulassenden Parteien nicht einigen.

6. Juli, Sonntag

Auf dem Eisenacher Parteitag der ostzonalen Liberal-Demokratischen Partei Deutschlands (LDPD) wird der erste Vorsitzende Wilhelm Külz wiedergewählt.

Vor der UNO-Kommission für den Nahen Osten trägt eine jüdische Abordnung ihre Vorstellungen über die zukünftige Gestaltung Palästinas vor (→ 29. 11./S. 184).

In Spanien findet eine Volksabstimmung über die Regelung der Nachfolge von General Francisco Franco statt. 99% der abgegebenen Stimmen sprechen sich für die Einführung der Monarchie aus. → S. 115

Bei den inoffiziellen Tennis-Weltmeisterschaften im Londoner Stadtteil Wimbledon, die am 30. Juni begonnen haben, gewinnt in dem rein US-amerikanischen Endspiel Margaret Osborne in zwei Sätzen gegen Doris Hart (→ 7. 7./S. 125).

Fußballmeister der britischen Besatzungszone wird der Hamburger SV, der im Endspiel im Düsseldorfer Rheinstadion gegen Borussia Dortmund 1:0 gewinnt.

7. Juli, Montag

Die österreichische Regierung bittet um Aufnahme in die UNO.

Die französische Sozialistische Partei begrüßt in einer Resolution den Marshallplan (→ 5. 6./S. 100).

In Deutschland sind insgesamt 38 Hochschulen in Betrieb, an denen insgesamt 77 507 Studenten eingeschrieben sind.

8. Juli, Dienstag

Der Parteivorstand der ostzonalen CDU protestiert gegen die Entfernung von Parteimitgliedern aus öffentlichen Ämtern und ihre Ersetzung durch SED-Anhänger.

Die tschechoslowakische Regierung läßt in einem Kommuniqué mitteilen, daß sie die Einladung zur Marshallplan-Konferenz am 12. Juli in Paris annimmt (→ 10. 7./S. 114).

9. Juli, Mittwoch

Der CDU-Politiker Peter Altmeier wird zum Ministerpräsidenten von Rheinland-Pfalz gewählt (→ S. 118).

In Paris spricht sich General Charles de Gaulle für die Integration Deutschlands in ein künftiges vereinigtes Europa aus.

In Griechenland kommt es zu schweren Auseinandersetzungen zwischen der Regierung und der Linksopposition. 2800 Oppositionelle werden verhaftet.

In Dänemark beginnt die Repatriierung von 150 000 deutschen Flüchtlingen. Wöchentlich werden 1500 Personen in die französische Besatzungszone Deutschlands gebracht.

Bulgarien und Jugoslawien lehnen eine Teilnahme an der Marshallplan-Konferenz ab (→ 10. 7./S. 114).

In London wird die Verlobung von Prinzessin Elisabeth mit Oberleutnant Philip Mountbatten bekanntgegeben. → S. 124

10. Juli, Donnerstag

Der Zonenbeirat der britischen Besatzungszone Deutschlands lehnt die von den Militärbehörden geplante Bodenreform ab.

Die tschechoslowakische Regierung lehnt nach ihrer anfänglichen Zusage die Teilnahme an der Pariser Marshallplan-Konferenz ab. → S. 114

Der britische Premierminister Clement Attlee gibt im Unterhaus bekannt, daß Lord Louis Mountbatten und Mohammad Ali Dschinnah die Generalgouverneure für Indien bzw. Pakistan werden sollen.

In Berlin verteidigt Gustav Eder seinen Titel als Deutscher Meister im Weltergewichts-Boxen gegen Rolf Diekmann. → S. 125

11. Juli, Freitag

Die Regierung der Sowjetunion gibt erstmals bekannt, daß sie ein Gegenstück zum Marshallplan, den sogenannten Molotowplan, aufstellen wird.

Rumänien und Albanien lehnen die Teilnahme an der Pariser Marshallplan-Konferenz ab.

Rumänien beantragt seine Aufnahme in die UNO.

12. Juli, Sonnabend

Auf einer Tagung des erweiterten Vorstandes der ostzonalen CDU setzt sich einer der beiden Parteivorsitzenden, Jakob Kaiser, kritisch mit den politischen Verhältnissen in der Ostzone auseinander. → S. 117

In Paris beginnt die Marshallplan-Konferenz, zu der Frankreich und Großbritannien am 5. Juli eingeladen haben. → S. 114

Die USA und die Türkei unterzeichnen ein Abkommen über einen Kredit von 100 Millionen US-Dollar, mit denen die Türkei Rüstungsgüter in den USA kauft (→ 12. 3./S. 51).

13. Juli, Sonntag

Bei der Explosion eines Munitionsschiffes im Hafen der italienischen Stadt San Stefano kommen 60 Menschen ums Leben.

14. Juli, Montag

Ungarn und die UdSSR schließen ein Handelsabkommen ab.

15. Juli, Dienstag

In Nürnberg beginnt der Prozeß gegen die Offiziere der ehemaligen deutschen Wehrmacht, die vor allem auf dem Balkan und in Norwegen Kommandos innehatten.

Der amtsenthobene bayerische Minister für Entnazifizierung, Alfred Loritz, reist nach Berlin, um mit dem US-amerikanischen Militärgouverneur in Deutschland, General Lucius D. Clay, über die gegen ihn erhobenen Vorwürfe zu sprechen. → S. 120

In Rheinland-Pfalz wird unter Ministerpräsident Peter Altmeier (CDU) eine Regierung gebildet (→ S. 118).

Auf Drängen der USA akzeptiert Großbritannien das GATT-Abkommen. Dadurch wird das System der Vorzugszölle und des ungehinderten Warenaustausches durchlöchert, durch das die Commonwealth-Staaten wirtschaftlich miteinander verbunden sind.

16. Juli, Mittwoch

Der US-amerikanische Militärgouverneur in Deutschland, General Lucius D. Clay, wird von der US-Regierung mit weitgehenden Vollmachten und neuen politischen Richtlinien betraut. Darin ist u. a. vorgesehen, daß in Deutschland langfristig die Schaffung einer Zentralregierung angestrebt werden soll. → S. 117

Das von der Pariser Marshallplan-Konferenz geschaffene Komitee für den Wiederaufbau Europas tritt in Paris zu seiner ersten Sitzung zusammen (→ 12. 7./S. 114).

Der Zentralausschuß der Sozialdemokratischen Partei Rumäniens faßt eine Resolution, in der auf die Notwendigkeit hingewiesen wird, die innere Geschlossenheit der Arbeiterfront zu stärken. Es gelte, eine Außenpolitik zu betreiben, die auf den engsten freundschaftlichen Beziehungen zur Sowjetunion beruhe.

17. Juli, Donnerstag

Vor dem Palästina-Komitee der UNO fordert David Ben Gurion die Schaffung eines jüdischen Staates in Palästina und lehnt ein Mandat der UNO ab. → S. 115

In Ungarn wird eine neue Partei, die Unabhängige Demokratische Partei, gegründet.

Im Hafen der indischen Stadt Bombay kentert ein Fährschiff. 630 Menschen finden dabei den Tod.

›The Illustrated London News« vom 12. Juli mit einem Bericht vom Treffen der Außenminister Frankreichs und der Sowjetunion, Georges Bidault und Wjatscheslaw M. Molotow, während der Pariser Marshallplankonferenz

THE ILLUSTRATED LONDON NEWS,

SATURDAY, JULY 12, 1947.

THE PARTING OF THE WAYS: MR. MOLOTOV (LEFT) TAKES LEAVE OF M. BIDAULT IN PARIS, AFTER REFUSING TO ACCEPT THE ANGLO-FRENCH PROPOSALS FOR A COMMON EUROPEAN PLAN FOR ECONOMIC RECOVERY.

When Russia, after some delay, accepted the Anglo-French invitation to discuss the Marshall plan of American economic aid for Europe on the basis of a common European programme; and when Mr. Molotov first met Mr. Bevin and M. Bidault at the Quai d'Orsay on June 29, hopes in most of Europe and America ran high. British and French proposals were put forward on the basis that American aid was offered provided the European nations were able to agree on a common plan for common help. At an early stage Mr. Molotov declared that this constituted an infringement of sovereign rights, and that all that was required was a statement of needs. The discussions dragged on to July 2, however, when at the fifth meeting Mr. Molotov confirmed the apparently official Soviet view put out by the Tass agency, warned Britain and France that their proposals would divide Europe, and so brought the meetings to an end and deadlock. Britain and France, however, have invited all European countries, Spain, Germany, and the Soviet Union excepted, to discuss the American offer on the new restricted basis on July 12 in Paris: Russia having thus created by her action the situation which she was the first to denounce.

Juli 1947

Der Herausforderer Rocky Graciano schlägt in Chicago in einem Boxkampf um die Weltmeisterschaft im Mittelgewicht den Titelverteidiger Tony Zale (beide USA) durch K. o. in der sechsten Runde. →S. 125

18. Juli, Freitag

Die acht in Nürnberg 1946 verurteilten deutschen Hauptkriegsverbrecher treffen auf dem Berliner Flugplatz Gatow ein, um ihre Haftstrafen im Spandauer Gefängnis zu verbüßen. →S. 116

Der Kriegsminister der USA, Robert Patterson, reicht seinen Rücktritt bei Präsident Harry S. Truman ein. Zu seinem Nachfolger wird Kenneth C. Royall ernannt, der bisherige Staatssekretär Pattersons.

Nach der formellen Zustimmung durch den britischen König Georg VI. tritt das Gesetz über die Bildung der Dominien Indien und Pakistan in Kraft (→15. 8./S. 130).

Der chinesische Staatsrat beschließt, die Beteiligung der Kommunistischen Partei an den kommenden Wahlen zu verbieten (→1. 3./S. 53).

Die UdSSR erklärt sich bereit, 50 000 Deutsche, die aus Ungarn ausgesiedelt werden wollen, in der Ostzone anzusiedeln.

Wegen des Verdachts, sich am Schwarzhandel beteiligt zu haben, wird der amtsenthobene bayerische Minister für Entnazifizierung, Alfred Loritz, in München verhaftet (→15. 7./S. 120).

19. Juli, Sonnabend

Noch vor Abschluß der Verhandlungen zwischen der birmesischen Freiheitsliga und Großbritannien über die Unabhängigkeit Birmas wird General U Aung San von Anhängern des rechten Flügels der Freiheitsbewegung ermordet. →S. 115

Die indonesische Regierung bittet Indien, den Indonesien-Streitfall vor den Weltsicherheitsrat der Vereinten Nationen zu bringen.

Das US-Repräsentantenhaus in Washington nimmt das Gesetz über die Vereinigung der Teilstreitkräfte der USA an.

20. Juli, Sonntag

Auf Java leiten die Niederländer eine Offensive gegen die indonesischen Streitkräfte ein (→3. 8./S. 134).

In Prag beginnt das Weltjugendtreffen der Weltföderation der demokratischen Jugend, das bis zum 7. August dauert. 20 000 junge Menschen aus fast allen Ländern der Erde nehmen daran teil.

In Glyndebourne/Großbritannien wird Benjamin Brittens Oper »Albert Herring« uraufgeführt.

Die erste nach dem Zweiten Weltkrieg ausgetragene Tour de France endet in Paris mit dem Sieg des Franzosen Jean Robic. →S. 125

21. Juli, Montag

In Erfurt richtet die sowjetische Kommandantur ein Geschäft ein, in dem freie Waren verkauft werden. Die Preise orientieren sich an Schwarzmarktkursen. →S. 120

In der sowjetischen Besatzungszone erhalten die ehemaligen preußischen Provinzen Brandenburg und Sachsen-Anhalt Länderstatus (→S. 118).

In einem Brief an die Österreichische Kommunistische Partei (KPÖ) sichert der sowjetische Partei- und Regierungschef Josef W. Stalin die Entlassung aller österreichischen Kriegsgefangenen bis Jahresende zu.

22. Juli, Dienstag

In Württemberg-Hohenzollern wird die erste Landesregierung vorgestellt. Staatspräsident ist Lorenz Bock (CDU), sein Stellvertreter und zugleich Ministerpräsident Carlo Schmid (SPD) (→S. 118).

Die UdSSR lehnt die Beteiligung an der Friedensvertragskonferenz mit Japan wegen mangelnder Unterrichtung durch die USA ab.

General Albert Wedemeyer, der neue US-Sonderbeauftragte für China, trifft in Nanking ein.

Die Solinger Polizei erklärt bestimmte Straßen des Ortes zu »Spielstraßen«, die für den Durchgangsverkehr gesperrt sind. Die Maßnahme erfolgt wegen der starken Zunahme von Verkehrsunfällen, an denen Kinder beteiligt sind.

23. Juli, Mittwoch

In Frankfurt am Main tritt der Wirtschaftsrat der Bizone zur Wahl der Direktoren für die Hauptverwaltungen des Vereinigten Wirtschaftsgebietes zusammen. →S. 117

Das ehemalige Konzentrationslager Auschwitz wird von den polnischen Behörden in eine Gedenkstätte umgewandelt.

Die Zahl der noch vermißten deutschen Wehrmachtsangehörigen wird von der Wiesbadener Zentralstelle auf 1,7 Millionen geschätzt.

Die USA geben bekannt, daß sie Polen wirtschaftlich nicht unterstützen werden.

Der belgische Ministerpräsident Paul Henri Spaak tritt mit den Parteiführern des Landes in Verhandlungen über die mögliche Rückkehr von König Leopold III. (→29. 7./S. 115).

24. Juli, Donnerstag

Das Zentralsekretariat der SED wendet sich in einer Erklärung gegen die Einbeziehung der Bizone in den Marshallplan.

25. Juli, Freitag

In Baden wird die Zusammensetzung der Landesregierung bekanntgegeben. Staats- und Ministerpräsident ist Leo Wohleb (CDU) (→S. 118).

China nimmt eine Einladung der Vereinigten Staaten zur Beteiligung an den Verhandlungen über einen Friedensvertrag mit Japan an.

Die US-amerikanische Militärregierung gestattet den Opel-Werken in Rüsselsheim die Wiederaufnahme der Automobilproduktion für den Export.

Die 17jährige Britin Cathy Gibson stellt bei den britischen Schwimmeisterschaften in London mit 2:33,4 min. einen neuen Weltrekord im Kraulschwimmen über 220 Yards (rund 200 m) auf.

26. Juli, Sonnabend

Im Alliierten Kontrollrat für Deutschland scheitern die Verhandlungen über die Bestätigung der Wahl Ernst Reuters zum neuen Berliner Oberbürgermeister am Einspruch der sowjetischen Besatzungsmacht (→24. 6./S. 103).

Die Vereinigung der US-Teilstreitkräfte in einem Regierungsdepartment, dem neuen Verteidigungsministerium, ist abgeschlossen. James Forrestal wird zum ersten US-Verteidigungsminister ernannt.

Bulgarien beantragt seine Aufnahme in die UNO.

Die polnischen Sozialdemokraten und Kommunisten beschließen auf einer gemeinsamen Konferenz die Bildung einer Einheitsfront.

Die US-amerikanische Militärregierung in Deutschland verfügt die Demontage von weiteren 738 Industriebetrieben zu Reparationszwecken.

27. Juli, Sonntag

Nach einer Anordnung der sowjetischen Militärverwaltung werden für die Länder der Ostzone einheitliche Bezeichnungen eingeführt. Die Bezeichnung »Mark« für das Land Brandenburg entfällt.

Der chinesische Marschall Chiang Kai-shek kritisiert die einseitige Berichterstattung der US-Presse, die nur die Korruption in China hervorhebe.

In Pakistan wird eine verfassunggebende Versammlung gebildet.

28. Juli, Montag

Die rumänische Regierung löst die Bauernpartei auf.

Jugoslawien und die UdSSR schließen ein Handelsabkommen ab.

Die Verhandlungen zwischen der UdSSR und Großbritannien über den Abschluß eines Handelsvertrages werden ergebnislos abgebrochen.

20 Todesopfer und mehr als 1100 Verletzte fordert die Explosion eines mit Stickstoff beladenen norwegischen Dampfers im Hafen von Brest (Frankreich).

Frankreich erlebt mit 41°C einen neuen Hitzerekord. In Paris werden 39°C gemessen.

29. Juli, Dienstag

Die ungarischen Parteien schließen ein »Wahlbündnis der Parteien der ungarischen nationalen Unabhängigkeitsfront« ab (→31. 8./S. 135).

Die drei sozialistischen Parteien Belgiens lehnen eine Rückkehr von König Leopold III. ab. →S. 115

Zwischen Hamburg und New York wird von den United States Lines eine regelmäßige Schiffsverbindung aufgenommen.

30. Juli, Mittwoch

Der bisherige Intendant des Berliner Rundfunks, Max Seydewitz (SED), wird zum sächsischen Ministerpräsidenten gewählt. Er ist der Nachfolger seines verstorbenen Parteigenossen Rudolf Friedrichs (→S. 118).

In Berlin wird die Suchdienstverbindungsstelle des Deutschen Roten Kreuzes gegründet. →S. 122

Auf Antrag Indiens und Australiens wird die indonesische Frage auf die Tagesordnung des Weltsicherheitsrats der UNO gesetzt.

Das britische Unterhaus in London stimmt der Verstaatlichung der Elektrizitätswerke zu.

Im Finale des Verfolgungsrennens bei den Radweltmeisterschaften in Paris siegt der Italiener Fausto Coppi gegen seinen Landsmann Antonio Bevilacqua (→20. 6./S. 109).

31. Juli, Donnerstag

Der nordrhein-westfälische Landtag fordert in einer Entschließung die Einstellung der Industriedemontagen und die Aufstellung eines neuen Industrieplanes.

Die italienische Verfassunggebende Nationalversammlung billigt den am 10. Februar in Paris mit den Alliierten Siegermächten des Zweiten Weltkrieges unterzeichneten Friedensvertrag (→10. 2./S. 36).

In Vietnam bildet Präsident Ho Chi Minh eine neue Regierung, in der Bao Dai, der ehemalige Kaiser des Landes, die Funktion eines hohen Ratgebers ausübt. →S. 115

In Großbritannien stimmt König Georg VI. der Heirat seiner Tochter Elisabeth mit Leutnant Philip Mountbatten zu (→9. 7./S. 124).

Gestorben:

9. Innsbruck: Otto Ampferer (*1. 12. 1875, Hölting bei Innsbruck), österreichischer Geologe.

19. Königstein/Taunus: Max Dessoir (*8. 2. 1867, Berlin), deutscher Philosoph und Psychologe.

Der neue Leiter der USA-Mission für die Wirtschaftshilfe für die Griechen, Dwight P. Griswold, auf dem Titelblatt der »Badischen Illustrierten« vom 12. Juli 1947

Badische Illustrierte

FREIBURG I. BR. · 2. JAHRG.
NR. 10 · 12. JULI 1947 · PR. 40 PF.

Er spricht mit Truman! Mr. Griswold wurde von Präsident Truman zum Leiter der USA-Mission in Griechenland ernannt und übernimmt damit eine Hauptrolle in dem politischen Spiel um den Balkan. (Zu unserem Bildbericht »Griechenland« in diesem Heft) Aufnahme: Associated Press

Konferenz über den Marshallplan

12. Juli. In Paris beginnt eine Konferenz, an der Vertreter 16 europäischer Staaten teilnehmen. Auf der Tagesordnung steht die Beratung des vom US-amerikanischen Außenminister George C. Marshall am → 5. Juni (S. 100) angeregten Hilfsprogramms für Europa.

Nachdem am 2. Juli die Verhandlungen zwischen Großbritannien, Frankreich und der UdSSR über den Marshallplan gescheitert waren, hatten die britische und die französische Regierung am darauffolgenden Tag alle europäischen Nationen mit Ausnahme der Sowjetunion und Spaniens nach Paris eingeladen. Die sowjetische Führung übte jedoch auf die osteuropäischen Staaten Druck aus, so daß sie ihre Teilnahme absagen mußten (→ 10. 7./S. 114).

Am 13. Juli liegt der Bericht des Vorbereitungsausschusses der Konferenz vor, in dem die Bildung eines Komitees für wirtschaftliche Zusammenarbeit (Comittee on European Cooperation – CEEC) empfohlen wird. Dem CEEC gehören alle Teilnehmerstaaten der Pariser Konferenz an.

Bereits am 14. Juli erhält das CEEC von einem Arbeitsausschuß der Pariser Marshallplankonferenz den Entwurf eines Fragebogens vorgelegt, der an die Regierungen der 16 Teilnehmerstaaten sowie an die Oberbefehlshaber der deutschen Besatzungszonen zu richten ist. Darin sind acht Fragenkomplexe enthalten, deren Beantwortung die Grundlage für die Bemessung der Hilfe aus den USA sind. Gefragt wird u. a. folgendes:

- ▷ Welche wirtschaftlichen Probleme sind auf den Zweiten Weltkrieg zurückzuführen?
- ▷ Was ist zum Wiederaufbau in den betroffenen Staaten bisher getan worden?
- ▷ Welche Aufbaupläne existieren für die nächsten vier Jahre?
- ▷ Wie groß ist der Bedarf an Industrieanlagen?
- ▷ Welche Möglichkeiten bestehen für die betroffenen Staaten, sich untereinander zu helfen?

Am 24. Juli beschließt das CEEC, den Fragebogen an die Teilnehmerstaaten zu versenden.

Pariser Vorgespräche gescheitert: Frankreichs Außenminister G. Bidault

Der britische Außenminister Ernest Bevin (stehend) eröffnet am 12. Juli die Pariser Marshallplan-Konferenz

Absagen aus dem Osten Europas

10. Juli. Die Regierung der Tschechoslowakei nimmt ihre Zusage zur Teilnahme an der Marshallplan-Konferenz in Paris zurück (→ 12. 6./S. 114). Sie hatte die Einladung am 8. Juli zunächst angenommen. Ausschlaggebend für dieses Votum war u. a. die Tatsache, daß die traditionell westorientierte Wirtschaft der Tschechoslowakei ein großes Interesse an engen Beziehungen mit den Ländern Westeuropas hat.

Am 8. und 9. Juli waren der tschechische Ministerpräsident Klement Gottwald und sein Außenminister Jan Masaryk nach Moskau gereist, um über die Beteiligung am Marshallplan zu verhandeln.

W. M. Molotow

Nach dem Scheitern der Verhandlungen zwischen Großbritannien, Frankreich und der UdSSR in Paris lehnte die sowjetische Führung jedoch eine tschechische Teilnahme ab (→ 17. 6./S. 101). Vor seiner Abreise aus der französischen Hauptstadt hatte der sowjetische Außenminister Wjatscheslaw M. Molotow am 2. Juli in einer Erklärung die ablehnende Haltung der Sowjetunion zum Marshallplan dargelegt. Er sei, so Molotow, mit den Prinzipien der Zusammenarbeit souveräner Staaten unvereinbar.

Als am 3. Juli Großbritannien und Frankreich die Marshallplan-Konferenz nach Paris einberiefen, signalisierten die osteuropäischen Länder ihre Bereitschaft, sich zu beteiligen.

In dem positiven Echo dieser Staaten sah die Sowjetunion eine Gefährdung ihres politischen Einflusses und übte in den folgenden Tagen erheblichen Druck auf die Länder Osteuropas aus.

Vom 9. Juli an mußten diese dann ihre Teilnahme an der Konferenz absagen.

Angaben zur US-Hilfe

24. Juli. Der US-Handelsminister Averell Harriman gibt in Washington bekannt, daß der ihm unterstehende Beratende Ausschuß bis zum 1. Oktober Präsident Harry S. Truman einen Bericht über die Hilfsmöglichkeiten der USA im Rahmen des Marshallplans vorlegen wird. Bereits am 30. Juli erläutern Mitglieder dieses Ausschusses, der sich aus einer Reihe von bedeutenden Wirtschafts- und Finanzexperten zusammensetzt, die geplanten Schritte zur Durchführung des US-Hilfsprogramms für Europa.
Danach arbeiten die 16 am Marshallplan beteiligten Nationen zunächst einen Wirtschaftsplan aus. Anschließend erfolgt die Einbeziehung der westlichen Besatzungszonen Deutschlands, vertreten durch die Militärgouverneure. Nachdem der Beratende Ausschuß die Hilfsmöglichkeiten der USA geprüft hat, wird er sich mit dem Umfang der von den europäischen Nationen benötigten Lieferungen befassen. Abschließend erfolgt nach einer Erörterung von Finanzierungsfragen die Behandlung des Marshallplanes im US-Repräsentantenhaus und im Senat. Mit dem Abschluß des parlamentarischen Verfahrens und einer endgültigen Entscheidung wird für das Frühjahr 1948 gerechnet.

Averell Harriman, Handelsminister der USA, ist mit der Planung des Marshallplans beauftragt worden

König Leopold III. soll zurücktreten

29. Juli. In Belgien sprechen sich alle drei sozialistisch orientierten Parteien gegen die Rückkehr von König Leopold III. aus. Sie verlangen die Abdankung des im Exil lebenden belgischen Monarchen wegen seines Verhaltens während der deutschen Besetzung.
Dem 46jährigen König wird vorgeworfen, nach dem deutschen Einmarsch 1940 Belgien nicht verlassen zu haben. Er blieb statt dessen im Lande, mußte sich aber aller Regierungshandlungen enthalten. 1941 heiratete Leopold III. Liliane Baels, deren Familie zu den Kollaborateuren gerechnet wird. Im übrigen meinen viele Belgier, der Monarch sei vor 1940 zu autoritär gegenüber Regierung und Parlament aufgetreten.
Leopold III. befindet sich seit dem Jahr 1945 im Exil.

Leopold III.

Ben Gurion fordert jüdischen Staat

17. Juli. David Ben Gurion plädiert vor dem Sonderausschuß der Vereinten Nationen (UNSCOP), der zur Zeit in Palästina Ermittlungen über die Situation in dieser Region durchführt, für die Errichtung eines jüdischen Staates.
Gurion erläutert in seiner Rede zunächst die Aufnahmefähigkeit des Landes, das nach Meinung von Experten noch die Zuwanderung von Millionen von Juden zuließe, ohne auch nur einen einzigen Araber zu verdrängen. Er weist auf das Aufblühen der arabischen Wirtschaft in Palästina hin, wo sich Hunderttausende von Juden angesiedelt haben. Ben Gurion hält außerdem den Aufbau einer jüdischen bewaffneten Macht, und die Vorbereitung einer Staatsverwaltung für erforderlich (→ 29. 11./S. 189).

D. Ben Gurion

Putschpläne gegen Pariser Regierung

1. Juli. Die französische Polizei deckt eine umfangreiche Verschwörerorganisation auf. Dieses Bündnis von rechtsgerichteten Kräften mit dem Namen »Schwarzer Marquis« hatte die Regierungsübernahme in Paris zum Ziel. Der Geheimbund besteht aus Monarchisten, ehemaligen Kollaborateuren, Anhängern der Vichy-Regierung und rechtsextremen Gruppen. Mehrere prominente Persönlichkeiten des öffentlichen Lebens werden unter dem Verdacht des Hochverrats festgenommen.
Geplant war eine militärische Operation gegen die französische Hauptstadt. Eine Division sollte aus der Bretagne in Richtung Paris vorstoßen, eine andere aus der französischen Besatzungszone Deutschlands. Unter den Verhafteten sind unter anderem der Generalinspekteur der französischen Gendarmerie, General Bernard Guillaudot und Major André Loustauneau-Lucau, ein Mitarbeiter des früheren Staatschefs Henri Pétain.

Franco lebenslang Spaniens Präsident

6. Juli. In Spanien stimmt die Bevölkerung in einem Volksentscheid über einen Gesetzentwurf ab, der General Francisco Franco als Staatsoberhaupt einer Monarchie vorsieht. In der von Beobachtern als fragwürdig bezeichneten Abstimmung entscheiden sich nach offiziellen Angaben rund 90% der Wähler für diese Gesetzesvorlage.
Der Entwurf sieht die lebenslange Ernennung Francos zum Staatschef vor. Nach seinem Tod soll dann ein König spanisches Staatsoberhaupt werden. Dieser international einmalige Schritt löst im In- und Ausland Erstaunen und Unverständnis aus. Kritik wird vor allem am Wahlverfahren geübt: Die Teilnahme ist vorgeschrieben.

F. Franco

Exkaiser wird zum Ratgeber bestimmt

31. Juli. Der vietnamesische Präsident Ho Chi Minh gibt die Bildung eines neuen Kabinetts bekannt. Zum höchsten Ratgeber der Regierung wird Bao Dai, der ehemalige Kaiser von Annam, ernannt. Er hatte im August 1945 dem Thron entsagt. Annam und Tonking sind die Regionen Indochinas, die sich unter der Kontrolle der von Ho Chi Minh geleiteten republikanischen Regierung von Vietnam befinden.
Der Exkaiser wartet in seinem Hongkonger Exil auf einen günstigen Zeitpunkt für seine Rückkehr. Er tritt wie Ho Chi Minh für ein vereinigtes Indochina ein, das außer Tonking und Annam auch Kotschinchina, den südlichsten Teil Vietnams, umfaßt.

Ho Chi Minh

Sechs birmesische Minister ermordet

19. Juli. Bei einem Terroranschlag in der birmesischen Hauptstadt Rangun werden sechs Minister des Landes getötet und zwei weitere verletzt. Unter den Toten befindet sich der stellvertretende Ministerpräsident und Führer der antifaschistischen Freiheitsliga, U Aung San.
Vertreter der birmesischen Gewerkschaften beschuldigen die Führer der Parteien, die nicht der Freiheitsliga angehören und in Opposition zu ihr stehen, sie hätten zu dem Attentat angestiftet. U Aung San hatte eine birmesische Delegation geleitet, die im Januar mit der britischen Regierung über die Unabhängigkeit des Landes verhandelt hatte.
Nach Berichten von Augenzeugen drangen die fünf Terroristen in das Regierungsgebäude ein, wo sich das Kabinett versammelt hatte. Im Sitzungssaal eröffneten sie das Feuer auf die Regierungsmitglieder. Nach dem Anschlag entkamen die Täter unerkannt mit einem bereitstehenden Fahrzeug (→ 17. 10./S. 173).

Das Kriegsverbrechergefängnis im Berliner Bezirk Spandau, eine Aufnahme vom Wachwechsel aus späteren Jahren

Kriegsverbrecher nach Spandau

18. Juli. Sieben deutsche Kriegsverbrecher, die am 1. Oktober 1946 von einem Internationalen Gerichtshof in Nürnberg zu langjährigen Haftstrafen verurteilt worden waren, werden in das alliierte Gefängnis in Berlin-Spandau verlegt. Das ehemalige Festungsgefängnis ist zuvor von den vier Siegermächten für den Aufenthalt der Kriegsverbrecher umgebaut worden. Im Monatsrhythmus wird sich das alliierte Personal der USA, Frankreichs, Großbritanniens und der UdSSR in der Bewachung und Betreuung der gefangenen Kriegsverbrecher abwechseln.

Zu lebenslanger Haft verurteilt wurden der Stellvertreter des Führers, Rudolf Heß, Reichswirtschaftsminister Walther Funk und der Oberbefehlshaber der Kriegsmarine, Erich Raeder. Eine jeweils 20jährige Haftstrafe müssen in Spandau Reichsjugendführer Baldur von Schirach und der Architekt des Führers, Albert Speer, verbüßen. Zu 15 Jahren Haft verurteilt wurde Konstantin Freiherr von Neurath, der von 1932 bis 1938 Reichsaußenminister war und danach bis 1941 Reichsprotektor von Böhmen und Mähren. Großadmiral Karl Dönitz, der nach dem Selbstmord Adolf Hitlers dessen Amt als Reichspräsident bis zur Kapitulation innehatte, muß für zehn Jahre ins Spandauer Gefängnis.

Aus Nürnberg kommend, treffen die Kriegsverbrecher auf dem Flugplatz Berlin-Staaken ein. Von dort werden sie nach Spandau gebracht. Nach einer ärztlichen Untersuchung bei der Ankunft im Gefängnis müssen die Verurteilten ihren persönlichen Besitz mit Ausnahme von Familienfotos abgeben. Die sieben Männer erhalten Gefängniskleidung und werden dann in Einzelzellen untergebracht. Ihre Verpflegung entspricht der normalen deutschen Gefängniskost.

Die von den Alliierten entworfene Gefängnisordnung sieht außerdem vor, daß die Gefangenen alle zwei Monate einen Besucher empfangen dürfen. Weitere Besuche sind nur mit ausdrücklicher Genehmigung der Bewacher möglich. Dreimal im Jahr dürfen sie einen Brief schreiben oder erhalten.

Rudolf Heß

Karl Dönitz

Albert Speer

K. von Neurath

V. l.: Großadmiral Erich Raeder, Reichsjugendführer Baldur von Schirach und Walther Funk, Reichswirtschaftsminister seit 1938, vorher Reichspressechef

Prominente Häftlinge

Rudolf Heß (geboren 1894). Als eines der Gründungsmitglieder der NSDAP galt Heß lange Zeit als enger Vertrauter Adolf Hitlers. Bis zum Mai 1941 war er maßgeblich an Hitlers Kriegspolitik beteiligt. Dann flog Heß eigenmächtig nach Großbritannien, um dort über einen Waffenstillstand zu verhandeln.

Walther Funk (geboren 1890). Er diente dem Dritten Reich bis 1938 als Reichspressechef. In seiner Funktion als Reichswirtschaftsminister nahm er an den Angriffsvorbereitungen und der Ausbeutungspolitik der Nationalsozialisten teil.

Erich Raeder (geboren 1876). Der Großadmiral nahm an Planung und Führung von Angriffskriegen teil und leitete Mordbefehle weiter. Er gehörte nicht der NSDAP an.

Baldur von Schirach (geboren 1907). Als Gauleiter in Wien war der ehemalige Reichsjugendführer an der Judenverfolgung beteiligt. Als einer der wenigen Angeklagten legte er ein Schuldbekenntnis ab.

Albert Speer (geboren 1905). Er machte im Dritten Reich zunächst eine Blitzkarriere als »Architekt des Führers«. Seit 1942 als Reichsminister für Bewaffnung und Munition tätig, war er für den Arbeitseinsatz von Kriegsgefangenen und Zwangsarbeitern mitverantwortlich. Auch er zeigte Reue.

Konstantin Freiherr von Neurath (geboren 1873). Der parteilose Neurath wurde unter mildernden Umständen verurteilt, da er als Reichsprotektor in Prag Terrormaßnahmen einzuschränken versuchte.

Karl Dönitz (geboren 1891). Der parteilose Großadmiral und letzte Oberbefehlshaber der Marine wurde wegen seiner Mitwirkung an Angriffshandlungen und Kenntnis verbrecherischer Befehle verurteilt.

Direktoren für Bizone gewählt

23. Juli. In Frankfurt am Main tagt der Wirtschaftsrat der Bizone. Auf der Tagesordnung steht die Wahl der Direktoren für die fünf Hauptverwaltungen (Wirtschaft, Finanzen, Verkehr, Ernährung und Post) des Vereinigten Wirtschaftsgebietes (→ 1. 1./S. 16).

Auf Vorschlag des Exekutivausschusses, der sich aus je einem Vertreter der acht Länderregierungen der Bizone zusammensetzt, wird für das Ressort des Wirtschaftsdirektors der niedersächsische Wirtschaftsminister Alfred Kubel (SPD) nominiert. Seine Wahl kommt jedoch nicht zustande.

Der Wirtschaftsrat der Bizone hatte sich am 25. Juni in Frankfurt am Main feierlich konstituiert. Ihm gehören 20 Vertreter der CDU und CSU an, denen sich die zwei Vertreter der Deutschen Partei (DP) angeschlossen haben. Die SPD stellt 20, die FDP vier, die KPD drei, das Zentrum zwei und die WAV (Wirtschaftliche Aufbauvereinigung) einen Vertreter.

J. Semler

S.-Schöningen

Hauptstreitpunkt bei der Wahl der Leiter der Hauptverwaltungen der Bizone ist das Amt des Wirtschaftsdirektors. Die Nominierung von Alfred Kubel (SPD) stieß bei den Vertretern der anderen Parteien auf Widerstand, weil die Sozialdemokraten bereits in allen acht Ländern der Bizone den Wirtschaftsminister stellen. Da die SPD dennoch ihren Kandidaten durchsetzen will, geht sie am 24. Juli angesichts der Mehrheit von CDU, CSU, FDP und DP in die Opposition.

Am 24. Juli werden dann folgende Direktoren gewählt: Johannes Semler (CSU) übernimmt das Wirtschaftsressort. Direktor der Verwaltung für Ernährung wird Hans Schlange-Schöningen (CDU). Hans Schuberth (CSU) übernimmt das Post- und Fernmeldewesen. Für das Finanz- und das Verkehrsressort sind Otto Schniewind (CDU) und Eugen Fischer (CDU) vorgesehen (→ 1. 1./S. 16).

Ihnen gilt die Kritik der CDU: Wilhelm Pieck und Otto Grotewohl (r.)

US-Direktive für Besatzungspolitik

16. Juli. Die Regierung der Vereinigten Staaten von Amerika stellt mit einer neuen Direktive die Besatzungspolitik der USA in Deutschland auf eine neue Grundlage. In den Richtlinien für den US-amerikanischen Militärgouverneur General Lucius D. Clay wird u. a. folgendes festgelegt:

- ▷ »Als ... sofort durchzuführendes Programm strebt die Regierung der Vereinigten Staaten die Herstellung von politischen, wirtschaftlichen und sittlichen Verhältnissen in Deutschland an, die den Beitrag für ein gesichertes und blühendes Europa liefern werden«
- ▷ Dies bedeutet vor allem, daß die USA die Deutschen »beim Aufbau eines Staatswesens, das sich selbst erhalten kann«, unterstützen werden
- ▷ Zur Frage der deutschen Reparationsleistungen heißt es, »daß durch die Festlegung des Industrieniveaus, auf das man sich [1945 in Potsdam] ... als Basis für die Reparationsentnahmen geeinigt hat, zwar die übermäßige Industriekapazität Deutschlands ... eliminiert, nicht aber eine dauernde Beschränkung der deutschen Industriekapazität erreicht werden soll«

DIE NEUE ZEITUNG

EINE AMERIKANISCHE ZEITUNG FÜR DIE DEUTSCHE BEVÖLKERUNG

3. JAHRGANG / NUMMER 57 — 18. JULI 1947 — PREIS 20 PFENNIG

US-Regierung gibt General Clay neue Richtlinien

Positive amerikanische Politik in Deutschland

„Für ein geordnetes und blühendes Europa sind die wirtschaftlichen Beiträge eines stabilen und produktiven Deutschlands ebenso notwendig wie die Beschränkungen, die die Garantie geben sollen, daß der destruktive Militarismus in Deutschland nicht wieder aufleben wird."

NZ BERLIN, 17. Juli

Zum erstenmal seit Kriegsende haben die Vereinigten Staaten ihre Politik gegenüber Deutschland in neuen Richtlinien festgelegt. Das amerikanische Außenministerium, das Kriegs- und Marineministerium haben in einer gemeinsamen Direktive den Gouverneur für die amerikanische Besetzungszone, General Lucius D. Clay, von den Zielen der amerikanischen Politik in Deutschland in Kenntnis gesetzt. Die neuen Richtlinien lösen die bisherigen ab, die dem damaligen alliierten und amerikanischen Oberbefehlshaber, General Dwight D. Eisenhower, noch vor der bedingungslosen Kapitulation Deutschlands am 26. April 1945 von den vereinigten Stabschefs übergeben worden waren. Die jetzigen Richtlinien sollen dazu beitragen, einen gerechten und dauerhaften Frieden zu sichern, für den die wirtschaftliche Mitarbeit eines gefestigten und produktiv arbeitenden Deutschlands notwendig sei. Für alle Gebiete des öffentlichen Lebens, für Politik, Wirtschaft, Verwaltung, Rechtspflege und Kultur, werden Bestimmungen erlassen, die dafür bürgen sollen, daß Deutschland auf dem Wege des friedlichen und demokratischen Wiederaufbaues fortschreitet. Die Richtlinien geben den Deutschen die Möglichkeit, aus eigener Kraft zu neuem Wohlstand zu kommen und damit zum europäischen Wiederaufbau beizutragen. Die einzige Einschränkung wird mit der Bestimmung getroffen, daß Deutschland nicht mehr imstande sein soll, seinen zerstörenden Militarismus wieder zu entwickeln.

Den Wortlaut der Richtlinien veröffentlichen wir auf Seite 4.

Kongreß und Marshall-Plan

Keine Sondersitzung in diesem Jahr — Die Ernährung Europas

„Konferenz ohne Enttäuschungen"

Die Vollsitzungen in Paris beendet — Die Arbeit der Ausschüsse beginnt

Die Nachricht vom neuen Kurs der US-amerikanischen Besatzungsmacht in Deutschland wird in der »Neuen Zeitung« vom 18. 7. 1947 verkündet

Die neue, mit JCS 1779 bezeichnete Direktive trägt der Notwendigkeit eines wirtschaftlichen Wiederaufbaus Deutschlands Rechnung. Die bisherigen besatzungspolitischen Richtlinien (Direktive 1067), die aus dem Jahre 1945 stammen, werden außer Kraft gesetzt. Sie sahen eine harte und letzten Endes destruktive Politik gegenüber Deutschland vor. Wörtlich hieß es darin u. a.:

- ▷ »Deutschland wird nicht besetzt zum Zwecke seiner Befreiung, sondern als ein besiegter Feindstaat«
- ▷ Es sollen keine Schritte unternommen werden, »die zur wirtschaftlichen Wiederaufrichtung Deutschlands führen können oder ... geeignet sind, die deutsche Wirtschaft zu erhalten oder zu stärken«

In Anbetracht einer veränderten politischen Lage sehen sich die USA nun jedoch dazu veranlaßt, von ihrer ursprünglichen Haltung Abstand zu nehmen. Ausschlaggebend dafür sind vor allem die anhaltende wirtschaftliche Not in Europa und der sich verschärfende Konflikt zwischen Ost und West. Eine Nutzung des deutschen Wirtschaftspotentials ist nach Ansicht der USA unbedingt notwendig.

CDU-Vorsitzender übt Kritik an SED

12. Juli. Während in Paris die Verhandlungen über den Marshallplan beginnen (→ 12. 7./S. 114), setzt sich in Berlin Jakob Kaiser, einer der Vorsitzenden der CDU in der sowjetischen Besatzungszone, kritisch mit den politischen Verhältnissen in der Ostzone auseinander. Vor dem erweiterten Vorstand der CDU der Ostzone und Berlins betont Kaiser, daß die drohende politische Teilung Deutschlands mit aller Kraft verhindert werden müsse. Die Versuche der SED, mit dem Instrument der Blockpolitik einen einseitig kommunistisch ausgerichteten Prozeß der politischen Willensbildung in der Ostzone durchzusetzen, will Kaiser durch eine »absolut eigenständige Haltung« der Ost-CDU beantworten. Kaiser schlägt daher einige Leitsätze dazu vor:

Jakob Kaiser

- ▷ »Es entspricht den Regeln der Demokratie, daß für jede Partei die Freiheit ihrer Stellungnahme gegenüber anderen Parteien anerkannt und gewährleistet ist...
- ▷ Voraussetzung für die gedeihliche Arbeit der gemeinsamen Ausschüsse [der Parteien] ist die Gewährleistung völliger Gleichberechtigung der Parteien.«

Die Regierungen im besetzten Deutschland

1947 besteht Deutschland aus insgesamt 16 Ländern. Hinzu kommen das Saarland, das wirtschaftlich an Frankreich angeschlossen ist, und die Reichshauptstadt Berlin.

US-amerik. Besatzungszone

Wahl zur Bremer Bürgerschaft am 13. Okt. 1946
Wahlergebnis
SPD: 47,6% CDU: 18,9% BDV/FDP: 18,3%
KPD: 11,5% Sonstige: 3,7%

Wahlen zum Landtag in Hessen am 1. Dez. 1946
Wahlergebnis
SPD: 42,7% CDU: 30,9%
FDP/LDP: 15,7% KPD: 10,7%

Wahlen zum Landtag in Bayern am 1. Dez. 1946
Wahlergebnis
CSU: 52,3% SPD: 28,6% LDP/FDP: 5,6%
WAV: 7,4% KPD: 6,1%

Wahlen zum Landtag in Württemberg-Baden am 24. November 1946
Wahlergebnis
CDU: 38,4% SPD: 31,9%
DVP/FDP: 19,5% KPD: 10,2%

Bremen. Der Senat Bremens setzt sich aus einer Koalition von SPD, BDV/FDP (BDV: Bremer Demokratische Volkspartei) und KPD zusammen. Bürgermeister und Senatspräsident ist Wilhelm Kaisen (SPD). Kaisen, geboren 1887, wurde 1921 Mitglied der Bremer Bürgerschaft. 1933 setzten ihn die Nationalsozialisten als Senator ab.

Wilhelm Kaisen

Hessen. Seit dem 6. Januar 1947 bilden SPD und CDU eine Koalitionsregierung. Beide Parteien konnten sich z. B. über die Sozialisierung der Schlüsselindustrien verständigen. Durch ihre Politik vermittelt die hessische Regierung auch anderen Ländern Impulse. Dem Kabinett von Ministerpräsident Christian Stock (SPD) gehören als einflußreiche Politiker u. a. Werner Hilpert (CDU) als Finanz- und Georg August Zinn (SPD) als Justizminister an.

Christian Stock

Bayern. Seit den Wahlen bilden CSU, SPD und WAV (Wirtschaftliche Aufbau-Vereinigung) unter dem Ministerpräsidenten Hans Ehard (CSU) eine Koalitionsregierung. Ministerpräsident Ehard, geboren 1887, ist bereits seit 1945 in der Landesregierung als Justizminister tätig.

Hans Ehard

Württemberg-Baden. Unter dem Ministerpräsidenten Reinhold Maier – geboren 1889 – (DVP – Deutsche Volkspartei) regiert eine Allparteienkoalition. Obwohl seine Partei nur die drittgrößte Fraktion stellt, ist Maier dank seiner Persönlichkeit unangefochten.

Reinhold Maier

Britische Besatzungszone

Wahlen zum Landtag in Schleswig-Holstein am 20. April 1947
Wahlergebnis
SPD: 44,4% CDU: 34,5%
SSW: (Südschleswigscher Wählerverband) 7,9%
FDP: 5,1% KPD: 4,8%

Wahlen zur Hamburger Bürgerschaft am 13. Oktober 1946
Wahlergebnis
SPD: 43,2% CDU: 26,7%
FDP: 18,2% KPD: 10,4%

Wahlen zum Landtag in Niedersachsen am 20. April 1947
Wahlergebnis
SPD: 43,3% CDU: 19,9% NLP: 17,9%
FDP: 8,8% KPD: 5,7% Zentrum: 4,1%

Wahlen zum Landtag in Nordrhein-Westfalen am 20. April 1947
Wahlergebnis
CDU: 37,4% SPD: 32,0% KPD: 14,0%
Zentrum: 9,8% FDP: 6,0%

Schleswig-Holstein. Im Gegensatz zu den anderen Ländern stellt die SPD eine Alleinregierung. Ministerpräsident ist Hermann Lüdemann, geboren 1880, von Beruf Ingenieur. Von 1920 bis 1929 gehörte er dem preußischen Landtag an. 1920 und 1921 war er preußischer Finanzminister. 1933 verhaftet, verbrachte er zwei Jahre im Konzentrationslager.

H. Lüdemann

Freie und Hansestadt Hamburg. Trotz ihrer großen Mehrheit geht die SPD eine Koalition mit der FDP ein. Bürgermeister ist Max Brauer (SPD). Nach 1933 emigrierte er in die USA, von wo er 1946 zurückkehrte. Brauer wird als couragierter Politiker anerkannt. Er sieht seine Hauptaufgabe in der Rettung der Werften.

Max Brauer

Niedersachsen. Da die Bildung einer Allparteienregierung nicht zustande kommt, wird eine Koalition aus Vertretern von SPD, CDU, FDP, KPD und NLP (Niedersächsische Landespartei) gebildet. Ministerpräsident ist der 1893 geborene Hinrich Wilhelm Kopf (SPD), der 1945 zum Oberpräsidenten der Provinz Hannover ernannt wurde.

H. W. Kopf

Nordrhein-Westfalen. CDU, SPD, KPD und Zentrum bilden eine Koalitionsregierung. Ministerpräsident ist Karl Arnold (CDU). Der 1901 geborene Arnold war seit 1924 Funktionär in den christlichen Gewerkschaften. 1946 wurde er Oberbürgermeister von Düsseldorf. Als Vertreter des linken CDU-Flügels arbeitet Arnold mit der britischen Besatzungsmacht in Sozialisierungsfragen eng zusammen.

Karl Arnold

Französische Besatzungszone

Wahlen zum Landtag in Rheinland-Pfalz am 18. Mai 1947
Wahlergebnis
CDU: 46,9% SP (Sozialdemokraten): 34,6%
KPD: 8,7% FDP: 6,1%

Wahlen zum Landtag in Württemberg-Hohenzollern am 18. Mai 1947
Wahlergebnis
CDU: 54,2% SP (Sozialdemokraten): 20,8%
DVP (Dem. Volkspartei): 17,7% KPD: 7,3%

Wahlen zum Landtag in Südbaden am 18. Mai 1947
Wahlergebnis
BCSV 55,9% (Badische Christlich-Soziale Volkspartei)
SPB (Sozialdemokratische Partei Badens) 22,4%
DP (Demokratische Partei) 14,3%
KP (Kommunisten) 7,4%

Rheinland-Pfalz. In Rheinland-Pfalz regiert eine Allparteienkoalition. Der Christdemokrat Peter Altmeier (geboren 1899), einer der Mitbegründer der CDU, erweist sich im Amt des Ministerpräsidenten als politisch integrierende Kraft.

Peter Altmeier

Württemberg-Hohenzollern. Trotz aboluter Mehrheit bildet die CDU eine Koalition mit der SP und der DVP. Staatspräsident ist seit dem 22. Juli Lorenz Bock (geboren 1890, CDU). Unter seiner Führung streben die Parteien des Landes den Zusammenschluß der Länder Südbaden, Württemberg-Baden und Württemberg-Hohenzollern an.

Lorenz Bock

Südbaden. In Südbaden regiert eine Koalition aus BCSV und SP unter Ministerpräsident Leo Wohleb (BCSV). Bei der Regierungsbildung bestand die französische

Leo Wohleb

Militärregierung auf einem SPD-Wirtschaftsminister. Wohleb (geboren 1888), von Beruf Lehrer, ist ein Gegner des Südweststaates.

Saarland (französ. Zollgebiet). In Saarbrücken amtiert vorläufig noch ein vom französischen Gouverneur Gilbert Grandval eingesetzter Verwaltungsausschuß, der von den Vertretern der verschiedenen deutschen Parteien beschickt wird.

G. Grandval

Sowjetische Besatzungszone

Wahlen zum Landtag in Mecklenburg-Vorpommern am 20. Oktober 1946
Wahlergebnis
SED: 49,5%, CDU: 34,1%, LDP: 12,5%, VdgB (Vereinigung der gegenseitigen Bauernhilfe): 3,9%

Wahlen zum Landtag in Brandenburg am 20. Oktober 1946
Wahlergebnis
SED: 43,5% CDU: 30,3%
LDP: 20,5% VdgB: 5,7%

Wahlen zum Landtag in Sachsen-Anhalt am 20. Oktober 1946
Wahlergebnis
SED: 45,8% CDU: 21,9%
LDP: 29,9% VdgB: 2,4%

Wahlen zum Landtag in Thüringen am 20. Oktober 1946
Wahlergebnis
SED: 49,3% CDU: 18,9%
LDP: 28,5% VdgB: 3,3%

Wahlen zum Landtag in Sachsen am 20. Oktober 1946
Wahlergebnis
SED: 49,1% CDU: 23,3%
LDP: 24,8% Sonstige: 2,8%

Mecklenburg-Vorpommern. Ministerpräsident Wilhelm Höcker (SED) ist bereits 1945 als Präsident der Landesverwaltung in Schwerin eingesetzt worden.

Wilhelm Höcker

Brandenburg. In der Landeshauptstadt Potsdam steht der Ministerpräsident Karl Steinhoff (SED) dem Kabinett vor, in dem auch CDU und LDP vertreten sind.

Karl Steinhoff

Sachsen-Anhalt. Der Landesregierung in Halle/Saale steht Ministerpräsident Erhard Hübener (LDP) vor. In seinem Kabinett sind auch die SED und die CDU vertreten.

E. Hübener

Thüringen. In der Landeshauptstadt Weimar regiert Ministerpräsident Rudolf Paul. Er war zunächst parteilos und trat 1946 überraschend in die SED ein. 1945 wurde Paul Nachfolger von Hermann Louis Brill (SPD) im Amt des Präsidenten der Landesverwaltung.

Rudolf Paul

Sachsen. Am 30. Juli tritt Max Seydewitz (SED) die Nachfolge des am 16. Juni gestorbenen Rudolf Friedrichs (SED) als Ministerpräsident des Landes an.

Max Seydewitz

Groß-Berlin

Wahl zur Stadtverordnetenversammlung am 20. Oktober 1946
Wahlergebnis
SPD: 48,7% CDU: 22,2%
SED: 19,8% LDP: 9,3%

Groß-Berlin. Nach Gründung der SED im April 1946 erreichte die SPD in Berlin ihre Wiederzulassung in allen vier Sektoren der Stadt. Dem Magistrat gehören Vertreter aller Parteien an. Nach dem Rücktritt von Otto Ostrowski (SPD) am →17. April (S. 70) ist Ernst Reuter am → 24. Juni (S. 103) zum Oberbürgermeister gewählt worden.

Ernst Reuter

DPD in deutscher Hand

5. Juli. Im Hamburger Rathaus wird die bisher unter britischer Kontrolle stehende Nachrichtenagentur Deutscher Pressedienst (DPD) vollständig in deutsche Verantwortung übergeben. Vorsitzender der neuen deutschen Trägergesellschaft ist Anton Betz, Lizenzträger der »Rheinischen Post«. Der DPD beliefert insgesamt 49 deutsche Tageszeitungen mit Nachrichten aus aller Welt und unterhält selbst enge Kontakte mit zahlreichen ausländischen Nachrichtenagenturen.

Neben dem DPD, der mit britischer Lizenz arbeitet, existiert noch eine Reihe weiterer Nachrichtenagenturen in Deutschland. So wurde bereits im Juni 1945 mit US-amerikanischer Genehmigung die Deutsche Nachrichtenagentur (DENA) gegründet. In der französischen Besatzungszone folgte die Südena (Süddeutsche Nachrichtenagentur).

In der sowjetischen Besatzungszone existieren zwei Nachrichtenagenturen. Es sind dies einmal das Sowjetische Nachrichtenbüro (SNB), das die Besatzungsmacht selbst betreibt. Es wurde bereits im Juni 1945 eingerichtet. Außerdem gibt es seit Oktober 1946 den Allgemeinen Deutschen Nachrichtendienst (ADN).

Ein Zeitungskiosk: Presseerzeugnisse finden reißenden Absatz

Presseaustausch frei

3. Juli. Die Mitglieder des Koordinierungsausschusses im Alliierten Kontrollrat für Deutschland unterzeichnen eine Direktive, die den ungehinderten Austausch von Zeitungen, Filmen, Zeitschriften und Büchern zwischen allen vier Besatzungszonen Deutschlands vorsieht.

Die Direktive des Koordinierungsausschusses, dem die stellvertretenden Militärgouverneure der vier Besatzungsmächte angehören, geht auf einen Beschluß zurück, den die Außenminister der Siegermächte auf ihrer Tagung im März und April faßten (→ 10. 3./S. 50; 24. 4./S. 69).

Den Zonenbefehlshabern wird es demnach untersagt, den Verkauf von Presseerzeugnissen aus anderen Zonen zu behindern oder zu untersagen. Ausgenommen sind hiervon allerdings Publikationen, die u. a. die militärische Sicherheit der Alliierten gefährden oder profaschistische Tendenzen zeigen.

Der freie Austausch von Presseerzeugnissen gestaltete sich im ersten Jahr alliierter Besatzungsherrschaft in Deutschland relativ problemlos. Im Herbst 1946 kam es allerdings zu ersten Behinderungen beim Verkauf von Zeitungen aus den Westzonen und den Westsektoren Berlins in der Ostzone. Auch in der französischen Besatzungszone wurde die Einfuhr von Zeitungen zeitweilig unterbunden.

15 Zeitungen erscheinen allein in der ehemaligen Hauptstadt Berlin

Affäre Alfred Loritz

15. Juli. Der ehemalige bayerische Minister für Entnazifizierung, Alfred Loritz, versucht in einem Gespräch mit dem US-amerikanischen Militärgouverneur in Deutschland, General Lucius D. Clay, die gegen ihn erhobenen Vorwürfe zu entkräften. Loritz wurde kürzlich seines Amtes enthoben, da begründeter Verdacht besteht, er habe sich im großen Stil an Schwarzmarktgeschäften beteiligt.

Der amtsenthobene bayerische Sonderminister Alfred Loritz (r.)

Der 1902 in München geborene Loritz war während der nationalsozialistischen Gewaltherrschaft im Widerstand tätig und lebte lange Jahre im Untergrund. 1945 übte er zunächst seinen Beruf als Anwalt wieder aus und war dann Mitbegründer und Vorsitzender der Wirtschaftlichen Aufbauvereinigung (WAV). Seit Dezember 1946 ist er fraktionsloses Mitglied im bayerischen Landtag und wurde zum bayerischen Staatsminister für Sonderaufgaben ernannt. Er war für die Entnazifizierung zuständig. Im Juni 1947 enthob man ihn wegen seiner Verstrickung in Schwarzmarktgeschäfte seines Amtes. Er soll große Mengen Benzin gegen Schweizer Franken verkauft haben. Loritz weist die Vorwürfe entschieden zurück und fühlt sich als Opfer einer Hetzkampagne. Am 18. Juli wird er in München verhaftet (→ 4. 10./S. 169).

Verkauf freier Waren

21. Juli. In Erfurt wird mit Genehmigung der Sowjetischen Militärverwaltung (SMAD) ein Geschäft eröffnet, in dem Waren zum freien Verkauf angeboten werden. »Frei« bedeutet in diesem Fall, daß für den Kauf keine Bezugsscheine nötig sind, die Preise liegen dafür bei denjenigen für Schwarzmarktprodukte (→ 31. 1./S. 26). So kostet z. B. 1 kg Schmalz 550 RM, ein Paar Damenstrümpfe zwischen 70 und 100 RM. Der Nachschub an Waren scheint gesichert zu sein, denn der freie Verkauf unter Aufsicht der sowjetischen Besatzungsmacht soll weiter ausgedehnt werden. Große Mengen an Nudeln und anderen Nährprodukten sind bereits angekündigt, ebenso der Verkauf von Benzin.

Selbst am Würstchenstand (wie hier am Potsdamer Platz in Berlin) sind Lebensmittelmarken erforderlich

Nachahmung findet das Erfurter Projekt zunächst in Berlin am Alexanderplatz sowie in Pankow und Niederschönhausen, wo unter jugoslawischer Regie, von der SMAD sanktioniert, an fünf Stellen Nahrungs- und Genußmittel zum freien Verkauf kommen.

Die Käufer bilden meist Einkaufskollektive, und so kommen z. B. elf Leute zu ihrem gewünschten Pfund Käse, der im ganzen abgegeben 1200 RM kostet. Bei den Geschäften handelt es sich in der Regel um provisorisch eingerichtete Baracken.

Blick in die Montagehalle der Moskauer Stalin-Autowerke, in der die Regierungslimousinen des Typs »SIS 110« gefertigt werden

Automobilproduktion bei den Studebaker-Werken in South-Bend (US-Bundesstaat Indiana); vorgefertigte Karosserieteile für Pkw

Preisgekrönter zweisitziger schnittiger Sportwagen aus Großbritannien: Das im Jahr 1947 gefertigte Kabriolett 30 – H. P. Allard

Exportschlager der britischen Automobilindustrie; der neue Austin A40 Devon Saloon mit 40 PS

Der Studebaker Champion Regal De Luxe, das erste Modell einer fünfsitzigen Limousine des renommierten US-amerikanischen Automobilherstellers aus South-Bend

Auto/Verkehrsmittel 1947:

Produktion steigt langsam an

Die Automobilproduktion in der Welt leidet 1947 weiterhin an den Kriegsfolgen und ist gekennzeichnet durch Rohstoffknappheit und Facharbeitermangel.

Speziell die deutsche Autoindustrie liegt noch immer danieder, weil die Werke wegen der Demontagen wenig Produktionskapazitäten haben. Ein erheblicher Teil der hergestellten Kraftfahrzeuge wird nur gegen Devisen abgegeben, da die meisten Rohstoffe im Ausland beschafft werden müssen. Deshalb wird fast ausschließlich für den Export produziert.

Das Volkswagenwerk in Wolfsburg kann theoretisch 4000 Wagen im Monat bauen, aber nur, wenn genug Kohle und Stahl verfügbar sind. Volkswagen beschäftigt etwa 8000 Arbeitskräfte, kann aber den Bedarf an qualifiziertem Personal kaum decken.

Ein besonders schwerwiegendes Problem stellt die teilweise mangelhafte Qualität der Zubehörteile dar. So besitzen beispielsweise die Reifen nur rund 25% der Lebensdauer gegenüber der von Vorkriegsprodukten.

Das größte Herstellerland für Kraftfahrzeuge sind weiterhin die USA. Die US-amerikanischen Autofirmen fertigen rund 80% aller weltweit produzierten Pkw und etwa 70% aller Lkw. Der Vorkriegsstand von vier Millionen Pkw und zwei Millionen Lkw pro Jahr ist allerdings noch lange nicht erreicht, zur Zeit verlassen rund zwei Millionen Pkw und eine Million Lkw die US-amerikanischen Fabriken. Da während des Zweiten Weltkriegs die Werke fast nur für die Rüstung arbeiteten, ist der Bedarf der Amerikaner an neuen Autos groß, so daß die Wagen nur über Wartelisten erhältlich sind.

Diese Lücke versuchen die europäischen Hersteller zu schließen; speziell Frankreich und Großbritannien exportieren verstärkt in die USA, um so ihren Devisenbedarf zu decken. Frankreich führt rund 80% seiner Produktion in die Vereinigten Staaten aus, die Briten sogar 88%. Um den Verkauf anzukurbeln, entwickeln die Ingenieure extra für den US-Markt zugeschnittene Wagen, die auf der im Herbst stattfindenden Pariser Automobilausstellung dem Publikum vorgestellt werden. So besticht der »Supertrahvit« der französischen Firma Rosengart durch seine amerikanische Linienführung.

Zu den interessantesten in Paris erkennbaren Tendenzen gehört das Bemühen der Hersteller, den Benzinverbrauch zu senken, z. B. durch Leichtmetallkonstruktionen und windschlüpfrige Karosserien. Damit soll der angespannten Versorgungslage Rechnung getragen werden. Viele der ausgestellten Autos sind allerdings nur Prototypen und noch nicht erhältlich.

Viel Aufsehen erregt der neue Peugeot 203, dessen Chassis aus einem Stück gefertigt ist. Der Vier-Zylinder-Motor hat eine Leistung von 45 PS und bringt den Wagen auf eine Höchstgeschwindigkeit von 115 km/h. Der Benzinverbrauch liegt sehr niedrig und beträgt 7,5 l bei einer Geschwindigkeit von 70 km/h. Interessant ist auch der neue Simca 6: Höchstgeschwindigkeit 95 km/h, Verbrauch nur 5 l bei Tempo 70. Mit 170 000 Francs außergewöhnlich preiswert ist der erstmals vorgestellte Renault 4, der eine Art französischer Volkswagen werden soll. Er bietet zwar technisch nichts Neues, ist aber solide und praktisch gebaut. Ein britischer Hersteller zeigt ein ungewöhnlich schnell beschleunigendes Auto, den Austin 40: In nur 18 sec von 0 auf 85 km/h. Er verbraucht 10 l Benzin, erreicht eine Spitzengeschwindigkeit von 135 km/h und soll nur 5 l Öl auf 5000 km benötigen.

Ein allgemeiner Trend wird besonders deutlich: Das Schrumpfen der Modellpalette. So wurden z. B. in Großbritannien vor dem Zweiten Weltkrieg noch 136 Modelle angeboten, heute sind nur 62 erhältlich. Der Grund liegt darin, daß nur durch die moderne Großserienfertigung sich Autos heute noch wirtschaftlich herstellen lassen.

Berliner Illustrierte

UNTER DER HAUBE . . .

Britischer Kleinwagen mit beweglichem Chassis und 5 PS

Deutsches Kleinstauto aus Altmaterial mit 5 PS Leistung

Für viele häufig die letzte Hoffnung, vermißte Angehörige zu finden; der DRK-Suchdienst

Suchdienstzentrale in der Berliner Kanonierstraße; auch Heimkehrer suchen Angehörige

Aktion »Kinder suchen ihre Eltern«; in der Ostzone hilft die Wochenschau dem Suchdienst

Neuer DRK-Suchdienst gegründet

30. Juli. In Berlin-Dahlem wird die Suchdienst-Verbindungsstelle des Deutschen Roten Kreuzes (DRK) gegründet. Sie geht hervor aus der losen Verbindung der Suchdienst-Arbeitsgemeinschaft mit dem evangelischen Hilfswerk und dem Landesnachforschungsdienst des DRK.

Aufgabe der neuen Stelle ist der Kontakt mit dem Suchdienst des sowjetischen Sektors und mit den Suchdiensten der Westsektoren, um die Nachforschung zu erleichtern.

Damit haben auch die Berliner eine feste Stelle, an die sie sich wenden können, wenn sie Angehörige suchen oder wenn sie Informationen zur eigenen Identität erhalten wollen. Die Kartei des Dahlemer Suchdienstes umfaßt 2,3 Millionen Eintragungen. Danach werden 850 000 Soldaten und 300 000 Zivilisten gesucht. Von 250 000 Wehrmachtsangehörigen liegen Meldungen vor, daß sie verstorben sind. Ferner sind die Namen von 230 000 Kriegsgefangenen verzeichnet. 670 000 Suchende haben bereits ihre Personalien und Suchwünsche bei der Suchdienststelle abgegeben.

Vermißtenkartei des Bayerischen Roten Kreuzes in München

Jeder vierte Bürger in Deutschland nimmt die Dienste des DRK-Suchdienstes in Anspruch. Neben der Dienststelle in Berlin gibt es in Hamburg und München Hauptstellen. Der Münchener Suchdienst unternimmt vor allem Nachforschungen, um Angehörige der ehemaligen Wehrmacht zu finden. Er gibt Verschollenen-Namenslisten heraus, unternimmt Einzel- und Gruppennachforschungen und befragt Heimkehrer. In München befindet sich auch die zentrale Namenskartei der Suchenden und Gesuchten. Ferner werden hier Suchanträge an ausländische Rotkreuz-Gesellschaften und an das Internationale Komitee vom Roten Kreuz weitergeleitet. Darüber hinaus wird die allgemeine Aufklärung und Suche über Presse und Rundfunk vorgenommen.

In Hamburg kümmert man sich um die verschollene Zivilbevölkerung, sucht Kinder bzw. deren Eltern und bemüht sich um Familienzusammenführungen.

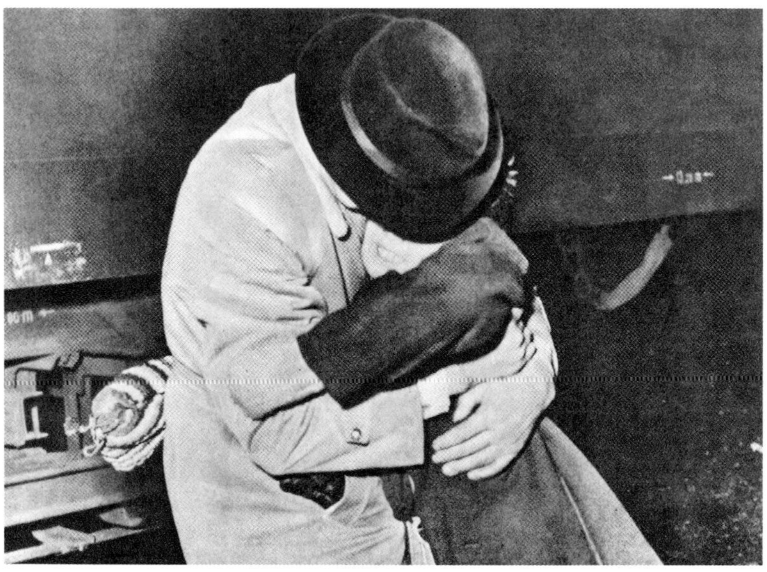

Auch solche Bilder gehören zum Alltag, denn in vielen Fällen führen die Nachforschungen des Suchdienstes des Roten Kreuzes zum Erfolg

DRK-Suchdienst bringt Hoffnung

Briefe an das Deutsche Rote Kreuz zeigen, wie wichtig für viele Menschen, die infolge der Nachkriegswirren ihre Angehörigen vermissen, die umfassende Sucharbeit des Deutschen Roten Kreuzes ist:

»Liebes rotes Kreuz! Ich habe gehört, daß Du auch nach vermißten deutschen Soldaten suchst. Nun möchten wir Dich bitten, ob Du auch so gut sein willst und nach unserem Papa suchen willst. Mutti hat schon so oft an den Suchdienst geschrieben, aber von nirgends hat sie Antwort bekommen. Aber auch wir, mein Bruder Udo (zehn Jahre alt) und ich, möchten doch so gerne wissen, wo unser Papa ist, ob er lebt oder nicht, am schönsten wäre es ja, wenn er noch leben würde. . . .«

»Ich danke Gott, daß er unsere Schicksale so gütig gelenkt hat und daß ich meinen einzigen, für tot beweinten Sohn in diesem Leben noch einmal geschenkt bekam. Auch Ihnen möchte ich meinen aufrichtigen Dank aussprechen. . . .«

». . . Möchte dem Deutschen Roten Kreuz für seine Mühe und Arbeit aufrichtigen Dank hierdurch aussprechen. Denn auf diese Meldung waren meine Kinder und ich [schon] gefaßt. Da ich nun inzwischen in das Rentenalter gelangt bin, war mir diese [Todes-]Meldung . . . von wichtiger Bedeutung. . . .«

Messerschmitt plant Flugzeugbau

18. Juli. Der deutsche Flugzeugkonstrukteur Willy Messerschmitt gibt bekannt, daß er in Deutschland bleiben und eine friedliche Flugzeugproduktion aufbauen möchte. Messerschmitt wird von Firmen und Militärs aus aller Welt umworben. Er gilt als einer der fähigsten Flugzeugbauer überhaupt.

Experten stehen seinem Plan der Schaffung einer neuen deutschen Flugzeugindustrie skeptisch gegenüber. Da die vier Besatzungsmächte Techniken ablehnen, die Deutschland in die Lage versetzen könnten, wieder einen Krieg zu führen, ist mit einer Genehmigung zur Zeit nicht zu rechnen.

Der 1898 in Frankfurt am Main geborene Messerschmitt konstruierte eine Vielzahl von erfolgreichen Flugzeugen. Seine wohl größte Leistung vollbrachte er 1943: Die Fertigung der ME 262, dem ersten in Serie gebauten Düsenflugzeug der Welt. Einen legendären Ruf erlangte auch das Jagdflugzeug Bf 109 G, das über einen Zwölfzylinder-Motor mit 1475 PS verfügte und eine Reichweite von 1000 km besaß. Nach Ende des Zweiten Weltkriegs wurde er zunächst nach London gebracht und von der britischen Royal Air Force über seine Rolle in der deutschen Rüstungsindustrie befragt. Seit acht Monaten hält er sich in Nürnberg auf, um dem US-amerikanischen Militärgericht als Zeuge zur Verfügung zu stehen.

Der erfolgreiche Flugzeugkonstrukteur Willy Messerschmitt

Jugendstildekor auf einer Tasse, entworfen von Konrad Hentschel im Jahre 1906; die Porzellanmanufaktur im sächsischen Meißen, die nun als sowjetische Aktiengesellschaft arbeitet, hat eine lange Tradition

Wieder Porzellan aus Meißen

Die Porzellanmanufaktur Meißen beginnt mit der Wiederaufnahme von Handelsbeziehungen zum Ausland. Gleichzeitig wird ein Beirat gegründet, der dafür sorgen soll, daß die Produktion der ehemals so renommierten Firma auch wieder ihren künstlerischen Wert erhält. Zu seinen Mitgliedern zählen Künstler wie die Bildhauerin Etha Richter und der Kunsthistoriker Wolfgang Balzer.

Wenngleich bei der einheimischen Bevölkerung eher Bedarf an Geschirr für den alltäglichen Gebrauch besteht, so wird durch die künstlerische Betreuung der Manufaktur, deren Markenzeichen die gekreuzten Schwerter sind, ein kultureller Mittelpunkt für die Ostzone geschaffen.

Während die Maler bestrebt sind, das Porzellan, das für sich in Anspruch nimmt, das härteste und weißeste seiner Art zu sein, nun wieder kunstvoll mit den bekannten Dekors »Wickenblüte«, »Purpurrose«, »Bunte Blume« und »Orchidee« zu verzieren, werden unter der künstlerischen Leitung von Heinz Werner neue Muster und Formen kreiert. Die Produktpalette umfaßt auch Menschendarstellungen und Tierplastiken.

Die Reorganisation der seit Juli 1946 unter sowjetischer Verwaltung als Teil der Aktiengesellschaft »Zement« stehenden Manufaktur zeigt nun erste Erfolge.

Eine Deckeldose mit umlaufender Küstenlandschaft (um 1745)

Ein Deckeldöschen mit Schuppendekor, hergestellt um 1725

Amphore von Michel Victor Acier

Tischleuchter von J. J. Kaendler

Die britische Prinzessin Elisabeth feiert ihre Verlobung

9. Juli. *Das britische Königshaus in London gibt offiziell die Verlobung von Prinzessin Elisabeth und Leutnant Philip Mountbatten bekannt (Aufnahme am Verlobungstag). Damit bestätigen sich Gerüchte, die diese Verlobung schon seit Jahren prophezeiten. Es wird vermutet, daß die Trauung Anfang November in der Abtei von Westminster stattfinden soll.*

Die 21jährige Prinzessin Elisabeth ist die älteste Tochter des britischen Königs Georg VI. und die rechtmäßige Thronfolgerin. Philip Mountbatten war früher Prinz von Griechenland, verzichtete jedoch bei seiner Einbürgerung in Großbritannien auf seinen Titel. Er ist ein Vetter des griechischen Königs, Neffe des indischen Vizekönigs Lord Louis Mountbatten und Vetter zweiten Grades des Vaters von Prinzessin Elisabeth, König Georg VI. *(→ 20. 11./S. 190).*

Präsident Trumans neues Flugzeug

4. Juli. Rund eine Million US-Dollar kostet den US-amerikanischen Steuerzahler das neue »fliegende Weiße Haus« ihres Präsidenten Harry S. Truman. Das allen Ansprüchen gerecht werdende Flugzeug wird am amerikanischen Nationalfeiertag vorgestellt.

Auf der Nase der viermotorigen Maschine vom Typ Dacota 6, die auf den Namen »Independence« (Unabhängigkeit) getauft wurde, glänzt das aufgemalte Staatswappen der USA, ein Adler, der allein 2000 US-Dollar kostete. Das neue Flugzeug, das in Santa Monica/Kalifornien von der Douglas Aircraft Company gebaut wurde, hat eine rund 22 Meter lange Kabine für 25 Personen, in der normalerweise 52 Fluggäste untergebracht sind. Im hinteren Teil der Maschine befindet sich ein Konferenz- und Arbeitsraum, weiter vorn liegt der Präsidentenraum, dessen Mahagonitür mit dem großen Staatssiegel der Vereinigten Staaten geschmückt ist.

Die normale Besatzung der »Independence« besteht aus sieben Mann unter dem Kommando von Oberstleutnant Henry S. Myers.

Humor 1947:

Komik in der Notzeit

Eigentlich haben die Menschen im Hungerjahr 1947 kaum Grund zum Lachen. Und dennoch bietet auch die Zeit der Not und des Elends genügend Anlaß für (häufig unfreiwilligen) Humor. Die in Deutschland erscheinenden Zeitungen versäumen es trotz der Papierknappheit nicht, ihren Lesern zuweilen Kostproben von Ereignissen zu präsentieren, die einer gewissen Komik nicht entbehren.

Aus Nürnberg wird berichtet: Ein Hellseher, der einer Frau den Tod ihres Gatten in der Gefangenschaft für 100 Mark in allen Einzelheiten beschrieb, erwachte eines Tages nach dem Besuch des heimgekehrten »Toten« in seinem zerstörten Hellseherstudio mit blauen Augen und blutendem Kopf.

*

Im Naturkundemuseum Hamburg entdeckte man, daß der Spiritus aus den Standgläsern, in denen Tierpräparate aufbewahrt wurden, gestohlen war.

Die Diebe konnten gefaßt werden: Es waren Schwarzhändler, spezialisiert auf Alkohol.

*

Auszug aus einer Bekanntmachung des Bezirksamtes von Berlin-Wilmersdorf:

»Jedes Schulkind erhält alle fünf Tage eine Tafel Schokolade. Es hat sofort nach Erhalt die Tafel anzubeißen.« (Angebissene Schokolade ist auf dem Schwarzmarkt schwer verkäuflich.)

Auszug aus einer eidesstattlichen Erklärung der Münchener Spruchkammer: »... bin ich politisch zuverlässig, weil ich 1905 den damals noch 16jährigen Adolf Hitler geohrfeigt habe.«

»Trizonopolis 1. April. Vom überzonalen Hauptamt für wirtschaftliche Aufwärtsentwicklung, Abteilung Finanzen, Sektion Notenumlauf wird mitgeteilt, daß noch in diesem Jahr mit einer dritten Währungsreform zu rechnen sei. Diese Maßnahme erwies sich als notwendig, weil für die nach der zweiten Währungsreform ausgegebenen Noten so schlechtes Papier verwendet wurde, daß sie buchstäblich schnell vergriffen waren.«

In einer satirischen Vorschau auf das Jahr 1960 bringt die Zeitung »Die Welt« zum Jahreswechsel 1947/48 folgenden Beitrag mit Anspielungen auf die überall in Deutschland wuchernde Bürokratie und deren Maßnahmen:

Aus der Antwort des Ernährungsamtes der Stadt Frankfurt am Main an die neugeborene Tochter einer Frankfurterin, die wegen Überfüllung aller Kliniken zur Entbindung in das benachbarte Bad Homburg gefahren wurde:

»... können wir erst Lebensmittelkarten bewilligen, nachdem eine Zuzugsgenehmigung beantragt und angewiesen worden ist.«

*

Und schließlich prognostiziert für das Jahr 2000 »Die Neue Zeitung« aus München:

»Bei einem [Londoner] Anwalt werden sich die Erben zweier englischer Offiziere einfinden, um festzustellen, wer von ihnen der Besitzer der dort ... deponierten 10 000 Pfund ist ... 1940 hatten nämlich zwei englische Offiziere je 5000 Pfund gewettet. Der eine hatte behauptet, daß in 60 Jahren von 100 wahllos befragten Europäern nur noch fünf den Namen des damaligen deutschen Führers werden nennen können.«

Die USA dominieren in Wimbledon

7. Juli. In London endet das Wimbledon-Tennisturnier mit einem Triumph der US-amerikanischen Teilnehmer. Sämtliche Endspiele dieser inoffiziellen Weltmeisterschaften gewinnen Spieler und Spielerinnen aus den USA.

Im Herreneinzel wurde Jack Kramer am 4. Juli seiner Favoritenrolle gerecht und schlug seinen Landsmann Tom Brown in drei Sätzen 6:1, 6:3 und 6:2. Brown hatte während des gesamten Matchs keine Chance gegen den souverän spielenden Kramer, der ein perfektes Tennis bot und kaum Fehler machte. Experten bezeichnen Kramer als die wohl herausragendste Spielerpersönlichkeit des gegenwärtigen Welttennis.

Das Damenfinale bestritten am 6. Juli die beiden US-Amerikanerinnen Doris Hart und Margaret Osborne. Sie lieferten sich ein spannendes Match, das Osborne für sich entscheiden konnte. Das Ergebnis von 6:2 und 6:4 täuscht allerdings etwas über die Ausgeglichenheit der Begegnung hinweg, in der die Siegerin anfangs erhebliche Rückhandschwächen zeigte. Am Netz spielte sie jedoch ihre Stärken aus und machte wichtige Punkte.

Im Augenblick des Sieges: Jack Kramer (USA, r.) springt über das Netz

Siegerin Margaret Osborne

Das Herrendoppel gewinnt Kramer an der Seite seines Landsmanns Bob Falkenburg gegen die US-Spieler Tony Mottram und Billy Sidwell in drei Sätzen 8:6, 6:3, 7:5. Das Damendoppel können überraschend Doris Hart und Patricia Todd gegen Margaret Osborne und Louise Brough (alle USA) 3:6, 6:4 und 7:5 gewinnen. Auch im Gemischten Doppel findet ein US-Finale statt: Louise Brough und John Bromwich schlagen Nancy Bolton und Collin Long verdient 1:6, 6:4 und 7:5.

Graciano erringt Weltmeistertitel

17. Juli. In Chikago wird der US-amerikanische Boxer Rocky Graciano Weltmeister im Mittelgewicht. Er schlägt den bisherigen Titelträger Tony Zale (USA) durch technischen K. o. in der sechsten Runde.

In dem bis auf den letzten Platz besetzten Stadion verläuft der Kampf in den ersten beiden Runden ausgeglichen. In der dritten Runde hat der Weltmeister jedoch Vorteile, er trifft Graciano schwer am Kopf. Der Herausforderer geht kurz zu Boden, kann aber weiter boxen, obwohl seine linke Augenbraue aufgeschlagen und das rechte Auge zugeschwollen ist. Graciano wird in der fünften und sechsten Runde zunehmend offensiv und bedrängt den Weltmeister hart. Zale muß zahlreiche Treffer einstecken und ständig zurückweichen. Dann landet Graciano einen linken Kopfhaken, der Zale regelrecht aus dem Ring wirft. Der Ringrichter bricht den Kampf ab und erklärt Graciano zum Sieger durch technischen K. o.

Nach der Begegnung gratulieren als erste die legendären Boxer Jack Dempsey und Gene Tunney dem neuen Mittelgewichts-Weltmeister.

Erstmals wieder Tour de France

20. Juli. In Paris gewinnt der Bretone Jean Robic überraschend die erstmals seit 1939 (wegen des deutschen Einmarschs 1940) wieder ausgetragene Tour de France. Der französische Fahrer René Vietto kann seiner Favoritenrolle nicht gerecht werden und belegt den fünften Rang. Die Mannschaftswertung gewinnt Italien.

Hunderttausende von begeisterten Zuschauern verfolgen an der 4640 km langen Strecke das am 25. Juni in der französischen Hauptstadt gestartete Rennen. Vietto, der Kapitän der französischen Nationalmannschaft, gewinnt zwar zwei Etappen und trägt 15mal das Gelbe Trikot, liegt aber in der Endwertung hinter Jean Robic.

Die Tour de France gilt als das härteste Fahrrad-Straßenrennen der Welt. Die Strecke ist in 21 Etappen mit fünf Ruhetagen eingeteilt. Erstmals wurden Luxemburg und die belgische Hauptstadt Brüssel in die Tour einbezogen. Die Preisgelder betragen insgesamt fast fünf Millionen französische Francs, davon 500 000 Francs für den Gesamtsieger und 850 000 Francs für die Mannschaftssieger. Das übrige Preisgeld erhalten die Einzelsieger der Etappen und die spurtstärksten Fahrer der Tour.

Der bretonische Radsportler Jean Robic bei der schwierigsten Etappe der traditionellen Tour de France, der Überquerung der Alpen

Eder verteidigt erneut den Titel

10. Juli. Das Boxidol Gustav Eder verteidigt in Berlin erfolgreich die Deutsche Weltergewichtsmeisterschaft gegen den Herausforderer Rolf Diekmann. Eder gewinnt seinen 13. Kampf als amtierender Deutscher Meister verdient nach Punkten. Die unter freiem Himmel stattfindende Begegnung wird trotz irregulärer Bedingungen (strömender Regen) durchgeführt.

Rund 6000 begeisterte Zuschauer sehen in der Berliner Hasenheide einen souverän kämpfenden Eder. Der Lokalmatador bestimmt nahezu alle Runden. Der Herausforderer muß in der Schlußrunde vom Ringrichter angezählt werden, erhebt sich aber wieder. Kurz darauf trifft ihn ein Haken in die Magengegend, und er muß erneut zu Boden. Nur der Gong rettet Diekmann vor dem Auszählen. Zum klaren Sieger nach Punkten wird der Rekordmeister Gustav Eder erklärt.

August 1947

Mo	Di	Mi	Do	Fr	Sa	So
				1	2	3
4	5	6	7	8	9	10
11	12	13	14	15	16	17
18	19	20	21	22	23	24
25	26	27	28	29	30	31

1. August, Freitag

Die Hitzewelle in Europa hat Italien erreicht: In der Hauptstadt Rom werden 36°C gemessen.

In Hamburg wird die erste deutsche Sauna-Großanlage eröffnet. Sie dient zugleich als Heil- und Kuranstalt.

2. August, Sonnabend

Die sowjetische Militärverwaltung in Deutschland weist die Behauptung des SPD-Vorsitzenden Kurt Schumacher zurück, wonach die SPD in der Ostzone verboten sei. Vielmehr habe es seit dem Zusammenschluß von SPD und KPD im April 1967 zur SED kein Gesuch um Neugründung der Sozialdemokratischen Partei gegeben.

Sowjetische Truppen besetzen österreichische Ölraffinerien in der Lobau, die teilweise Eigentum britisch-US-amerikanischer Gesellschaften sind.

In Chile wird eine neue Regierung gebildet, die größtenteils aus Militär und Fachleuten besteht.

Neuer Staatspräsident von Uruguay wird Luis Batlle y Berres. Er tritt die Nachfolge des verstorbenen Staatspräsidenten Tomás Berreta an.

Im Duell der deutschen Fußball-Altmeister verliert in Gelsenkirchen Schalke 04 gegen den 1. FC Nürnberg 1:2.

3. August, Sonntag

Nach Aufforderung durch die Vereinten Nationen stellen Niederländer und Indonesier die Kampfhandlungen in Indonesien ein. → S. 134

Der VfR Mülheim gewinnt die inoffizielle deutsche Handball-Meisterschaft. In Oberhausen gewinnt der Verein 8:6 gegen Waldhof Mannheim.

4. August, Montag

Nach sowjetischen Angaben befinden sich noch 34 italienische Staatsbürger in sowjetischen Kriegsgefangenenlagern. Mehr als 130 000 Italiener seien seit Kriegsende repatriiert worden.

Die Einrichtungen der Werften von Blohm & Voss in Hamburg werden von der Interalliierten Reparationskommission in Brüssel unter fünf Länder aufgeteilt (USA, Norwegen, Niederlande, Tschechoslowakei und Frankreich).

Anläßlich des Tages der Sowjetluftwaffe springen in Moskau sowjetische Fallschirmspringer aus 11 240 m Höhe ab. Die mit Atmungsgeräten ausgerüsteten Soldaten landen nach rund 20 Minuten (→ 26. 8./S. 141).

5. August, Dienstag

In Seelisberg (Schweiz) endet eine seit dem 30. Juli tagende internationale Konferenz zur Bekämpfung des Antisemitismus. Die Tagungsteilnehmer fordern die Aufhebung aller Einwanderungsbeschränkungen für Juden, die nach Palästina einwandern wollen (→ 22. 8./S. 134).

Bulgarien beantragt seine Aufnahme in die Vereinten Nationen (UNO).

Bei einem Eisenbahnunglück auf der Route des Balkan-Expreß kommen in dem tschechoslowakischen Ort Sekula 22 Menschen ums Leben.

6. August, Mittwoch

Die britische Militärregierung in Deutschland genehmigt das nordrhein-westfälische Gesetz zur Sozialisierung des Kohlebergbaus.

In Frankfurt am Main bezeichnet der stellvertretende Vorsitzende der SED, Walter Ulbricht, jeden Versuch, das Ruhrgebiet politisch oder wirtschaftlich von Deutschland zu trennen, als die Vernichtung der politischen und wirtschaftlichen Einheit Deutschlands. → S. 138

Der Premierminister von Großbritannien, Clement Attlee, fordert von der Bevölkerung des Landes Opfer zur Produktionssteigerung und Haushaltssicherung.

In Großbritannien halten anti-jüdische Ausschreitungen an. Anlaß ist die Ermorderung von zwei britischen Sergeanten in Palästina.

Während der Salzburger Festspiele wird Gottfried von Einems Oper »Dantons Tod« uraufgeführt. → S. 143

Mit 38,5°C herrschen in Wien die höchsten Temperaturen seit 1775.

7. August, Donnerstag

Vor einem US-Militärgericht in Dachau beginnt der Prozeß gegen 19 Angehörige des Lagerpersonals des ehemaligen KZ Nordhausen.

Der schleswig-holsteinische Landtag stimmt einer Gesetzesvorlage über die Verstaatlichung der Schlüsselindustrien zu. Davon sind die Kohlengruben und Bergwerke, die Eisen-, Stahl- und chemische Industrie sowie die Kraftwerke betroffen.

Der US-amerikanische Außenminister George C. Marshall gibt bekannt, daß sein Land einen Kredit der Import-Export-Bank in Höhe von 7 Millionen US-Dollar an Ungarn gesperrt hat (→ 31. 8./S. 135).

Der norwegische Naturforscher Thor Heyerdahl gibt den Erfolg der Expedition »Kon-Tiki« bekannt. → S. 142

8. August, Freitag

Die sowjetische Militärverwaltung in Deutschland fordert von der Deutschen Reichsbahn in der Ostzone die Lieferung von Eisenbahnschienen. Daraufhin beginnt die Demontage mehrerer Bahnstrecken. → S. 138

Im Berliner Krankenhaus Tempelhof beträgt das Durchschnittsgewicht der eingelieferten Männer 50 kg; das der Frauen 43 bis 45 kg.

Britische und deutsche Polizei führen in den Seebädern Timmendorfer Strand, Niendorf, Scharbeutz und Westerland auf Sylt Großrazzien durch. Die Untersuchungen richten sich vor allem gegen Preiswucher zum Nachteil der Kurgäste.

9. August, Sonnabend

Gegenwärtig kommen in Deutschland auf 100 Männer 125 Frauen. In Berlin gibt es z. B. fast eineinhalb mehr weibliche als männliche Bewohner. → S. 139

In Moisson (Frankreich) findet das erste internationale Pfadfindertreffen seit dem Ende des Zweiten Weltkriegs statt.

10. August, Sonntag

Der US-amerikanische Militärgouverneur in Deutschland, General Lucius D. Clay, gibt bekannt, daß die Rüstungsindustrie in der US-Zone abgebaut sei und rund acht Millionen deutsche Kriegsgefangene entlassen worden seien.

In Frankreich wird der Brotpreis von der Regierung um mehr als 100% heraufgesetzt.

Bei einem Zugunglück in der Nähe der britischen Stadt Doncaster kommen 15 Fahrgäste ums Leben; 50 weitere werden verletzt.

Nach 78:05:11 h beendet der US-amerikanische Pilot William P. Odom in Chicago einen Weltrekordflug um die Erde. → S. 141

11. August, Montag

Die Vertreter Großbritanniens und der USA im Alliierten Kontrollrat in Berlin teilen dem Vertreter der UdSSR mit, daß die Zuteilung weiterer Reparationen von dem Abschluß eines neuen Vertrages über das deutsche Industrieniveau und der Verwirklichung der Wirtschaftseinheit Deutschlands abhängig gemacht werden müsse (→ 29. 8./S. 138).

12. August, Dienstag

Die Alliierte Kommandantur in Berlin lehnt es endgültig ab, Ernst Reuter als Berliner Oberbürgermeister zu bestätigen (→ 24. 6./S. 103).

Deutsche Exporteure erhalten von den britischen und US-amerikanischen Besatzungsbehörden die Genehmigung, sich künftig 10% ihrer Verkaufserlöse in Devisen gutschreiben zu lassen.

Das von der britischen Regierung verkündete Notprogramm zur Behebung der Wirtschaftskrise des Landes tritt in Kraft. → S. 136

Der Rest der japanischen Kriegsflotte wird im Losverfahren zwischen China, den USA, Großbritannien und der UdSSR verteilt.

13. August, Mittwoch

Zwischen der deutschen Bizone und Jugoslawien wird ein Handelsabkommen abgeschlossen.

Bei einem Fußball-Länderspiel in Warschau besiegt Rumänien die polnische Mannschaft 2:1.

14. August, Donnerstag

In Nürnberg wird die Anklageschrift gegen Alfried Krupp von Bohlen und Halbach und zwölf ehemalige Direktoren des Krupp-Konzerns unterzeichnet. → S. 139

Von einem US-Militärgericht in Dachau werden von 31 Angehörigen des Personals des ehemaligen KZ Buchenwald 22 zum Tode verurteilt. Fünf Angeklagte erhalten lebenslängliche Zuchthausstrafen.

In der neuen pakistanischen Hauptstadt Karatschi finden die Feiern zur Unabhängigkeit statt. → S. 134

Die USA erlassen Italien die im Friedensvertrag festgelegten Zahlungsverpflichtungen.

15. August, Freitag

Indien erhält im Rahmen des Commonwealth seine Unabhängigkeit von Großbritannien. → S. 130

In Petropolis in der Nähe von Rio de Janeiro treten die Außenminister von 19 amerikanischen Staaten zu einer panamerikanischen Konferenz zusammen. → S. 136

Der CDU-Parteitag der britischen Besatzungszone Deutschlands wählt Konrad Adenauer wieder in das Amt des Vorsitzenden. → S. 138

Bei einem Grubenunglück in Whitehaven (Großbritannien) kommen 104 Bergleute ums Leben.

16. August, Sonnabend

Der sowjetische Militärgouverneur in Deutschland, Marschall Wassili D. Sokolowski, ordnet die Einstellung der Entnazifizierung in der Ostzone an.

Die australische Regierung beschließt die Verstaatlichung aller Privatbanken des Landes.

In Bulgariens Hauptstadt Sofia wird der Führer der oppositionellen Agrarpartei, Nikola Petkoff, zum Tod verurteilt. → S. 135

17. August, Sonntag

In Krakau beginnt ein Prozeß gegen Anhänger der polnischen Bauernpartei. Ihnen wird Spionagetätigkeit vorgeworfen. (→ 4. 1./S. 20).

In einem Boxkampf um die Deutsche Weltergewichtsmeisterschaft in Hannover erreicht Titelverteidiger Gustav Eder ein Unentschieden gegen Walter Blumental.

Thema der Nummer 189 des »Abend« vom 15. August ist die Unabhängigkeit Indiens

Der Abend

EINE ZEITUNG FÜR BERLIN

2. JAHR · NR. 189 FREITAG, 15. AUGUST 1947 15 PFG. AUSWÄRTS 20 PFENNIG

SCHUMACHER SPRACH — 26 000 *hörten zu. Schumacher und Louise Schroeder.* Foto: Drewsky

Heute in Neu-Delhi

Auf der Schwelle der Selbständigkeit

Neu-Delhi, 15. August (UP)

Die Uebernahme der Regierungsgewalt durch das indische Kabinett fand heute um Mitternacht im Rundsaal der indischen Nationalversammlung statt, inmitten der Prunkgebäude des britischen Regierungsviertels, der Zeugen einer 200 Jahre dauernden Herrschaft.

Beim zwölften Schlage der Uhr verkündete ein Hornstoß den Beginn des freien Indiens. In makellosem Weiß, in einheimisches Tuch gekleidet, erschien Ministerpräsident Nehru, der Führer der Kongreßpartei, der neben dem Ministerpräsidium auch die Aemter des Außenministers und des Ministers für wissenschaftliche Forschung übernommen hat, zusammen mit den Mitgliedern seines Kabinetts, in dem die fünf Moslem-Minister durch fünf neue Minister, darunter eine Frau, ersetzt worden sind, um den Regierungseid abzulegen.

Nach Beendigung der Eidesleistung brach die Menge in Jubel aus und sang die indische Nationalhymne.

Nehru und der Präsident der verfassunggebenden Versammlung begaben sich sodann zum Hause Mountbattens, um ihn offiziell von seiner Ernennung zum Generalgouverneur des Dominiums Indien und der Zusammensetzung des neuen indischen Kabinetts zu unterrichten.

Ueberall in Indien dasselbe Bild. In Kalkutta, in Bombay, in sämtlichen Städten des Landes wurde die Geburtsstunde der Freiheit ausgiebig gefeiert. Zusammenstöße haben außer in Lahore in keiner Stadt stattgefunden.

Union Jack eingezogen

Lucknow, 15. August (UP)

Der Union Jack, die britische Flagge, die so viele Jahre über Indien geweht hatte, wurde gestern abend in aller Stille und ohne irgendwelche offizielle Zeremonie eingezogen.

Auf das Kommando des Generals Curtis zogen drei britische Offiziere die Flagge ein, falteten sie zusammen und trugen sie zum britischen Hauptquartier.

Gandhi mahnt

Kalkutta, 15. August

„Die beiden Dominien nehmen eine schwere Bürde auf sich. Deshalb fordere ich jedermann auf, die Würde des Tages zu wahren, indem er eine 24stündige Fastenzeit einhält", sagte Gandhi, UP zufolge, nach seiner allabendlichen Gebetsversammlung.

Jedermann sollte für das Wohl des gesamten Indien beten. Es sollte auch jedermann soviel als möglich an diesem Tage spinnen, da das Spinnen mit der Hand Arm und Reich in Indien zusammengeführt und unzähligen Millionen Arbeit gegeben hat.

Kalkutta voller Flüchtlinge

Kalkutta, 15. August (UP)

Schwärme ziellos wandernder Hindus und Moslems überfluten augenblicklich Kalkutta, Moslems, die aus dem Westen Bengalens nach dem Osten wollen, und Hindus, die nach Westen wandern. Sie sind die Leidtragenden der Teilung Indiens. Der Weg beider Gruppen kreuzt sich in Kalkutta. Tausende haben sich einfach auf den Straßen niedergelassen.

257 Tote in Lahore

Neu-Delhi, 15. August (UP)

In Lahore sind innerhalb der letzten 72 Stunden bei Zusammenstößen, wie die „Hindustan Times" berichten, 257 Personen getötet und 144 schwer verletzt worden. Ueber 150 Personen seien Opfer von Ueberfällen auf Züge geworden. 48 Häuser seien vollkommen niedergebrannt.

Es besteht wenig Aussicht auf eine Verbesserung der Lage, solange nicht endgültig entschieden ist, welche Teile Bengalens zu Pakistan und welche zu Indien gehören.

Kohle für Frankreich

Paris, 15. August (DPD/Reuter)

Gegen eine Erhöhung des deutschen Industrie-Darfs erhebe Frankreich keine Einwände, erklärte gestern ein Sprecher des französischen Außenministeriums. Voraussetzung sei, daß davon das Niveau der französischen Industrie nicht betroffen wird.

Zu den bevorstehenden Londoner Verhandlungen zwischen den USA, England und Frankreich, die sich mit dem Ausmaß der deutschen Industrie befassen sollen, erklärte der französische Sprecher, die Arbeiter an der Ruhr müßten in die Bergwerke und nicht vor die Hochöfen gebracht werden.

Frankreichs Politik einer Internationalisierung der Ruhr sehe eine Sonderkommission der UN für die direkte Verwaltung der Ruhrbergwerke und die Verteilung der Produktion vor.

Kohle, Kohle!

Frankreichs Haltung sei die gleiche, wie sie Außenminister Bidault auf der Moskauer Außenministerkonferenz dargelegt habe. Frankreich habe nichts gegen eine Erweiterung der deutschen Industrie, wenn für die dazu nötige Kohle gesorgt werde und wenn die Kohle nicht zur Wiederaufrüstung Deutschlands diene.

Die deutsch-französische Stahlrelation

Nach dem Monnet-Plan für 1946 zum wirtschaftlichen Wiederaufbau Frankreichs sei eine Steigerung der französischen Stahlproduktion auf elf Millionen Tonnen jährlich im Jahre 1950 vorgesehen. Vor dem Kriege produzierte Frankreich sieben Millionen Tonnen Stahl gegenüber einer deutschen Stahlproduktion von 18 Millionen Tonnen. Für dieses Jahr rechne man in Frankreich mit einer Produktion von 6 Millionen Tonnen Stahl, während für Deutschland eine Stahlproduktion von etwa 3,5 oder 4 Millionen Tonnen veranschlagt werde.

„Wenn wir zum Vorkriegsverhältnis in der Stahlproduktion zurückkehren, erklärte abschließend der Sprecher des französischen Außenministeriums, wird die wirtschaftliche Maschinerie Europas nicht funktionieren. Wenn Frankreich den Monnet-Plan verwirklichen will, muß es auch an andere Faktoren als an die Frage der Industrieanlagen denken. Lebenswichtig ist die Kohle."

Bündnis Burma—England

London, 15. August (AP)

Eine britische Kommission unter Führung von Sir Stafford Cripps wird sich nach Burma begeben, um die burmesischen Führer zum Beitritt zu einem gemeinsamen Verteidigungsbündnis England-Indien-Pakistan im Rahmen der UN zu veranlassen.

Obgleich die burmesische Regierung aus dem britischen Common-Wealth ausscheiden will, nimmt man an, daß Burma sich dem Verteidigungsbündnis anschließen wird.

Währungsfragen in Paris

Washington, 15. August (AP)

Der Leiter des Internationalen Währungsfonds Gutt wurde nach Paris berufen, um mit den Vertretern der 16 europäischen Staaten zu verhandeln, die sich an den Vorarbeiten für die Verwirklichung des Marshall-Planes beteiligen.

Gutt wird, wie Regierungsbeamte mitteilten, heute mit seinen Mitarbeitern, Bernstein und Rolin, New York verlassen, um acht bis vierzehn Tage in Paris zu bleiben.

Vermittlung in Paraguay

Washington, 15. August (DENA/Reuter)

Zu einer Vermittlung zwischen der Regierung und den Aufständischen in Paraguay erklärte sich gestern die amerikanische Regierung bereit.

Fischerei-Protest

Kopenhagen, 15. August (AP)

Gegen das Fischen mit Munition an dänischen Fischplätzen der Ostsee hat die dänische Regierung, wie ein Sprecher des Außenministeriums erklärte, bei der Sowjetunion Protest erhoben.

„Invasion" vereitelt

Forli, 15. August (UP)

200 Studenten der Universität Bologna hatten sich napoleonische Uniformen verschafft und rückten, mit diesen angetan, gegen die Grenzen der Republik San Marino vor.

Zu ihrer großen Enttäuschung war jedoch der bis in alle Einzelheiten vorbereitete „Invasionsplan" von einigen als „Kriegskorrespondenten" tätigen Journalisten verraten worden. Die Regierung von San Marino wandte sich sofort an die italienischen Behörden. Die „Invasion" wurde verhindert.

Krise Moskau—Athen

London, 15. August (AP)

Der sowjetische Geschäftsträger in Athen suchte gestern nach einer von Radio Moskau verbreiteten TASS-Meldung den stellvertretenden griechischen Außenminister Papinellis auf und lenkte im Auftrag der sowjetischen Regierung die Aufmerksamkeit der griechischen Regierung auf „Beispiele des Faustrechts", das griechische Behörden sowjetischen Vertretern und Institutionen gegenüber angewandt hätten. Er bestand auf einer sofortigen Beendigung der widerrechtlichen Maßnahmen der griechischen Polizei. Der sowjetische Geschäftsträger verwies auch darauf, daß das Vorgehen der griechischen Behörden mit der Aufrechterhaltung diplomatischer Beziehungen zwischen Griechenland und der Sowjetunion unvereinbar sei.

Begründung des Protestes

Als Beispiele des „Faustrechtes" führt die TASS an, daß in letzter Zeit griechische Behörden Personen, die in der sowjetischen Botschaft und in anderen sowjetischen Institutionen Griechenlands gearbeitet hätten, verhaftet und in einigen Fällen sogar gefoltert hätten.

Personen, die in geschäftlicher Verbindung zur sowjetischen Handelsdelegation standen, seien Repressalien ausgesetzt gewesen.

Die griechischen Polizeibehörden hätten griechische Staatsbürger verhört und verhaftet, lediglich weil sie die sowjetische Botschaft aufgesucht hätten. Sowjetische Beamte seien unter Polizeiaufsicht gestellt worden, die mitunter an rohe Freiheitsberaubung grenze, so z. B. in Saloniki.

Störung der diplomatischen Beziehungen

Alle diese und noch andere widerrechtliche Aktionen der griechischen Polizeibehörden zielten, wie die TASS schreibt, offensichtlich darauf ab, die Botschaft der Sowjetunion, die sowjetische Handelsdelegation und die offiziellen sowjetischen Vertreter an der Ausübung ihrer Amtsobliegenheiten zu hindern, und bildeten einen Versuch, die wirtschaftlichen, kulturellen oder sonstigen Beziehungen zwischen der Sowjetunion und Griechenland unmöglich zu machen.

Sprache der Zahlen

Eigenbericht „Der Abend"

Berlin, 15. August

26—27 000 Teilnehmer hatte nach polizeilicher Schätzung die gestrige Schumacher-Kundgebung. Die 22 000 Sitzplätze des Hertha-Sportplatzes waren voll besetzt, die Treppen überfüllt und Hunderte von Menschen lagerten auf dem Rasen.

Dieser Menge von 26—27 000 Menschen werden von sozialdemokratischer Seite Verhältniszahlen von SED-Veranstaltungen gegenübergestellt. So seien zu einer Rede von Wilhelm Pieck im Argus-Saal in Reinickendorf 150 Personen erschienen. Zu einer Pieck-Kundgebung in Oberschöneweide kamen 400 bis 500, in Charlottenburg 300 Personen.

Wiederwahl erwartet

Eigenbericht „Der Abend"

Berlin, 15. August

Im Schöneberger Rathaus treten heute nachmittag die Delegierten der LDP zusammen, um den neuen Vorsitzenden des Landesverbandes Berlin zu wählen. Wie wir aus liberal-demokratischen Kreisen erfahren, rechnet man mit der Wiederwahl des Vorsitzenden Schwennicke, für den man bei freier Wahl eine Zweidrittel- bis Dreiviertel-Mehrheit für sicher halten könnte.

Jungliberale danken Hübener

Eigenbericht „Der Abend"

Berlin, 15. August

Auf der gestrigen Sitzung der Arbeitsgemeinschaft junger Liberaldemokraten wurde beschlossen, dem Ministerpräsidenten von Sachsen-Anhalt, Wilhelm Hübener, in einem Brief für seine Haltung in der Ruhrfrage zu danken.

Hübener hatte als einziger Ministerpräsident der Ostzone den im „Neuen Deutschland" veröffentlichten Aufruf gegen eine amerikanische Ruhranleihe nicht unterzeichnet.

Brotgetreide für die Ruhr

Washington, 15. August (UP)

Bei der Ruhr-Konferenz will das amerikanische Landwirtschaftsdepartement, wie ein hoher Regierungsbeamter erklärte, anregen, in Polen Getreide für die Bergleute des Ruhrgebiets anbauen zu lassen.

Polen müsse die unter seiner Verwaltung stehenden Westgebiete endlich bebauen, um den Ruhrbergleuten zusätzliches Brotgetreide zu liefern. Die UNRRA habe rund 11 000 Traktoren an Polen gesandt, die zur Verwirklichung eines solchen Planes herangezogen werden können. Der Saatweizen könnte aus den für Deutschland vorgesehenen Brotgetreidelieferungen ersetzt werden.

Fisch und Gemüse aus Dänemark

Kopenhagen, 15. August (AP)

Ueber die Lieferung von Fisch und Gemüse an die Bi-Zone verhandelte in den letzten Tagen der Sondervertreter Präsident Trumans, Dr. Acheson, mit dänischen Regierungsbehörden, wie das dänische Außenministerium mitteilte.

Dr. Acheson kommt heute von Kopenhagen nach Berlin, um den britischen und amerikanischen Dienststellen über die dänischen Vorschläge zu berichten.

Plünderung im großen

Aachen, 15. August (DPD)

In Merkstein bei Aachen wurde ein über vier Morgen großer Kartoffelacker von etwa 250 Personen geplündert. Die eingesetzten Polizeikräfte waren bei der Ueberzahl der Plünderer machtlos.

CLAYTON SPRACH MIT DEN BOTSCHAFTERN. *Von links nach rechts: Der US-Botschafter in Frankreich Caffery, Unterstaatssekretär Clayton, der Botschafter in England Douglas und Botschafter Murphy, der politische Berater General Clays.* Foto: DENA

August 1947

18. August, Montag

74% aller Deutschen glauben an die Möglichkeit eines dritten Weltkrieges. Dies ergibt eine repräsentative Befragung von 10 000 Erwachsenen durch ein Düsseldorfer Meinungsforschungsinstitut. →S. 139

In Hamburg tritt der neugebildete Flüchtlingsrat für die britische Zone zu seiner ersten Sitzung zusammen.

Der UNO-Sicherheitsrat stimmt der Aufnahme des Jemen und Pakistans in die Vereinten Nationen zu.

In Hannover wird die Exportmesse (bis 7. 9.) durch den Präsidenten des bizonalen Wirtschaftsrates, Erich Köhler, eröffnet. →S. 139

Im spanischen Cádiz kommen bei der Explosion eines Marinearsenals mindestens 300 Menschen ums Leben, die Zahl der Verletzten wird auf über 5000 geschätzt.

19. August, Dienstag

Die Kosten für die Besatzung der vier Zonen Deutschlands betragen jährlich 7,5 Milliarden Reichsmark, diejenigen für Berlin weitere 700 Millionen Reichsmark.

Die deutschen Handelsverwaltungen in Berlin und Minden vereinbaren die Einsetzung von Zweizonenausschüssen. Dadurch sollen die Handelsbeziehungen innerhalb der Bizone sowie mit der sowjetischen Besatzungszone gefördert werden.

Nach einem Bericht der Evangelischen Frauenarbeit Deutschlands befinden sich noch rund 20 000 weibliche Angehörige der ehemaligen deutschen Wehrmacht in sowjetischer Kriegsgefangenschaft.

Wegen des Mangels an Arbeitsplätzen wollen mehr als eine Million junge Briten auswandern.

20. August, Mittwoch

Nach Angaben des Deutschen Instituts für Wirtschaftsforschung in Berlin betrug der Absatz der deutschen Industrie in allen vier Zonen 1946 22,7 Milliarden Reichsmark.

Im Prozeß gegen die nationalsozialistischen Ärzte verurteilt ein US-amerikanisches Militärgericht in Nürnberg sieben Angeklagte zum Tode.

In der indischen Provinz Pandschab kommt es wiederholt zu schweren Unruhen zwischen Moslems und Hindus. →S. 133

Die chilenische Regierung gibt bekannt, daß sie alle kommunistischen Beamten entlassen wird.

Nach mehrtägigen Waldbränden in der Wahner Heide bei Köln sind rund 500 ha Wald und Heidefläche vernichtet worden.

Ein Düsenflugzeug der US-Marine vom Typ »Skylark« stellt im US-Bundesstaat Kalifornien mit 1031 km/h einen neuen Geschwindigkeitsweltrekord auf.

21. August, Donnerstag

Ein US-Militärgericht in Dachau verurteilt vier Angehörige des Wachpersonals des ehemaligen Konzentrationslagers Mauthausen zum Tode.

Nach einer Mitteilung des brandenburgischen Ministers für Wirtschaftsplanung, Heinrich Rau (SED), benötigt die Ostzone dringend mehr als 28 000 Arbeitskräfte.

Die katholische Deutsche Bischofskonferenz tagt unter dem Vorsitz des Erzbischofs von Köln, Kardinal Josef Frings. Sie appelliert an die Alliierten, die Kriegsgefangenen freizulassen.

In den polnisch verwalteten ehemaligen deutschen Ostgebieten liegt rund ein Drittel der landwirtschaftlichen Anbaufläche brach. Dies teilt die polnische Militärmission in Berlin mit (→S. 137).

87 078 deutsche Kriegsgefangene in Frankreich entschließen sich, als freie Arbeiter im Lande zu bleiben. →S. 137

Der UNO-Sicherheitsrat lehnt die Aufnahme Italiens, Österreichs, Rumäniens und Bulgariens in die Vereinten Nationen ab.

22. August, Freitag

Großbritannien appelliert an alle seine Kolonien, bei der Bewältigung der gegenwärtigen Wirtschaftskrise des Landes zu helfen.

4500 Juden, denen die Einreise nach Palästina von den britischen Behörden nicht gestattet wurde, weigern sich, ihre nach Frankreich umgeleiteten Schiffe zu verlassen. →S. 134

Aufständische Sikhs töten im indischen Pandschab etwa 1500 Moslems (→20. 8./S. 133).

Bei einer Grubenexplosion im britischen Anfield Plain kommen zehn Bergleute ums Leben.

23. August, Sonnabend

Der griechische Ministerpräsident Demetrios Maximos tritt zurück, nachdem seine Bemühungen, alle politischen Kräfte im Land gegen die Kommunisten zu vereinigen, gescheitert sind (→30. 8./S. 135).

Das rumänische Parlament ratifiziert den Friedensvertrag, der mit den Alliierten Siegermächten des Zweiten Weltkrieges ausgehandelt und am 10. Februar in Paris unterzeichnet worden war (→10. 2./S. 36).

Bei einem Zugbrand in der Nähe von Berlin werden 23 Personen getötet und 50 verletzt.

24. August, Sonntag

Der SPD-Vorsitzende Kurt Schumacher fordert auf einer Versammlung in Hannover die Übertragung der Verwaltung des Ruhrgebiets in deutsche Hände und die Rückgabe der in sowjetisches Eigentum überführten Industriebetriebe in der Ostzone.

Im britischen Bergbau wird wieder die Sechstagewoche eingeführt, um den Kampf gegen die Wirtschaftskrise zu unterstützen.

In Edinburgh werden die ersten Musikfestspiele eröffnet. →S. 143

25. August, Montag

Das bulgarische Parlament ratifiziert den Friedensvertrag, der mit den Alliierten Siegermächten ausgehandelt und am 10. Februar in Paris unterzeichnet wurde (→10. 2./S. 36).

Die französische Regierung bittet die USA um Unterstützung zur Behebung der Wirtschaftskrise des Landes. →S. 136

Der US-amerikanische Marineoffizier Marion Carl stellt mit einem Düsenflugzeug vom Typ Douglas »Skystreak« einen Geschwindigkeitsweltrekord auf: Er erreicht im US-Bundesstaat Kalifornien 1056 km/h.

Die Gemeinde von Kneitlingen am Elm setzt ihrem Sohn Till Eulenspiegel ein Denkmal. Das bereits 1939 fertiggestellte Denkmal war in einer Garage aufgefunden worden.

26. August, Dienstag

Der UNO-Sicherheitsrat verabschiedet eine Resolution, in der eine friedliche Regelung der Indonesien-Frage angestrebt wird.

Die bulgarische Nationalversammlung beschließt die Auflösung der Bauernpartei des hingerichteten Oppositionspolitikers Nikola Petkoff (→16. 8./S. 135).

Der sowjetische Oberstleutnant Wassili Romaniuk stellt über dem Wolgagebiet einen neuen Weltrekord im Fallschirmspringen auf, indem er aus 13 400 m abspringt und nach 21 Minuten auf der Erde landet. →S. 141

27. August, Mittwoch

In London endet eine am 22. August begonnene Konferenz von Vertretern der US-amerikanischen, britischen und französischen Regierung über das Industrieniveau in der deutschen Bizone.

Die britische Regierung ergreift auf dem Gebiet der Lebensmittelversorgung sowie des Transportwesens Notstandsmaßnahmen.

Frankreich beginnt in Indochina Bao Dai, den früheren Kaiser von Annam, zu unterstützen. Damit wird eine Politik der nominellen Unabhängigkeit Vietnams im Rahmen eines Frankreich assoziierten Staates verfolgt.

Die französische Nationalversammlung berät das neue Autonomiestatut für Algerien. →S. 137

Dänemark tritt mit den USA in Verhandlungen über die US-amerikanischen Stützpunkte auf Grönland.

28. August, Donnerstag

Luxemburg erhält von der Internationalen Wiederaufbaubank ein Darlehen in Höhe von 12 Millionen US-Dollar.

29. August, Freitag

In der Bizone wird der Industrieplan des Alliieten Kontrollrats revidiert. Das Wirtschaftspotential soll erhöht, die Ernährungslage verbessert und der Umfang der Demontagen eingeschränkt werden. →S. 138

Das Präsidium des Obersten Sowjet rafitiziert die am 10. Februar paraphierten Friedensverträge mit den während des Zweiten Weltkriegs mit Deutschland verbündeten Staaten (→10. 2./S. 36).

Beim Absturz eines norwegischen Flugbootes westlich des Narvik-Fjords kommen alle 35 Insassen ums Leben.

30. August, Sonnabend

Die sowjetische Militärverwaltung in Deutschland kritisiert die Beschlüsse der Westmächte über die deutsche Industriekapazität vom 27. August als mit dem Potsdamer Abkommen von 1945 nicht vereinbar.

In Petropolis bei Rio de Janeiro unterzeichnen 19 amerikanische Staaten einen Verteidigungspakt. Der Vertrag sieht eine automatische Beistandspflicht im Fall eines militärischen Angriffes auf einen der Vertragspartner vor (→15. 8./S. 136).

In Griechenland bildet der bisherige Außenminister Konstantin Tsaldaris ein neues Kabinett. →S. 135

Der US-amerikanische Atomphysiker Robert J. Oppenheimer erklärt in New York, daß noch Jahrzehnte intensiver Forschung notwendig seien, ehe aus der Atomkraft Energie gewonnen werden könne. →S. 141

Ein Großfeuer in einem Pariser Kino fordert 90 Todesopfer.

31. August, Sonntag

Eine nach Palästina entsandte Kommission der UNO empfiehlt den Abzug der britischen Truppen.

In Ungarn erreicht die Kommunistische Partei mit 21,6% bei den Parlamentswahlen einen bedeutsamen Wahlerfolg. →S. 135

Mit einem 4:1-Sieg über Australien verteidigen die USA in New York den Tennis-Davis-Cup.

Gestorben:

8. Ann Arbor/US Bundesstaat Michigan: Anton Iwanowitsch Denikin (*4.12.1872), weißrussischer General.

19. Berlin: Oskar Moll (*21. 7. 1875, Brieg bei Glogau), deutscher kubistischer Maler.

21. Neuilly (bei Paris): Ettore Bugatti (*15. 9. 1881, Mailand), französischer Automobilkonstrukteur. →S. 141

Die »Neue Berliner Illustrierte« vermittelt in ihrem dritten Augustheft Ferienstimmung

1947/33 - 3. AUGUSTHEFT - 20 Pf.
DRITTER JAHRGANG · VERLAGSORT BERLIN

NEUE

Berliner Illustrierte

Aufnahme: Grunefeld

FERIENFREUDE

spiegelt jedes Gesicht wider beim Endspurt zum Waldspielplatz in Lichtenrade – und „Ferienfreude" heißt auch die Aktion, die täglich über 75 000 Berliner Kinder ins Grüne hinausführt. (Zu unserem Bildbericht: „Ferienfahrt – jeden Tag neu!")

Indien ist unabhängig

15. August. Der letzte Schlag der großen Turmuhr im Dom des Parlamentsgebäudes in Neu-Delhi gibt um Mitternacht zum 15. August das Signal für die Unabhängigkeit Indiens. Mit Salutschüssen, läutenden Tempelglocken und krachenden Feuerwerkskörpern wird die Befreiung von der über 190 Jahre dauernden britischen Kolonialherrschaft gefeiert. Indien, mit mehr als 320 Millionen Einwohnern, mehr als 45 Rassen und über 200 Sprachen wird

Der Weg in die Unabhängigkeit

1600: Gründung der englischen Ostindiengesellschaft
1765: Robert Clive wird Gouverneur von Bengalen und erhält vom Großmogul die Steuerhoheit über Bengalen und Bihar für die Ostindiengesellschaft
1773: »Regulations Act« des britischen Parlaments über die Regierung Indiens durch die Ostindiengesellschaft
1843–1848: Konsolidierung der britischen Herrschaft, Sind und Pandschab annektiert
1857: »Indian Mutiny«; Aufstand der indischen Soldaten der »Company«
1858: Auflösung der Ostindiengesellschaft, Übernahme Indiens durch die Krone
1877: Königin Victoria nimmt den Titel »Kaiserin von Indien« an
1885: Gründung des indischen Nationalkongresses
1906: Gründung der Moslemliga
1940: »Pakistan Resolution« der Moslemliga (Zwei-Nationen-Theorie)
1946: Verfassunggebende Versammlung gewählt
1947: Unabhängigkeit und Teilung

fortan die Gestalt von zwei unabhängigen Staaten haben: Mit der Unabhängigkeit findet auch die Teilung in einen Hindustaat, die Indische Union, und einen Moslemstaat, Pakistan, statt (→ 3. 6./S. 104).

Die Einbeziehung Indiens in das britische Kolonialreich begann schon im Jahre 1600, als Königin Elisabeth I. der englischen Ostindienhandelsgesellschaft (East India Company) eine königliche Charta verlieh und damit langfristig der englischen Krone die Kolonisierung und schließliche Machtübernahme in Indien ermöglichte. Die Handelspolitik der »Company«, die die indischen Fürsten gegeneinander ausspielte und ihren eigenen Machtbereich immer weiter ausdehnte, führte zu einer immensen Bereicherung Englands durch Geschäfte mit Seide, Baumwolle, Tee und Gewürzen. Bei den innerindischen Kriegen sorgte die geschickte Bündnispolitik außerdem für einen Beuteanteil, der England noch größeren Reichtum einbrachte.

Die inoffizielle Herrschaft Großbritanniens über Indien endete 1857, als ein Aufstand der indischen Soldaten (Sepoys) im Sold der »Company« nur durch massiven Einsatz britischer Truppen niedergeschlagen werden konnte. Danach nahm die britische Regierung offiziell von Indien als Kronkolonie Besitz und verwaltete es durch einen Vizekönig. Seit 1877 nannte sich die britische Königin Victoria auch Kaiserin von Indien. Diese Herrschaft erstreckte sich jedoch nicht auf ganz Indien; weite Teile, die in der Hand von unabhängigen Fürsten waren, behielten ihre territoriale Eigenständigkeit (→ 15. 8./S. 132).

Erst zu Anfang dieses Jahrhunderts begannen die Unabhängigkeitsbestrebungen Indiens Wirkung zu zeigen. Die Volkskongreßbewegung Mohandas Karamchand, »Mahatma«, Gandhis (→ S. 132) und die Moslemliga Mohammad Alis Dschinnahs (→ 14. 8./S. 134) trugen dazu bei, die Gewährung der Unabhängigkeit zu fördern, die schließlich, gegen den heftigen Protest der Konservativen Partei unter Winston Churchill, von der regierenden Arbeiterpartei unter Clement Attlee gewährt wird. Trotz der Bemühungen der britischen Regierung, ihres Vertreters in Indien, Lord Louis Mountbatten (→ 20. 2./S. 37) und Gandhis, kommt es zur Entstehung eines separaten Staates Pakistan.

Der Verbleib beider Staaten im Verband des britisch kontrollierten Commonwealth als Dominions bietet eine Übergangslösung, die den wirtschaftlichen Aufbau Indiens unterstützen soll. Dazu werden als Generalgouverneure Lord Mountbatten für die Indische Union und Dschinnah für Pakistan ernannt und vereidigt.

Indien ist britisches Dominion: Lord Louis Mountbatten wird in der Dubar Hall in Neu-Delhi als neuer britischer Generalgouverneur vereidigt

Nach seiner Vereidigung fährt Lord Louis Mountbatten (M.) zusammen mit Indiens Premierminister Jawaharlal Nehru (l.) durch Neu-Delhis Straßen

Am Tage der Unabhängigkeit Indiens sind Truppen des Landes in Neu-Delhi angetreten, um der Flaggenhissung durch Ministerpräsident Jawaharlal Nehru beizuwohnen

Auch in London wird gefeiert: Eine Menschenmenge wohnt der Flaggenhissung des neuen Dominions am Indien-Haus bei

Feiern auch in anderen indischen Städten; Autokorso in einer der Hauptstraßen Bombays

Verabschiedung; die ersten britischen Truppenkontingente werden aus Indien abgezogen

Ministerpräsident Jawaharlal Nehru mit Indiens Flagge, die am 22. August eingeführt wird

Lord Louis Mountbatten (4. v. l.), Vizekönig von Indien, übergibt Ministerpräsident Jawaharlal Nehru die Unabhängigkeitsurkunde für Indien

Feierstunde im Indien-Haus in London; Ansprache des scheidenden Hochkommissars M. K. Vellodi vor einem Porträt Mahatma Gandhis

Entstehung zweier neuer Staaten

15. August. Mit der Unabhängigkeit Indiens von der Kolonialmacht Großbritannien entstehen zwei Staaten auf dem indischen Subkontinent. Sowohl die Indische Union als der territorial weit größere Staat als auch Pakistan, das sich in einen Ostteil und einen wesentlich größeren Westteil (mit der Hauptstadt Karatschi) teilt, werden als Dominions dem britischen Commonwealth angehören.
Besonders Pakistan, das wirtschaftlich unterentwickelt ist (→15. 8./S. 133), benötigt die Hilfe dieses Völkerbundes, der unter Führung Großbritanniens die Wirtschaftsentwicklung seiner Mitglieder koordiniert.
In der Indischen Union existiert eine weitere Verklammerung mit der ehemaligen Kolonialmacht in der von den Briten übernommenen Verwaltungsstruktur. Der »Indian Civil Service«, dessen Stellen in den letzten Jahren mehr und mehr von Indern besetzt worden waren, wird von der neuen Regierung in Neu-Delhi in allen Privilegien und Funktionen bestätigt und übernommen.
Eine Verfassung soll in den nächsten Jahren auf der Grundlage der 1935 von Großbritannien ausgearbeiteten Verfassungsreform von der verfassunggebenden Versammlung erstellt und verabschiedet werden. Indien soll danach ein stark zentralisierter Bundesstaat werden.
Nach Abzug der noch in Indien stationierten 50 000 britischen Soldaten werden die indischen Streitkräfte im Verhältnis 2:1 unter Indien und Pakistan aufgeteilt.

Höhepunkt der Unabhängigkeitsfeierlichkeiten in Pakistan; Generalgouverneur Mohammed Ali Dschinnah (M., r.) nach dem Empfang der Urkunde

Mahatma Gandhi

Der am 2. Oktober 1869 geborene Mohandas Karamchand, genannt Mahatma Gandhi (Foto), ist seit 1915 für die Selbstregierung Indiens sowie die Befreiung von der britischen Kolonialherrschaft eingetreten, wobei er das Prinzip der Gewaltlosigkeit vertrat.

»Der erste Diener des indischen Volkes«

Indiens Premierminister Jawaharlal Nehru hält am 15. August in Neu-Delhi eine Rundfunkansprache zur Unabhängigkeit Indiens:

»Meine Landsleute, es war mein Privileg, Indien und der Sache der indischen Freiheit seit vielen Jahren zu dienen. Heute wende ich mich das erste Mal offiziell als der erste Diener des indischen Volkes an Sie; Ihrem Dienst und Ihrem Fortschritt verpflichtet. Ich stehe hier, weil Sie es so gewollt haben, und ich werde hier so lange bleiben, wie Sie mir Ihr Vertrauen schenken.
Seit heute sind wir ein freies und souveränes Volk und haben uns von der Last der Vergangenheit befreit. Wir betrachten die Welt mit klarem und friedlichem Blick und sehen mit Vertrauen und Zuversicht in die Zukunft. Die Last der Fremdherrschaft ist abgeschuttelt, aber Freiheit hat ihre eigenen Lasten und Pflichten, die nur von einem Volk bewältigt werden können, das im Geist frei, diszipliniert und entschlossen ist, seine Freiheit zu erhalten und zu erweitern.
Wir haben viel erreicht; wir haben noch bedeutend mehr zu erreichen. Laßt uns darum diese neuen Aufgaben im Geiste der Entschlossenheit und Verfolgung der hohen Prinzipien angehen, die unser großer Führer uns gelehrt hat. Glücklicherweise ist Gandhi bei uns, um uns zu leiten und zu inspirieren auf dem schwierigen Pfad, der vor uns liegt. Er hat uns seit langem gelehrt, daß Ideale und Ziele nicht von den Methoden getrennt werden können, die benutzt werden, diese Ziele zu erreichen; daß große Würde nur durch würdiges Streben erreicht wird. Die Augen der Welt sind auf uns gerichtet in gespannter Erwartung, was diese Geburt der Freiheit im Osten wohl bewirken kann.
Unsere erste und dringendste Aufgabe muß es sein, dem inneren Streit und der Gewalt, die uns in den Augen der Welt herabsetzt und erniedrigt, ein Ende zu bereiten. Dazu müssen wir bedenken, wie wir das Problem der Volksmassen lösen ...
Die alten Unterschiede sind beseitigt und heute sind wir alle freie Söhne und Töchter Indiens, stolz auf die Freiheit unseres Landes, und gemeinsam wollen wir ihr dienen. In den schwierigen Tagen, die vor uns liegen, werden unsere Armee und unsere Experten eine wichtige Rolle spielen, und wir fordern sie auf, im Geist und zum Wohle Indiens zu handeln.«

Indiens erster Ministerpräsident Jawaharlal Nehru, geboren 1889 schloß sich 1916 der Unabhängigkeitsbewegung von Mohandas Karamchand, gen. Mahatma Gandhi an; 1946 erhielt er von der britischen Kolonialmacht den Auftrag, eine Interimsregierung auf dem Subkontinent zu bilden

Massaker zwischen Religionsgruppen

20. August. Die Teilung Indiens hat schwerste religiöse Kämpfe hervorgerufen, die mit Fanatismus und Brutalität ausgetragen werden. Zwar war von den Regierungen garantiert worden, daß der Austausch der religiösen Minderheiten zwischen den beiden neuen Staaten Indien und Pakistan friedlich durchgeführt wird – aber selbst die beschwichtigenden Aufrufe Mahatma Gandhis, die religiösen Gegensätze zu überwinden, können das blutige Morden nicht verhindern.

Hauptschauplatz der Unruhen ist die Nordwest-Provinz, der Pandschab. Flüchtlingskolonnen werden von Horden, die oft nach Tausenden zählen, angegriffen. Ein mit 4500 Moslem-Flüchtlingen überfüllter Zug nach Pakistan wird bei Amritsar von bewaffneten Sikhs überfallen, die Insassen getötet. Als Moslem-Truppen die Leichen später aus dem Zug holen, revanchieren sie sich. Aus einem anderen Zug werden 340 Hindu-Flüchtlinge ermordet.

Auswirkungen der indischen Teilung

15. August. Mit der politischen Teilung Indiens ist nun auch die Wirtschaft des Landes in zwei autarke Bereiche zerfallen. Während Pakistan als reines Agrarland z. Z. keine Voraussetzungen zum Aufbau einer Industrie hat, verfügt die Indische Union über große Vorkommen an Bodenschätzen sowie eine noch in den Anfängen steckende, für das Land wichtige Metallindustrie.

Verteilung der Fabrikanlagen

Wirtschaftszweig	Indien	Pakistan
Baumwollfabriken	380	9
Jutespinnereien	107	–
Stahlwerke	8	–
Zementfabriken	16	3
Papierfabriken	16	–
Glashütten	77	–
Bodenschätze	85%	15%
Kohleförd. (Mill. t.)	25	0,2

In Pakistan war die Wirtschaft zu einem großen Teil in den Händen der geschäftstüchtigeren, aber inzwischen von den Moslems verfolgten und geflohenen Hindus.

Eingliederung der religiösen Minderheiten in Indien

Eines der überragenden Probleme, das auf die neuen Staaten des indischen Subkontinents zukommt, liegt in der friedlichen Integration der Minderheiten. Auch das Problem der Eingliederung der bisher unabhängigen Fürstenstaaten ist teilweise ungeklärt.

Die Frage, ob auch die Moslems zu den Minderheiten in Indien gehören, berührt die Grundlage der Teilung. Der Führer der Hindu-Partei, Jawaharlal Nehru, vertritt die Meinung, daß mit der Bildung von Pakistan nur unwesentliche Teile aus Indien ausgeschieden seien und daß die Indische Union das wahre Indien vertrete. Mohammad Ali Dschinnah, der Begründer Pakistans (→ 14. 8./S. 134), bleibt dagegen bei seiner These von zwei Völkern: »Hindus und Moslems sind zwei Nationen, die sich in allen wesentlichen Dingen des Lebens grundsätzlich voneinander unterscheiden.« Die religiösen Unterschiede, die bisher im gemeinsamen Kampf um die Unabhängigkeit von der britischen Kolonialmacht bereits zu der Teilung des entstehenden indischen Reiches geführt haben, brechen nun nach der Bildung des Moslem-Staates Pakistan und dem Entstehen der Indischen Union mit einer Hindu-Mehrheit mit aller Gewalt hervor (→ 20. 8./S. 133).

Das größte Problem bei der Teilung bereiten die etwa sechs Millionen Sikhs. Die Mitglieder dieser im 15. Jahrhundert gebildeten Gemeinschaft, die anfangs eine Verbindung zwischen Hinduismus und Islam herstellen wollte, aber schließlich zu einer eigenständigen politischen und religiösen Kraft wurde, sind inzwischen von Abneigung und Mißtrauen gegenüber den Moslems geprägt. Durch eine unglückliche geographische Verteilung im Pandschab sind bei jeder Art von Teilung große Teile der Sikhs als Minderheit in einen fremden Staat einzugliedern.

Zur Gruppe der Parias, den »Unberührbaren«, zählen etwa 60 Millionen Inder, die keiner Kaste angehören und deshalb nicht ohne weiteres den 200 Millionen Hindus der Indischen Union zugerechnet werden können. Sie haben großen Einfluß in den Gewerkschaften und sind nun, da die sie einengenden Vorschriften weggefallen sind, auch zu Wahlen zugelassen.

Die übrigen kleinen Religionsgruppen haben keinen politischen Zusammenschluß von Bedeutung geschaffen und hoffen auf die Einhaltung der Toleranzversprechen der indischen und pakistanischen Regierungen. Zu ihnen zählen die 7,25 Millionen Christen, 150 000 Parsen, 235 000 Buddhisten sowie rund 1,5 Millionen Anhänger des Jainismus.

Die Fürstenstaaten entsprechen den Gebieten, die Großbritannien nicht Britisch-Indien einverleibte, sondern denen es aus politischen Gründen eine gewisse Selbständigkeit beließ, unter der Voraussetzung, daß sie die britische Oberherrschaft anerkannten. Die 562 Staaten, die 45% der Fläche und 25% der Bevölkerung Indiens umfaßten, müssen sich nun für den Anschluß an Indien oder Pakistan entscheiden (→ 27. 10./S. 173).

Die unabhängigen indischen Fürsten verlieren bei dieser Regelung ihre bisherigen Privilegien: Der Fürst war z. B. vor Angriffen von außen wie von innen durch britische Garantien geschützt.

Schwer zerstörte Stadt in der indischen Provinz Pandschab, in der sich Hindus und Moslems blutige Straßenschlachten lieferten

Hindus und Sikhs auf der Flucht aus dem moslemischen Pakistan

Hindu-Flüchtlinge auf dem Bahnhof von Lahore in Pakistan

Pakistan feiert Unabhängigkeit

14. August. In Karatschi, der Hafenstadt am Indischen Ozean und nun auch Hauptstadt von Pakistan, wird die grün-weiße Flagge mit Stern und Halbmond des neugegründeten Staates gehißt. Über 100 000 Moslems säumen festlich geschmückte Straßen. Ihr Ruf heißt »Pakistan Zandabad« (Pakistan für immer). Der neue Regierungschef und Generalgouverneur von Pakistan, Mohammad Ali Dschinnah, nimmt nach seiner Vereidigung im Regierungsgebäude von Sind die erste Parade ab.

Der bisherige Generalgouverneur und Vizekönig von Indien, Lord Louis Mountbatten (→ 20. 2./S. 37) entbietet die Grüße der abgetretenen Kolonialmacht Großbritannien. Mountbatten wünscht sich von Dschinnah in Anspielung auf die Minderheit der Hindus im Moslemstaat Pakistan »größte politische und religiöse Toleranz«.

Der 70jährige Dschinnah wehrt scheinbar gelassen und bescheiden die stürmischen Ovationen seiner Glaubensgenossen ab. Doch hat er nichts dagegen, als ihm die Nationalversammlung Pakistans den Titel »Quaid-i-Assam« (Erhabener Führer) verleiht. Der aus einer reichen Kaufmannsfamilie aus Karatschi stammende Dschinnah begann

Mohammad Ali Dschinnah (l.)

seine politische Laufbahn in Großbritannien, wo er Rechtswissenschaften studierte und als Anwalt tätig war. Als er sich um eine Unterhaus-Kandidatur bei der Arbeiterpartei bewarb, lehnte ihn der örtliche Wahlausschuß ab. Nicht, weil er Inder war, sondern weil er als »zu vornehm« galt.

Pakistan gibt sich die offizielle Devise: »Wir wollen Frieden halten mit unseren Nachbarn und mit allen Nationen der Welt.« Dem Frieden steht jedoch zunächst das Minoritätenproblem im Weg, das zu blutigen Kämpfen zwischen Moslems und Hindus führt (→ 20. 8./S. 133).

Während einer Feierstunde in London aus Anlaß der Unabhängigkeit Pakistans wird die neue Flagge des Landes der Öffentlichkeit gezeigt

Ende der Kämpfe in Indonesien

3. August. Die Niederlande erteilen ihren Streitkräften in Indonesien den Befehl, um Mitternacht vom 4. zum 5. August die Kampfhandlungen gegen die indonesische Republik einzustellen. Die Republikaner beherrschen in der Kolonie Niederländisch-Indien die Inseln Java, Madura und Sumatra.

Die Niederländer hatten zu militärischen Aktionen gegriffen, nachdem die Verhandlungen über die Durchführung des Abkommens von Linggadjati fehlgeschlagen waren. Dieser Vertrag sieht die Bildung einer niederländisch-indonesischen Union vor und war am 25. März von beiden Seiten unterzeichnet worden. Die Schlußverhandlungen scheiterten an der Frage, wie die Indonesier das niederländische, britische und andere nichtindonesische Eigentum – in erster Linie die Plantagen – zu behandeln hätten.

Die Niederlande befolgen mit der Anordnung des Waffenstillstands einen Beschluß des Weltsicherheitsrates vom 1. August. Die Resolution verlangt, die Feindseligkeiten sofort einzustellen und den Streit der Kolonialmacht mit der Republik Indonesien durch Schiedsverfahren oder andere friedliche Mittel beizulegen (→ 2. 10./S. 173).

Illegale jüdische Auswanderer vor Frankreich

22. August. Rund 4500 jüdische Auswanderer auf den britischen Transportschiffen »Empire Rival«, »Runnymede Park« und »Ocean Vigour«, die in Port de Bouc in der Nähe von Marseille vor Anker liegen, weigern sich, an Land zu gehen. Nur 130 Personen nahmen bis zum Ultimatum 18 Uhr das Angebot der französischen Regierung an, die ihnen eine Wohnung und Arbeit zusicherte für den Fall, daß sie an Land gehen. Die auf den britischen Schiffen Zurückbleibenden werden zunächst in der britischen Besatzungszone untergebracht werden. Die illegalen Auswanderer stammen hauptsächlich aus Polen. Sie hatten sich in Frankreich getroffen und gemeinsam ein Schiff gechartert. Der Dampfer »President Warfield« wurde in »Hagana Exodus 1947«, was »Auszug 1947« bedeutet, umgetauft und verließ am 11. Juli den französischen Hafen Sète. Da nur 1500 Juden monatlich ins Gelobte Land einwandern dürfen, versuchten die »Exodus«-Flüchtlinge illegal den britischen Sperrkordon um Palästina zu durchbrechen. Sie wurden jedoch von Einheiten der britischen Flotte gestoppt und nach Haifa, einer palästinensischen Hafenstadt, gebracht, wo sie auf die britischen Transportschiffe verlegt wurden. Diese nahmen Kurs auf Frankreich und trafen elf Tage später dort ein (→ 8. 9./S. 152).

Die »Exodus 1947« in Haifa: Sie wurde von britischen Kriegsschiffen vor der Küste Palästinas aufgebracht

Das US-amerikanische Schiff »President Warfield« – von den Einwanderern in »Exodus 1947« umgetauft

Wahlen zum Parlament in Ungarn

31. August. In Ungarn finden Parlamentswahlen statt, aus denen die Kommunistische Partei mit 21,6% der abgegebenen Stimmen als stärkste politische Kraft des Landes hervorgeht. Bei den letzten Parlamentswahlen im November 1945 hatte ihr Anteil noch bei 17% gelegen. Das zweitbeste Ergebnis erzielen die Sozialdemokraten mit 15,1%. Hingegen muß die Kleinlandwirtepartei eine Niederlage hinnehmen. Hatte sie bei den Wahlen im Jahre 1945 noch 57% der Stimmen auf sich vereinigen können, liegt ihr Anteil jetzt nur noch bei 14,6%.
Insgesamt entscheiden sich 60,4% der Wähler für die Parteien der Regierungskoalition. Ihr gehören die Kommunisten, die Sozialdemokraten, die Kleinlandwirtepartei und die Nationale Bauernpartei an.
Die Korrektheit des Wahlergebnisses wird allerdings im In- und Ausland angezweifelt. So erheben Vertreter der nichtkommunistischen Parteien Protest gegen die von den Kommunisten durchgeführten Wahlmanipulationen. Wie später bekannt wird, haben am Wahltag sogenannte »fliegende Wählergruppen« ihre Stimmen mehrfach abgegeben. Von seiten des kommunistisch geleiteten Innenministeriums verlautet, nur rund 20 000 Stimmen seien doppelt gezählt worden.
Die Wahlen in Ungarn stehen im Zeichen scharfer innenpolitischer Auseinandersetzungen. Nach der Verhaftung ihres Generalsekretärs Bela Kovacs am 27. Februar (→ 19. 3./S. 55) geriet die Kleinlandwirtepartei immer stärker unter den Druck der Kommunisten. Premierminister Ferenc Nagy sah sich deshalb während eines Aufenthaltes in der Schweiz gezwungen, zurückzutreten und ins Exil zu gehen (→ 23. 5./S. 90). Sein kommunistischer Stellvertreter Mátyás Rákosi hatte ihm vorgeworfen, einen Umsturz geplant zu haben, und deshalb für den Fall der Rückkehr Nagys mit dessen Verhaftung gedroht. Nachdem Nagy ins Exil gegangen war, wurden Neuwahlen ausgeschrieben.
Der Wahlkampf war von Anfang an von einer Terrorwelle begleitet, die sich gegen die nichtkommunistischen Parteien richtete. Außerdem wurden die Wahllisten manipuliert: Als man sie am 14. August veröffentlichte, stellte sich heraus, daß rund eine Million Wähler (etwa 10% der Gesamtbevölkerung) daraus gestrichen worden waren.
Terror und Manipulationen hatten ihre Ursache in der Tatsache, daß die ungarischen Kommunisten 1945 eine schwere Wahlschlappe erlitten hatten. Seither eroberten sie auch mit Unterstützung der sowjetischen Besatzungsmacht Schritt für Schritt die politische Macht (→ 19. 3./S. 55, 23. 5./S. 90).

Ungarns neuer Ministerpräsident Lajos Dinnyes (stehend) vor Ungarns neuem Parlament; rechts neben ihm sitzend: KP-Chef Mátyás Rákosi

Wahlen in Ungarn: KP-Chef Mátyás Rákosi gibt seine Stimme ab

Neues Kabinett in Griechenland

30. August. Nach dem Rücktritt von Ministerpräsident Demetrios Maximos bildet der bisherige griechische Außenminister Konstantin Tsaldaris eine neue Koalitionsregierung. Ihr gehören wieder Vertreter der Royalisten und der rechtsstehenden Nationalpolitischen Union an. Sie verfügen über 282 der 354 Sitze in der Nationalversammlung. Die Koalitionsparteien sind politisch zerstritten. Einigkeit besteht nur in ihrer Entschlossenheit, die kommunistischen Guerillas im Norden des Landes zu bekämpfen.

K. Tsaldaris

Todesurteil für Nikola Petkoff

16. August. Der Führer der bulgarischen Bauernpartei, Nikola Petkoff, wird vom Volksgerichtshof in Sofia zum Tode verurteilt. Petkoff war Anfang Juni überraschend mit der Begründung verhaftet worden, er habe den Sturz der gegenwärtigen Regierung unter Ministerpräsident Georgi Dimitroff vorbereitet.
Ein von Petkoff eingereichter Antrag auf Berufung gegen das Urteil wird am 25. August verworfen. Tags darauf verfügt das bulgarische Parlament die Auflösung der Bauernpartei. Sie verliert 90 Parlamentsmandate, ihr Vermögen wird beschlagnahmt. Bulgariens letzte, im Parlament vertretene Oppositionspartei existiert nicht mehr.
Der 54jährige Petkoff, Sohn einer prominenten Politikerfamilie, gehörte 1942 zu den Gründern der Vaterländischen Front, einer Vereinigung verschiedener politischer Parteien und Gruppierungen, deren Ziel die Beseitigung der deutschfreundlichen bulgarischen Regierung war. Neben der Bauernpartei, den Sozialisten sowie der Sweno (»Glied der Kette«, eine Gruppe von Intellektuellen und Offizieren) vereinigte die Vaterländische Front auch die Kommunisten. Nach dem Einmarsch der Roten Armee wurde Petkoff noch 1944 stellvertretender Ministerpräsident des Landes.
Schon im September 1945 scherte die von ihm geführte Bauernpartei aus der Regierungskoalition wieder aus und ging in die Opposition. In der Folgezeit eroberten Bulgariens Kommunisten unter Führung von Georgi Dimitroff die politische Macht. Mit der Hinrichtung Petkoffs am 24. September entledigen sie sich ihres gefährlichsten Rivalen.

Nikola Petkoff, zum Tode verurteilter bulgarischer Oppositionsführer

Rio-Pakt geschlossen

15. August. In Petropolis, der alten brasilianischen Kaiserstadt, treffen die Außenminister von 19 amerikanischen Staaten zusammen. Argentinien und Kanada sind nicht vertreten; Nicaragua und Ecuador wurden, da dort Staatsstreiche stattgefunden hatten, ausgeladen.

Thema der Konferenz ist der Abschluß eines Verteidigungsvertrages. Die Kernpunkte des 26 Artikel umfassenden Paktes betreffen folgende Vereinbarungen:

- ▷ Artikel 3 legt fest, daß der Angriff einer bewaffneten Macht auf einen amerikanischen Staat als Angriff auf alle amerikanischen Staaten angesehen wird
- ▷ Unter Berücksichtigung des in Artikel 51 der Charta der Vereinten Nationen verbrieften Rechts auf individuelle und kollektive Selbstverteidigung beraten die amerikanischen Staaten entsprechende militärische Gegenmaßnahmen
- ▷ Artikel 6 bestimmt für den Fall, daß außerhalb Amerikas Truppen eines amerikanischen Staates angegriffen werden, die Signatarstaaten unverzüglich zu Beratungen über Gegenmaßnahmen zusammentreten

Für Beratung und Beschlußfassung im Krisenfall ist ein Konsultativrat verantwortlich, der sich aus den Außenministern zusammensetzt. Seine Beschlüsse müssen mit Zweidrittelmehrheit gefaßt werden. Keiner der Paktstaaten kann jedoch zur Anwendung von Waffengewalt gezwungen werden.

Der Pakt von Rio (benannt nach der in der Nähe von Petropolis gelegenen Stadt Rio de Janeiro) bildet die Grundlage für das erste regionale Verteidigungsbündnis, das den Prinzipien der UNO-Charta entspricht.

Am 30. August erfolgt die einstimmige Verabschiedung des Vertrages. Auch Argentinien schließt sich an. Hingegen lehnen die südamerikanischen Staaten das Vorhaben der USA ab, den Pakt nach dem Vorbild des Marshallplanes auf das Gebiet der Wirtschaft auszudehnen.

Frankreich in Geldnot

25. August. Die französische Regierung will eine 500-Millionen-US-Dollaranleihe bei der Internationalen Bank aufnehmen. Zusätzlich bittet sie die USA um Unterstützung, um der schlechten wirtschaftlichen Lage Frankreichs entgegentreten zu können. Der Marshallplan werde sich nach Einschätzung von Experten frühestens ab 1948 auf Frankreichs Wirtschaft auswirken, so daß eine wirksame Soforthilfe dringend erforderlich sei.

Frankreichs Goldreserven sind nahezu völlig aufgebraucht, so daß die Gefahr einer Zahlungsunfähigkeit des Landes besteht. Die Gründe hierfür sind vielfältig: Der Zweite Weltkrieg, der das Land teilweise verwüstete, und die hohen Militärausgaben, die augenblicklich rund 35% des Staatshaushalts ausmachen. Die Industrie leidet noch unter den Zerstörungen des Krieges und dem ständigen Kohlemangel. Die früher nach Frankreich fließenden Überschüsse aus den Kolonien bleiben nahezu völlig aus.

Ministerpräsident Ramadier will Frankreichs Wirtschaft sanieren

Die Regierung beschloß bereits Anfang des Monats Sparmaßnahmen. So soll z. B. die Zahl der Angestellten des öffentlichen Dienstes um rund 300000 verringert werden. Eine grundlegende Verbesserung der Lage wird jedoch voraussichtlich noch Jahre in Anspruch nehmen (→23. 11./S. 186).

Vor ihrer ersten Einfahrt; angeworbene Bergarbeiter sollen die Kohlekrise beseitigen helfen

Oppositionsführer Winston S. Churchill kritisiert die Regierungspolitik in scharfer Form

Großbritanniens Premierminister Clement Attlee verkündet ein wirtschaftliches Notprogramm

Wirtschaftsprogramm für Briten

12. August. Das vom britischen Premierminister Clement Attlee am 6. August verkündete Notprogramm zur Gesundung der Wirtschaft wird vom Oberhaus gebilligt und tritt damit in Kraft. Bereits am 7. August nahm das Unterhaus das Notprogramm mit einer Mehrheit von 318 zu 170 Stimmen an. Die Labour-Regierung erhofft sich von den Maßnahmen Verbesserungen der angespannten britischen Finanzlage.

Nachdem die Eisenbahn, die Kanalschiffahrt und die meisten Fernlast- und Buslinien bereits Anfang des Monats verstaatlicht worden sind, wird nun die Eisen- und Stahlindustrie nationalisiert. Die Arbeitszeit in wichtigen Industriezweigen, wie z. B. im Bergbau, soll verlängert werden, es wird wieder die Sechs-Tage-Woche eingeführt. Allgemein soll die eigene Produktion gesteigert werden, damit die Einfuhren gedrosselt werden können. Dem britischen Bürger wird auch das Reisen erschwert: Die Devisenzuteilungen werden drastisch gekürzt. Weiterhin sieht das Notprogramm eine Reduzierung der britischen Streitkräfte um 80000 Mann vor.

Das einschneidende Notprogramm wird auch von den der Labour-Regierung nahestehenden Gewerkschaften für notwendig erachtet, so daß Streiks nicht zu erwarten sind.

Siegermacht mit Finanzproblemen

Großbritannien verfügte vor dem Zweiten Weltkrieg noch über ein Guthaben von drei Milliarden Pfund, nun hat das Land drei Milliarden Pfund Schulden. Die Kriegsführung hat enorme Kosten verschlungen, dazu kommen noch die Verpflichtungen als Führungsmacht des britischen Empires.

Kriegsgefangene jetzt freie Arbeiter

21. August. Von den 467 707 noch in Frankreich internierten deutschen Kriegsgefangenen haben bisher 87 078 das Angebot der französischen Regierung angenommen, als freie Arbeiter im Land zu bleiben. Rund 10 000 der ehemaligen Wehrmachtsangehörigen wollen im Bergbau und etwa 40 000 in der Landwirtschaft arbeiten.

Die am 1. Juli von der französischen Regierung verabschiedete Regelung sieht die Freilassung von Kriegsgefangenen unter bestimmten Bedingungen vor. Der Gefangene muß sich ein Jahr bei einem von der Regierung bestimmten Unternehmen zur Arbeit verpflichten. Danach darf er in die Heimat zurück oder kann seinen Vertrag verlängern und in Frankreich bleiben. In diesem Fall erhält er vollen Lohn und darf Familienangehörige aus Deutschland nachholen. Von der Regelung sind Kriegsverbrecher und nicht arbeitsfähige Kranke ausgeschlossen (→ 13. 5./S. 92).

Volksvertretung für die Algerier

27. August. In Paris berät die französische Nationalversammlung über das neue Autonomiestatut für Algerien. Die Gesetzesvorlage wird von der Volksvertretung mit 322 gegen 92 Stimmen angenommen.

Das Algerien-Statut gewährt allen volljährigen Einwohnern der französischen Kolonie das Stimmrecht. Alle drei Jahre soll das algerische Parlament gewählt werden, das aus einem Oberhaus mit den Abgeordneten der europäischen Bevölkerung in Algerien und einem Unterhaus für die Moslems bestehen wird. Sie werden die gleichen Rechte und Pflichten wie die Franzosen erhalten. Abgesehen von den französischen Staatsbürgern dürfen an den Wahlen für das Oberhaus auch Algerier teilnehmen, die eine Staatsstellung haben oder Teilnehmer des Ersten Weltkrieges waren.

Das Statut sieht außerdem eine erweiterte Selbstverwaltung Algeriens vor. Die Regierungsgewalt wird in den Händen des von der französischen Regierung eingesetzten Generalgouverneurs liegen.

Mit der Niederlage der deutschen Truppen 1945 begannen Flucht und Vertreibung aus den Ostgebieten

Königsberg jetzt Kaliningrad

Die Situation in den unter sowjetischer und polnischer Verwaltung stehenden Ostgebieten ist gekennzeichnet von einer völligen Umwandlung des Charakters dieser bisher von deutschen Einwohnern geprägten Landschaft. So trägt Königsberg seit 1946 den Namen Kaliningrad und ist zur Hauptstadt einer sowjetischen Provinz geworden, die den gesamten Nordteil von Ostpreußen umfaßt.

Dieses ehemals vorwiegend landwirtschaftlich genutzte Gebiet soll nun nach Plänen der sowjetischen Führung industriell erschlossen werden. Ein Hauptgrund dafür ist der eisfreie Zugang zur Ostsee, der eine Verschiffung von Gütern das ganze Jahr hindurch ermöglicht. Die Bevölkerung besteht nun nahezu völlig aus Sowjetbürgern, die in großer Zahl aus den vom Zweiten Weltkrieg verwüsteten Gebieten der Sowjetunion eingewandert sind. Die Versorgung mit Lebensmitteln ist relativ gut, die Preise liegen sogar deutlich niedriger als in Moskau. Der ehemalige Großgrundbesitz wurde in 30 Staatsgüter aufgeteilt, die im Sinne des sowjetischen Agrarprogramms organisiert sind. Die deutsche Sprache ist fast völlig aus dem Straßenbild verschwunden, die Schilder und Namen sind jetzt alle russischer Herkunft.

In den polnisch gewordenen ehemaligen deutschen Ostgebieten östlich der Oder-Neiße-Linie verläuft die Entwicklung ähnlich. Insgesamt wurden über drei Millionen Polen angesiedelt. Vor dem Zweiten Weltkrieg waren nur rund 500 000 Bürger, die dort lebten, polnischer Abstammung. Die Städte wie z. B. Breslau sind wie verwandelt.

Früher lebten hier etwa 600 000 Menschen, nun sind es noch 216 000, davon nur rund 13 000 Deutsche. Die Stadt ist noch immer schwer zerstört, die Versorgung jedoch ist recht gut, die meisten Lebensmittel sind noch nicht einmal rationiert. Die deutsche Sprache ist wie in den übrigen Ostgebieten völlig aus dem Stadtbild verschwunden, aus der deutschen Stadt Breslau ist nun die polnische Stadt Wroclaw geworden.

Flüchtlinge aus den ehemaligen deutschen Ostgebieten warten am Bahnsteig auf einen leeren Güterwaggon, in den sie mit ihrer Habe einsteigen können, um die Fahrt in Richtung Westen anzutreten. Die Reise in den ungeheizten Eisenbahnwagen dauert häufig eine Woche

Neuer Industrieplan für Bizone

29. August. In Berlin wird der Wortlaut des neuen Industrieplans für das Vereinigte Wirtschaftsgebiet (Bizone) Deutschlands veröffentlicht. Er legt neue Quoten für die Industrieproduktion fest und löst den alten Plan vom März 1946 ab.
Eine entscheidende Veränderung gegenüber dem alten Industrieplan ist die Tatsache, daß sich die neuen Produktionsquoten nicht mehr am Krisenjahr 1932, sondern am Jahr 1936 orientieren. Hierauf einigten sich die Regierungen der USA und Großbritanniens nach längeren Verhandlungen in der US-Hauptstadt Washington. Für die deutsche Industrie bedeuten die neuen Zahlen eine zum Teil erhebliche Steigerung ihrer Produktion.
Im einzelnen ist u. a. vorgesehen, die Stahlerzeugung auf 10,7 Millionen t (bisher 5,8 Millionen t) festzulegen. Die Kohleförderung soll innerhalb von drei Jahren auf täglich 380 000 bis 400 000 t gesteigert werden.
Drastische Veränderungen sieht der Plan auch im Bereich der deutschen Reparationsleistungen aus der Bizone vor. Von der deutschen Schwerindustrie sollen nur noch 35% statt bisher 60% demontiert werden; von der Leichtmaschinenindustrie nur noch 25% statt 32%. Darüber hinaus werden mehrere Branchen von der Demontage vollkommen ausgenommen, darunter die feinmechanische, die optische, die Elektro- und die Zementindustrie. Die britische und die US-amerikanische Besatzungsmacht kündigen in diesem Zusammenhang auch die Vorlage einer neuen detaillierten Demontageliste an (→16. 10./S. 167).
Eine Neuberechnung des deutschen Industrieniveaus war nach der Gründung der Bizone am →1. Januar 1947 (S. 16) notwendig geworde. Sie trägt der Tatsache Rechnung, daß die von den Alliierten im Jahr 1945 vereinbarte wirtschaftliche Einheit von Deutschland nicht verwirklicht werden konnte.

Konrad Adenauer, Vorsitzender der CDU in der britischen Zone

Gleisdemontage

8. August. *Aufgrund eines Befehls der Sowjetischen Militärverwaltung (SMAD) werden derzeit in der Ostzone umfangreiche Schienendemontagen vorgenommen (Fotos). Betroffen sind davon insgesamt 1800 km eingleisige Strecken. Die Demontagen erstrecken sich nicht nur auf das Gleismaterial, sondern auch auf Stellwerke und Signaleinrichtungen. Darüber hinaus wird auch auf einer Länge von 3700 km Hauptstrecke das zweite Gleis abgebaut. Die Einrichtungen für den elektrischen Zugbetrieb in der Ostzone sind 1946 demontiert worden. Die SMAD begründet dies mit dem Ausbleiben von Reparationen aus dem Westen.*

Konrad Adenauer ist wiedergewählt

15. August. Auf dem ersten Zonenparteitag der CDU in der britischen Besatzungszone Deutschlands wird Konrad Adenauer einstimmig zum Vorsitzenden wiedergewählt. In einer Grundsatzrede spricht er sich anschließend u. a. gegen die Verstaatlichung der Grundstoffindustrie aus. Ferner befürwortet Adenauer die Einheit Deutschlands, das seiner Meinung nach streng föderalistisch aufgebaut sein sollte. Außerdem verlangt er von den Delegierten in Zukunft eine schärfere Abgrenzung von der SPD.

Ruhrgebiet soll deutsch bleiben

6. August. Die Debatte um die politische und wirtschaftliche Zukunft des Ruhrgebiets dauert an. So kritisiert der stellvertretende Vorsitzende der SED der Ostzone, Walter Ulbricht, auf einer Pressekonferenz in Frankfurt am Main die Ruhrpolitik der Westmächte. Zugleich setzt er sich für eine Enteignung der Kohlezechen ein. Eine Abtrennung des Ruhrgebietes von Deutschland würde seinen Worten zufolge auf entschiedenen Widerstand der Bevölkerung stoßen.
Ulbricht spielt damit auf die Haltung der Sowjetunion in der Ruhrfrage an. Die UdSSR versucht noch immer, eine Viermächtekontrolle durchzusetzen.
Frankreich beharrt dagegen formell auf einer Internationalisierung. Auch zeigt die französische Regierung wenig Interesse an einer Steigerung der deutschen Stahlproduktion. Sie sieht in jeder Stärkung der deutschen industriellen Leistungsfähigkeit eine potentielle Gefährdung ihres Landes.

Ohne die Leistung der Ruhrkumpel ist der Aufbau kaum denkbar

Hingegen zeigen die USA und Großbritannien, die sich seit der wirtschaftlichen Zusammenlegung ihrer Besatzungszonen gemeinsam mit dem Schicksal des Ruhrgebietes befassen, wenig Interesse an einer Internationalisierung oder einer Viermächtekontrolle. Ihr Ziel ist eine allmähliche Übergabe der Verwaltung des Industriereviers in deutsche Hände. Auch sollen Kohleförderung und Stahlerzeugung gesteigert werden. Die Kohleförderung stagniert derzeit bei rund 225 000 t täglich, der errechnete Bedarf liegt bei 380 000 bis 400 000 t pro Tag.

Deutsche haben Angst vor Krieg

18. August. 74% aller Deutschen halten einen dritten Weltkrieg für möglich. Fast vier von fünf Jugendlichen glauben sogar an eine baldige kriegerische Auseinandersetzung. Dies geht aus einer repräsentativen Umfrage hervor, die ein Meinungsforschungsinstitut in Düsseldorf und Umgebung unter etwa 10 000 Deutschen durchgeführt hat.

90% aller Deutschen sehen außerdem dem kommenden Winter mit großen Sorgen entgegen. Rund jeder zweite Befragte glaubt nicht, daß die Mehrheit der Jugend noch vom Gedankengut der Nationalsozialisten beeinflußt ist.

Zuwenig Männer in Deutschland

9. August. Die britische Militärregierung in Deutschland veröffentlicht Angaben über die Bevölkerungsstruktur. Danach herrscht in der britischen Zone gegenwärtig ein Überschuß von zwei Millionen Frauen. Besonders der Anteil von Männern im Alter von 21 bis 42 Jahren ist relativ klein. 1939 lag er noch bei 33% der Gesamtbevölkerung, jetzt beträgt er nur noch 25%.

Da diese Altersgruppe für die Wirtschaft besonders wichtig ist, müssen Frauen nach Ansicht von Experten verstärkt diesen Arbeitskräftemangel ausgleichen, zumal viele der Männer versehrt und deshalb nur bedingt arbeitsfähig sind.

Frauenüberschuß in Deutschland: Hier ein Tanzcafé in Berlin

Anklageschrift gegen Krupp-Direktoren unterzeichnet

14. August. *General Telford Taylor, US-Hauptankläger bei den Nürnberger Kriegsverbrecherprozessen, unterzeichnet die Anklageschrift gegen zwölf ehemalige Direktoren des Krupp-Konzerns. Hauptangeklagter ist Alfried Krupp von Bohlen und Halbach (links im Bild nach Prozeßbeginn). Seit 1925 bekleidete er hohe Posten in dem Unternehmen; 1943 wurde er Besitzer und Direktors des Konzerns.*

Dem Angeklagten wird u. a. vorgeworfen, Adolf Hitler 1933 an die Macht verholfen und die massive Aufrüstung der deutschen Wehrmacht durch umfangreiche Rüstungslieferungen unterstützt zu haben. Ferner soll sich Krupp an der Vorbereitung eines Angriffskrieges beteiligt, während des Zweiten Weltkrieges fremdes Eigentum beschlagnahmt und Menschen aus den von Deutschland besetzten Gebieten zur Sklavenarbeit in den verschiedenen Betrieben des Krupp-Konzerns beschäftigt haben (→ 22. 12./S. 203).

Messe in Hannover

18. August. Die »Exportmesse Hannover 1947« wird vom Präsidenten des Zweizonen-Wirtschaftsrats, Erich Köhler, im Festraum der Vereinigten Leichtmetallwerke in Hannover-Laatzen eröffnet.

In seiner Begrüßungsansprache hebt der niedersächsische Ministerpräsident Hinrich Wilhelm Kopf den Arbeitswillen der Deutschen hervor, auf den Europa nicht verzichten könne. Kopf weist jedoch darauf hin, daß die Voraussetzungen für den wirtschaftlichen Wiederaufbau nach wie vor schlecht seien, aufgrund des kriegsbedingten Verlustes deutscher Agrargebiete, der Aufteilung in Zonen sowie durch die Demontagen.

Der britische Wirtschaftsberater beim Alliierten Kontrollrat, Sir Cecil Weir, wünscht in seiner Ansprache der Messe viel Erfolg im Interesse der deutschen Wirtschaft wie auch »der großen europäischen industriellen Gemeinschaft«.

Auf einer Fläche von über 20 000 m² zeigen über 1300 Aussteller einen vielgestaltigen Querschnitt durch die deutsche Exportproduktion. Mit fast 300 Ausstellern ist die Textil- und Bekleidungsindustrie am stärksten vertreten. Großen Anteil haben auch die Kraftfahrzeugindustrie sowie die Elektrotechnik und Feinmechanik. Mit 325 Ausstellern ist das Land Nordrhein-Westfalen am stärksten vertreten.

Als die Hannover-Messe am 7. September ihre Pforten schließt, können die Veranstalter eine erfreuliche Bilanz ziehen: Das Auftragsvolumen des Auslands beläuft sich auf mehr als 30 Millionen US-Dollar. Rund 80% aller Aufträge haben Firmen abgeschlossen, die in der britischen Besatzungszone beheimatet sind. Der größte Umsatz wurde im Bereich der Kraftfahrzeugindustrie mit etwa zehn Millionen US-Dollar erzielt. Als erfreulich bezeichnen die Veranstalter das Interesse der Öffentlichkeit – rund 75 000 Besucher haben die Exportmesse gesehen.

Fahrzeugausstellung in der Haupthalle der Messe in Hannover

Ernährung 1947:

Die niedrigsten Rationen seit dem Jahr '39

Seitdem 1939, unmittelbar vor Beginn des Zweiten Weltkrieges, in Deutschland die ersten Lebensmittelkarten ausgegeben wurden, waren die Rationen noch nie so niedrig wie im Jahre 1947. Während Ernährungswissenschaftler ausgerechnet haben, daß ein arbeitender Mensch rund 2400 Kalorien pro Tag benötigt, erhalten die Menschen vielerorts weniger als 900 Kalorien. Nicht einmal 1945, im Jahr des Zusammenbruchs, war die Ernährungslage derart katastrophal.

Die Knappheit an Lebensmitteln hat verschiedene Ursachen. Die Vorräte, die das Kriegsende überdauerten, waren 1946 aufgebraucht. Deutschland hatte mit den Gebieten östlich von Oder und Neiße einen beträchtlichen Teil seiner landwirtschaftlichen Anbauflächen verloren. In den vier Besatzungszonen war die Bevölkerungszahl durch Flüchtlinge und Vertriebene gestiegen, was die Besatzungsmächte wie auch die deutsche Verwaltung vor zusätzliche Probleme stellte. Vereinbarte Lebensmittellieferungen, z. B. zwischen der Ostzone und den Westzonen, kamen nicht zustande. Für Importe aus dem Ausland fehlen Devisen. Außerdem sorgten trockene Sommer in den Jahren 1946 und 1947 sowie ein strenger Winter für erhebliche Ernteeinbußen.

Besonders knapp sind Mehl und Fett. Die Bäckereien gehen dazu über, den Brotteig mit Mais oder Eichelmehl zu strecken. Durch die Beigabe von Molkepulver versucht man den Nährwert zu steigern. In Bayern wird sogar das Bierbrauen verboten, damit genügend Brotgetreide zur Verfügung steht. Um den Fettbedarf zu decken, sammeln die Menschen Bucheckern: Aus vier kg läßt sich immerhin ein Liter Öl gewinnen. Weil es kaum tierische Fette gibt, wird synthetisches Fett hergestellt. Auch Kartoffeln, die vielen als fast einziges Nahrungsmittel dienen, werden rar. So betragen die Zuteilungen in der britischen Zone im Juni nur 500 g. Unter der Bevölkerung wachsen Unmut und Verzweiflung. Es kommt zu Unruhen und Demonstrationen. Anlaß der Proteste ist nicht selten auch die unfähige deutsche Bürokratie.

Da man mit dem, was auf Lebensmittelkarten erhältlich ist, kaum überleben kann, muß man zur Selbstversorgung übergehen. Zum Alltag gehören die »Hamsterzüge«, mit denen Städter auf das Land fahren, um Lebensmittel einzutauschen. Im Volksmund wird mit bitterer Ironie dazu bemerkt, daß mancher Bauer sogar schon seinen Kuhstall mit Perserteppichen ausgelegt hat.

Überall blüht der Schwarzmarkt. Hier kosten das kg Rindfleisch bis zu 60 RM, das kg Fett manchmal 400 RM. Sogar Lebensmittelkarten sind dort zu haben. Die Preise schwanken zwischen 160 und 220 RM. Zum Vergleich: Ein Arbeiter verdient im Jahr 1947 durchschnittlich 140 RM monatlich.

Gäste in einem Berliner Restaurant; Speisen sind gegen Abgabe von Lebensmittelmarken erhältlich

Gemüsebeete statt Blumenrabatten; jeder Quadratmeter Boden wird in Deutschlands Städten genutzt

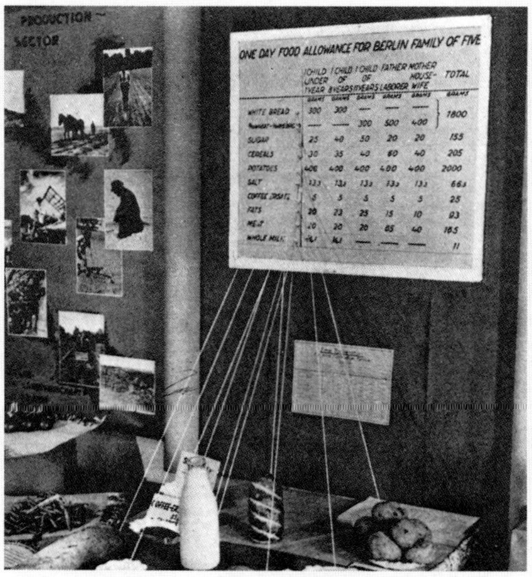

Ausgestellte Tagesration für die deutsche Bevölkerung im US-amerikanischen Sektor Berlins

Mülltonnen werden durchstöbert; wie diese Frau sind viele verzweifelt auf Nahrungssuche

Entkräfteter Arbeiter in einer Reifenfabrik; die Produktivität ist 1947 stark gesunken

Kernenergieprognose

30. August. Der US-amerikanische Physiker J. Robert Oppenheimer, der Vorsitzende des allgemeinen Beratungsausschusses der US-amerikanischen Atomkraftkommission, erläutert in New York die Aussichten für eine friedliche Nutzung der Kernenergie. Nach seiner Einschätzung liegt die Energiegewinnung aus der Atomkraft in weiter Zukunft und wird noch mehrere Jahrzehnte intensiver Forschungsarbeit in Anspruch nehmen.
Oppenheimer, der maßgeblich am Bau der ersten Atombombe beteiligt war, prognostiziert frühestens für das Jahr 1957 kleine Reaktoren, die zur örtlichen Stromerzeugung in kleinem Maßstab dienen könnten. Eventuell wären sie auch in der Lage, Schiffe anzutreiben. In den Jahren zwischen 1977 und 1997 wäre dann an eine großflächige Nutzung der Atomenergie zu denken. Interessant sei der Einsatz von Atomkraftwerken in Regionen mit wenig Rohstoffvorkommen. Hier wäre die Kernenergie eine echte Alternative zu den herkömmlichen Brennstoffen zur Stromerzeugung wie z. B. Kohle und Erdöl.
Die Kosten für ein großes Atomkraftwerk mit einer Leistung von 75 000 kW beziffert Oppenheimer auf etwa 25 Millionen US-Dollar. Ein vergleichbares Kohlekraftwerk kostet dagegen nur rund 10 Millionen US-Dollar. Auch die Kosten je produzierter Kilowattstunde werden voraussichtlich bei Kraftwerken konventioneller Bauart wesentlich geringer sein.
Die technischen Probleme, die die Wissenschaftler noch zu lösen haben, sind beträchtlich. So ist bisher noch kein Baumaterial bekannt, das die im Reaktorbetrieb auftretenden hohen Temperaturen und den ständigen Beschuß mit Neutronen aushält. Bisher unbekannt sind auch geeignete Hitzeleiter, die die im Meiler erzeugte Hitze einer Dampfmaschine zuführen könnten. Als besonders schwierig bezeichnet Oppenheimer die erforderlichen Sicherheits- und Kontrollmaßnahmen, sie seien eines der größten Probleme.

Der US-amerikanische Atomphysiker J. Robert Oppenheimer

Kohlekraftwerk: Atomkraft wird vorläufig nicht billiger sein

Ettore Bugatti stirbt bei Paris

21. August. Der Automobilkonstrukteur Ettore Bugatti stirbt im Alter von 65 Jahren in Neuilly bei Paris. Bugatti entwickelte zahlreiche Autos, darunter den Acht-Zylinder Bugatti 35, der in den Jahren 1924 bis 1927 fast 2000 Rennen gewann.
Bugatti wurde am 15. September 1881 in Mailand als Sohn eines Kunstschnitzers geboren. Schon als 20jähriger stellte er bei einer Automobilausstellung in Mailand seine ersten Autos vor. Davon beeindruckt, engagierte ihn die Firma De Dietrich in Niederbronn im Elsaß als Konstrukteur. Dort entwarf Bugatti eine Vielzahl von erfolgreichen Automobilen. Nach diesen Erfolgen machte er sich selbständig und gründete im Alter von 30 Jahren in Molsheim seine eigene Firma. Er baute zunächst den sehr erfolgreichen »Typ 13«. Nach dem Ersten Weltkrieg entwarf Bugatti den »Typ 22/23 Brescia«, der ebenso wie der Anfang der 20er Jahre konstruierte »Typ 35« jahrelang die Rennstrecken in aller Welt beherrschte.
Bugatti lockte nie die Großserienfertigung, er konstruierte anspruchsvolle Hochleistungsautomobile.

Ettore Bugatti

Fallschirmsprung aus 13 400 m Höhe

26. August. In Moskau stellt Wassili Romaniuk einen neuen Weltrekord im Fallschirmspringen auf. Der Oberstleutnant der Roten Armee springt aus einer Höhe von 13 400 m aus dem Flugzeug. Der Sprung dauert 21 Minuten, die Temperatur liegt beim Absprung bei −85°C. Um in der dünnen Höhenluft atmen zu können, ist Romaniuk mit einem Sauerstoffgerät ausgerüstet.
Dies ist der zweite Weltrekord im Fallschirmspringen in diesem Monat. Bereits am 4. August hatten sowjetische Springer anläßlich des Tages der Sowjetluftwaffe Sprünge aus 11 240 m absolviert.

Ein neuer Rekord: Im Alleinflug um die Erde in 78:05 h

10. August. Der US-amerikanische Fliegerhauptmann William P. Odom stellt einen neuen Weltrekord für den Alleinflug um die Welt auf. Er landet nach einer Flugzeit von 78:05 h wohlbehalten auf dem Chicagoer Flughafen im US-Bundesstaat Illinois.
Am 7. August startete Odom mit seinem speziell für diesen Rekordversuch gebauten Flugzeug. Er flog eine 33 000 km lange Route und überquerte dabei Paris, Kairo, Kalkutta, Tokio und Anchorage. Der Weltrekord lag bisher bei 78:55 h und wurde im April von dem Füllfederhalter-Fabrikanten Milton Reynolds aufgestellt.
Der vielfache Millionär Reynolds, der selbst nicht noch einmal die Strapazen eines solchen Fluges auf sich nehmen wollte, unterstützte den neuen Rekordversuch finanziell. Er stellte das Flugzeug zur Verfügung und war auch maßgeblich an der Planung und Organisation des Rekordflugs von Odom beteiligt.

William P. Odom (oben r.) und seine »Reynolds Bombshell-Maschine«

»Kon-Tiki«-Reise endet erfolgreich

7. August. Der norwegische Naturforscher Thor Heyerdahl gibt die erfolgreiche Beendigung seiner »Kon-Tiki«-Expedition bekannt. Heyerdahl war am 28. April von der peruanischen Hafenstadt Callao zu einer Überquerung des Stillen Ozeans auf seinem Balsafloß »Kon-Tiki« gestartet und ist nach 101 Reisetagen mit seiner fünfköpfigen Besatzung wohlbehalten auf den Polynesischen Inseln gelandet.
Heyerdahl hatte mit einer Expeditionsdauer von 140 Tagen für die rund 4000 Seemeilen (7200 km) lange Strecke gerechnet, aber die Strömungen von Wind und Wasser waren günstiger als erwartet. Zweck der Reise war es, Heyerdahls These zu beweisen, nach der es eine Besiedlung der Pazifikinseln um Tahiti von Südamerika aus gegeben hat.
Abgesehen von ihrem Fahrzeug, das ohne technische Hilfe gebaut wurde, waren die Forscher mit der modernsten Ausrüstung versehen. Sie führten eine Funkanlage, ein Gummirettungsboot sowie wissenschaftliche Instrumente mit.

Die »Kon-Tiki« auf dem Weg nach Polynesien; 101 Tage dauert die Expedition des Norwegers Thor Heyerdahl

Die neuen Wikinger im Pazifischen Ozean

Die Vorgeschichte der »Kon-Tiki«-Expedition des Norwegers Thor Heyerdahl begann vor zehn Jahren auf der Südseeinsel Tahiti. Der damals 22jährige Zoologiestudent Heyerdahl wurde darauf aufmerksam, wie ähnlich die Kultur der polynesischen Inseln, zu denen Tahiti gehört, der alten Inkakultur der Westküste Südamerikas erscheint. Beide Zivilisationen kannten z. B. Stufenpyramiden als Kultstätten ihrer Religionen, und der polynesische Name für die Süßkartoffel entspricht der alten peruanischen Bezeichnung für diese Pflanze, »kumara«.
Bisher waren Wissenschaftler der Meinung, daß die in der Seefahrt erfahrenen Polynesier ihre Kultur aus dem Pazifik nach Südamerika getragen hätten. Heyerdahl aber gewann die Überzeugung, daß die Kultureinflüsse in entgegengesetzter Richtung erfolgt sein müssen, vielleicht von jenen sagenumwobenen blonden Seefahrern, die nach alten Legenden noch vor den Inkas in Peru herrschten.
Ausschlaggebend für Heyerdahls aufsehenerregende These waren drei Faktoren aus der Natur: Zuerst zwei Meeresströmungen – der Humboldt- und der Südäquatorialstrom – und eine Windströmung, die alle drei von der Westküste Südamerikas in den Pazifischen Ozean vorstoßen. Aus diesen Naturerscheinungen folgerte Heyerdahl, daß den Ureinwohnern Südamerikas schon damals mit primitiven Mitteln die Seefahrt vom heutigen Peru über 4000 Seemeilen nach Tahiti möglich war.
Er ahmte diese hypothetischen Fahrten zum Beweis seiner Theorie nach. Das Unternehmen wurde auf einem Floß, das denen der alten Inkas möglichst ähnlich sein sollte, durchgeführt. Zwei der Teilnehmer an Heyerdahls Expedition holten eigens dafür aus den Dschungelgebieten Ecuadors das nötige Balsaholz – das leichteste aller Hölzer –, aus dem das 14 Meter lange und fünfeinhalb Meter breite Floß in Handarbeit gebaut wurde. Es wurde – genau nach alten Vorbildern – nur durch Seile und ohne jeden Nagel zusammengehalten. Die insgesamt sechsköpfige Mannschaft, wie Heyerdahl Norweger, lebte während der Seereise in einer primitiven Hütte, die mit Seilen auf dem aus Bambus gefertigten Floßdeck montiert worden war.

»Kon-Tiki« wird nach erfolgreicher Expedition in San Francisco empfangen

Musikfestspiele in Edinburgh

24. August. Mit einem feierlichen Eröffnungsgottesdienst in der St.-Giles-Kathedrale beginnen die Festspiele der schottischen Hauptstadt Edinburgh. Mehr als 100 000 Gäste müssen in den Hotels und Wohnungen der Stadt untergebracht werden, die sich als das Kulturzentrum Schottlands versteht.

Das musikalische Programm der Festspiele steht unter dem Zeichen von Tradition und Qualität. Paul Paray mit dem Orchestre Colonne vom Theatre du Châtelet in Paris dirigiert hauptsächlich zeitgenössische französische Musik, während Malcolm Sargent mit den Liverpooler Philharmonikern und dem Solisten Arthur Schnabel Ludwig van Beethovens Viertes Klavierkonzert aufführt. Weitere Konzerte sind dem britischen Komponisten Edward Elgar sowie dem Franzosen Hector Berlioz gewidmet.

Festspieldirektor ist der Österreicher Rudolf Bing, der in Edinburgh versuchen will, mit den Internationalen Festspielen ein jährlich wiederkehrendes Kulturereignis zu schaffen.

Malcolm Sargent, Chefdirigent des Liverpool Philharmonic Orchestra

Bruno Walter, ein gebürtiger Berliner, dirigiert in Edinburgh das Wiener Philharmonische Orchester

Hugo von Hofmannsthals »Jedermann«, inszeniert von Helene Thimig, wird vor dem Salzburger Dom aufgeführt

Salzburger Festspiele 1947

6. August. Gottfried von Einems Oper »Dantons Tod« wird im Rahmen der Salzburger Festspiele mit großem Erfolg uraufgeführt.

Anstelle des ursprünglich vorgesehenen Otto Klemperer dirigiert der Ungar Ferenc Fricsay die Wiener Philharmoniker und den Wiener Staatsopern-Chor. Die Oper des 29jährigen Österreichers von Einem, der auch das Ballett »Turandot« und diverse Orchesterwerke komponiert hat, ist in tonaler Satzweise geschrieben. Wenn auch manche Klänge das Publikum schockieren und der Szenenbeifall nur spärlich ausfällt, läßt doch der stürmische Applaus am Ende der dreistündigen Oper keinen Zweifel: Dem Boris-Blacher-Schüler Einem ist ein großer Erfolg beschieden. Selbstverständlich verdankt die Oper ihre Anerkennung auch den Bühnenbildern Caspar Nehers, dem es gelungen ist, den Dramenstoff von Georg Büchner angemessen zu visualisieren. Auch die Darsteller Julius Patzak, Paul Schöffler und Maria Cebotari sind stimmlich hervorragend disponiert.

Auch wenn Einems Oper sicherlich den Höhepunkt der Festspiele markiert, so lassen doch auch verschiedene andere Vorstellungen die Mühsal vergessen, die der Besucher auf sich nehmen muß, um den Festspielen beizuwohnen. Paß- und Grenzschwierigkeiten sowie die ungünstige Ernährungs- und Unterbringungssituation verlieren an Bedeutung in Anbetracht von Attila Hörbiger in der Titelrolle von Hugo von Hofmannsthals Drama »Jedermann«. Ernst Deutsch fasziniert als »Tod« und Helene Thiemig-Reinhardt als »Glaube«. Als Nachfolgerin ihres verstorbenen Mannes Max Reinhardt führt sie auch Regie.

Auf diesen glanzvollen Auftakt am 27. Juli folgen Wolfgang Amadeus Mozarts Opern »Die Hochzeit des Figaro« und »Cosi fan tutte« sowie Richard Strauß' Werk »Arabella«. Auch konzertant wird Traditionelles und – mit Werken von Arnold Schönberg und Ernst Krenek – Modernes geboten.

Paul Schöffler in Gottfried von Einems Oper »Dantons Tod«

Pause in Salzburg; Attila Hörbiger spielt den »Jedermann«

September 1947

Mo	Di	Mi	Do	Fr	Sa	So
1	2	3	4	5	6	7
8	9	10	11	12	13	14
15	16	17	18	19	20	21
22	23	24	25	26	27	28
29	30					

1. September, Montag

Der thüringische Ministerpräsident Rudolf Paul (SED) verschwindet spurlos. Die Polizei leitet eine Großfahndung ein. →S. 148

Nach Angaben der polnischen Militärmission in Berlin haben während des Zweiten Weltkriegs 6 028 000 Polen ihr Leben verloren.

Der Palästina-Ausschuß der UNO verabschiedet einen Teilungsplan für Palästina. →S. 153

Im indischen Bundesstaat Pandschab befinden sich eine Million Inder auf der Flucht. Das Gebiet ist seit einiger Zeit Schauplatz blutiger Auseinandersetzungen zwischen Hindus und Moslems (→4. 9./S. 151).

2. September, Dienstag

In Leipzig wird die diesjährige Herbstmesse eröffnet. An ihr beteiligen sich rund 4300 Aussteller.

Die USA weisen die sowjetische Protestnote vom 30. August gegen die Erhöhung des deutschen Produktionsvolumens zurück (→29. 8./S. 138).

Wegen Schwarzhandels wird in Berlin ein 70jähriger Tabakhändler verurteilt. →S. 158

3. September, Mittwoch

Die UdSSR lehnt es ab, Dairen am Gelben Meer als internationalen Hafen zu öffnen.

Die USA liefern an ausländische Wissenschaftler befreundeter Staaten radioaktive Isotope.

Nach Angaben der US-amerikanischen Fernseh- und Rundfunkgesellschaft NBC wird es in den USA bis zur Mitte des kommenden Jahres mehr als 500 000 private Fernsehgeräte geben.

4. September, Donnerstag

Die 1933 mit der Aufteilung Obervoltas an die Elfenbeinküste gekommenen Gebietsteile kommen an das rekonstituierte Obervolta zurück.

Aufgrund der Teilung der Provinz Pandschab zwischen Indien und Pakistan kommt es zu schweren Unruhen zwischen Moslems und Andersgläubigen. →S. 151

Der Peruaner Daniel Carpio durchschwimmt in 14:46 h den Ärmelkanal.

5. September, Freitag

Der frühere Generalstabschef der deutschen Wehrmacht, General Franz Halder, wird aus alliierter Haft entlassen.

60 000 Bergarbeiter des nordenglischen Kohlereviers streiken.

In Frankfurt am Main endet eine zweitägige Konferenz des Wirtschaftsrates der Bizone. Die Tagungsteilnehmer bezeichnen durchweg die Notwendigkeit einer Währungsreform für Deutschland als vordringlich (→18. 12./S. 203).

In Berlin gibt es derzeit mehr als 400 Erkrankungen durch die spinale Kinderlähmung. 41 Jugendliche sind bereits gestorben.

6. September, Sonnabend

In Berlin tritt die ostzonale CDU zu ihrem zweiten Parteitag, der bis zum 8. September dauert, zusammen. Die Parteivorsitzenden Jakob Kaiser und Ernst Lemmer werden in ihren Ämtern bestätigt. →S. 149

Nach 47tägiger Trockenheit fällt in Belgien erstmals wieder Regen. Trotzdem werden schwere Ernteschäden befürchtet.

7. September, Sonntag

In Indiens Hauptstadt Neu-Delhi brechen Kämpfe zwischen Hindus und Moslems aus (→4. 9./S. 151).

Österreich erhält von der Export- und Import-Bank einen Kredit in Höhe von 13 Millionen US-Dollar.

Bei der Explosion eines Pulverarsenals der spanischen Armee bei Alcala in der Nähe von Madrid verlieren 38 Menschen ihr Leben.

200 Verletzte fordert ein Tribüneneinsturz während eines Fußballspiels in der indischen Stadt Bombay.

In Hamburg findet eine Rassehundeausstellung statt. →S. 158

8. September, Montag

Der zweite pädagogische Kongreß in Berlin tritt für eine Fortsetzung demokratischer Schulreformen in der sowjetischen Besatzungszone ein.

In Hamburg werden 4500 jüdische Flüchtlinge, die sich auf dem Schiff »Exodus« befinden, zwangsweise an Land gebracht. →S. 152

In Gstaad (Schweiz) eröffnet Richard Nikolaus Graf Coudenhove-Kalergi den ersten Kongreß der Europäischen Parlamentarier-Union.

In London tauschen Großbritannien und Frankreich die Ratifikationsurkunden des am →4. März (S. 53) in Dünkirchen unterzeichneten Bündnispaktes aus.

Im Hafen von Stralsund wird mit der Hebung des Segelschulschiffs der ehemaligen deutschen Kriegsmarine, »Gorch Fock«, begonnen.

9. September, Dienstag

Das türkische Kabinett in Ankara unter Ministerpräsident Recep Peker tritt zurück.

Ungarn erhält 46 von der Roten Armee beschlagnahmte Donauschiffe zurück.

Deutscher Straßenmeister der Radamateure wird Peter Rühl aus Hersdorf.

10. September, Mittwoch

In Washington enden die britisch-amerikanischen Verhandlungen über die Kontrolle des deutschen Ruhrbergbaus. →S. 149

Der neue türkische Ministerpräsident Hasan Saka bildet ein Kabinett.

Die ehemaligen Herausgeber der verbotenen Zeitschrift »Der Ruf«, Hans Werner Richter und Alfred Andersch, gründen die Autorengruppe »Junge Literatur«. →S. 159

11. September, Donnerstag

Aus Ungarn sind insgesamt 16 608 Slowaken in die Tschechoslowakei und 19 000 Ungarn aus der Slowakei nach Ungarn umgesiedelt worden.

Die Prager Polizei vereitelt Attentate auf drei Minister der Tschechoslowakei, darunter auf Außenminister Jan Masaryk. Ihnen wurden Paketbomben zugestellt, die beim Öffnen explodieren sollten.

12. September, Freitag

Die französische Regierung dementiert, daß die französische Besatzungszone Deutschlands sich mit der Bizone zu einer »Trizone« zusammenschließen werde. →S. 149

Die US-amerikanische Militärpolizei verhaftet in der Nähe von Passau eine Gruppe von 35 schwerbewaffneten Ukrainern, die von der UdSSR kommend illegal die deutsche Grenze überschreiten wollten.

In Cannes beginnen die Internationalen Filmfestspiele, die bis zum 14. September andauern (→14. 9./S. 159).

Bei einer Explosion auf einem Luxusdampfer im Hafen der nordirischen Stadt Belfast werden 18 Menschen getötet und 34 verletzt.

13. September, Sonnabend

Auf einer Tagung mit Dozenten der Berliner Hochschulen fordert die SED die Einbeziehung des wissenschaftlichen Marxismus-Leninismus in Lehre und Forschung.

Jawaharlal Nehru fordert zur schnellen Beendigung der Kämpfe zwischen Hindus und Moslems auf: Zwischen Pakistan und Indien sollen – ihrer Religionszugehörigkeit entsprechend – vier Millionen Menschen ausgetauscht werden.

Die »Modellflugvereinigung Göttingen« erhält als erster Verein in Deutschland von der britischen Militärregierung eine Lizenz für den Bau von Segelflugmodellen.

14. September, Sonntag

Der indische Ministerpräsident Jawaharlal Nehru beziffert die Zahl der Menschen, die im letzten Monat bei den Unruhen im Pandschab umgekommen sind, auf 45 000.

Der Botschafter der UdSSR im Iran überreicht der persischen Regierung eine Protestnote, da die Gründung einer gemeinsamen Ölgesellschaft nicht zustandekam. →S. 154

Die US-amerikanische Militärpolizei in Österreich nimmt an der Landesgrenze eine Gruppe von 35 bewaffneten Angehörigen der ukrainischen Partisanenarmee fest.

In der französischen Hafenstadt Cannes enden die diesjährigen internationalen Filmfestspiele, die am 2. September begannen. →S. 159

Der Deutsche Boxmeister im Mittelgewicht, Fritz Gahrmeister, verteidigt seinen Titel in Berlin gegen den Herausforderer Dietrich Hucks. Dieser muß wegen einer Handverletzung in der neunten Runde aufgeben.

Bei den Schwimm-Europameisterschaften in Monte Carlo gewinnt der Franzose Alexandre Jany mit einem neuen Weltrekord über 400 m Kraul (4:35,2 min.) sowie mit einem Europarekord über 100 m Kraul (0:56,2 min.) zwei Titel. →S. 161

15. September, Montag

Die Fraktion der ostzonalen Liberaldemokratischen Partei (LDP) im Stadtrat von Görlitz beschließt, den Sitzungen der Stadtverordnetenversammlung künftig fernzubleiben. Sie wenden sich damit gegen die Beschneidung ihrer politischen Rechte durch die SED.

Die am 10. Februar in Paris unterzeichneten Friedensverträge zwischen den Alliierten und den ehemaligen Verbündeten Deutschlands treten in Kraft (→10. 2./S. 36).

Ein Taifun über der japanischen Insel Hondo fordert 2300 Menschenleben (→21. 9./S. 156).

Die Stockholmer Tageszeitung »Dagens Nyheter« nimmt ein neues Gerät zur Bildübertragung in Betrieb. Bei dieser US-amerikanischen Erfindung werden Pressefotos über eine Telefonleitung übertragen. →S. 158

16. September, Dienstag

Nach offiziellen Angaben aus der Ostzone würde es bei dem derzeitigen Produktionsstand der deutschen Wirtschaft rund 70 Jahre dauern, um den Bedarf an Baumaterialien für den Wiederaufbau der zerstörten Städte zu decken.

Der Landesausschuß der bayerischen SPD nimmt eine Resolution an, in der die Koalitionsvereinbarungen mit der CSU vom 28. Januar für gelöst erklärt werden. Die sozialdemokratischen Kabinettsmitglieder treten daraufhin zurück.

•ie US-amerikanische
'eitschrift »Life« vom
9. September mit ei-
em ausführlichen
arbbericht über den
'ationalsport Football

September 1947

Großbritannien beendet formell den Kriegszustand mit Österreich.

Für die italienische Hafenstadt Triest wird die Verfassung eines Freistaats verkündet. →S. 151

In China unternehmen die Kommunisten eine Offensive, in deren Verlauf sie sich bis auf 80 km der Stadt Nanking nähern.

In Ungarn tritt das neugewählte Parlament zu seiner ersten Sitzung zusammen (→31. 8./S. 135).

John Cobb stellt einen Landesgeschwindigkeitsrekord für Automobile mit 634,386 km/h auf dem Bonneville-Salzsee im US-Bundesstaat Utah auf. →S. 161

17. September, Mittwoch

Über 7000 km Gleise sind seit 1945 aus dem Eisenbahnnetz der Ostzone demontiert worden. Dies teilt die Zentralverwaltung für Verkehr in Berlin in ihrem Jahresbericht mit (→8. 8./S. 138).

Auf einer Veranstaltung des Demokratischen Frauenbundes Deutschland (DFD) in der Ostzone wird eine neue Sexualmoral gefordert.

Ein Hurrikan über den US-Bundesstaaten Florida, Louisiana und Mississippi fordert 84 Tote und zahlreiche Verletzte (→2. 9./S. 156).

Die Tschechoslowakei und Ungarn nehmen ihre diplomatischen Beziehungen wieder auf.

2237 kg Gold werden auf dem Luftweg von Rumänien nach Polen gebracht. Es handelt sich um einen Teil des Goldschatzes, den die polnische Nationalbank bei Ausbruch des Zweiten Weltkrieges im Jahr 1939 in Rumänien deponiert hatte.

In der Hafeneinfahrt der polnischen Stadt Gdingen wird begonnen, das Wrack des deutschen Schlachtschiffes »Gneisenau« zu demontieren.

Das erste von den Boeing-Werken in Seattle (US-Bundesstaat Washington) fertiggestellte Stratosphärenflugzeug wird der Öffentlichkeit vorgestellt. →S. 155

18. September, Donnerstag

Das Parteiorgan der CDU in der Ostzone, »Neue Zeit«, wehrt sich entschieden gegen Angriffe der sowjetischen Militärverwaltung in Deutschland auf den Parteivorsitzenden Jakob Kaiser (→19. 12./S. 202).

Die dänische Regierung protestiert beim Alliierten Kontrollrat für Deutschland gegen die Versenkung großer Mengen an Munition, darunter Giftgasgranaten, bei Bornholm durch die sowjetische Marine.

Bei einer Ausstellung im Schloß Benrath bei Düsseldorf entwenden unbekannte Täter Dresdener Porzellanfiguren im Wert von 500 000 RM.

19. September, Freitag

Der US-amerikanische Militärgouverneur in Deutschland, Lucius D. Clay, appelliert an die »CARE«-Hilfsorganisation, in Europa größere Lebensmittelvorräte anzulegen. Damit soll im kommenden Winter einer möglichen Hungerkatastrophe vorgebeugt werden.

Der Nordwestdeutsche Rundfunk (NWDR) nimmt zusätzliche Sendeanlagen in Betrieb. →S. 158

20. September, Sonnabend

In Berlin beginnt der zweite Parteitag der SED, der bis zum 24. September dauert. Der stellvertretende Parteivorsitzende Walter Ulbricht fordert die Einführung der Planwirtschaft in der Ostzone ab 1948 und die Umwandlung der SED in eine »Partei neuen Typs« nach dem Vorbild der KPdSU. →S. 149

Das Algerien-Statut der französischen Regierung wird veröffentlicht. Es sieht vor, allen Algeriern die französische Staatsbürgerschaft zu gewähren (→27. 8./S. 137).

Nach einer fünftägigen Flut auf der Insel Hondo zählt die japanische Regierung 1983 Tote und Vermißte sowie 1616 Verletzte (→23. 9./S. 156).

Finnland beantragt seine Aufnahme in die Vereinten Nationen (UNO).

Bei einem Autorennen in Lyon (Frankreich) werden drei Menschen getötet und 16 verletzt, als ein Rennwagen ins Schleudern gerät und in die Zuschauermenge rast.

21. September, Sonntag

Der Vorsitzende der SPD, Kurt Schumacher, reist zur Teilnahme am Jahreskongreß des US-amerikanischen Gewerkschaftsbundes American Federation of Labor (AFL) in die USA.

Nach dem Rücktritt der sozialdemokratischen Regierungsmitglieder vom 16. September wird das bayerische Kabinett umgebildet.

13 Tote und rund 500 Verletzte fordert ein Wirbelsturm, der fast zwei Wochen über dem Südosten der USA wütete. Allein in Florida beläuft sich der Sachschaden auf etwa 20 Millionen US-Dollar. →S. 156

Die Nationalmannschaft der Schweiz verliert das Fußball-Länderspiel gegen die Niederlande in Amsterdam 6:2.

22. September, Montag

Luftmarschall Sir Sholto Douglas gibt bekannt, daß er am 7. November von seinem Posten als Militärgouverneur der britischen Besatzungszone Deutschlands zurücktreten wird. Sein Nachfolger wird der bisherige Stellvertreter, General Sir Brian Robertson. →S. 148

Eine Transportmaschine vom Typ Douglas C-47 Skymaster fliegt lediglich mit Gerätesteuerung von Neufundland in Kanada nach London (→24. 9./S. 155).

Bei einer Hochwasserkatastrophe in Tokio verlieren über 800 Menschen ihr Leben. Rund 1600 werden verletzt. Über 1000 Personen gelten als vermißt (→21. 9./S. 156).

Aufgrund anhaltender Trockenheit ist der Wasserstand des Mittelrheins um die Hälfte gesunken. Die Schifffahrt ist ernsthaft bedroht.

23. September, Dienstag

Die US-amerikanische Militärregierung in Deutschland hebt die zivile Briefzensur auf.

In London tritt die Vollversammlung der Vereinten Nationen zu einer Sitzung zusammen.

In Bulgarien wird das Todesurteil an Nikola Petkoff, den Vorsitzenden der verbotenen Bauernpartei, vollstreckt (→16. 8./S. 135).

Bei einer Schlagwetterexplosion in einer Kohlengrube in Zonguldak in der Türkei kommen 48 Bergarbeiter ums Leben.

24. September, Mittwoch

Der geflohene thüringische Ministerpräsident Rudolf Paul taucht in Hessen wieder auf. →S. 148

Der Frankfurter Rhein-Main-Flughafen hat sich zum größten Flughafen Europas entwickelt. →S. 155

Der Alliierte Kontrollrat für Deutschland in Berlin beschließt, aufgrund des Kleingeldmangels neue Münzen prägen zu lassen.

In Frankreich befinden sich noch 473 000 deutsche Kriegsgefangene.

In Ungarn wird unter Ministerpräsident Lajos Dinnyes (Kleinlandwirtepartei) eine neue Regierung gebildet (→31. 8./S. 135).

Im Nildelta in Ägypten bricht eine Choleraepidemie aus. Die Sterblichkeitsziffer beträgt in den ersten Tagen bei den Infizierten etwa 90% (→21. 10./S. 173).

25. September, Donnerstag

In Birma wird die Landesverfassung von der gesetzgebenden Versammlung angenommen.

Der japanische Kaiser Hirohito wird im Tokioter Kriegsverbrecherprozeß durch den US-amerikanischen Hauptankläger des internationalen Gerichtshofes von der Schuld, an der Entfesselung des pazifischen Krieges beteiligt gewesen zu sein, freigesprochen. →S. 151

26. September, Freitag

Die US-amerikanische Besatzungsmacht in Österreich teilt mit, daß vom 10. November an jede Telegrafen- und Telefonzensur im Inland und die Zensur für die Auslandspost aufgehoben werden. Ausgenommen ist allerdings der Postverkehr mit Deutschland und Japan.

27. September, Sonnabend

In Szklarska Poreba (dem früheren deutschen Schreiberau) endet eine am 22. September begonnene Konferenz von Vertretern von neun europäischen kommunistischen Parteien mit dem Beschluß, ein kommunistisches Informationsbüro einzurichten (→22. 9./S. 150; 27. 9./S. 150).

Bei der Weltmeisterschaft im Austernessen in Atlantic City im US-Bundesstaat New Jersey gewinnt Edna Lamb (USA): Sie verzehrt insgesamt 186 Stück.

28. September, Sonntag

Die provisorische Verwaltungskommission des Saargebietes veröffentlicht einen Verfassungsentwurf. Darin heißt es u. a., daß der Wohlstand des Landes nur durch die wirtschaftliche Eingliederung in Frankreich gewährleistet werden könne (→5. 10./S. 167).

Indien bewirbt sich um einen Sitz im UNO-Weltsicherheitsrat.

In Paris findet der Kongreß des Weltbundes für den Frieden mit Teilnehmern aus 50 Nationen statt.

Fünf Tote und 17 Schwerverletzte fordert ein Unfall bei einem Autorennen in Modena (Italien), als der Rennfahrer Franco Cortese mit seinem Wagen in die Zuschauermenge rast.

Der 42jährige ehemalige Weltmeister im Schwergewichtsboxen, Max Schmeling, feiert in Frankfurt am Main sein Comeback: In der 7. Runde schlägt er seinen Gegner Werner Vollmer aus Magdeburg k. o. →S. 161

29. September, Montag

Bei einem Bombenanschlag auf das Polizeipräsidium in Haifa (Palästina) kommen zehn Menschen ums Leben, über 50 werden verletzt.

30. September, Dienstag

Pakistan wird als neues Vollmitglied in die UNO aufgenommen.

Rund 1000 moslemische Flüchtlinge ertrinken in einem Lager im Westpandschab, als der Fluß Beas nach mehrtägigen Regengüssen über die Ufer tritt.

Auf dem US-Luftwaffenstützpunkt White Sands im US-Bundesstaat New Mexico finden Versuchsreihen mit Weiterentwicklungen erbeuteter deutscher Marschflugkörper vom Typ V-1 statt. →S. 155

Gestorben:

20. New York: Fiorello Henry La Guardia (*11. 12. 1882, New York), US-amerikanischer Politiker, Bürgermeister von New York.

Geboren:

23. Okopy/Polen: Jerzy Popieluszko (†19. 10. 1984, bei Wloclawek/Polen), polnischer Priester.

1947/38 - 3. SEPTEMBERHEFT - 20 Pf.
DRITTER JAHRGANG · VERLAGSORT BERLIN

NEUE Berliner Illustrierte

BLICK INS NICHTS

Aufnahme: Film Polski

Dicht hinter diesem schwachen Stacheldrahtverhau liegt der todbringende, elektrisch geladene Lagerzaun. Dort will Martha, Dolmetscherin im KZ Auschwitz, Selbstmord begehen, weil sie das tägliche Sterben von Tausenden nicht mehr mit ansehen kann. Szenenbild aus dem nach dokumentarischem Material in Polen unter Mitwirkung ehemaliger Lagerinsassen, polnischer und deutscher Schauspieler, gedrehten Film „Auschwitz"

(Weitere Bilder im Innern)

*'ergangenheitsbewälti-
ıng im Film – eine
zene aus »Auschwitz«
ıf dem Titelbild der
Neuen Berliner Illu-
rierten«*

Ministerpräsident verschwunden

1. September. Der thüringische Ministerpräsident Rudolf Paul (SED) verschwindet spurlos. Sein Stellvertreter und Polizeichef Werner Eggerath (SED) läßt eine Großfahndung einleiten, die jedoch ergebnislos verläuft. Eggerath äußert den Verdacht, daß Paul sich in die Westzonen abgesetzt hat.

Paul hatte das Wochenende im Luftkurort Oberhof verbracht. Nach seiner Abfahrt verlor sich seine Spur. Erst am 22. September erhält die Öffentlichkeit ein Lebenszeichen von Rudolf Paul, der sich inzwischen in Bad Nauheim (Hessen) aufhält.

Wegen eines aufwendigen Regierungs- und Lebensstils war Rudolf Paul bereits seit geraumer Zeit kritisiert worden. Hinzu kommt, daß er mit den Länderregierungen in den Westzonen engen Kontakt pflegte. Deshalb war er offenbar auch bei der sowjetischen Besatzungsmacht in Ungnade gefallen, so daß er sich durch Flucht den zu erwartenden Schwierigkeiten entzog.

Der 1893 geborene Jurist Rudolf Paul gehörte vor 1933 der linksliberalen Deutschen Demokratischen Partei an.

1945 wurde er von der sowjetischen Militärverwaltung zum Präsidenten der Landesversammlung Thüringens eingesetzt. 1946 gab er auf dem Vereinigungsparteitag von SPD und KPD zur SED in Gotha seinen überraschenden Eintritt in die neugegründete Partei bekannt. Nach den Landtagswahlen in der Ostzone am 10. Oktober 1946 wurde er auf ausdrücklichen Wunsch der sowjetischen Militärverwaltung Ministerpräsident Thüringens. Noch im Juni 1947 trat er als Sprecher der Delegation der Vertreter aus der Ostzone beim Treffen der Ministerpräsidenten in München auf (→ 5. 6./S. 102).

Noch Anfang Juni reiste Thüringens Ministerpräsident Rudolf Paul zur Konferenz der deutschen Ministerpräsidenten nach München; das Foto zeigt Paul (l.) im Gespräch mit dem Regierungschef von Sachsen, Kurt Fischer.

Prominente Persönlichkeiten fliehen aus der Ostzone

24. September. Nach seiner Flucht hält sich der ehemalige thüringische Ministerpräsident Rudolf Paul in US-amerikanischem Gewahrsam in der Nähe von Frankfurt am Main auf.

Presseberichten zufolge soll er zahlreiche Akten und Geheimdokumente mitgebracht haben. Darunter befindet sich angeblich ein Verfassungsentwurf für eine »Sozialistische Republik Ostdeutschland«, den Paul als SED-Mitglied erhalten haben soll. Die Gründung dieses Staates ist für den Fall vorgesehen, daß die für den November anberaumte Tagung des Rates der Außenminister der Alliierten Siegermächte des Zweiten Weltkrieges in London scheitern sollte (→ 25. 11./S. 185). Eine solche Staatsgründung wird jedoch von Oberst Sergei I. Tulpanow, dem Chef der Informationsverwaltung der sowjetischen Militäradministration, energisch dementiert.

In der Öffentlichkeit der Westzonen widmet man in diesen Tagen aber auch der Tatsache besondere Aufmerksamkeit, daß neben Rudolf Paul eine Reihe anderer Amtsträger und höhere Beamte aus der Ostzone geflohen sind. So haben sich ein Ministerialrat sowie zwei Referenten der mecklenburgischen Regierung in den Westen begeben. Aus Thüringen traten außerdem der Bürgermeister der Stadt Mühlhausen sowie der Polizeipräsident des Landes die Flucht in die Westzonen an.

Am 17. September begab sich schließlich der Oberbürgermeister von Jena, Heinrich Mertens, in die US-amerikanische Besatzungszone. Nach seiner Ankunft in Frankfurt am Main gab er gegenüber einer Reihe von Journalisten eine Erklärung ab, die Aufschlüsse über die Motive auch für die Flucht anderer gibt:

»Am 17. September habe ich die Stadt Jena verlassen. Dieser ungewöhnliche Vorgang bedarf einer Erklärung. Ich kann sie erst jetzt geben, nachdem alle meine Familienangehörigen in Sicherheit [gebracht worden] sind.

Am 5. September erhielt ich die vertrauliche Mitteilung, in der SED sei beschlossen worden, wirksame Schritte gegen mich zu unternehmen. Man werde nicht davor zurückschrecken, mich verhaften zu lassen....

Mein jüngstes politisches Erlebnis zeigt, daß in der Ostzone nicht jene Freiheit und Rechtssicherheit herrscht, die wir uns in einem geordneten demokratischen Staatswesen wünschen müssen.«

Im Zusammenhang mit der Flucht von Rudolf Paul, Heinrich Mertens und anderer gibt die US-amerikanische Militärregierung auch Zahlen über die weniger prominenten Flüchtlinge bekannt. Danach wurden in den vergangenen zwei Monaten rund 10 500 illegale Grenzübertritte registriert. 7700 Personen hatte man an der Zonengrenze festgenommen; weitere 42 000 wurden von den Behörden wieder zurückgeschickt.

Sir Brian Robertson (l.) und sein Amtsvorgänger Sir Sholto Douglas

Robertson ersetzt Sholto Douglas

22. September. Der Militärgouverneur in der britischen Besatzungszone Deutschlands, Sir Sholto Douglas, gibt bekannt, daß er am 1. November von seinem Amt zurücktreten wird. Nachfolger des Luftmarschalls wird sein bisheriger Stellvertreter, General Sir Brian Robertson. In einer amtlichen Ankündigung der britischen Militärverwaltung heißt es weiter, der Rücktritt von Douglas erfolge auf eigenen Wunsch. Bereits bei seiner Amtsübernahme am 1. Mai 1946 habe festgestanden, daß Douglas den Posten nur für begrenzte Zeit innehaben werde. Es hatte seit einiger Zeit Gerüchte über einen Rücktritt von Douglas gegeben.

Brian Robertson

Der 51jährige Robertson hat bisher die Hauptlast bei der Aufsicht über die Realisierung der britischen Besatzungspolitik und über die Zonenverwaltung getragen. Robertson war auch hauptverantwortlich für die Bizonen-Verhandlungen mit dem US-amerikanischen Militärgouverneur General Lucius D. Clay.

Robertson, der 1896 geboren wurde, bekleidet seit 1945 den Posten des stellvertretenden Militärgouverneurs in Deutschland.

Scharfe Kritik an Westmächten

20. September. In Berlin wird der zweite Parteitag der SED eröffnet, der bis zum 24. September dauert. An ihm nehmen 1111 Delegierte, darunter 271 aus den westlichen Besatzungszonen Deutschlands teil. Unter den ausländischen Gästen befindet sich auch eine Delegation der sowjetischen Kommunistischen Partei (KPdSU).
Besondere Aufmerksamkeit erregt am Eröffnungstag die Begrüßungsansprache des Leiters der Informationsverwaltung der sowjetischen Militäradministration, Oberst Sergei I. Tulpanow. Er ruft die Delegierten u. a. dazu auf, sich bewußt in das politische Geschehen auch der anderen Besatzungszonen einzuschalten, um so die »Reaktion« in Deutschland »auszuräuchern«. Heftige Angriffe richtet Tulpanow auch gegen die Besatzungspolitik der Westalliierten. Seine Äußerungen gipfeln in der Behauptung, in der britischen und US-amerikanischen Zone seien Kräfte am Werk, die »das deutsche Volk wieder in das blutige Gemetzel des imperialistischen Krieges jagen wollen«.

Im weiteren Verlauf des Parteitages werden Wilhelm Pieck und Otto Grotewohl in ihren Ämtern als Parteivorsitzende bestätigt. Grotewohl legt in einer Grundsatzrede ein sieben Punkte umfassendes Programm zur Einheit und zur weiteren Demokratisierung Deutschlands vor. Es sieht u. a. die Einrichtung von Zentralverwaltungen für alle Besatzungszonen, den Fortfall der Zonengrenzen und die Aufhebung der Abmachungen zur Vereinigung der britischen und US-amerikanischen Besatzungszone zur Bizone vor.
Der Parteitag der SED steht im Zeichen einer Hinwendung der Partei zur Sowjetunion.

Oberst Sergei I. Tulpanow gehört zu den prominenten und politisch einflußreichen Besatzungsoffizieren in der Ostzone; seit Sommer 1945 ist er Leiter der Informationsverwaltung der sowjetischen Militäradministration; in seinen Zuständigkeitsbereich fällt u. a. die Kontrolle der deutschen Parteien

Die Attacke von Oberst Tulpanow

Der Leiter der Informationsverwaltung der sowjetischen Militärregierung, Oberst Sergei I. Tulpanow, kritisiert auf dem II. Parteitag der SED in Berlin die Westzonen (Auszüge):

»Das eine Deutschland ist das Land aller fortschrittlichen Kräfte der Arbeiterklasse, der Bauernschaft und der Intellektuellenschicht. Das zweite Deutschland ... ist das Land jener Leute, die mit Unterstützung des ausländischen und besonders des amerikanischen Kapitals das deutsche Volk wieder in das blutige Gemetzel des imperialistischen Krieges jagen wollen ...
Die Einheit Deutschlands ... erfordert die Unterwerfung dieses zweiten Deutschlands unter das Deutschland der fortschrittlichen Kräfte. Räuchern Sie die deutsche Reaktion aus allen ihren Positionen aus ...
Die Theorie von Marx und Engels, Lenin und Stalin ist der einzige Schlüssel zur richtigen Lösung und zum Verständnis der heutigen Lage.«

Abkommen über Ruhrkohlebergbau

10. September. Britische und US-amerikanische Vertreter schließen in der US-Hauptstadt Washington ein Abkommen, wonach die USA und Großbritannien die Kontrolle über den Ruhrkohlebergbau übernehmen. Darüber hinaus wollen die Delegierten ihren Regierungen die Schaffung einer britisch-amerikanischen Kontrollgruppe empfehlen, die eine deutsche Kohleverwaltung überwachen soll. Eine solche Verwaltung, die den Empfehlungen entsprechend einzusetzen wäre, soll die Verantwortung für die tatsächliche Kohleproduktion im Ruhrgebiet unter Aufsicht der alliierten Körperschaft übernehmen.
Diese Körperschaft soll die mit britischen Beamten besetzte Norddeutsche Kohlenkontrolle ersetzen. Sie verwaltet die Ruhrbergwerke seit der deutschen Kapitulation.
Außerdem empfehlen die Delegierten den Import von Stahl im Wert von 25 Millionen US-Dollar, um die Kohleförderung voranzutreiben.

Bidault über Trizone

12. September. Frankreichs Außenminister Georges Bidault nimmt vor der französischen Nationalversammlung Stellung zur Schaffung einer sog. Trizone in Deutschland.

Abwartend gegenüber der Trizone: Frankreichs Außenminister Bidault

Bidault sagt: »Von einer Verschmelzung der französischen Besatzungszone mit der britisch-amerikanischen Zone kann zur Zeit keine Rede sein. Frankreich erwartet, daß ihm in dieser Hinsicht genaue Vorschläge gemacht werden. Vor der November-Konferenz der Außenminister in London [→25. 11./S. 185] können keine Entscheidungen von Bedeutung getroffen werden.«
Für die zögernde Haltung Frankreichs hinsichtlich der Schaffung einer Trizone sehen politische Beobachter vor allem zwei Gründe: Paris möchte zunächst abwarten, ob sich die UdSSR und die westlichen Alliierten noch auf irgendeine Vereinbarung über die Zukunft des Kriegsgegners einigen können. Frankreich möchte keine Schritte unternehmen, die eine Übereinkunft der Siegermächte erschweren könnten.
Außerdem möchte das französische Kabinett Kontroversen über die Deutschland-Politik bis nach den Oktober-Wahlen in Frankreich verschieben.

Zweiter Parteitag der CDU in Berlin

6. September. In Berlin beginnt die zweite Jahrestagung der Christlich-Demokratischen Union der sowjetischen Zone und Berlins. Dieser Parteitag steht ganz im Zeichen des Deutschland-Konfliktes der Weltmächte. Zahlreiche Gäste aus der US-amerikanischen und der britischen Zone erörtern mit den Delegierten der Ostzone und Groß-Berlins die Vorstellungen der CDU für die deutsche wirtschaftliche und politische Zukunft. Jakob Kaiser, Vorsitzender der Ost-CDU, wendet sich in seinem Grundsatzreferat gegen das Blocksystem der Parteien in der Sowjetzone. Er sieht die Rolle der CDU als »Wellenbrecher des dogmatischen Marxismus und seiner totalitären Tendenzen«.

Jakob Kaiser

Heftige Vorwürfe gegen die USA

22. September. Im polnischen Szklarska Poreba, dem früheren Schreiberau im Riesengebirge, treten führende kommunistische Funktionäre zu einer Informationskonferenz zusammen. Die Teilnehmer kommen aus der UdSSR, der Tschechoslowakei, Polen, Ungarn, Rumänien, Bulgarien, Jugoslawien sowie aus Frankreich und Italien.

Vertritt die Theorie der »zwei Lager«: Andrei A. Schdanow

Die Hauptrede auf der Konferenz hält der Leiter der sowjetischen Delegation, Andrei A. Schdanow. In seinen Ausführungen entwickelt er die These von der Teilung der Welt in zwei verfeindete Lager.
Auf der einen Seite stünden die USA als imperialistische Führungsmacht. Der »Kampf gegen Sozialismus und Demokratie«, die Unterstützung reaktionärer und antidemokratischer ... Regimes«, gehörten ebenso zu den Zielen der US-Außenpolitik wie die »Vorbereitung eines neuen imperialistischen Krieges«. In diesem Zusammenhang bezeichnet Schdanow den Marshallplan als einen »Plan zur Versklavung Europas«.
Auf der anderen Seite stehe das »antiimperialistische und demokratische Lager«, geführt von der Sowjetunion. Nun gelte es, daß sich die kommunistischen Parteien der Länder West- und Osteuropas an die »Spitze des Widerstandes gegen die Pläne der imperialistischen Aggression« stellen. Die Konferenz endet am 27. September mit dem Beschluß, in Belgrad ein »Kommunistisches Informationsbüro« (Kominform) einzurichten, das eine gemeinsame Strategie im Kampf gegen die »Hauptkräfte des imperialistischen Lagers« entwickeln soll.
Die Anregung zur Gründung des Kominformbüros gab der sowjetische Partei- und Regierungschef Josef W. Stalin, indem er 1946 eine Nachfolgeorganisation für die 1943 aufgelöste »Kommunistische Internationale« (Komintern) vorschlug. Hierfür gibt es mehrere Gründe:

- ▷ Die Kooperation zwischen der UdSSR und den USA während des Zweiten Weltkrieges ist inzwischen in eine Konfrontation umgeschlagen
- ▷ Für die Partei- und Staatsführung der UdSSR ist die Konsolidierung ihres Machtbereiches in Osteuropa mit einer einheitlichen ideologischen Ausrichtung verbunden.

Kominformbüro wird errichtet

27. September. Die in Szklarska Poreba (dem früheren Schreiberau) versammelten Vertreter neun europäischer kommunistischer Parteien verabschieden eine Resolution über die Bildung eines Kommunistischen Informationsbüros (Kominform), das seinen Sitz in der jugoslawischen Hauptstadt Belgrad haben wird.
Im einzelnen sieht die Resolution folgendes vor:

- ▷ Erfahrungsaustausch und Koordination der Aktivitäten der kommunistischen Parteien
- ▷ Die Zentralkomitees der am Kominformbüro beteiligten Parteien entsenden jeweils zwei Mitglieder als ihre Vertreter nach Belgrad
- ▷ Das Kominformbüro wird eine Zeitschrift herausgeben, die in russischer und in französischer Sprache erscheint

Am Kominformbüro beteiligen sich zur Zeit die kommunistischen Parteien Frankreichs, Italiens sowie die der osteuropäischen Staaten.

Spaltung der Welt in zwei feindliche Lager

27. September. Die Vertreter der kommunistischen Parteien aus der Sowjetunion, Polen, Ungarn, Rumänien, Bulgarien, Jugoslawien, der Tschechoslowakei, Frankreich und Italien verabschieden in Szklarska Poreba (Schreiberau) eine Erklärung über die internationale Lage (Auszüge):

»Während der Krieg im Gange war, marschierten die Alliierten im Kampf gegen Deutschland und Japan zusammen und bildeten ein einziges Lager. Nichtsdestoweniger bestanden sogar während des Krieges im alliierten Lager im Hinblick auf die Definierung sowohl der Kriegsziele als auch der Aufgaben der Nachkriegsorganisierung der Welt Meinungsverschiedenheiten.
Die Sowjetunion und die demokratischen Länder sahen ihre hauptsächlichen Kriegsziele in der Wiederherstellung und Konsolidierung der demokratischen Ordnung in Europa ...
Die Vereinigten Staaten von Amerika – ... – stellten sich ein anderes Kriegsziel: Sie wollten die Konkurrenten auf den Märkten – Deutschland und Japan – loswerden und ihre eigene Überlegenheit sichern. ... Zwei entgegentsetzte Kurse der Politik nahmen Gestalt an: Auf der einen Seite strebte die Politik der UdSSR ... nach der Überwindung des Imperialismus und der Konsolidierung der Demokratie. Auf der anderen Seite strebte die Politik der Vereinigten Staaten und Großbritanniens nach der Kräftigung des Imperialismus ...
So sind zwei Lager entstanden: Das imperialistische, antidemokratische Lager, dessen Hauptziel darin besteht, die Weltvormachtstellung des amerikanischen Imperialismus zu erreichen und die Demokratie zu zerstören, und das antiimperialistische, demokratische Lager, dessen Hauptziel es ist, die Demokratie zu konsolidieren und die Überreste des Faschismus zu beseitigen.
Der Kampf zwischen den beiden entgegengesetzten Lagern – dem imperialistischen und dem anti-imperialistischen – vollzieht sich unter den Bedingungen einer weiteren Verschärfung der allgemeinen Krise des Kapitalismus und der Festigung der Kräfte des Sozialismus und der Demokratie. Aus diesem Grunde entfalten das imperialistische Lager und seine leitenden Personen in den Vereinigten Staaten eine besonders aggressive Aktivität. Diese wird gleichzeitig nach allen Richtungen entwickelt: in der Richtung militärischer und strategischer Maßnahmen, der wirtschaftlichen Expansion und des ideologischen Kampfes.
Der Truman-Marshall-Plan ist nur ein Teil, das europäische Kapitel eines allgemeinen Planes für eine die Welt umfassende expansionistische Politik, die von den Vereinigten Staaten in allen Teilen der Erde verfolgt wird....
Der Plan für die wirtschaftliche und politische Versklavung Europas durch den amerikanischen Imperialismus wird durch die Pläne einer wirtschaftlichen und politischen Versklavung Chinas, Indonesiens und der südafrikanischen Länder ergänzt... Unter diesen Umständen muß sich das antiimperialistische, demokratische Lager konsolidieren, ein gemeinsames Aktionsprogramm ausarbeiten und seine Taktik gegen die Hauptkräfte des imperialistischen Lagers ... wenden....
Die Hauptgefahr für die Arbeiterklasse liegt jetzt in der Unterschätzung ihrer eigenen Kräfte und in der Überschätzung der Kräfte des imperialistischen Lagers.... Daher müssen die kommunistischen Parteien den Widerstand gegen die Pläne der imperialistischen Aggression und Expansion in jeder Hinsicht leiten, sei es nun auf der staatlichen, der politischen, der wirtschaftlichen oder auch der ideologischen Linie.
Sie müssen sich konsolidieren, ihre Anstrengungen auf der Grundlage einer gemeinsamen antiimperialistischen und demokratischen Plattform zusammenschließen und alle demokratischen und patriotischen Kräfte des Volkes um sich sammeln.«

Pro-jugoslawische Demonstration in der von Jugoslawien und Italien beanspruchten Stadt Triest

Britische und US-amerikanische Truppen am östlichen Stadtrand von Triest, an der Grenze zu Jugoslawien

Freistaat Triest wird proklamiert

16. September. Der britische Generalmajor Terence Airey verkündet die Verfassung des Freistaates Triest. Er werde die Vollmachten eines Gouverneurs der Stadt so lange wahrnehmen, bis die Vereinten Nationen den Posten endgültig besetzt hätten, gibt Airey bekannt.

Die Proklamation erfolgt entsprechend den Bedingungen des Friedensvertrags vom → 10. Februar (S. 36). Er ist am Vortag nach der in Paris erfolgten Hinterlegung der Ratifizierungsurkunden in Kraft getreten. Neben der Schaffung des Freistaats Triest hat der Vertrag u. a. eine Änderung der italienisch-jugoslawischen Grenze zur Folge.

Indien bleibt weiterhin unruhig

4. September. Die während und nach der Teilung Indiens ausgebrochenen Unruhen (→ 13. 8./S. 133) fordern weiterhin eine große Zahl an Menschenleben. Hauptschauplatz der Konflikte zwischen den Religionsgruppen sind der Pandschab und nun auch die Hauptstadt der Indischen Union, Neu-Delhi.

In der Provinz Pandschab, durch die Teilung Indiens zu einem großen Teil zu Pakistan und zum anderen zu Indien gefallen, herrschen auf beiden Seiten der neuen Grenze chaotische Verhältnisse mit ausgeplünderten Dörfern und niedergebrannten Städten. Die Millionen von Flüchtlingen – Hindus und Sikhs in Richtung Indien und Moslems nach Pakistan – erleiden Hunger und Verfolgung durch die jeweilige Mehrheit.

Auch nach Neu-Delhi greifen die Unruhen inzwischen aus. Dort geht das Gerücht, die Moslems planten, die Hauptstadt durch einen Aufstand an sich zu reißen. Der auf einen Ausgleich hoffende Mohandas Karamchand Gandhi eilt daraufhin in die Krisengebiete, um zu verhindern, daß sich die Unruhen zu einem regelrechten Krieg ausweiten. In Neu-Delhi gibt es neun Tote und viele Verletzte, als Polizei und reguläre Truppen das Feuer auf die rasenden Massen eröffnen, die plündernd und brandschatzend aus den Armenvierteln der Altstadt in die neuen Stadtbezirke vordringen. Die Leichen der Opfer können meist nicht geborgen werden, die Verluste an Menschenleben gehen in Indien in die Hunderttausende.

Hindus und Sikhs auf der Flucht aus dem Westen der Provinz Pandschab, der seit der Teilung des indischen Subkontinents zu Pakistan gehört

Hirohito frei von Kriegsschuld

25. September. In Tokio spricht der US-amerikanische Hauptankläger des Internationalen Gerichtshofes für den Fernen Osten, Joseph B. Keenan, den japanischen Kaiser Hirohito ausdrücklich von jeder Beteiligung an der Entfesselung des pazifischen Krieges frei.

Keenan vertritt die Ansicht, daß sich der Kaiser noch kurz vor dem Angriff auf Pearl Harbor 1941 gegen eine bewaffnete Auseinandersetzung gewandt hat. Die damaligen Politiker hätten dem Volk jedoch eingeredet, das Staatsoberhaupt wünsche den Krieg. Auch nach der Bombardierung des US-Flottenstützpunktes habe Hirohito eine Fortsetzung der Kampfhandlungen nachweisbar nicht für richtig gehalten, sondern abgelehnt.

Tatsächlich hat Japans Kaiser sich gegen Ende des Krieges für die Einstellung sämtlicher Feindseligkeiten durch die Streitkräfte seines Landes eingesetzt – gegen den Widerstand seiner militärischen Berater. Am 15. August 1945 verkündete er über Radio Tokio die Kapitulation, wobei die Japaner erstmals seine Stimme hörten. In einem Bußgang zu General Douglas MacArthur nahm Kaiser Hirohito alle Kriegsverantwortung auf sich und entsagte seiner Göttlichkeit.

Das Internationale Militärtribunal hatte am 8. Oktober 1946 einem Antrag der UdSSR zugestimmt, den Kaiser zum Kriegsverbrecher zu erklären und vor Gericht zu stellen.

Früher gottgleich, heute volksnah: Kaiser Hirohito in neuer Rolle

Illegale jüdische Auswanderer müssen landen

8. September. »Die Reise ist zu Ende. Alles aussteigen.« Mit diesen zwei Sätzen, in sechs Sprachen über Lautsprecher bekanntgegeben, endet im Hamburger Hafen nach 56 Tagen die Reise von etwa 4500 jüdischen Passagieren auf den britischen Transportschiffen »Empire Rival«, »Runnymede Park« und »Ocean Vigour« (→ 22. 8./S. 134).

Die Passagiere sind illegale Auswanderer, die mit dem »Höllenschiff« »Hagana Exodus 1947« am 11. Juli von Frankreich aus in das Gelobte Land aufbrachen. Bei dem Versuch, den britischen Sperrkordon um Palästina zu durchbrechen, wurden sie von Einheiten der britischen Flotte gestoppt. Dabei kam es zu Zwischenfällen, und die Auswanderer konnten nur mit dem Versprechen, umgehend nach Zypern gebracht zu werden, dazu bewegt werden, auf die britischen Transportschiffe umzusteigen. Nach sieben Tagen gingen die Schiffe in Port de Bouc in Frankreich vor Anker. Lediglich 130 Personen nahmen die französische Gastfreundschaft an, die restlichen Passagiere blieben weiterhin auf den drei Schiffen, die mit Stacheldraht umzäunt sind. Nachdem die britischen Transportschiffe nicht mehr länger in französischen Hoheitsgewässern bleiben konnten, fuhren sie nach Deutschland, wo in der britischen Besatzungszone zwei Lager vorhanden sind, die für die insgesamt rund 4500 Menschen Platz und Nahrung bieten.

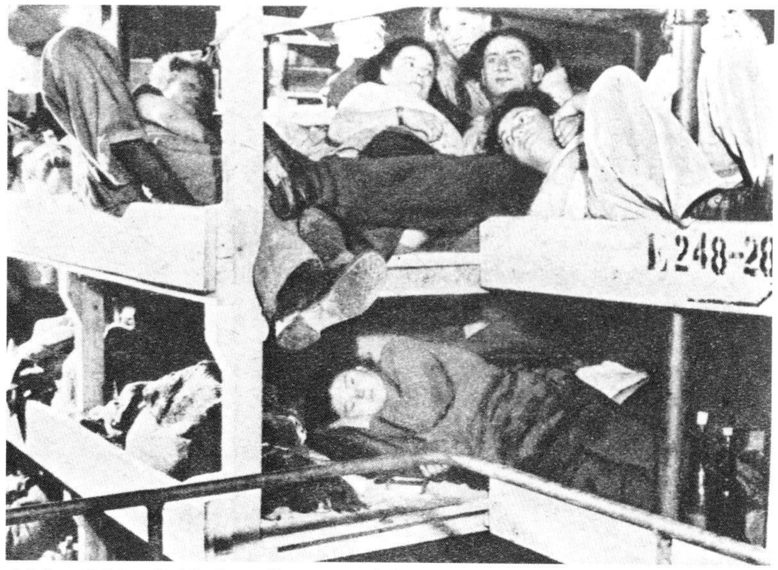

Mehrstöckige Schlafgestelle an Bord des Flüchtlingsschiffes »Exodus 1947«: Die jungen jüdischen Einwanderer nehmen die Strapazen in Kauf

In Anwesenheit des britischen Gouverneurs werden die jüdischen Flüchtlinge der »Ocean Vigour«, des ersten der drei britischen Transportschiffe, an Land gebracht. Zahlreiche Schaulustige und 60 in- und ausländische Journalisten beobachten am frühen Morgen die Aktion. Britisches Militär und deutsche Polizei sperren den Landeplatz ab.

Bis gegen 9.00 Uhr verlassen über 300 Flüchtlinge, hauptsächlich alte Leute, Frauen und Kinder, das Schiff. Bei der Räumung des zweiten Laderaumes werden erste Zwischenfälle beobachtet. Trotz der Weisung britischer Offiziere, so wenig Gewalt wie möglich anzuwenden, kommt es zu Schlägereien: Mehrere Flüchtlinge benötigen ärztliche Hilfe wegen erlittener Prellungen und anderer Verletzungen. Um 10.30 Uhr verlassen die letzten der insgesamt 1400 Auswanderer die »Ocean Vigour«.

Am darauffolgenden Tag findet die Ausschiffung der Passagiere der »Empire Rival« und der »Runnymede Park«, der beiden letzten Schiffe der »Hagana Exodus 1947«-Flotte statt, die ebenfalls nicht ohne Zwischenfälle verläuft. An Bord der »Empire Rival« wird eine Bombe mit Zeitzünder gefunden. Sie kann jedoch rechtzeitig an Land gebracht und entschärft werden. In der »Runnymede Park« hatten Passagiere fast alle Treppen zerstört. Bei der Räumung dieses Schiffes werden 17 Flüchtlinge und drei britische Soldaten verletzt.

Die Flüchtlinge werden in zwei Lager in der Nähe von Lübeck gebracht. In den größeren Lagern hielten sich bis vor wenigen Tagen deutsche Flüchtlinge aus den Ostgebieten auf. Das kleinere Lager diente seit Kriegsende zur Unterbringung von Polen, die in ihre Heimat zurückkehren wollen.

Die meist aus Konzentrationslagern befreiten Juden werden rund um die Uhr bewacht. Rings um die Lager ist der Wald jeweils auf fünf Meter kahlgeschlagen. Auf Wachttürmen mit Telefonverbindung und Scheinwerfern bezieht bei der Ankunft der jüdischen Flüchtlinge britisches Militär Posten.

Diese Situation ist für die Lagerinsassen besonders bitter und löst bei der Weltöffentlichkeit, besonders aber beim Weltjudenkongreß, große Entrüstung aus. Dieser wendet sich an die drei britischen Kirchenfürsten, damit sich diese bei Premierminister Clement Attlee für die Flüchtlinge einsetzen.

Die Jewish Agency sendet Mahnbriefe an verschiedene Regierungen, in denen sie davor warnt, neue Konzentrationslager in Deutschland zuzulassen. Das Judentum der ganzen Welt protestiert mit einem Fastentag gegen die Maßnahme der britischen Regierung. 5000 Juden im Lager Bergen-Belsen finden sich spontan zu einer Protestkundgebung zusammen. Die jüdische Wohlfahrtsorganisation »Jewish Relief Unit« richtet ein Schreiben an die britische Regierung in London, mit der Bitte um eine Unterstützung von 80 000 US-Dollar. Mit diesem Geld soll der Unterhalt der »Exodus«-Flüchtlinge nach deren Freilassung finanziert werden (22. 8./S. 134).

Die offiziellen britischen Stellen hüllen sich jedoch weiterhin in Schweigen, wie lange der Aufenthalt der Flüchtlinge in den Lagern in Deutschland dauern soll.

Somit ist die Odyssee der Auswanderer, die von Frankreich an die Küste Palästinas und von dort wieder über Frankreich nach Deutschland geführt hat, noch nicht beendet.

Für viele der illegalen jüdischen Einwanderer endet die Reise vorläufig in britischen Lagern auf Zypern

Lagerleben jüdischer Einwanderer, die von britischen Truppen zur Internierung nach Zypern gebracht wurden

Die »Ocean Vigour«, ein jüdisches Flüchtlingsschiff, wurde von britischen Kriegsschiffen aufgebracht und nach Hamburg eskortiert

Nissenhütten im Lager Poppendorf bei Hamburg: Hier werden die illegalen jüdischen Einwanderer von den Briten vorläufig untergebracht

Der UNO-Teilungsplan für Palästina

1. September. Der Palästina-Ausschuß der Vereinten Nationen verabschiedet einen Bericht, der einen Zwölf-Punkte-Plan zur Teilung Palästinas enthält. Die Vorschläge werden an die Vollversammlung der UNO zur Abstimmung übermittelt.

Nach den Vorstellungen des Ausschusses soll Palästina in einen arabischen sowie einen jüdischen Staat und in die Stadt Jerusalem aufgeteilt werden, während die wirtschaftliche Einheit des Gebiets erhalten bleibt. Die Unabhängigkeit des jüdischen und des arabischen Staates ist nach einer Übergangsperiode von zwei Jahren, die am 1. September 1947 beginnt, vorgesehen.

Der jüdische Staat soll folgende Gebiete umfassen: Ostgaliläa, die Ebene von Esorelom, die Küstenebene im Norden, den Distrikt um die Stadt Beer Sheva und die Negev-Wüste. Westgalilaa, Samaria, Judäa (mit Ausnahme Jerusalems) sowie die südliche Küstenebene einschließlich des Gasa-Sreifens fallen dem arabischen Staat zu.

Für Jerusalem sieht man einen Sonderstatus vor: Die Stadt wird direkt den Vereinten Nationen unterstellt und von den beiden Staaten Palästinas finanziert. An der Spitze der Verwaltung steht ein Gouverneur der UNO. Er darf weder Jude noch Araber sein. Überdies soll Jerusalem entmilitarisiert werden; jedoch sind besondere Polizeieinheiten für die heiligen Stätten vorgesehen, die die Glaubensgemeinschaften der Juden, Christen und Moslems in dieser Stadt besitzen.

Für die Entlassung des arabischen und des jüdischen Staates in die Unabhängigkeit stellt die UNO eine Reihe von Bedingungen: Beide Länder müssen sich eine Verfassung geben. Diese sollen vor allem den Schutz der Minderheiten sowie der heiligen Stätten garantieren. Zudem müssen die Prinzipien der Charta der Vereinten Nationen berücksichtigt und ein Vertrag über die ökonomische Zusammenarbeit in Form einer Wirtschaftsunion unterzeichnet werden. Die wirtschaftliche Zusammenarbeit der beiden Staaten umfaßt eine Zollunion, eine einheitliche Währung, die gemeinsame Verwaltung der Eisenbahnen und der wichtigsten Straßen, der Post und des Telefonwesens, der Hafenverwaltung in Haifa sowie die gemeinsame Bodenbewässerung. Die Aufsicht über die Wirtschaftsunion führt ein Wirtschaftsrat, bestehend aus je drei Vertretern der beiden Staaten und drei von der UNO ernannten Mitgliedern.

In der Übergangszeit werden die Vereinten Nationen Palästina verwalten. Währenddessen sind feste Einwanderungsquoten für die jüdische Bevölkerung vorgeschrieben. Sie betragen 1500 pro Monat; die Emigration unterliegt der Verantwortung der Jewish Agency.

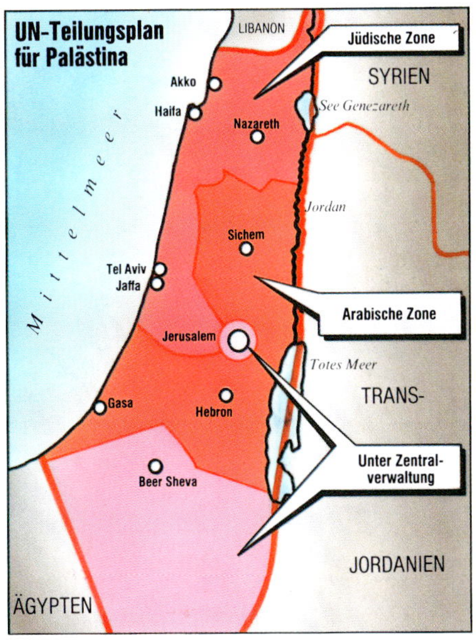

Im Gegensatz zu dem am 1. September verabschiedeten Teilungsplan des UNO-Palästinakomitees (l.) hatte eine Minderheit der Mitglieder die Bildung eines Bundesstaates vorgeschlagen. Jerusalem sollte Hauptstadt dieses Landes werden, das aus einem jüdischen und einem arabischen Staat bestehen sollte. Die Wahl in die Legislative sollte proportional zur Verteilung von Juden und Arabern in der Gesamtbevölkerung erfolgen. Nach einer Übergangszeit von drei Jahren sollte der Bundesstaat unabhängig werden

Weltreserven an Erdöl

14. September. Der Streit zwischen dem Iran und der UdSSR um die Gründung einer sowjetisch-persischen Erdölgesellschaft rückt den Mittleren Osten als wichtiges Ölreservoir seit geraumer Zeit immer wieder in das Blickfeld der Weltöffentlichkeit.

König Ibn Saud

Während die Sowjetunion großes Interesse an dem Ölvorkommen im Nordwesten des Iran hat, beuten vor allem britische Unternehmen im Süden des Landes schon seit längerem die dort vorhandenen Lagerstätten aus. Wichtigster Ölproduzent im gesamten Gebiet des Mittleren Ostens ist die »Anglo-Iranian Oil Company«, deren Hauptaktionär der britische Staat ist und die allein in diesem Jahr 17 Millionen t Rohöl fördert. Ihr folgt die »Iraq Petroleum Company«, ein multinationales Unternehmen mit einer jährlichen Förderleistung von derzeit fünf Millionen t. Weitere Unternehmen sind die »Arabian-American Oil Company«, die »Bahrein Oil Company« und die »Kuwait Oil Company«, deren Förderleistung zwischen einer und zwei Millionen t jährlich liegt. Derzeit größter Ölproduzent der Welt sind immer noch mit Abstand die USA. Die Förderung lag dort im Jahre 1945 bei 245 Millionen t. Ihnen folgte Venezuela mit 47 Millionen t. An dritter Stelle stand der Mittlere Osten mit 27 Millionen t. Da die USA ihre heimischen Ölvorkommen in Zukunft schonen wollen, zeigen sie besonders großes Interesse an den bisher kaum erschlossenen Vorräten im Gebiet um den Persischen Golf (z. B. in Saudi-Arabien, das von Ibn Saud regiert wird). Hier liegen rund 41% der bekannten und 30% der vermuteten Weltreserven an Erdöl. Hingegen beschränken sich die Vorkommen in den USA zwar auf 31% der bekannten, aber nur auf 10% der vermuteten Reserven in der Welt.

Erdöl gewinnt an strategischer Bedeutung: Pipeline durch den Iran

Moskau wirft Iran Vertragsbruch vor

14. September. Der Botschafter der Sowjetunion in Teheran überreicht der persischen Regierung erneut eine Note, die den russisch-persischen Vertrag vom 4. April 1946 betrifft. Das Abkommen sieht die Bildung einer gemeinsamen Ölgesellschaft beider Länder für die Ausbeutung der Erdölvorkommen im nördlichen Persien vor. Am 12. August hatte die UdSSR den Entwurf eines Gründungsstatuts für die Gesellschaft vorgelegt. Die iranische Regierung unter Ahmad Qawam es Sultaneh hält diesen Vorschlag für unannehmbar. Bislang hat Teheran die Übereinkunft nicht ratifiziert. In Moskau beschuldigt man jetzt die andere Seite, sie habe nicht die Absicht, dieses Abkommen tatsächlich zu erfüllen.

A. Q. es Sultaneh

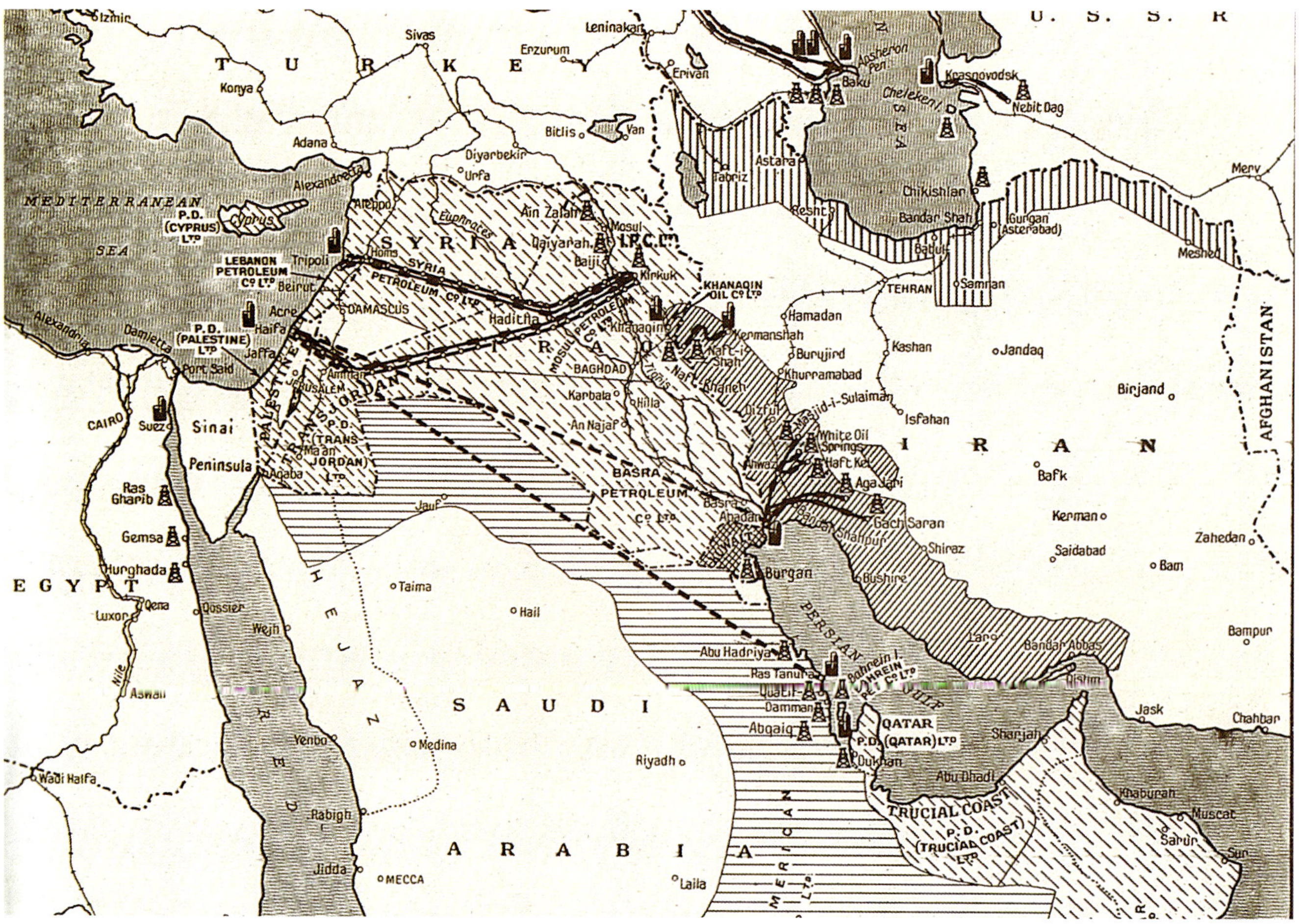

Die britische Karte zeigt die Gebiete im Nahen Osten, für die ausländische Ölgesellschaften Förderkonzessionen besitzen: US-amerikanische Ölgesellschaften (horizontale Schraffur), britische Ölgesellschaften (schräge Schraffur), sowjetische Konzessionen (vertikale Schraffur), britisch-US-amerikanische Konzessionen (Gitterschraffur), irakische Konzessionen (gestrichelte Schraffur); die bestehenden Ölfelder sind durch Fördertürme symbolisiert; Standorte von Ölraffinerien werden durch Gebäude angezeigt; die fetten Linien mit Kästchen bezeichnen bestehende Pipelines, fette Linien mit weißen Punkten Pipelines im Bau, gestrichelte fette Linien geplante Pipelines

USA testen die erbeuteten deutschen V-1-Geschosse

30. September. *Auf dem Gelände des US-Luftwaffenstützpunktes White Sands finden Versuchsreihen mit Marschflugkörpern statt. Es handelt sich dabei um modifizierte Versionen deutscher V-1-Raketen, die am Ende des Zweiten Weltkrieges von den US-Streitkräften in Deutschland erbeutet worden sind.*
Die Versuche sind von der US-Marine in Auftrag gegeben worden. Unter dem Projektnamen »Loon« hat man den Geschossen vier zusätzliche Raketentriebwerke unter den Rumpf montiert. Dieses Verfahren, das mit dem Namen »JATO« (Jet assisted take-off) bezeichnet wird, soll dem Geschoß eine höhere Startgeschwindigkeit verleihen. Kurze Zeit nach dem Start werden die Hilfstriebwerke abgeworfen. Noch im Laufe des Jahres stellt die Marine die Versuche ein (Abb.: Start eines »Loon«-Geschosses).

Brite erprobt den Schleudersitz

2. September. Zum ersten Mal wird ein Schleudersitz bei einer Reisegeschwindigkeit von rund 800 km/h erprobt. Bernard Lynch, Ingenieur einer britischen Flugzeugfabrik, testet das lebensrettende System in einem Meteor-Kampfflugzeug der Royal Air Force über dem Flugplatz in Chalgrove bei High Wycombe in Großbritannien. Nach der erfolgreichen Erprobung plant die britische Luftwaffe, die Neuentwicklung in sämtliche Flugzeuge einzubauen.
Bei dem Test verläßt Lynch sein Flugzeug in einer Höhe von rund 4000 m und landet nach etwa fünf Minuten am Boden. Ein im Sitz eingebauter Sprengsatz katapultiert den Piloten samt Sitz aus dem Flugzeug, nachdem sich automatisch die Ausstiegsluke über dem Cockpit geöffnet hat. Nach dem Verlassen der Maschine entfaltet sich ein Fallschirm, an dem der Pilot samt Sitz schwebt. Nach einiger Zeit verläßt der Flieger seinen Sitz, um mit einem am Körper befestigten Fallschirm sicher auf die Erde zu gelangen.

Das erste Stratosphärenflugzeug

17. September. *Die Boeing-Flugzeugwerke in Seattle (US-Bundesstaat Washington) stellen das erste fertiggestellte Stratosphärenflugzeug (»Stratocruiser«) der Öffentlichkeit vor (Foto). Die Maschine hat ein Startgewicht von 67,5 t und erreicht eine Reisegeschwindigkeit von 540 km/h. Das neue Verkehrsflugzeug, das 80 Passagiere befördern kann, wird in den Dienst der US-amerikanischen Fluggesellschaft »American World Airways« gestellt werden, die 20 dieser supermodernen Langstreckenflugzeuge bestellt hat. Weitere 36 Aufträge für die Maschine liegen bereits vor. Die Stratosphärenflugzeuge haben Platz für 80 Fluggäste und vier Tonnen Fracht und Gepäck.*

Die Entwicklung des Flugverkehrs

24. September. Frankfurt am Main besitzt den größten Flughafen Europas. 350 Flugzeuge landen pro Monat auf den Rollbahnen und verbinden die Mainmetropole mit allen Erdteilen. Acht Fluggesellschaften aus sieben Ländern fliegen Frankfurt regelmäßig an. Die US-amerikanische American-Overseas-Airlines, die größte der in Frankfurt vertretenen Luftlinien, besorgt mehr Flüge von und nach Frankfurt am Main als alle anderen Fluggesellschaften zusammengenommen.
Neunmal in der Woche fliegt eine Maschine vom Typ DC-4 »flagship« der AOA nach New York. Dieses moderne Passagierflugzeug der Firma Douglas besitzt vier Motoren, die je 1500 PS leisten. Durch diese hohe Leistung wird eine relativ kurze Flugdauer für den Transatlantikflug erreicht: Um 18.00 Uhr startet die Maschine in Frankfurt am Main, bereits um 16.00 Uhr landet sie in New York. Die Flugroute führt über London oder Shannon (Irland), wo eine Zwischenlandung erforderlich ist. Da der Treibstoffverbrauch bei rund 200 l in der Stunde liegt, ist nach der Atlantiküberquerung eine weitere Zwischenlandung in Gander auf Neufundland nötig, um die Maschine aufzutanken. Ungewöhnlich ist der Komfort des Flugzeugs, das mit Schlafsesseln ausgerüstet ist. Der Fußraum und der Abstand zwischen den Sitzreihen ermöglichen ein entspanntes Reisen. Für das leibliche Wohl der Passagiere sorgt die Bordküche.
Der Flugverkehr der Zukunft wird nach Ansicht von Experten noch schneller und komfortabler erfolgen, Düsenantrieb und Großraummaschinen könnten dies ermöglichen. Wohl in absehbarer Zeit aus Sicherheitsgründen nur für Transportflüge denkbar erscheint der Einsatz von ferngelenkten Flugzeugen. Daß dies technisch bereits möglich ist, bewiesen am 22. September die US-amerikanischen Luftstreitkräfte. Eine viermotorige C 54 »Skymaster«-Transportmaschine flog ferngelenkt über den Atlantik. Keine menschliche Hand berührte während des 3840 km langen Flugs die Apparaturen im Cockpit. Der Großserieneinsatz dieser Technik wird voraussichtlich jedoch noch Jahrzehnte dauern.

Die entfesselten Kräfte des Hurrikans an der Küste des US-Bundesstaates Florida: Meterhohe Wellen hinterlassen Schneisen der Verwüstung

Fast 2500 Tote bei Unwettern

21. September. Mehrtägige Taifune und Hurrikans über dem nördlichen Teil Japans und im Südosten der USA fordern insgesamt rund 2500 Menschenleben. Tausende werden verletzt und Hunderttausende obdachlos.

Ein am 15. September über der nordjapanischen Hauptinsel Hondo aufkommender Taifun fordert mehr als 2300 Menschenleben. Hunderttausende verlieren ihre Behausung, da etwa eine Viertelmillion Häuser überflutet werden. Der heftigste Wirbelsturm in Japan in diesem Jahrzehnt vernichtet darüber hinaus rund 150 000 t Reis.

Als Folge des Taifuns brechen auf Hondo die Dämme der Flüsse Tone und Naka, wodurch es zu großen Überschwemmungen kommt. Am 20. September erreichen die Fluten des Naka die japanische Hauptstadt Tokio. Sie überschwemmen weite Gebiete der Stadt und nähern sich bis auf wenige Kilometer dem kaiserlichen Palast. Allein in der Millionenstadt Tokio beläuft sich am 23. September die vorläufige Bilanz der Katastrophe auf über 800 Tote, rund 1600 Verletzte und mehr als 1000 Vermißte.

Wie Kinderspielzeug sind diese Flugzeuge auf dem Flughafen von Miami (im US-Bundesstaat Florida) von einem Hurrikan umgeworfen worden

84 Tote sowie zahlreiche Verletzte und Obdachlose fordert ein Hurrikan über den südöstlichen Bundesstaaten der USA. Der tropische Wirbelsturm tobt zunächst über der Küste Floridas in einer Breite von über 120 km zwischen Miami und West Palm Beach. Über 10 000 Menschen werden evakuiert. Auf dem Flugplatz von Miami Beach werden durch die Stürme zwölf mehrmotorige Flugzeuge zerstört oder schwer beschädigt.

Um den 20. September zieht der Wirbelsturm in westliche Richtung über die Bundesstaaten Mississippi und Louisiana. Der stärkste Hurrikan seit mehr als 20 Jahren richtet allein in der Hafenstadt New Orleans Schäden in Höhe von weit über 100 Millionen US-Dollar an.

Weitere große Zerstörungen hinterläßt eine Springflut im Hafen der Stadt. Die Straßen von New Orleans und anderen Orten in der Region sind mit Trümmern übersät. Der mit einer Geschwindigkeit von bis zu 160 km/h tobende Orkan hinterläßt die schwersten Verwüstungen seit über einer Generation.

Tropische Wirbelstürme

Die Wirbelstürme, die häufig den asiatischen Raum heimsuchen, werden Taifune genannt. Die genaue Entstehung ist noch nicht vollständig geklärt, sicher ist jedoch, daß Feuchtigkeit und Wärme erforderlich sind. Deshalb entwickeln sich Taifune hauptsächlich im Sommer und Herbst und das nur in Tropengebieten mit Meerestemperaturen von über 26° C.

Begleitet wird ein Taifun von starken Regenfällen, die die eigentliche Energiequelle des Wirbelsturms bilden. Wenn sich Wasserdampf verflüssigt, es also regnet, wird Wärme freigesetzt, die den Wirbelsturm dann »antreibt«.

Ein Taifun kann einen Durchmesser von 600 km besitzen, wobei sich die Luftmassen mit einer Geschwindigkeit von bis zu 50 m in der Sekunde wie in einer Spirale auf das Zentrum zubewegen. Das Zentrum des Sturms wird Auge genannt und ist gekennzeichnet von extrem niedrigem Luftdruck und Windstille. Sobald sich ein Taifun über kühlere Gebiete bewegt, verliert er ständig an Kraft und löst sich schließlich auf.

Wohnen 1947:

Obdachlose und leere Wohnungen

In Deutschland ist die Wohnungsnot so groß, daß man es als Vaterland der Obdachlosen bezeichnet. Zahllose Familien müssen auf wenigen Quadratmetern zusammengepfercht leben. In Hamburg z. B. sind 63 000 Menschen in Behelfsquartieren, wie Gartenlauben, Baracken und Bunkern untergebracht. Wenigstens 10 000 von ihnen wohnen in Wellblechhütten, darunter 700 Kriegsversehrte in Harburg.

Die Wohnungsknappheit beruht nicht allein auf den Kriegsschäden. Zigtausende von Flüchtlingen haben vor allem in Westdeutschland dazu geführt, daß jedes bewohnbare Gemäuer genutzt wird. Ob Kegelbahn, Tanzsaal oder Stall, alles läßt sich als Behausung herrichten. Glück haben die Obdachlosen auf Borkum. Sie kommen in einer alten Kaserne unter, die sogar eine Dampfheizung hat.

Dadurch, daß die Alliierten für ihre Soldaten und Zivilisten Wohnraum requirieren, verschärft sich das Problem zusätzlich. In Düsseldorf beispielsweise droht allein im Stadtteil Stockum 5218 Menschen die Obdachlosigkeit, weil die britischen Behörden insgesamt 269 Häuser für den eigenen Bedarf räumen lassen wollen. Gleichzeitig jedoch stehen Wohnungen leer, die vor zwei Jahren beschlagnahmt worden waren. Der Magistrat der Stadt verhängt eine Zuzugssperre, um wenigstens für die zurückkehrenden Kriegsgefangenen Räume sicherzustellen.

Im östlichen Deutschland haben die Beschlagnahmen einen besonderen Hintergrund. Durch die Zusammenlegung der bisher verstreut wohnenden Sowjet-Besatzung soll ein zu vertrauter Umgang mit den Deutschen unterbunden werden, der den sowjetischen Soldaten in unerwünschtem Sinne beeinflussen könnte. Deshalb werden u. a. in Berlin-Pankow kurzfristig ganze Straßenzüge von deutschen Bewohnern geräumt. Dabei gibt es freien Wohnraum, allerdings zu Wuchermieten. Da kaum jemand diese bezahlen kann, läßt man die Zimmer leerstehen.

Stube einer ukrainischen Flüchtlingsfamilie im ehemaligen Haus Thomas Manns in München

Vielerorts, wo die Häuser nicht mehr stehen, leben ihre Bewohner, wie auf diesem Bild, in den Kellern

Britische Wohnkultur: Schlafzimmereinrichtung auf einer Ausstellung für modernes Wohnen in London

Notunterkunft für Obdachlose in einem Keller

Ein ausgedienter Bunker wird als Hotel genutzt

Schlafwagen als Hotel auf dem Bahnhof in Stuttgart

Ehebruch ist kein Scheidungsgrund

17. September. In Ludwigslust/Mecklenburg findet eine Veranstaltung des Demokratischen Frauenbundes Deutschlands (DFD) statt, bei der über das Verhältnis zwischen den Geschlechtern diskutiert wird. Die Rednerin des DFD, Ite Joern, spricht sich in diesem Zusammenhang für eine Abschaffung der hinderlichen »mittelalterlichen Religion« aus: »Ehebruch darf kein Scheidungsgrund mehr sein, da der Mann biologisch dazu bestimmt ist. Ein treuer Mann ist entweder ein Lügner oder ein Trottel.« Sie verlangt die Umstellung der Sexualmoral auf eine neue Basis.

Schwarzmarktware weiterhin gefragt

2. September. Wegen umfangreichen Schwarzhandels mit Zigaretten muß sich ein 70jähriger Tabakhändler in Berlin vor Gericht verantworten. Bei einer überraschenden Kontrolle durch den Gewerbeaußendienst hatte man in seinem Geschäft über 14 000 deutsche und vor allem US-amerikanische Zigaretten gefunden und beschlagnahmt.
Der Angeklagte behauptet zunächst, die Zigaretten in seinem Laden hätten ihm unbekannte Polen angeboten. Im Lauf der Verhandlung gibt er dann doch verbotene Schwarzmarktgeschäfte zu, die zu 10 000 RM Strafe führen.

Hamburger Treffen der Hundefreunde

7. September. Auf dem Hamburger Vergnügungsgelände »Planten un Blomen« treffen sich Hundefreunde aus allen Teilen Deutschlands zur »Zonensieger«-Ausstellung der Hundezüchter.
1500 Hunde aller Rassen werden von 30 000 Besuchern bewundert. 25 dieser Tierfreunde beschweren sich bei der Ausstellungsleitung, weil sie gebissen worden sind. Einem britischen Offizier wird die Uniformhose zerfetzt. Bei der Preisverteilung hat dann die britische Zone die Nase vorn. Die Ausstellung ist das bedeutendste Treffen der Rassehundebesitzer dieses Jahres.

Bildübertragung jetzt per Telefon

15. September. In Stockholm wird erstmals ein neues Gerät zur Bildübertragung vorgestellt. Es ist jetzt erstmals möglich, Bilder mittels einer Telefonleitung an einen anderen Ort zu übersenden. Das Gerät wurde von US-amerikanischen Wissenschaftlern entwickelt.
Das neue Verfahren wird erstmals bei der Stockholmer Tageszeitung »Dagens Nyheter« erprobt und ermöglicht den Bildreportern, ihre Fotos von jedem gewöhnlichen Telefon aus in die Zentralredaktion zu senden. Ein Nachteil ist allerdings das hohe Gewicht der Anlage: Es beträgt rund 45 kg.

Zusätzliche Sendeanlagen für den NWDR

19. September. Auf Anordnung der britischen Militärregierung in Deutschland werden eine Reihe von Sendeanlagen der Reichspost an den Nordwestdeutschen Rundfunk (NWDR) übergeben. Mit dieser Maßnahme werden die Empfangsmöglichkeiten für den einzigen Sender in der britischen Besatzungszone deutlich verbessert.
Großbritannien hatte am 4. Mai 1945 nach dem Vorbild der BBC eine Rundfunkanstalt in Hamburg errichtet, die am 22. September 1945 den Namen NWDR erhielt. Zusätzliche Funkhäuser wurden in Köln, Hannover und im britischen Sektor von Berlin eingerichtet. Die Briten hatten in der Folgezeit Deutsche für die Mitarbeit an dem unter ausschließlich britischer Kontrolle stehenden NWDR herangezogen. Neben ehemaligen deutschen Kriegsgefangenen waren dies emigrierte Deutsche, die als britische Soldaten in ihre Heimat zurückkehrten.
Bereits kurz nach der Kapitulation hatten die Siegermächte den Deutschen jede Sendetätigkeit verboten und die Sendeanlagen für eigene Zwecke beschlagnahmt.

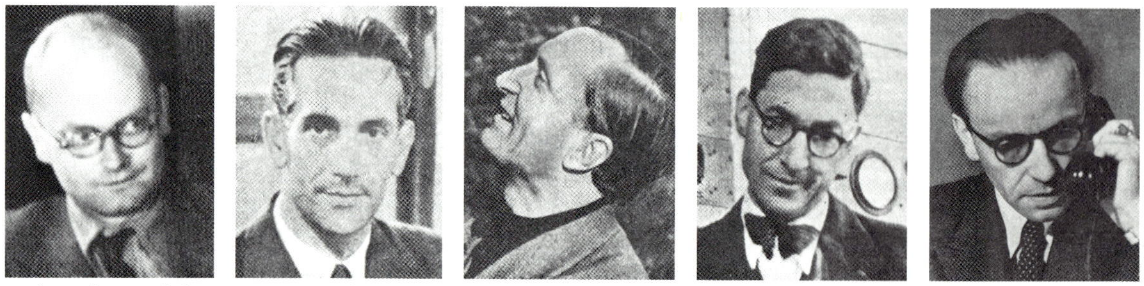

Führende Köpfe beim NWDR, v. l.: H. C. Greene, E. Schütz, H. Landrock, W. Nestel und W. Heitmüller

In einem ehemaligen Flakbunker auf dem Hamburger Heiliggeistfeld ist der NWDR untergebracht

Eine der ersten Ausgaben der Programmzeitschrift »Hör zu«

1947 besteht das NWDR-Studio in Berlin ein Jahr; r. der Studio-Leiter Hans E. Haberfeld

Kurt Maetzigs Film »Ehe im Schatten« aus dem Jahr 1947 (hier eine Szene mit Ilse Steppat und Paul Klinger) findet auch internationale Beachtung

Maurice Chevalier, der berühmte französische Chansonnier und Filmschauspieler, gehört zu den prominentesten Gästen der Filmfestspiele

Ein guter Film muß teuer sein

14. September. In der französischen Stadt Cannes enden die internationalen Filmfestspiele. Drei Tage lang hatte ein Hauch von Luxus über dem Ort an der Côte d'Azur geschwebt. Vergessen waren sämtliche finanziellen Probleme. Pomp und Pracht kennzeichneten die Eröffnung des Festivals. Internationale Stars gaben sich ein Stelldichein. Man sah und wurde gesehen: Beim Fackelzug, beim Wasserfest oder Riesenfeuerwerk; die Damen in der neuen Pariser Winterkollektion, die Herren im weißen Smoking. Fast vergaß man, worum es eigentlich ging.

16 Länder hatten Produktionen eingereicht. Die Filme durften zuvor noch nicht an einem Festival teilgenommen haben. Sie sollten möglichst synchronisiert sein, ansonsten wurden sie während der Vorführung in französischer Sprache kommentiert. Der soeben unter größtem Aufwand fertiggestellte Filmpalast wurde mit einem Farb-Musikfilm aus Hollywood, der »Jolson-Geschichte«, eingeweiht. Doch einen Preis erhielt der Streifen nicht. Ebensowenig wurde die allgemein als beste anerkannte französische Produktion »Paris 1900« belohnt. Sie hatte die vorgeschriebenen Mindestkosten unterschritten. Der Protest gegen dieses Urteil war heftig. Ein »Klub der Freunde von 1900« formierte sich und gab diesem Film einen Ersatzpreis. Auch in den anderen Fällen waren die Urteile – die eine zur Hälfte aus Filmfachleuten, zur anderen Hälfte aus Publikum bestehende Jury fällte – keineswegs unumstritten.

Schließlich prämiiert wurden die französischen Filme »Antoine et Antoinette« von Jacques Becker und »Les Maudits« von René Clément in den Kategorien psychologischer bzw. Abenteuerfilm. Die USA holten drei Preise mit dem Musikfilm »Ziegfeld Follies« von Vincente Minnelli, mit dem Gesellschaftsfilm »Cross Fire« von Edward Dmytryk und mit dem Zeichentrickfilm von Walt Disney, »Dumbo« (1941).

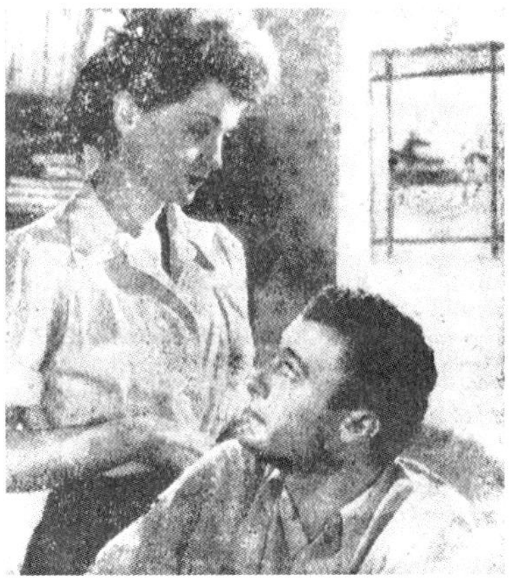

»Antoine et Antoinette« von Jacques Becker mit R. Pigaut und C. Maffei

Auch General Jean Arnaud (l.), Chef des Informationsdienstes der französischen Militärregierung in Deutschland, gehört zu den Gästen bei den internationalen Filmfestspielen in der südfranzösischen Stadt Cannes

Richter gründet »Junge Literatur«

10. September. Die Gruppe »Junge Literatur« (später Gruppe 47) wird von Hans Werner Richter und Alfred Andersch am Bannwaldsee gegründet. Auf Einladung Richters erscheinen mehrere ehemalige Mitarbeiter der inzwischen verbotenen Zeitschrift »Der Ruf«, die von Andersch und Richter herausgegeben wurde (→ 15. 4./S. 79).

Alfred Andersch

»Wir müssen den ›Ruf‹ wiederhaben« und »Wir müssen eine neue Zeitschrift gründen, eine literarische Zeitschrift, in der wir unsere Arbeiten vorlegen, in der wir diskutieren können«, sind die Worte Richters, mit denen eine Redaktionssitzung für die geplante literarische Zeitschrift »Der Skorpion« eröffnet wird. Doch da die Autoren befürchten müssen, daß eine Nachfolgezeitschrift des »Ruf« ebenfalls verboten wird, geht es den Schriftstellern mehr darum, gemeinsam Manuskripte vorzulesen und zu diskutieren, um so zunächst eigene Kriterien für Literatur zu entwickeln. Diese sollen dann später weiteren Kreisen der deutschen Nachkriegsöffentlichkeit als Denkanstoß vermittelt werden.

Josette Day (l.) in Jean Cocteaus Film »Es war einmal . . .« (»La belle et la bête«) von 1947

Hans Albers (r.) und Ralf Lothar in dem deutschen Film ». . . und über uns der Himmel«

V. l.: H. Söhnker, H. Knef, F. Odemar, W. Fritsch und P. Hamel in »Film ohne Titel«

Film 1947:

Not provoziert Experimente

Die deutsche Filmindustrie befindet sich wieder am Anfang. Zwar war nach der Kapitulation 1945 ein Teil der Lichtspieltheater mit vollständigen technischen Anlagen erhalten geblieben, doch Filme wurden keine mehr produziert. Die unter dem Nationalsozialismus vorgenommene Verstaatlichung der Filmindustrie hatte die Beschlagnahme aller industriellen und technischen Einrichtungen des Films durch die Besatzungsmächte nach sich gezogen.

Um heute einen Film herstellen zu können, brauchen die Produzenten eine Genehmigung. Lizenzen werden seit 1946 in allen vier Zonen erteilt. Die Bewerber müssen politisch unbedenklich und künstlerisch geeignet sein. Aber nicht allein diese Kriterien beschränken die Zahl der Auserwählten. Auch enorme Schwierigkeiten bei der Fertigung an sich verhindern, daß die Filmproduktion gesteigert wird.

Die zur Verfügung stehenden Ateliers lassen insgesamt nur eine Jahresproduktion von neun Filmen zu. Lediglich in München, im unzerstörten Geiselgasteig, und in Berlin, in Babelsberg und anderswo, sind zweckentsprechende Räume vorhanden. Nichts dergleichen besitzt die britische Zone. Die Pan-Film GmbH in Schleswig dreht deshalb ohne Ateliers. Die Filmaufbau-GmbH in Göttingen löst das Problem dadurch, daß sie in den Hallen eines alten Flughafens Ateliers ausbaut. Die Real-Film-Gesellschaft in Hamburg, die ihren ersten Film »Arche Nora« dreht, benutzt als Drehstätte ein provisorisches Synchronisationsstudio, den ehemaligen Tanzsaal eines Gasthauses im Stadtteil Ohlstedt.

Abgesehen von geeigneten Drehorten für Innenaufnahmen, fehlt es überall an Materialien für Kulissen und Kostüme, an Beleuchtungs- und Aufnahmegeräten. Organisationstalent ist nötig. Nägel z. B. besorgt man des Nachts, indem man sie u. a. aus Weidezäunen herauszieht. Hilfe leistet manchmal auch Kollege Zufall. Er bringt Helmut Käutner einen Tag vor Beginn der Dreharbeiten zu seinem ersten Nachkriegsfilm eine Kamera. Eine zweite leiht der Regisseur sich von der Wochenschau. Den Wagen für die Kamera baut ihm die Firma Blohm & Voß. Lampen erhält er leihweise von einer britischen Dienststelle aus deutschem Marinebestand.

Eine weitere Beschränkung der Filmproduktion stellt der Mangel an Rohfilm dar. Seine Beschaffung bereitet die größten Probleme. Der Rohfilm wird in Wolfen in der sowjetischen Zone erzeugt. Da die Lieferungen nicht reichlich, das Material oft so schlecht ist, daß ganze Drehtage wiederholt werden müssen, wird der Rohfilm schwarz gehandelt. Deswegen ist eine normale Kostenkalkulation von vornherein ausgeschlossen. Käutner rechnet denn auch nicht auf einen Gewinn mit seinem Nachkriegserstling »In jenen Tagen«. Dies ist der erste deutsche Film in der britischen Zone. Er wird in Hamburg uraufgeführt. Im Gegensatz zum Defa-Erstling »Die Mörder sind unter uns« von Wolfgang Staudte aus dem Jahr 1946, der inzwischen von den Babelsberger Studios in die Berliner Kinos gelangt ist, kann Käutner keine Ateliers beim Drehen verwenden. So benutzt er ausschließlich Außenaufnahmen bei »In jenen Tagen«. Dieser Film schildert in sieben Episoden den Lebenslauf eines Autos in Deutschland in den Jahren 1933 bis 1945.

Kritiker sehen es aufgrund mancher optischer Einfälle des Regisseurs als bewiesen an, daß technische Beschränkung zur Gewinnung oft neuer künstlerischer Mittel beitragen kann. Ungeachtet der erheblichen Herstellungsmängel, besonders der schlechten Tonqualität, steht für die Rezensenten fest, daß Käutner mit diesem Kunstwerk filmisches Neuland betreten hat.

Die Mängel an Käutners Film haben auch keinen Einfluß auf das Publikum. Der Ansturm auf die Kinokassen in Hamburg zeigt das große Interesse, das für den neuen deutschen Film existiert.

Besatzungsalltag auch im Film: Dreharbeiten in München 1947

Gerard Philippe und Micheline Presle in »Le diable au corps«

Sybille Schmitz als Nelly Dreyfuß in Harald Brauns Film »Zwischen gestern und morgen«, der während und nach dem Zweiten Weltkrieg spielt

Irene Dunne (Mitte) und Rex Harrison spielen die Hauptrollen in dem US-amerikanischen Film »Anna und der König von Siam«

Der Komiker Charlie Chaplin spielt die Titelrolle in seiner Filmsatire »Monsieur Verdoux«, in der er einen Frauenmörder darstellt

Schmeling feiert Comeback im Ring

28. September. Der ehemalige Boxweltmeister im Schwergewicht, der inzwischen 42jährige Max Schmeling, kehrt nach achtjähriger Pause erfolgreich in den Boxring zurück: Vor 40 000 Zuschauern im Frankfurter Stadion schlägt er den 26jährigen Magdeburger Werner Vollmer durch K. o. in der 7. Runde.

Max Schmeling

Nach dem gelungenen Comeback soll Schmeling demnächst einen Kampf um die Deutsche Meisterschaft entweder gegen Hein ten Hoff oder Walter Neusel austragen (→ 15. 10./S. 179).

Der Ex-Weltmeister hofft außerdem, bald auch wieder in den USA boxen zu können. Nach Ansicht von Fachleuten ist Schmeling allerdings nicht mehr so schnell wie zu seinen besten Zeiten.

Franzose erzielt einen Weltrekord

14. September. Der französische Spitzenschwimmer Alexandre Jany ist bei den europäischen Schwimmeisterschaften in Monte Carlo der erfolgreichste Teilnehmer. Über 400 m Kraul stellt er in 4:35,2 min einen neuen Weltrekord auf und unterbietet dabei die alte Bestmarke des US-Amerikaners Bill Smith um 3,3 sec. Seinen zweiten Titel gewinnt der Franzose über 100 m Kraul in der europäischen Bestzeit von 56,2 sec. Erfolgreichste Teilnehmerin ist die Dänin Karen-Margarete Harup, die drei Titel holt. Ebenfalls Weltrekord schwimmt die dänische 4 × 100 m Frauenstaffel, mit 4:32,2 min. In der Nationenwertung siegen bei den Männern die Ungarn, bei den Frauen die dänischen Schwimmerinnen.

Alex Jany

Weltrekord mit Spezialfahrzeug

16. September. *Der britische Automobilrennfahrer John Cobb (Foto) stellt auf einem Salzsee im US-amerikanischen Bundesstaat Utah einen Weltrekord für Landfahrzeuge auf. Der 47jährige gelernte Pelzhändler erreicht mit seinem Spezialfahrzeug eine Spitzengeschwindigkeit von über 648 km/h. Er verbessert damit seinen eigenen, 1939 aufgestellten Geschwindigkeitsweltrekord um fast 40 km/h.*

Der Rekordwagen ist eine britische Konstruktion. Er hat zwei Flugmotoren, die zusammen 2500 PS leisten und jeweils ein Räderpaar antreiben. Die Zylinder des rund drei Tonnen schweren Wagens, der stromlinienförmig gestaltet ist, haben ein Volumen von 21 l.

Oktober 1947

Mo	Di	Mi	Do	Fr	Sa	So
		1	2	3	4	5
6	7	8	9	10	11	12
13	14	15	16	17	18	19
20	21	22	23	24	25	26
27	28	29	30	31		

1. Oktober, Mittwoch

Auf einer Pressekonferenz in Berlin weist der US-amerikanische Militärgouverneur in Deutschland, General Lucius D. Clay, die Kritik der sowjetischen Militärverwaltung an der Besatzungspolitik der USA in Deutschland zurück und kündigt eine propagandistische Gegenoffensive an (→28. 10./S. 166).

Angesichts des deutschen Widerstands gegen die fortgesetzten Demontagen durch die Westalliierten droht der US-amerikanische Militärgouverneur, General Lucius D. Clay, mit einer Sperre der Lebensmittellieferungen aus dem Ausland.

Die polnische Regierung veröffentlicht ein Dekret über die Einführung der Planwirtschaft.

Da die Piloten der US-amerikanischen Fluggesellschaft »American Overseas Airlines« streiken, müssen die meisten zivilen Transatlantikflüge eingestellt werden.

2. Oktober, Donnerstag

In Deutschland kommen neun weitere Rüstungsfabriken auf die Demontageliste, darunter die Flugzeugwerke von Messerschmitt, Focke-Wulf und Junkers. Die Ausrüstungen dieser Fabriken werden unter Frankreich, Belgien und Griechenland verteilt (→16. 10./S. 167).

Aus den Inseln Java, Sumatra, Madera, Celebes, Molukken, Bali, den Sundainseln, Borneo und Neu-Guinea werden die Vereinigten Staaten von Indonesien gebildet. →S. 173

Wegen des akuten Kohlemangels kommt es in Nordrhein-Westfalen zu ganztägigen Stromabschaltungen.

3. Oktober, Freitag

In den Niederlanden fungiert Prinzessin Juliana als Regentin, nachdem sich Königin Wilhelmina dazu entschlossen hat, aus Gesundheitsgründen ihre königlichen Funktionen zeitweilig niederzulegen. →S. 172

Die stellvertretenden Außenminister der vier alliierten Siegermächte treten in London zu einer Konferenz über die Zukunft der italienischen Kolonien zusammen.

In Berlin wird der Film »Ehe im Schatten« (Regie: Kurt Maetzig) uraufgeführt.

4. Oktober, Sonnabend

Der inhaftierte ehemalige bayerische Minister für Entnazifizierung, Alfred Loritz, flüchtet trotz Bewachung aus einem Münchener Krankenhaus. →S. 169

In Norwegen wird ein Arbeitskommando aufgestellt, um das in einem Fjord bei Tromsö liegende Wrack des deutschen Schlachtschiffes »Tirpitz« zu heben. In dem Schiff werden noch die Leichen von 1000 deutschen Matrosen vermutet.

5. Oktober, Sonntag

Im Saargebiet finden Landtagswahlen statt, aus denen die Christliche Volkspartei als stärkste politische Kraft hervorgeht. Die Kommunisten, die als einzige Partei fordern, gegen den wirtschaftlichen Anschluß des Saargebiets an Frankreich zu votieren, erhalten nur 8,5% der abgegebenen Stimmen. →S. 167

Nach einer Mitteilung des Statistischen Landesamtes von Württemberg-Baden in Stuttgart sind etwa 3,2 Millionen ehemalige Wehrmachtsangehörige noch nicht zurückgekehrt. Etwa die Hälfte davon befindet sich in Kriegsgefangenschaft, die andere gilt als vermißt.

Bei der Eröffnung des Parteitages der Sozialdemokratischen Partei Rumäniens setzt sich Ministerpräsident Petru Groza für eine Vereinigung der Sozialdemokraten mit den Kommunisten ein.

In der indischen Region Kalkutta vernichtet eine Überschwemmung 100 000 t Reis und macht eine Million Menschen obdachlos.

Österreich unterliegt der Tschechoslowakei bei einem Fußball-Länderspiel in Prag 3:2.

6. Oktober, Montag

Mit der Verordnung Nr. 110 überträgt die britische Militärregierung in Deutschland das Recht zur Entnazifizierung auf die Länderregierungen.

In Belgrad, Jugoslawien, wird die Zentrale des Kommunistischen Informationsbüros (Kominform) eingerichtet (→22. 9.; 27. 9./S. 150).

Nachdem ein Mißtrauensantrag gegen Ministerpräsident Knud Christensen erfolgreich gewesen ist, wird das dänische Parlament (Folketing) in Kopenhagen aufgelöst.

Die italienische verfassunggebende Nationalversammlung weist vier Mißtrauensanträge gegen die Regierung von Ministerpräsident Alcide De Gasperi zurück.

Im Iran spricht das Parlament der neuen Regierung unter Ministerpräsident Ahmad Qawam es Sultaneh das Vertrauen aus.

7. Oktober, Dienstag

Der britische Premierminister Clement Attlee entläßt sieben Minister seines Kabinetts.

Zwischen der Ostzone und der US-amerikanischen Besatzungszone wird der Bahnhof Probstzella als ein weiterer Zonengrenzübergang eingerichtet. →S. 168

8. Oktober, Mittwoch

In Bremen trifft das zweimillionste CARE-Paket ein. →S. 171

48 190 Österreicher befinden sich noch in Kriegsgefangenschaft, darunter 35 000 in der UdSSR.

Von einem britischen »Mosquito«-Flugzeug wird eine Rakete in 11 500 m Höhe abgefeuert. Sie erreicht mit fast 1400 km/h Überschallgeschwindigkeit. →S. 175

Wegen anhaltender Trockenheit ist der Wasserstand der Donau so stark gesunken, daß der Fluß bei Wien an mehreren Stellen zu Fuß durchquert werden kann. →S. 175

9. Oktober, Donnerstag

Ein von der fünften US-Armee gefundener Goldschatz im Wert von 25 Millionen US-Dollar wird an Italien zurückgegeben. Es handelt sich dabei um von den Deutschen während des Krieges geraubte Bestände der italienischen Staatsbank.

Die griechische Kommunistische Partei fordert ihre Mitglieder auf, sich den Aufständischen unter Markos Wafiadis anzuschließen. →S. 173

In Thüringen nimmt die neue Landesregierung ihre Arbeit auf. Neben Ministerpräsident Werner Eggerath (SED) gehören ihr auch Vertreter der CDU und LDPD an.

In Frankfurt am Main entdeckt die Polizei bei einem aus italienischer Kriegsgefangenschaft zurückgekehrten Mann ein Opiumlager im Wert von rund zwei Millionen RM.

10. Oktober, Freitag

Auf einer Wahlversammlung erklärt der Generalsekretär der britischen Labour Party, Morgan Philips, die Einrichtung des Kominformbüros in Belgrad bedeute, daß zwischen Kommunismus und europäischem Sozialismus ein »Kalter Krieg« ausgebrochen sei (→28. 10./S. 166).

Die Ministerpräsidenten der britischen Besatzungszone fordern eine bessere Versorgung der Bevölkerung mit Nahrungsmitteln. →S. 168

Die sowjetische Militärverwaltung befiehlt eine höhere Arbeitsproduktivität und den Kampf gegen »Bummelanten« in der sowjetischen Besatzungszone. →S. 169

Die Kommunistische Partei Chinas unter der Führung von Mao Tse-tung verkündet ein neues Bodengesetz, das die Enteignung der Großgrundbesitzer zum Ziel hat.

Der Leiter des britischen technischen Instituts, Anthony M. Lows, veröffentlicht eine Studie über den in Zukunft zu erwartenden technischen Fortschritt. →S. 174

Ungarn und Bulgarien nehmen diplomatische Beziehungen auf.

Jugoslawien und Chile brechen ihre diplomatischen Beziehungen ab.

In der kolumbianischen Hafenstadt Tumaco fordert ein Großfeuer 263 Menschenleben.

11. Oktober, Sonnabend

Die chilenische Regierung beschuldigt Jugoslawien und die Tschechoslowakei, einen kommunistischen Umsturz in dem südamerikanischen Land vorzubereiten.

Der tschechoslowakische Ministerpräsident Klement Gottwald beauftragt den staatlichen Planungsausschuß mit der Ausarbeitung eines Fünfjahresplans.

In Ägypten erreicht die am 23. September ausgebrochene Choleraepidemie mit 68 Todesopfern täglich einen neuen Höhepunkt (→21. 10./S. 173).

Der Spieler-Transfermarkt in Italien wird nach Angaben des italienischen Fußballverbandes erstmals einen Gesamtumsatz von zwei Milliarden Lire überschreiten. →S. 179

12. Oktober, Sonntag

Bei den Wahlen zur Bremer Bürgerschaft erhält die SPD 40% der Stimmen und wird stärkste Partei. Mit der Annahme der Verfassung erhält das Land den Namen Freie Hansestadt Bremen. →S. 167

Der griechische Ministerpräsident Themistokles Sofulis spricht in einer Radioansprache davon, daß die Partisanen im Norden des Landes bereit seien, ihre Waffen niederzulegen, aber von den Kommunisten daran gehindert würden (→9. 10./S. 173).

13. Oktober, Montag

In der Ostzone tritt eine »Verordnung über Jugendschutz« in Kraft.

In Washington tritt die Marshallplan-Konferenz zu ihrer ersten Vollsitzung zusammen.

Im Altonaer Krankenhaus in Hamburg wird die erste in Deutschland hergestellte eiserne Lunge in Betrieb genommen. →S. 176

Der US-amerikanische Tennisspieler Jack Kramer verläßt das Amateurlager und wird Berufsspieler. →S. 179

14. Oktober, Dienstag

Das österreichische Innenministerium gibt bekannt, daß sich im Land noch 593 774 verschleppte Personen aufhalten.

In der sowjetischen Besatzungszone Deutschlands sind bisher fast drei Millionen Hektar Land enteignet worden. →S. 168

Nach Ratifizierung des finnischen Friedensvertrags durch die UdSSR werden die Ausnahmegesetze im Land aufgehoben.

Vom Attentat jüdischer Untergrundkämpfer auf das Hauptquartier der Polizei in Haifa am 29. September berichtet »The Illustrated London News« am 11. Oktober

THE ILLUSTRATED LONDON NEWS

SATURDAY, OCTOBER 11, 1947.

THE WRECKED POLICE HEADQUARTERS IN KINGSWAY, HAIFA: THE SCENE SHOWING THE EXTERIOR AND INTERIOR DAMAGE TO THE GROUND FLOOR OF THE BUILDING, CAUSED BY THE EXPLOSION ON SEPTEMBER 29 OF A TAR-BARREL BOMB WHICH KILLED TEN AND INJURED FIFTY-ONE PEOPLE.

ISSUED BY THE IRGUN TERRORISTS: A PHOTOGRAPH OF THE TAR-BARREL BOMB, FITTED WITH MOTOR TYRES AND MOUNTED ON A LORRY.

AN atrocious attack on the police H.Q. in Kingsway, Haifa, took place on Sept. 29, the first day of the Jewish religious Feast of Tabernacles, as a reprisal for treatment of the *President Warfield* immigrants. Two tar barrels welded together were filled with explosive, fitted with motor tyres and mounted on a lorry. This vehicle was provided with two steel ramps, their lower edges higher than the top of the barbed-wire security fence. It halted outside the fence and the barrel rolled down the ramps over the first obstacle, bounced over a second fence into the enclosure and exploded. It caused a deep crater, wrecked the ground floor of the building, and damaged all seven floors, even blowing railings off the roof. The dead include British and Arab police and a civilian, and the injured, British police and Jewish and Arab civilians. Irgun issued a photograph of the apparatus.

HOW THE TAR-BARREL BOMB WAS LAUNCHED: THE TWIN STEEL RAMPS DOWN WHICH IT ROLLED FROM THE LORRY, OVER THE BARBED-WIRE FENCE.

A

Oktober 1947

15. Oktober, Mittwoch

Der Vorsitzende der SPD, Kurt Schumacher, spricht sich auf dem Jahreskongreß der US-amerikanischen Gewerkschaft AFL gegen die Demontagepolitik der alliierten Siegermächte in Deutschland aus.

In Beirut tagt der Rat der Arabischen Liga. Die sieben Mitgliedsstaaten verpflichten sich zu gegenseitigem militärischem Beistand. Außerdem wird beschlossen, den Boykott gegen die zionistische Bewegung in Palästina zu verschärfen.

In den Vereinigten Staaten werden die Memoiren des früheren US-Außenministers James F. Byrnes unter dem Titel »Speaking Frankly« veröffentlicht. →S. 166

Bei der Deutschen Schwergewichtsmeisterschaft im Boxen schlägt in Hamburg der Titelverteidiger Hein ten Hoff seinen Herausforderer Walter Neusel durch K. o. in der 7. Runde. →S. 179

16. Oktober, Donnerstag

Die US-amerikanische und die britische Militärregierung in Deutschland veröffentlichen eine Demontageliste. Darin sind 682 zum Abbruch vorgesehene Betriebe verzeichnet, 1946 umfaßte die Liste noch 1636 Fabriken. →S. 167

Im thüringischen Zeitz wird ein umfangreiches Lager mit gehorteten Verbrauchsgütern in einer Privatwohnung entdeckt. Es werden u. a. 1 t Lebensmittel sichergestellt.

17. Oktober, Freitag

Der britische Premierminister Clement Attlee und der künftige birmesische Premierminister U Nu unterzeichnen den Vertrag über die Unabhängigkeit Birmas. →S. 173

Schweden und die UdSSR kommen überein, die beiderseitigen diplomatischen Vertretungen in Botschaften umzuwandeln.

18. Oktober, Sonnabend

In einem Kommuniqué teilt das französische Außenministerium mit, wie das von Deutschland im Zweiten Weltkrieg geraubte Geld verteilt werden soll. Danach erhalten neben Frankreich fünf weitere europäische Staaten Teile des insgesamt rund 130 t wiegenden Münzgoldes.

Nach Angaben der japanischen Regierung befinden sich noch 600 000 Japaner in sowjetischer Kriegsgefangenschaft.

Brasilien bricht die diplomatischen Beziehungen zur UdSSR ab.

19. Oktober, Sonntag

Der britische Militärgouverneur in Deutschland, General Sir Brian Robertson, bekräftigt den Willen seiner Regierung, an den Demontageplänen in Nordrhein-Westfalen festzuhalten und sie nötigenfalls mit Gewalt durchzusetzen.

Aus den französischen Kommunalwahlen geht die Partei Charles de Gaulles (RPF) als stärkste Kraft hervor. →S. 172

Ludwig Voggenreiter wird in Berlin Deutscher Straßenmeister der Radprofis. →S. 179

Bei einem Fußball-Länderspiel in Belfast gewinnt Irland gegen Schottland 2:0, in Cardiff verliert die Mannschaft von Wales gegen England 0:3. →S. 179

20. Oktober, Montag

Die Reaktion der deutschen Politiker auf die Demontagepläne der USA und Großbritanniens ist einstimmig: Politiker aller Parteien bedauern diesen Schritt der Alliierten. →S. 167

Frankreich weist die Länder seiner Besatzungszone in Deutschland an, bis zum 31. Dezember eine Bodenreform durchzuführen.

Der Vorsitzende der Bauernpartei Polens und frühere stellvertretende Ministerpräsident seines Landes, Stanislaw Mikolajczyk, flieht aus Polen nach Großbritannen. →S. 172

Mit Unterstützung Pakistans beginnen nach inneren Unruhen islamische Truppen nach Kaschmir einzudringen (→27. 10./S. 173).

In Hollywood, im US-Bundesstaat Kalifornien, werden 40 Filmstars und Schriftsteller – unter ihnen Robert Taylor und Robert Montgomery – vor den Untersuchungsausschuß für unamerikanische Aktivitäten geladen (→29. 10./S. 178).

21. Oktober, Dienstag

Die neue Verfassung des Landes Bremen tritt in Kraft (→12. 10./S. 167).

Der Parteitag der Sozialdemokratischen Partei der Slowakei beschließt die Vereinigung mit der Schwesterpartei in Böhmen und Mähren.

In Italien löst sich die Aktionspartei selbst auf. Den Mitgliedern wird empfohlen, sich den Linkssozialisten Pietro Nennis anzuschließen.

In Frankfurt am Main wird ein Sender zur Übermittlung von Telegrammen nach Übersee eingerichtet. Er steht unter deutscher Verwaltung.

In Ägypten fordert die Choleraepidemie inzwischen über 500 Tote pro Tag. →S. 173

22. Oktober, Mittwoch

Die acht Ministerpräsidenten der deutschen Bizone halten in Wiesba den Besprechungen über die Frage der Demontagen ab.

Das französische Kabinett unter Premierminister Paul Ramadier erklärt seinen Rücktritt.

Das Stockholmer Nobelpreiskomitee gibt bekannt, daß für Medizin das deutsch-amerikanische Ehepaar Carl Ferdinand und Gerty Theresa Cori sowie der Argentinier Bernardo A. Houssay ausgezeichnet werden. Der Brite Edward Appleton erhält den Preis für Physik, sein Landsmann Robert Robinson den Chemienobelpreis (→10. 12./S. 208).

Die japanische Bevölkerung ist auf mehr als 78 Millionen Einwohner angewachsen.

23. Oktober, Donnerstag

In Wien findet der dritte Kongreß der sozialistischen Parteien Europas statt, bei dem Delegierte fast aller sozialistischen Parteien teilnehmen. Die deutsche Delegation wird von der Berliner Oberbürgermeisterin Louise Schroeder angeführt.

24. Oktober, Freitag

Der Minister für die von den Briten besetzten Gebiete, Lord Francis Pakenham, verteidigt in Düsseldorf die Demontagepolitik seiner Regierung.

Der Rat der Quäker in New York und London erhält den diesjährigen Friedensnobelpreis. In Stockholm wird außerdem bekanntgegeben, daß der Literaturnobelpreis an den französischen Schriftsteller André Gide geht (→10. 12./S. 208).

25. Oktober, Sonnabend

Nach Angaben des Führers der liberalen Partei im britischen Unterhaus, Clement Davies, stehen derzeit etwa 19 Millionen Menschen auf der Erde unter Waffen.

26. Oktober, Sonntag

Jugoslawien gibt bekannt, daß es erst nach Abschluß des Friedensvertrages mit Österreich bereit sei, die österreichischen Kriegsgefangenen in ihre Heimat zu entlassen.

Aus den dänischen Parlamentswahlen gehen die Sozialdemokraten als stärkste Partei hervor.

27. Oktober, Montag

Der indische Maharadscha in Kaschmir, Hari Singh, wird nach Ausrufung einer provisorischen Regierung des »Freien Kaschmir« zur Flucht gezwungen. Er richtet ein Gesuch um militärische Hilfe an die indische Regierung in Neu-Delhi und tritt vorläufig der Indischen Union bei. →S. 173

In Nanking wird ein US-amerikanisches Abkommen über die Fortsetzung der Hilfeleistung an China unterzeichnet.

Die UdSSR tritt dem Internationalen Leichtathletikverband bei. Damit steht einer Teilnahme an den Olympischen Spielen im kommenden Jahr nichts mehr im Weg.

28. Oktober, Dienstag

Der US-amerikanische Militärgouverneur, General Lucius D. Clay, bekräftigt die US-amerikanische Präsenz in Berlin. Nur ein Krieg oder ein Friedensvertrag könne einen Abzug der US-amerikanischen Besatzungstruppen zur Folge haben. →S. 166

Die Verwaltung der Kohlenzechen im Ruhrgebiet wird den Deutschen übertragen und die britische Kontrolle durch eine gemeinsame britisch-US-amerikanische Kommission ersetzt (→10. 9./2. 149).

Albaniens Kommunistische Partei beschließt, dem Kominform beizutreten (→22. 9.; 27. 9./S. 150).

Nach seiner Wiederzulassung in Österreich tritt Herbert von Karajan erstmals wieder in Wien als Dirigent auf. →S. 178

29. Oktober, Mittwoch

Die katholischen Bischöfe Deutschlands richten einen Appell an den Alliierten Kontrollrat in Berlin. Darin fordern sie eine Untersuchung über das Verschwinden und die Internierung Tausender von Deutschen in der Ostzone. →S. 168

Der sowjetisch lizensierte »Kulturbund zur demokratischen Erneuerung« wird im US-amerikanischen Sektor von Berlin verboten. →S. 168

Belgien, die Niederlande und Luxemburg schließen einen Vertrag über die Bildung einer Zollunion ab. →S. 172

Erstmals werden die sterblichen Überreste von US-Soldaten, die im Zweiten Weltkrieg in Europa gefallen sind, nach den USA überführt. An einer Trauerfeier in New York nehmen 400 000 Menschen teil. →S. 174

In Hollywood im US-Bundesstaat Kalifornien versammeln sich zahlreiche prominente Filmschauspieler zu einem Protestmarsch gegen die Verhöre von 40 ihrer Kollegen vor dem Ausschuß für unamerikanische Aktivitäten. →S. 178

30. Oktober, Donnerstag

In Genf geht die seit dem 10. April tagende Konferenz des »Vorbereitenden Komitees der Internationalen Konferenz für Handel und Beschäftigung« zu Ende. Delegierte aus 23 Staaten unterzeichnen ein Generalabkommen für Tarife und Handel (GATT). →S. 172

Aus den Schweizer Nationalratswahlen gehen die Radikaldemokraten als stärkste politische Kraft hervor.

31. Oktober, Freitag

Zwischen Schweden und der deutschen Bizone wird ein Handelsabkommen abgeschlossen.

Im Belgrader Kriegsverbrecherprozeß gegen mehrere Offiziere der ehemaligen deutschen Wehrmacht werden zahlreiche Todesurteile gefällt.

Gestorben:

4. Göttingen: Max Planck (*23. 4. 1858, Kiel), deutscher Physiker, Nobelpreis 1918. →S. 176

13. Liphook/Hampshire: Sidney James Webb, Lord Passfield of Passfield (*13. 7. 1859, London), britischer Sozialpolitiker.

HEUTE

EINE ILLUSTRIERTE ZEITSCHRIFT

NUMMER 46 • 15. OKTOBER 1947 • 50 PFENNIG

Mrs. Clay — Gattin und soziale Mitarbeiterin von General Lucius D. Clay, Militärgouverneur der amerikanischen Zone Deutschlands — mit einer Sondersendung von Carepaketen für die an spinaler Kinderlähmung Erkrankten, vor dem Auguste-Viktoria-Krankenhaus in Berlin.

Eine Sondersendung CARE-Pakete überbringt die Gattin des US-Militärgouverneurs Lucius D. Clay für erkrankte Berliner Kinder, Titelblatt der Zeitschrift »Heute« vom 15. Oktober

Propagandakampagne der USA

28. Oktober. Der US-amerikanische Militärgouverneur General Lucius D. Clay kündigt auf einer Pressekonferenz in Berlin eine Propagandaoffensive der Vereinigten Staaten gegenüber der deutschen Bevölkerung an. Durch eine Aufklärungskampagne sollen die Deutschen mit den Demokratievorstellungen wie sie in den USA herrschen, vertraut gemacht werden.

Unmittelbarer Anlaß für die US-amerikanische Besatzungsmacht, ihre bisher geübte Zurückhaltung aufzugeben, war die Rede des sowjetischen Obersten Sergei I. Tulpanow auf dem II. Parteitag der SED am → 20. September (S. 149). Tulpanow hatte in seiner Eigenschaft als Leiter der Informationsverwaltung der sowjetischen Militäradministration vor den Delegierten in einer Ansprache scharfe Angriffe gegen die Westmächte gerichtet.

General Clay hatte daraufhin am 1. Oktober in einer Pressekonferenz in Berlin mitgeteilt, daß er die Rede Tulpanows zum Gegenstand einer Anfrage im Alliierten Kontrollrat gemacht habe. Er unterstrich zugleich die Bedeutung der Äußerungen Tulpanows mit dem Hinweis, daß zum ersten Mal der Vertreter einer Besatzungsmacht in der Öffentlichkeit eine andere Besatzungsmacht angegriffen habe. Dies stelle nach Auffassung Clays einen Bruch interalliierter Abmachungen dar, denen zufolge auf gegenseitige Kritik vor der deutschen Öffentlichkeit verzichtet werden soll.

Knapp drei Wochen später, am 20. Oktober, entgegnete der Oberste Chef der sowjetischen Militäradministration, Marschall Wassili D. Sokolowski, er sehe keinen Grund, die Angriffe von Oberst Tulpanow als ungerechtfertigt zu bezeichnen. Zugleich warf Sokolowski den Westalliierten vor, in der von ihnen lizenzierten Presse Deutschlands Kritik an der Besatzungspolitik der Sowjetunion zuzulassen.

Der Schlagabtausch zwischen der sowjetischen und der US-amerikanischen Besatzungsmacht verdeutlicht, daß sich die Verschlechterung in den Beziehungen zwischen Ost und West auch vor der Öffentlichkeit nicht mehr verbergen läßt.

George F. Kennan (geboren 1904), als Botschaftsrat in Moskau (1944 bis 1947) entwikkelte er die Theorie für die Politik der Eindämmung (containment) der sowjetischen Expansion durch die Vereinigten Staaten; die beruflichen Stationen seines Lebens führten ihn u. a. nach Riga und Berlin

Prägt den Begriff des »Kalten Krieges«: Publizist Walter Lippmann

Ein interessanter Blick hinter die Kulissen der großen Politik

15. Oktober. Der frühere US-amerikanische Außenminister James F. Byrnes veröffentlicht seine Memoiren. Sie erscheinen zunächst unter dem Titel »Speaking Frankly« (»In aller Offenheit«) in den Vereinigten Staaten und liegen kurze Zeit später auch in deutscher Übersetzung vor. Noch im Oktober beginnt die »Die Welt«, die Zeitung der britischen Besatzungsmacht in Deutschland, mit einem Vorabdruck der Erinnerungen.

Byrnes war erst im Januar von seinem Amt zurückgetreten (→ 7. 1./S. 24). Unmittelbar danach schrieb er die Erinnerungen an seine zweijährige Amtszeit nieder. Ihre Veröffentlichung erregt vor allem Aufsehen, weil noch nie zuvor ein Außenminister der Vereinigten Staaten so kurze Zeit nach dem Ausscheiden aus dem Amt derart frei und offen über seine Erfahrungen in der internationalen Politik berichtete.

Da Byrnes an allen wichtigen Konferenzen der alliierten Siegermächte in der ersten Nachkriegszeit teilgenommen hatte, liefern seine Memoiren zahlreiche Aufschlüsse über das, was sich hinter den Kulissen der internationalen Politik abgespielt hat. Einige Punkte seines Buches lassen sich wie folgt zusammenfassen:

▷ Schon vor dem Tod des US-Präsidenten Franklin D. Roosevelt am 12. April 1945 hätten sich die Beziehungen zwischen den USA und der UdSSR verschlechtert

▷ Zur gegenwärtigen sowjetischen Politik der UdSSR in den osteuropäischen Staaten bemerkt Byrnes, daß ihr eine Absprache zwischen dem früheren britischen Premierminister Winston Churchill und Josef W. Stalin aus dem Jahre 1944 zugrunde liegt, in der Länder wie Griechenland unter britischen Einfluß und Staaten wie Rumänien und Bulgarien unter sowjetische Vorherrschaft kommen

▷ Falls die USA bereit seien, der Forderung der Sowjetunion nach Leistung deutscher Reparationen in einer Höhe von zehn Milliarden US-Dollar und einer Viermächtekontrolle des Ruhrgebietes zuzustimmen, wäre die UdSSR bereit, einen Friedensvertrag mit Deutschland abzuschließen

Auf großes Interesse stoßen auch die Empfehlungen Byrnes' zur Lösung der deutschen Frage: Notfalls sollten die Westmächte einen Friedensvertrag auch ohne sowjetische Beteiligung abschließen.

»Der Kalte Krieg« wird zum Begriff

Im Laufe des Jahres 1947 zeichnet sich immer deutlicher der Bruch des im Zweiten Weltkrieg zwischen der UdSSR und den Westmächten geschlossenen Bündnisses ab.

Es ist der bekannte US-amerikanische Publizist Walter Lippmann, der mit seinem in diesem Jahr veröffentlichten Buch »The Cold War« (»Der kalte Krieg«) eine besonders treffende Umschreibung des Zustandes der Beziehungen zwischen Ost und West liefert.

In einer Reihe von Leitartikeln und Essays, die auch in Deutschland Beachtung finden, setzt sich Lippmann ferner mit den Thesen eines US-Diplomaten auseinander, der 1947 schlagartig Berühmtheit erlangt: George F. Kennan.

Kennan, während des Krieges Botschaftsrat der USA in der Sowjetunion, hatte im Sommer in der renommierten außenpolitischen Zeitschrift »Foreign Affairs« unter dem Pseudonym »Mr. X« eine Analyse der sowjetischen Außenpolitik veröffentlicht. In ihr kommt er zu dem Schluß, daß dem Expansionsdrang der Sowjetunion nur durch eine Politik der »Eindämmung« (containment) durch die USA und die anderen westlichen Länder begegnet werden könne.

Kennan liefert damit ein ideologisches Fundament für die seit Verkündung der Truman-Doktrin am → 12. März (S. 51) betriebene US-amerikanische Außenpolitik.

Landtagswahlen im Saargebiet

5. Oktober. Die Landtagswahlen im Saargebiet gewinnt mit deutlichem Vorsprung die Christliche Volkspartei (CVP), unter Führung von Johannes Hoffmann. Sie kann 51,2% der abgegebenen Stimmen auf sich vereinigen. Die SPD erringt 32,8%, die KPD nur 8,5%. Die Demokratische Partei des Saargebiets (DPS) erhält 7,6%.

J. Hoffmann

CVP, SPD und DPS treten im Gegensatz zur KPD für einen wirtschaftlichen Anschluß an Frankreich ein. Das Saargebiet soll sich nach ihren Vorstellungen von Deutschland lösen und mit Frankreich eine Währungs- und Zolleinheit bilden. Daß auch die weitaus meisten Saarländer einen solchen Anschluß wünschen, zeigt das Wahlergebnis. Die Wahlbeteiligung ist mit fast 96% sehr hoch.

SPD gewinnt die Wahlen in Bremen

12. Oktober. In Bremen gewinnt die SPD mit Wilhelm Kaisen an der Spitze klar die Bürgerschaftswahlen. In dem gleichzeitig durchgeführten Volksentscheid spricht sich eine deutliche Mehrheit der Bürger für die neue Verfassung Bremens aus.

Die SPD erringt 41,7% der abgegebenen Stimmen. Die CDU erhält 22,2% und die Bremer Demokratische Partei (BDP) 13,9%. Die KPD kann nur 8,8% der abgegebenen Stimmen erringen, die FDP kommt nicht über 5,6% hinaus.

Wilhelm Kaisen

In dem Volksentscheid spricht sich trotz des umstrittenen Artikels 47 eine Mehrheit für die neue Verfassung aus, sie wird mit 63% der Stimmen angenommen. Der Artikel 47 sieht Mitbestimmungsrechte der Betriebsräte in Unternehmen vor.

Reparationsleistungen belasten die deutsche Wirtschaft sehr: Demontierte Maschinenhalle in einer Fabrik

682 Betriebe werden demontiert

16. Oktober. Die US-amerikanische und britische Militärregierung in Deutschland veröffentlichen eine Demontageliste. Danach sollen 682 Betriebe als Ausgleich für die von Deutschland im Zweiten Weltkrieg verursachten Schäden abgebaut werden. Davon sind 186 in der US-amerikanischen Besatzungszone und 496 in der britischen Besatzungszone ansässig.

Hauptsächlich betroffen sind Betriebe in Nordrhein-Westfalen, Niedersachsen, Schleswig-Holstein und Bayern. Darunter sind rund 200 Fabriken, die früher Rüstungsgüter produzierten. Weiterhin stehen auf der Liste Betriebe der Maschinenbaubranche, der Eisen und Metall verarbeitenden Industrie und Chemiewerke. So sollen zum Beispiel die Flugzeugwerke Dornier und Messerschmitt, die Stahlwerke Thyssen und Rheinmetall und auch die Bayerischen Motorenwerke (BMW) demontiert werden.

Wie die Militärgouverneure der US-amerikanischen und der britischen Zone, Lucius D. Clay und Sholto Douglas, bekanntgeben, ist die Demontage in diesem großen Umfang vertretbar, da Deutschland insgesamt eine Industriekapazität besitze, die für die Friedenswirtschaft zu hoch sei (→ 29. 8./S. 138).

Politiker kritisieren die Demontage

20. Oktober. Die Reaktionen der Öffentlichkeit in Deutschland auf die am 16. Oktober von der US-amerikanischen und britischen Militärregierung bekanntgegebene Demontageliste sind einhellig. Politiker aller Parteien bedauern den geplanten Abbau der 682 Betriebe.

So meint Erich Ollenhauer, der stellvertretende Vorsitzende der SPD, die Demontage erschwere entscheidend den Wiederaufbau Deutschlands. Es wäre ein Widerspruch, einerseits die Wirtschaft durch Maßnahmen wie den Marshallplan (→ 5. 6./S. 100) zu unterstützen und andererseits die Wirtschaft durch Demontagen zu schwächen. Der erste Vorsitzende der CDU in der britischen Zone, Konrad Adenauer, wendet sich in scharfer Form gegen die Demontageliste: Dies habe mit Völkerrecht nichts zu tun und bedeute eine Ausplünderung der deutschen Industrie. Vertreter der KPD halten diesen Schritt für einen Schlag gegen die Demokratie und die Existenz des ganzen deutschen Volkes.

Der Wirtschaftsminister von Nordrhein-Westfalen Erik Nölting (SPD) sagt: »Ich hatte bei Bekanntgabe das Gefühl, der Beerdigung der deutschen Wirtschaft beizuwohnen, während die Demokratie halbmast flaggte.«

Die Sprengung von Industrieanlagen gehört zur Demontagepolitik

Verschleppungen in die Ostzone

29. Oktober. In Berlin richten die katholischen Bischöfe Deutschlands einen Appell an den Alliierten Kontrollrat. Darin fordern sie die Untersuchung des unerklärten Verschwindens und der Internierung Tausender von Deutschen in der sowjetischen Besatzungszone Deutschlands. Besondere Aufmerksamkeit erregt die Feststellung der Bischöfe, daß in den Gefängnissen und in ehemaligen Konzentrationslagern in der Ostzone über 700 Kinder inhaftiert seien.

Aber nicht nur Einwohner der Ostzone verschwinden spurlos aus ihren Wohnungen oder vom Arbeitsplatz. Der Journalist Dieter Friede, der im britischen Sektor Berlins wohnt, war durch einen fingierten Telefonanruf in den sowjetischen Sektor Berlins gelockt worden. Seitdem wurde er nicht mehr gesehen. Der Journalist war vor allem durch Artikel bekannt geworden, in denen er sich kritisch mit Vorkommnissen in der sowjetischen Besatzungszone auseinandergesetzt hatte.

Der Fall des Journalisten Friede, der bei einer Fahrt im sowjetischen Sektor Berlins verschleppt wird, führt zu einer Krise um die Berliner Polizei. Der zuständigen Vermißtenstelle wird vorgeworfen, die Suche nach Friede verzögert und ihre Pflicht nicht erfüllt zu haben. Der derzeitige Polizeipräsident Paul Markgraf war während des Hitlerregimes Berufssoldat, Ritterkreuzträger und nach seiner Gefangennahme als Oberstleutnant bei Stalingrad Mitglied des kommunistischen »Komitees Freies Deutschland«. Seine Person war in Berlin schon mehrfach Gegenstand scharfer Angriffe, die sich an seiner politischen Vergangenheit entzündeten. Der Fall Friede führt zu einem Mißtrauensvotum der Fraktionen mit Ausnahme der SED.

Während der Debatte in der Stadtverordnetenversammlung wird eine Liste verlesen, die die Welle von Verschleppungen aus den vier Sektoren Berlins dokumentiert: Danach sind bisher insgesamt 5413 Personen spurlos verschwunden.

Streit in Berlin um den Kulturbund

29. Oktober. Der Direktor der US-amerikanischen Militärregierung in Berlin, Frank Howley, kündigt mit Wirkung vom 1. November 1947 – für den US-amerikanischen Sektor Berlins – das endgültige Verbot für den »Kulturbund für die demokratische Erneuerung Deutschlands« an. Begründung ist, daß sämtliche politischen und nichtpolitischen Organisationen in Berlin einen Antrag auf Zulassung bei der zuständigen Militärregierung einzureichen haben, was der Kulturbund in den Westsektoren bisher noch nicht getan hat. Auch die britische Militärregierung verbietet den Kulturbund in ihrem Sektor.

Frank Howley

Auf die Ankündigung des Verbots reagiert der Kulturbund mit einer Protestkundgebung im Haus des Berliner Rundfunks. Während seiner Rede vertritt der Präsident der Organisation, Johannes R. Becher (SED), den Standpunkt, daß der Kulturbund »um seiner Überparteilichkeit willen« verboten werde.

Dem Kulturbund gehören auch Politiker aus demokratischen Parteien an, so Ferdinand Friedensburg und Ernst Lemmer von der CDU.

Einer der wenigen Interzonenzüge auf Hannovers Hauptbahnhof

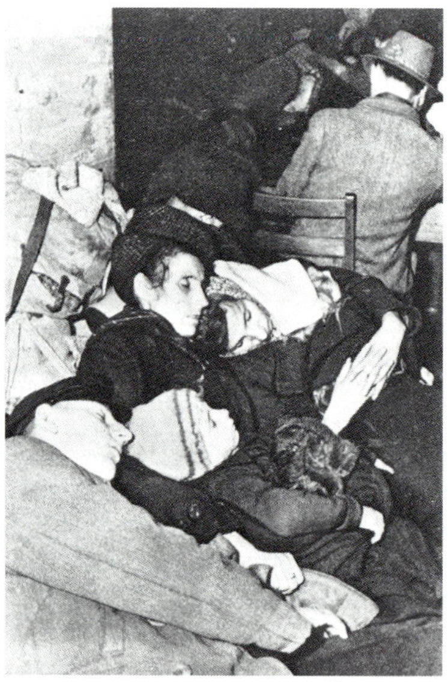

Interzonenreisen 1947: Übernachtung in einem Bunker in Hannover

Neuer Grenzübergang

7. Oktober. Zwischen der Ostzone und der US-amerikanischen Besatzungszone Deutschlands wird der Bahnhof Probstzella als ein weiterer Zonengrenzübergang eingerichtet. Damit steht die Bahnstrecke Berlin–München jetzt wieder für den Personenverkehr durchgehend zur Verfügung.

Die Einrichtung einer entsprechenden Eisenbahnverbindung kommt vorläufig jedoch nicht zustande, obwohl man auf seiten der Bizone sich bereit erklärt hat, Lokomotiven und Waggons zu stellen. So bleibt es bei einer einzigen Interzonen-Zugverbindung, dem Schnellzug von Osnabrück nach Berlin. Ursache für diesen Umstand ist die völlige Überlastung des Eisenbahnnetzes in der Ostzone durch Kriegszerstörungen und Demontagen. So mußte erst vor kurzem der Personenverkehr um 75% reduziert werden.

Interzonenreisen sind auch 1947 noch nicht ohne weiteres möglich. Deutsche benötigen hierfür einen Interzonenpaß. Wer dennoch ohne Genehmigung versucht, die Demarkationslinie zu überschreiten, muß mit seiner Zurückweisung oder sogar Verhaftung rechnen.

Landverteilungen in der Ostzone

14. Oktober. In der sowjetischen Besatzungszone Deutschlands sind im Rahmen der seit 1945 durchgeführten Bodenreform bisher rund 2852000 ha Land enteignet worden, die überwiegend Großgrundbesitzern, der Kirche und Industriellen gehörten. Der enteignete Boden wurde zum großen Teil in Parzellen von wenigen ha Größe aufgeteilt und landlosen Bauern oder Kleinbauern übergeben. Das übrige Land erhielten entweder die Gemeinden oder die Landesverwaltungen.

Mit Ausnahme des für die Einrichtung von Musterbetrieben vorgesehenen Teils erfolgt die Verteilung des enteigneten Bodens in Versammlungen der zuteilungsberechtigten Bauern. Ein Einspruchsrecht fällt dabei der sowjetischen Besatzungsmacht zu. Zusätzlich zu den Landzuteilungen erhielten die Bauern in der Ostzone aus staatlichem oder enteignetem Besitz 47600 Pferde, 50000 Schweine und 122400 Stück Rindvieh. Den Neubauern fehlt es jedoch immer noch an Ackergerät.

Konferenz über Ernährungslage

10. Oktober. Die Ministerpräsidenten der britischen Besatzungszone fassen auf ihrer Konferenz in Düsseldorf Entschließungen über die Ernährungslage, die Demontagen und über die Einbeziehung Deutschlands in den weltweiten Handel.

Die Ministerpräsidenten stimmen mit der britischen Militärregierung darin überein, daß die Arbeitsleistung und die Gesundheit der Bevölkerung nur dann erhalten werden können, wenn die Nahrungsmittelgrundrationen zunächst die Höhe von 1550 Kalorien erreichen und baldmöglichst auf 1800 Kalorien erhöht werden. Die Kalorienzahl beträgt z. Zt. nur rund 1200 Kalorien pro Person und Tag. Daher soll vor allem die landwirtschaftliche Produktion gesteigert werden.

Kein Brot mehr

Mit Propagandaplakaten wird in der Ostzone u. a. für eine Steigerung der Braunkohleförderung geworben

Stachanow-Bewegung als Vorbild

10. Oktober. Die Wirtschaft in der Ostzone soll durch eine Reihe administrativer Maßnahmen effektiver arbeiten. So sieht es der Befehl Nr. 234 der Sowjetischen Militäradministration in Deutschland (SMAD) vor. Unter der Überschrift »Über Maßnahmen zur Steigerung der Arbeitsproduktivität und zur weiteren materiellen Verbesserung der Lage der Arbeiter und Angestellten in der Industrie und im Verkehrswesen« werden u. a. folgende Anordnungen erlassen:

▷ Das »Bummelantentum«, eine Folge niedriger Arbeitsmoral, ist zu bekämpfen
▷ In den landeseigenen Betrieben der Ostzone sowie in den sowjetischen Aktiengesellschaften sollen neue Arbeitszeitregelungen und Betriebsordnungen eingeführt werden
▷ Durch Einführung des Akkordlohns im Erzbergbau, der Kohleförderung sowie der Metallindustrie und im Eisenbahnwesen will man eine Produktionssteigerung erreichen
▷ Als Anreiz zur Steigerung der Arbeitsproduktivität erhalten Arbeiter künftig täglich eine warme Mahlzeit und werden außerdem bevorzugt mit Konsumgütern versorgt

Mit diesen Maßnahmen beginnt in der Ostzone eine breitangelegte Kampagne nach dem Vorbild der Stachanow-Bewegung: 1935 hatte der sowjetische Bergarbeiter Alexei Stachanow in einer Schicht 102 t Kohle gefördert. Seine Leistung dient seither in unzähligen Kampagnen als Vorbild bei der Überbietung bestehender Arbeitsnormen.

Vor allem die landeseigenen Betriebe sind vom Befehl Nr. 234 betroffen. Ihre Produktionsergebnisse liegen zum Teil weit unter dem Niveau der Zeit vor der Enteignung.

Nach Auffassung der Presse in der Ostzone beruht der niedrige Produktivitätsstand auf mangelnder Tüchtigkeit der Betriebsbelegschaften. Beobachter in den Westzonen bezweifeln jedoch, ob es gelingen wird, mit Hilfe von administrativen Maßnahmen die wirtschaftlichen Probleme in der Ostzone zu beseitigen. Ursachen der Schwierigkeiten sind die seit 1945 andauernden umfangreichen Demontagen sowie fehlende Rohstoffe für die Fertigung.

Vor allem in den landeseigenen Industriebetrieben der Ostzone soll die Produktivität u. a. durch bessere Arbeitsbedingungen gesteigert werden

Ex-Minister Loritz flieht aus Haft

4. Oktober. Der unter Anklage stehende ehemalige bayerische Staatsminister für Sonderaufgaben, Alfred Loritz, flieht in München aus einer Privatklinik. Loritz wird vorgeworfen, an umfangreichen Schwarzmarktgeschäften beteiligt gewesen zu sein (→ 15. 7./S. 120).

Loritz befand sich seit fünf Wochen in einer Münchener Privatklinik. Er galt wegen einer Magenkrankheit und Herzschwäche als haftunfähig. Nach Auskunft der Ärzte hat sich sein Gesundheitszustand in den letzten Tagen stark gebessert. Trotz der dauernden Bewachung durch einen Polizisten gelingt es Loritz zu fliehen. Er bittet den Polizeibeamten wegen Zahnschmerzen um einen Arzt und nutzt die Gelegenheit zur Flucht. Die Behörden vermuten, daß Loritz einen Helfer hatte.

Loritz hatte kürzlich die Anklageschrift der Staatsanwaltschaft erhalten. Vorgeworfen werden ihm Hehlerei, Verleitung zum Meineid und Verletzung der Verbrauchsregelungsvorschriften. Der 45jährige ehemalige bayerische Staatsminister soll auf dem schwarzen Markt im großen Stil Benzin gegen Devisen verkauft haben. Loritz war als Minister für Sonderaufgaben für die Entnazifizierung zuständig und war fraktionsloses Mitglied des bayerischen Landtags. Er betont stets seine Unschuld und sieht sich als Opfer einer Hetzkampagne.

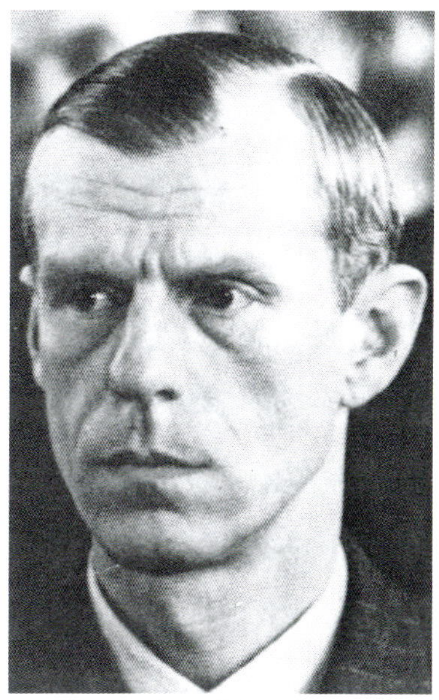

Aus der Haft entflohen: Der ehemalige bayerische Minister A. Loritz

Arbeitsmarkt 1947:

Der Arbeitsmarkt bleibt unübersichtlich

Auf den ersten Blick weisen die Statistiken für den Arbeitsmarkt 1947 in Deutschland gegenüber der Zeit unmittelbar vor dem Zweiten Weltkrieg nur geringe Veränderungen auf: Gab es 1939 insgesamt über 35 Millionen Beschäftigte (Gebietsstand 31. 12. 1937), sind es im Juni 1947 29,6 Millionen.

Beim näheren Hinsehen stellt sich jedoch heraus, daß sich die Beschäftigungslage stark von der in Friedenszeiten unterscheidet. Zwar sind nur etwas über eine Million Menschen arbeitslos registriert, aber auch wenn sie Arbeit fänden, wäre der prozentuale Anteil der Beschäftigten noch gering. Ein Grund hierfür ist die Tatsache, daß Deutschlands Bevölkerung trotz des Krieges von 59,8 Millionen (1939) auf über 65 Millionen im Juni 1947 stieg.

Erst 1947, zwei Jahre nach Kriegsende, ist man erstmals wieder in der Lage, einigermaßen verläßliche und aussagekräftige Zahlen über die Lage auf dem deutschen Arbeitsmarkt zusammenzutragen. Die ersten Auswertungen ergeben zum Teil erhebliche Veränderungen und Verzerrungen im Vergleich mit den Werten des Jahres 1939 vor dem Zweiten Weltkrieg:

- ▷ Der Produktionsindex bewegt sich zwischen 28% und 42% gemessen am Vorkriegsstand, was auf ein sehr niedriges Arbeitsniveau schließen läßt
- ▷ Ursache des niedrigen Arbeitsniveaus sind neben dem Hunger die vielfach schlechten Arbeitsbedingungen
- ▷ In allen vier Besatzungszonen ist die Zahl der in der Landwirtschaft Beschäftigten um eine halbe Million auf 3,3 Millionen gestiegen, die Ernteerträge sind jedoch gesunken
- ▷ Außer in der französischen Besatzungszone ist der öffentliche Dienst in Deutschland personell um 1,2 Millionen auf 2,8 Millionen Bedienstete überproportional gestiegen
- ▷ Unter den Millionen von Flüchtlingen ist die Arbeitslosenquote höher als unter der einheimischen Bevölkerung
- ▷ Trotz Arbeitslosigkeit fehlen der Industrie vor allem männliche Fachkräfte: Waren 1939 noch 22,9 Millionen Männer beschäftigt (Gebietsstand 31. 12. 1937), sind es 1947 nur 17,8 Millionen; viele haben im Krieg ihr Leben verloren, sind Invaliden geworden oder befinden sich noch immer in Kriegsgefangenschaft
- ▷ Mit 11,6 Millionen ist die Zahl beschäftigter Frauen gegenüber der Vorkriegszeit nur geringfügig gesunken
- ▷ Die deutschen Arbeitsämter rechnen mit einer hohen Dunkelziffer nichtregistrierter Arbeitspflichtiger.

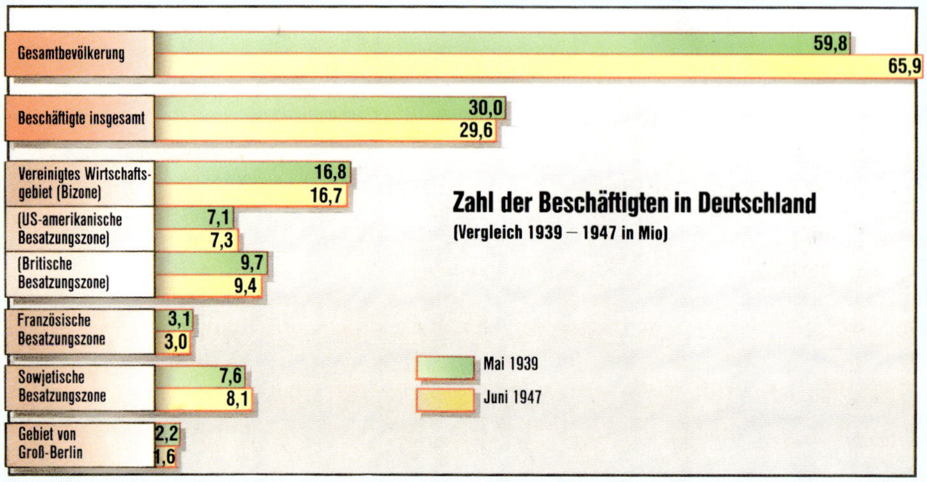

Trotz des Krieges ist die deutsche Bevölkerung seit 1939 um über sechs Millionen Menschen angewachsen; demgegenüber hat die Zahl der Beschäftigten mit Ausnahme der Ostzone abgenommen; dies wird in Berlin besonders deutlich, wo fast 700 000 Arbeitsplätze seit 1939 verlorengingen

Den Gruben im Ruhrgebiet fehlen Arbeitskräfte; daher werden von überall her Freiwillige angeworben; als Anreiz gelten die hohen Verpflegungssätze und Zusatzrationen; nach ihrer Ankunft (Foto) werden die freiwilligen Arbeitskräfte in dreiwöchigen Kursen als Bergmänner umgeschult

Stand der Arbeitslosigkeit in Deutschland (September 1947)

		Registriert bei den Arbeitsämtern	Unselbständige Beschäftigte	Selbständige Beschäftigte	Arbeitslose	Arbeitsunfähige bzw. von der Arbeit Befreite
Gesamtdeutschland	Männer	19 229 000	13 593 000	4 246 000	485 000	1 345 000
	Frauen	19 989 000	6 956 000	4 659 000	523 000	9 013 000
US-amerikanische Besatzungszone	Männer	5 065 000	4 652 000		197 000	389 000
	Frauen	5 141 000	2 961 000		70 000	2 572 000
Britische Besatzungszone	Männer	6 760 000	6 259 000		161 000	517 000
	Frauen	6 561 000	3 029 000		60 000	3 816 000
Französische Besatzungszone	Männer	1 671 000	1 563 000		15 000	104 000
	Frauen	1 787 000	1 185 000		8 000	609 000
Sowjetische Besatzungszone	Männer	4 713 000	4 464 000		71 000	245 000
	Frauen	5 300 000	3 715 000		314 000	1 594 000
Groß-Berlin	Männer	1 020 000	901 000		41 000	90 000
	Frauen	1 200 000	725 000		71 000	422 000

1947 sind in Deutschland über eine Million Menschen arbeitslos; ihnen hatten die Arbeitsämter, bei denen sich jeder Deutsche registrieren lassen muß, keinen Arbeitsplatz vermitteln können; viele der Arbeitslosen sind Flüchtlinge oder Heimkehrer aus der Kriegsgefangenschaft

Das zweimillionste CARE-Paket

8. Oktober. In Bremen trifft das zweimillionste Lebensmittelpaket der CARE-Hilfe ein. Damit haben die US-amerikanischen Wohltätigkeitsorganisationen einen großen Anteil an der Bekämpfung der Nahrungsmittelnot in Europa geleistet. CARE ist die Abkürzung für Cooperative for American Remittances to Europe und ist seit 1946 von mehreren US-amerikanischen Wohltätigkeitsorganisationen ins Leben gerufen worden. Ziel ist die Linderung der schlechten Ernährungslage in Europa. Die Lebensmittelpakete stammten ursprünglich aus Beständen der US-amerikanischen Streitkräfte und wurden von der CARE-Hilfe 1946 für zehn US-Dollar pro Stück gekauft. Ein Paket enthält zehn Tagesrationen der von den US-Streitkräften für die gesunde Ernährung eines Soldaten für nötig erachteten Lebensmittelmenge.

Mit der Lieferung des zweimillionsten Pakets sind bis jetzt Nahrungsmittel im Wert von 20 Millionen US-Dollar nach Europa geschickt worden. Dazu kommen noch die Kosten für Verschiffung und Verteilung der Hilfsgüter. Finanziert wird die CARE-Hilfe aus Spenden der US-amerikanischen Bevölkerung, bei Transport und Verteilung leistet die US-Armee Unterstützung.

Besonders Deutschland, wo verbreitet Hunger herrscht, profitiert von der Lebensmittelhilfe. Ein Ende der Hilfsgütersendungen ist bisher noch nicht abzusehen, zu groß ist die vorhandene Not der Menschen.

Schaufensterdekoration in den Vereinigten Staaten: Die CARE-Organisation will damit zum Kauf von Hilfspaketen für Europa werben

Einer der Empfänger der CARE-Pakete: Ein Kriegsversehrter

Kein Spielzeug und dennoch glücklich: Neue Schuhe für ein Kind

Lebensmittel für Säuglinge und Kleinkinder hat die CARE-Organisation gesondert zusammengestellt

Verladung eines ersten Teils von Lebensmitteln, die New Yorker Schüler für Kinder in Europa sammelten

40 000 Kalorien in einem Paket

Seit 1946 werden an die deutsche Bevölkerung CARE-Pakete verteilt. US-amerikanische Bürger können sie für zehn US-Dollar bei der in New York ansässigen CARE-Organisation für Verwandte in europäischen Ländern bestellen.

Das Standardpaket besteht aus sogenannten »10-in-1«-Rationen, d. h. zehn ausgeklügelten Tagesrationen für US-Soldaten. 2,5 Millionen dieser Verpflegungspakete waren nach Kriegsende übrig geblieben. Sie wurden von der CARE-Organisation aufgekauft.

Insgesamt enthält ein Paket Lebensmittel mit 40 000 Kalorien. Dazu gehören 4,5 kg Büchsenfleisch, 213 g Fett in Dosen, rund 2,3 kg Kekse, 567 g Marmelade, 340 g Kakao und 100 Zigaretten. Hinzu kommen noch Schokolade, Erdnüsse, Drops, aber auch Seife, Zahnpasta, Toilettenpapier und Papierhandtücher. Neben diesen für Erwachsene bemessenen Rationen gibt es spezielle Pakete, die nur Mehl und Fett enthalten. Sie kosten dementsprechend weniger, nämlich vier US-Dollar.

Große Anstrengungen werden von CARE unternommen, um Babys und Kinder zu versorgen. Die Ausstattung eines Paketes für Babys enthält Borsalz, Kinderöl, Kinderpuder, Watte, Seife, Saugflaschen, Schnuller, Sicherheitsnadeln, zwei Baumwolldecken, zwei Kimonos, Hemdchen und Höschen, Gummiunterlagen, zwölf Windeln sowie eine Flaschenbürste.

Lebensmittelpakete werden für Säuglinge ab dem sechsten Lebensmonat zusammengestellt, die jeweils Nahrung für einen ganzen Monat enthalten.

Die Pakete für Kinder im Alter von sechs bis zwölf Jahren umfassen ebenfalls Monatsrationen. Die Kinder erhalten 4 kg Vollmilchpulver, ein Pfund Nährmittel, 100 Vitamin-C-Tabletten, zwei Flaschen Vitamin-A- und -D-Konzentrat, ein Pfund Zucker, zwei Stück Seife und 30 Dosen Kindernahrung in Breiform.

Mikolajczyk flieht nach London

20. Oktober. Der frühere stellvertretende polnische Ministerpräsident Stanislaw Mikolajczyk flieht nach Großbritannien. Nach seiner Ankunft in London am 27. Oktober erklärt Mikolajczyk, der auch Vorsitzender der polnischen Bauernpartei ist, daß er durch seine Flucht einer drohenden Verhaftung entgehen wollte. Die britische Regierung bekundete ihre Absicht, Mikolajczyk politisches Asyl gewähren.

Der ehemalige stellvertretende polnische Premierminister Stanislaw Mikolajczyk (r.) nach seiner Flucht mit seinem Sohn Marjan in London; als Mikolajczyk 1945 aus seinem britischen Exil in Polens Hauptstadt Warschau zurückkehrte, blieben seine Ehefrau und sein Sohn in Großbritannien zurück

Der 1900 geborene Mikolajczyk wuchs in Westfalen auf und kehrte nach dem Ersten Weltkrieg mit seinen Eltern nach Polen zurück. Schon vor dem Zweiten Weltkrieg spielte er eine führende Rolle in der polnischen Bauernpartei. Nach dem deutschen Angriff gelang ihm 1939 die Flucht. 1940 erreichte er zusammen mit General Wladyslaw Eugeniusz Sikorski, dem Ministerpräsidenten der polnischen Exilregierung, London. Nach dem Tode Sikorskis trat Mikolajczyk 1943 dessen Nachfolge an. Als 1945 zwischen der Sowjetunion und den Westmächten eine Einigung über die Bildung einer polnischen Regierung erreicht wurde, kehrte Mikolajczyk als stellvertretender Ministerpräsident nach Warschau zurück. Nach der Wahlniederlage der Bauernpartei (→ 4. 1./S. 20) trat er von seinem Amt zurück.

Sie vertritt zeitweilig ihre Mutter Wilhelmina: Prinzessin Juliana

Juliana auf Thron der Niederlande

3. Oktober. Königin Wilhelmina der Niederlande dankt ab und überläßt den Thron ihrer 38jährigen Tochter Prinzessin Juliana. Als Grund werden gesundheitliche Probleme genannt. Den Thron will Königin Wilhelmina jedoch nur »vorläufig« abgeben, bis sich ihr Gesundheitszustand wieder gebessert hat.

Wilhelmina wurde 1880 als Tochter von König Wilhelm III. der Niederlande geboren. Sie bestieg am 6. September 1898 den Thron. Die Jahre der deutschen Besetzung der Niederlande verbrachte die Monarchin im Exil in London. Nicht zuletzt deshalb genießt sie in der Bevölkerung große Sympathien.

GATT-Abkommen ist unterzeichnet

30. Oktober. Nach mehrmonatigen Verhandlungen unterzeichnen in Genf die Vertreter von 23 Staaten, darunter die Vereinigten Staaten und Großbritannien (nicht jedoch die UdSSR), den bisher umfassendsten internationalen Handelsvertrag. Dieses »General Agreement on Tariffs and Trade« (GATT) beinhaltet vor allem Abmachungen über eine Senkung der Einfuhrzölle, wovon rund 50% des Welthandels betroffen sind.

Im einzelnen sieht das GATT u. a. folgende Vereinbarungen vor:

- ▷ Vor allem durch die Senkung der Einfuhrzölle durch die USA um bis zu 50% vom 1. Januar 1948 an erhalten andere Staaten die Möglichkeit, dringend benötigte Dollarreserven anzulegen
- ▷ Da auch Großbritannien seine Einfuhrzölle senkt, wird ein erheblicher Beitrag zur Belebung des europäischen Handels erwartet

Das internationale Handelsabkommen GATT wurde im Rahmen der Vorbereitung der Welthandelskonferenz in Havanna auf Kuba ausgearbeitet (→ 21. 11./S. 188).

De Gaulle gewinnt Gemeindewahlen

19. Oktober. *Bei den Gemeindewahlen in Frankreich wird die »Sammlung des französischen Volkes« (RPF) zur stärksten Partei. Die RPF, deren Gründer und Vorsitzender Charles de Gaulle ist, erringt 38,4% der abgegebenen Stimmen. Die Kommunisten erhalten 30,6%, die Sozialisten 19,3%. Starke Verluste muß die Katholische Volkspartei (MRP) hinnehmen, sie kann nur 9,5% der Wählerstimmen auf sich vereinigen. Der Wahlsieg der RPF wird allein dem Vorsitzenden de Gaulle angerechnet. Bei den Parlamentswahlen im November 1946 noch wurden die Kommunisten stärkste Partei mit rund 29%, vor den Sozialisten mit 18% und der MRP, die etwa 15% der Stimmen erhielt. Der Vorläufer der RPF, die de-Gaulle-Union, kam damals ebenfalls auf rund 15%. (Das Foto zeigt de Gaulle während einer Wahlveranstaltung.)*

Eine Zollunion der Benelux-Länder

29. Oktober. Belgien, Luxemburg und die Niederlande beschließen die Bildung einer Zollunion für Waren und Güter, die aus den beteiligten Staaten stammen. Das »Benelux«-Abkommen soll am 1. Januar 1948 in Kraft treten.

Bereits 1944 wurde das Abkommen von den Exilregierungen der drei Länder in London vorbereitet. Es sieht die Aufhebung der Einfuhrzölle für Waren vor, die in Belgien, Luxemburg oder den Niederlanden erzeugt und in einem der drei Teilnehmerstaaten verkauft werden.

Cholera fordert täglich 500 Opfer

21. Oktober. Die Choleraepidemie in Ägypten weitet sich aus. Die Zahl der Sterbefälle steigt von 68 auf über 500 Tote täglich. Bis zum 27. Oktober sterben 5501 Menschen an der Seuche. Zu dem Zeitpunkt registrieren die amtlichen Stellen jeden Tag an die 900 Neuerkrankungen. Deren Anzahl liegt jedoch in Wirklichkeit wesentlich höher, da die bäuerliche Bevölkerung vielfach die Erkrankten verbirgt.
Die ägyptische Regierung läßt an den 17 Millionen Einwohnern des Landes Zwangsimpfungen vornehmen. Ständig treffen aus allen Teilen der Welt Serumsendungen ein. In Kairo und Alexandria sind überall auf den Straßen Impfstellen, die jeden Passanten schutzimpfen.
Die Cholera ist am 23. September in verschiedenen Regionen des Nildeltas ausgebrochen und soll von Flüchtlingen aus Indien eingeschleppt worden sein.

Kaschmir schließt sich Indien an

27. Oktober. Aufgrund der sich in dem bisher unabhängigen Fürstenstaat Kaschmir ausbreitenden inneren Unruhen tritt der regierende Maharadscha Hari Singh der Indischen Union bei, um mit Unterstützung der indischen Armee die Aufständischen zu befrieden. Das Fürstentum ist wegen seiner strategischen Lage als Grenzland auf dem Weg nach Zentralasien sowohl für die Indische Union als auch für Pakistan ein begehrtes Territorium.
Erschwerend für eine Lösung des Kaschmirkonfliktes kommt hinzu, daß die Bevölkerung zu 80% aus Moslems besteht, die Fürstenherrscher aber Hindus sind. Die Freischärler, die über den Khaiber-Paß nach Kaschmir einfallen, werden vom Moslemstaat Pakistan, zwar nicht offiziell, aber zumindest durch die Überlassung von Stützpunkten in ihrem Kampf unterstützt. Den nun nach Kaschmir verlegten indischen Truppen gelingt es zwar, den Anschluß Kaschmirs an Indien und das Bestehen der Hinduregierung zu garantieren, die kriegerischen Bergstämme können jedoch vorerst nicht bezwungen werden.

Eine Untersuchungskommission der Vereinten Nationen fährt mit Militäreskorte durch den von Partisanen kontrollierten Norden Griechenlands

Unterzeichnung des Unabhängigkeitsvertrages für Birma durch Birmas Premierminister Thakin Nu (r. neben ihm der britische Premier Clement Attlee)

Niederländische Marineinfanteristen rücken auf Java vor, wo sie in zum Teil schwere Kämpfe mit indonesischen Einheiten verwickelt sind

Aufständische in Griechenland

9. Oktober. Die griechische Kommunistische Partei (KKE) fordert ihre Mitglieder auf, sich den Aufständischen unter General Markos Wafiadis (»General Markos«) anzuschließen. Markos befehligt eine Partisanenarmee von rund 10000 Mann, die im Norden Griechenlands operiert. Sie wird vor allem von Jugoslawien aus unterstützt. Die Gründung dieser »Demokratischen Armee« erfolgte auf Initiative der KKE bereits im Februar 1946. Versuche, in Griechenland eine Stadt zu erobern, um dort eine Gegenregierung zu etablieren, sind am Widerstand der Armee gescheitert (→ 24. 12./S. 204).

Birma wird ein souveräner Staat

17. Oktober. In London unterzeichnen die Premierminister von Großbritannien und Birma einen Vertrag, durch den die britische Kolonie zu einem selbständigen Staat außerhalb des Commonwealth of Nations wird. Der 6. Januar 1948 wird der Unabhängigkeitstag der birmesischen Nation sein.
Das Abkommen soll in Kürze gleichzeitig in Rangun und London veröffentlicht werden. Die zur Verwirklichung der Übereinkunft erforderliche Gesetzesvorlage wird dem britischen Parlament noch im Oktober zur Beratung zugehen.

Vereinigte Staaten von Indonesien

2. Oktober. An der Ostküste von Sumatra bilden die niederländischen Behörden gemäß den Wünschen der Bevölkerung und dem Abkommen von Linggadjati ein autonomes Gebiet. Dieser Vertrag sieht eine freie indonesische Republik im Rahmen des Königreichs der Niederlande vor. Sie soll Java, Sumatra, Madura, Bali, Celebes, die Molukken und die Sundainseln, Borneo und Neuguinea umfassen. Zudem bestimmt er, daß die Bevölkerung einzelner Gebietsteile eine Sonderregelung für sich beanspruchen kann, wenn sie nicht oder noch nicht dem Staatenbund beitreten will.

Auch die Schweiz hat Probleme

5. Oktober. Auch die Schweiz plagen Wirtschaftssorgen. Wie in allen europäischen Nationen, so sieht auch ihre Regierung sich zu Sparmaßnahmen veranlaßt.
Vor allem Strom, der zum Teil aus Wasserkraft gewonnen wird, ist knapp. Bedingt durch den trockenen Sommer, ist der Wasserstand in den Alpenstauseen gesunken; Stromimporte aus dem Ausland sind nicht möglich. Zwar konnte die Fleischrationierung aufgehoben werden, jedoch nur, weil infolge der schlechten Futtermittelernte der Viehbestand reduziert werden mußte.
Obwohl die Schweiz als neutrales Land den Zweiten Weltkrieg unzerstört überstanden hat, ist auch sie von der derzeitigen Wirtschaftskrise in Europa betroffen. Der Tourismus, eine der wichtigsten Einnahmequellen, ist fast zum Erliegen gekommen. Die wenigen US-amerikanischen Besatzungssoldaten, die aus Deutschland kommen, tragen kaum dazu bei, die Devisenkasse aufzufüllen. Nur die Uhrenindustrie bleibt als wichtige Einnahmequelle.

Die »Amerika-Häuser«

10. Oktober. In der US-amerikanischen Besatzungszone Deutschlands werden die von der Militärregierung errichteten Bibliotheken in »Amerika-Häuser« umbenannt.

Das »Amerika-Haus« in der Kleiststraße in Berlin-Schöneberg, das bereits im Mai eröffnet wurde

Zweck dieser Kulturzentren ist es, die Arbeit der »US-Information Centers«, die vor zwei Jahren eingerichtet worden sind, fortzusetzen. Sie sollen die geistige und kulturelle Isolierung der Deutschen, wie sie während der NS-Zeit bestanden hat, durchbrechen und die Entwicklung liberalen und demokratischen Gedankenguts fördern.
In den 20 bereits bestehenden »Amerika-Häusern« befinden sich reichhaltig ausgestattete Bibliotheken, die nicht nur Bücher, sondern auch Zeitungen und Zeitschriften führen. Daneben will die US-Militärregierung das Programm ihrer Kultur- und Erziehungseinrichtungen um Ausstellungen, öffentliche Diskussionsveranstaltungen und Kinovorführungen erweitern.
Derzeit sind in jeder der Bibliotheken rund 5000 Leser eingeschrieben. Vornehmlich handelt es sich dabei um Studenten, Professoren, Journalisten, Ärzte und Juristen.
Wie von der US-Militärregierung verlautet, sollen die »Amerika-Häuser« ein ungeschminktes Bild von den USA vermitteln.

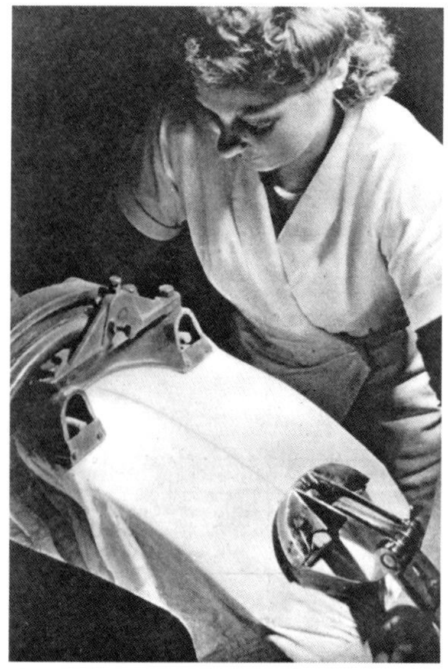

In vielen Bereichen des Alltagslebens hat die Zukunft schon begonnen, wie diese Bügelmaschine zeigt

Zukunftsstudie veröffentlicht

10. Oktober. Anthony M. Lows, der Leiter des Britischen Technischen Instituts, veröffentlicht eine vielbeachtete Studie über den in Zukunft zu erwartenden technischen Fortschritt, der voraussichtlich von einer Automatisierung in allen Lebensbereichen gekennzeichnet ist.
Das gelte sowohl für die Arbeitswelt als auch für den privaten Bereich. Industrieroboter sollen eine dreitägige Arbeitswoche ermöglichen, für die Hausarbeit sorge ein Heimroboter. Die Türen öffnen sich automatisch, und für Entspannung sorge der Farbfernseher. Die Energieversorgung übernehmen Kernkraftwerke, und Kunststoffe ermöglichen völlig neue Werkstoffe.
Auch in der Medizin sollen enorme Fortschritte möglich sein, erkrankte Organe könnten problemlos ersetzt werden. Der Hunger auf der Welt könnte durch die Weltmeere gelöst werden, Fischfarmen und Seetangplantagen würden die Landwirtschaft teilweise ersetzen.
Um all diese technischen Fortschritte zu erreichen, müßten die Regierungen allerdings mehr Geld für Forschungen zur Verfügung stellen. Lows hofft, daß dies durch einen Abbau der Rüstungsausgaben möglich sein wird. Krieg sei überhaupt die größte Gefahr, denn der Fortschritt mache auch vor der Rüstungspolitik nicht halt und ermögliche neue furchtbare Waffen.

Gefallene US-Soldaten werden in ihre Heimat gebracht

29. Oktober. *An einer Trauerfeier im New Yorker Central Park nehmen 400 000 Menschen teil. Sie gedenken der im Krieg gefallenen Soldaten, die jetzt in ihre Heimat überführt worden sind. Annähernd 100 000 in Europa gestorbene US-amerikanische Soldaten sollen im Rahmen einer Aktion, die bis ins Frühjahr 1949 dauern soll, transferiert werden. Dies geschieht auf Schiffen, die so umgebaut sind, daß sie bis zu 6000 Särge über den Ozean transportieren können.*
156 000 US-amerikanische Soldaten sind im Krieg in Europa gefallen (Abb.: Landung alliierter Truppen in der Normandie am 6. 6. 1944). 60% ihrer engsten Angehörigen haben in einer Fragebogenaktion ihr Interesse an einer Repatriierung der Toten bekundet. Nach der Überführung kommen die Särge in Sammellager. Dann werden die Angehörigen verständigt, und anschließend werden die toten Soldaten in Spezialwagen der Armee in ihren Heimatort gebracht.

Überschallflüge in Großbritannien

8. Oktober. In Großbritannien wird ein Flugversuch zum Studium der Überschallgeschwindigkeit durchgeführt. Der unbemannte Flugkörper erreicht eine Geschwindigkeit von 1400 km/h und durchbricht damit die Schallmauer, die etwa bei 1200 km/h liegt.
In der Nähe der britischen Scilly-Inseln wird der Flugkörper in einer Höhe von etwa 11 km von einem Trägerflugzeug des Typs Mosquito gestartet. Die mit Meßapparaturen ausgerüstete Maschine erreicht schnell die Geschwindigkeit von 1400 km/h und stürzt dann wie geplant ins Meer. Nach der Bergung können die erfaßten Daten ausgewertet werden. Zusätzlich wird der Flug mit mehreren Kameras verfolgt, um die Flugeigenschaften genauer zu kontrollieren.
Das nur dreieinhalb Meter lange Flugzeug wird von Düsen angetrieben. Die Motoren arbeiten mit Alkohol und sind eine verbesserte Nachbildung der im Deutschen Reich gefertigten Düsentriebwerke aus dem Zweiten Weltkrieg.
Die Spannweite der Flügel beträgt 2,40 m. Die Maschine wird vom Boden aus ferngelenkt und besitzt einen nur für 70 Sek. Flugdauer ausreichenden Treibstoffvorrat.

Überschalltests in Großbritannien: Dieser unbemannte, radargesteuerte Flugkörper wird in ein »Mosquito«-Flugzeug verladen

Das Phänomen Überschallknall

Die britischen Versuche dienen der Erforschung von Flugkörpern, die sich schneller durch die Luft bewegen als Schallwellen. Der Geschwindigkeitsbereich in der Nähe der Schallgeschwindigkeit wird Schallmauer genannt. Da in diesem Bereich der Luftwiderstand ansteigt, kommt es zu Verdichtungsgeräuschen, die man als Überschallknall bezeichnet. Die Schallmauer tritt in der Luft bei etwa 1200 km/h bis 1400 km/h auf.

Vermutungen über Klimaveränderung

8. Oktober. Weite Teile Mitteleuropas leiden unter Trockenheit. Die Wasserstände der meisten Flüsse sind extrem gesunken, so daß die Schiffahrt eingestellt werden mußte. In der Nähe der österreichischen Hauptstadt Wien kann die Donau bereits zu Fuß durchquert werden.
Anlaß zu besonderer Besorgnis gibt jedoch die Tatsache, daß bisher die Wintersaat in Deutschland nicht ausgebracht werden konnte. Wenn bis zum Frühjahr 1948 die Lebensmittelvorräte verbraucht sind, rechnen Ernährungsfachleute mit einer erneuten Hungersnot.
Die extreme Witterungslage in Europa dauert nun schon seit Herbst 1946 an. Kalte Winter und trockenheiße Sommer lassen auf eine mögliche Klimaveränderung schließen. Als eine Erklärung dient der Hinweis auf die Rodung der europäischen Wälder und deren Umwandlung in Ackerland. Meteorologen schließen eine Klimaveränderung in Europa jedoch aus, da parallele globale Wetteränderungen noch nicht zu beobachten sind.

69 Menschen aus Flugboot gerettet

15. Oktober. *Ein Schiff der US-amerikanischen Küstenwache rettet die 61 Passagiere und acht Besatzungsmitglieder des Boeing-Flugboots »Bermuda Sky Queen«. Die Boeing, die in Foynes (Irland) gestartet war, geriet auf dem Flug nach Gander (Neufundland) in einen schweren Sturm und mußte notwassern. Zwei Tage trieb das Flugzeug in der schweren See. Kurz nach der Rettung durch das Küstenwachenschiff »Bibb« versinkt die »Bermuda Sky Queen« in den Fluten (das Foto wurde während der Evakuierung der Passagiere aufgenommen). Von den 69 Geretteten sind nur einige leicht verletzt.*

Expreßzug entgleist bei Berwick

26. Oktober. *In Goswick, südlich des schottischen Ortes Berwick, entgleist ein Zug der Linie Edinburgh–London. Bei dem Unglück kommen 22 Menschen ums Leben, 156 werden verletzt. Damit erhöht sich die Zahl der Todesopfer von Eisenbahnunfällen in Großbritannien im Jahr 1947 auf 84. Das Unglück wird dadurch verursacht, daß die Lokomotive des Expreßzugs bei einer Weiche aus den Schienen springt. Die drei nachfolgenden Wagen werden zusammengeschoben, der vierte Waggon, der Speisewagen, fällt auf die Seite (das Foto zeigt den Unglücksort Berwick nach den ersten Räumungsarbeiten).*

Max Planck stirbt in Göttingen

4. Oktober. In Göttingen stirbt der deutsche Physiker und Nobelpreisträger Max Planck 89jährig.
Planck wurde 1858 in Kiel geboren. Nach dem Physikstudium und der Promotion habilitierte er sich bereits im Alter von 27 Jahren zum außerordentlichen Professor.
1900 veröffentlichte Planck sein erstes epochemachendes Werk über die Gesetze der Wärmestrahlung. Auf dem von ihm bestimmten »Planckschen Wirkungsquantum« (kleinste Einheit der Wirkung eines Energiequants) beruht die später u. a. von Albert Einstein entwickelte Quantentheorie. Später stellte Planck ein Strahlungsgesetz auf, das die Grenzfälle von langer und kurzer Strahlung behandelt. Hieraus leitete er die These ab, wonach die Energie von Strahlen aus kleinsten Quanten, d. h. einer Art Energieatome, besteht. Mit Hilfe der Quantenphysik sind die Spektren der Atome und Moleküle sowie deren Aufbau erforscht und erklärt worden. Es gibt kaum eine Erkenntnis in der modernen Physik, die nicht auf Plancks Theorien beruht.
Max Planck, der 1918 mit dem Nobelpreis für Physik ausgezeichnet wurde, war von 1930 bis 1937 Präsident der Kaiser-Wilhelm-Gesellschaft zur Förderung der Wissenschaft in Berlin. Kurz vor dem Ende des Zweiten Weltkrieges zog er von Berlin nach Göttingen.

Der deutsche Physiker Max Planck (l.) kurz vor seinem Tod im Gespräch mit Otto Hahn, dem 1938 die erste Urankernspaltung gelang

Albert Einsteins Quantentheorie beruht auf Vorarbeiten von Planck

Der Physiker Max Planck erhielt im Jahr 1918 den Nobelpreis

Erste eiserne Lunge in Hamburg

13. Oktober. Die erste in Deutschland konstruierte eiserne Lunge wird in Hamburg-Altona in Betrieb genommen. Sie soll die Behandlung der spinalen Kinderlähmung erleichtern und wurde unter Anleitung des Arztes Axel Döhnhardt gebaut.
Als Vorbild dienten die eisernen Lungen, die in den Militärkrankenhäusern der Besatzungsmächte bereits vorhanden sind. Deutschen Patienten ist die Benutzung allerdings untersagt, so daß ein Eigenbau nötig war. Als Material wurden alte U-Boot-Teile verwendet. So wurde die Druckkammer z. B. aus einem ehemaligen Torpedorohr gefertigt. Vier Tage baute Döhnhardt rund um die Uhr zusammen mit der Deutschen Werft in Hamburg an dem Gerät.
Die eiserne Lunge dient der Behandlung der spinalen Kinderlähmung. Der von einer Lähmung der Atemmuskulatur betroffene Patient wird in eine Druckkammer gebracht, wo durch eine Über- und Unterdruckerzeugung die Atmung unterstützt wird.

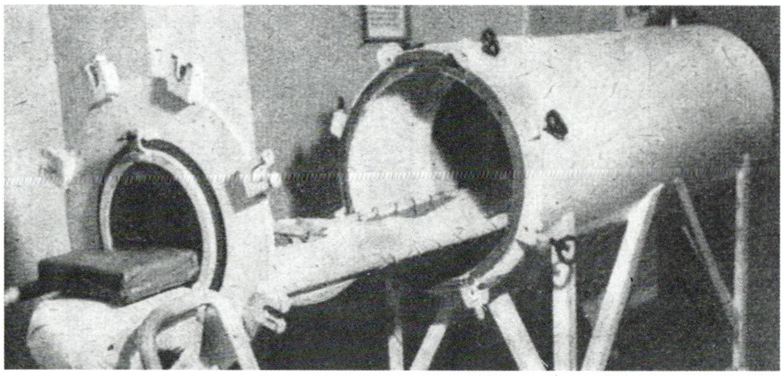

Eine in Deutschland gefertigte eiserne Lunge, deren Bauteile teilweise aus alten U-Bootteilen stammen; sie wird eingesetzt bei Kinderlähmung

Malerei 1947:

Die Malerei auf modernen Wegen

»Surrealismus«, »Drip-Paintings« und »Tachismus« sind 1947 die Schlagworte in der Malerei.
Bekannte Vertreter des Surrealismus wie Giorgio de Chirico, Max Ernst, Salvador Dali, Pablo Picasso und René Magritte sind die Attraktionen der Ausstellung »Le Surrealisme en 1947« in Paris. Während die meisten der ausgestellten Bilder bereits bekannt sind, erregt das erst jetzt vollendete Werk Magrittes »Die große Familie« Aufmerksamkeit.
Wie beim Surrealismus spielen auch in den »Drip-Paintings« des Amerikaners Jackson Pollock, der die Stilrichtung des »Action Painting« begründet, psychologische Erkenntnisse und Probleme eine besondere Rolle. Bei Pollocks Werken werden die Farben spontan auf die Leinwand geschleudert, wo sie keine Kontur mehr bilden, nichts mehr einfassen, gliedern oder zu trennen haben. Die Aktion, der »Mal«-Vorgang, steht im Vordergrund.
In Europa nennt sich eine ähnliche Entwicklung in der Kunst »Tachismus«. Der belgische Maler Michel Seuphor prägt diesen Begriff, abgeleitet vom französischen »la tache« (der Fleck). Auf der Tachismus-Ausstellung in der Pariser Galerie Drouin sieht man den deutschen Maler Wols (Wolfgang Schulze) mit seinem Bild »Peinture« als bedeutenden Vertreter dieses neuen Genres.
Die Tachisten werfen Farbspuren auf Leinwände und behaupten dennoch: »Nichts ist Zufall.« »Im ersten Anlauf hat Wols die Sprachmittel unserer Zeit genial, unabweisbar, unwiderlegbar eingesetzt und sie selbst zu höchster Intensität gebracht«, meint der Maler Georges Mathieu.
Nach der streng konkretisierenden und glorifizierenden Malerei des Nationalsozialismus können nun die Künstler ihr Verständnis von Kunst ungehindert dem Publikum präsentieren. Von der präzisen, abstrakten oder gegenständlichen Malerei im traumhaften Kontext bis zur »Farbkleckserei« ist alles möglich.

»Komposition 46« (Wols/Wolfgang Schulze; Staatsgalerie Stuttgart), Ölgemälde des in Paris lebenden Vertreters tachistischer Malerei

»Shooting Star« (Jackson Pollock, 1947; Galerie Beyeter, Basel), Ölgemälde des US-amerikanischen Vertreters des »Action Painting«

Stilleben mit Maiskolben und Bilderbuch (gemalt von Joseph Fassbender, 1947)

Selbstbildnis (Otto Dix, 1947; Öl auf Preßholz)

Bogarts Protest gegen Regierung

29. Oktober. *In Hollywood, im US-Bundesstaat Kalifornien, findet eine Demonstration zahlreicher Filmschauspieler statt. Auch Humphrey Bogart und seine Frau Lauren Bacall (vorn r.) gehören zu den Protestierenden. Ihr Unmut richtet sich gegen die Tatsache, daß 40 Filmschauspieler, Schriftsteller und Vertreter der Filmindustrie von einem Ausschuß des US-amerikanischen Kongresses am Vortage verhört worden waren. Der Vorsitzende des Ausschusses Parnell Thomas, hatte den Künstlern »kommunistische Umtriebe« und den Gebrauch von »Hitler-Methoden« vorgeworfen. Gegen drei Filmautoren wurden Verfahren eingeleitet, da sie keine Aussage machen wollten.*

Bildfälscherprozeß in Amsterdam

29. Oktober. In Amsterdam beginnt der mit Spannung erwartete Prozeß gegen den Kunstfälscher Han van Meegeren. Der Niederländer soll mehrere von ihm gemalte Bilder als Gemälde alter Meister ausgegeben und verkauft haben.

Der 57jährige van Meegeren soll bereits 1938 ein angeblich neu entdecktes Werk des niederländischen Malers Jan Vermeer gefälscht haben. Das Boymanns-Museum in Rotterdam kaufte die Christusdarstellung für mehr als 50 000 Pfund, sieben Jahre später äußerten Experten erstmals erhebliche Zweifel an der Echtheit des Gemäldes.

Van Meegeren, dessen Bilder von denen alter Meister fast nicht zu unterscheiden sind, bestreitet bisher die Anschuldigungen.

Der Fälschung alter holländischer Meister beschuldigt: Han van Meegeren (2. v. l.) auf der Anklagebank, während des gegen ihn geführten Prozesses in Amsterdam, der von der Öffentlichkeit mit Aufmerksamkeit verfolgt wurde

Karajan dirigiert wieder in Wien

28. Oktober. Herbert von Karajan dirigiert erstmals wieder in Wien. Mit den Wiener Philharmonikern und dem Chor der Gesellschaft der Musikfreunde spielt der Dirigent das »Deutsche Requiem« von Johannes Brahms für eine Schallplattenproduktion ein. Gleichzeitig erhält Karajan die Erlaubnis, auch wieder öffentlich zu dirigieren.

Dem Dirigenten waren 1946 von der sowjetischen Besatzungsmacht öffentliche Auftritte verboten worden, u. a. weil er seit 1933 Mitglied der Nationalsozialistischen Deutschen Arbeiterpartei in Österreich war.

Darf wieder dirigieren: Herbert von Karajan war Mitglied der NSDAP

Länderspiele im britischen Fußball

19. Oktober. In Belfast findet ein Freundschaftsspiel zwischen der Fußballauswahl Irlands und Schottlands statt. Dabei kann der Gastgeber die favorisierten Schotten überraschend klar mit 2:0 Toren besiegen. Dies ist der erste Erfolg der Iren über die Schotten seit 1935. In bisher 53 Begegnungen in der Länderspielgeschichte der beiden Länder siegte Irland nur sechsmal.
In Cardiff sehen 55 000 Zuschauer die Begegnung England gegen Wales. Die englische Mannschaft gewinnt wie erwartet deutlich 3 : 0. Die Auswahl aus Wales leistet sich einige grobe Abwehrfehler, so daß die drei Treffer bereits in den ersten 15 Minuten fallen. Zwar spielt Wales dann wesentlich disziplinierter, kann aber das Blatt nicht mehr wenden und verliert verdient.

Voggenreiter wird Straßenmeister

19. Oktober. In Berlin endet die Deutsche Straßenmeisterschaft der Radprofis mit einem Sieg von Ludwig Voggenreiter aus Nürnberg.
Er legt die 126 km lange Strecke in der Zeit von 3:29:52 h zurück und verweist damit den Lokalmatador Otto Ziege auf den zweiten Rang.

Otto Ziege

Rund 80 000 Zuschauer verfolgen das Rennen bei strahlendem Herbstwetter an dem 4,5 km langen Rundkurs. 28mal müssen die Radprofis die Strecke absolvieren. Die schnellste Runde des Tages fährt der Münchener Alois Schwarzer in der Zeit von 4:05 min.
Viel Kritik wurde schon vor dem Wettbewerb am Rennmodus geübt. Aufgrund des kurzen Rundkurses kommt es immer wieder zu Überrundungen und dadurch zu Behinderungen und einem auch für die Zuschauer sehr unübersichtlichen Rennverlauf. Durch das Gedränge wird zusätzlich noch die Unfallgefahr beträchtlich erhöht und das Rennen unnötig erschwert.

Hein ten Hoff wird Max Schmelings Gegner

Neusels heroischer Untergang – ten Hoff dem k. o. nahe – Wieder die 7. Schicksalsrunde – Kölblin schlug Drägestein – 50 000 auf dem HSV-Platz

Eigenbericht „Der Abend"
Hamburg, 16. Okt.

Man muß lange zurückblättern in der Chronik der deutschen Boxgeschichte, wenn man sich einer ähnlich dramatischen Ringschlacht erinnern will, wie sie gestern abend auf dem HSV-Platz stattfand. Ueber 50 000 Zuschauer ließen in der populären Fußball-Arena nicht einen Grashalm oder ein Kurvenplätzchen frei, alle Gänge waren so restlos von der spannunggeladenen Menge verstopft, daß den Boxern nur durch MP-Begleitung der Weg zum Ring gebahnt werden konnte. Der auf 12 Runden angesetzte Kampf wurde unter Tiefstrahlern bei empfindlicher Abendkühle ausgetragen und zu einer unerbittlichen Zerreißprobe, die in der 7. Runde nach beiderseitigen Niederschlägen mit einem K. o.-Siege des baumlangen Titelverteidigers endete.

Meister Hein ten Hoff. Foto: Schirner

Noch am Vormittag gingen heftige Regenschauer über die Alsterstadt nieder, aber nachmittags klärte es sich auf, und als der Kampf um 17 Uhr begann, mußten tausende vor der mit 50 000 Zuschauern bereits restlos gefüllten HSV-Anlage am Rothenbaum wieder umkehren. Nicht nur äußerlich, auch sportlich wurde der Kampftag zum eindruckvollsten Nachkriegs-Boxerlebnis in deutschen Ringen, denn der 40jährige Neusel legte ein Tempo vor, das man zwischen Schwergewichten selten erlebt. Daß er sich überhastete und sich selbst auspumpte, mag ein taktischer Fehler gewesen sein. Jedoch — die Art, wie er unterging, stempelt ihn auf alle Fälle zu den Größten und Tapfersten des deutschen Boxsports. Darüber war sich die um den Hamburger Ring versammelte gesamte deutsche Fachwelt einig. 98,5 kg, ohne jeden Fettballast, unterstrichen die physische Ueberlegenheit des Titelverteidigers, während Neusel mit 94 kg antrat.

Der Herausforderer trieb sofort den Meister, mußte jedoch ständig dessen Linke einstecken. Runde 20 : 19 für ten Hoff.

In der 2. Runde wendete sich das Blatt, als Neusel aus dem crouch einen rechten Haken am Kinn ten Hoffs landet. Der Meister bekommt Respekt, punktet weiter links, aber eine mit Wucht geführte Doublette „links Körper — rechts Kinn" erzielt klare Wirkung. Runde 20 : 19 für Neusel.

Im 3. Gang wird es dramatisch. Als Neusel einen rechten Konter einfängt, revanchiert er sich umgehend mit einem schweren Linkshaken, dessen Schwung genau des jungen Meisters Kinn trifft. ten Hoff am Boden. Die erste Sensation ist da! Bei „8" kommt er wieder hoch, kontert automatisch links, während ihn Neusel durch den Ring jagt und mit äußerster Wucht die Rippen bearbeitet. ten Hoff war völlig groggy und ging nach dem Gong in die neutrale Ecke. Runde 20 : 18 für Neusel.

Die 4. Runde begann Seewald mit einer Ermahnung an ten Hoff, sauberer zu boxen. Noch immer ist dieser nicht ganz klar. Der Exmeister hat den Kampf in der Hand, jagt in ungeheurem Tempo seine Linke auf die Leber und an die Schläfe des Verteidigers, der verzweifelt zurückschlägt. Mitreißende Schlagwechsel verwandeln 50 000 Zuschauer in eine Menge, die vor Spannung den Atem anhält. Runde 20 : 19 für Neusel.

In der 5. Runde ist ten Hoff wieder erholt und stoppt den anstürmenden Neusel zielsicher links, bis ihn dieser abermals erschüttern kann, eine Rechte fliegt ihm ans Kinn und nun jagt Neusel wieder wie ein Besessener hinterher, gibt sich restlos aus, weil er den Ko. erzwingen will. Eine mörderische Ringschlacht befindet sich auf ihrem Höhepunkt, denn auch ten Hoff kontert, ohne den abermaligen Rundengewinn Neusels verhindern zu können. 20 : 19.

Man glaubt in der 6. Runde an das gleiche Bild, aber da erweist sich plötzlich die Klasse unseres Jüngeren. Stehenden Fußes tauscht er mit dem verbissenen Angreifer Haken aus, bis ein rechter Haken die sensationelle Wendung bringt und das Ende einleitet. Neusel ist vom eigenen Tempo unterminiert und „schwimmt". Blitzartig erkennt ten Hoff seine Chance und jagt in den Altmeister hinein, was das Zeug hält. Ohne zu Boden zu gehen, nimmt Neusel eine volle Rechte nach der anderen, — er ist stehend k. o. Runde 20 : 17 für ten Hoff.

Von dieser fürchterlichen „Bestrafung" kann sich kein Boxer erholen, und darum ist das Ende bereits klar. Es erfolgte in der ominösen Schicksalsrunde, die schon vielen zum Verhängnis wurde. Waren es zehn oder zwanzig schwere Rechte, die ten Hoff unter ohrenbetäubendem Lärm der aufs Höchste erregten Masse in Neusel hineinschlug? Niemand konnte diese einseitig gewordene Schlacht verfolgen, denn alles wartete auf den Moment, in dem Neusel zusammenbrach. Als es geschah, blieb der harte Westfale bis „9" auf dem Knie, stellte sich tapfer, aber aussichtslos noch einmal und mußte wiederum ganze Serien von Kopfhaken des fightenden Meisters über sich ergehen lassen. Endlich, fast in seiner Ringecke, brach er zusammen.

Eine große Laufbahn ging zu Ende, denn an weitere Kämpfe glauben wir nicht mehr. Der jüngere Meister bewies eindeutig seine Klasse und wurde stürmisch gefeiert. Max Schmeling, der zu Beginn im Ringe vorgestellt wurde, dürfte im Frühjahr sein nächster Gegner sein.

Die harte Meisterschafts-Ausscheidung im Schwergewicht sah einen resolut an-

Wir sprachen mit „Wüste" Hoffmann

Magdeburg—Berlin als Meisterschafts-Schluß-Training

„Wüste"-Hoffmann, Berlins populärster Radrennfahrer, ist nicht nur ein untadeliger Sportsmann, sondern auch im privaten Umgang für alles zu haben. Die begeisterte Jugend wird das von ihren Autogrammjagden bestätigen können. Eben kann er das schwerste Rennen beendet haben, „Wüste" schreibt unbekümmert und pustend seinen Namen. Und erst recht hat er für die Presse Zeit.

„Sie möchten meine Ansicht über die Straßenmeisterschaft hören", fällt er mir gleich ins Wort. „Ich freue mich, daß wir in Berlin nun doch noch wenigstens eine deutsche Meisterschaft haben, nachdem alles am seidenen Faden hing und die Ich hatte im Vorjahre für den Endspurt auf der leichten Steigung zum Ziel zu hoch geschaltet, und Schwarzer fuhr auf den letzten Metern plötzlich wie ein D-Zug an mir vorbei. Ich sehe auch diesmal in ihm meinen schärfsten Gegner. Aber ich habe daraus gelernt und sage den „Abend"-Lesern schon heute, daß ich mein möglichstes tun werde, um wenigstens diesen Titel für Berlin zu sichern, wenn ich schon zu den Favoriten zähle. Besser, ich wäre es gar nicht."

Es läutet, Matysiak, Ziege und Kolbe, der übrigens sein erstes Straßenrennen als Berufsfahrer fährt, kommen zu Besuch. Sie sind zwar alle drei Freunde von ihm, aber Wüste wird still. Seine letzten Trümpfe will er vor sportlichen Gegnern doch nicht ausspielen, und auf der Treppe flüstert er vorsichtshalber: „Das,

Schwergewichtsboxer Hein ten Hoff; der 37jährige Deutsche Meister kann sich zum zweiten Mal gegen den 40jährigen Walter Neusel durchsetzen

Hein ten Hoff Sieger

15. Oktober. In Hamburg verteidigt Hein ten Hoff erfolgreich die Deutsche Schwergewichtsmeisterschaft im Boxen in einem dramatischen Kampf: In der siebten Runde schlägt ten Hoff seinen Herausforderer Walter Neusel k. o. und wird zum Sieger erklärt.
Den mit Spannung erwarteten Titelkampf sehen rund 50 000 Zuschauer auf dem schon lange ausverkauften HSV-Platz in Hamburg. Herausforderer Neusel bringt 93,5 kg auf die Waage, der amtierende Deutsche Meister ten Hoff 0,5 kg mehr. In der ersten Runde ist den beiden Boxern deutlich der Respekt anzumerken, den sie voreinander haben. Sie tasten sich vorsichtig ab, einen Vorteil kann keiner erkämpfen. In der zweiten Runde zeigt der Herausforderer erstmals sein Können. Seine Rechte bringt ten Hoff mehrmals in Verlegenheit. Die zweite Runde entscheidet der 40jährige Neusel für sich.
In der dritten Runde wird der Kampf dramatisch. Neusel boxt immer offensiver und landet einige Treffer. Der Deutsche Meister kann dem nichts entgegensetzen und wird schließlich durch einen schweren Treffer zu Boden gezwungen. Bis acht muß der Ringrichter zählen, bis ten Hoff wieder auf die Beine kommt. Die vierte Runde verläuft etwas ausgeglichener, dennoch hat Neusel einige Vorteile. In der fünften Runde muß ten Hoff nochmals zu Boden gehen.
In der sechsten Runde kommt die sensationelle Wende: Ten Hoff kämpft wie entfesselt und kann immer wieder schwere Treffer bei seinem Gegner landen. Die siebte Runde bringt die Entscheidung: Der wie verwandelt wirkende ten Hoff schlägt den Herausforderer k. o. und verteidigt damit seinen Titel gegen Neusel zum zweiten Mal erfolgreich (erster Kampf: 3. 8. 1946).

Rund 2 Milliarden Lire für Transfers

11. Oktober. Der Spielertransfermarkt in Italien wird nach Angaben des italienischen Fußballverbands erstmals einen Gesamtumsatz von zwei Milliarden Lire überschreiten. Damit spielen in Italien die »teuersten« Spieler der Welt.
Allein Inter Mailand und der Lokalrivale AC Mailand geben jeweils über 100 Millionen Lire für Spielerneuverpflichtungen aus. Juventus Turin wurden allein für den Mittelfeldspieler Parola 40 Millionen Lire geboten, was Juventus jedoch sofort ablehnte. Trotz hoher Verschuldung vieler Klubs ist eine vernünftige Transferpolitik nicht in Sicht.

Kramer wechselt ins Profilager

13. Oktober. Der US-amerikanische Tennisspieler Jack Kramer hat einen Vertrag mit einem Chicagoer Promoter abgeschlossen. Damit verliert der Wimbledonsieger den Amateurstatus und wird Tennisprofi.
Kramer soll für 45 000 US-Dollar unter anderem gegen den Profiweltmeister Bobby Riggs antreten. Kramer machte nie einen Hehl daraus, daß er dank einiger Sponsoren auch bisher immer gut vom Tennissport gelebt hat. Offiziell erlaubt der Tennisverband den Amateuren nur eine Aufwandsentschädigung von zehn US-Dollar pro Tag.

Wechselt in das Profilager: Jack Kramer, Tennisspieler aus den USA

November 1947

Mo	Di	Mi	Do	Fr	Sa	So
					1	2
3	4	5	6	7	8	9
10	11	12	13	14	15	16
17	18	19	20	21	22	23
24	25	26	27	28	29	30

1. November, Sonnabend

Die UNO-Vollversammlung verlangt von der Südafrikanischen Union die Übermittlung eines Treuhänderschaftsabkommens für Südwestafrika (→ 21. 1./S. 24).

Ungarn und Rumänien vereinbaren, die diplomatischen Beziehungen wiederaufzunehmen.

Nachdem sie Nachwahlen in drei Grafschaften verloren hat, beschließt die irische Regierung unter Ministerpräsident Eamon de Valera, das Parlament aufzulösen und Neuwahlen auszuschreiben. → S. 187

Ein von Howard Hughes erbautes 25-Millionen-Dollar-Flugboot wird erfolgreich getestet. → S. 190

2. November, Sonntag

Nach seiner Flucht am → 20. Oktober (S. 172) trifft der frühere Vorsitzende der polnischen Bauernpartei und ehemalige stellvertretende Ministerpräsident Polens, Stanislaw Mikolajczyk, in Großbritannien ein.

Ein von wallonischer Seite eingebrachter Vorschlag einer Verfassungsrevision mit dem Ziel der Aufteilung Belgiens in drei Bundesstaaten (Flandern, Wallonien, Brüssel) wird vom Parlament des Landes zurückgewiesen.

Aus den Wahlen in der Schweiz gehen die Radikaldemokraten als Sieger hervor.

Die Zahl der Choleraopfer in Ägypten beläuft sich derzeit auf fast 8000 (→ 21. 10./S. 173).

3. November, Montag

Oswald Pohl, Hauptangeklagter im Prozeß gegen Mitglieder des Reichssicherheitshauptamtes sowie des SS-Wirtschaftsamtes, wird vom US-amerikanischen Militärgericht in Nürnberg zum Tode verurteilt.

In den Flüchtlingslagern der britischen Besatzungszone Deutschlands befinden sich noch 212 181 Personen, die während des Krieges nach Deutschland verschleppt worden waren (→ 20. 2./S. 40).

Bei den Gemeinderatswahlen in Großbritannien erringen die Konservativen einen hohen Sieg. Die Labour-Partei erleidet in den Großstädten empfindliche Einbußen.

4. November, Dienstag

Die Führer der Liberaldemokratischen Parteien der vier Besatzungszonen Deutschlands fordern auf einer Tagung in Frankfurt am Main, die sofortige Durchführung allgemeiner Wahlen in Deutschland.

Das Oberkommando der griechischen Demokratischen Armee unter General Markos Wafiadis (Partisanen) bildet in dem von ihm kontrollierten Territorium Griechenlands regierungsähnliche Verwaltungsinstanzen (→ 24. 12./S. 204).

Zoltan Pfeiffer, der Führer der ungarischen Unabhängigen Partei, flieht in den Westen. → S. 187

In Genf findet eine Internationale Luftverkehrskonferenz (ICAO) statt.

Aufgrund von Stromeinsparungen wird die am 5. Mai eröffnete Schnellzugverbindung zwischen München und Bremerhaven wieder eingestellt (→ 5. 5./S. 88).

5. November, Mittwoch

Das rumänische Parlament spricht Außenminister Gheorghe Tatarascu das Mißtrauen aus (→ 11. 11./S. 187).

Als erster Deutscher nach dem Zweiten Weltkrieg wird dem evangelischen Bischof von Hannover, Hanns Lilje, die Ehrendoktorwürde der Universität der schottischen Stadt Edinburgh verliehen.

Die Niederländerin Neel van Vliet stellt über 400 m Brust in Hilversum einen neuen Schwimmweltrekord mit 5:58,6 min auf.

6. November, Donnerstag

Der sowjetische Außenminister Wjatscheslaw M. Molotow erklärt, die USA verfügten nicht mehr allein über das Atombomben-Geheimnis (→ 5. 3./S. 55).

Die französischen Militärbehörden in Südwestdeutschland geben für die diesjährigen Winzerfeste 500 000 l Wein frei.

Zwei Finnen, die mit einem Segelboot den Atlantik überquert haben, erreichen die puertoricanische Hauptstadt San Juan. Sie sind gegen Ende ihrer 15monatigen Reise nur knapp dem Hungertod entgangen.

Die Choleraepidemie in Ägypten flaut allmählich ab. Bislang sind ihr 9500 Menschen zum Opfer gefallen (→ 21. 10./S. 173).

7. November, Freitag

In Frankfurt am Main findet das Richtfest der im Wiederaufbau befindlichen Paulskirche statt.

In Rumänien tritt Anna Pauker (Kommunistische Partei) die Nachfolge des am 6. November zurückgetretenen Außenministers Gheorghe Tatarascu an (→ 11. 11./S. 187).

Anläßlich der Feierlichkeiten des 30. Jahrestages der sowjetischen Oktoberrevolution bekräftigt der Außenminister Wjatscheslaw M. Molotow die bei der Kominform-Gründung aufgestellte These der »zwei Lager« (→ 27. 9./S. 150).

An der Züricher Börse werden 100 Reichsmark zu 2,25 Schweizer Franken verkauft. → S. 188

In Berlin werden Postpakete wieder mit Kutschen ausgefahren. → S. 189

Ein Erdbeben in Zentralperu fordert 107 Menschenleben; über 3000 Personen werden vermißt.

8. November, Sonnabend

Der saarländische Landtag stimmt der neuen Verfassung zu. Das Saargebiet ist damit wirtschaftlich an Frankreich angeschlossen. → S. 186

Auf Initiative des Schriftstellers Hans Werner Richter trifft in Herlingen bei Ulm die literarische Gruppe 47 zusammen. → S. 196

9. November, Sonntag

Die Südtiroler Volkspartei lehnt den von Italien ausgearbeiteten Autonomieentwurf ab. → S. 187

In Wien gewinnt die österreichische Fußball-Nationalmannschaft ein Länderspiel gegen Italien 5 : 1.

10. November, Montag

Nach den Angaben des US-amerikanischen Militärgouverneurs in Deutschland, Lucius D. Clay, hat die Industrieproduktion in den drei Westzonen noch nicht einmal die Hälfte des Standes des Jahres 1936 erreicht (→ 29. 8./S. 138).

In der US-amerikanischen Besatzungszone tritt ein Wiedergutmachungsgesetz in Kraft. Es regelt die Rückerstattung von Eigentum Verfolgter des NS-Regimes. → S. 188

Das chinesische Außenministerium erklärt in Nanking, China bestehe als Mitunterzeichner des Potsdamer Abkommens darauf, an einer künftigen deutschen Friedensregelung teilzunehmen.

Nach einem 13tägigen Moslemaufstand ist der Ort Karamula in Kaschmir zerstört (→ 27. 10./S. 173).

Die Vereinigten Staaten von Amerika und die Sowjetunion erklären sich mit der Beendigung des britischen Palästina-Mandats bis zum 31. Mai 1948 einverstanden (→ 29. 11./S. 184).

Malta erhält seine Autonomie im Rahmen des unter britischer Führung stehenden Commonwealth.

11. November, Dienstag

In Bratislava verurteilt ein Gericht den früheren Verteidigungsminister der unabhängigen Slowakei, Stephan Hassik, in Abwesenheit zum Tode. Acht weitere angeklagte ehemalige Minister des Landes erhalten Zuchthausstrafen.

In Bukarest verurteilt ein Gericht den ehemaligen Führer der nationalen Bauernpartei, Juliu Maniu, zu lebenslanger Zwangsarbeit. → S. 187

Der saarländische Großindustrielle Karl Röchling wird den französischen Behörden zur Aburteilung als Kriegsverbrecher übergeben.

Etwa 1000 Tote fordert eine Überschwemmungskatastrophe in der Nähe von Adana (Türkei).

12. November, Mittwoch

In der französischen Besatzungszone von Deutschland wird ein Wiedergutmachungsgesetz in Kraft gesetzt (→ 10. 11./S. 188).

Die »British European Airlines« (BEA) kündigt an, daß auf ihren Flugrouten zwischen Hamburg, Frankfurt am Main und Berlin künftig auch deutsche Passagiere mitgenommen werden.

13. November, Donnerstag

Der deutsche Bankier und Industrielle Baron Kurt von Schröder wird wegen Verbrechen gegen die Menschlichkeit von einem Gericht in München zu drei Monaten Gefängnis und 1500 Reichsmark Geldstrafe verurteilt.

In Südfrankreich kommt es zu schweren Unruhen und Streiks gegen die Sparpolitik der Regierung in Paris (→ 24. 11./S. 186).

Jeder zehnte Bewohner Hessens ist nach Angaben des Gesundheitsministeriums geschlechtskrank. Allein in Frankfurt am Main werden 60% aller Fälle registriert.

14. November, Freitag

Die Vollversammlung der Vereinten Nationen erkennt die Forderung Koreas nach Unabhängigkeit als rechtmäßig an (→ 4. 12./S. 206).

In Rumänien beschließen die Kommunistische und die Sozialdemokratische Partei ihre organisatorische Vereinigung (→ 11. 11./S. 187).

Als Nachfolger von Admiral Chester Nimitz wird Admiral Louis Denfild Kommandant der US-amerikanischen Pazifik-Flotte.

15. November, Sonnabend

In Österreich gehen die von der US-Besatzungsbehörde durchgeführten Kriegsverbrecherprozesse zu Ende. Insgesamt wurden 31 Angeklagte verurteilt und 20 freigesprochen.

Das österreichische Ernährungsministerium erhöht die Tagesrationen für Normalverbraucher auf 1700 Kalorien pro Tag.

Bei den Betriebsratswahlen im Steinkohlenbergbau des Ruhrgebiets erhalten die Sozialdemokraten 50,4% der Stimmen.

Der ehemalige Fußball-Nationalspieler Helmut Schön ist nach Hamburg übergesiedelt. Er will künftig für den FC St. Pauli spielen.

Mit einem Sonderbericht feiert »The Illustrated London News« die Hochzeit zwischen Prinzessin Elisabeth von Großbritannien und Leutnant Philip Mountbatten am 20. November

November 1947

16. November, Sonntag

Die neue rumänische Außenministerin Anna Pauker entfernt mehr als 160 Diplomaten und Beamte aus dem Amt (→11. 11./S. 187).

Der britische Truppenabzug aus Palästina beginnt (→29. 11./S. 184).

Der Verband der bayerischen Bierbrauer protestiert gegen die von der US-amerikanischen Militärregierung erlassene Verordnung zur sofortigen Stillegung von 2000 Brauereien (→29. 11./S. 189).

Die Berliner Polizei gibt ein besorgniserregendes Ansteigen der Zahl von Rauschgiftabhängigen bekannt. →S. 189

17. November, Montag

Nach Abschluß einer Tagung des SPD-Parteivorstandes in Bremen wendet sich der Vorsitzende Kurt Schumacher gegen die nationale Repräsentation durch die Ministerpräsidenten der deutschen Länder.

In einer Erklärung der französischen Militärregierung über die Industriedemontage in der französischen Zone Deutschlands heißt es: »Diesen Maßnahmen hat sich also das deutsche Volk ohne jede Diskussion zu unterziehen«.

18. November, Dienstag

Das Innen- und das Verteidigungsministerium der Tschechoslowakei geben die Verhaftung von 36 Zivil- und Militärpersonen in Böhmen bekannt.

Im US-amerikanischen Lake Success legt der UNO-Ausschuß zur Teilung Palästinas das Datum für die Beendigung des britischen Palästinamandats auf den 1. August 1948 fest (→29. 11./S. 184).

19. November, Buß- und Bettag

Das britisch-amerikanische Abkommen über den Ruhrkohlenbergbau vom 10. September tritt in Kraft (→10. 9./S. 149).

In Frankreich tritt Ministerpräsident Paul Ramadier von seinem Amt zurück. (→24. 11./S. 186).

Die Kohlenförderung Frankreichs hat mit rund vier Millionen t monatlich wieder ungefähr den Vorkriegsstand erreicht.

20. November, Donnerstag

Der schweizerische Bundesrat Walter Stampfli, der die Leitung des Volkswirtschaftsdepartements seit 1940 inne hatte, tritt mit Wirkung vom 31. Dezember von seinem Amt zurück.

Der österreichische Nationalrat in Wien beschließt ein neues Währungsgesetz über die Verringerung des Geldumlaufs und der privaten Geldeinlagen bei Kreditunternehmen (→10. 12./S. 205).

Norwegen erlebt den kältesten November seit 20 Jahren: Örtlich herrschen bereits Temperaturen von 35°C unter Null.

In London heiratet Prinzessin Elisabeth von Großbritannien Oberleutnant Philip Mountbatten. →S. 190

21. November, Freitag

Der Oberste Chef der sowjetischen Militärverwaltung in Deutschland, Marschall Wassili D. Sokolowski, wirft den Westmächten in einer Erklärung vor, daß in ihren Besatzungszonen im Gegensatz zur Ostzone die Entmilitarisierung und Entnazifizierung nicht restlos durchgeführt worden seien (→25. 11./S. 185).

Der Chef der Informationsverwaltung der sowjetischen Militäradministration in Deutschland, Oberst Sergei I. Tulpanow, empfängt die Vorsitzenden der CDU der Ostzone, Jakob Kaiser und Ernst Lemmer. In Gegenwart von Tulpanow wiederholt Kaiser seine Ansicht, wonach die Oder-Neiße-Grenze nie in einem Friedensvertrag festgeschrieben werden dürfe (→19. 12./S. 202).

In der kubanischen Hauptstadt Havanna treten Vertreter von 63 Nationen zu einer UNO-Konferenz für Handel und Beschäftigung zusammen. →S. 188

General Omar Bradley wird als Nachfolger von General Dwight D. Eisenhower zum Generalstabschef der US-Streitkräfte ernannt.

In Hamburg wird das Heimkehrerstück von Wolfgang Borchert »Draußen vor der Tür« uraufgeführt (→20. 11./S. 196).

Unter dem Thema »Wie wird die Zukunft Deutschlands« veranstalten die US-amerikanische Rundfunkgesellschaft NBC und der US-amerikanische Militärsender AFN transatlantische Rundfunkdiskussionen zwischen New York und Berlin.

22. November, Sonnabend

Der Hauptverband der Vereinigung der gegenseitigen Bauernhilfe (VdgB) wird in der Ostzone gegründet.

In London endet eine Vorkonferenz der stellvertretenden Außenminister der USA, Frankreichs, Großbritanniens und der UdSSR, die am 6. November begonnen hatte. Sie befaßte sich u. a. mit dem österreichischen Staatsvertrag (→25. 11./S. 185).

23. November, Sonntag

Der Vizepräsident der tschechoslowakischen Regierung, Zdeněk Fierlinger, und Industrieminister Bohumil Lausman treten von ihren Ämtern zurück.

In Bulgarien wird auf Initiative der Kommunistischen Partei die bulgarische Vaterländische Front nach sowjetischem Vorbild zu einer einzigen Volkspartei zusammengefaßt.

Das größte Transportflugzeug der Welt unternimmt in San Diego im US-Bundesstaat Kalifornien einen ersten Probeflug: Es kann 132 t Ladung aufnehmen bzw. 400 Fluggäste befördern. →S. 190

24. November, Montag

In Berlin wird zwischen der sowjetisch besetzten Zone und dem Vereinigten Wirtschaftsgebiet (Bizone) das Interzonen-Handelsabkommen unterzeichnet. →S. 188

In Frankreich bildet Robert Schuman ein sozialistisch-republikanisches Kabinett. →S. 186

In Österreich wird Alfred Migsch (SPÖ) zum Bundesminister für Energiewirtschaft und Elektrifizierung ernannt.

Nach Angaben des Berliner Gesundheitsamtes beläuft sich die Zahl der geschlechtskranken Kinder in der Stadt auf 1800.

25. November, Dienstag

In London beginnt die Konferenz der Außenminister der USA, der UdSSR, Großbritanniens und Frankreichs. Im Mittelpunkt der Tagung steht die Erörterung der deutschen Frage. Die Konferenz, die bis zum 15. Dezember dauert, steht von Anbeginn an im Zeichen des sich verschärfenden Ost-West-Konfliktes. →S. 185.

Der UNO-Weltsicherheitsrat nimmt den Teilungsplan für Palästina an (→29. 11./S. 184).

Neuseeland setzt das Statut von Westminster in Kraft und wird dadurch ein souveräner Staat im britischen Commonwealth.

US-Präsident Harry S. Truman verlangt vom US-amerikanischen Kongreß in Washington die Bewilligung von 490 Millionen US-Dollar zur Deckung der Besatzungskosten in Deutschland.

In Hollywood startet ein »Freundschafts«-Eisenbahnzug, der mehrere Wochen durch die USA fährt, um Lebensmittel für das hungernde Europa zu sammeln. →S. 189

In Großbritannien wird ein neuer Weltrekord für Strahltriebflugzeuge aufgestellt. →S. 195

26. November, Mittwoch

Der frühere rumänische Außenminister Gheorghe Tatarascu wird seines Amtes als Vorsitzender der Nationalliberalen Partei Rumäniens enthoben (→11. 11./S. 187).

In der französischen Besatzungszone Deutschlands werden neue Entnazifizierungsverfahren erlassen.

27. November, Donnerstag

Auf einer Konferenz aller politischer Parteien der britischen Besatzungszone Deutschlands wird von den Delegierten einstimmig die Bildung einer deutschen Zentralregierung gefordert.

Die Polizei in Paris besetzt die Redaktionen kommunistischer Zeitungen (→24. 11./S. 186).

In Bremerhaven werden 26 Hafenarbeiter verhaftet. Ihnen wird vorgeworfen, 8000 Kisten US-amerikanischer Zigaretten mit einem Schwarzmarktwert von zehn Millionen RM gestohlen zu haben.

28. November, Freitag

Die französische Nationalversammlung in Paris spricht Ministerpräsident Robert Schuman das Vertrauen aus (→24. 11./S. 186).

29. November, Sonnabend

Die UNO-Vollversammlung beschließt die Teilung Palästinas und stellt Jerusalem unter die Verwaltung der Weltorganisation. →S. 184

Der Ministerrat der UdSSR ernennt den bisherigen Botschafter der Sowjetunion in Prag, Valerian Sorin, zum stellvertretenden Außenminister.

In Ungarn werden sämtliche Bauxitgruben und Aluminiumfabriken verstaatlicht.

30. November, Sonntag

Der Chef der Exekutive der Jewish Agency, David Ben Gurion, gibt unmittelbar nach Bekanntwerden des Teilungsbeschlusses für Palästina vom 29. November eine Erklärung ab. Darin heißt es, daß die Schaffung eines souveränen jüdischen Volksstaates in der alten jüdischen Heimat einen Akt historischer Gerechtigkeit darstelle (→29. 11./S. 184).

Eine Volkszählung in den USA ergibt, daß die Vereinigten Staaten gegenwärtig rund 145 Millionen Einwohner haben.

Gestorben:

5. Lüneburg: Fritz Schumacher (*14. 11. 1869), deutscher Architekt.

14. Geigenberg bei Sankt Leonhard am Forst/Niederösterreich: Friedrich von Gagern (*26. 6. 1882, Schloß Mokritz/Krain), österreichischer Schriftsteller.

15. Berlin: Georg Kolbe (*13. 4. 1877, Waldheim/Sachsen), deutscher Bildhauer. →S. 196

17. Schönberg (Taunus): Ricarda Huch (*18. 7. 1864, Braunschweig), deutsche Schriftstellerin. →S. 196

20. Basel: Wolfgang Borchert (*20. 5. 1921, Hamburg), deutscher Schriftsteller. →S. 196

30. Hollywood (USA): Ernst Lubitsch (*28. 1. 1892, Berlin), deutsch-US-amerikanischer Filmregisseur.

Geboren:

10. Libanon: Béchir Gemayel (†14. 9. 1982, Beirut), libanesischer Politiker.

29. Günzburg an der Donau: Petra Kelly, deutsche Politikerin.

*m 30. Jah-
stag der Ok-
oberrevolu-
n erscheint
e in der so-
etischen Be-
tzungszone
erausgege-
ne »Illu-
ierte Rund-
hau« mit ei-
m ausführli-
en Farbbe-
ht*

Begeisterte Menschenmenge feiert in Tel Aviv den Teilungsplan der UNO

Nach dem Haß die Versöhnung: Jüdische Einwohner und britische Soldaten

Arabischer und jüdischer Staat in Palästina

29. November. Die Vollversammlung der Vereinten Nationen stimmt mit 33 gegen 13 Stimmen bei 10 Enthaltungen für die Teilung Palästinas in einen jüdischen und einen arabischen Staat und für die Einrichtung einer international verwalteten Stadt Jerusalem (→ 1. 9./S. 153). Die Mehrheit der UNO-Mitglieder spricht sich außerdem für die Aufstellung einer internationalen Streitmacht aus. Sie soll von allen Mitgliedern beschickt werden und für die Einhaltung von Ruhe und Frieden in ganz Palästina verantwortlich sein.

Die Teilungsresolution wird mit der Zustimmung sowohl der USA als auch der Sowjetunion verabschiedet. So unbefriedigend sie ist, trägt sie doch der Tatsache Rechnung, daß eine binationale Lösung angesichts der Differenzen zwischen Zionisten und Arabern in Palästina nicht realisierbar ist.

Nach Verkündung des Wahlausgangs erklären die Delegierten von Saudi-Arabien, Syrien, Irak und Jemen, daß sie die Teilungsresolution nicht anerkennen werden. In der Folge schließen sich Ägypten, Griechenland, Indien, Iran, Kuba und die Türkei dieser Auffassung an. Die sieben Mitgliedsstaaten der Arabischen Liga berufen deshalb eine Konferenz nach Beirut ein.

Die Arbeit des UNO-Sonderausschusses für Palästina, in dem Vertreter Australiens, Kanadas, der Tschechoslowakei, Guatemalas, Indiens, des Irans, der Niederlande, Perus, Schwedens, Uruguays und Jugoslawiens mitarbeiteten, ist somit beendet. In ganz Palästina feiern die jüdischen Einwohner die Annahme des Teilungsplanes durch die UNO-Vollversammlung auf den Straßen und öffentlichen Plätzen. Die zusammengeströmten Menschen singen spontan die jüdische Nationalhymne.

Chaim Weizmann, aus einer russisch-jüdischen Familie stammend, studierte in Deutschland und in der Schweiz. Seit 1920 ist er fast ununterbrochen Präsident der zionistischen Weltorganisation, in der er eine gemäßigte Position vertritt. 1946 übersiedelte er nach Palästina.

Golda Meyerson (Meir) stammt aus der ukrainischen Hauptstadt Kiew. 1906 wanderte sie mit ihren Eltern in die USA aus. 1923 kam sie nach Palästina, wo sie in der Gewerkschaft Histadrut aktiv wurde. Als Mitglied der Arbeiterpartei leitet sie seit 1946 die politische Abteilung der Jewish Agency.

David Ben Gurion (Grien), aus einer jüdisch-polnischen Familie stammend, kam 1906 zum ersten Mal nach Palästina und arbeitete dort als Zeitungsredakteur. Als Angehöriger der zionistischen Bewegung gründete er 1930 die Arbeiterpartei (Mapai). Seit 1935 ist er Präsident der Jewish Agency.

Menachem Begin ist polnischer Abstammung. Nach dem Jurastudium in Warschau floh er 1939 vor der einrückenden deutschen Wehrmacht und kämpfte während des Krieges auf seiten der Alliierten. Seit 1942 ist Begin Führer der Untergrundbewegung Irgun Zwai Leumi.

Die jüdische Nationalbewegung

In der zweiten Hälfte des 19. Jahrhunderts entstand in Europa als Reaktion auf den wachsenden Antisemitismus eine jüdische Nationalbewegung mit dem Ziel, in Palästina eine nationale Heimstätte aller Juden zu schaffen. Dieser Plan nahm 1897 auf dem Ersten Zionistenkongreß in Basel konkretere Formen an.

In Palästina allerdings waren die Juden seit 638 – als die Araber im Zuge der islamischen Eroberungen nach Jerusalem kamen – eine Minderheit. Bis zum Ersten Weltkrieg besaß Palästina, das politisch und verwaltungsmäßig zur Provinz Syrien gehörte, keine nationale Eigenständigkeit und unterschied sich nicht durch besondere kulturelle Merkmale von den anderen benachbarten arabischen Regionen.

Etwa parallel zur Entstehung des Zionismus in Europa begann sich auch in der arabischen Welt eine nationale Bewegung zu entwikkeln, deren Ziel die Beseitigung der osmanischen Herrschaft und die Errichtung einer unabhängigen arabischen Regierung war.

Im Ersten Weltkrieg unterstützten sowohl Zionisten als auch arabische Nationalisten Großbritannien, das seinerseits beiden Gruppen die Realisierung ihrer Ziele garantierte. Allerdings widersprach die Balfour-Deklaration 1917, in der der britische Außenminister Arthur James Balfour »die Schaffung einer nationalen Heimstätte in Palästina für das jüdische Volk mit Wohlwollen betrachtet«, der Schaffung eines unabhängigen arabischen Staates.

Als im April 1920 der Oberste Rat der Alliierten Großbritannien das Völkerbundsmandat über Palästina übertrug, entzogen sich die Briten dem selbstgeschaffenen Dilemma, indem sie einen arabisch-jüdischen Gemeinschaftsstaat anstrebten und gleichzeitig einer verstärkten jüdischen Einwanderung zustimmten. Der arabisch-jüdische Gegensatz verstärkte sich, und es kam häufig zu Zusammenstößen zwischen beiden Bevölkerungsgruppen.

Nach dem Zweiten Weltkrieg richteten die jüdischen Untergrundorganisationen ihre Aktivitäten auch gegen die britische Mandatsmacht, um den Weg zu einem Judenstaat freizumachen. Die Ziele der Zionisten fanden verstärkt das Verständnis der Weltöffentlichkeit.

Im Februar 1947 übertrug Großbritannien die Verantwortung für die Zukunft Palästinas den Vereinten Nationen, die am → 29. November (S. 184) die Teilung Palästinas beschließen.

Theodor Herzl (M.), der Führer der Zionisten, am Rednerpult während des Zweiten Zionistenkongresses, der im Jahr 1898 in Basel stattfand

Sitzung der Außenministerratstagung in London; v. l. n. r.: die britische, die sowjetische, die US-amerikanische und die französische Delegation

Außenministerrat tagt

25. November. Zum zweiten Mal in diesem Jahr treten die Außenminister der USA, Großbritanniens, Frankreichs und der UdSSR zu einer Konferenz über die Frage eines Friedensvertrages mit Deutschland und Österreich zusammen. Es ist zugleich die fünfte Tagung des Rates der Außenminister der Hauptsiegermächte des Zweiten Weltkrieges seit seiner Einrichtung im August 1945.

Die Tagung, die dieses Mal in London stattfindet, steht von Anfang an im Zeichen verschärfter Auseinandersetzungen zwischen den Westmächten und der UdSSR. So hatte z. B. der Oberste Chef der sowjetischen Militärverwaltung in Deutschland, Marschall Wassili D. Sokolowski, im Alliierten Kontrollrat die Westmächte scharf kritisiert, wobei er ihnen u. a. vorwarf, die Gründung eines separaten westdeutschen Staates vorzubereiten. Andererseits beschuldigte US-Außenminister George C. Marshall vor seiner Abreise nach London die Sowjetunion, sie wolle den politisch und wirtschaftlich unhaltbaren Zustand Europas beibehalten, um aus dem Elend politisches Kapital zu schlagen.

Zunächst gelingt es den Außenministern Marshall, Wjatscheslaw M. Molotow, Georges Bidault und Ernest Bevin sich auf eine Tagesordnung zu einigen. So verweisen sie die Ausarbeitung eines Staatsvertrages mit Österreich an ihre Stellvertreter. In der Debatte über Deutschland prallen die Meinungen dann jedoch aufeinander. Im Mittelpunkt steht dabei die Frage einer deutschen Zentralregierung als Voraussetzung für die Unterzeichnung eines Friedensvertrages. Der sowjetische Außenminister Molotow wirft seinen westlichen Kollegen vor, einen westdeutschen Separatstaat zu planen. US-

G. C. Marshall

W. M. Molotow

Ernest Bevin

Georges Bidault

Außenminister Marshall weist diesen Vorwurf zurück. Zwar habe man dies erwogen, aber den Gedanken dann verworfen, da einem solchen Schritt die Gründung eines Staates in der Ostzone folgen werde (→ 15. 12./S. 205).

Unruheherd Südfrankreich; während einer Gewerkschaftsversammlung kommt es zu Auseinandersetzungen

Rote Fahnen am Justizpalast in Marseille; das Gebäude wurde zuvor von streikenden Arbeitern gestürmt

Streikwelle lähmt Frankreich

23. November. Frankreich hat eine neue Regierung: Ministerpräsident ist Robert Schuman von der Republikanischen Volksbewegung (MRP). Er tritt die Nachfolge des am 19. November zurückgetretenen Paul Ramadier an. Schumans Kabinett setzt sich aus Vertretern von vier Parteien zusammen.

Die Regierungsbildung erfolgt während einer schweren innenpolitischen Krise. Sie wurde Anfang des Monats ausgelöst, als der kommunistisch beeinflußte Gewerkschaftsbund CGT zum Streik gegen die Sparmaßnahmen der Regierung aufrief. Innerhalb kurzer Zeit kam es zu einer Kraftprobe zwischen den Gewerkschaften und der Regierung. Zentrale Forderungen der Streikenden sind u. a. eine 25%ige Lohnerhöhung sowie ein Inflationsausgleich. Demgegenüber versucht die Regierung ihre Sparpolitik zur Sanierung der Staatsfinanzen fortzusetzen. Besondere Hoffnungen richtet sie auf die von den USA in Aussicht gestellte Marshallplanhilfe, was jedoch bei der kommunistischen Partei und den Gewerkschaften auf erbitterten Widerstand stößt.

Innerhalb kurzer Zeit erfaßte der Ausstand den gesamten Süden Frankreichs. Er wird von schweren Ausschreitungen begleitet. Seit dem 13. November ist die Hafenstadt Marseille durch einen Generalstreik praktisch lahmgelegt. In zahlreichen anderen Städten besetzten Streikende die örtlichen Verwaltungen.

Angesichts der zugespitzten Lage erklärte am 19. November die Regierung des Ministerpräsidenten Paul Ramadier ihren Rücktritt. Der Versuch des Parteivorsitzenden der Sozialisten, Léon Blum, eine neue Regierung zu bilden, scheiterte zwei Tage später.

Inzwischen hat sich die Streikwelle auf das gesamte Land ausgeweitet. Insgesamt sind bis zum 26. November zwei Millionen Menschen in den Ausstand getreten. Sabotageakte auf Bahnlinien und Telefonleitungen häufen sich.

Kurz nach seinem Regierungsantritt unterbreitet Schuman am 29. November ein Antistreikgesetz, das am 4. Dezember verabschiedet wird. Daraufhin ebbt die Streikwelle ab.

Robert Schuman, geboren 1886, gehörte 1944 zu den Gründern der französischen Republikanischen Volksbewegung (Mouvement Republicain Populaire – MRP). Die Partei entstand aus der katholischen Widerstandsbewegung Frankreichs im Zweiten Weltkrieg. Seit 1946 bekleidete Schuman verschiedene Ministerämter; vor seiner Wahl war er Finanzminister unter Paul Ramadier

Saarland-Anschluß an Frankreich

8. November. Der saarländische Landtag nimmt mit großer Mehrheit die neue Verfassung an. Damit ist das Saargebiet wirtschaftlich an Frankreich angeschlossen. Die Verfassung muß noch vom Oberbefehlshaber der französischen Besatzungszone Deutschlands, General Pierre Koenig, gebilligt werden.

Pierre Koenig

Als einzige Partei des Saargebiets sprechen sich die Kommunisten gegen den wirtschaftlichen Anschluß an Frankreich aus. Die Bevölkerung des Saargebiets, die sich bei den Landtagswahlen am → 5. Oktober (S. 167) für den Anschluß ausgesprochen hatte, erhofft sich eine Verbesserung der Lebensumstände. So sollen in Zukunft Lebensmittel frei verkäuflich sein und die Rationierung entfallen. Es gelten dann französische Preise, Löhne und Steuersätze. Bis Ende des Jahres sollen Franc und Reichsmark in Umlauf bleiben, der Wechselkurs beträgt 20 Francs für eine Reichsmark. Um einen Ansturm auf die frei erhältlichen Waren zu verhindern, will die Regierung ab sofort alle Guthaben von Sparern blockieren, die mehr als 400 RM oder 8000 Francs auf ihrem Konto haben.

Im Saarland besonders gefördert: Schulunterricht in Französisch

Lebenslänglich für Juliu Maniu

11. November. Der Vorsitzende der rumänischen Nationalen Bauernpartei, Juliu Maniu, wird in einem politischen Prozeß von einem Gericht in Bukarest zu lebenslänglicher Einzelhaft verurteilt.
Als Vorsitzender der Nationalen Bauernpartei leitete Maniu neben den Liberalen eine der großen traditionellen politischen Gruppierungen Rumäniens. Seine Partei hatte sich 1944 zunächst an der Regierung des Landes beteiligt und stand seit 1945 in der Opposition gegen die Regierungskoalition, bestehend aus Kommunisten, Sozialisten, dem Landarbeiterbund von Ministerpräsident Petru Groza und den Liberalen.
Knapp eine Woche vor der Verurteilung Manius hatte das rumänische Parlament dem Außenminister und stellvertretenden Ministerpräsidenten des Landes, Gheorghe Tatarascu, das Mißtrauen ausgesprochen. Tatarascu, der Mitglied der liberalen Partei ist, sah sich daraufhin zum Rücktritt veranlaßt. Anlaß für das Mißtrauensvotum gegen Tatarascu war der Vorwurf, das von ihm geleitete Ministerium habe landesverräterische Handlungen unternommen.
Als Nachfolger Tatarascus wird am 7. November die kommunistische Politikerin Anna Pauker von König Michael I. vereidigt. Bei ihrem Amtsantritt erklärt sie am 13. November, Rumänien werde sich künftig enger an die UdSSR binden.
Rumäniens Kommunisten sind der Übernahme der Macht ein Stück nähergekommen (→ 30. 12./S. 205).

Karikatur Juliu Manius auf einem Propagandaplakat in Bukarest

Zu lebenslanger Haft verurteilt: Der Oppositionsführer Juliu Maniu

Eamon de Valera für Neuwahlen

1. November. Die irische Regierung unter Ministerpräsident Eamon de Valera beschließt die Auflösung des Parlaments und die Durchführung von Neuwahlen. Grund ist eine verlorene Nachwahl in drei Grafschaften der Insel.
Der 65jährige de Valera gehört der Partei der Fianna Fail (Schicksalskämpfer) an, die als konservativ und stark nationalistisch gilt. Die gemäßigte Fine-Gael- (Stamm der Gälen-)Partei steht seit Jahren in der Opposition, wird jedoch immer stärker. Die Politik der beiden Parteien ist gekennzeichnet von der Nordirland-Frage. Problematisch auch die Wirtschaftslage, das Land ist sehr arm. Wie schon seit Jahrhunderten, müssen jedes Jahr Tausende von Iren auswandern, um ihre Familien zu ernähren.

E. de Valera

Politiker geflohen

4. November. Zoltan Pfeiffer, der Führer der oppositionellen ungarischen Volkspartei, ist geflohen. Die kommunistischen Machthaber Ungarns verdächtigen Pfeiffer, Mitglied einer ausländischen Spionageorganisation zu sein.
Pfeiffer hatte angekündigt, daß er heute auf die gegen ihn erhobenen Vorwürfe in einer Rede vor dem ungarischen Parlament Stellung nehmen wolle. Die Abgeordneten warten jedoch vergebens, von dem Politiker fehlt jede Spur.

In Ungarn werden die Auseinandersetzungen um die Redefreiheit von oppositionellen Politikern zum Teil mit Schlägereien ausgetragen

Südtiroler wollen Selbstverwaltung

9. November. In Bozen lehnt die Südtiroler Volkspartei (SVP) einen von der italienischen Regierung unter Alcide De Gasperi ausgearbeiteten Autonomieentwurf ab. Die Volkspartei hält den Plan für unannehmbar, weil er keine direkte Selbstverwaltung erlaubt. Südtirol wäre nur Teil einer Verwaltungseinheit, die das Gebiet von Trient einschließen würde. Damit wäre die deutschsprachige Bevölkerung gegenüber der italienischsprachigen in der Minderheit.
Nach Ende des Ersten Weltkriegs mußte Österreich Südtirol an Italien abgeben, dessen Regierung während des Faschismus eine radikale Italienisierungspolitik betrieb. 1939 erhielten die Südtiroler auf Druck der deutschen Nationalsozialisten ein Optionsrecht auf die deutsche Staatsbürgerschaft, die 213 000 (86%) der deutschsprachigen Einwohner annahmen. 1946 forderte Österreich vergeblich auf der Pariser Friedenskonferenz die Rückgabe Südtirols. Italien verpflichtete sich 1946, der deutschsprachigen Bevölkerung kulturelle und territoriale Gesetzgebungs- und Verwaltungsautonomie zu gewähren.

A. De Gasperi

Wien verlangt die Rückgabe Südtirols: Außenminister Karl Gruber

Interzonenhandel wird geregelt

24. November. In Berlin wird zwischen der Ostzone und dem Vereinigten Wirtschaftsgebiet Deutschlands (Bizone) ein Abkommen über den Handelsaustausch abgeschlossen. Unterzeichner sind der Präsident der Deutschen Verwaltung für Interzonen- und Außenhandel der Ostzone, Josef Orlopp und Vollrath von Maltzahn Leiter der Hauptabteilung Außenwirtschaft der Verwaltung für Wirtschaft der Bizone in Frankfurt am Main.
Die Verhandlungen für das Interzonen-Handelsabkommen dauerten mehrere Monate. Sie konnten ungeachtet der Differenzen zwischen der UdSSR und den Westmächten über die deutsche Frage erfolgreich abgeschlossen werden.
Das Abkommen regelt den Warenaustausch zwischen der Bizone und der Ostzone zunächst für das Jahr 1948. (Gesamtumfang 300 Millionen RM) Besondere Berücksichtigung finden dabei Güter, die in den jeweiligen Zonen dringend benötigt werden.

Vollrath von Maltzahn (l.), unterzeichnet in Berlin für die Bizone und Josef Orlopp (r.) für die Ostzone das Interzonenhandelsabkommen

Warenaustausch Bizone – Ostzone

(Vereinbarungen für 1948 aufgrund des Interzonen-Handelsabkommens; Werte in Milliarden RM/Auswahl)

Lieferungen in die Ostzone:	
Landwirtschaftl. Erzeugnisse	1,7
Mineralöl	0,8
Eisen u. Stahl	76,0
Chemikalien	14,6
Kautschuk	12,7
Textilien	32,5
Lieferungen in die Bizone:	
Landwirtschaftl. Erzeugnisse	30,7
Holz	28,7
Mineralöl	7,0
Eisen u. Stahl	2,3
Chemikalien	17,4
Textilien	41,7

Schwarzmarktgeschäfte sind eine Folge des rapiden Geldverfalls

175 Reichsmark für einen US-Dollar

7. November. An der Züricher Börse werden 100 Reichsmark für 2,25 Schweizer Franken verkauft. Für einen US-Dollar werden 175 RM notiert. Bislang steht der Kurs auf dem Schwarzmarkt in Deutschland für einen Schweizer Franken bei 58 RM. Trotz dieser Notierungen läßt sich der tatsächliche Wert der RM nicht genau ermitteln. Schätzungen von Währungsexperten gehen davon aus, daß sie nur noch ein Zehntel ihres Vorkriegswertes hat. Die Wirtschaft der Besatzungszonen wickelt ihren Außenhandel vorwiegend auf der Berechnungsgrundlage des US-amerikanischen Dollars und des Pfund Sterling ab.

Umrechnungskurse europäischer Währungen

Kurse der Export-Import-Agentur der deutschen Bizone auf der Grundlage bilateraler Handelsverträge mit dem Ausland, Stand: Ende November 1947 (der Handel mit Finnland, Italien und Ungarn wird direkt auf US-Dollar-Basis abgewickelt)

Kurse für jeweils	1 US-Dollar	1 £ Sterling
Belgische Francs	43,82	176,62
Dänische Kronen	4,79	19,33
Französische Francs	119,10	480,00
Holländische Gulden	2,65	10,69
Norwegische Kronen	4,06	20,00
Österr. Schillinge	10,00	40,30
Schwedische Kronen	3,59	14,40
Schweizer Franken	4,31	17,36
Tschechische Kronen	50,00	201,50

Entschädigungen für die NS-Opfer

10. November. Als erste der vier Besatzungszonen Deutschlands erhält die US-Zone ein Wiedergutmachungsgesetz. Das Gesetz, das von der Militärregierung erlassen wird, sieht die Rückgabe von Vermögenswerten vor, die ihren rechtmäßigen Eigentümern in der Zeit vom 30. Januar 1933 bis zum 8. Mai 1945 abgenommen worden sind.
Es handelt sich dabei um rund 19 000 Eigentumsobjekte im Gesamtwert von etwa 3,5 Millionen Reichsmark. Die Palette der konfiszierten Gegenstände reicht vom einzelnen Möbelstück bis zum weitläufigen Landsitz. Sie befinden sich in der Obhut der US-amerikanischen Militärbehörden. 80 bis 90% der rechtmäßigen Eigentümer sind im »Dritten Reich« verfolgte Juden.
Am 12. November wird auch in der französischen Besatzungszone die Wiedergutmachung geregelt; bereits am 20. Oktober ist eine entsprechende Verordnung in der britischen Zone erlassen worden.

Welthandelskonferenz

Tagungsort Havanna: Das Regierungsgebäude in Kubas Hauptstadt

21. November. In der kubanischen Hauptstadt Havanna beginnt die Konferenz der Vereinten Nationen für Handel und Beschäftigung. An ihr nehmen Vertreter sämtlicher Mitgliedsstaaten der UNO, mit Ausnahme der UdSSR und der meisten osteuropäischen Staaten, teil.
Ferner sind Delegationen aus zehn weiteren Nationen beteiligt, die nicht der Weltorganisation angehören, darunter Österreich und die Schweiz. Außerdem werden Vertreter der alliierten Besatzungsmächte in Deutschland, Korea und Japan hinzugezogen.
Das Ziel der Konferenz ist die Ausarbeitung einer Welthandelscharta zur Regelung der internationalen Wirtschaftsbeziehungen.
Auf einer Vorbereitungskonferenz in Genf war bereits mit der Unterzeichnung des internationalen Zollabkommens (GATT) am → 30. Oktober (S. 172) ein erster Schritt zur Belebung des Welthandels unternommen worden. Die Konferenz dauert bis zum 24. März 1948.

Protest gegen Bierbrauverbot

29. November. Der Brauereiverband in der britischen Besatzungszone Deutschlands fordert eine teilweise Aufhebung des Bierbrauverbots. Die Besatzungsmächte hatten die Biererzeugung verboten, um Getreide einzusparen. Hauptargument der Brauer ist die Gewinnung von Nahrungs- und Genußmittel als Nebenprodukt der Biererzeugung.

Die Interessenvertretung der deutschen Brauer in der britischen Zone möchte rund 46 000 t Gerste zugeteilt bekommen, um die Bierproduktion wieder aufnehmen zu können. Ähnliches hatten bereits die Brauerverbände der anderen Besatzungszonen Deutschlands gefordert. Besonders in Bayern regte sich großer Widerstand gegen das Brauverbot. Bisher jedoch blieben die Appelle der Brauer ergebnislos, da z. B. in den USA selbst seit zwei Monaten kein Bier erzeugt werden darf, um mehr Getreide an hilfsbedürftige Länder liefern zu können, so auch an Deutschland. Deshalb stößt die Forderung der Brauer auf Unverständnis.

»Freundschaftszug« startet in Hollywood Reise durch die USA

25. November. *In Hollywood im US-amerikanischen Bundesstaat Kalifornien startet eine ungewöhnliche Hilfsaktion. Ein »Freundschaftszug« soll bis nach New York fahren und dabei in jeder Stadt, durch die er kommt, anhalten. Dort werden Güterwaggons mit von den Bürgern der Stadt gesammelten Lebensmittelspenden an den Zug angehängt. In New York dann sollen die Hilfsgüter verschifft und nach Europa geschickt werden. Die Aktion wurde von verschiedenen Hilfsorganisationen geplant und organisiert. Der Zug soll laut den Veranstaltern die Freundschaft zwischen den USA und Europa symbolisieren. Sie hoffen, daß der Zug, der mit acht Waggons in Hollywood startet, auf seiner langen Reise noch viele volle Wagen anhängen wird. (Im Bild: Ernteeinsatz in Berlin; jedes Stück Land wird zum Anbau von Lebensmitteln genutzt.)*

Rauschgiftprobleme

16. November. Wie die Berliner Polizei mitteilt, nimmt das Rauschgiftproblem in Deutschland alarmierende Formen an. Da jedoch die Polizei nur rund ein Drittel des Personals hat, das vor dem Zweiten Weltkrieg zur Verfügung stand, ist eine Eindämmung nahezu unmöglich und die Dunkelziffer der Rauschgiftdelikte enorm hoch.

Dennoch sind allein in Berlin in den letzten Monaten über 550 Rauschgifthändler und Süchtige festgenommen worden. 15 kg Kokain und 30 000 Portionen anderer Rauschmittel konnten sichergestellt werden. Häufig sind auch gefälschte Rauschgifte im Umlauf, so z. B. verkaufte ein Händler gewöhnliches Scheuerpulver als Kokain.

Viele Menschen versuchen, sich durch das Rauschgift aus der in Deutschland herrschenden Not zu flüchten. Sehr hoch ist der Prozentsatz der Süchtigen, die im Krieg schwer verwundet wurden und heute noch unter großen Schmerzen leiden. Das Rauschgift stammt fast immer aus alten Wehrmachtsbeständen. Allerdings nutzen auch viele Ärzte und Krankenschwestern die Möglichkeit, durch fingierte Rezepte zu der begehrten Ware zu kommen, für die auf dem schwarzen Markt fast alles zu haben ist.

Auch eine Droge, jedoch legal: Tabakpflanzen im Blumenkasten

Post jetzt per Kutsche

7. November. In Berlin benutzt die Post Kutschen, um Pakete zuzustellen. Damit wird dem Kraftfahrzeugmangel in der Stadt Rechnung getragen, der einen regelmäßigen Postdienst nahezu unmöglich macht.

Speziell der Mangel an Transportmitteln bringt in Deutschland Probleme. Da beschädigte Lastwagen wegen fehlender Ersatzteile nicht repariert werden können und zu wenig neue produziert werden, muß die Post auf die bewährten Pferdefuhrwerke zurückgreifen.

Schrottreifer Tempo-Dreiradwagen mit vorgespanntem Pferd; der Mangel an Lastentransportmitteln führt zu ungewöhnlichen Improvisationen

XC-99 – größtes Flugzeug der Welt startet zum Testflug

23. November. *Das größte Flugzeug der Welt, die XC-99, startet in dem US-amerikanischen Bundesstaat Kalifornien zu einem erfolgreichen Testflug. Mehr als 100 000 Zuschauer beobachten auf dem Flugplatz von San Diego den reibungslos verlaufenden Flug der Riesenmaschine (die Aufnahme zeigt die Maschine bei der Landung in San Diego).*

Die XC-99 wurde im Auftrag der US-amerikanischen Luftstreitkräfte geplant und gebaut. Sie soll für Material- und Truppentransporte auf langen Strecken genutzt werden. Die riesige Maschine kostet rund 15 Millionen US-Dollar pro Stück.

Die XC-99 erreicht eine Spitzengeschwindigkeit von etwa 400 km/h und hat ein Gewicht von 133 t. Sie ist rund 56 m lang und hat eine Spannweite von 70 m. Pate bei der Entwicklung des neuen Flugzeugs stand der B-36-Bomber der US Air Force, der ähnlich gigantische Ausmaße hat.

Die sechs Motoren der XC-99 sind eine technische Neuentwicklung, es handelt sich um Turboprop-Triebwerke. Diese Propeller-Turbinen-Luftstrahltriebwerke ermöglichen eine höhere Leistung als die herkömmlichen Propellermotoren. Ein weiterer Vorteil ist die günstigere Treibstoffausnutzung.

Multimilliardär baut Flugboot

1. November. Im US-amerikanischen Bundesstaat Kalifornien absolviert ein neuentwickeltes Flugboot einen ersten Testflug. Es ist das größte bisher gebaute Flugzeug, das auf dem Wasser starten und landen kann. Entwickelt hat es der Multimilliardär Howard Hughes.

Der Testflug, der bei San Pedro über eine Strecke von 1,6 km führt, findet in nur 20 m Höhe statt. Das Flugboot hat ein Gewicht von über 200 Tonnen und wird von acht Motoren angetrieben. Eingesetzt werden soll es hauptsächlich im Frachtverkehr. Viele Experten halten das Riesenflugboot jedoch für zu groß und deshalb für unwirtschaftlich. Die Maschine muß noch ausgiebig getestet werden, so daß sie erst in Monaten in Serie gehen kann.

Eine der wenigen Aufnahmen des Exzentrikers Howard Hughes: Hier im Cockpit des von ihm konstruierten Riesenflugbootes

Die Hochzeit des Jahres 1947

20. November. In London heiraten Prinzessin Elisabeth von Großbritannien und Leutnant Philip Mountbatten. Hunderttausende von Zuschauern säumen die Straßen auf dem Weg vom Buckingham-Palast zur Westminster-Abtei, wo der Erzbischof von Canterbury die Trauung vornimmt. Insgesamt haben die Zeremonien eine Dauer von fünf Stunden.

Gegen Mittag verläßt die Braut den Buckingham-Palast und steigt mit ihrem Vater, Georg VI., in eine festlich geschmückte Kutsche. Sieben Offiziere und 119 Soldaten geleiten Prinzessin Elisabeth zur Westminster-Abtei. Nach der Trauung fährt das Brautpaar in die St.-Edwards-Kapelle, um sich der Tradition entsprechend in das Trauungsregister einzutragen. Bei der Rückkehr zum Buckingham-Palast ertönt dann der Hochzeitsmarsch von Felix Mendelssohn-Bartholdy.

Am 9. Juli hatten sich Prinzessin Elisabeth und Philip Mountbatten verlobt. Die 21jährige Tochter des britischen Königs Georg VI. ist die rechtmäßige Thronfolgerin. Ihr Bräutigam Philip Mountbatten ist ein Neffe des indischen Vizekönigs von Indien, Lourd Louis Mountbatten und ein Vetter zweiten Grades von König Georg VI. von Großbritannien. Außerdem ist er der Vetter des griechischen Königs und führte früher auch den Titel Prinz von Griechenland. Bei seiner Einbürgerung in Großbritannien verzichtete er jedoch auf den Titel. Mütterlicherseits stammt Philip Mountbatten aus der deutschen Battenberg-Familie, die im Ersten Weltkrieg ihren Namen änderte und sich seither Mountbatten nennt.

Seit Monaten beschäftigt die Hochzeit die Öffentlichkeit. So wurde das Hochzeitskleid aus weißem Satin ebenso wie die 300 kg schwere Hochzeitstorte bewacht wie ein Staatsschatz. Niemand durfte sie sehen. Viele Briten schickten Geschenke an das Hochzeitspaar. Um das Spektakel nicht zu verpassen, kampierten Tausende unter freiem Himmel in den Londoner Straßen.

Ihre Hochzeit wird die Hochzeit des Jahres: Prinzessin Elisabeth und Leutnant Philip Mountbatten

Prinzessin Elisabeth mit ihrem Hund, einem Welsh Corgi

Die 2,70 m hohe Hochzeitstorte

Die feierliche Trauungszeremonie durch den Erzbischof von Canterbury in der Westminster-Abtei

Das offizielle Hochzeitsfoto: Prinzessin Elisabeth und Oberleutnant Philip Mountbatten, mit Gefolge im Thronsaal des Buckingham Palace

Nach der Trauung wartet auf dem Platz vor den Toren des Buckingham-Palastes eine riesige Menschenmenge auf das Brautpaar

Eine jubelnde Menschenmenge begrüßt den Wagen des Brautpaares bei der Ankunft in Broadlands bei Winchester, der ersten Station seiner Flitterwochen

Der umjubelte Hochzeitszug

Der Hochzeitszug passiert die Mall

V. l.: Prinzessin Elisabeth, Philip Mountbatten, Königin Elisabeth, König Georg VI., Prinzessin Margaret

Werbung 1947:

Blaß und ohne Originalität

Von 1939 bis 1945, während der Dauer des Zweiten Weltkriegs, hatte die politische Propaganda die Wirtschaftswerbung überschattet. Jetzt, zwei Jahre nach dem Sieg der Alliierten, wird deutlich, daß die US-Amerikaner in der Werbung die führende Rolle innehaben. In Europa gibt es, im Gegensatz zur Zeit nach dem Ersten Weltkrieg, in der Werbung und Gebrauchsgraphik keine Tendenz zu künstlerischen Experimenten und neuen Konzepten. Europas Werbung wirkt blaß und zeigt kaum Neuheiten in Text und Grafik. In den westlichen Besatzungszonen Deutschlands belebt die Waschmittelfirma Henkel ihre »Persilfrau« aus der Vorkriegszeit wieder. Aber diese Kampagne bleibt ohne den angestrebten Erfolg. Bescheidenen Umfang haben auch die Anzeigenteile in deutschen Zeitungen und Zeitschriften. Es lohnt nicht, für Produkte zu werben, die auf dem deutschen Markt gar nicht erhältlich sind.
Auch im europäischen Ausland fehlt den Plakaten Brillanz: Die Werbung von Frankreichs Autohersteller Renault wirkt wenig originell. Ähnliches gilt für die Werbung der Königlich Holländischen Luftfahrtgesellschaft, die KLM. Als erste kommerzielle internationale Fluglinie der Welt hatte sie in den 20er Jahren entscheidenden Anteil am Entstehen der Luftlinienreklame.
Auch die politische Propaganda zeichnet sich nicht gerade durch Einfallsreichtum aus. Bei den ersten Wahlen zu den neugebildeten Ländern in der britischen Zone Deutschlands z. B. werben zwei gegnerische Parteien mit derselben Losung. Sowohl die CDU als auch das Zentrum versichern den Vertriebenen: »Eure Not ist unsere Not.«
Was für andere künstlerische Bereiche gilt, trifft auch auf die Werbung zu: Die mageren Jahre nach dem Zweiten Weltkrieg mit ihrem Mangel an Grundstoffen werden auch in den Ideen und Produkten von Werbeagenturen und -grafikern deutlich.

Vier US-Dollar muß die modebewußte Dame in den USA für ein solches Unterkleid bezahlen

Ein Comic strip im Dienste der Getränkewerbung in den Vereinigten Staaten von Amerika

Allmählich beginnt auch die deutsche Kosmetikindustrie für ihre Produkte wieder zu werben

Im Umfang noch sehr bescheiden ist der Anzeigenteil in den Zeitungen (hier ein Ausschnitt)

Hilfe für 218 Millionen Menschen

7. November. Averell Harriman, der Handelsminister der USA, legt US-Präsident Harry S. Truman einen endgültigen Bericht über das Hilfsprogramm der Vereinigten Staaten für Europa (Marshallplan) vor (→ 5. 6./S. 100). Danach ist vorgesehen, 1948 5,75 Milliarden US-Dollar und bis 1951 weitere 12 bis 17 Milliarden US-Dollar Hilfe zu gewähren.
Der Marshallplan wird insgesamt 16 europäischen Staaten zugute kommen: Island, Norwegen, Schweden, Irland, Großbritannien, Dänemark, Belgien, den Niederlanden, Luxemburg, Frankreich, der Schweiz, Österreich, Griechenland, Türkei, Italien und Portugal. Auch die drei westlichen Besatzungszonen Deutschlands werden in den Marshallplan einbezogen. Die Gesamtbevölkerung in diesen 16 Staaten erreicht eine Zahl von 218 880 000. Hinzu kommen die rund 44 Millionen Einwohner der drei Westzonen.
Nicht beteiligt am Marshallplan sind die UdSSR und die osteuropäischen Staaten, in denen insgesamt rund 280 410 000 Menschen leben.

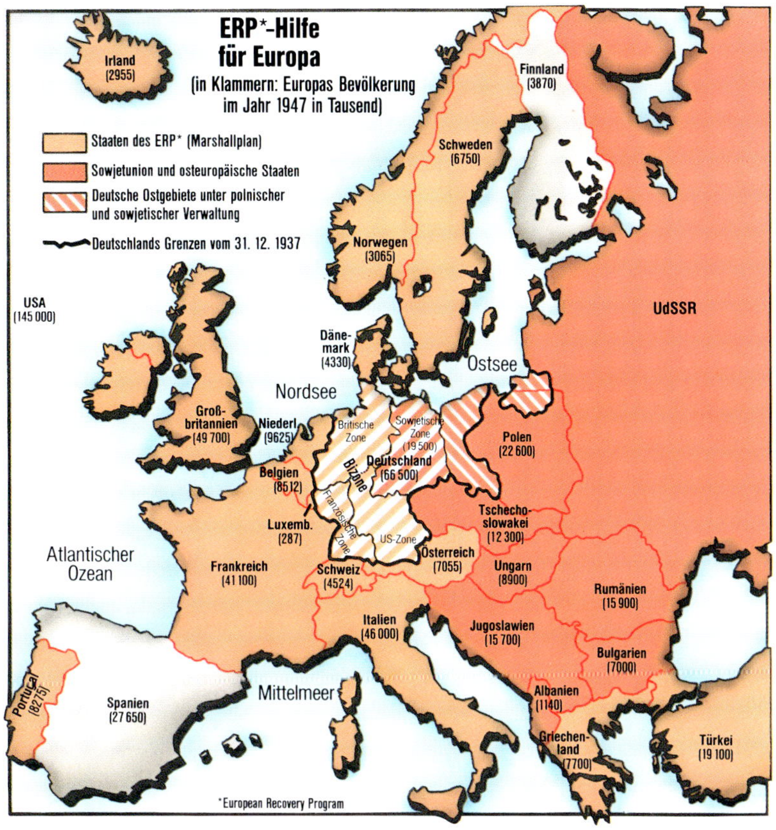

Wieder Weltrekord für Düsenmaschine

25. November. Die Kette von Flugrekorden in diesem Jahr reißt nicht ab: Der Geschwaderkommandant der Royal Air Force, James Lommas, erreicht mit seiner »Gloster Meteor IV« bei einem Testflug eine Durchschnittsgeschwindigkeit von 992,7 km/h. Die Spitzengeschwindigkeit seiner Maschine beträgt kurzzeitig 1051,3 km/h in einer Flughöhe von rund 6000 m. Der Flug geht über eine Strecke von 500 km Länge.
Lommas übertrifft damit den bisherigen Weltrekord von 1046,8 km/h für Strahlturbinenflugzeuge. Er wurde im Sommer von einem Piloten der US-Marine mit einer Düsenmaschine vom Typ »Douglas Skystreak« erreicht.
Die neuen Rekordwerte sind nicht unbedingt vergleichbar. Während die »Skystreak« der US-Marine bei günstigem Sommerwetter in nicdri ger Höhe flog, nutzte die »Meteor« von Lommas zwar den günstigeren Luftwiderstand in größeren Höhen aus, mußte aber mit schlechtem Wetter zurechtkommen.

Simultanübersetzung

Bei den Vereinten Nationen in New York werden mehrere Anlagen zur Simultanübersetzung in Betrieb genommen. So verfügt jetzt ein großer Konferenzsaal über eine Ausrüstung, die es ermöglicht, jedem Konferenzteilnehmer fünf Sprachen anzubieten: Englisch, Französisch, Russisch, Spanisch und Chinesisch.

Die Delegierten der UNO-Vollversammlung mit aufgesetzten Kopfhörern der Simultanübersetzung

Die Übersetzer sitzen in speziell eingerichteten schalldichten Kabinen, wo sie per Mikrofon und Kabel ihren Text an den Empfänger übermitteln. Dieser trägt auf der Brust einen kleinen Kasten, bei dem er durch einen Schalter die von ihm gewünschte Sprache anwählen kann. Somit besteht für ihn die Möglichkeit, dem Beitrag eines Anderssprachigen unmittelbar zu folgen. Verzögerungen, die sich bisher durch das übliche anschließende Übersetzen ergaben, fallen künftig fort.
Eine Reihe kleiner Konferenzräume ist aus Platzgründen sogar mit drahtlosen Übersetzungsanlagen ausgestattet worden, die es ermöglichen, auch Beiträge aus Nachbarräumen zu verfolgen.
Für die bei den Vereinten Nationen akkreditierten Diplomaten aus 21 Staaten der Erde bedeutet diese technische Neuerung eine erhebliche Erleichterung der Arbeit.

40 Stockwerke und 21 000 t Stahl

15. November. *Auf 65 Millionen US-Dollar werden die Kosten für den Gebäudekomplex beziffert, in dem die Vereinten Nationen ihr künftiges Domizil am New Yorker East River beziehen sollen.*
Erstmals wird der Öffentlichkeit auch ein Modell – es hat 15 000 US-Dollar gekostet – des geplanten Gebäudekomplexes vorgestellt (Abbildung des Modells). Es zeigt ein mit einer Glasfassade verkleidetes Hochhaus, das 40 Stockwerke hoch gebaut wird. Für das Stahlskelett wurde ein Bedarf von 21 000 t rostfreien Stahls errechnet. Bisher hat es auf der Welt noch keinen derart konzipierten Bau gegeben.

Programmtreffen der »Gruppe 47«

8. November. In Herlingen bei Ulm trifft sich die auf Initiative des Schriftstellers Hans Werner Richter gegründete literarische »Gruppe 47« (→ 10. 9./S. 159).

Autoren, die sich weder stilistisch noch ideologisch auf eine Linie festlegen lassen, beschließen, sich mehrmals jährlich an jeweils wechselnden Orten zu Gruppentagungen zu treffen. Dabei sollen literarische Texte eigener Produktion vorgelesen werden, die anschließend zur Kritik und Diskussion stehen. Vortragen darf jeweils derjenige seinen Text, den Richter dazu eingeladen hat. Anschließend haben die Mitglieder über seine Aufnahme und seinen Verbleib in der Gruppe anhand der Qualität des vorgetragenen Textes und der Art, wie der neue Autor die Kritik der anderen an seiner Produktion erträgt, zu befinden.

Die Mitglieder der »Gruppe 47«, so unterschiedlich sie auch sein mögen, verbindet der Abscheu vor dem Nationalsozialismus. Man huldigt der Vorstellung, radikal von vorn anzufangen, um die Verbindung von »Sozialismus und Demokratie in einer Staatsform« zu erreichen.

Wolfdietrich Schnurre, einer der Mitbegründer der »Gruppe 47«

Außerdem umreißt Richter die Ziele seiner Gruppe; es geht den Mitgliedern der »Gruppe 47« um:

- ▷ Demokratische Elitenbildung auf dem Gebiet der Literatur und der Publizistik
- ▷ Die Methode der Demokratie in einem Kreis von Individualisten anzuwenden, um von hier aus einen beispielhaften Anstoß für ganz Deutschland zu geben. Diese Breiten- und Massenwirkung ist das erhoffte Ziel für einen späteren Zeitpunkt
- ▷ Beide Ziele zu erreichen ohne Programm, ohne Verein, ohne Organisation und ohne irgendeinem kollektiven Denken Vorschub zu leisten

Mitglieder der Gruppe, Schriftsteller wie Alfred Andersch, Wolfdietrich Schnurre, Günter Eich, Paul Celan, Nicolaus Sombart, Walter Guggenheimer und Hans Georg Brenner, dem die »Gruppe 47« ihren Namen zu verdanken hat, gehören z. T. zu den Autoren der sog. Jungen Generation. Sie nehmen für ihren literarischen Ausgangspunkt eine »Stunde Null« nach den Unterdrückungen durch die Nationalsozialisten an.

Wolfgang Borchert stirbt mit 26 Jahren

20. November. Einen Tag vor der Uraufführung seines Bühnenwerkes »Draußen vor der Tür« stirbt der 26jährige deutsche Schriftsteller Wolfgang Borchert. Als Sprecher einer entwurzelten Kriegsjugend schildert er in seinem Drama und in seinen Kurzgeschichten »das schlechthin Herzzerreißende der Nachkriegswirklichkeit«. Borchert war während des Krieges in der UdSSR schwer verwundet worden und litt seit Ende 1945 an einem malariaähnlichen Fieber.

W. Borchert

Seit 1946 hatte Borchert in verschiedenen Tageszeitungen vorwiegend Prosaarbeiten veröffentlicht, sein Gedichtband »Laterne, Nacht und Sterne« sowie seine Erzählbände »Die Hundeblume« und »An diesem Dienstag« werden von der Kritik einmütig gelobt.

Trauer um den Tod von Ricarda Huch

17. November. In Schönberg im Taunus stirbt 83jährig die Schriftstellerin Ricarda Huch.

Die einer wohlhabenden Patrizierfamilie entstammende Dichterin studierte als eine der ersten Frauen in Zürich Geschichte und Philosophie und promovierte dort 1891. Sie begründete ihren Ruhm als Schriftstellerin mit dem Roman »Erinnerungen von Ludolf Ursleu dem Jüngeren« (1893), der die fiktive Geschichte des Untergangs eines norddeutschen Patriziergeschlechts darstellt. Unter dem Decknamen Richard Hugo veröffentlichte Ricarda Huch 1891 ihre Gedichte. Ihr Werk »Die Romantik« (1908) trug wesentlich zur Wiederentdeckung dieser kulturgeschichtlichen Epoche und zur Überwindung des Naturalismus bei.

Ricarda Huch

Georg Kolbe – Berliner Bildhauer

15. November. Im Berliner Hedwigskrankenhaus stirbt der Bildhauer Georg Kolbe im Alter von 70 Jahren. Er galt als Meister in der Darstellung der Bewegung.

Der in München, Rom und Paris ausgebildete Künstler verbrachte die meiste Zeit seines Lebens in Berlin und schuf hier seine Hauptwerke. Die Plastiken des Bildhauers, die sich durch rhythmisch-bewegte, schlank-aufsteigende, sich von der Erde lösende Gestalten auszeichnen, wurden von den Nationalsozialisten als »nicht heidnisch und bodenständig« genug abgelehnt. Dennoch erhielt er 1936 den Goethe-Preis der Stadt Frankfurt am Main für seine Leistungen. Von Kolbes Plastiken charakterisiert »Die Tänzerin« den Stil des Bildhauers am besten.

Georg Kolbe

Szene aus dem Stück »Draußen vor der Tür« von Borchert

Willfried Seyferth (l.) in »Des Teufels General« von Zuckmayer

Aufführung von Eugene O'Neills »Trauer muß Elektra tragen«

V. l.: Wilfried Orthmann, Max Gerhardt, Günther Mildenstrey in Maxim Gorkis »Die Feinde« in Magdeburg unter der Regie von Hans Geißler

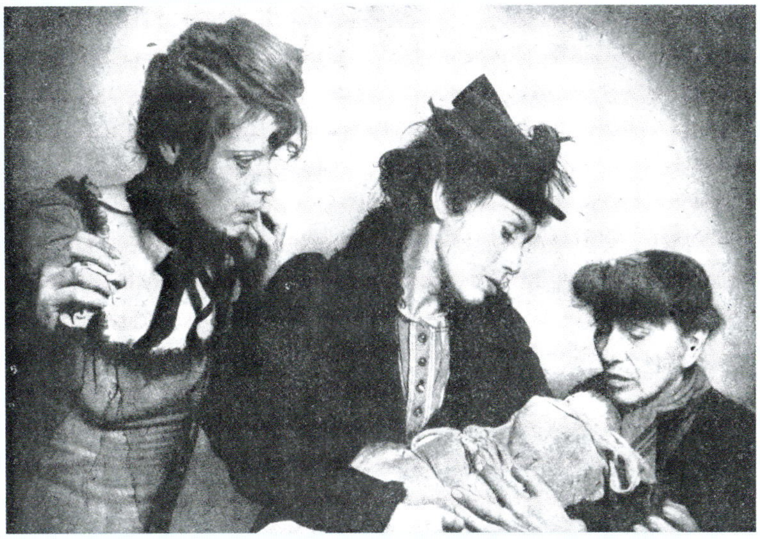

Gerty Soltau (l.), Elisabeth Wendt und Else Ehser in einer Aufführung des Stücks »Die Ratten« von Gerhart Hauptmann

Theater 1947:

Zeitkritik auf deutschen Bühnen

Das deutsche Publikum kann sich 1947 wieder an einem umfangreichen Theaterprogramm erfreuen. Wenngleich die finanzielle Not auch noch zu Kompromissen zwingt, so sind die Theatervorstellungen stets gut besucht. Der Zusammenbruch des »Dritten Reiches« hat in Deutschland das Bedürfnis nach freier Meinungsäußerung und ungehinderter Kreativität verstärkt.
Der steigenden Nachfrage entspricht z. B. die Vergabe von 400 neuen Theaterlizenzen durch die US-amerikanische Militärregierung für ihre Besatzungszone und ihren Sektor in Berlin. Wenn auch viele Theaterneugründungen erfolgen, so gibt es immer noch einen Überschuß an Theaterpersonal.
Neben Klassikern wie Friedrich Schiller und Johann Wolfgang von Goethe werden zunehmend Werke ausländischer und antifaschistischer Autoren gespielt. Wolfgang Borcherts Heimkehrerstück »Draußen vor der Tür« löst bei den Deutschen Betroffenheit aus. Die deutsche Erstaufführung von Carl Zuckmayers »Des Teufels General« im Deutschen Schauspielhaus in Hamburg führt dem deutschen Zuschauer die ganze Problematik des illegalen Widerstandes gegen das Hitlerregime vor Augen. Zuckmayer hat damit von der Bühne her die erste öffentliche und freie Diskussion über die jüngste Vergangenheit eingeleitet.
Im sowjetischen Sektor von Berlin wird Walter Felsenstein Intendant der Komischen Oper, die im wieder aufgebauten Metropoltheater etabliert wird. Er findet die Unterstützung der sowjetischen Militärregierung für seinen Plan, Heiter-Seriöses bis hin zur klassischen Operette zu spielen, und kann hier sein Bestreben nach text- und partiturgetreuen Werkwiedergaben verwirklichen.
Die Werke britischer, US-amerikanischer und französischer Autoren erfreuen sich in Deutschland zunehmender Beliebtheit. In Hamburg wird Eugene O'Neills Stück »Trauer muß Elektra tragen« erstmals in Deutschland aufgeführt (→ 11. 4./S. 79); in Stuttgart und Wuppertal ist als Stellvertreter des modernen französischen Theaters Albert Camus' »Caligula« in deutscher Übersetzung zu sehen.
Die gerade überstandene Kriegszeit führt einerseits zu kritischer Auseinandersetzung mit der jüngsten Vergangenheit, andererseits in Abkehr vom Zeitgeschehen zur modernen Bearbeitung antiker Stoffe.

Wiederaufführung von Georg Büchners Dramenfragment »Woyzeck« in Berlin: E. W. Borchert (l.) in der Rolle des Barbier Woyzeck

Erich Ponto in Carl Zuckmayers Hauptmann von Köpenick

Gustaf Gründgens und Marianne Hoppe in Sartres »Die Fliegen«

Dezember 1947

Mo	Di	Mi	Do	Fr	Sa	So
1	2	3	4	5	6	7
8	9	10	11	12	13	14
15	16	17	18	19	20	21
22	23	24	25	26	27	28
29	30	31				

1. Dezember, Montag

In Antwerpen beschließt die Internationale Sozialistenkonferenz, die Sozialistische Internationale vorerst nicht wiederzugründen. Gleichzeitig wird vereinbart, die SPD wieder als Mitglied zuzulassen.

Königin Wilhelmina der Niederlande nimmt nach sechswöchiger Unterbrechung die Regierungsgeschäfte wieder auf (→ 3. 10./S. 172).

Vor Oporto (Portugal) wird eine portugiesische Fischereiflotte von einem Sturm überrascht: 160 Seeleute kommen ums Leben.

Die Regierung der USA beschließt, das Eniwetok-Atoll im Pazifik zum Atombomben-Testgebiet auszubauen.

Beim Absturz eines jugoslawischen Flugzeuges in Montenegro kommen 23 Menschen ums Leben.

2. Dezember, Dienstag

Die US-amerikanische Militärregierung in Deutschland gibt bekannt, daß das Demontageprogramm entgegen den Vorschlägen mehrerer Minister der deutschen Länder in seiner ursprünglichen Form weitergeführt werde (→ 29. 8./S. 138).

Die chinesischen Regierungstruppen beginnen eine mehrwöchige Großoffensive gegen die Einheiten der Kommunisten. → S. 206

Der Vorsitzende der Demokratischen Partei Koreas, Chang Duk Ser, wird von Unbekannten in seiner Wohnung ermordet (→ 4. 12./S. 206).

3. Dezember, Mittwoch

Der schleswig-holsteinische Landtag verabschiedet das Gesetz über die Bodenreform. Es sieht vor, allen Grundbesitz mit einer Fläche von mehr als 100 ha zu beschlagnahmen.

Die britische Militärregierung in Deutschland teilt mit, daß 47% der unterirdischen Rüstungswerke in der Bizone zerstört worden sind.

Rund 61 000 ehemalige deutsche Wehrmachtsangehörige befinden sich derzeit noch in britischer Kriegsgefangenschaft im Nahen Osten (→ 24. 12./S. 212).

In Ungarn tritt eine Luxussteuer in Kraft: Alle Waren, die nicht für den täglichen Bedarf bestimmt sind, werden um 50% verteuert.

Die Tragödie »Endstation Sehnsucht« von Tennessee Williams hat im Barrymore Theatre in New York Premiere.

4. Dezember, Donnerstag

Von dem US-amerikanischen Militärgerichtshof in Nürnberg werden mehrere führende deutsche Juristen der NS-Zeit zu lebenslangen Freiheitsstrafen verurteilt.

Nordkorea gibt sich eine kommunistische Verfassung. Die UNO erklärt sich jedoch gegen den Einspruch der UdSSR als allein zuständig für die Frage der koreanischen Wiedervereinigung und verlangt die Durchführung von Wahlen in ganz Korea unter ihrer Aufsicht. → S. 206

5. Dezember, Freitag

In der Nähe der Stadt Hankau kommt es im Zuge der Offensive chinesischer Regierungstruppen zu einer schweren Schlacht mit 100 000 Mann der kommunistischen Roten Armee Mao Tse-tungs (→ 2. 12./S. 206).

Der Boxweltmeister im Schwergewicht, Joe Louis (USA), verteidigt in New York im Madison Square Garden mit einem umstrittenen Punktsieg gegen seinen Landsmann Jersey Joe Walcott seinen Titel. → S. 211

6. Dezember, Sonnabend

Der auf Initiative der SED einberufene »Volkskongreß für die deutsche Einheit und einen gerechten Frieden« wird im sowjetischen Sektor von Berlin eröffnet. An ihm nehmen 1352 Delegierte aus der Ostzone und Berlin sowie 664 aus den Westzonen teil. Der Kongreß dauert bis zum 7. Dezember. → S. 202

Das US-amerikanische Militärgericht in Dachau hat bislang 463 Kriegsverbrecher zum Tode verurteilt. Insgesamt wurden 16 000 Strafverfahren eingeleitet.

Die italienische verfassunggebende Nationalversammlung untersagt dem ehemaligen König Viktor Emanuel III., seiner Frau und allen ihren männlichen Nachkommen die Rückkehr nach Italien (→ 28. 12./S. 204).

Schwergewichtsboxer Max Schmeling schlägt in Hamburg den Berliner Hans-Joachim Drägestein in einem Kampf über zehn Runden nach Punkten.

7. Dezember, Sonntag

König Leopold III., der sich im schweizerischen Exil aufhält, erklärt, er sei jederzeit bereit, wieder als König der Belgier in sein Land zurückzukehren (→ 29. 7./S. 115).

8. Dezember, Montag

Vor dem US-amerikanischen Militärgericht in Nürnberg wird der letzte Industrieprozeß eröffnet. Auf der Anklagebank sitzen Alfried Krupp von Bohlen und Halbach sowie elf ehemalige Direktoren seines Konzerns.

Jugoslawien und Ungarn schließen einen Freundschafts- und Beistandsvertrag. → S. 206

Aus den USA treffen täglich 100 000 Weihnachtspakete für Europa ein.

In Sibirien fallen die Temperaturen auf minus 52 °C.

9. Dezember, Dienstag

Berlin wird ein drittes Opernhaus, die Komische Oper, erhalten. Als Intendant ist Walter Felsenstein verpflichtet worden.

Der Schauspielerin Marlene Dietrich wird die »Freiheitsmedaille« der US-Militärakademie Westpoint verliehen. → S. 210

In Berlin wird Josef von Bakys Film »Und über uns der Himmel« uraufgeführt, der sich mit dem Berliner Trümmer- und Nachkriegsmilieu befaßt. → S. 210

23 Menschen sterben beim Absturz eines US-amerikanischen Flugzeugs vom Typ C-54 »Skymaster« auf den Labrador-Inseln.

10. Dezember, Mittwoch

US-Außenminister George C. Marshall fordert die UdSSR auf, die Demontage deutscher Industriebetriebe in der Ostzone zu beenden.

In Österreich tritt ein Währungsgesetz in Kraft. Es bezweckt, den derzeitigen Notenumlauf von rund 27 Milliarden Schilling auf etwa ein Drittel herabzusetzen. → S. 205

Der iranische Ministerpräsident Ahmad Qawam es Sultaneh tritt zurück. Nachdem kurzzeitig Facher Hehmet sein Nachfolger wird, übernimmt anschließend am 29. Dezember Ibrahim Hahini das Amt.

Die Königlich Schwedische Akademie verleiht den Nobelpreis für Chemie an den britischen Biologen Sir Robert Robinson. Der Literatur-Nobelpreis geht an den französischen Schriftsteller André Gide. Für Physik wird der britische Wissenschaftler Sir Edward Appleton ausgezeichnet. → S. 208

11. Dezember, Donnerstag

Der Vorsitzende des ehemaligen »Nationalkomitees Freies Deutschland«, Erich Weinert, tritt Gerüchten entgegen, wonach in der UdSSR eine deutsche Armee unter dem Oberbefehl von Generalfeldmarschall Friedrich Paulus weiter bestehe (→ S. 202).

Die in London tagende Außenministerkonferenz der Siegermächte (USA, UdSSR, Großbritannien und Frankreich) setzt die deutsche Stahlproduktion auf 11,5 Millionen t jährlich fest (→ 15. 12./S. 205).

Innerhalb von drei Tagen sterben bei Flugzeugunglücken in den USA 43 Menschen.

12. Dezember, Freitag

General Pierre Koenig tritt sein Amt als Nachfolger des Oberbefehlshabers der französischen Besatzungsmacht in Deutschland, General Emile Laffon, an. → S. 204

Vor dem britischen Unterhaus in London gibt Außenminister Ernest Bevin bekannt, daß aus sorgfältigen Erwägungen der 15. Mai 1948 als Tag der Übergabe des britischen Mandats in Palästina gewählt worden sei (→ 29. 11./S. 184).

Die Jewish Agency veröffentlicht einen Plan, in dem vorgesehen ist, daß innerhalb von vier Jahren 400 000 Juden nach Palästina einwandern sollen (→ 29. 11./S. 184).

Ein Zugunglück im französischen Département Puy de Dome fordert 17 Menschenleben.

13. Dezember, Sonnabend

Nach einer amtlichen britischen Mitteilung sind in Palästina bei Kämpfen zwischen Arabern und Juden seit Anfang des Monats 190 Menschen getötet worden (→ 29. 11./S. 184).

Aus den ersten demokratischen Wahlen seit 1830 gehen in dem südamerikanischen Land Venezuela die Sozialisten als Sieger hervor.

14. Dezember, Sonntag

In der Sowjetunion wird zur Inflationsbekämpfung der Wechselkurs des Rubels neu festgelegt und außerdem das bisherige System der Rationierungen aufgehoben.

Nach Angaben von Radio Moskau sind die letzten sowjetischen Truppen aus Bulgarien abgezogen worden.

Die letzten US-amerikanischen Soldaten verlassen Italien, nachdem die letzten britischen Besatzungstruppen bereits am 7. Dezember abgezogen worden sind.

15. Dezember, Montag

Die Konferenz der Siegermächte (UdSSR, USA, Frankreich, Großbritannien) in London, die am → 25. November (S. 185) begann, wird ohne konkrete Ergebnisse in der Deutschlandfrage vertagt. → S. 205

Chinesische Piraten plündern einen niederländischen Passagierdampfer. Die 25 Seeräuber waren in Hongkong an Bord gegangen.

Ein britisches Unterseeboot stellt mit einem Schnorchel einen neuen Weltrekord im Unterwasserfahren auf: Das Boot bleibt mit 67 Mann mehrere Wochen vor der westafrikanischen Küste unter Wasser.

Bei einer Tagung in Stuttgart beschließen die Vertreter des deutschen Fußballsports aus den drei Westzonen die Durchführung einer Deutschen Meisterschaft für 1948.

16. Dezember, Dienstag

In London besprechen US-Außenminister George C. Marshall und sein französischer Amtskollege Georges Bidault die Möglichkeit der Angliederung der französischen Besatzungszone Deutschlands an die Bizone. Frankreichs Außenminister verlangt Garantien gegen ein mögliches Wiederaufleben des deutschen Militarismus (→ 15. 12./S. 205).

lit einem stimmungsvollen emälde bereitet »The Illu-rated London News« die eser der Weihnachtsnum-er auf das bevorstehende est vor

Dezember 1947

In Sofia wird ein auf 20 Jahre befristeter Freundschafts- und Beistandspakt zwischen Bulgarien und Albanien abgeschlossen.

Die rumänische Regierung verstaatlicht zwei Erdölfirmen, die sich in britischem Besitz befanden.

Kurz nach dem Start in Phoenix im US-Bundesstaat Arizona stürzt ein Bombenflugzeug vom Typ B-29 ab. Dabei kommen die zwölf Mann Besatzung ums Leben.

17. Dezember, Mittwoch

Der US-amerikanische Kongreß in Washington billigt das European Recovery Program (ERP), den Marshallplan (→5. 6./S. 100).

Die Ministerpräsidenten der Staaten der Arabischen Liga wenden sich gegen eine Teilung Palästinas und drohen mit entschiedenen Maßnahmen gegen ihre geplante Durchführung (→29. 11./S. 184).

18. Dezember, Donnerstag

In Washington wird eine Änderung des Bizonenabkommens zwischen Großbritannien und den USA unterzeichnet: Künftig übernehmen die Vereinigten Staaten auch die Zahlungsverpflichtungen Großbritanniens. →S. 205

Im Saarland wird unter Ministerpräsident Johannes Hoffmann (Christliche Volkspartei) eine neue Regierung gebildet (→8. 11./S. 186).

Der thüringische Landtag beschließt die Abschaffung des Abtreibungsparagraphen 218. →S. 207

Die Zeitung »Die Welt« mutmaßt in einem Artikel, daß bei einer Währungsreform in Deutschland das Verhältnis der neuen Währungseinheit zur Reichsmark 1:10 betragen werde. →S. 203

Der US-amerikanische Schwimmer Bob Sohl stellt über 100 Yards mit 1:00,4 min. einen neuen Weltrekord im Brustschwimmen auf.

19. Dezember, Freitag

Die Vorsitzenden der ostzonalen CDU, Jakob Kaiser und Ernst Lemmer, werden von der sowjetischen Militärverwaltung in Deutschland zum Rücktritt von ihren Ämtern gezwungen. →S. 202

Rumänien und Jugoslawien schließen einen Freundschaftsvertrag.

Beim Einsturz einer Hängebrücke in Kolumbien stürzen 125 Menschen zu Tode.

In London besiegt die Eishockey-Nationalmannschaft der Tschechoslowakei England 4:3. →S. 211

20. Dezember, Sonnabend

Der Ständige Ausschuß des am 6. Dezember zusammengetretenen »Deutschen Volkskongresses für Einheit und gerechten Frieden« bedauert in einer Entschließung die Vorbereitungen zur Gründung eines Staates in den Westzonen (→6. 12./S. 202).

21. Dezember, Sonntag

Ein Krakauer Gericht verurteilt 23 ehemalige Angehörige des Lagerpersonals des KZ Auschwitz zum Tode. Die Angeklagten werden des Mordes an fast 300000 Menschen für schuldig befunden.

An seinem 68. Geburtstag wird Generalissimus Josef W. Stalin in den Moskauer Stadtsowjet gewählt.

22. Dezember, Montag

Das US-amerikanische Militärgericht in Nürnberg verurteilt den Großindustriellen Friedrich Flick zu sieben Jahren Gefängnis. Am selben Tag wird der Prozeß gegen 21 ehemalige Reichsminister, Staatssekretäre und Wirtschaftsführer eröffnet (»Wilhelmstraßen-Prozeß«). →S. 203

Die panamesische Nationalversammlung lehnt die Ratifikation eines Abkommens mit den USA ab. Darin ist vorgesehen, daß die Vereinigten Staaten Militärstützpunkte außerhalb der Kanalzone errichten dürfen.

Bei einem Zugunglück auf der Strecke Niederlahnstein–Neuwied kommen 41 Menschen ums Leben, 75 werden verletzt.

US-amerikanische Besatzungssoldaten veranstalten überall in Deutschland Weihnachtsfeiern für Kinder. →S. 212

23. Dezember, Dienstag

Die Vereinigten Staaten räumen alle Militärstützpunkte in Panama außerhalb der Kanalzone.

In China tritt eine neue Verfassung in Kraft. Die Machtstellung von Chiang Kai-shek wird dadurch nicht beeinträchtigt.

Schwere Schneestürme über Österreich führen zu Störungen im Transportverkehr.

Der Oberste Gerichtshof (Supreme Court) der USA in Washington hebt das Urteil gegen den vor 22 Jahren wegen Mordes zu lebenslänglicher Haft verurteilten Italiener Toni Marino auf.

24. Dezember, Mittwoch

Die französische Militärregierung in Deutschland verbietet die in Rheinland-Pfalz erscheinende SPD-Zeitung »Die Freiheit« für 14 Tage. Offiziel werden keine Gründe für diese Maßnahme angegeben.

General Markos Wafiadis, der Oberbefehlshaber der griechischen Aufständischen, gibt die Bildung einer vorläufigen Gegenregierung für das Land bekannt. →S. 204

In seiner alljährlichen Weihnachtsansprache bittet Papst Pius XII. alle Staatsmänner, sich um den Bestand des Friedens in der Welt zu bemühen.

Bei einem Lawinenunglück in der Nähe von Salzburg kommen neun Menschen ums Leben.

25. Dezember, 1. Weihnachtstag

Die griechische Polizei deckt eine Verschwörung zur Ermordung mehrerer führender Politiker des Landes auf: Über 400 mutmaßliche Täter werden verhaftet (→24. 12./S. 204).

Bei einer Minenexplosion vor der niederländischen Küste sinkt ein norwegisches Schiff. Dabei kommen 24 Seeleute ums Leben.

In Australien herrschen tropische Temperaturen von weit über 30°C.

26. Dezember, 2. Weihnachtstag

In Tokio beginnt vor dem Internationalen Gerichtshof zur Aburteilung der Hauptkriegsverbrecher der Prozeß gegen den ehemaligen japanischen Ministerpräsidenten Hideki Tojo. →S. 206

Während der Weihnachtsfeiertage verunglücken in den USA allein bei Verkehrsunfällen über 200 Menschen tödlich.

Bei einem Schneesturm im Gebiet um New York kommen 26 Menschen ums Leben.

Ein Taifun auf den Philippinen fordert über 70 Menschenleben.

27. Dezember, Sonnabend

Der französische Ministerpräsident Robert Schuman, Außenminister Georges Bidault sowie der französische Militärgouverneur in Deutschland, General Pierre Koenig, führen in Paris Gespräche über die Möglichkeit einer Angliederung der französischen Besatzungszone Deutschlands an die Bizone (→15. 12./S. 205).

In London unterzeichnen Großbritannien und die UdSSR ein Handelsabkommen.

28. Dezember, Sonntag

Eine interzonale Tagung von CDU und CSU in Berlin spricht den beiden Vorsitzenden der ostzonalen CDU, Jakob Kaiser und Ernst Lemmer, das Vertrauen aus (→19. 12./S. 202).

Seit Bekanntgabe des Teilungsbeschlusses für Palästina sind im Nahen Osten bereits mehr als 300 Menschen bei Unruhen und Terrorakten ums Leben gekommen.

55 Menschen kommen bei schweren Schneestürmen in den nordöstlichen Küstenstaaten der USA ums Leben.

Bei der Explosion eines Schiffes auf dem chinesischen Fluß Jangtsekiang kommen mehrere hundert Menschen ums Leben.

29. Dezember, Montag

In Österreich werden 35 Personen unter dem Verdacht verhaftet, in eine nationalsozialistische Verschwörung verwickelt zu sein.

In Süd- und Westdeutschland kommt es infolge langanhaltender Regenfälle zu verheerenden Überschwemmungen. →S. 207

30. Dezember, Dienstag

Der Vorstand der Berliner CDU erklärt, daß Jakob Kaiser und Ernst Lemmer nach ihrer Absetzung auch weiterhin die rechtmäßigen Vorsitzenden der ostzonalen CDU seien (→19. 12./S. 202).

Rumänien wird zur Volksrepublik, nachdem König Michael seinen Rücktritt erklärt hat. Zuvor gab es zwischen ihm und der kommunistischen Regierung erhebliche Spannungen. →S. 205

Der ehemalige birmesische Ministerpräsident U Saw wird wegen Anstiftung zur Ermordung des stellvertretenden Ministerpräsidenten U Aung San zum Tode verurteilt. Acht weitere Angeklagte werden ebenfalls zum Tode verurteilt.

Die Freeman-Brücke über den Rhein – die erste provisorische Brücke über den Fluß – zwischen Düsseldorf und Oberkassel wird von einem Motorkahn gerammt und stürzt ein.

Bei einer Kältewelle in Schweden werden Temperaturen von bis zu minus 40°C gemessen.

31. Dezember, Mittwoch

In Italien streiken 100000 Bankangestellte. Alle Banken des Landes bleiben geschlossen.

Ein Tornado über dem US-amerikanischen Bundesstaat Louisiana fordert über 200 Menschenleben.

Gestorben:

7. Paris: Tristan Bernard (*7. 9. 1866, Besançon), französischer Schriftsteller.

14. Stourport on Severn: Stanley Baldwin, Earl Baldwin of Bewdley (*3. 8. 1867, Bewdley/Worchester), britischer konservativer Politiker.

25. München: Otto Falckenberg (*5. 10. 1873, Koblenz), deutscher Schauspieler und Regisseur.

28. Alexandria: Viktor Emanuel III. (*11. 11. 1869, Neapel), König von Italien. →S. 204

30. Cambridge/Massachusetts: Alfred North Whitehead (*15. 2. 1861, Ramsgate/Kent), britischer Mathematiker und Naturphilosoph.

31. New York: Albert Grzesinski (*28. 7. 1879, Treptow), deutscher Politiker, ehemaliger preußischer Minister und Berliner Polizeipräsident.

Geboren:

18. Cincinnati/US-Bundesstaat Ohio: Steven Spielberg, US-amerikanischer Filmregisseur.

Einen kleinen Weihnachtsmarkt zeigt das Titelblatt der Weihnachtsausgabe der Zeitschrift »Heute« zur Adventszeit

CDU-Parteiführung abgesetzt

19. Dezember. Auf Beschluß der Sowjetischen Militäradministration in Deutschland (SMAD) erfolgt eine Reorganisation der Parteiführung der CDU der sowjetischen Besatzungszone und Berlins. Jakob Kaiser und Ernst Lemmer werden von der SMAD ab sofort nicht mehr als Parteivorsitzende anerkannt. Die SMAD teilt weiter mit, daß bis auf weiteres die sechs Landesvorsitzenden als oberste Vertretung der CDU in der Ostzone betrachtet würden und Reinhold Lobedanz und Hugo Hickmann mit der Gesamtleitung beauftragt seien.

Zusammen mit der Absetzung von Kaiser und Lemmer erfolgt ein Eingriff in das Pressewesen der Partei. Der Chefredakteur der Parteizeitung »Neue Zeit«, Wilhelm Gries, wird ebenfalls abgesetzt.

Die Zuspitzung der Krise zwischen dem bisherigen Vorstand der CDU und der SMAD war durch eine massive Beeinflussungskampagne der CDU im Sinne der kommunistischen Einheitspolitik deutlich geworden. Die Weigerung der CDU-Zonenleitung, sich geschlossen an dem von der SED gegründeten

Jakob Kaiser, von der SMAD abgesetzter Vorsitzender der CDU

Auch Ernst Lemmer (hier ein Foto aus späteren Jahren) wird abgesetzt

»Deutschen Volkskongreß für Einheit und gerechten Frieden« (→6. 12./S. 202) zu beteiligen, führte zu einer Diffamierungskampagne gegen die beiden Vorsitzenden und verstärktem Druck auf die Mitglieder der Partei. Das unentwegte Eintreten Kaisers für eine eigenständige Politik seiner Partei gegenüber der SED (→13. 7./S. 117) ist damit letztlich gescheitert. Auf einer Pressekonferenz vor in- und ausländischen Journalisten äußert Kaiser, er verstehe sich immer noch als gewählter Vorsitzender der CDU und werde von Berlin aus weiterarbeiten, um den Widerstand gegen die sowjetisch-kommunistische Politik unter dem Schutz der Westmächte fortsetzen zu können.

Gerüchte um eine »Paulus-Armee«

In der Lizenzpresse der westlichen Besatzungszonen Deutschlands befassen sich eine Reihe von Artikeln mit einer angeblichen deutschen Armee in der Sowjetunion.

So sollen 100 000 Kriegsgefangene dort wiederbewaffnet worden sein. Als deren Oberbefehlshaber werden Generalfeldmarschall Friedrich Paulus, der am 2. Februar 1943 bei Stalingrad vor den Sowjets kapituliert hatte, und General Walter von Seydlitz genannt. Anderen Berichten zufolge soll diese »Deutsche Befreiungsarmee« oder »Armee ehemaliger Stalingradkämpfer« sogar eine Stärke von 500 000 Mann erreicht haben. Vermutungen zufolge will die UdSSR eine Kadertruppe für einen zukünftigen ostdeutschen Separatstaat schaffen. In Wirklichkeit jedoch übt General Paulus keinen militärischen Posten aus. Er geriet im Februar 1943 in Stalingrad in sowjetische Kriegsgefangenschaft. Dort trat er dem Nationalkomitee »Freies Deutschland« bei, in dem sich deutsche Kriegsgefangene in einer antifaschistischen Organisation zusammenfanden.

Keine Demontagen für die UdSSR

20. Dezember. Der US-Außenminister George C. Marshall teilt mit, daß keine demontierten Fabrikeinrichtungen mehr aus der US-amerikanischen Besatzungszone Deutschlands an die Sowjetunion geliefert werden. Demgegenüber verlautet aus der britischen Hauptstadt London, man werde auch künftig derartige Lieferungen fortsetzen.

G. C. Marshall

Die Reparationslieferungen aus den Westzonen beruhen auf einer Vereinbarung zwischen den Alliierten aus dem Jahre 1945. Aus wirtschaftlichen und politischen Gründen hatte 1946 der stellvertretende US-Militärgouverneur General Lucius D. Clay einen Reparationsstop für die US-Zone verfügt.

»Volkskongreß« tagt in Berlin

6. Dezember. In Berlin konstituiert sich nach einem Aufruf der SED ein »Deutscher Volkskongreß für Einheit und gerechten Frieden«. Der Kongreß soll dazu dienen, der Außenministerkonferenz der vier Großmächte, die am gleichen Tag in London tagt, eine Entschließung auf der Grundlage einer gesamtdeutschen Willensbildung vorzulegen (→15. 12./S. 205).

Neben den Teilnehmern der SED und der mit ihr verbündeten Massenorganisationen nehmen einzelne Mitglieder der CDU und SPD (z. T. auch aus den drei westlichen Zonen) sowie eine offizielle Delegation der LDPD (Liberal-Demokratische Partei Deutschlands) teil. Jakob Kaiser, einer der beiden Vorsitzenden der CDU in der sowjetischen Besatzungszone Deutschlands, sieht in der Volkskongreßbewegung lediglich einen Versuch der SED, die innere Stabilisierung der Ostzone unter ihrer Herrschaft voranzutreiben, und lehnt die offizielle Beteiligung der CDU am Kongreß ab. Diese Haltung führt später auf Betreiben der SED zur »Säuberung« des CDU-Vorstandes (→19. 12./S. 202).

Der Delegation, die in London die Resolution des Volkskongresses übergeben soll, gehören u. a. an: Wilhelm Pieck (SED), Otto Grotewohl (SED), Wilhelm Külz (LDPD) und Otto Nuschke (CDU). Die SPD der Westzonen bleibt dem Kongreß bis auf Ausnahmen fern. Die Abordnung des Volkskongresses wird in London nicht vorgelassen.

Das Präsidium des in Ost-Berlin auf Initiative der SED zusammengetretenen Volkskongresses während der Ansprache von Wilhelm Pieck (M.)

Der deutsche Unternehmer Friedrich Flick (M.) vor dem internationalen Militärtribunal in Nürnberg

Sieben Jahre Gefängnis für Flick

22. Dezember. Das internationale Militärtribunal in Nürnberg verurteilt den Industriellen Friedrich Flick zu einer Freiheitsstrafe von sieben Jahren. Zwei Direktoren des Konzerns, Otto Steinbrinck und Bernhard Weiß, erhalten Haftstrafen von fünfeinhalb bzw. zweieinhalb Jahren. Drei weitere Direktoren, Odilo Burckart, Konrad Kaletsch und Hermann Terberger, werden freigesprochen.

In der Begründung des Urteils wird Flick vorgeworfen, während des Zweiten Weltkrieges in seinem Unternehmen Sklavenarbeiter beschäftigt zu haben. Außerdem wies das Gericht nach, daß er sich an der wirtschaftlichen Ausplünderung der von Deutschland besetzten Gebiete beteiligt hat. Schließlich gehörte Flick dem sogenannten Freundeskreis des Reichsführers der SS, Heinrich Himmler, an und unterstützte außerdem die SS durch Zahlung hoher Geldsummen.

Der Prozeß gegen Friedrich Flick hat insgesamt sechs Monate gedauert. Der ihm gehörende Konzern wird von den Alliierten entflochten.

Am Tag der Verurteilung Flicks beginnt in Nürnberg ein weiterer großer Prozeß. Angeklagt sind u. a. der ehemalige Reichsminister und Chef von Adolf Hitlers Reichskanzlei Hans Heinrich Lammers, der ehemalige Außenminister Johann Ludwig Graf Schwerin von Krosigk, der frühere Landwirtschaftsminister Walter Darré sowie Ernst Freiherr von Weizsäcker, Otto Meißner und Otto Dietrich.

Ihnen wirft die Anklage Kriegsverbrechen und Verbrechen gegen die Menschlichkeit vor. Da die meisten der Angeklagten in den ehemaligen Reichsministerien an der Berliner Wilhelmstraße tätig waren, erhält das Gerichtsverfahren gegen sie den Namen »Wilhelmstraßenprozeß«.

Ebenfalls in Nürnberg wird seit dem 8. Dezember gegen den Eigentümer des Krupp-Konzerns, Alfried Krupp von Bohlen und Halbach, verhandelt. Mitangeklagt sind elf Direktoren des Konzerns (→ 14. 8./S. 139).

Am Tage der Prozeßeröffnung bezeichnete der US-amerikanische Hauptankläger, General Telford Taylor, den Krupp-Konzern als einen »NS-Musterbetrieb«.

Der Industrielle Alfried Krupp von Bohlen und Halbach auf der Anklagebank (l.); neben ihm die drei Direktoren Löser, Hourdemont und Müller

Gerüchte über Währungsreform

18. Dezember. In der deutschen Lizenzpresse erscheinen immer häufiger Berichte über eine neue Währung für die westlichen Besatzungszonen Deutschlands. Die Ausgabe der neuen Banknoten ist für den Fall vorgesehen, daß es mit der Sowjetunion zu keiner Einigung über den Abschluß eines Friedensvertrages mit Deutschland kommt.

Andere Zeitungen glauben bereits zu wissen, in welchem Umfang die Reichsmark abgewertet werden soll, nämlich um 90%. Auch melden Journalisten aus den USA, bereits drei Waggonladungen mit neuen Banknoten seien unter strengsten Sicherheitsvorkehrungen nach New York gebracht worden (tatsächlich sind die neuen Geldscheine bereits in Deutschland eingetroffen).

Von US-amerikanischer Seite wird jedoch dementiert, daß in Kürze eine Währungsreform bevorstehe. Auch die sowjetische Besatzungsmacht verneint Anfragen, ob in ihrer Zone Vorbereitungen für die Ausgabe neuer Banknoten getroffen werden.

Über die dringende Notwendigkeit einer Währungsreform besteht sowohl auf alliierter als auch auf deutscher Seite kein Zweifel. Zur Finanzierung der Kriegskosten – sie beliefen sich auf schätzungsweise 510 Milliarden Mark – hatte die nationalsozialistische Regierung in Deutschland zahlreiche Finanzmanipulationen vorgenommen. Die Folge war ein ungeheurer Geldüberhang nach Kriegsende. Weil aber nicht einmal die allernotwendigsten Bedürfnisse der Bevölkerung befriedigt werden konnten, war das Geld praktisch wertlos. Während die Löhne und Gehälter zum Teil unter dem Niveau der Vorkriegszeit liegen, kostet auf dem schwarzen Markt die einzelne Zigarette bis zu 8 RM.

Seit einiger Zeit bereits verhandeln die alliierten Siegermächte über eine Währungsreform. Bisher sind die Gespräche jedoch ergebnislos verlaufen. Hauptstreitpunkt zwischen der Sowjetunion und den Westmächten ist der Ort, an dem das neue Geld gedruckt werden soll. Während die Westalliierten darauf bestehen, die Währung in Berlin unter alliierter Kontrolle ausgeben zu lassen, verlangen die Sowjets, einen Teil des Geldes in ihrer Besatzungszone herstellen zu lassen.

Exkönig Viktor Emanuel III. stirbt

28. Dezember. Viktor Emanuel III. von Italien stirbt in der ägyptischen Stadt Alexandria im Alter von 78 Jahren an einer Lungenentzündung. Der Exkönig befindet sich seit Juni 1946 im Exil, nachdem die Italiener sich in einer Volksabstimmung gegen die Monarchie ausgesprochen hatten. Am 6. Dezember 1947 untersagte die verfassunggebende Versammlung in Rom Viktor Emanuel III., seiner Frau und allen seinen männlichen Nachkommen das Betreten italienischen Bodens.
Viktor Emanuel III. bestieg 1900 nach der Ermordung seines Vaters Umberto I. den italienischen Thron. Er war damals 30 Jahre alt. Die 46 Jahre seiner Regierung sind geprägt durch zwei Weltkriege und den italienischen Faschismus. Er verlor im Laufe der Zeit ständig an Macht und wurde mehr und mehr zu einer bloßen Repräsentationsfigur des italienischen Staates.
Am 2. Juni 1946 sprach sich die Mehrheit der italienischen Bürger für eine Republik Italien aus, daran änderte auch die Abdankung des Königs kurz vor der Abstimmung zugunsten seines Sohnes, Kronprinz Umberto, nichts mehr. Viktor Emanuel III. ging mit seiner Frau Elena ins Exil nach Ägypten, wo er sich Graf Rollenzo nannte. Sein gesamter italienischer Besitz wurde vom Staat beschlagnahmt, dennoch gilt der Exkönig weiterhin als einer der reichsten Männer der Welt.

Ein Bild aus vergangenen Tagen: Die Zeichnung zeigt Viktor Emanuel III. (Bildmitte) 1915 beim Besuch italienischer Truppen an der Alpenfront

Italiens König Viktor Emanuel III. (l.) in seinem Exil in Kairo

Politische Polarisierung in Italien

Italien steht nach Ende des Zweiten Weltkriegs vor schweren Problemen. Die Kriegsfolgen müssen überwunden und das wirtschaftliche Gefälle zwischen Nord- und Süditalien beseitigt werden. Ehemalige Widerstandsgruppen und Sozialisten und Kommunisten bilden das CLN (Komitee zur nationalen Befreiung). Es bricht jedoch rasch wieder auseinander. Bei den Wahlen 1946 wird die Democracia Cristiana (Christdemokraten), ein Sammelbecken der Konservativen, das eng mit der katholischen Kirche in Verbindung steht, stärkste Partei.

Gegenregierung in Griechenland

24. Dezember. Der Oberbefehlshaber der griechischen Partisanenarmee, Markos Wafiadis (General Markos) ruft im Norden des Landes eine Gegenregierung aus. Wafiadis selbst steht dieser »Ersten vorläufigen Regierung des freien Griechenland« als Ministerpräsident vor. Zugleich bekleidet er das Amt des Verteidigungsministers.
Als Hauptaufgabe seiner Regierung bezeichnet Wafiadis u. a. den Aufbau einer Armee und die Abhaltung von Wahlen zu einer neuen griechischen Nationalversammlung.
Die Bildung einer Gegenregierung leitet eine neue Phase im nun schon seit Jahren schwelenden Bürgerkrieg in Griechenland ein. Während die USA und Großbritannien die Regierung in Athen mit Waffen, Militärberatern und Finanzmitteln unterstützen, erhalten die im Norden des Landes operierenden Partisanen Hilfe von Jugoslawien.
Die Sowjetunion unterstützt die griechischen Partisanen zwar propagandistisch, versagt Wafiadis jedoch die diplomatische Anerkennung.
Gleichzeitig mit der Ausrufung ihrer Gegenregierung starten die Partisanen eine militärische Offensive. Ziel ist die Eroberung der Stadt Konitsa, die zum Regierungssitz erhoben werden soll. Es gelingt ihnen jedoch nicht, die von nur rund 1000 Soldaten verteidigte Stadt im Norden Griechenlands einzunehmen.

Amtsübernahme in Baden-Baden

12. Dezember. Der seit 1945 amtierende Oberbefehlshaber der französischen Besatzungstruppen in Deutschland, General Pierre Koenig, übernimmt von General Emile Laffon auch die Amtsgeschäfte des Chefs der Besatzungsverwaltung in Baden-Baden. Koenig ist damit die höchste militärische und zivile Autorität in der französischen Besatzungszone.
Im Gegensatz zu den anderen westlichen alliierten Siegermächten betreibt Frankreich in Deutschland eine rigorose Besatzungspolitik. So ist die französische Zone besonders scharf von den übrigen Besatzungszonen abgegrenzt. Bestrebungen, die auf eine Wiederherstellung der staatlichen Einheit Deutschlands hinauslaufen, werden unterdrückt. Hinzu kommt, daß die deutschen Verwaltungsorgane kaum in der Lage sind, einen Schritt zu unternehmen, ohne sich diesen von der Militärregierung genehmigen zu lassen. Die Zensurbestimmungen für die Presse und den Rundfunk sind strenger als in allen anderen Besatzungszonen. Ähnlich wie die UdSSR in der Ostzone, nehmen die Franzosen in ihrem Besatzungsgebiet umfangreiche Demontagen vor; Frankreichs Wirtschaft profitiert zudem von Lieferungen aus der deutschen Produktion. Schließlich versorgt sich der Besatzungsapparat nahezu vollständig aus seiner Zone.
Frankreichs Besatzungspolitik stößt ebenso wie seine gesamte Deutschlandpolitik bei den übrigen Alliierten auf Kritik. Die Westmächte drängen auf einen Beitritt der französischen Zone zur Bizone.

Pierre Koenig, französischer Militärgouverneur in Deutschland

Griechische Partisanen kontrollieren einen britischen Journalisten

Rumänischer König geht in das Exil

30. Dezember. König Michael I. von Rumänien dankt ab. Für Rumänien geht damit eine kurze aber ereignisreiche Nachkriegsepoche zu Ende.

König Michael I.

Petru Groza

Sie hatte im August 1944 begonnen, als der erst 23jährige König angesichts der herannahenden Truppen der Roten Armee den Diktator Marschall Ion Antonescu stürzte. Das Deutsche Reich verlor seinen letzten Verbündeten. Rumänien wechselte die Fronten und schloß mit der Sowjetunion einen Waffenstillstand und kämpfte nun auf seiten der Roten Armee gegen die Deutschen.

Auf Druck der Sowjetunion wurde 1945 eine Koalitionsregierung gebildet, in der die kommunistische Partei Schlüsselressorts, wie z. B. das Innen- und das Kriegsministerium, verwaltete. Ministerpräsident Petru Groza, Vorsitzender des Landarbeiterbundes, arbeitete eng mit den Kommunisten zusammen.

Ende 1945 wurden auf Drängen der Westmächte zwei Minister der in Opposition stehenden Bauernpartei sowie der Liberalen in das Kabinett aufgenommen, ohne politischen Einfluß geltend machen zu können.

Im November 1946 erhielt bei den Parlamentswahlen eine Einheitsliste, bestehend aus Kommunisten, Sozialisten, der Partei Grozas und den Liberalen unter dem Vorsitz Gheorghe Tătărăscus, rund 70% der Stimmen. Danach kam es zur Ausschaltung der Opposition und zur Isolation König Michaels.

Im November 1947 wurde der Vorsitzende der Bauernpartei, Juliu Maniu, zu lebenslanger Haft verurteilt; Außenminister Tătărăscu mußte zurücktreten (→ 11. 11./S. 187).

Ende Dezember verzichtet der König, gedrängt von Ministerpräsident Petru Groza, auf den Thron. Rumänien wird Volksrepublik.

Die Konferenz der Außenminister in London ist gescheitert: Der sowjetische Außenminister Wjatscheslaw M. Molotow (l.) verläßt den Konferenzort

Alliierte zerstritten

15. Dezember. In London endet die Tagung des Rates der Außenminister der vier Hauptsiegermächte des Zweiten Weltkrieges ergebnislos. Während ihrer dreiwöchigen Verhandlungen hatten sich George C. Marshall (USA), Ernest Bevin (Großbritannien), Georges Bidault (Frankreich) und Wjatscheslaw M. Molotow (UdSSR) in der Behandlung der deutschen Frage nicht einigen können.

Es kam zu denselben Auseinandersetzungen wie schon im Frühjahr in Moskau (→ 10. 3./S. 50; 24. 4./S. 69). Auch dieses Mal versuchten Marshall und Bevin vergeblich den vorläufigen Charakter der Oder-Neiße-Linie als deutscher Ostgrenze festzulegen. Auch in der Frage der deutschen Reparationsleistungen scheiterten die Verhandlungen.

Hinsichtlich einer zukünftigen Zentralregierung kam es zu kontroversen Debatten. Sie entzündeten sich am unterschiedlich interpretierten Demokratiebegriff. Die Westmächte beharrten hier auf einer grundsätzlichen Debatte. Im Gegenzug warf Molotow seinen westlichen Kollegen in scharfer Form vor, die Teilung Deutschlands vorzubereiten. Die Westmächte dementierten dies mit dem Hinweis, damit sei der Sowjetunion ein Vorwand geliefert, in der Ostzone einen kommunistischen Staat aufzubauen.

Nach dem Scheitern der Londoner Außenministerkonferenz hat der Rat der Außenminister der »Großen Vier« praktisch aufgehört zu existieren. Es ist zu erwarten, daß die UdSSR in der Ostzone und die Westmächte in ihren Besatzungszonen Vorbereitungen zur Gründung separater Staaten treffen werden.

Währungsreform in Österreich

10. Dezember. In Österreich tritt ein Währungsschutzgesetz in Kraft. Es soll den Notenumlauf von etwa 27 Milliarden Schilling auf rund neun Milliarden Schilling herabsetzen.

Das Währungsschutzgesetz wurde bereits am 13. November beschlossen und sieht den Umtausch der Schillinge im Verhältnis 1 : 3 vor. Pro Kopf dürfen nur 150 Schillinge ausgegeben werden, Kontoinhaber mit einem Guthaben über dieser Summe dürfen höchstens 50% ihres Geldes abheben. Der Rest wird erst nach und nach freigegeben. Außerdem wird eine Vermögensabgabe zur Abschöpfung von Gewinnen aus der Kriegszeit eingeführt. Der Wechselkurs Schilling – US-Dollar bleibt jedoch bestehen.

In Deutschland belebt der österreichische Schritt die Diskussion um eine Währungsreform. Immer mehr Wirtschaftsexperten halten dies für notwendig, um die schlechte Wirtschaftslage in Deutschland zu verbessern (→ 18. 12./S. 203).

Neues Abkommen über die Bizone

18. Dezember. In Washington wird zwischen Großbritannien und den USA ein neues Abkommen über die zur Bizone vereinigte britische und US-amerikanische Besatzungszone Deutschlands unterzeichnet. Es löst damit das erste Bizonenabkommen ab, das am 2. Dezember 1946 abgeschlossen wurde und am → 1. Januar (S. 16) in Kraft trat.

Die neue Übereinkunft befreit Großbritannien von allen Zahlungsverpflichtungen in US-Dollars für die Bizone. Bisher hatten sich beide Staaten verpflichtet, z. B. die Kosten für Rohstoffimporte auf der Basis der US-Währung jeweils zur Hälfte zu begleichen. Durch die Neuregelung finanzieren die USA nun zwei Drittel dieser Leistungen. Großbritannien verpflichtet sich im Gegenzug, eine Reihe von Leistungen, wie z. B. die Bereitstellung von Schiffsraum zum Warentransport in das Vereinigte Wirtschaftsgebiet, in Pfund Sterling zu bezahlen.

Grundlage des Abkommens ist die in Großbritannien herrschende Devisenknappheit.

Koreas Teilung verfestigt sich

4. Dezember. Nordkorea gibt sich eine sozialistische Verfassung, deren Entwurf von sowjetischem Vorbild geprägt ist. Mit dieser Maßnahme stellt sich Nordkorea gegen die Vereinten Nationen (UNO), die sich als allein zuständig für das koreanische Problem betrachten.

Auf der Moskauer Konferenz 1945 war beschlossen worden, daß Korea für die nächsten fünf Jahre in die Treuhänderschaft der USA, der Sowjetunion, Großbritanniens und Chinas übergehen sollte. Die Besatzung des Landes übernahmen die UdSSR und die Vereinigten Staaten. Das Gebiet nördlich des 38. Breitengrades kam unter sowjetische, der südlich davon gelegene Teil unter US-amerikanische Verwaltung.

Im März 1946 trat eine gemeinsame Kommission der beiden Mächte zusammen. Sie sollte die Errichtung eines einheitlichen demokratischen Koreas fördern und einen Plan zur Einsetzung einer koreanischen Regierung aufstellen. Die Verhandlungen scheiterten jedoch.

Auf Antrag der USA hat die Vollversammlung der UNO am 1. Dezember beschlossen, einen Ausschuß zur Beaufsichtigung der Wahlen für ein Parlament in Korea zu bilden. Die UdSSR und ihre osteuropäischen Nachbarstaaten wollen diese Kommission boykottieren.

Nach der japanischen Kapitulation 1945 besetzten US-amerikanische Truppen Korea; das Land wurde auf der Höhe des 38. Breitengrades geteilt; noch im Mai 1945 setzte die UdSSR in der Nordhälfte eine provisorische kommunistische Regierung ein; 1945 wurde die Volksrepublik Korea ausgerufen

Die Ginza, Tokios einstige Prachtstraße, wird wiederaufgebaut

Großoffensive der Kuomintang

2. Dezember. Chinesische Regierungstruppen beginnen eine Offensive gegen die Armee des kommunistischen Generals Liu Pu Tscheng in dem zwischen Nanking und Hankau gelegenen Berggebiet Ta Pieh Schan. Sieben Divisionen der Kuomintang haben in den letzten Tagen mehrere Ortschaften eingenommen. Dazu gehört der wichtige kommunistische Stützpunkt Lihwang, wo sich ein großes Arsenal befindet, das von der chinesischen Regierung im Krieg gegen Japan eingerichtet wurde. Die Stärke der kommunistischen Streitkräfte in diesem Frontabschnitt schwankt zwischen 50 000 und 70 000 Mann.

Die Kuomintang-Armee hat erst vor kurzem in der Mandschurei sowie in der Provinz Schantung zwei wichtige Eisenbahnknotenpunkte an die kommunistischen Truppen von Mao Tse-tung verloren. Diese bedrohen nun die wichtige Hafenstadt Tsingtau am Gelben Meer (→ 22. 5./S. 90; 29. 6./S. 105).

Premierminister Chiang Kai-shek bei der Stimmabgabe zur chinesischen Nationalversammlung im November

Fleischerstand auf einem Markt in Schanghai; infolge des Bürgerkrieges steigt in China die Inflation rasant

Expremier Tojo verteidigt sich

26. Dezember. Vor dem Internationalen Militärgericht in Tokio beginnt General Hideki Tojo, der japanische Ministerpräsident der Jahre 1941 bis 1944, mit seiner Verteidigung. Er beschuldigt die alliierten Mächte, sie hätten den Krieg provoziert. Tojo bestreitet seine Verantwortung für den Kriegseinsatz Japans nicht. Er sagt, daß die Siegesaussichten für sein Land ungünstig gewesen seien, doch habe Japan infolge seiner wirtschaftlichen Isolation und der militärischen Einkreisung keine andere Möglichkeit als den Kampf gehabt.

Beistandspakt unterzeichnet

8. Dezember. In Budapest wird ein Freundschafts- und Beistandspakt zwischen Ungarn und Jugoslawien unterzeichnet. Der Vertrag verpflichtet die beiden Länder zur militärischen Hilfeleistung im Falle eines Angriffs von außen.

Dieses Bündnis ist das erste, das Ungarn nach Ende des Zweiten Weltkrieges eingeht. Es soll der erste Schritt einer erhofften Einigung der Balkan- und Donaubeckenregion sein. In der Vergangenheit gab es häufig Spannungen zwischen den Anrainerstaaten. Das »Pulverfaß« Balkan soll nun endgültig der Vergangenheit angehören.

Land Thüringen schafft § 218 ab

18. Dezember. In der sowjetischen Besatzungszone Deutschlands schafft der thüringische Landtag den Abtreibungsparagraphen 218 ab. Ab sofort ist damit bei begründeter sozialer Indikation ein Schwangerschaftsabbruch bis zum Ende des dritten Monats möglich.

Bisher galt, wie überall in Deutschland, ein Abtreibungsverbot. Außer dem Arzt konnte auch die Mutter bei einem unerlaubten Schwangerschaftsabbruch mit bis zu fünf Jahren Gefängnis bestraft werden. Nur bei einer gesundheitlichen Gefährdung der Mutter durch die Schwangerschaft war die Abtreibung erlaubt (medizinische Indikation). Die neue Regelung in Thüringen erlaubt auch eine Schwangerschaftsunterbrechung, wenn aufgrund schlechter sozialer Verhältnisse der Mutter eine ausreichende Versorgung des Kindes nicht gewährleistet ist (soziale Indikation). Um Mißbrauch zu verhindern, muß vor jeder Abtreibung ein ausführliches Gutachten von Ärzten und Sozialfürsorgern erstellt werden.

Die Abschaffung des § 218 löst in Deutschland Diskussionen aus. Während christliche und konservative Kreise sich ablehnend äußern, halten die Befürworter angesichts der in Deutschland herrschenden Not die neue Regelung für richtig.

Führerbunker wird gesprengt

11. Dezember. *In Berlin verschwindet ein weiteres Symbol der deutschen nationalsozialistischen Vergangenheit: Sowjetische Pioniere sprengen auf dem Gelände der ehemaligen Reichskanzlei den sog. Führerbunker (Das obere Foto zeigt ihn vor, das untere nach der Sprengung).*

In ihm hatte sich Adolf Hitler während der letzten Wochen und Monate seines Lebens aufgehalten, ehe er am 30. April 1945 Selbstmord beging. Der Bunker war kurz vor Ausbruch des Zweiten Weltkrieges zusammen mit der neuen Reichskanzlei errichtet worden. Er war in einen Vorbunker, in dem u. a. die Wirtschaftsräume untergebracht waren, und in den tiefer gelegenen eigentlichen »Führerbunker« aufgeteilt. Die ganze Anlage befand sich unter einer 2,80 m starken Betondecke. Von den insgesamt 32 Räumen nahm Hitler drei in Anspruch. Seit seiner Rückkehr nach Berlin am 16. Januar 1945 verließ er die Bunkeranlage nur noch selten. Sie wurde am 2. Mai 1945, dem Tag der Kapitulation Berlins, von sowjetischen Einheiten besetzt. Zwei Tage zuvor hatte sich Hitler zusammen mit seiner Ehefrau Eva Braun getötet.

US-Physiker erfinden Transistor

23. Dezember. In den USA erproben Wissenschaftler der Firma Bell-Telephone-Laboratories den ersten Verstärker in Halbleitertechnik. Die Physiker William Shockley, John Bardeen und Walter F. Brattain nennen ihre Erfindung Transistor.

Die Bezeichnung Transistor ist abgeleitet aus dem Wort Transfer-Resistor, was soviel wie leitender Widerstand bedeutet. Das neue Bauteil ist in der Lage, elektrische Ströme und Spannungen zu verstärken. Es kann die bisher üblichen Elektronenröhren ersetzen und arbeitet mit wesentlich geringerer Spannung. Außerdem ist der Transistor wesentlich kleiner in den Ausmaßen.

Der Transistor besteht aus verschiedenen aufeinander geschichteten Materialien. Die oberste Schicht und die unterste besteht aus Kristallen mit einem Überschuß an negativ geladenen Elektronen. Getrennt werden sie von einer Schicht mit einem Mangel an Elektronen. Durch diese auf elektrischen Strom verschieden reagierende Schichten ist der neuartige Transistor in der Lage, Strom in einer Richtung durchfließen zu lassen und zu verstärken.

Aufnahme des ersten Transistors, der den bisherigen Röhren um ein Vielfaches überlegen ist; erfunden haben ihn die Physiker William Shockley, John Bardeen und Walter F. Brattain von den Bell Telephone Laboratories

Überschwemmung in Deutschland

29. Dezember. In Süd- und Westdeutschland kommt es infolge von langanhaltenden Regenfällen zu Überschwemmungen. Mitverantwortlich für die Wassermassen ist die durch milde Temperaturen plötzlich einsetzende Schneeschmelze.

Im Maingebiet sind Eisenbahnlinien unterbrochen und Straßen unpassierbar. Ganze Orte sind von der Umwelt abgeschnitten, die Stadt Hanau steht zu großen Teilen unter Wasser. Die Saar hat ihren höchsten Wasserstand seit 150 Jahren und ist nicht überquerbar. Die Telefonverbindungen nach Frankreich sind unterbrochen. Der Wasserstand von Main und Neckar liegt 2,50 m über normal und gefährdet die Städte Frankfurt am Main und Stuttgart.

Völkerverständigung: Lager der Quäker in den USA

Verteilung von Spenden der Quäker in Deutschland

Nobelpreis-Feiern in Stockholm

10. Dezember. In der Konzerthalle in Stockholm verleiht König Gustav V. von Schweden, begleitet von seiner Familie, die Nobelpreise des Jahres 1947.

Der Physiker Edward Appleton von der Universität Cambridge, der Chemiker Sir Robert Robinson von der Universität Oxford und der französische Schriftsteller André Gide, der sich wegen Krankheit durch den französischen Botschafter vertreten läßt, empfangen ihre Auszeichnungen für die Fächer Physik, Chemie bzw. Literatur. Den Nobelpreis für Medizin teilt sich das US-amerikanische Forscherehepaar Carl und Gerty Cori mit dem argentinischen Professor Bernardo Houssay.

Jeder Preisträger erhält ein Diplom, eine goldene Medaille und die Summe von 146 000 Schwedenkronen. Diese Gratifikation wird von den Zinsen der 31,5 Millionen Schwedenkronen gezahlt, die der Unternehmer Alfred Nobel für die Nobel-Stiftung testamentarisch bestimmt hatte.

Unter den sieben anwesenden früheren Nobelpreisträgern befindet sich auch Gerhard Domagk von der Universität Münster, der seine Auszeichnung für Medizin 1939 nicht entgegennehmen durfte. Ihm wird jetzt der Preis verliehen. Den Friedensnobelpreis erhält die religiöse Gemeinschaft der Quäker.

Der französische Literaturnobelpreisträger André Gide

Edward Appleton, diesjähriger Nobelpreisträger für Physik

Die Nobelpreisträger für Medizin, Carl F. Cori und seine Frau Gerty; beide lehren an der Universität von Washington in St. Louis, sie teilen den Preis mit Bernardo Houssay; Carl F. Cori ist gebürtiger Tscheche

Quäker erhalten Friedenspreis

10. Dezember. In der Aula der Universität Oslo wird der Friedensnobelpreis den Quäkern übergeben. Ein Komitee von fünf Angehörigen des norwegischen Parlamentes hat die Entscheidung getroffen. In Anwesenheit von König Håkon von Norwegen, Kronprinz Olaf, Vertretern der norwegischen Regierung und von Vertretern des norwegischen Nobelpreiskomitees nehmen zwei Vertreter der Quäkerorganisationen den Preis entgegen. Gunnar Jahn, der Vorsitzende des Nobelpreiskomitees, überreicht das Diplom und die Medaille an Edgar Cadbury von der US-amerikanischen Quäkerorganisation »Friends Service Committee« in Philadelphia und an Margaret Backhouse von der britischen Quäkerorganisation, dem »Service Council« der »British Society of Friends«.

Wenngleich das Komitee seine Entscheidung nicht begründet, so ist der Grund dafür in den Zielen zu finden, die die kirchliche Organisation anstrebt: Die Gleichstellung von Mann und Frau, die Aufhebung der Sklaverei, eine Gefängnisreform, die humanere Bedingungen für die Gefangenen bietet, sowie die Verweigerung des Kriegsdienstes mit der Waffe.

W. Penn gründete 1677 die Quäkergemeinde in den USA

Der Geigenvirtuose Joseph Szigeti beherrscht ein Repertoire von der Klassik bis hin zur Moderne

Zwei Mitglieder der weltberühmten Wiener Sängerknaben bei einer Probe mit dem Orchester

Paul Robson ist in den Vereinigten Staaten einer der bekanntesten Interpreten der Jazzmusik

Musik 1947:

Die Deutschen lernen den Jazz

Die weltberühmte Opernsängerin Lotte Lehmann (Sopran)

In der Sparte der Unterhaltungsmusik setzt sich 1947 die lange in Deutschland verbotene amerikanische Jazzmusik durch. In provisorischen Tanzbars lernen die Deutschen von den US-amerikanischen Besatzungssoldaten die Tanzschritte zu den aktuellen Rhythmen, die in diesem Jahr »Jitterbug« und »Bebop« heißen. Diese neue Musik hat vorerst in der Gunst des Publikums den deutschen Schlager verdrängt.

In den Vereinigten Staaten, wo diese Musik ihren Ursprung hat, ist sie nicht unumstritten. Bekannte Jazzmusiker, wie Louis »Satchmo« Armstrong, halten den »heißen« Jazz für eine »musikalische Entgleisung«. Sie bevorzugen die strenge Form des Jazz, den »Swing«. Er wird von großen Orchestern nach ausgearbeiteten Arrangements gespielt, nicht mehr improvisiert. In der berühmten New Yorker Carnegie Hall spielen die bekanntesten Vertreter des »Swing«, Fletcher Henderson, Benny Goodman und »Satchmo« Armstrong vor einem begeisterten Publikum.

Der französische Zigeuner Django Reinhardt, der bestbezahlte Gitarrist der Welt, beginnt seine dreijährige Tournee durch die USA, wo er mit dem derzeit erfolgreichsten Jazzkomponisten zusammenspielt, Edward »Duke« Ellington.

Wer die klassische Musik bevorzugt, hat nun auch wieder ein breiteres Angebot zur Verfügung. Während Igor Strawinski, Paul Hindemith und andere markante Persönlichkeiten der Gegenwartsmusik wieder in wachsendem Maß auf den deutschen Konzertprogrammen vertreten sind, besteht wenig Interesse an der Musik von Arnold Schönberg. Seine Zwölftonmethode sowie die Atonalität gelten als »überlebt«.

Herausragende Konzertereignisse dieses Jahres sind die Uraufführungen von Boris Blachers Oratorium »Der Großinquisitor« im Berliner Admiralspalast, Arthur Honeggers vierte Sinfonie (»Deliciae Basilienses«) durch das Basler Kammerorchester sowie »Konzerts für Streichquartett« von dem ungarischen Komponisten Zoltán Kodály.

Auch in der Verständigung der Völker spielt die Musik eine besondere Rolle. Der bekannte amerikanische Violinvirtuose jüdischer Abstammung, Yehudi Menuhin, spielt im Oktober 1947 zum ersten Mal nach dem Krieg in Berlin.

Der Komponist und bedeutende Pianist Arthur Schnabel

Louis Armstrong und Billie Holiday – der Trompeter, der Jazzgeschichte machte, und die bekannte Jazzsängerin; hier im Film »New Orleans«

Literatur 1947:

Ein Neubeginn für die Literatur

Das kulturelle Leben in Deutschland – besonders Literatur und Publizistik – zeigt 1947 das Bestreben der Deutschen, sich mit der Vergangenheit kritisch auseinanderzusetzen und den Aufbau einer neuen, demokratischen Gesellschaft in Angriff zu nehmen. Daneben gibt es auch die Neigung zur Flucht in ästhetische Idyllen und Versuche, eine apolitische Kultur zu betreiben.

Der Literaturmarkt in Deutschland weist 1947 eine Vielfalt von Richtungen auf. Die Nachkriegswirklichkeit wird entweder sachlich-skeptisch oder in Form von Sozialkritik, die sich bis zur Satire zuspitzt, dargestellt. Große Bedeutung erlangt dabei die literarisch-politische Zeitschrift »Der Ruf«. In ihrer Redaktion arbeiten Schriftsteller (u. a. Alfred Andersch) die eine literarische »Stunde Null« annehmen, auf die ein Neuaufbau sozialistischer Art folgen könnte.

Ästhetisch neue Formen versucht Wolfgang Borchert in seinem Drama »Draußen vor der Tür« der politisch mißbrauchten Sprache der NS-Zeit entgegenzusetzen. Dieser Versuch, aus den Trümmern der Vergangenheit eine neue Literatur zu entwickeln, findet in Deutschland viele Anhänger und Nachahmer. Diese Generation von Schriftstellern identifiziert sich mit den Menschen, die in ausgebombten Städten leben und von Existenzangst geprägt sind.

In literarischen Kreisen viel diskutiert werden die Werke ausländischer Autoren, die nun wieder im Buchhandel erhältlich sind, nachdem sie in der NS-Zeit meist der Zensur zum Opfer gefallen waren. Neben modernen Dramen US-amerikanischer Autoren wie Eugene O'Neill erregen die Werke britischer und französischer Autoren die Aufmerksamkeit des Lesers, wie z. B. Wystan Hugh Audens neu erschienene Dichtung »Das Zeitalter der Angst« oder Jean-Paul Sartres geplante Roman-Tetralogie »Die Wege der Freiheit« bzw. seine Dramen »Die Fliegen« und »Die ehrbare Dirne«, mit denen Sartre einen kompromißlosen Existentialismus verkündet (→ 10. 9./S. 159; 8. 11./S. 196).

Hermann Kasacks Roman »Die Stadt hinter dem Strom«

Jean-Paul Sartre, der französische Schriftsteller und Philosoph

Thomas Mann, 1875 in Lübeck geboren, begann seine berufliche Laufbahn als Volontär in einer Versicherungsanstalt, war Redakteur der Zeitschrift »Simplizissimus« und ist seit 1895 freier Schriftsteller; 1929 erhielt er für die »Buddenbrooks« den Nobelpreis für Literatur

Wolfgang Borchert, 1921 in Hamburg geboren (gestorben am → 20. 11./S. 196), war gelernter Buchhändler und Schauspieler; im Winter 1941/42 wurde er als Soldat in der Sowjetunion verwundet; Borchert war Kabarettist, schrieb Gedichte und Kurzprosa

Hans Werner Richter, 1908 in Pommern geboren, ist gelernter Buchhändler; als Kriegsgefangener in Amerika gründete er 1946 die Zeitschrift »Der Ruf«, und 1947 in Deutschland die »Gruppe 47« (»Junge Literatur«); er schreibt Romane und Kurzprosa

Alfred Andersch, 1914 in München geboren, ist gelernter Buchhändler; er arbeitete als Industrieangestellter; zusammen mit Hans Werner Richter gründete Andersch 1946 die literarische Zeitschrift »Der Ruf« und 1947 die Autorengruppe »Junge Literatur«

Marlene Dietrich, die im Zweiten Weltkrieg US-Soldaten betreute

Dietrich erhält Freiheitsmedaille

9. Dezember. Die Schauspielerin Marlene Dietrich, die den Frauentyp des »Vamp« zum Begriff gemacht hat, erhält die »Medal of Freedom« der US-amerikanischen Militärakademie Westpoint. Hiermit würdigt die Armee den Einsatz der Schauspielerin für die Soldaten. Während des Kriegs hat die Dietrich, wie viele ihrer Kollegen, im Rahmen der Truppenbetreuung die US-Soldaten begleitet, um sie mit Tanz und Gesang – in Uniform – zu unterhalten.

Ein Trümmerfilm ganz anderer Art

9. Dezember. Josef von Bakys Film »Und über uns der Himmel« wird in der Berliner »Neuen Scala« uraufgeführt. Das Drehbuch stammt von Gerhard Grindel, die Kamera führte Werner Krien. Hans Albers agiert in der Hauptrolle.

Er spielt eine vom Krieg gezeichnete, unverwüstliche Frohnatur, die nun versucht, sich eine neue Existenz aufzubauen. Das zerstörte Berlin bildet die Kulisse, vor der – diesmal volkstümlich und heiter – die Problematik von Nationalsozialismus und Wiederaufbau verdeutlicht wird. Der von einer Erblindung geheilte Sohn bringt den Vater von dessen »krummen Geschäften« auf den Weg der Tugend. Am Ende heiratet der Geläuterte eine Witwe.

Schwere Krawalle bei Fußballspiel

30. Dezember. Bei einem Fußballspiel im italienischen Bari kommen bei Krawallen 15 Menschen ums Leben. Unter den Toten befinden sich sieben Polizisten, 40 Menschen werden zum Teil schwer verletzt.

Die italienische Zweitliga-Begegnung zwischen Bari und Lecce gerät in der 70. Spielminute völlig aus den Fugen. Die Gastmannschaft erzielt ein umstrittenes Tor; es ist nicht deutlich zu sehen, ob der Ball die Linie überschreitet. Der Schiedsrichter erkennt das Tor an. Daraufhin erhebt sich im Stadion wütender Protest, die aufgebrachte Menge stürmt das Spielfeld und bedrängt den Unparteiischen. Die Polizei macht von ihren Schußwaffen Gebrauch und feuert in die Menge. Der Schiedsrichter wird nur leicht verletzt und kann sich mit den Spielern in die Kabinen retten. Auf dem Rasen tobt jedoch noch rund eine Stunde die blutige Schlacht zwischen den aufgebrachten Fans und der Polizei.

Wieder liegt Joe Louis am Boden, doch am Ende des Kampfes entscheiden sich die Schiedsrichter für ihn

Tschechen siegen im Eishockey

19. Dezember. In London gewinnt die Tschechoslowakei ein Eishokkey-Freundschaftsspiel gegen England mit 4:3 Toren. Das Spiel wird von Experten in aller Welt im Hinblick auf die bevorstehende Olympiade in St. Moritz mit Interesse verfolgt. Das Siegtor für die Tschechoslowaken fällt zwar erst kurz vor dem Ende des dritten Drittels, ist aber hoch verdient. Die Gäste beherrschen die Engländer während des gesamten Spiels, auch wenn sich das im Ergebnis nicht ausdrückt. Unerfreulich ist die rauhe Spielweise der beiden Mannschaften, 16mal sitzen Spieler auf der Strafbank. Stars auf dem Eis sind die Brüder Wladislaw und Ota Zabrodsky aus Prag, die durch technische Perfektion brillieren. Die Tschechoslowaken scheinen für die Olympischen Winterspiele in St. Moritz gerüstet zu sein.

W. Zabrodsky

Umstrittener Sieg für Joe Louis

5. Dezember. In New York verteidigt Joe Louis erfolgreich den Weltmeistertitel im Schwergewicht gegen den Herausforderer Jersey Joe Walcott. Nach einem dramatischen Kampf über 15 Runden wird Louis zum Sieger nach Punkten erklärt, die Entscheidung ist jedoch bei Experten stark umstritten.

Der Boxkampf im ausverkauften New Yorker Madison Square Garden beginnt bereits in der ersten Runde mit einer Überraschung. Herausforderer und Außenseiter Walcott landet einen harten Treffer, Louis geht zu Boden und wird angezählt. Auch in der zweiten und dritten Runde zeigen sich klare Vorteile für Walcott, der aggressiv und konzentriert boxt. Louis hingegen wirkt etwas müde und kämpft sehr defensiv. In der vierten Runde steht der Herausforderer kurz vor einem Sieg: Seine Rechte trifft den Weltmeister schwer, und Louis muß zu Boden. Der Ringrichter zählt ihn bis sieben an, dann kann Louis sich aufraffen und wird durch den Gong gerettet. Auch die nächsten beiden Runden übersteht der Weltmeister Louis mehr schlecht als recht.

In der siebten Runde sehen die Zuschauer einen besser boxenden Weltmeister, dennoch hält Walcott gut mit. Nach dem auf 15 Runden angesetzten Kampf wird Louis – unerwartet für alle Beteiligten – zum Sieger erklärt. Nach wütenden Protesten der Zuschauer und des Managers von Walcott wird festgestellt, daß Punktrichter Jack Forbas sich verrechnet hat. Die Nachprüfung ergibt, daß Walcott 37 und Louis nur 32 Punkte erhielt. Der Manager des Herausforderers will die Entscheidung anfechten, Experten jedoch meinen, daß dieses wenig Sinn hat. Louis, der selbst verwundert über seinen Sieg zu sein scheint, erklärt seine schlechte Leistung mit einer Verletzung der rechten Hand.

Joe Louis, der Boxer der Rekorde

Joe Louis gilt als einer der größten Boxer aller Zeiten. Bisher siegte er in 51 Profikämpfen durch K. o. und siebenmal nach Punkten. Die einzige Niederlage seiner bisherigen Laufbahn brachte ihm der Deutsche Max Schmeling am 19. Juni 1936 in New York bei. Seit dem 22. Juni 1937 ist Louis bereits Weltmeister im Schwergewicht, gefürchtet ist vor allem seine enorm schnelle und präzis geschlagene linke Gerade.

Louis wurde am 13. Mai 1914 in Lafayette im US-Bundesstaat Alabama als Sohn eines Landarbeiters geboren. Von dem Geld, das ihm seine Eltern für Geigenunterricht gaben, bezahlte er heimlich sein Boxtraining. Schon als Amateur zeigte sich sein Talent, er gewann viele Titel und verlor von 54 Kämpfen nur vier nach Punkten. Mit 20 wurde er Profi.

1937 besiegte Louis im Alter von nur 23 Jahren James J. Braddock durch K. o. in der achten Runde und wurde damit der jüngste Weltmeister im Schwergewicht, den es je gab. 24mal hat er bis jetzt seinen Titel erfolgreich verteidigt, auch das ist ein Rekord.

Wer Glück hat, kann ein Paket aus dem Ausland entgegennehmen

Zum Hunger kommt häufig noch Geldnot; ein Kind als Kartenverkäufer, kein Anblick, der vorweihnachtliche Stimmung aufkommen läßt

Der dritte Nachkriegswinter; wieder Hunger und eisige Kälte

Weihnachten in Hunger, Kälte und Not

24. Dezember. Deutschland feiert die dritte Friedensweihnacht seit 1945. Es ist kein fröhliches, eher ein sehr besinnliches und für viele auch trauriges Fest. Millionen von Deutschen haben ihre Heimat verloren. Hunderttausende von Familienvätern sind immer noch in Kriegsgefangenschaft oder gelten als vermißt. In fast allen deutschen Wohnstuben, die oft nur eine notdürftig hergerichtete Behausung sind, erinnert man sich der im Krieg gefallenen oder der in den Bombennächten des Krieges umgekommenen Angehörigen.

Weihnachten 1947 ist kein Fest übervoller Gabentische. Die traditionelle Weihnachtsgans kann sich nur leisten, wer seine Geschäfte auf dem schwarzen Markt tätigt oder über sonstige Beziehungen verfügt. Selbst der Weihnachtsbaum ist – wie fast alles in dieser Zeit – Mangelware. Geschenke haben meist nur symbolischen Wert. Es ist Hinübergerettetes oder Selbstgebasteltes, was man sich in der Regel am Heiligen Abend in der ungeheizten Wohnung schenkt.

Manche Familie hat Glück und erhält eines der begehrten CARE-Pakete aus den USA. Wem dieses versagt bleibt, muß versuchen, an den Feiertagen mit dem auszukommen, was auf Lebensmittelkarten zu erhalten oder bei Hamsterfahrten auf das Land zu organisieren war. Vielen bleibt der Hunger auch an den Feiertagen nicht erspart.

Weihnachtsfeiern für deutsche Kinder

22. Dezember. Im US-amerikanischen Sektor in Berlin veranstalten die US-Soldaten über 300 Weihnachtsfeiern für deutsche Kinder. Mehr als 55 000 Berliner Kinder werden bei Kaffee und Kuchen Gäste der Armee sein.

Die Kinder werden nach sozialen Gesichtspunkten zu den Weihnachtsfeiern eingeladen. Damit soll sichergestellt werden, daß möglichst viele hilfsbedürftige Kinder teilnehmen können. Die Feiern finden in von den Soldaten festlich geschmückten Kindergärten, Tanzpalästen und Speisesälen der US-Armee statt. Ähnliche Aktionen sind auch in der übrigen US-amerikanischen Besatzungszone Deutschlands geplant. Auch die Briten haben Weihnachtsfeiern für Kinder in der britischen Zone angekündigt.

Münchener Kinder auf einem Weihnachtsmarkt in einer Schulturnhalle; aus Abfällen und Resten hat man für sie Weihnachtsgeschenke gebastelt

Ungewißheit über Kriegsgefangene

24. Dezember. Weihnachten 1947 leben viele Familien in Ungewißheit über das Schicksal ihrer Angehörigen. Vor allem befinden sich noch über eine Million ehemaliger Wehrmachtsangehörige in Kriegsgefangenschaft. Bis zur Kapitulation im Jahre 1945 sind insgesamt über elf Millionen deutsche Soldaten gefangengenommen worden. Von den Siegermächten haben nur die Vereinigten Staaten ihre Kriegsgefangenen bis jetzt entlassen.

Während die Kriegsgefangenen in Großbritannien und Frankreich über das Rote Kreuz Verbindung mit ihren Familien unterhalten können, bleibt das Schicksal vieler Gefangener in der Sowjetunion ungewiß, da die UdSSR das Genfer Kriegsgefangenenabkommen von 1929 nicht unterzeichnet hatte.

Das Ende eines Hungerjahres

1947 war das Jahr des Hungers und des Elends. Nicht nur Deutschland, sondern auch die übrigen Länder Europas erlebten die schwerste wirtschaftliche Krise seit dem Ende des Zweiten Weltkrieges.

Das Jahr 1947 markiert das Ende der Zusammenarbeit der alliierten Siegermächte. Es kommt zum offenen Ausbruch des »Kalten Krieges« zwischen den Westmächten und der Sowjetunion. Hauptleidtragender ist das besiegte Deutschland. Aufgeteilt in vier Besatzungszonen und verwaltet durch uneinige Besatzungsmächte, besteht für das Land kaum noch Aussicht auf Wiederherstellung seiner nationalen Einheit.

Auch die Länder Osteuropas spüren die Folgen dieses Konfliktes zwischen Ost und West. Mit Ausnahme der Tschechoslowakei haben dort nun endgültig die von der Sowjetunion unterstützten Kommunisten die politische Macht übernommen.

Obwohl das Ende des Zweiten Weltkrieges über zwei Jahre zurückliegt, gibt es auf der Welt noch immer zahlreiche kriegerische Auseinandersetzungen: In China eskaliert der Bürgerkrieg; in Griechenland geht er nun schon in seine dritte Runde.

Weltpolitisch hat der Zweite Weltkrieg fundamentale Machtverschiebungen zur Folge gehabt, deren Auswirkungen sich nun in aller Offenheit zeigen. Unangefochtene Weltmacht Nummer 1 sind die USA, gefolgt von der Sowjetunion. Hingegen verliert das krisengeschüttelte Großbritannien an Weltgeltung: Es muß seine wichtigste Kolonie, den indischen Subkontinent, in die Unabhängigkeit entlassen.

Schließlich ist 1947 auch ein Jahr der Hoffnung. Mit der Ankündigung des Marshallplans, des US-Hilfsplanes, besteht für das verarmte Europa – vor allem auch für das kriegszerstörte Deutschland die Aussicht auf eine wirtschaftliche Gesundung.

◁ *Viele Deutsche versuchen, auf dem Schwarzmarkt etwas für das Weihnachtsfest zu erstehen*

Neue Postwertzeichen 1947 in Deutschland

1. Freimarkenausgabe, Baden (Französische Zone)

1. Freimarkenausgabe, Rheinland-Pfalz, (Französische Zone)

1. Freimarkenausgabe, Württemberg-Hohenzollern (Französische Zone)

Anhang

Deutschland, Österreich und die Schweiz 1947 in Zahlen

Die Statistiken für die drei deutschsprachigen Länder umfassen eine Auswahl von grundlegenden Daten. Es wurden vor allem Daten aufgenommen, die innerhalb der einzelnen Länder vergleichbar sind. Maßgebend für alle Angaben waren die amtlichen Statistiken. Die Zahlen beziehen sich auf die jeweiligen Staatsgrenzen von 1947.
Nicht in allen gesellschaftlichen Bereichen finden jährliche Erhebungen statt, so daß mitunter die Daten aus früheren Jahren aufgenommen werden mußten. Das Erhebungsdatum ist jeweils angegeben (unter der Rubrik »Stand«). Die aktuellen Zahlen des Jahres 1947 werden – wo möglich – durch einen Vergleich zum Vorjahr relativiert. Wichtige Zusatzinformationen zum Verständnis einzelner Daten sind in den Fußnoten enthalten.

Deutschland

Erhebungsgegenstand	Wert	Vergleich Vorjahr (%)	Stand
Fläche			
Fläche (km²)[2]	356 000	±0,0	1947
Bevölkerung			
Wohnbevölkerung[3]	64 502 000	–	29. 10. 1946[1]
– männlich	28 549 000	–	29. 10. 1946[1]
– weiblich	35 953 000	–	29. 10. 1946[1]
Einwohner je km²	181,2	–	1946[1]
Lebendgeborene[4]	762 314	+ 6,1	1947
Gestorbene[4]	535 482	– 1,4	1947
Eheschließungen[4]	465 381	+ 20,2	1947
Ehescheidungen[4]	76 597	+ 57,6	1947
Familienstand der Bevölkerung[3]			
– Ledige insgesamt	28 907 000	–	1946[1]
männlich	13 528 000	–	1946[1]
weiblich	15 379 000	–	1946[1]
– Verheiratete	29 420 000	–	1946[1]
– Verwitwete und Geschiedene	6 171 000	–	1946[1]
männlich	1 346 000	–	1946[1]
weiblich	4 825 000	–	1946[1]
Religionszugehörigkeit[3]			
– Christen insgesamt	61 091 000	–	1946[1]
katholisch	22 593 000	–	1946[1]
evangelisch	38 498 000	–	1946[1]
– Juden	45 000	–	1946[1]
– andere, ohne Konfession	3 366 000	–	1946[1]
Erwerbstätigkeit			
Erwerbstätige	35 732 000[5] 22 189 000[4]	–	17. 5. 1939[1]
– männlich	22 934 000[5] 14 259 000[4]	–	17. 5. 1939[1]
– weiblich	12 798 000[5] 7 931 000[4]	–	17. 5. 1939[1]
– nach Wirtschaftsbereichen			
Land- und Forstwirtschaft, Tierhaltung und Fischerei	8 946 000[5] 5 373 000[4]	–	17. 5. 1939[1]
Produzierendes Gewerbe	14 580 000[5] 8 982 000[4]	–	17. 5. 1939[1]
Handel und Verkehr	6 066 000[5] 3 361 000[4]	–	17. 5. 1939[1]
Sonstige	6 140 000[5] 4 473 000[4]	–	17. 5. 1939[1]
Verkehr			
– Bestand an Kraftfahrzeugen	750 691	+ 8,6	1. 7. 1947
davon Pkw	193 349	+ 0,5	1. 7. 1947
davon Lkw	222 841	+ 21,3	1. 7. 1947
– Binnenschiffe zum Gütertransport (Tragfähigkeit in t)	2 318 319	–	31. 12. 1947
Beförderte Güter (t)	24 069 677	–	31. 12. 1947
– Handelsschiffe/Seeschiffahrt (BRT)	225 865	–	30. 6. 1947
Beförderte Güter (t)	17 082 956	–	31. 12. 1947
Bildung			
– Schüler[7] an Volksschulen	5 384 433	–	1. 5. 1948
Mittelschulen	175 946	–	1. 5. 1948
Gymnasien	518 644	–	1. 5. 1948
– Studenten	87 644	–	1947/1948
Gesundheitswesen			
– Ärzte	47 832	–	1939[1]
– Zahnärzte	35 891	–	1939[1]
– Krankenhäuser	4 606	–	1939[1]
Sozialleistungen			
– Mitglieder der gesetzlichen Krankenversicherung	23 983 279	–	1938[1]
– Rentenbestand Rentenversicherung der Arbeiter	3 645 539	–	1938[1]
Rentenversicherung der Angestellten	463 092	–	1938[1]
Knappschaftliche Rentenversicherung	415 323	–	1938[1]
Sozialhilfe	1 197 382	–	31. 12. 1942[1]
Preise			
– Index der Lebenshaltungskosten für 4-Personen-Arbeitnehmer-Haushalt mit mittlerem Einkommen (1980 = 100)	34,8	+ 7,1	1947

1) Letzte verfügbare Angabe
2) Besatzungszonen, das heutige Bundesgebiet umfaßt 248 454 km²
3) Bevölkerung in den Besatzungszonen, die Bevölkerung des heutigen Bundesgebiets umfaßt 1947 rund 46 992 000 Einwohner
4) Im heutigen Bundesgebiet
5) Gebietsstand 31. 12. 1937
6) Ohne Saarland und Berlin
7) Im heutigen Bundesgebiet ohne Bremen, Rheinland-Pfalz, Saarland, Berlin

Österreich

Erhebungsgegenstand	Wert	Vergleich Vorjahr (%)	Stand
Fläche			
Fläche (km^2)	83 851	±0,0	1947
Bevölkerung			
Wohnbevölkerung	6 952 744	–	1948
– männlich	3 229 591	–	1948
– weiblich	3 723 153	–	1948
Einwohner je km^2	82,9	–	1948
Lebendgeborene	128 953	–	1947
Gestorbene	90 027	–	1947
Eheschließungen	75 484	–	1947
Ehescheidungen	13 465	–	1947
Altersgruppen			
unter 6 Jahren	635 556	–	1948[2]
6 bis unter 12 Jahren	677 408	–	1948[2]
12 bis unter 18 Jahren	533 770	–	1948[2]
18 und darüber	5 106 010	–	1948[2]
Die zehn größten Städte			
– Wien	1 731 557	–	1948
– Graz	219 974	–	1948
– Linz	181 532	–	1948
– Salzburg	105 407	–	1948
– Innsbruck	97 221	–	1948
– Klagenfurt	65 799	–	1948
– St. Pölten	40 711	–	1948
– Steyr	38 041	–	1948
– Wels	36 528	–	1948
– Leoben	35 785	–	1948
Erwerbstätigkeit			
Erwerbstätige	1 775 688	–	1948
– männlich	1 161 044	–	1948
– weiblich	614 644	–	1948
– nach Wirtschaftsbereichen			
Land- und Forstwirtschaft, Tierhaltung und Fischerei	312 023	–	1948
Produzierendes Gewerbe und Bergbau und Baugewerbe	540 292	–	1948
Handel und Verkehr, Gastgewerbe	391 380	–	1948
Öffentlicher Dienst	74 519	–	1948
Sonstige	457 474	–	1948
Ausländische Arbeitnehmer	231 225	–	1948
Betriebe			
– Landwirtschaftliche Betriebe[3]	452 978	–	1947
– Bergbau	157	–	1947
Außenhandel			
– Einfuhr in Mio. öS	1 191,3	–	1947
– Ausfuhr in Mio. öS	842,4	–	1947
– Einfuhrüberschuß in Mio. öS	348,9	–	1947
Verkehr			
– Eisenbahnnetz (km)	6 742	–	1948
Beförderte Personen (in Mio.)	123,84	–	1948
Beförderte Güter (in Mio. t)	27,41	–	1948
– Straßennetz (km)[4]	28 521	–	1948
– Bestand an Kraftfahrzeugen	199 423	–	1948
davon Pkw	31 804	–	1948
davon Lkw	35 869	–	1948

[1] Letzte verfügbare Angabe
[2] Schätzung aufgrund der ausgegebenen Lebensmittelkarten
[3] Betriebsinhaber
[4] Bundes- und Landesstraßen

Erhebungsgegenstand	Wert	Vergleich Vorjahr (%)	Stand
Bildung			
– Schüler an Volksschulen	701 186	–	1948/49
Hauptschulen	120 366	–	1948/49
Realschulen, Mittelschulen, Gymnasien, Realgymnasien	48 302	–	1947/48
– Studenten	35 157	–	Winter 1947
Rundfunk			
– Hörfunkteilnehmer	970 190	+10,3	1947
Gesundheitswesen			
– Krankenhäuser	246	–	1947
Sozialleistungen			
– Mitglieder der gesetzlichen Krankenversicherung	2 805 887	–	1948
Arbeitszeit			
– Wochenarbeitszeit in der Industrie	48	–	1947
Preise			
– Index der Einzelhandelspreise (1938 = 100)	329	–	1948
– Einzelhandelspreise ausgewählter Lebensmittel (in öS)			
Butter, 1 kg	12,20	–	März 1948
Weizenmehl, 1 kg	1,60	–	März 1948
Schweinefleisch, 1 kg	13,00	–	März 1948
Rindfleisch, 1 kg	7,50	–	März 1948
Eier, 1 Stück	0,59	–	März 1948
Kartoffeln, 1 kg	0,39	–	März 1948
– Index der Lebenshaltungskosten für 4-Personen-Arbeitnehmer-Haushalt mit mittlerem Einkommen (1938 = 100)	210,8	+97,4	1947

Erhebungsgegenstand	Wien	Salzburg	Graz	Klagenfurt	Innsbruck	Feldkirch
Klimatische Verhältnisse						
– Mittl. Lufttemperatur Januar (°C)	3,0	3,6	1,4	2,3	2,5	3,6
Februar	0,9	–0,1	–0,4	4,5	0,3	1,3
März	6,7	5,6	5,6	14,5	7,2	8,5
April	12,1	10,0	10,6	16,4	10,4	10,6
Mai	17,1	15,0	15,4	21,7	16,0	14,8
Juni	17,5	14,8	16,1	23,0	15,5	15,1
Juli	18,1	15,7	17,1	22,7	16,0	15,1
August	19,3	17,1	18,0	24,7	17,6	17,2
September	16,2	14,1	14,9	21,4	14,9	14,3
Oktober	10,5	9,2	9,7	14,4	9,6	9,6
November	4,6	3,8	3,3	7,2	3,6	3,8
Dezember	–1,5	–2,3	–1,9	–0,2	–2,0	–1,4
– Niederschlagsmengen Januar (mm)	93	100	64	94	91	88
Februar	110	84	26	31	109	90
März	39	128	12	4	45	26
April	16	53	47	81	46	55
Mai	26	86	66	74	43	55
Juni	62	229	210	196	173	219
Juli	87	233	166	286	115	181
August	76	174	59	174	138	144
September	45	47	24	43	43	64
Oktober	51	55	105	155	29	41
November	12	39	21	37	21	23
Dezember	36	25	15	27	16	36
– Sonnenscheindauer Januar (Std.)	45	–	66	41	72	73
Februar	89	–	130	136	100	89
März	204	–	257	258	204	241

Erhebungsgegenstand	Wien	Salzburg	Graz	Klagenfurt	Innsbruck	Feldkirch
April	211	–	181	182	186	226
Mai	284	–	225	214	241	264
Juni	236	–	238	241	183	200
Juli	229	–	249	247	167	171
August	245	–	241	238	192	186
September	216	–	219	179	230	225
Oktober	95	–	141	111	151	148
November	59	–	95	76	115	83
Dezember	44	–	52	40	107	56

Schweiz

Erhebungsgegenstand	Wert	Vergleich Vorjahr (%)	Stand
Fläche			
Fläche (km²)	41 294,9	±0,0	1947
Bevölkerung			
Wohnbevölkerung	4 524 000	+1,2	1947
– männlich	2 060 399	–	1941[1]
– weiblich	2 205 304	–	1941[1]
Einwohner je km²	109,5	+1,2	1947
Ausländer	223 554	–	1941[1]
Lebendgeborene	87 724	–1,5	1947
Gestorbene	51 384	+2,2	1947
Eheschließungen	39 401	+1,6	1947
Ehescheidungen	3 266	–	1941/45[2]
Familienstand der Bevölkerung			
– Ledige insgesamt	2 196 757	–	1941[1]
männlich	1 098 483	–	1941[1]
weiblich	1 098 274	–	1941[1]
– Verheiratete	1 748 486	–	1941[1]
– Verwitwete und Geschiedene	320 460	–	1941[1]
männlich	88 279	–	1941[1]
weiblich	232 181	–	1941[1]
Religionszugehörigkeit			
– Christen insgesamt	4 211 446	–	1941[1]
katholisch	1 754 204	–	1941[1]
evangelisch	2 457 242	–	1941[1]
– Juden	19 429	–	1941[1]
– andere, ohne Konfession	34 828	–	1941[1]
Altersgruppen			
unter 5 Jahren	305 573	–	1941[1]
5 bis unter 15 Jahren	638 189	–	1941[1]
15 bis unter 20 Jahren	340 371	–	1941[1]
20 bis unter 30 Jahren	660 860	–	1941[1]
30 bis unter 40 Jahren	704 399	–	1941[1]
40 bis unter 50 Jahren	594 676	–	1941[1]
50 bis unter 60 Jahren	461 427	–	1941[1]
60 bis unter 70 Jahren	351 734	–	1941[1]
70 bis unter 80 Jahren	169 196	–	1941[1]
80 und darüber	39 278	–	1941[1]

Erhebungsgegenstand	Wert	Vergleich Vorjahr (%)	Stand
Die zehn größten Städte[3]			
– Zürich	372 100	+2,7	1947
– Basel	175 200	+2,9	1947
– Bern	139 800	+1,5	1947
– Genf	141 800	+3,1	1947
– Lausanne	101 500	+1,4	1947
– St. Gallen	65 300	+1,9	1947
– Winterthur	63 400	+2,3	1947
– Luzern	59 100	+2,3	1947
– Biel	45 900	+3,2	1947
– La Chaux-de-Fonds	32 700	+1,9	1947
Erwerbstätigkeit			
Erwerbstätige	1 992 487	–	1941[1]
– männlich	1 422 272	–	1941[1]
– weiblich	570 215	–	1941[1]
– nach Wirtschaftsbereichen			
Land- und Forstwirtschaft, Tierhaltung und Fischerei	414 936	–	1941[1]
Produzierendes Gewerbe	694 073	–	1941[1]
Handel und Verkehr	236 970	–	1941[1]
Sonstige	646 908	–	1941[1]
Ausländische Arbeitnehmer	113 896	–	1941[1]
Arbeitslose	3 473	–18,5	1947
Betriebe			
– Landwirtschaftliche Betriebe	238 481	–	1939[1]
– Industrie und Handwerk	99 686	–	1939[1]
– Baugewerbe	16 396	–	1939[1]
– Handel, Gastgewerbe, Reiseverkehr	112 750	–	1939[1]
– Sonstige	15 597	–	1939[1]
Außenhandel			
– Einfuhr in Mio. sFr	4 820	+ 40,8	1947
– Ausfuhr in Mio. sFr	3 267,5	+ 22,1	1947
– Einfuhrüberschuß in Mio. sFr	1 552,5	–107,8	1947
Verkehr			
– Eisenbahnnetz (km)	5 232,8	–	1945[1]
Beförderte Personen (in 1000)	295 544	+ 3,4	1947
Beförderte Güter (in 1000 t)	26 533	+ 7,1	1947
– Bestand an Kraftfahrzeugen	153 359	+65,8	1947
davon Pkw	82 187	+30,5	1947
davon Lkw	29 116	+12,6	1947
– Binnenschiffe zum Gütertransport (Tragfähigkeit in t)	202 806	+11,0	1947
– Handelsschiffe/Seeschiffahrt (BRT)	40 416	+41,7	1947
– Luftverkehr			
Beförderte Personen	85 471	+37,9	1947
Bildung			
– Schüler an Primarschulen	430 332	– 0,2	1946/47
Sekundar- und Mittelschulen	50 007	– 0,8	1946/47
Obere Mittelschulen	8 006	– 1,8	1946/47
– Studenten	12 760	+ 4,7	1946/47
Rundfunk			
– Hörfunkteilnehmer	793 412	+ 3,1	1947
Gesundheitswesen			
– Ärzte	3 882	+ 1,9	1947
– Zahnärzte	1 729	+ 1,8	1947
– Krankenhäuser (insgesamt)	532	–	1947
Sozialleistungen			
– Mitglieder der gesetzlichen Krankenversicherung	2 732 000	+ 5,1	1947
– Empfänger von Arbeitslosengeld und -hilfe	49 340	–14,5	1947

[1] Letzte verfügbare Angabe
[2] Jahresdurchschnitt
[3] Schätzungen

Statistische Zahlen 1947

Erhebungsgegenstand	Wert	Vergleich Vorjahr (%)	Stand
Finanzen und Steuern			
– Gesamtausgaben des Bundes in Mio. sFr	1946,7	–12,0	1947
– Gesamteinnahmen des Bundes in Mio. sFr	2208,9	– 8,3	1947
– Schuldenlast des Bundes in Mio. sFr	8024,9	– 8,4	1947
Löhne und Gehälter			
– Bruttostundenverdienst männlicher Arbeiter (sFr)	2,42	+ 8,5	1947
weiblicher Arbeiter (sFr)	1,49	+11,2	1947
– Index der tariflichen Stundenlöhne in der gewerblichen Wirtschaft (1939 = 100)	184,7	+ 9,0	1947
Preise			
– Index der Einzelhandelspreise (1939 = 100)	158	+ 4,6	1947
– Einzelhandelspreise ausgewählter Lebensmittel (in sFr)			
Butter, 1 kg	9,13	+11,2	1947
Weizenmehl, 1 kg	1,58	– 0,6	1947
Schweinefleisch, 1 kg	7,16	+ 1,9	1947
Rindfleisch, 1 kg	5,00	+ 0,4	1947
Eier, 1 Stück	0,35	± 0,0	1947
Kartoffeln, 1 kg	0,39	+18,1	1947
Vollmilch, 1 l	0,44	+ 7,3	1947
Kaffee, 1 kg	4,60	+ 1,5	1947

Erhebungsgegenstand	Zürich	Basel	Bern	Genf	Davos	Lugano
Klimatische Verhältnisse						
– Mittl. Lufttemperatur Januar (°C)	–1,5	–0,1	–1,6	0,6	–7,0	2,3
Februar	0,0	1,5	0,2	2,0	–5,4	4,0
März	3,4	4,6	3,4	9,3	–2,3	7,5
April	7,7	8,7	8,0	9,4	2,1	11,7
Mai	12,1	13,0	12,3	13,8	7,0	15,8
Juni	15,5	16,4	19,6	17,4	10,3	19,5
Juli	17,3	18,2	17,7	19,6	12,1	21,6
August	16,4	17,3	16,7	18,6	11,3	20,9
September	13,3	14,1	13,7	15,2	8,3	17,7
Oktober	7,9	8,8	7,9	9,7	3,4	12,2
November	3,0	4,2	3,0	5,1	–1,3	7,2
Dezember	–0,7	0,6	–0,8	–1,5	–5,7	3,2
– Niederschlagsmengen Januar (mm)	56	41	48	47	59	60
Februar	54	41	51	50	53	61
März	72	53	66	63	54	115
April	94	65	76	69	60	162
Mai	113	81	94	76	70	192
Juni	136	98	113	79	107	185
Juli	136	90	112	78	135	174
August	131	86	108	96	131	187
September	106	78	89	85	92	175
Oktober	93	74	88	99	70	198
November	67	59	68	79	62	136
Dezember	73	52	64	68	66	80
– Sonnenscheindauer Januar (Std.)	46	65	98	99	79	112
Februar	83	86	93	103	98	139
März	145	140	145	168	145	171
April	163	198	164	199	146	176
Mai	201	195	196	239	162	181
Juni	230	228	234	279	177	239
Juli	247	245	252	302	201	265
August	222	219	230	273	188	244
September	167	165	179	205	156	192
Oktober	108	109	118	134	126	149
November	53	63	62	65	85	106
Dezember	32	50	42	45	73	102

Die Regierungen Deutschlands, Österreichs und der Schweiz 1947

Neben den Staatsoberhäuptern Deutschlands, Österreichs und der Schweiz sind in der Zusammenstellung die einzelnen Kabinette des Jahres 1947 in chronologischer Reihenfolge enthalten. Hinter den Namen der wichtigsten Regierungsmitglieder stehen in Klammern die Parteizugehörigkeit und der Zeitraum ihrer Tätigkeit.

Deutschland

In Deutschland hat 1945 der Alliierte Kontrollrat mit Sitz in Berlin die oberste Regierungsgewalt übernommen. Ihm gehören die USA, die UdSSR, Großbritannien und Frankreich an.

Die Direktoren des Verwaltungsrats des Vereinigten Wirtschaftsgebietes, das die US-amerikanische und britische Besatzungszone umfaßt (Bizone):

Ernährung: Hans Schlange-Schöningen (CDU; 24. 7. 1947–1949)
Finanzen: Otto Schniewind (CDU; 24. 7. 1947; nimmt das Amt nicht an), Alfred Hartmann (9. 8. 1947–1949)
Recht: Walter Strauß (24. 7. 1947–1949)
Verkehr: Eugen Fischer (CDU; 24. 7. 1947; nimmt das Amt nicht an), Edmund Frohne (9. 8. 1947–1949)
Post und Fernmeldewesen: Hans Schuberth (CSU; 24. 7. 1947–1949)
Wirtschaft: Johannes Semler (CSU; 24. 7. 1947–1948)

Mitglieder der Deutschen Wirtschaftskommission (eingerichtet am 14. Juni; sowjetische Besatzungszone):

Vorsitzender: Heinrich Rau (SED; 15. 6. 1947–1949)
Stellvertreter: Bruno Leuschner (SED; 15. 6. 1947–1949)
Finanzen und Bergwesen: Hermann Kastner (LDP; 15. 6. 1947–1949)
Industrie: Fritz Selbmann (SED; 15. 6. 1947–1949)
Landwirtschaft und Arbeit: Luitpold Steidle (CDU; 15. 6. 1947–1949)

Die Regierungschefs der deutschen Länder 1947:

Bayern: Hans Ehard (CSU), Ministerpräsident (1946–1954)
Berlin: Otto Ostrowski (SPD), Oberbürgermeister (1946–17. 4. 1947)
Die Wahl Ernst Reuters (SPD; 24. 6. 1947) wird von der Alliierten Kommandantur nicht bestätigt
Louise Schroeder (SPD), Bürgermeisterin (8. 5. 1947–1949)
Brandenburg: Carl Steinhoff (SED), Ministerpräsident (1946–1949)
Bremen: Wilhelm Kaisen (SPD), Bürgermeister und Senatspräsident (1945–1965)
Bremen erhält am 22. Januar den Landesstatus.
Hamburg: Max Brauer (SPD), Bürgermeister (1946–1953)
Hessen: Christian Stock (SPD), Ministerpräsident (3. 1. 1947–1950)
Lippe (Schamburg-Lippe): Heinrich Drake (SPD), Ministerpräsident (1920–1933, 1945–21. 1. 1947)
Am 21. Januar 1947 wird das Land Lippe dem Land Nordrhein-Westfalen eingegliedert.
Mecklenburg(-Vorpommern): Wilhelm Höcker (SED), Ministerpräsident (1946–1951)
Niedersachsen: Hinrich Wilhelm Kopf (SPD), Ministerpräsident (1946–1955, 1959–1961)
Nordrhein-Westfalen: Rudolf Amelunxen (Zentrum), Ministerpräsident (1946–17. 6. 1947), Karl Arnold (CDU), Ministerpräsident (16. 6. 1947–1956)
Preußen: Das Land wird am 25. Februar durch Kontrollratsgesetz aufgelöst.
Rheinland-Pfalz: Wilhelm Boden (CDU), Ministerpräsident (1946–9. 7. 1947), Peter Altmeier (CDU), Ministerpräsident (9. 7. 1947–1969)
Sachsen: Rudolf Friedrichs (SED), Ministerpräsident (1946–13. 6. 1947), Max Seydewitz (SED), Ministerpräsident (31. 7. 1947–1952)
Sachsen-Anhalt: Erhard Hübener (LDP; 1945–1950)
Schleswig-Holstein: Theodor Steltzer (CDU), Ministerpräsident (1946–19. 4. 1947), Hermann Ludemann (SPD), Ministerpräsident (29. 4. 1947–1949)
Südbaden: Leo Wohleb (CDU), Staatspräsident (1946–1952)
Thüringen: Rudolf Paul (SED), Ministerpräsident (1946–1. 9. 1947), Werner Eggerath (SED), Ministerpräsident (9. 10. 1947–1952)
Württemberg-Baden: Reinhold Maier (DVP/FDP), Ministerpräsident (1945–1952)
Württemberg-Hohenzollern: Lorenz Bock (CDU), Staatspräsident (22. 7. 1947–1948)

Saargebiet (8. 11. 1947 wirtschaftlich an Frankreich angegliedert):
Französischer Gouverneur: Gilbert Grandval
Ministerpräsident: Johannes Hoffmann (CVP; 15. 12. 1947–1955)

Österreich

Staatsform: Republik
Bundespräsident: Karl Renner (SPÖ; 1945–1950)

1. Kabinett Figl, Koalition von ÖVP und SPÖ, 1945–1949:
Bundeskanzler: Leopold Figl (ÖVP; 1945–1953)
Vizekanzler: Adolf Schärf (SPÖ; 1945–1956)
Äußeres: Karl Gruber (ÖVP; 1945–1953)
Inneres: Oskar Helmer (SPÖ; 1945–1959)
Justiz: Josef Gerö (parteilos; 1945–1949)
Unterricht: Felix Hurdes (ÖVP; 1945–1952)
Finanzen: Georg Zimmermann (parteilos; 1945–1949)
Handel: Peter Krauland (ÖVP; 1946–1948)
Energie und Versorgung: Karl Altmann (KPÖ; 1945–20. 11. 1947), Alfred Migsch (SPÖ; 24. 11. 1947–1949)
Verkehr: Vinzenz Übeleis (SPÖ; 1945–1949)
Öffentliche Arbeiten und Wiederaufbau: Julius Raab (ÖVP; 1945–1949)
Soziale Verwaltung: Karl Maisel (SPÖ; 1945–1956)
Landwirtschaft, Ackerbau und Forsten: Josef Kraus (ÖVP; 1945–1952)
Wirtschaftsplanung: Peter Krauland (ÖVP; 1945–1949)
Ernährung: Hans Frenzel (SPÖ; 1945–11. 1. 1947), Otto Sagmeister (SPÖ; 11. 1. 1947–1949)
Ohne Geschäftsbereich: Alois Weinberger (ÖVP; 1945–11. 1. 1947), Erwin Altenburger (ÖVP; 11. 1. 1947–1949)

Schweiz

Staatsform: Republik
Bundespräsident: Philipp Etter (katholisch-konservativ; 1939, 1942, 1947, 1953)

Politisches Departement (Äußeres): Max Petitpierre (freisinnig; 1945–1961)
Inneres: Philipp Etter (katholisch-konservativ; 1934–1959)
Justiz und Polizei: Eduard von Steiger (BGB; 1941–1951)
Finanzen und Zölle: Ernst Nobs (erster Sozialdemokrat im Bundesrat; 1943–1951)
Militär: Karl Kobelt (freisinnig; 1941–1954)
Volkswirtschaft: Walter Stampfli (freisinnig; 1940–31. 12. 1947)
Post und Eisenbahn: Enrico Celio (katholisch-konservativ; 1940–1950)

Staatsoberhäupter und Regierungen ausgewählter Länder 1947

Die Einträge zu den wichtigsten Ländern des Jahres 1947 informieren über die Staatsform (hinter dem Ländernamen), Titel und Name des Staatsoberhauptes sowie in Klammern dessen Regierungszeit. Es folgen – soweit vorhanden – die Regierungschefs, bei wichtigeren Ländern auch die Außenminister des Jahres 1947; jeweils in Klammern stehen die Zeiträume der Amtsausübung. Eine Kurzdarstellung gibt – wo es sinnvoll erscheint – einen Einblick in die innen- und außenpolitische Situation des Landes (siehe auch S. 223).

Afghanistan: Königreich
König: Mohammed Sahir (1933–1973)
Ministerpräsident: Schah Mahmud Khan Gazi (1946–1953)
Mohammed Sahir steuert seit dem Ende des Zweiten Weltkriegs einen neutralistischen Kurs der Blockfreiheit.

Ägypten: Königreich
König: Faruk (1936–1952)
Ministerpräsident: Mahmud Fahmi an-Nokraschi Pascha (1945/46, 1946–1948)
Ägypten fordert vor der Organisation der Vereinten Nationen in New York den Abzug aller britischen Truppen.

Albanien: Volksrepublik
Präsident: Omer Nishani (1946–1953)
Ministerpräsident: Enver Hoxha (1944–1954)
Nach der Ausrufung der Volksrepublik wird die Wirtschaft nach sowjetischem Muster verstaatlicht, der Boden wird enteignet, die KP wird Staatspartei.

Algerien
Politisch und wirtschaftlich dem Mutterland angegliedertes französisches Generalgouvernement
Generalgouverneur: Yves Chataigneau (1944–1948)
Das Algerien-Statut soll allen Algeriern die französische Staatsbürgerschaft garantieren (20. 9.).

Argentinien: Republik
Präsident: Juan Domingo Perón (1946–1955)
Außenminister: Juan Atilio Bramuglia (1946–1949)
Das Frauenwahlrecht wird eingeführt. – Der erste Fünfjahrplan wird ausgearbeitet.

Äthiopien: Kaiserreich
Kaiser: Haile Selassie (1930–1974)
Leitender Minister: Bitwoded Makonnen Endelkatschaw (1941–9157)

Australien: Bundesstaat im britischen Empire
Ministerpräsident: Joseph Benedict Chifley (Labour Party; 1945–1949)
Außenminister: Herbert Vere Evatt (1941–1949)
Britischer Generalgouverneur: Heinrich, Herzog von Gloucester = Sohn von König Georg V. von Großbritannien (1945–19. 1. 1947), Winston Joseph Dugan (Verweser: 19. 1.–11. 3. 1947), William John MacKell (11. 3. 1947–1952)
Die von der Labour Party getragene Regierung versucht, die während des Weltkriegs eingeführte Reglementierung des Wirtschaftslebens auch nach Kriegsende beizubehalten.

Belgien: Königreich
König: Für König Leopold III., dem Kollaboration vorgeworfen wird, führt 1944 bis 1950 sein Bruder Karl Graf von Flandern die Regentschaft
Kabinett Huysmans, Koalition von Sozialisten und Liberalen (1946–12. 3. 1947):
Ministerpräsident: Camille Huysmans (Sozialist; 1946/47)
Außenminister: Paul Henri Spaak (Sozialist; 1939–1949, 1954–1957, 1961–1966)
3. Kabinett Spaak, Koalition von Christlich-Sozialen und Sozialisten (19. 3. 1947–1948):
Ministerpräsident: Paul Henri Spaak (Sozialist; 1938/39, 1946, 1947–1949)
Außenminister: Paul Henri Spaak (Sozialist; 1939–1949, 1954–1957, 1961–1966)
Nach dem Zweiten Weltkrieg gibt Belgien seine in beiden Weltkriegen von Deutschland verletzte Neutralität auf und engagiert sich im westlichen Bündnissystem. – Belgien, die Niederlande und Luxemburg bilden die Benelux-Zollunion, die am 1. Januar 1948 in Kraft tritt (29. 10.). – Das Parlament lehnt einen Vorschlag der Wallonen, die Verfassung mit dem Ziel der Aufteilung Belgiens in drei Bundesstaaten (Flandern, Wallonien, Brüssel) zu revidieren, ab.

Bhutan: Königreich
König: Jigme Wangchuk (1926–1952)
Das Land erkennt die britische Vormacht an, regelt seine inneren Angelegenheiten jedoch selbständig.

Birma:
Britische Kronkolonie / unabhängiger Staat ab 17. 10. 1947 bzw. 6. 1. 1948
Gouverneur: Sir Hubert Rance (1946–1948)
Im Januar schreibt Großbritannien nach Verhandlungen Wahlen zu einer konstituierenden Versammlung aus, die über die Zukunft des Landes entscheiden soll. – Die Antifaschistische Volksfreiheitsliga (AFPFL) erringt einen überwältigenden Wahlsieg bei den Wahlen zur konstituierenden Versammlung (9. 4.). – Ihr Führer General U Aung Sang wird von Gegnern der Freiheitsliga ermordet (19. 7.). – Großbritannien erkennt Birma am 17. Oktober als unabhängigen Staat an.

Bolivien: Republik
Präsident: Tomás Monje Gutiérrez (1946–9. 3. 1947), Enrique Hertzog (11. 3. 1947–1949)

Brasilien: Bundesrepublik
Präsident: Enrico Gaspar Dutra (1946–1951)
Außenminister: Raul Fernandes (9. 5. 1947–1951)
Die Kommunistische Partei und der Gewerkschaftsbund CGTB werden verboten (7. 5.). – In Rio de Janeiro unterzeichnen 19 amerikanische Staaten den Interamerikanischen Beistandspakt zum Schutz der kollektiven Sicherheit auf dem amerikanischen Gesamtkontinent (30. 8.). – Brasilien bricht die diplomatischen Beziehungen zur UdSSR ab (20. 10.).

Bulgarien: Volksrepublik
Präsident (Präsident des Präsidiums des Nationalrats): Wassil Kolarow (1946–9. 7. 1947), Mintscho Naitschew (9. 12. 1947–1950)
Ministerpräsident: Georgi Dimitrow (1946–1949)
Stellvertretender Ministerpräsident: Kimon Georgiew (1946–1962)
Außenminister: Kimon Georgiew (1946–9. 12. 1947), Wassil Kolarow (12. 12. 1947–1949)
Der Pariser Friedensvertrag wird unterzeichnet (10. 2.). – Bulgarien schließt einen Freundschaftsvertrag mit Jugoslawien (27. 11.). – Die Verfassung der Volksrepublik Bulgarien, die sog. Dimitrowsche Verfassung, wird angenommen (4. 12.). – Gesetze regeln die Verstaatlichung der Schlüsselindustrie und der Banken (Dezember).

Chile: Republik
Präsident: Gabriel González Videla (1946–1952)
Das Abklingen der Nachfrage nach Rohstoffen, auf deren Export der wirtschaftliche Aufschwung Chiles während des Zweiten Weltkriegs beruht hat, führt nach Kriegsende zu schweren Wirtschaftskrisen. Im April kommt es zu einem Generalstreik, im Oktober zu einem Streik der Kohlebergarbeiter. Die Beziehungen zur UdSSR und zur ČSR werden abgebrochen.

China: Republik
Präsident: Chiang Kai-shek (1928–1931, 1943–1949, danach in Taiwan 1950–1975)
Ministerpräsident: Sung Tsö-wön (1930, 1944–1. 3. 1947), Chiang Kai-shek (geschäftsführend; 1. 3.–18. 4. 1947), Tschang tschun (18. 4. 1947–1948)
1945 bis 1949 tobt in China der dritte Bürgerkrieg zwischen den kommunistischen Truppen Mao Tse-tungs und der Kuomintang (Volkspartei) des Präsidenten Chiang Kai-shek.

Costa Rica: Republik
Präsident: Teodoro Picado Michalski (1944–1948)

Dänemark: Königreich
König: Christian X. (1912–20. 4. 1947), Friedrich IX. (20. 4. 1947–1972)
Ministerpräsident: Knud Kristensen (1945–4. 10./13. 11. 1947), Hans Hedtoft (12./13. 11. 1947–1950, 1953–1955)
Außenminister: Gustav Rasmussen (1945–1950)

Dominikanische Republik: Republik
Präsident (diktatorisch): Rafael Leónidas Trujillo y Molina (1930–1938, 1942–1952)

Ecuador: Republik
Präsident: José María Velasco Ibarra (1934/35, 1944–3. 9. 1947, 1952–1956, 1960/61, 1968–1972), Mariano Suárez Veintimilla (vorläufig; 3.–15. 9. 1947), Carlos Julio Arosemana Tola (17. 9. 1947–1948)

El Salvador: Republik
Präsident: Salvador Castaneda Castro (1945–1948)

Finnland: Republik
Präsident: Juho Kusti Paasikivi (1946–1956)
Ministerpräsident: Mauno Pekkala (1946–1948)
Außenminister: Carl Enckell (1918/19, 1922, 1924, 1944–1950)
Im Friedensvertrag von Paris werden die im Moskauer Frieden 1940 vereinbarten Grenzen wiederhergestellt (10. 2.).

Frankreich: Republik
Präsident: Vincent Auriol (Sozialist; 16. 1. 1947–1954)
3. Kabinett Blum, sozialistisches Ministerium (1946–16. 1. 1947):
Ministerpräsident: Léon Blum (1936/37, 1938, 1946/47)
Außenminister: Léon Blum (1946)
1. Kabinett Ramadier (Sozialist; 22. 1.–22. 10. 1947):
Ministerpräsident: Paul Ramadier (1947)
Außenminister: Georges Bidault (1944–1946, 1947/48)
Finanzen: Robert Schuman (1947, ab 24. 11. Ministerpräsident)
Kriegsteilnehmer: François Mitterrand (1947, 1947/48)
2. Kabinett Ramadier (Sozialist; 24. 10.–19. 11. 1947):
Ministerpräsident: Paul Ramadier (1947)
Außenminister: Georges Bidault (1944–1946, 1947/48)
Finanzen: Robert Schuman (1947, ab 24. 11. Ministerpräsident)
1. Kabinett Schuman (Republikanische Volksbewegung; 24. 11. 1947–1948, 1948)
Außenminister: Georges Bidault (1944–1946, 1947/48)
Pensionen und Kriegsteilnehmer: François Mitterrand (1947, 1947/48)
Großbritannien und Frankreich schließen einen 50jährigen Beistandspakt (4. 3.). – In Montrouge bei Paris gründen Vertreter sozialistischer Parteien die Sozalistische Bewegung für die Vereinigten Staaten von Europa (3. 6.). – Bei einer Konferenz von 16 Staaten in Paris über den Marshallplan wird die Bildung der OEEC, der Organisation für europäische wirtschaftliche Zusammenarbeit, beschlossen (12. 7.). – Wegen der Teuerung kommt es zu Streiks und sozialen Unruhen (Juni und November/Dezember).

Griechenland: Konstitutionelle Erbmonarchie
König: Georg II. (1922–1924, 1935–1. 4. 1947), Paul (1. 4. 1947–1964)
Ministerpräsident und Außenminister: Konstantin Tsaldaris (Ministerpräsident 1946–22. 1. 1947 und erneut 30. 8.–5. 9. 1947, Außenminister 1946–1950)
Ministerpräsident: Demetrios Maximos (25. 1.–25. 8. 1947), Themistokles Sofulis (1924, 1945/46, 8. 9. 1947–1948, 1948/49)
Mit der Anerkennung der Truman-Doktrin durch Griechenland beginnt die offene Einmischung der USA in Griechenland (12. 3.). – Die Kommunisten errichten eine Gegenregierung in Nordgriechenland unter General Markos Wafiadis (22. 12. 1947–1949, ab 1948 im Ausland; siehe Kriege und Krisenherde). – Die Kommunistische Partei Griechenlands und zahlreiche andere Parteien werden verboten (27. 12.).

Großbritannien: Konstitutionelle Erbmonarchie
König: Georg VI. (1936–1952)
Premierminister: Clement Richard Attlee (Labour Party; 1945–1951)
Außenminister: Ernest L. Bevin (1945–1951)
Das Vereinte Europäische Komitee mit Sitz in London wird gegründet (17. 1.). – Großbritannien und Frankreich schließen einen 50jährigen Beistandspakt (4. 3.). – Auf Druck der USA akzeptiert Großbritannien das GATT-Abkommen (15. 7.). – Die Elektrizitätswerke werden verstaatlicht (30. 7.). – Indien und Pakistan werden in die Unabhängigkeit entlassen (15. 8.).

Guatemala: Republik
Präsident: Juan José Arévalo (1945–1951)

Haiti: Republik
Präsident: Dumarsais Estimé (1946–1950)

Honduras: Diktatur
Präsident: Tiburcio Carías Andino (1933–1948)

Indien (Britisch-Indien):
Britisches Vizekönigreich / unabhängig als Dominion im britischen Commonwealth ab 15. August 1947
Vizekönig: Sir Archibald Parcival Wavell Viscount Wavell of Cyrenaika and Winchester (1943–21. 2. 1947), Louis Viscount Mountbatten of Burma (21. 2.–15. 8. 1947, danach Generalgouverneur)
Britischer Generalgouverneur: Louis Viscount Mountbatten of Burma (15. 8. 1947–1948)
Ministerpräsident und Außenminister: Jawaharlal Nehru (25. 8. 1946 bzw. 16. 8. 1947–1964)

Indochinesische Union: Französiches Protektorat
Oberkommissar: Georges Thierry d'Argenlieu (1945–März 1947), Emile Bollaert (27. 3. 1947–1948)
Seit 1946 tobt der Indochinakrieg (siehe Kriege und Krisenherde).

Indonesien: Republik bzw. niederländische Kolonie
Präsident: Achmed Sukarno (1945/49–67)
Ministerpräsident: Sutan Schahrir (1945–26. 6. 1947), Amir Scharif ud-Din (3. 7. 1947–1948)
Im Abkommen von Linggajati überlassen die Niederlande Indonesien Java, Sumatra und Madura (25. 3.). – Die Unabhängigkeit der 1945 von Achmed Sukarno proklamierten Republik Indonesien wird von den Niederlanden allerdings erst im Jahr 1949 anerkannt.

Irak: Königreich
König: Faisal II. (1939–1958)
Regent: Abd Al Ilah (1939–1953)
Ministerpräsident: Nuri Pascha Al Said (1930–1932, 1938–1940, 1941–1944, 1946–11. 3. 1947, 1949, 1950–1952, 1954–1955, 1958), Sajjid Salih Dschabr (29. 3. 1947–1948)

Iran: Königreich
Schah: Mohammad Resa Pahlawi (1941–1979)
Ministerpräsident: Ahmad Qawam es Sultaneh (1921, 1921/22, 1922/23, 1942/43, 1946–10. 12. 1947, 1952), Facher Hekmet (18./19. 12. 1947), Ibrahim Hakimi (1945, 1945/46, 29. 12. 1947–1948)

Irland: Republik (Freistaat innerhalb des britischen Empire)
Präsident: Sean Thomas O'Kelly (1945–1959)
Ministerpräsident und Außenminister: Eamon de Valera (1919/21, 1932–1948)

Island: Republik
Präsident: Sveinn Björnsson (1944–1952)
Ministerpräsident: Stefan Johann Stefanson (4. 2. 1947–1949)

Italien: Republik
Präsident: Enrico de Nicola (1946–1948)
2. Kabinett Gasperi (1946–20. 1. 1947):
Ministerpräsident: Alcide De Gasperi (Democrazia Cristiana; 1945–1953)
Außenminister: Pietro Nenni (1946–20. 1. 1947)
3. Kabinett Gasperi (3. 2.–13. 5. 1947):
Ministerpräsident: Alcide De Gasperi (Democrazia Cristiana; 1945–1953)
Außenminister: Carlo Graf Sforza (1947–1951)
4. Kabinett Gasperi (31. 5.–15. 12. 1947):
Ministerpräsident: Alcide De Gasperi (Democrazia Cristiana; 1945–1953)
Stellvertretender Ministerpräsident: Luigi Einaudi (liberal; 1947/48)
Außenminister: Carlo Graf Sforza (1947–1951)
5. Kabinett Gasperi (15. 12. 1947–1948):
Ministerpräsident: Alcide De Gasperi (Democrazia Cristiana; 1945–1953)
Stellvertretender Ministerpräsident: Luigi Einaudi (liberal; 1947/48)
Außenminister: Carlo Graf Sforza (1947–1951)
Die Regierung stimmt dem Marshallplan zu (18. 6.). – Das Parlament ratifiziert den Pariser Friedensvertrag vom 10. Februar (15. 9.), in dem Italien die Inselgruppe Dodekanes an Griechenland und Istrien an Jugoslawien abtreten muß; Triest wird Freistaat (16. 9.); Italien verzichtet auf alle Kolonien. – Die Verfassung der Republik wird angenommen.

Japan: Kaiserreich / konstitutionelle Monarchie
Kaiser (Tenno): Hirohito (seit 1926)
Ministerpräsident: Shigeru Yoshida (1946–20. 5. 1947, 1948–1954), Tetsu Katayama (24. 5. 1947–1948)
Außenminister: Shigeru Yoshida (1945–20. 5. 1947, 1948–1954), Hitoshi Ashida (1. 6. 1947–1948)
Douglas MacArthur, der Oberkommandierende der US-Streitkräfte, verbietet einen Generalstreik (1. 2.). – Die USA erhalten von den UN die Treuhandverwaltung der ehemaligen japanischen Inseln im Pazifik (12. 4.). – Die neue Verfassung, eine konstitutionelle Monarchie, tritt in Kraft (3. 5.). – Tetsu Katayama wird der erste sozialdemokratische Ministerpräsident (24. 5.). – Das Gesetz zur Beseitigung der wirtschaftlichen Machtkonzentration wird verkündet (18. 12.).

Jemen (Sana): Königreich
König: Hamid Ad Din Jahja (1918–1948, davor Imam 1904–1918)

Jordanien: Siehe Transjordanien

Jugoslawien: Volksrepublik
Vorsitzender des Präsidiums der Nationalversammlung: Johann Ribar (1945–1953)
Ministerpräsident: Josip Tito (1943–1953, danach Staatspräsident)
Außenminister: Stanoje Simitsch (1946–1948)
Das Gesetz über den ersten Fünfjahrplan wird angenommen (28. 4.). – Das Kominform mit Sitz in Belgrad wird gegründet (5. 10.). – Jugoslawien schließt Freundschaftsverträge mit Bulgarien (27. 11.), Ungarn (8. 12.) und Rumänien (19. 12.).

Kambodscha: Von Frankreich besetztes Königreich
König: Norodom Sihanuk (1941–1955, danach Ministerpräsident)
Ministerpräsident: Prinz Monireth (1946–1948)

Kanada: Parlamentarische Monarchie innerhalb der britischen Commonwealth
Premier- und Außenminister: William Lyon Mackenzie King (1921–1926, 1926–1930, 1935–1948)

Kirchenstaat: Siehe Vatikanstadt

Kolumbien: Republik
Präsident: Mariano Ospina Pérez (7. 8. 1946–1950)

Korea:
Das ehemalige japanische Generalgouvernement ist seit 1945 in zwei Besatzungszonen geteilt. Nördlich des 38. Breitengrades herrschen die Sowjets, südlich des 38. Breitengrades die Vereinigten Staaten. – Die UN beschließen die Durchführung allgemeiner Wahlen in ganz Korea (14. 11.). – Nordkorea gibt sich eine sozialistische Verfassung (4. 12.). – 1948 werden formell die Staaten Nordkorea und Südkorea gegründet.

Kuba: Republik
Präsident: Ramón Grau San Martin (1933/34, 1944–1948)

Kuwait: Emirat unter britischem Protektorat
Emir: Scheich Ahmad (1921–1950)

Laos: Königreich unter französischem Protektorat
König: Sisavong Vong (1904–1959)

Libanon: Republik
Präsident: Bischara Bey al-Churi (1943–1952)
Ministerpräsident: Rijad as-Sulh (1943, 1944/45, 1946–1951)

Liberia: Republik
Präsident und Ministerpräsident: William Tubman (1943–1971)

Liechtenstein: Fürstentum
Fürst: Franz Joseph II. (seit 1938)

Luxemburg: Großherzogtum
Großherzogin: Charlotte (1919–1964)
Ministerpräsident: Pierre Dupong (1937–1945, 1945–1953)
Außenminister: Joseph Bech (1937–1958)
Belgien, die Niederlande und Luxemburg bilden die Benelux-Zollunion, die am 1. Januar 1948 in Kraft tritt (29. 10.).

Malta: Britische Kronkolonie
Gouverneur: Sir Francis Douglas (1946–1949)

Marokko: Sultanat unter französischem Protektorat
Sultan: Sidi Muhammad (1927–1953, 1955–1957, als Muhammad V. König 1957–1961)
Großwesir: Muhammad al-Muari (1917–1955)
Französischer Resident: Eirik Labonne (1946–13. 5. 1947), General Alphonse Juis (14. 5. 1947–1951)

Mexiko: Bundesrepublik
Präsident: Miguel Alemán Váldez (1. 12. 1946–1952)

Monaco: Fürstentum
Fürst: Ludwig II. (1922–1949)

Mongolische Volksrepublik: Volksrepublik
Präsident: Amor Gochighigin Bumatsende (1934–1953)
Ministerpräsident: Korlin Tschoibalsan (1924–1952)
Die Republik China erkennt die Unabhängigkeit der Mongolischen Volksrepublik im Januar 1947 an.

Nepal: Königreich
König: Tribhuvana (1911–1950, 1952–1955)
Ministerpräsident: Maharadscha Padma Schamscher Dschang Bahadur Rana (1945–1948)

Neuseeland: Dominion im britischen Commonwealth
Premierminister: Peter Fraser (1940–1949)
Britischer Generalgouverneur: Sir Bernard Cyril Freyberg (1946–1952)
Neuseeland setzt das Westminster-Statut in Kraft und wird souveräner Staat im Commonwealth (25. 11.).

Nicaragua: Diktatur
Präsident: Anastasio Somoza García (1937–1. 5. 1947, 1950–1956), Leonardo Arguello (1.–26. 5. 1947), Benjamín Lascayo Sacasa (28. 5.–15. 8. 1947), Victor Manuel Román y Reyes (15. 8. 1947–1950)
Somoza regiert 1947 bis 1950 durch Marionettenpräsidenten.

Niederlande: Königreich
Königin: Wilhelmina (1890–1948)
1. Kabinett Beel (katholisch; 1946–1948):
Ministerpräsident: Louis Joseph Maria Beel (1946–1948, 1958/59)
Außenminister: Carel Godfried Willem Hendrik Baron van Boetzelaer van Oosterhout (1946–1948)
Belgien, die Niederlande und Luxemburg bilden die Benelux-Zollunion, die am 1. Januar 1948 in Kraft tritt (29. 10.).

Nordirland:
Teil des Vereinigten Königreichs von Großbritannien und Nordirland
Ministerpräsident: Sir Basil Stanlake Brooke (1943–1963)

Norwegen: Königreich
König: Håkon VII. (1905–1957)
Ministerpräsident: Einar Gerhardsen (Sozialist; 1945–1951, 1955–1963, 1963–1965)

Oman: Sultanat
Sultan: Said bin Taimur (1932–1970)

Pakistan:
Teil des britischen Vizekönigreiches / unabhängig ab 15. August 1947
Vizekönig: Sir Archibald Parcival Wavell Viscount Wavell of Cyrenaika and Winduster (1943–21. 2. 1947), Louis Viscount Mountbatten of Burma (21. 2.–15. 8. 1947)
Generalgouverneur: Mohammad Ali Dschiunah (15. 8. 1947–1948)

Palästina: Britisches Völkerbundsmandat
Oberkommissar: Sir Alan Gordon Cunningham (1946–1948)
Großbritannien übergibt die Palästinafrage der UNO (2. 4.). – Die UN-Vollversammlung beschließt die Teilung Palästinas (November).

Panama: Republik
Präsident: Enrique Adolfo Jiménez (1945–1948)
1946 ist eine neue Verfassung verkündet worden, die US-Bürgern durch die sog. Gleichberechtigungsformel wesentliche Privilegien einräumt.

Papst: Siehe Vatikanstadt

Paraguay: Diktatur
Präsident: Higiñ Morínioigo (1940–1948)

Persien: Siehe Iran

Peru: Republik
Präsident: José Louis Bustamente y Rivero (1945–1948)

Philippinen: Republik
Präsident: Manuel Roxas (1946–1948)
Die USA erhalten für 99 Jahre Souveränität auf 23 Militärstützpunkten.

Polen: Volksrepublik
Präsident: Boleslaw Bierut (1945–1946)
Ministerpräsident: Edward Osóbka-Morawski (1945–4. 2. 1947), Jozef Cyrankiewicz (7. 2. 1947–1952, 1954–1970, danach Staatspräsident 1970–1972)
Außenminister: Vinzenz Rzymowski (1945–4. 2. 1947), Sigmund Modzelewski (7. 2. 1947–1951)
Nach sowjetischem Druck verzichtet Polen auf die US-Marshallplan-Hilfe (7. 7.).

Portugal: Diktatur
Präsident: António Oscar Fragoso Carmona (1926–1951)
Ministerpräsident: António de Oliveira Salazar (1932–1968)
Außenminister: António de Oliveira Salazar (1936–3. 2. 1947), José Caeiro de Mata (1933–1935, 3. 2. 1947–1950)

Rumänien: Königreich / Republik ab 30. Dezember 1947
König: Michael I. (1927–1930, 1940–30. 12. 1947, lebt in Lausanne)
Ministerpräsident: Petru Groza (1945–1952)
Außenminister: Gheorghe Tătărăscu (1938, 1945–6. 11. 1947), Anna Pauker (7. 11. 1947–1952)
Durch den Pariser Friedensvertrag werden bis auf Nordsiebenbürgen die Grenzen vom Januar 1941 wiederhergestellt (10. 2.). – Rumänien und Jugoslawien schließen einen Freundschaftsvertrag (19. 12.). – König Michael dankt ab, die Volksrepublik Rumänien wird proklamiert (30. 12.).

Sansibar: Sultanat unter britischem Protektorat
Sultan: Chalifa II. (1911–1960)

Saudi-Arabien: Königreich
König: Abd Al Asis (1932–1953)

Schweden: Königreich
König: Gustav V. (1907–1950)
Ministerpräsident: Tage Erlander (Sozialist; 1946–1949)
Außenminister: Östen Undén (1924–1926, 1945–1962)

Siam: Siehe Thailand

Sowjetunion: Siehe UdSSR

Spanien: Diktatur (Monarchie)
Staatspräsident und Vorsitzender des Ministeriums: Francisco Franco Bahamonde (1936–1975)
Außenminister: Alberto Martín Artajo (1945–1957)
Spanien wird zur Monarchie erklärt; im Fall des Rücktritts oder Ablebens Francos soll die Krongewalt wiederhergestellt werden (Juli).

Südafrikanische Union: Dominion im britischen Commonwealth
Ministerpräsident: Jan Christiaan Smuts (1919–1924, 1939–1948)
Generalgouverneur: Gideon Brand van Zyl (1945–1951)

Syrien: Republik
Präsident: Schukri Al Kuwwatli (1943–1949)

Thailand: Königreich
König: Rama IX. Bhumiopol (seit 1946, bis 1950 unter Regentschaft)
Regent: Prinz Rangsit von Chainat (1946–1950)
Ministerpräsident: Nai Khuang Aphaiwong (1944/45, 1946, 1946–1948)

Tibet: Autonomer Staat unter der Herrschaft eines Dalai-Lama
14. Dalai-Lama: Tenzin Gjatso (1935 geboren und gefunden, 1939 inthronisiert, im Exil ab 1959)
7. Pantschen-Lama: Tschökji Gjaltsen (seit 1938)

Transjordanien: Königreich
König: Abdallah (1946–1951, zuvor Emir 1921–1946)
Ministerpräsident: Ibrahim Haschim (1933–1938, 1945–1948)

Triest: Freies Gebiet unter Aufsicht der UN
Militärgouverneur der amerikanisch-britischen Zone A: Generalmajor Terence Airey (Brite; 1947–1951)
Militärgouverneur der jugoslawischen Zone B: Oberst Stomatović (Jugoslawe: 1947–1954)

Tschechoslowakei: Republik
Präsident: Eduard Beneš (1935–1938, 1945–1948)
Ministerpräsident: Klement Gottwald (Kommunist; 1946–1948)
Außenminister: Jan Masaryk (1945–1948)

Tunesien: Französisches Protektorat
Bei: Muhammad VIII. Al Amin (1943–1957)
Ministerpräsident: Salah Ad Din Baccouche (1943–1947, 1952–1956)
Französischer Generalresident: Emmanuel Mast (1943–21. 2. 1947), Jean Mons (21. 2. 1947–1950)

Türkei: Republik
Präsident: Mustafa Ismet Pascha, seit 1934 genannt Ismet Inönü (1938–1950)
Ministerpräsident: Recep Peker (1946–9. 9. 1947), Hasan Saka (9. 9. 1947–1949)
Außenminister: Hasan Saka (1944–9. 9. 1947, danach Ministerpräsident), Necmettin Sadak (9. 9. 1947–1950)

UdSSR: Union der sozialistischen Sowjetrepubliken
Parteichef: Josef W. Stalin (1922–1953)
Ministerpräsident: Josef W. Stalin (1941–1953)
Verteidigungsminister: Josef W. Stalin (1941–3. 2. 1947), Nikolai A. Bulganin (5. 2. 1947–1949)
Präsident (Vorsitzender des Präsidiums des Obersten Sowjets): Nikolai Schwernik (1946–1953)
Außenminister: Wjatscheslaw M. Molotow (1939–1949)
Die Pariser Friedensverträge mit Italien, Rumänien, Ungarn, Bulgarien und Finnland werden geschlossen (10. 2.). – Die Tagung der Außenminister der vier Westmächte in Moskau bringt keine Ergebnisse (10. 3.–24. 4.). – Mit einer kulturpolitischen Kampagne, der sog. Schdanowschtina, beginnt der Stalin-Personenkult und die Verherrlichung der Sowjetunion (24. 6.). – Die UdSSR und später auch die von ihr abhängigen Staaten lehnen die Marshallplan-Hilfe ab (2. 7.). – Die Rationierung von Lebensmitteln und Industriewaren wird aufgehoben (14. 12.).

Ungarn: Volksrepublik
Präsident: Zoltán Tildy (1946–1948, davor Ministerpräsident 1945/46)
Ministerpräsident: Ferenc Nagay (1946–30. 5. 1947), Lajos Dinnyes (31. 5. 1947–1948)
Außenminister: Janós Gyöngyösi (1944–30. 5. 1947), István Kertész (31. 5.–4. 9. 1947), Erik Molnár (24. 9. 1947–1948)
Am 10. Februar wird der Friedensvertrag unterzeichnet. – Die Großbanken und die Schlüsselindustrien werden verstaatlicht (29. 11.). – Ungarn und Jugoslawien schließen einen Freundschaftsvertrag (8. 12.).

Uruguay: Republik
Präsident: Juan José de Amézaga (1943–1. 3. 1947), Tomás Berreta (1. 3.–2. 8. 1947 †), Luis Batlle y Berres (2. 8. 1947–1951, 1953/54)

USA: Bundesrepublik
33. Präsident: Harry S. Truman (Demokrat; 1945–1953)
Außenminister: James Francis Byrnes (1945–10. 1. 1947), George Catlett Marshall (10. 1. 1947–1949)
Verteidigung: James Forrestal (28. 7. 1947–1949)
Präsident Truman fordert vor dem Kongreß militärische Aufrüstung der USA (6. 1.). – Die Ernennung Marshalls zum Außenminister nach dem Rücktritt von Byrnes bedeutet eine Wende von der »Politik des Verschiebens« zur »Politik der Eindämmung« des sowjetischen Einflusses (7. 1.). – Präsident Truman verkündet die nach ihm benannte Trumandoktrin, nach der die Staaten im Mittleren Osten für unverletzlich erklärt werden und die USA Hilfe »für die in ihrer Freiheit bedrohten Völker« zusagen (12. 3.). – Die Truman Loyalty Order sieht die Überprüfung der Regierungsbediensteten auf ihre Verfassungstreue vor (22. 3.). – Die USA erhalten von den UN die Treuhandverwaltung der ehemaligen japanischen Inseln im Pazifik (12. 4.). – Das Taft-Hartley-Gesetz schränkt die Rechte der Gewerkschaften ein (23. 6.). – Außenminister Marshall kündigt den Marshall-Plan für die wirtschaftliche Erneuerung Europas an (5. 6.). – Das Verteidigungsministerium wird eingerichtet (26. 7.). – Der Interamerikanische Vertrag über gegenseitigen Beistand (Rio-Pakt) wird geschlossen (2. 9.).

Vatikanstadt: Absolute Monarchie
Papst: Pius XII., ursprünglich Eugenio Pacelli (1939–1958, zuvor Kardinalstaatssekretär unter Pius XI. 1930–1939)

Venezuela: Republik
Präsident: Rómulo Betancourt (1945–1948, 1959–1964)

Kriege und Krisenherde des Jahres 1947

Die herausragenden politischen und militärischen Krisensituationen des Jahres 1947 werden – alphabetisch nach Ländern geordnet – im Überblick dargestellt. Internationale Kriege und Krisenherde sind dem alphabetischen Länderverzeichnis vorangestellt.

Kalter Krieg

Das Jahr 1947 steht im Zeichen des kalten Kriegs, des Ost-West-Konflikts, der zwischen den Siegermächten des Zweiten Weltkriegs, vor allem zwischen den USA und UdSSR, ausgetragen wird. – Nach dem Rücktritt von James F. Byrnes wird General George C. Marshall neuer US-Außenminister (21. 1.). Dieser Ministerwechsel bedeutet die Wende von der »Politik der Geduld« zur Politik des »Containment«, der Eindämmung des sowjetischen Einflußbereichs. – Am 12. März formuliert US-Präsident Harry S. Truman in einer Rede vor dem Kongreß als außenpolitische Leitlinie der USA die nach ihm benannte Truman-Doktrin, wonach die USA bereit sind, anderen sog. freien Völkern militärische und wirtschaftliche Hilfe bei innerer oder äußerer Gefährdung zu leisten. Truman erläßt am 22. März außerdem die »Truman Loyalty Order«, durch die die Überprüfung der Regierungsbediensteten hinsichtlich ihrer Verfassungstreue und eventueller Beteiligung an subversiven Aktionen ermöglicht wird. Das Gesetz »National Security Act« (26. 7.) faßt die bisher getrennt verwalteten US-Streitkräfte unter dem neu geschaffenen Verteidigungsministerium zusammen, erster US-Verteidigungsminister wird James V. Forrestal. Neu errichtet wird auch der Nationale Sicherheitsrat, dem der gleichfalls neu geschaffene CIA (Central Intelligence Service) unterstellt ist. – Im Zusammenhang mit der neuen Linie des »Containment« steht auch das wirtschaftliche Aufbauprogramm der USA für das im Krieg zerstörte Europa, insbesondere für Deutschland. In einer Rede in der Harvard University schlägt US-Außenminister George Catlett Marshall das später als Marshallplan bezeichnete Wirtschaftsaufbauprogramm für Europa vor (5. 6.), das auf der sog. Marshallplan-Konferenz, an der die UdSSR nicht teilnimmt, in Paris beschlossen wird (12. 7.–22. 9.). Im Rahmen des Marshallplans erhalten die westlichen Besatzungszonen Deutschlands 1,3 Milliarden Dollar als Devisenhilfe. Ziel des Marshallplans ist es, Hunger und Elend zu überwinden, Europa zu einem leistungsfähigen Handelspartner und Absatzgebiet für US-amerikanische Produkte zu machen sowie Westdeutschland politisch und wirtschaftlich zu stärken. Auf kommunistischer Seite wird am 22. bis 27. September auf einer Konferenz kommunistischer Parteien in Szklersha Poreka (dem früheren Schreiheran) das kommunistische Informationsbüro (Kominform) gegründet. In einer Rede, die als Antwort auf die Truman-Doktrin gewertet wird, richtet das sowjetische Politbüromitglied Andrei A. Schdanow schwere Vorwürfe gegen den Westen.

Unabhängigkeitskampf in Birma

Im Januar schreibt Großbritannien, das seit dem Ende des Zweiten Weltkriegs vergeblich versucht, seine kolonialen Ansprüche in Birma durchzusetzen, Wahlen zu einer konstituierenden Versammlung aus, die über die Zukunft des Landes entscheiden soll. Die Antifaschistische Volksfreiheitsliga (AFPFL) erringt einen überwältigenden Wahlsieg bei den Wahlen zur konstituierenden Versammlung (9. 4.); sie gewinnt 194 von 225 Mandaten. Im Juni tritt die konstituierende Versammlung erstmals zusammen und gibt der »Resolution über die Unabhängigkeit« ihre Zustimmung. – General Aung Sang wird während eines Attentats von Gegnern der Freiheitsliga ermordet (19. 7.). – Großbritannien erkennt Birma am 17. Oktober als unabhängigen Staat an.

Bürgerkrieg in China

1945 bis 1949 tobt in China der dritte Bürgerkrieg zwischen den kommunistischen Truppen Mao Tse-tungs und der Kuomintang (Nationale Volkspartei) des Präsidenten Chiang Kai-shek. Die erste Phase dieses Kriegs ist durch die Offensiven der von den USA unterstützten Kuomintang gekennzeichnet (1946/47), die im März Yenan und im Oktober Chefoo u. a. Städte erobern kann, der es aber nicht gelingt, die Kommunisten entscheidend zu schwächen. Die Kommunisten weichen dem offenen Schlagabtausch aus und versuchen, den Gegner im Partisanenkampf und in kleineren Gefechten zu ermüden. Ab Anfang 1947 machen sie die Erfolge der Kuomintang durch die Eroberung großer Teile der Mandschurei wett, gehen ab Mitte 1947 zur Offensive über und stoßen im Sommer nach Süden vor. Bis November haben sie mehrere Städte südlich der Großen Mauer zurückerobert und die Eisenbahnlinie zwischen Peking und Taiyüan unter ihre Kontrolle gebracht.

Deutschlandfrage bleibt ungelöst

Die Moskauer und Londoner Konferenzen, ein Treffen der Außenminister von USA, Frankreich, Großbritannien und der UdSSR zur Erörterung der deutschen Frage, bringen keine Einigung und verdeutlichen die Gegensätze zwischen den Verbündeten des Zweiten Weltkriegs hinsichtlich einer gemeinsamen Politik gegenüber Deutschland (10. 3.–24. 4., Moskau; 25. 11.–15. 12., London). Am 1. Januar sind britische und US-Zone als »Bizone« zu einem einheitlichen Wirtschaftsgebiet zusammengeschlossen worden. Die UdSSR protestiert gegen das Bizonenabkommen und verlangt Reparationslieferungen auch aus Westdeutschland. Die westlichen Alliierten lehnen diese Forderungen ab, weil sie Westdeutschland wirtschaftlich und politisch stärken wollen. Der sowjetische Vorschlag, eine vorläufige Regierung in Deutschland einzusetzen und eine Volksabstimmung über einen Einheits- oder einen föderalistischen Staat durchzuführen, findet keine Zustimmung bei den westlichen Alliierten. – Eine für den 5. Juni einberufene Ministerpräsidentenkonferenz in München scheitert noch am Tage ihrer Eröffnung, weil sich die Vertreter aus den drei Westzonen und der Ostzone in grundsätzlichen politischen Fragen nicht einigen können. Auch in der Berlin-Frage treten die Gegensätze immer offener zutage: Der SPD-Politiker Ernst Reuter wird am 24. Juni mit den Stimmen von SPD, CDU und LDP zum Oberbürgermeister von Berlin gewählt. Da die Wahl auf Betreiben der Sowjetunion von der Alliierten Hohen Kommandantur Berlin nicht bestätigt wird, leiten Louise Schroeder (SPD) und Ferdinand Friedensburg (CDU) die Stadtverwaltung.

Griechischer Bürgerkrieg

Im Frühjahr 1947 bittet die konservative griechische Regierung die USA offiziell um Unterstützung gegen die Demokratische Armee Griechenlands (DAG), in der sich 1946 verschiedene republikanische und kommunistische u. a. antimonarchische Partisanengruppen zusammengeschlossen haben (in einer manipulierten Volksabstimmung hatten sich die Griechen 1946 für die Monarchie und die Rückkehr König Pauls I. ausgesprochen). Die kommunistischen Truppen unter General Markos Wafiadis (»General Markos«) errichten Anfang 1947 in den Grammos-, Vitsi- und Vermion-Gebirgszügen eine fast uneinnehmbare Zone. Am 12. März verkündet US-Präsident Harry S. Truman die nach ihm benannte Truman-Doktrin, nach der es Pflicht der USA sei, den »in ihrer Freiheit bedrohten Völkern« zu helfen. Der amerikanische Kongreß bewilligt daraufhin 300 Millionen Dollar Rüstungshilfe für Griechenland. Am 18. November wird ein griechisch-amerikanischer Generalstab gebildet, der die militärischen Aktionen zentral leitet. Mitte 1947 beläuft sich die Zahl der aktiven Widerstandskämpfer auf knapp 90 000, hinzu kommen rund 250 000 Sympathisanten. Im August wird ein gemeinsames albanisch-jugoslawisch-bulgarisches Oberkommando gebildet, unter dessen Führung die Widerstandskämpfer ihre Guerillataktik allmählich zugunsten des offenen Kampfs aufgeben. Am 24. Dezember wird im Rundfunk die »Freie Demokratische Regierung Griechenlands« unter General Markos proklamiert.

Hindus gegen Moslems in Indien

Großbritannien entläßt am 15. August nach jahrzehntelangen Kämpfen Indien in die Unabhängigkeit. Infolge der traditionellen Spannungen zwischen Hindus und Moslems, die sich in der letzten Phase des Unabhängigkeitskampfs noch verstärkt haben – seit 1946 kommt es zu bürgerkriegsähnlichen Auseinandersetzungen zwischen Hindus und Moslems –, zerfällt das ehemalige Britische Vizekönigreich in zwei Staaten, das hinduistische Indien und den Moslem-Staat Pakistan, der seinerseits aus den mehr als 1500 km weit auseinanderliegenden Landesteilen Ost- und Westpakistan besteht. Die Teilung des Subkontinents führt zur Massenflucht von Hindus und Sikhs aus Pakistan und Moslems aus der Indischen Union. Im Pandschab und in Ostbengalen, wo die endgültigen Grenzen zwischen Indien und Pakistan noch umstritten sind, brechen erbitterte Kämpfe zwischen Hindus, Moslems und Sikhs aus.

Indochinakrieg

Seit 1946 wird in Vietnam zwischen den Viet Minh (bzw. der Vietnamesischen Volksarmee) unter der Führung von Ho Chi Minh und der französischen Kolonialmacht der Indochinakrieg ausgetragen. Während die Franzosen die Kolonialherrschaft weiterführen wollen, fordern die Viet Minh volle nationale Souveränität. Die Vietnamesische Volksarmee befolgt die Guerillataktik Mao Tse-tungs. Die Franzosen haben über 100 000 Soldaten im Land stehen, neben den regulären Truppen auch afrikanische Kolonialeinheiten, Fremdenlegionäre und Vietnamesen in französischen Diensten. Friedensangebote Ho Chi Minhs im März und August 1947 weisen die Franzosen zurück.

Indonesien für Unabhängigkeit

Seit 1945 tobt der bewaffnete Kampf des indonesischen Volkes gegen Großbritannien und die niederländischen Kolonialherren. Am 25. März erkennen die Niederlande im Abkommen von Linggadjati die Regierung der Republik Indonesien auf Java, Madura und Sumatra de facto an; auf Bali, Celébes und den benachbarten Inseln besteht der »Groß-Ost-Indonesische Staat«, der eine Föderation mit der Republik der Vereinigten Staaten von Indonesien bilden und zugleich in einer Union mit den Niederlanden verbunden bleiben soll. Am 21. Juli brechen die Niederlande das Abkommen, greifen die Republik auf Java an und erobern größere Gebiete. Dieser im niederländischen Sprachgebrauch als »Polizeiaktion« bezeichnete Angriff wird mit notwendigen Maßnahmen gegen Extremisten zur Wiederherstellung von Ruhe und Ordnung begründet. Die UN stoppen den Vormarsch der niederländischen Kolonialtruppen.

Kaschmir-Konflikt

Nach der Unabhängigkeit Britisch-Indiens (15. 8.) beanspruchen die neu gegründeten Staaten Indien und Pakistan den seit 1846 bestehenden Fürstenstaat Kaschmir, mit 222 236 km² einer der größten Staaten des indischen Subkontinents. Indien verweist auf eine entsprechende Entschließung des Hindu-Maharadschas von Kaschmir, Pakistan auf die überwiegend moslemische Bevölkerung des Himalaya-Fürstentums (durchschnittlich 77% Moslems). Im Oktober beginnen bewaffnete Auseinandersetzungen zwischen Indien und Pakistan, die bis 1949 andauern.

Aufstände in Madagaskar

In der Nacht vom 29. auf den 30. März bricht ein Aufstand des Mouvement Démocratique de la Rénovation Malgache (MDRM) gegen die französischen Kolonialherren los, bis zum Herbst werden die Franzosen durch die Partisanen in die Defensive gedrängt, gewinnen jedoch dann die Oberhand. Die Rebellen erobern die Städte Morondava an der West- und Mohanoro an der Ostküste und kontrollieren weite Gebiete im Landesinnern. 1948 wird der Aufstand niedergeschlagen.

Araber gegen Juden in Palästina

An dem Tag, als die UN-Generalversammlung die Teilung Palästinas in einen arabischen und einen jüdischen Staat empfiehlt (29. 11.), brechen bürgerkriegsähnliche Unruhen zwischen Arabern und Juden in dem britischen Mandatsgebiet Palästina aus. Palästina wird von 1,2 Millionen Arabern und 650 000 Juden bewohnt. Der Nationalismus beider Gruppen ist unvereinbar. Verschärft wird der Konflikt durch die geplante Masseneinwanderung von Juden. Die UN sehen in der Teilung die einzige Möglichkeit, das Problem zu lösen. Bei den Verhandlungen waren Palästinenser und Juden zwar befragt, aber bei der Entscheidung übergangen worden. 1948 mündet der Konflikt nach der Proklamation des Staates Israel in den Ersten Israelisch-Arabischen Krieg.

Neuerscheinungen auf dem internationalen Buchmarkt 1947

Die Auswahl berücksichtigt nicht nur Neuerscheinungen von literarischem oder wissenschaftlichem Wert, sondern auch vielgelesene Bücher des Jahres 1947. Innerhalb der einzelnen Länder sind die erschienenen Werke alphabetisch nach Autoren geordnet.

Deutschland

Theodor W. Adorno,
Max Horkheimer:
Dialektik der Aufklärung
Sozialphilosophische Untersuchungen
Die weiter im Exil in New York lebenden Sozialphilosophen Theodor W. Adorno (1903–1969) und Max Horkheimer (1895–1973) veröffentlichen im Querido Verlag in Amsterdam die sozialphilosophische Schrift »Dialektik der Aufklärung«, in der sie das Umschlagen der mit fortschrittlichem Anspruch aufgetretenen Aufklärung in Rückläufigkeit und Barbarei darstellen. Horkheimer und Adorno, vor der Machtübernahme der Nationalsozialisten 1933 Mitarbeiter des Frankfurter Instituts für Sozialforschung, an dem die kritische Theorie der Gesellschaft der Frankfurter Schule entwickelt wurde, emigrierten 1933 in die USA und führten das Institut als Institute for Social Research weiter. Unter der Mitarbeit von Herbert Marcuse, Erich Fromm u. a. erschien 1936 der Sammelband »Autorität und Familie«, in dem ein Versuch zur Erklärung des »autoritären Charakters«, der den Nationalsozialismus begünstigte, unternommen wurde.

Hans Fallada:
Jeder stirbt für sich allein
Roman
Der Alpdruck
Roman
Hans Fallada (1893–1947), bekannt geworden durch seine politisch-sozialen Zeitromane aus der Welt des kleinen Mannes, setzt in dem Roman »Jeder stirbt für sich allein«, erschienen im Aufbau-Verlag in Berlin, dem Widerstand der »kleinen Leute« gegen das NS-Regime ein Denkmal. Das in einfachen Verhältnissen lebende Ehepaar Quangel erhält 1940 die Nachricht, daß ihr Sohn in Frankreich gefallen ist. Dieses persönliche Erlebnis läßt die Einsicht in das unmenschliche System des Faschismus reifen, die beiden beschließen, sich zu rächen. Sie beginnen Karten zu schreiben, auf denen sie zum Widerstand gegen Adolf Hitler aufrufen. Aus der mit dem Todesurteil endenden Verhandlung vor dem Volksgerichtshof nach der Verhaftung gehen die Quangels als moralische Sieger hervor. – Ebenfalls 1947 im Aufbau-Verlag erscheint Falladas weitgehend autobiographischer Roman »Alpdruck«, ein Werk, das er als »Krankheitsbericht« bezeichnet, als »Bericht dessen, was deutsche Menschen vom April 1945 bis in den Sommer hinein fühlten, litten, taten«. Der Schriftsteller Dr. Doll (Hans Fallada) erlebt nach einer kurzen Tätigkeit als Bürgermeister in einer Kleinstadt bei Berlin einen körperlichen und seelischen Zusammenbruch. Mit der jungen Witwe Alma, die er kurz vor Kriegsende geheiratet hat, kehrt er nach Berlin zurück, wo sich die beiden durch Rauschgift und Schlafmittel in die »Träume... der Bettengruft« flüchten und sich so den Widrigkeiten des allgemeinen Elends zu entziehen versuchen. Im zweiten Teil des Romans versucht Doll nach einem Sanatoriumsaufenthalt, seine Zweifel am Sinn des Lebens zu überwinden: »Weiterleben und Arbeiten! Das ist die Parole!« – Am 5. Februar 1947 ist Fallada in Berlin durch ein Übermaß von Betäubungsmitteln nach langer Krankheit gestorben.

Lion Feuchtwanger:
Waffen für Amerika
Roman
Der 1933 aus Deutschland emigrierte und seit 1941 in den USA lebende pazifistisch-sozialistische Dramatiker und Erzähler Lion Feuchtwanger (1884–1958) untersucht in seinem bei Querido in Amsterdam erschienenen Roman »Waffen für Amerika«, warum ein feudales Staatswesen (das absolutistische Frankreich vor der Revolution von 1789) einem auf demokratische Selbstverwirklichung drängenden Volk (Amerika vor der Unabhängigkeit) gegen ein anderes feudales Staatswesen (Großbritannien) Unterstützung gewährt. Eine Parallele zu den 1776 bis 1783 in Paris spielenden Ereignissen sieht Feuchtwanger in dem einmaligen Bündnis der USA mit der UdSSR gegen Hitler-Deutschland. »Held« des Romans ist »jener unsichtbare Lenker der Geschichte, der, im achtzehnten Jahrhundert entdeckt, im neunzehnten Jahrhundert deutlich erkannt, beschrieben und gepriesen wurde, um dann im zwanzigsten Jahrhundert bitter verleugnet und verleumdet zu werden: der Fortschritt«.

Oskar Maria Graf:
Unruhe um einen Friedfertigen
Roman
Der sozialistisch-pazifistische Erzähler Oskar Maria Graf (1894–1967), nach der Emigration aus Deutschland über Wien in die USA seit 1938 in New York ansässig, legt in seinem beim Aurora-Verlag in New York erscheinenden realistischen Roman »Unruhe um einen Friedfertigen« ein plastisches Zeitgemälde von der Entwicklung eines kleinen bayerischen Dorfes von der Weimarer Republik bis zum Beginn der NS-Diktatur. Thomas Mann bezeichnet das Buch, das zu den bedeutendsten kritisch-realistischen Werken der antifaschistischen Exilliteratur zählt, als Grafs »bestes und stärkstes Buch«. – Zentrale Gestalt ist der jüdische Schuster Julius Kraus, der nach dem Judenpogrom von Odessa seine Heimat verlassen und sich in dem Dorf Auffing niedergelassen hat, wo er sich die Achtung aller Dorfbewohner erwirbt als guter Arbeiter und als »Friedfertiger«, d. h. als jemand, der sich aus allen Streitereien heraushält. Indem er sich nur um seine eigenen Angelegenheiten kümmert, glaubt er, in Frieden seinen Lebensabend verbringen zu können. Am Ende der Weimarer Republik, als auch immer mehr Bewohner von Auffing vom Führer Adolf Hitler schwärmen, hält es Kraus weder mit den Faschisten noch mit den Kommunisten und wird weiter von den ehrlichen Bauern geachtet. Kurz vor der Machtergreifung gerät er trotzdem in den Mittelpunkt des Interesses: Sein nach Amerika ausgewanderter Sohn hinterläßt ihm ein Millionenvermögen. Kraus will nichts weiter als seine Ruhe haben und verschenkt die riesige Summe, kann aber nicht verhindern, daß bekannt wird, daß er Jude ist und eigentlich Krasnitzki heißt. Nach der Machtergreifung wird er eines der ersten Opfer des braunen Terrors.

Hermann Kasack:
Die Stadt hinter dem Strom
Roman
Eines der meistdiskutierten und meistübersetzten deutschen Bücher der Nachkriegszeit wird der Zeitroman »Die Stadt hinter dem Strom«, das epische Hauptwerk Hermann Kasacks (1896–1966), erschienen bei Suhrkamp in Frankfurt am Main, nachdem es 1946 in der Zeitung »Der Tagesspiegel« vorabgedruckt worden war. Das Werk wird 1949 mit dem Fontane-Preis ausgezeichnet, 1955 wird es in der Vertonung von Hans Vogt als Oper uraufgeführt. – Der Keilschriftforscher Dr. Robert Lindhoff wird als Archivar in die »Stadt hinter dem Strom« berufen, wo er eine »vorurteilsfreie und objektive« Chronik schreiben soll, die der »allgemeinen Erfahrung frommt«. In dieser Stadt, einer riesigen Katakomben-, Höhlen- und Ruinenlandschaft, in der alles seinen geregelten, wenn auch sinnlosen Gang geht, trifft er auf Menschen, von denen er geglaubt hat, sie seien längst tot. Als er auch seiner früheren Geliebten Anna wiederbegegnet, die sich aus unerfüllter Liebe zu ihm das Leben genommen hat, weiß er, daß er der einzige Lebende in einer Totenstadt ist. Bevor er ins Reich der Lebenden zurückkehrt, nennt ihm Anna seine Funktion in dieser Totenstadt: Durch seine Chronik »Zeugnis für das Erlebte abzulegen, Botschaft zu geben, Austausch zwischen hüben und drüben«. Als Lindhoff ins Leben zurückkehrt, findet er alles in Schutt und Asche; der Krieg hat die Vision von der Totenstadt in der Wirklichkeit längst eingeholt. Er durchreist das zerstörte Land und liest aus seiner Chronik, bis er stirbt und wieder die Brücke über den Strom passiert. Der Weg ins »Chaos«, ins große »Nichts«, erscheint ihm als der einzige Ausweg für die Bewohner der Stadt hinter dem Strom, deren Schicksal keinen Erinnerungswert mehr für die Menschheit, d. h. für die »Zukunft des Lebens« besitzt.

Thomas Mann:
Doktor Faustus
Das Leben des deutschen Tonsetzers
Adrian Leverkühn,
erzählt von einem Freunde
Roman
Im Rahmen der seit 1938 bei Bermann-Fischer erscheinenden »Stockholmer Gesamtausgabe der Werke« sowie bei Suhrkamp in Frankfurt am Main erscheint der im Exil in den USA entstandene Roman »Doktor Faustus« des Literaturnobelpreisträgers Thomas Mann (1875–1955), ein Werk, das in seiner formalen und geistigen Geschlossenheit zu den bedeutendsten der gesamten Weltliteratur zählt und gleichzeitig eine Epochenbilanz darstellt, eine Abrechnung des »bürgerlichen« Thomas Mann mit dem bürgerlichen Kulturverfall; vielfach wird in diesem 800-Seiten-Opus eine Absage des Autors an die eigene Herkunft gesehen. – Nach der Niederlage der Wehrmacht bei Stalingrad im Mai 1943 beginnt der vorzeitig pensionierte Gymnasiallehrer Dr. Serenus Zeitblom in seiner Gelehrtenstube in Freising, das Leben seines 1940 verstorbenen Freundes Adrian Leverkühn niederzuschreiben. Diese Lebensbeschreibung, in die immer wieder Gedanken über die letzten Jahre des Faschismus und Sorgen über das Näherrücken der Front eingeflochten sind, beendet Zeitblom im Mai 1945 nach dem Zusammenbruch des Faschismus. Dies ist der beziehungsreiche Rahmen, in den die Vita des hochbegabten Tonkünstlers Leverkühn, eines »Repräsentanten der deutschen Seele«, gestellt ist. Um musikalisch zu höchster Produktivität fähig zu sein – in einer Zeit, in der die musikalischen Tiefen bereits ausgeschöpft zu sein schienen –, verschreibt sich Leverkühn in dieser ihm ausweglos erscheinenden Kulturkrise dem Teufel, den »dunklen unteren Mächten« – Bedingung ist, daß Leverkühn nicht lieben darf: »Dein Leben soll kalt sein, darum darfst du nicht lieben« –, verfällt in Wahnsinn und wird vom Teufel geholt. Zeitblom beendet die Biographie mit den Worten: »Gott sei eurer armen Seele gnädig, mein Freund, mein Vaterland.« – Für Thomas Mann ist die Musik nur ein Beispiel, »nur Mittel, die Situation der Kunst überhaupt, der Kultur, ja des Menschen, des Geistes selbst in unserer durch und durch kritischen Epoche auszudrücken«.

Hans Erich Nossack:
Nekyia
Bericht eines Überlebenden
Roman
Beim Verlag Krüger in Hamburg erscheint Hans Erich Nossacks (1901–1977) erzählerisches Erstlingswerk, der Roman »Nekyia. Bericht eines Überlebenden«. Ein Mann, der die Schrecken des Krieges überlebt hat, kehrt in seine Heimatstadt zurück und rekapituliert dort in einer Wohnung, in der er erkennt, daß er kein Spiegelbild mehr hat, in einer traumartigen Vision sein bisheriges Leben und das seiner Kameraden.

Johannes Tralow:
Irene von Trapezunt
Roman
Mit »Irene von Trapezunt«, erschienen bei Droemer in Wiesentheid, liegt Johannes Tralows (1882–1968) zweiter Roman aus seiner »Osmanischen Te-

tralogie« vor, einer Serie von vier wissenschaftlich recherchierten historischen Romanen, in denen er – bei jeweils in sich abgeschlossener Handlung – Aufstieg, Glanz und beginnenden Verfall des Osmanischen Reichs vom Ende des 13. bis zum Beginn des 18. Jahrhunderts behandelt. 1944 erschien »Roxelane«, 1952 erscheint »Malchatun«, 1956 erscheint »Der Eunuch«.
Der historische Roman »Irene von Trapezunt« schildert die Zeit während und nach der Eroberung Konstantinopels durch die Osmanen. Im Mittelpunkt der Handlung steht die aus dem Geschlecht der Komnenen stammende Prinzessin Irene von Trapezunt, die zur Gattin des letzten byzantinischen Kaisers bestimmt war.

Günther Weisenborn:
Memorial
Erinnerungen
Der bis 1938 als Autor zeitkritisch-satirischer Dramen (»U-Boot S 4«, »Die Neuberin«) und Romane (»Das Mädchen von Fanö«, 1941 verfilmt) hervorgetretene Günther Weisenborn (1902–1969), 1942 wegen Hochverrats zum Tod verurteilt und bis zur Befreiung durch die Rote Armee im Zuchthaus Luckau inhaftiert, schildert in seinem im Berliner Aufbau-Verlag erschienenen autobiographischen »Memorial« den inneren Lebensweg eines jungen Intellektuellen, der in den Jahren der NS-Diktatur trotz Folterung und Haft seinen demokratischen Prinzipien treu geblieben ist. Kontrast zu den grauenhaften Erinnerungen aus dem Gefängnis in Luckau bilden immer wieder eingestreute Szenen aus seinem früheren Leben in Freiheit.
In seinem »Vorwort an die Nachgeborenen«, das er diesem großes Aufsehen erregenden Buch voranstellt, schreibt der 45jährige Autor Günther Weisenborn: »Wenn einst von den Nachgeborenen das Kapitel gelesen wird von jener Zeit, die unsere Zeit war, so bitte ich mit aller hartnäckigen Bescheidenheit, jene Hunderttausende nicht zu vergessen, die aufrecht gegen den blutbesudelten Terror gekämpft haben und dabei kämpfend an der Schafottfront gefallen sind.«

Arnold Zweig:
Das Beil von Wandsbek
Roman
Der psychologische Realist Arnold Zweig (1887–1968), 1950 bis 1953 Präsident der Deutschen Akademie der Künste Berlin (Ost), 1957 Nachfolger Bertolt Brechts als Präsident des deutschen PEN-Zentrums Ost und West, erzählt in dem antifaschistischen Roman »Das Beil von Wandsbek«, erschienen im Neuen Verlag in Stockholm, die Geschichte des Wandsbeker Schlächtermeisters Albert Teetjen, der 1937 für 2000 Mark den erkrankten Hamburger Henker vertritt und vier zum Tod verurteilte kommunistische Widerstandskämpfer mit dem Beil hinrichtet.
Als bekannt wird, daß Teetjen (maskiert) den Nazi-Henker gespielt hat, wird sein Geschäft boykottiert, das er schließlich ganz aufgeben muß. Seine Frau erhängt sich, er selbst jagt sich eine Kugel durch den Kopf.

Frankreich

Albert Camus:
Die Pest
(La Peste)
Roman
Der Roman »Die Pest« von Albert Camus (1913–1960), Philosoph, Romancier und Dramatiker des Absurden, Literaturnobelpreisträger 1957, wird einer der meistgelesenen Romane der Nachkriegszeit. Durch das Motto, das Camus voranstellt, wird die im Jahr »194.« in Oran in Algerien spielende Geschichte als Allegorie ausgewiesen: »Es ist ebenso vernünftig, eine Art Gefangenschaft durch eine andere darzustellen, wie irgend etwas Vorhandenes durch etwas, das es nicht gibt.« Oran wird von einer Pestepidemie heimgesucht. Menschen unterschiedlichster Herkunft und Interessen finden sich im Kampf gegen dieses Übel zusammen; sie können es zwar nicht vernichten, doch ihr Sieg liegt gerade in diesem zwar illusionslosen, aber gemeinschaftlichen Kampf. – Die meisten Kritiker sehen in dieser Handlung eine Allegorie auf den Kampf der französischen Widerstandskämpfer (Résistance) während des Zweiten Weltkriegs gegen die deutsche Besatzungsmacht. Die Algerier ihrerseits deuten das Werk als Allegorie auf ihren Unabhängigkeitskampf gegen Frankreich. Vielfach wird auch die Ansicht vertreten, Camus habe den Kampf des Menschen gegen den Tod literarisch gestalten wollen. – Die deutsche Übersetzung erscheint 1948.

Raymond Queneau:
Stilübungen
(Exercices de style)
Stilistische Variationen
Der Avantgardist Raymond Queneau (1903–1976) demonstriert in seinen »Stilübungen« an 99 Stilvarianten die fast unbegrenzte Variationsfähigkeit der sprachlichen Darstellung ein und desselben Sachverhalts. Allen Variationen liegt die alltägliche Situation »im Autobus der Linie S zur Hauptverkehrszeit« zugrunde. – Die deutsche Übersetzung erscheint 1961.

Jean-Paul Sartre:
Situationen
(Situations)
Essays
Der erste Band von Jan-Paul Sartres (1905–1980) »Situationen« erscheint. Hier veröffentlicht der Existentialist und Marxist Essays und kritische Schriften zu Politik und zu Literatur und Kunst u. a. Formen der Kunst, deren Funktion er in der zeitgenössischen Gesellschaft untersucht. Bis 1972 erscheinen zwölf Bände »Situationen«. – Die erste deutsche Teilübersetzung erscheint 1952.

Großbritannien

Malcolm Lowry:
Unter dem Vulkan
(Under the Volcano)
Roman
Malcolm Lowrys (1909–1957) Alkoholsucht prägt nicht nur sein Leben, sondern beeinflußt auch sein Werk. Ein Welterfolg wird der Roman »Unter dem Vulkan«, in dem er in elf von zwölf Kapiteln den letzten Tag im Leben eines Trinkers beschreibt, des geschiedenen Konsuls Geoffrey Firmin, der sich durch Alkohol zugrunde richtet bis hin zum (symbolischen) Identitätsverlust: Er verliert seine Ausweispapiere und wird von Faschisten erschossen. Der Bereich »Unter dem Vulkan«, in dem er lebt, ist eine Metapher für die Hölle; in der römischen Mythologie wird unter dem Vulkan der Tartarus, die Hölle, angesiedelt, und Firmin sagt von sich selbst: »Manchmal sehe ich mich als großen Entdeckungsreisenden, der irgendein merkwürdiges Land entdeckt hat, von dem er nie zurückkehren kann, um der Welt sein Wissen darüber mitzuteilen. Dieses Land ist die Hölle.« – Die deutsche Übersetzung erscheint 1963.

Italien

Italo Calvino:
Wo Spinnen ihre Nester bauen
(Il sentiero dei nidi di ragno)
Roman
Der in Kuba geborene, von Cesare Pavese entdeckte und geförderte Erzähler Italo Calvino (1923–1985), zur Zeit des Faschismus Partisan, bis 1957 Mitglied der Kommunistischen Partei, beginnt seine literarische Laufbahn als politisch engagierter Neorealist mit dem Roman »Wo Spinnen ihre Nester bauen«. Aus der Perspektive des Gassenjungen Pin erscheinen die Ereignisse im faschistischen Italien verzerrt wie in einer absurden Märchenwelt. – Die deutsche Übersetzung erscheint im Jahr 1965.

Antonio Gramsci:
Briefe aus dem Kerker
(Lettere dal carcere)
Briefe
Postum erscheinen die 1926 bis 1937 an seine russische Frau und seine Kinder gerichteten »Briefe aus dem Kerker« des sozialistischen bzw. kommunistischen Politikers Antonio Gramsci (1891–1937), der nach der langen Haft in den Kerkern des Faschismus 1937 in einer Klinik in Rom an einem Lungenleiden starb. Gramsci war Mitbegründer und führender Politiker des Partito Comunista Italiano (PCI) bis zu seiner Verhaftung 1926. 1928 wurde er vom faschistischen Sondergericht zur Verteidigung der Staatssicherheit zu 20 Jahren Gefängnis verurteilt mit der Begründung, er habe den Bürgerkrieg vorbereitet. Seine im Gefängnis verfaßten »Quaderni dal carcere« – theoretische Aufzeichnungen und Interpretationen des Marxismus – und seine philosophischen und politisch-historischen »Briefe aus dem Kerker«, in denen er die Theorien der »Quaderni dal carcere« interpretiert, beeinflussen nachhaltig die Entwicklung des PCI nach dem Zweiten Weltkrieg sowie die Position des Eurokommunismus. – Die deutsche Übersetzung erscheint 1956.

Cesare Pavese:
Gespräche mit Leuko
(Dialoghi con Leucò)
Mythologische Dialoge
Der neorealistische Erzähler Cesare Pavese (1908–1950) gestaltet in seinen »Gesprächen mit Leuko« 27 lose aneinandergereihte Dialoge zwischen Gestalten der griechischen Mythologie; all diese Gespräche kreisen um das Wesen des Mythos, um das Mysterium des Daseins. – Die deutsche Übersetzung erscheint 1954.

Vasco Pratolini:
Chronik armer Liebesleute
(Cronache di poveri amanti)
Roman
Der sozialkritische Romancier Vasco Pratolini (* 1913), einer der Hauptvertreter des Neorealismus, stellt in seinem in einem Arbeiterviertel von Florenz zu Beginn des faschistischen Regimes Anfang der 1920er Jahre spielenden Roman »Chronik armer Liebesleute« ein Kollektiv in den Mittelpunkt der Handlung, die proletarischen Bewohner einer Altstadtstraße. Die Auseinandersetzungen dieser »armen Liebesleute« mit dem Faschismus werden aus marxistischer Perspektive dargestellt, ohne daß dem Leser eine tendenziöse einseitige Färbung präsentiert wird. – Das Werk wird mit dem Literaturpreis Premio Libera Stampa ausgezeichnet. Die deutsche Übersetzung erscheint 1949. 1954 wird das Buch verfilmt.

Portugal

José Maria Ferreira de Castro:
Wolle und Schnee
(A La e a neve)
Roman
Der sozialkritische Romancier José Maria Ferreira de Castro (1898–1974) schildert in dem Roman »Wolle und Schnee« den Werdegang des Hirten Horácio, der Industriearbeiter werden will, um sich das Geld für ein eigenes Häuschen zusammenzusparen. Er arbeitet sich im portugiesischen Wollindustriezentrum Covilha vom Lehrling zum Weber empor, doch was er seiner Braut anbieten kann, ist nur ein dunkles verwanztes Loch im Arbeiterviertel der Stadt, kein eigenes Haus. Horácio begreift, daß eine Verbesserung der Situation eines Industriearbeiters nicht dadurch erreicht werden kann, daß ein einzelner fleißig und auf seinen Vorteil bedacht ist, sondern nur durch die Solidarität aller Industriearbeiter. – Die deutsche Übersetzung erscheint im Jahr 1954.

Schweden

Stig Dagerman:
Spiele der Nacht
(Nattens lekar)
Novellensammlung
Die Novellensammlung »Spiele der Nacht« des schwedischen Erzählers und Dramatikers Stig Dagerman (1923–1954) gliedert sich in zwei Teile: Realistische Erzählungen nach dem Vorbild der US-amerikanischen Kurzgeschichte und alptraumhafte Allegorien, die an Franz Kafka erinnern. Der Titel der 17 Erzählungen bezieht sich auf jene pathologischen »Spiele der Nacht«, deren sich die Menschen als letzten Ausweg bedienen, um aus ihrer Einsamkeit heraus mit anderen in Kontakt zu treten. Das Ergebnis dieser Spiele ist jedoch meist negativ: In der Erzählung »Öffne die Tür, Richard« schließt sich eine Frau ein, um auf diese

Weise mehr Beachtung von ihrem Mann zu finden; doch gerade das Gegenteil tritt ein, die Frau hat durch ihr »Spiel« ihre Einsamkeit, ihre Isoliation nur verstärkt. – Die deutsche Übersetzung erscheint 1961.

Spanien

Ramón José Sender:
Der König und die Königin
(El Rey y la reina)
Roman
Der im Exil in den USA und Mexiko lebende spanische Romancier Ramón José Sender (1902–1982) stellt in »Der König und die Königin« – das Werk wird am Schluß als »Fabel« bezeichnet – das Verhältnis zweier von ihrer klassenmäßigen Herkunft her völlig verschiedener Menschen dar, die sich in einer existentiellen Grenzsituation als Ideale erkennen: Der Gärtner Rómulo beginnt während des Spanischen Bürgerkriegs (1936–1939) in seiner Herrin, einer Herzogin, das Ideal einer Frau zu sehen, und auch die Herzogin sieht in ihm allmählich den »König«, dessen Liebe sie erlangen will, um seine »Weltkönigin« zu sein. – Die deutsche Übersetzung erscheint 1962.

Ungarn

Tibor Déry:
Der unvollendete Satz
(A befejezetlen mondat)
Roman
Der als kommunistisch-revolutionärer Volksdichter gefeierte Tibor Déry (1894–1977) – als er 1952 für Gedankenfreiheit eintritt, wird er 1953 aus der Partei ausgestoßen, nach dem Ungarischen Aufstand von 1956 bleibt er bis 1960 inhaftiert – verarbeitet in »Der unvollendete Satz«, seinem ersten Roman, sein Verhältnis zu seiner eigenen Klasse, dem Bürgertum.
Erzählt wird in dem in den 20er und 30er Jahren des 20. Jahrhunderts spielenden Werk das Schicksal des jungen Lörinc Parcen-Nagy, Sohn des korrupten Generaldirektors eines Trusts, zwischen Kommunismus, Antibürgerlichkeit und der Suche nach einem Weg aus der existentiellen Einsamkeit. – Die deutsche Übersetzung des Romans von Déry erscheint 1954.

László Németh:
Wie der Stein fällt
(Iszony)
Roma
László Németh (1901–1975), Vertreter des psychologisch vertieften Realismus, erzählt in dem Roman »Wie der Stein fällt« die Geschichte einer Frau, die ihren Mann tötet, nachdem er – vergeblich – versucht hat, sie unter seinen Willen zu zwingen, sie durch diesen Versuch jedoch innerlich zerbrochen hat. Der Mord, den sie als etwas Böses erkennt, erscheint ihr als der letzte Ausweg: »Was geschehen war, geschah, wie der Stein fällt, oder wie der zu lange zurückgebogene Ast plötzlich zurückschnellt.« – Die deutsche Übersetzung erscheint 1960.

USA

W. H. Auden:
Das Zeitalter der Angst
(The Age of Anxiety
A Baroque Eclogue)
Barocke Ekloge
Der radikale lyrische Neuerer W(ystan) H(ugh) Auden (1907–1973), aus Großbritannien stammend, 1939 aus Deutschland in die USA emigriert, seither US-amerikanischer Staatsbürger, verheiratet mit Erika Mann, der Tochter des deutschen Literaturpreisträgers Thomas Mann, thematisiert in seinem Werk »Das Zeitalter der Angst«, das er ironisch eine »barocke Ekloge« (»Lobgesang«) nennt, die Problematik der menschlichen Existenz in einer Gegenwart, die gekennzeichnet ist durch die Angst als Folge des Bewußtseins von der menschlichen Unzulänglichkeit. In einer sinnentleerten Welt erscheint der Einzelne als völlig isoliert. – Das Werk wird mit dem Pulitzerpreis ausgezeichnet. Die deutsche Übersetzung erscheint 1949.

Uraufführungen in Schauspiel, Oper, Operette und Ballett 1947

Die bedeutendsten Uraufführungen aus Schauspiel, Oper, Operette und Ballett sind alphabetisch nach Autoren/Komponisten geordnet.

Deutschland

Boris Blacher:
Die Flut
Kammeroper in einem Aufzug
Ihre szenische Erstaufführung erlebt Boris Blachers (1903–1975) als Rundfunk-Oper konzipierte Kammeroper »Die Flut« – den Text schrieb Blachers Schüler Heinz von Cramer nach einer Erzählung von Guy de Maupassant – am 4. März in Dresden, nachdem sie 1946 im Rundfunk uraufgeführt wurde.
Die kleine Orchesterbesetzung mit Streichorchester und fünf Blasinstrumenten kommt vor allem der Textdeutlichkeit zugute. Ein Chor kommentiert das Geschehen und singt die Regieanweisungen mit.

Wolfgang Borchert:
Draußen vor der Tür
Ein Stück, das kein Theater spielen und kein Publikum sehen will
Am 21. November, einen Tag nach dem Tod des erst 26jährigen Wolfgang Borchert (1921–1947), der in einem Basler Hospital den Erkrankungen, die er sich in NS-Haft und an der Ostfront zugezogen hat, erlegen ist, wird sein pazifistisches Heimkehrerstück »Draußen vor der Tür« in den Hamburger Kammerspielen uraufgeführt. Es gilt als bedeutendstes Theaterwerk der Nachkriegs-Trümmer-Literatur und avanciert an allen deutschsprachigen Bühnen zum Erfolgsstück.
Der ehemalige Unteroffizier Max Beckmann kehrt aus der Gefangenschaft in die Heimat zurück, gequält von der Erinnerung an den sinnlosen Tod seiner Kameraden, für den er sich mitverantwortlich fühlt. In episodischen Begegnungen, die er mit verschiedenen Personen in der zerstörten Großstadt Hamburg hat, wird deutlich, daß sich Beckmann dieser Gesellschaft nicht mehr eingliedern kann. Er ist isoliert, »einer von denen, die nach Hause kommen und die dann doch nicht nach Hause kommen, weil für sie kein Zuhause mehr da ist. Und ihr Zuhause ist dann draußen vor der Tür. Ihr Deutschland ist draußen, nachts im Regen, auf der Straße.«

Carl Orff:
Die Bernauerin
Ein bayrisches Stück in zwei Teilen
Carl Orffs (1895–1982) in altbayerischer Mundart verfaßtes Stück »Die Bernauerin«, in dem er die Geschichte von der Verbindung des bayerischen Herzogs Albrecht mit der Bürgerlichen Agnes Bernauer erzählt, wird am 15. Juni in Stuttgart uraufgeführt. Die zahlreichen Sprechrollen des bühnenwirksamen Werks von Carl Orff werden von der Orchestermusik effektvoll umrahmt.

Frankreich

Jacques Audiberti:
Der Lauf des Bösen
(Le Mal court)
Spiel in drei Akten
Im Mittelpunkt von Jacques Audibertis (1899–1965) politischem Märchenstück »Der Lauf des Bösen«, uraufgeführt am 25. Juni im Théâtre de Poche in Paris, steht die junge, naive Prinzessin Alarica, die sich zur Verkörperung des Bösen wandelt, als sie hinter die höfischen Intrigen kommt, die ihretwegen angezettelt werden. Sie stürzt ihren Vater, übernimmt die Macht und will fortan der Bosheit der Welt mit noch größerer Bosheit begegnen: »Bis hierher war mein Leben, mein reiner, aufrichtiger Lebenswandel nichts als Tarnung vor dem nahenden Donnerwetter meines Jähzorns ... Alles Böse, das ich nicht tat, jetzt richt' ich's mit einem Schlag an.« – Die deutschsprachige Erstaufführung findet 1957 statt.

Jean Genet:
Die Zofen
(Les bonnes)
Tragödie in einem Akt
Unter heftigen Protesten der Öffentlichkeit findet am 17. April im Pariser Théâtre de l'Athénée die Uraufführung von Jean Genets (*1910–1986) zwischen perversem Traum und grausiger Wirklichkeit angesiedelter Tragödie »Die Zofen« statt. Die Zofen Claire und Solange, zwei Schwestern, haben ihren Herrn, um ihn als angebeteten Verbrecher glorifizieren zu können, mit falschen Anschuldigungen ins Gefängnis gebracht und wollen nun ihre Herrin vergiften, die sie zugleich lieben und hassen. Als sie den vergifteten Tee servieren, erreicht die Herrin ein Anruf, daß ihr Gatte aus der Haft entlassen worden ist. Während die Herrin ihrem Mann entgegeneilt, spielen die Zofen das Ritual zu Ende: Claire verkleidet sich als die Herrin und trinkt den vergifteten Tee. Solange stellt sich dem Gericht. – Die deutsche Erstaufführung dieser Tragödie von Jean Genet findet 1957 statt.

Henry de Montherlant:
Der Ordensmeister von Santiago
(Le Maître de Santiago)
Schauspiel in drei Akten
Mit dem Schauspiel »Der Ordensmeister von Santiago«, uraufgeführt am 26. Januar im Théâtre Hébertot in Paris, begründet der erfolgreiche Romancier und Essayist Henry de Montherlant (1896–1972) seinen Ruhm als Dramatiker. Don Alvaro Dabo, Großmeister des Ordens von Santiago, befolgt das Ideal absoluter Reinheit bis zur Selbstaufgabe und überredet seine verlobte Tochter, auf ihre Heirat zu verzichten und den Schleier zu nehmen. Materieller Gewinn und Liebe werden kompromißlos einem christlichen Ehrbegriff untergeordnet. – 1958 übernimmt die Comédie française das Stück in ihr Repertoire.

Armand Salacrou:
Der Archipel Lenoir
oder
Rühre nicht an schlummernde Dinge
(L'Archipel Lenoir ou
Il ne faut pas toucher aux
choses immobiles)
Komödie in zwei Akten
Armand Salacrous (*1899) Komödie »Der Archipel Lenoir«, uraufgeführt unter dem Titel »Die Familie Lenoir« am 8. November in Paris im Théâtre Montparnasse, ist eine bitter-heitere Satire auf die nur von Macht- und Geldgier getriebene großbürgerliche Gesellschaft. Der Seniorchef der Likörfirma Lenoir soll vor Gericht gestellt werden, weil er eine minderjährige Arbeiterin verführt hat. Der Familienrat beschließt, daß der Alte Selbstmord begehen muß, damit ein Skandal vermieden wird. Als plötzlich der Vater des Mädchens stirbt, erklärt sich ein Diener der Lenoirs bereit, gegen eine Abfindung die Verführte zu heiraten. Der Skandal wird vermieden. – Der Titel des Stücks geht darauf zurück, daß Salacrou die Familie mit einem Archipel vergleicht, dessen Inseln jede für sich »in einem Meer von Likör« schwimmen. – 1963 wird das Stück ins Deutsche übersetzt.

Großbritannien

Benjamin Britten:
Albert Herring
(Albert Herring)
Komische Oper in drei Akten
Benjamin Brittens (1913–1976) komische Oper »Albert Herring«, eine Travestie auf das betuliche britische Kleinstadtbürgertum nach einer Erzählung von Guy de Maupassant, wird bei der Uraufführung am 20. Juli in Glyndebourne durch die English Opera Group begeistert aufgenommen und findet in der Folgezeit auch weltweit große Zustimmung.

Schweiz

Gottfried von Einem:
Dantons Tod
Oper in zwei Akten
Mit der Oper »Dantons Tod« – Text von Boris Blacher und Gottfried von Einem frei nach dem gleichnamigen Drama von Georg Büchner – begründet der schweizerische Komponist Gottfried von Einem (*1918) seinen Ruhm. Das Werk, das im Rahmen der Salzburger Festspiele am 6. August uraufgeführt wird, wird fester Bestandteil zahlreicher großer Bühnen.

USA

Frederick Loewe:
Brigadoon
(Brigadoon)
Musical
Seinen ersten großen Erfolg erringt Frederick Loewe (*1911) – vor »My Fair Lady« (1956) –, der sich Anfang der 40er Jahre mit dem Textdichter Alan Jay Lerner zusammengetan hat, mit dem Musical »Brigadoon«, das am 13. März in New York uraufgeführt wird. 1954 wird die im Schottland des Gespensterglaubens, in der sagenhaften Stadt Brigadoon spielende stimmungsvolle Geschichte mit Cyd Charisse und Gene Kelly verfilmt.

Gian Carlo Menotti:
Das Medium
(The Medium)
Oper in zwei Akten
Das Telefon
(The Telephone, or L'amour à trois)
Opera buffa in einem Akt
Gleich zwei Opern des seit 1928 in den USA lebenden Italieners Gian Carlo Menotti (*1911) werden am 18. Februar in New York uraufgeführt: »Das Medium«, eine Geschichte um eine Spiritistin, die die Naivität ihrer Klienten auszunutzen versteht, und »Das Telefon«, eine Persiflage auf die Oberflächlichkeit junger Leute. Wie auch in seinen anderen effektvollen und erfolgreichen Bühnenwerken verwendet Menotti hier wieder eine gefällige Musik, die sich stilistisch an verschiedenen Stilrichtungen von Giacomo Puccini bis Igor Strawinsky anlehnt, die zu einem Teil modern, zu einem anderen konservativ ist. Menotti sagt selbst, es sei ihm gleichgültig, in welchen »-ismus« ihn die Kritiker einordnen, ihm komme es nur darauf an, lebendige, singende Menschen auf die Bühne zu stellen.

Arthur Miller:
Alle meine Söhne
(All My Sons)
Schauspiel
Gleich mit seinem ersten Drama, »Alle meine Söhne«, einem Zeit- und Problemstück mit verhaltener gesellschaftskritischer Tendenz, uraufgeführt am 29. Januar in New York, landet Arthur Miller (*1915) einen Welterfolg. Der erfolgreiche Fabrikant Joe Keller wird von der Vergangenheit eingeholt, als offenkundig wird, daß er wegen der Lieferung schadhafter Flugzeugteile mitverantwortlich für den Tod zahlreicher Piloten während des Zweiten Weltkriegs war. Er hat den Tod anderer in Kauf genommen in Habgier aus Liebe zu seinen Söhnen. Als er erkennt, daß auch die Umgekommenen »alle seine Söhne« waren, begeht er Selbstmord. – Die deutsche Übersetzung erscheint 1948.

Eugene O'Neill:
Ein Mond für die Beladenen
(A Moon For the Misbegotten)
Drama in vier Akten
Eugene O'Neill (1888–1953), der zweite Literaturnobelpreisträger der USA (1936), thematisiert in seinem kraß-realistischen, zugleich romantisch-poetischen und symbolistischen Stück »Ein Mond für die Beladenen«, das am 20. Februar in Columbus/Ohio uraufgeführt wird, die Problematik von Schuld, Lebenslüge und Todesbewußtsein. Eine unansehnliche Pächterstochter will den verlebten Trinker Jim als Dirne verführen. Doch statt oberflächlicher Sexualität finden die beiden im Leben Schlechtweggekommenen (»the Misbegotten«) beieinander Mitgefühl und Verständnis. Der Tag macht dem Rollenspiel ein Ende und läßt die beiden in die erbärmliche Alltagswirklichkeit zurückkehren. – Die deutsche Erstaufführung findet 1954 in Berlin (West) im Theater am Kurfürstendamm statt.

Tennessee Williams:
Endstation Sehnsucht
(A Streetcar Named Desire)
Schauspiel in elf Szenen
»Endstation Sehnsucht«, Tennessee Williams' (1911–1983) Tragödie um den Motivkomplex Trieb und Sehnsucht, uraufgeführt am 3. Dezember im Barrymore Theatre in New York, wird ein Welterfolg. Das Stück erhält den Preis der US-amerikanischen Theaterkritiker und den Pulitzer-Preis, die deutschsprachige Erstaufführung findet 1949 in Zürich statt, 1951 wird es verfilmt. Der mit der ihm hörigen Stella verheiratete Arbeiter Stanley Kowalski muß vorübergehend auch Stellas zarte, nervöse Schwester Blanche in seine Wohnung aufnehmen. Die Gegensätzlichkeit Kowalskis und Blanches führt bald zu Spannungen, die sich noch vermehren, als Mitch, ein Freund Kowalskis, Blanche den Hof macht, und als Kowalski erfährt, daß Blanche in ihrem Heimatort als Alkoholikerin und Nymphomanin bekannt ist. Während der Entbindung seiner Frau vergewaltigt Kowalski Blanche, die einen Nervenzusammenbruch erleidet und in eine Heilanstalt eingewiesen wird.

Filme 1947

Die neuen Filme des Jahres sind im Länderalphabet und hier wiederum alphabetisch nach Regisseuren aufgeführt. Bei ausländischen Filmen steht unter dem deutschen Titel in Klammern der Originaltitel.

Deutschland

Josef von Baky:
Und über uns der Himmel
Josef von Baky setzt sich in seinem Heimkehrerfilm »Und über uns der Himmel« mit dem Thema Faschismus und Neuaufbau auseinander. Ein Heimkehrer (Hans Albers) wird durch das Beispiel seines Sohnes, der durch eine Kriegsverletzung erblindet ist, dazu angehalten, sich nicht mehr an Schiebergeschäften zu beteiligen.

Harald Braun:
Zwischen Gestern und Morgen
Harald Braun, nach dem Zweiten Weltkrieg einer der prominentesten Vertreter des deutschen Problemfilms, behandelt in »Zwischen Gestern und Morgen« das Schicksal eines Mannes (Viktor De Kowa), der während der NS-Zeit in die Schweiz geflohen war und 1947 in seine Heimatstadt München zurückkehrt. Seine Bekannten begegnen ihm mit Mißtrauen, da er im Verdacht steht, bei seiner Flucht den wertvollen Schmuck einer Jüdin mitgenommen zu haben. Er kann sich jedoch rehabilitieren.

Rudolf Jugert:
Film ohne Titel
Seinen ersten großen Erfolg hat Rudolf Jugert als Regisseur mit seinem »Film ohne Titel«. Ein Schauspieler (Willy Fritsch), ein Filmregisseur (Peter Hamel) und ein Drehbuchautor (Fritz Odemar) diskutieren über einen Film, den sie drehen wollen. Als zwei Bekannte (Hildegard Knef, Hans Söhnker) zu ihnen stoßen, interessieren sie sich für das Schicksal der beiden, die sich nach dem Krieg wiedergefunden haben.

Helmut Käutner:
In jenen Tagen
In seinem ersten Nachkriegsfilm schildert Helmut Käutner in sieben Episoden die Zeit »In jenen Tagen« der NS-Herrschaft. Dabei laufen die Geschehnisse auf zwei Ebenen ab: Ein Auto kommentiert mit der Stimme des Regisseurs die Ereignisse. Gezeigt, nicht analysiert, werden sieben markante Begebenheiten aus der Zeit des Dritten Reichs: Nationalsozialistische Machtübernahme, Judenverfolgung, Rußlandfeldzug, ziviler und militärischer Widerstand, Fluchthilfe u. a.

Kurt Maetzig:
Ehe im Schatten
Mit seinem Regiedebüt »Ehe im Schatten« nach der Novelle »Es wird schon nicht so schlimm« von Hans Schweikart verhilft Kurt Maetzig, Mitbegründer der DEFA (1945) und später einer der führenden Filmschaffenden der DDR, der DEFA auf Jahre hinaus Anerkennung. Er selbst distanziert sich später von der allzu sentimentalen Gestaltung des Schicksals des Schauspielers Joachim Gottschalk und seiner Familie.
Jahrelang gelingt es dem Schauspielerehepaar Wieland (Paul Klinger, Ilse Steppat) zu verheimlichen, daß Frau Wieland Jüdin ist. Als nach Kriegsausbruch 1939 die Wahrheit herauskommt, wird Wieland vor die Wahl gestellt, sich scheiden zu lassen oder mit einem Berufsverbot belegt zu werden. Mit seiner Frau zusammen geht Wieland in den Freitod.

Hans Müller:
Und finden dereinst wir uns wieder
Mit Jugendlichen dreht Hans Müller den Kriegsfilm »Und finden dereinst wir uns wieder«. Fünf in der Eifel evakuierte Berliner Jungen schlagen sich bei Kriegsende auf eigene Faust in die Heimat durch und verteidigen im Volkssturm Berlin gegen die Sowjets.

Frankreich

Jacques Tati:
Tatis Schützenfest
(Jour de fête)
Der US-amerikanische Starkomiker Buster Keaton sieht Jacques Tati nach »Tatis Schützenfest« hinsichtlich der Virtuosität visueller Gags und des Einsatzes von Stummfilm-Slapsticks »an jenen Punkt anknüpfen, wo wir vor rund 40 Jahren stehengeblieben sind«. Tati, Regisseur, Drehbuchautor und Hauptdarsteller in einem, spielt den Briefträger eines französischen Dorfes, der ebenso schnell arbeiten will wie die Post in Amerika und dabei in viele komische Situationen gerät.

Großbritannien

Carol Reed:
Ausgestoßen
(Odd Man Out)
Mit der spannungsreichen Dramaturgie eines Thrillers schildert Carol Reed in »Ausgestoßen« die letzten Stunden eines schwer verletzten irischen Freiheitskämpfers, der aus dem Gefängnis geflohen ist und von seinen Freunden und der Polizei fieberhaft gesucht wird. »Ausgestoßen« wird ein großer künstlerischer und kommerzieller Erfolg in den Kinos.

Italien

Roberto Rossellini:
Paisà
(Paisà)
Deutschland im Jahre Null
(Germania, Anno Zero)
»Paisà« und »Deutschland im Jahre Null« sind nach »Rom – offene Stadt« (1945) die beiden letzten Teile einer Trilogie, in denen sich Roberto Rosselini mit dem Ende des Zweiten Weltkriegs befaßt, dabei jedoch nicht das Schicksal von Armeen, sondern von einzelnen Menschen schildert. Der Episodenfilm »Paisà« berichtet in sechs Episoden vom Vormarsch der Amerikaner und vom Aufstand der Partisanen in Italien. In »Deutschland im Jahre Null« zeigt Rosselini einen Berliner Schüler, der seinen Vater vergiftet, um die Familie besser ernähren zu können. – Die drei Filme machen den Neorealismus international bekannt.

UdSSR

Wsewolod Pudowkin:
Admiral Nachimow
(Admiral Nachimow)
Erst die Zweitfassung von Wsewolod Pudowkins historischem Film »Admiral Nachimow« fand die Billigung des ZK, das die erste Version wegen der angeblich zu starken Konzentration auf den Menschen Nachimow abgelehnt hatte. Entstanden ist ein Werk, das der offiziellen Linie großer historischer Rekonstruktionen im Sinne des Sozialistischen Realismus folgt. Im Mittelpunkt der Handlung steht Admiral Paul Stephanowitsch Nachimow (Alexei Diki), der während des Krimkrieges als Oberbefehlshaber der russischen Flotte 1853 eine türkische Flotte bei Sinope vernichtete und die Verteidigung bei der kriegsentscheidenden Belagerung von Sewastopol leitete. Der Film erhält 1947 den Stalin-Preis.

Ungarn

Géza Radványi:
Irgendwo in Europa
(Valahol Európában)
Géza Radványis »Irgendwo in Europa« wird der erste große ungarische Filmerfolg nach dem Zweiten Weltkrieg. Das Schicksal einer Bande von Jugendlichen, die sich auf einer zerfallenen Burg einnistet und gegen die Polizei kämpft, wirft die Frage nach dem Schicksal der Jugend auf.

USA

Charles Chaplin:
Monsieur Verdoux
(Monsieur Verdoux)
Als »abscheulich«, »sadistisch« und »pervers« brandmarkt die US-Boulevardpresse Charly Chaplins Film »Monsieur Verdoux«, den der Regisseur, Drehbuchautor – nach einer Idee von Orson Welles – und Hauptdarsteller Chaplin als »Komödie des Mordes« verstanden wissen will. Ein ruhiger US-Bürger (Chaplin) wird Heiratsschwindler und ermordet zahlreiche Frauen, um seine gelähmte Frau und seinen Sohn ernähren zu können. Als er gefaßt wird, lautet seine Rechtfertigung: »Ein einzelner Mord stempelt den Menschen zum Mörder ... aber Millionen von Morden machen ihn zum Helden. Die Maßstäbe rechtfertigen alles.« Chaplin wird angedroht, er würde bald vor den Untersuchungsausschuß für unamerikanische Umtriebe geladen werden.

Jules Dassin:
Zelle R 17
(Brute force)
Die deutliche Kritik am Strafvollzug in den USA in seinem Film »Zelle R 17« ist einer der Gründe, daß der US-amerikanisch-französische Regisseur Jules Dassin vor den Untersuchungsausschuß für unamerikanische Umtriebe geladen und 1950 gezwungen wird, die USA zu verlassen. Der Film schildert den Versuch von Häftlingen, aus einem Gefängnis auszubrechen, in dem sie der Willkür des sadistischen Wachoffiziers Munsey (Hume Cronyn) ausgesetzt sind. Die Verschwörung wird Munsey hinterbracht, und dieser läßt die Ausbrecher niederschießen. Auch der Anführer der Gefangenen (Burt Lancaster) wird erschossen, doch nimmt er Munsey mit in den Tod.

Edward Dmytryk:
Im Kreuzfeuer
(Crossfire)
»Im Kreuzfeuer« ist ein engagiertes und eindrucksvolles Plädoyer gegen den Haß auf Minderheiten. Ein Antisemit (Robert Ryan) ermordet einen jüdischen Ex-GI, kann jedoch dank der Hinweise eines anderen Soldaten überführt werden. – Regisseur Edward Dmytryk wird wenig später selbst Opfer des Hasses gegen Minderheiten: Wegen sog. unamerikanischer Umtriebe muß er die USA verlassen. – Der Erfolg von »Im Kreuzfeuer« führt zu einem wahren Boom von Hollywood-Filmen, die sich mit dem Antisemitismus beschäftigen.

John Ford:
Befehl des Gewissens
(The Fugitive)
John Fords Film »Befehl des Gewissens« nach dem Roman »Die Kraft und die Herrlichkeit« von Graham Greene reicht weder künstlerisch an Fords bisherige Filme heran, noch wird er ein kommerzieller Erfolg. Im Mittelpunkt der Handlung steht ein Priester (Henry Fonda), der aus einem lateinamerikanischen Staat flieht, als jede religiöse Betätigung verboten wird. Als er in eine Falle gelockt und zum Tode verurteilt wird, bekennt er sich offen zu seinem Glauben.

Henry Hathaway:
Der Todeskuß
(The Kiss of Death)
Henry Hathaway, seit 1935 als Action-Film-Regisseur im Geschäft, bleibt auch mit »Der Todeskuß« dieser Linie treu. Ein Sträfling denunziert einen psychopathischen Mörder (Richard Widmark) und wird freigesprochen. Als auch der Killer wider Erwarten freigesprochen wird, wird der Ex-Sträfling zum Gejagten, doch gelingt es ihm, seinen Gegner unter Gefahr für das eigene Leben in eine Falle der Polizei zu locken.

Sportereignisse und -rekorde des Jahres 1947

Die Aufstellung erfaßt Rekorde, Sieger und Meister in wichtigen Sportarten. Aufgenommen wurden nur solche Wettbewerbe, die in den vergangenen Jahren bereits regelmäßig ausgetragen worden sind oder ab 1947 kontinuierlich zu den Sportprogrammen gehörten (Sportarten in alphabetischer Folge).

Automobilsport

Grand-Prix-Rennen			
Großer Preis von/ Kurs (Datum)	Sieger (Land)	Marke	Ø km/h
Belgien/Spa (29. 6.)	Jean-Pierre Wimille (FRA)	Alfa Romeo	153,418
Deutschland	nicht ausgetragen		
England	nicht ausgetragen		
Frankreich/Lyon (21. 9.)	Louis Chiron (FRA)	Talbot	125,666
Italien/La Fiera (7. 9.)	Felice Trossi (ITA)	Alfa Romeo	113,197
Monaco	nicht ausgetragen		
Schweiz/Bern (8. 6.)	Jean-Pierre Wimille (FRA)	Alfa Romeo	153,890
Spanien	nicht ausgetragen		
Langstreckenrennen			
Kurs/Dauer	Sieger (Land)	Marke	Ø km/h
Indianapolis/500 Ms (30. 5.)	Mike Rose (USA)	Blue Crown	187,227
Le Mans/24 Stunden	nicht ausgetragen		
Mille Miglia/1000 Ms (21./22. 6.)	Clemente Biondetti (ITA)/ Romano (ITA)	Alfa Romeo	112,238
Targa Florio	nicht ausgetragen		
Rallyes			
Monte Carlo	nicht ausgetragen		

Boxen/Schwergewicht

Ort/Tag	Weltmeister	Gegner	Ergebnis
New York/5. 12.	Joe Louis (USA)	Joe Walcott (USA)	PS (15 R.)

Eiskunstlaufen

Einzel	Herren	Damen
Weltmeister	Hans Gerschwiler (SUI)	Barbara-Ann Scott (CAN)
Europameister	Hans Gerschwiler (SUI)	Barbara-Ann Scott (CAN)
Deutscher Meister	Horst Faber	Inge Jell
Paarlauf		
Weltmeister	Micheline Lannoy/Pierre Baugniet (BEL)	
Europameister	Micheline Lannoy/Pierre Baugniet (BEL)	
Deutsche Meister	Ria Baran/Paul Falk	

Fußball

Länderspiele	Ergebnis	Ort	Datum
Deutschland 1947 keine Länderspiele			
Österreich (+3/=0/−1)			
Tschechoslowakei – Österreich	3:2	Prag	05. 10.
Österreich – Italien	5:1	Wien	09. 11.
Ungarn – Österreich	5:2	Budapest	
Österreich – Ungarn	4:3	Wien	
Schweiz			
Portugal – Schweiz	2:2	Lissabon	05. 01.
Italien – Schweiz	5:2	Florenz	27. 04.

Länderspiele	Ergebnis	Ort	Datum
Schweiz			
Schweiz – England	1:0	Zürich	18. 05.
Schweiz – Frankreich	1:2	Lausanne	08. 06.
Holland – Schweiz	6:2	Amsterdam	21. 09.
Schweiz – Belgien	4:0	Genf	02. 11.

Landesmeister	
Deutschland	nicht ausgetragen
Österreich	Wacker Wien
Schweiz	FC Biel
Belgien	RSC Anderlecht
England	FC Liverpool
Frankreich	Olympique Roubaix
Italien	AC Turin – AC Florenz 4:1
Holland	Ajax Amsterdam
Jugoslawien	Partizan Belgrad
Schottland	Glasgow Rangers

Landespokal	
Deutschland	nicht ausgetragen
Österreich	Wacker Wien – Austria Wien 4:3
Schweiz	FC Basel – FC Lausanne 3:0
England	Charlton Athletic – FC Burnley 1:0
Frankreich	Olympique Lille – RC Straßbourg 2:0
Italien	nicht ausgetragen
Holland	nicht ausgetragen
Jugoslawien	Partizan Belgrad
Schottland	FC Aberdeen – Hibernian 1:1, 1:0

Gewichtheben/Schwergewicht

Weltrekord (Land), Datum	Dreikampf	Drücken	Reißen	Stoßen
John Davis (USA) 28. 09. 1947	455,0 kg	146,0 kg	139,5 kg	174,5 kg

Leichtathletik

Deutsche Meisterschaften am 9./10. August in Köln

Disziplin	Sieger (Stadt)	Leistung
Männer		
100 m	Heinz Fischer (Krefeld)	10,5
200 m	Walter Schreiber (Frankfurt)	22,2
400 m	Hans Hieke (Hamburg)	49,2
800 m	Heinz Ulzheimer (Frankfurt)	1:53,0
1500 m	Ludwig Kaindl (München)	3:58,6
5000 m	Ludwig Warnemünde (Hamburg)	15:19,6
10 000 m	Otto Eitel (Esslingen)	31:52,8
Marathon (20 km)	Josef Legge (Bochum)	1:09:28,0
Mannschaft	SC Friedrichshof Berlin	3:35:19,0
110 m Hürden	Hans Zepernick (Osnabrück)	15,1
400 m Hürden	Karl Kohlhoff (Kiel)	54,9
3000 m Hindernis	Alfred Dompert (Stuttgart)	9:30,2
4 × 100 m	Preußen Krefeld	42,1
4 × 400 m	Hamburger SV	3:20,6
3 × 1000 m	Eintracht Frankfurt	7:39,9
Hochsprung	Ludwig Koppenwallner (München)	1,95
Stabhochsprung	Gustav Stührk (München)	3,80
Weitsprung	Gerd Luther (Hamburg)	7,09
Dreisprung	Horst Vogt (Fulda)	14,25
Kugelstoßen	Otto Luh (Gießen)	14,57
Diskuswurf	Gustav Markanner (Stuttgart)	43,60
Hammerwurf	Karl Hein (Hamburg)	53,54
Speerwurf	Helmut Wilshaus (Hamm)	65,76
Fünfkampf	Hermann Nacke (Kiel)	3651
Zehnkampf	nicht ausgetragen	
Bahngehen	Rudolf Lüttge (Braunschweig)	48:34,2
Gehen 25 km	Fritz Bleiweiß (Berlin)	2:08:04,0
Mannschaft	TSV Braunschweig	7:07:47,0
Gehen 50 km	nicht ausgetragen	
Frauen		
100 m	Marga Petersen (Bremen)	12,0
200 m	nicht ausgetragen	
800 m	nicht ausgetragen	
80 m Hürden	Liselotte Federmann (Pforzheim)	11,9
4 × 100 m	Werder Bremen	48,7
Hochsprung	Maria Eckelt (München)	1,60
Weitsprung	Elfriede Brunnemann (Hannover)	5,63
Kugelstoßen	Gertrud Schlüter (Hamburg)	13,29
Diskuswurf	Marianne Schulze-Entrup (Münster)	41,13
Speerwurf	Inge Wolf (Nürnberg)	42,83
Fünfkampf	Gertrud Schlüter (Hamburg)	355

Weltrekorde (Stand: 31. 12. 1947)

Disziplin	Name (Land)	Leistung	Datum	Ort
Männer				
100 m	Jesse Owens (USA)	10,2	20. 06. 1936	Chicago
200 m (Gerade)	Jesse Owens (USA)	20,3	25. 05. 1935	Ann Arbor
400 m	Archie Williams (USA)	46,1	19. 06. 1936	Chicago
800 m	Rudolf Harbig (GER)	1:46,6	15. 07. 1939	Mailand
1000 m	Glenn Cunningham (USA)	4:06,7	16. 06. 1936	Princeton
1500 m	Gunder Hägg (SWE)	3:43,0	07. 07. 1944	Göteborg
5000 m	Gunder Hägg (SWE)	13:58,2	20. 09. 1942	Göteborg
10 000 m	Viljo Heino (FIN)	29:35,4	25. 08. 1944	Helsinki
110 m Hürden	Forrest Towns (USA)	13,7	27. 08. 1936	Oslo
400 m Hürden	Glen Hardin (USA)	50,6	26. 07. 1934	Stockholm
4 × 100 m	USA	39,8	09. 08. 1936	Berlin
4 × 400 m	USA	3:08,2	07. 08. 1932	Los Angeles
Hochsprung	Lester Steers (USA)	2,11	17. 06. 1941	Los Angeles
Stabhochsprung	Cornelius Warmerdam (USA)	4,77	23. 05. 1942	Modesto
Weitsprung	Jesse Owens (USA)	8,13	25. 05. 1935	Ann Arbor
Dreisprung	Naoto Tajima (JAP)	16,00	06. 08. 1936	Berlin
Kugelstoßen	Jack Torrance (USA)	17,40	05. 08. 1934	Oslo
Diskuswurf	Robert Fitch (USA)	54,93	08. 06. 1946	Minneapolis
Hammerwurf	Patrick Ryan (USA)	57,77	17. 08. 1913	New York
Speerwurf	Yrjö Nikkanen (FIN)	78,70	16. 10. 1938	Kotka
Zehnkampf	Glen Morris (USA)	7421	7./8. 08. 36	Berlin
Frauen				
100 m	Stanislawa Walasiewicz (POL)	11,6	01. 08. 1937	Berlin
200 m	Stanislawa Walasiewicz (POL)	23,6	15. 08. 1935	Warschau
400 m	Nellie Halstead (GBR)	56,5	1932	
800 m	Lina Batschauer-Radke (GER)	2:16,8	02. 08. 1928	Amsterdam
1500 m	Jewdokija Wassilewa (SOV)	4:47,2	30. 07. 1936	Moskau
80 m Hürden	Claudia Testoni (ITA)	11,3	23. 07. 1939	Garmisch-P.
4 × 100 m	Deutschland	46,4	08. 08. 1936	Berlin
Hochsprung	Fanny Blankers-Koen (HOL)	1,71	30. 05. 1943	Amsterdam
Weitsprung	Fanny Blankers-Koen (HOL)	6,25	19. 09. 1943	Leiden
Kugelstoßen	Gisela Mauermayer (GER)	14,38	15. 07. 1934	Warschau
Diskuswurf	Gisela Mauermayer (GER)	48,31	11. 07. 1936	Dresden
Speerwurf	Herma Bauma (AUT)	48,21	29. 06. 1947	Wien
Fünfkampf	Gisela Mauermayer (GER)	377	9./11. 08. 34	London

Deutsche Rekorde (Stand: 31. 12. 1947)

Disziplin	Name (Ort)	Leistung	Datum	Ort
Männer				
100 m	Arthur Jonath (Bochum)	10,3	05. 06. 32	Bochum
200 m	Helmut Körnig (Berlin)	20,9	19. 08. 28	Berlin
400 m	Rudolf Harbig (Dresden)	46,0	12. 08. 39	Frankfurt
800 m	Rudolf Harbig (Dresden)	1:46,6	15. 07. 39	Mailand
1000 m	Rudolf Harbig (Dresden)	2:21,5	24. 05. 41	Dresden
1500 m	Ludwig Kaindl (München)	3:50,2	20. 08. 39	Köln
3000 m	Friedrich Schaumburg (Berlin)	8:17,2	16. 09. 36	Stockholm
5000 m	Hermann Eberlein (München)	14:27,2	09. 07. 39	Berlin
10 000 m	Max Syring (Wittenberg)	30:06,6	13. 07. 40	Jena
110 m Hürden	Erwin Wegner (Berlin)	14,5	02. 07. 35	Weißenfels
400 m Hürden	Friedr.-Wilhelm Hölling (Breslau)	51,6	09. 07. 39	Berlin
4 × 100 m	Nationalstaffel	40,1	29. 07. 39	Berlin
	SC Charlottenburg	40,8	22. 07. 29	Breslau
4 × 400 m	Nationalstaffel	3:10,4	16. 07. 39	Mailand
	LSV Berlin	3:15,4	20. 08. 39	Görlitz
Hochsprung	Hermann Nacke (Kiel)	2,01	20. 08. 44	Kiel
Stabhochsprung	Rudolf Glötzner (Weiden)	4,16	02. 08. 42	Berlin
Weitsprung	Lutz Long (Leipzig)	7,90	01. 08. 37	Berlin
Dreisprung	Heinz Wöllner (Leipzig)	15,27	06. 08. 36	Berlin
Kugelstoßen	Heinrich Trippe (Berlin)	16,60	14. 09. 41	Turin
Diskuswurf	Willy Schröder (Magdeburg)	53,10	28. 04. 35	Magdeburg
Hammerwurf	Erwin Blask (Berlin)	59,00	27. 08. 39	Stockholm
Speerwurf	Gerhard Stöck (Berlin)	73,96	25. 08. 35	Helsinki
Zehnkampf	Hans-Heinrich Sievert (Hamburg)	8790,46	7./8. 7. 34	Hamburg
Frauen				
100 m	Käthe Krauss (Dresden)	11,8	04. 08. 35	Berlin
	Marie Dollinger (Nürnberg)	11,8	04. 08. 35	Berlin
200 m	Käthe Krauss (Dresden)	24,4	16. 09. 38	Wien
800 m	Marie Dollinger (Nürnberg)	2:16,8	02. 08. 31	Magdeburg
1000 m	Lina Radke (Breslau)	3:06,8	25. 08. 30	Brieg
80 m Hürden	Erika Biess (Berlin)	11,4	28. 07. 40	Parma
4 × 100 m	Nationalstaffel	46,4	08. 08. 36	Berlin
	SC Charlottenburg	48,1	18. 06. 39	Erfurt
Hochsprung	Feodora v. Solms (Wünsdorf)	1,64	18. 09. 38	Wien
Weitsprung	Christel Schulz (Münster)	6,12	30. 07. 39	Berlin
Kugelstoßen	Gisela Mauermayer (München)	14,38	15. 07. 34	Warschau
Diskuswurf	Gisela Mauermayer (München)	48,31	11. 07. 36	Berlin
Speerwurf	Anneliese Steinheuer (Köln)	47,24	21. 06. 42	Frankfurt
Fünfkampf	Gisela Mauermayer (München)	418	16./17. 7. 38	Stuttgart

Pferdesport

Disziplin/Turnier	Sieger (Land)	Pferd (Gestüt)	Tag
Galopprennen			
Deutsches Derby	St. Zakac	Singlspieler (Buchhof)	06. 07.
Trabrennen			
Deutsches Derby	Hans Frömming (GER)	Avanti (Krüger)	22. 06.
Turniersport			
Springreiten			
Deutsches Derby	nicht ausgetragen		

Radsport

Disziplin, Ort, Datum	Plazierung, Name (Land)	Zeit/Rückst.
Straßenweltmeisterschaft		
Profis (274 km) Reims	1. Middelkamp (HOL)	7:29:00 h
	2. Sercu (BEL)	
	3. Jansen (HOL)	
Amateure (164 km) Reims	1. Ferrari (ITA)	4:20:30 h
	2. Pedroni (ITA)	
	3. van Beek (HOL)	
Rundfahrten (Etappen)		
Tour de France (21)	1. Jean Robic (FRA)	148:11:25 h
Datum: 25. 6.–21. 7.	2. Édouard Fachleitner (FRA)	3:38 min
Länge: 4640 km	3. Pietro Brambilla (ITA)	10:07 min
Giro d'Italia (20)	1. Fausto Coppi (ITA)	115:55:07 h
Datum: 24. 5. – 20. 6.	2. Gino Bartali (ITA)	1:43 min
Länge: 3865 km	3. Giulio Bresci (ITA)	4:54 min
Tour de Suisse (7)	1. Gino Bartali (ITA)	47:35:55 h
Datum: 16. – 23. 8.	2. Giulio Bresci (ITA)	21:16 min
Länge: 1590 km	3. Ockers (BEL)	24:33 min
Deutschlandrundfahrt	nicht ausgetragen	

Schwimmen

Europameisterschaft (12.–14. 9. in Monaco)*

Disziplin	Sieger (Land)	Leistung
Männer		
Freistil 100 m	Alexandre Jany (FRA)	56,2
Freistil 400 m	Alexandre Jany (FRA)	4:35,2
Freistil 1500 m	György Mitro (UNG)	19:28,0
Freistil 4 × 200 m	Schweden	9:00,5
Brust 200 m	Roy Romain (GBR)	2:40,0
Rücken 100 m	Georges Vallerly (FRA)	1:07,6
Kunstspringen	Roger Heinkelé (FRA)	126,71
Turmspringen	Thomas Christiansen (DAN)	105,55
Wasserball	Italien	
Frauen		
Freistil 100 m	Grete Nathasen (DAN)	1:07,8
Freistil 400 m	Karen-Margarete Harup (DAN)	5:18,2
Freistil 4 × 100 m	Dänemark	4:32,3
Brust 200 m	Nelly van Vlieth (HOL)	2:56,6
Rücken 100 m	Karen-Margarete Harup (DAN)	1:15,9
Kunstspringen	Mady Moreau (FRA)	100,43
Turmspringen	Nicole Pellisard (FRA)	60,03

Deutsche Meisterschaften (Frankfurt am Main)

Disziplin	Sieger (Ort)	Leistung
Männer		
Freistil 100 m	Heinz-Günther Lehmann (Braunschweig)	1:01,8
Freistil 200 m	Heinz-Günther Lehmann (Braunschweig)	2:19,8
Freistil 400 m	Heinz-Günther Lehmann (Braunschweig)	5:06,8
Freistil 1500 m	nicht ausgetragen	
Freistil 4 × 100 m	MTV Braunschweig	4:20,0
Freistil 4 × 200 m	nicht ausgetragen	
Brust 100 m	Walter Klinge (Halberstadt)	1:14,6
Brust 200 m	Walter Klinge (Halberstadt)	2:54,2
Brust 4 × 100 m	Olympia Gladbeck	5:26,4
Rücken 100 m	Günther Kaross (Frankfurt)	1:15,2
Lagen 3 × 100 m	Neptun Erkenschwick	3:41,1
Kunstspringen	Joachim Walther (Braunschweig)	162,79
Turmspringen	Günther Haase (Hamburg)	140,32
Wasserball	SSF Barmen	

*ohne deutsche Beteiligung

Deutsche Meisterschaften (Frankfurt am Main) Forts.

Disziplin	Sieger (Ort)	Leistung
Frauen		
Freistil 100 m	Uschi Oberstein-Groth (München)	1:14,2
Freistil 4 × 100 m	Düsseldorf 1898	5:18,4
Brust 100 m	Ruth Henschel-Müller (Cuxhaven)	1:28,3
Brust 200 m	Ingrid Schmidt (Hamburg)	3:10,3
Brust 4 × 100 m	SV Duisburg 98	6:23,4
Rücken 100 m	Gisela Herrbruck (Primasens)	1:18,4
Lagen 3 × 100 m	SV Hagen 94	4:21,2
Kunstspringen	Paula Tartarek (Erkenschwick)	115,47
Turmspringen	Olga Hoffmann-Eckstein (Erkenschwick)	77,58

Weltrekorde (Stand 31. 12. 1947)

Disziplin	Name (Land)	Leistung	Datum	Ort
Männer				
Freistil 100 m	Alex Jany (FRA)	55,8	19.09.47	Mentone
Freistil 200 m	Alex Jany (FRA)	2:05,4	20.09.46	Marseille
Freistil 400 m	Alex Jany (FRA)	4:35,2	12.09.47	Monte Carlo
Freistil 800 m	William Smith (USA)	9:50,9	24.07.41	Honolulu
Freistil 1500 m	Tomikatsu Amano (JAP)	18:58,8	10.08.38	Tokio
Freistil 4 × 100 m	USA	3:50,8	18.03.42	Newhaven
Freistil 4 × 200 m	Japan	8:51,5	11.08.36	Berlin
Brust 100 m	Dick Hough (USA)	1:07,3	15.04.39	Newhaven
Brust 200 m	Joe Verdeur (USA)	2:35,0	15.02.47	Newhaven
Rücken 100 m	Adolph Kiefer (USA)	1:04,8	18.01.36	Detroit
Rücken 200 m	Adolph Kiefer (USA)	2:19,3	04.03.44	Annapolis
Frauen				
Freistil 100 m	Willie den Ouden (HOL)	1:04,6	27.02.36	Amsterdam
Freistil 200 m	Ragnhild Hveger (DAN)	2:21,7	11.09.38	Aarhus
Freistil 400 m	Ragnhild Hveger (DAN)	5:00,1	15.09.40	Kopenhagen
Freistil 800 m	Ragnhild Hveger (DAN)	10:52,5	13.08.41	Kopenhagen
Freistil 1500 m	Ragnhild Hveger (DAN)	20:57,0	20.08.41	Kopenhagen
Freistil 4 × 100 m	Dänemark	4:27,6	07.08.38	Kopenhagen
Freistil 4 × 200 m	USA	10:30,7	16.08.41	High Point
Brust 100 m	Nelly van Vliet (HOL)	1:18,2	28.04.47	Arnheim
Brust 200 m	Nelly van Vliet (HOL)	2:49,2	20.07.47	Hilversum
Rücken 100 m	Cornelia Kint (HOL)	1:10,9	22.09.39	Rotterdam
Rücken 200 m	Cornelia Kint (HOL)	2:38,8	29.11.39	Rotterdam

Deutsche Rekorde (Stand 31. 12. 1947)

Disziplin	Name (Land)	Leistung	Datum	Ort
Männer				
Freistil 100 m	Helmut Fischer (Bremen)	56,8	26.04.36	Berlin
Freistil 200 m	Werner Plath (Berlin)	2:12,6	27.02.37	Berlin
Freistil 400 m	Werner Plath (Berlin)	4:47,6	26.03.39	Bremen
Freistil 800 m	Werner Plath (Berlin)	10:21,7	21.07.40	Budapest
Freistil 1500 m	Heinz Arendt (Berlin)	19:50,7	10.08.37	Berlin
Freistil 4 × 100 m	Bremischer SV	4:03,4	26.10.35	Norderney
	Nationalmannschaft	4:00,5	25.03.39	Bremen
Freistil 4 × 200 m	Bremischer SV	9:16,4	27.10.35	Norderney
Brust 100 m	Joachim Balke (Bremen)	1:09,5	13.11.38	Bremen
Brust 200 m	Joachim Balke (Bremen)	2:37,4	25.03.39	Bremen
Rücken 100 m	Heinz Schlauch (Erfurt)	1:06,8	06.02.38	Duisburg
Rücken 200 m	Heinz Schlauch (Erfurt)	2:29,8	08.02.38	Kopenhagen
Frauen				
Freistil 100 m	Gisela Arendt (Berlin)	1:06,6	10.08.36	Berlin
Freistil 200 m	Gisela Arendt (Berlin)	2:35,3	29.08.37	Gera
Freistil 400 m	Inge Schmitz (Spandau)	5:41,4	28.07.38	Breslau
Freistil 800 m	Ruth Halbsguth (Charlottenburg)	12:16,2	05.09.37	Berlin
Freistil 1500 m	Wera Schäferkordt (Düsseldorf)	23:29,4	11.08.40	Düsseldorf
Freistil 4 × 100 m	Nixe Charlottenburg	4:56,0	30.08.36	Berlin
Brust 100 m	Gisela Grass (Leipzig)	1:19,3	22.04.44	Leipzig
Brust 200 m	Anni Kappell (Mönchengladbach)	2:55,5	19.03.41	Düsseldorf
Rücken 100 m	Erna Westhelle (Mönchengladbach)	1:15,0	28.11.43	Leipzig
Rücken 200 m	Erna Westhelle (Mönchengladbach)	2:49,5	13.02.44	Hamburg

Ski alpin

	Herren	Damen
Deutsche Meister	nicht ermittelt	
Österreichische Meister		
Abfahrt	nicht ausgetragen	nicht ausgetragen
Slalom	nicht ausgetragen	nicht ausgetragen
Riesenslalom	nicht ausgetragen	nicht ausgetragen
Kombination	Edi Mall	Annelore Zuckert
Schweizer Meister		
Abfahrt	Ralph Olinger	Hedi Schlunegger
Slalom	Franz Bumann	Renée Clerc
Riesenslalom	nicht ausgetragen	nicht ausgetragen
Kombination	Fernand Grosjean	Hedi Schlunegger

Tennis

Meisterschaften	Ort	Datum
Wimbledon	London	30.06.–07.07.
US Open	Forest Hills	September
French Open	Paris	Mai
Australian Open	Melbourne	Januar
Internationale Deutsche	nicht ausgetragen	
Daviscup-Endspiel	New York	29.–31.08.

Turnier	Sieger (Land) – Finalgegner (Land) Ergebnis
Herren	
Wimbledon	Jack Kramer (USA) – Tom Brown (USA) 6:1, 6:3, 6:2
French Open	Joseph Asboth (UNG) – Eric Sturgess (SAF) 6:4, 7:5, 6:4
US Open	Jack Kramer (USA) – Frank Parker (USA) 4:6, 2:6, 6:1, 6:0, 6:3
Australian O.	Denny Pails (AUS) – John Bromwich (AUS) 4:6, 6:4, 3:6, 7:5, 8:6
Daviscup	USA – Australien 4:1
Damen	
Wimbledon	Margaret Osborne (USA) – Doris Hart (USA) 6:2, 6:4
French Open	Patricia Todd (USA) – Doris Hart (USA) 6:3, 3:6, 6:4
US Open	Louise Brough (USA) – Margaret Osborne (USA) 8:6, 4:6, 6:1
Australian O.	Nancy Bolton (AUS) – Nelly Hopman (AUS) 6:3, 6:2
Herren-Doppel	
Wimbledon	Bob Falkenburg (USA)/Jack Kramer (USA) – Toni Mottram (GBR)/Billy Sidwell (AUS) 8:6, 6:3, 6:3
French Open	Eric Faunin (SAF)/Eric Sturgess (SAF)
US Open	Jack Kramer (USA)/Frederick Schroeder (USA) – Billy Sidwell (AUS)/Billy Talbert (USA)
Australian O.	John Bromwich (AUS)/Adrian Quist (AUS)
Damen-Doppel	
Wimbledon	Doris Hart (USA)/Patricia Todd (USA) – Louise Brough (USA)/Margaret Osborne (USA) 3:6, 6:4, 7:5
French Open	Louise Brough (USA)/Margaret Osborne (USA)
US Open	Louise Brough (USA)/Margaret Osborne (USA)
Australian O.	Nancy Bolton (AUS)/Cathy Long (AUS)
Mixed	
Wimbledon	John Bromwich (AUS)/Louise Brough (USA) – Collin Long (AUS)/Nancy Bolton (AUS) 1:6, 6:4, 6:2
French Open	Eric Sturgess (SFA)/Sheila Summers (SFA)
US Open	John Bromwich (AUS)/Louise Brough (USA)
Australian O.	Collin Long (AUS)/Nancy Bolton (AUS)

Nekrolog

Bekannte Persönlichkeiten aus allen Bereichen des gesellschaftlichen Lebens, die im Jahr 1947 gestorben sind, werden – alphabetisch geordnet – in Kurzbiographien vorgestellt.

Heinrich Altherr

schweizerischer Maler (* 11. 4. 1878, Basel), stirbt am 27. April in Zürich.
Altherr, der in München studierte, begann mit Bildern im Stil Hans von Marées', ehe er sich dem Expressionismus annäherte. Er schuf eine Vielzahl von Kolossalgemälden für Kirchen und öffentliche Gebäude (Fresken in Zürich, Heilbronn, Basel u. a.). Von 1919 bis 1939 leitete er die Stuttgarter Akademie für bildende Künste. Während der NS-Herrschaft wurden viele seiner Bilder in Deutschland vernichtet.

Otto Ampferer

österreichischer Geologe (* 1. 12. 1875, Hötting bei Innsbruck), stirbt am 9. Juli in Innsbruck.
Ampferer, der sich vor allem mit der Geologie der österreichischen Alpen beschäftigte, war 1935–1937 Direktor der Geologischen Reichsanstalt in Wien. Bei seinen Forschungen über die Gebirgsbildung stellte er die Unterströmungstheorie auf, nach der Strömungen in den zähplastischen Zonen des Erdmantels Bewegungen der Erdkruste verursachen.

Anna Bahr-Mildenburg

österreichische Kammersängerin (* 29. 11. 1872, Wien), stirbt am 27. Januar in Wien.
Anna Bahr-Mildenburg trat als dramatischer Sopran erstmals 1895 in Hamburg auf, feierte dann große Erfolge bei den Bayreuther Festspielen und 1908 bis 1917 unter Gustav Mahler an der Wiener Hofopfer. 1919 wurde sie Gesangslehrerin an der Akademie der Tonkunst in München.

Stanley Baldwin, Earl Baldwin of Bewdley

britischer konservativer Politiker (* 3. 8. 1867, Bewdley/Worcester), stirbt am 14. Dezember in Stourport on Severn (Grafschaft Worcester).
Baldwin, Sohn und Erbe eines Montanindustriellen, seit 1888 an leitender Stelle in der Familienfirma tätig, erhielt nach dem Tod des Vaters auch dessen Sitz im Unterhaus. 1917 wurde er Finanzsekretär des Schatzamts, 1921 Handelsminister unter David Lloyd George, 1922 Schatzkanzler unter Andrew Bonar Law, dessen Nachfolger als Parteiführer (ab 1923) und Premierminister (1923/24) er wurde. Nach der kurzen Amtszeit der Labour-Regierung James Ramsay MacDonald war er 1924 bis 1929 erneut Premierminister, hatte als Lordpräsident unter dem Koalitionskabinett MacDonald ab 1931 maßgeblichen Einfluß in der Regierung und wurde 1935 erneut Premierminister. Nachdem er die Abdankung König Eduards VII. erzwungen hatte, trat er 1937 zurück. Im selben Jahr wurde er geadelt.

Tristan Bernard

eigentlich Paul Bernard, französischer Schriftsteller (* 7. 9. 1866, Besançon), stirbt am 7. Dezember in Paris.
Die Anerkennung beim anspruchsvolleren Publikum blieb Bernard mit seinen erfolgreichen humoristischen und satirischen Romanen, seinen Liebes- und Diebskomödien und Vaudevilles versagt, doch galt er als »nationaler Humorist« und genoß hohes Ansehen in der Pariser Gesellschaft. Komödien: »Les pieds nick'lés« (1895), »Le seul bandit du village« (1898), »L'anglais tel qu'on le parle« (1899), »Triplepatte« (1905). Romane: »Mémoires d'un jeune homme rangé« (1899), »Un mari pacifique« (1901), »Deux amateurs de femmes« (1907).

Pierre Bonnard

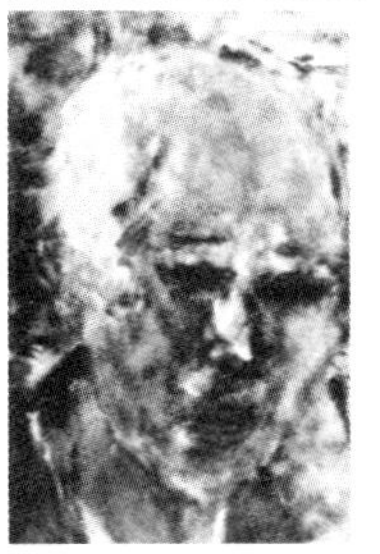

französischer Maler und Graphiker (* 13. 10. 1867, Fontenay-aux-Roses), stirbt am 23. Januar in Le Cannet bei Cannes.
Bonnard, einer der Hauptmeister des Nachimpressionismus, wechselte 1888 vom Jurastudium an der Sorbonne in Paris zur Kunstakademie Julian. Vorbilder des persönlichen Stils, den er nun entwickelte, waren die Umrißzeichnungen Paul Gauguins und der japanische Farbholzschnitt. Nach dem Erfolg seines Plakats »Französischer Champagner« (1889) durchstreifte er mit seinem Malerfreund Henri Toulouse-Lautrec die Lokale des Montmartre in Paris und schloß sich 1890 der antinaturalistischen Künstlergruppe der Nabis (»Propheten«) an. Anders als die Impressionisten malte er seine Bilder nach sorgfältigem dekorativem Aufbau und fühlte sich unabhängig von jeglicher Stilrichtung. Als Vorlage für seine Arbeiten dienten ihm der Alltag von Paris, Szenen wie »Straßenverkehr« (1900) und schließlich die typischen Bonnard-Motive wie bürgerliche Interieurs, Frühstückstische, Frauen »Bei der Toilette« (1922), »Akt am Fenster« (1921) und Stilleben wie die »Petroleumlampe« (1904), Bilder, die das flüchtige Spiel von Licht und Schatten, Luft und Farben festhalten. Nach der Bekanntschaft mit Odilon Redon entstanden Bonnards Illustrationen zu den Gedichten von Paul Verlaine und die Lithografien zu dem Hirtenroman »Daphnis und Chloe« von Longos. Ausgedehnte Reisen durch viele europäische Länder regten Bonnard auch zur Landschaftsmalerei an (»Abend am Uhlenhorster Fährhaus«, 1913). Kurz vor seinem Tod schuf er in der Kirche von Assy sein einziges Wandgemälde, »Der heilige Franziskus besucht die Kranken« (1947).

Wolfgang Borchert

deutscher Dichter (* 20. 5. 1921, Hamburg), erliegt am 20. November in Basel den Erkrankungen, die er sich während des Rußlandfeldzugs als Soldat und in NS-Haft zugezogen hat.
Borchert wurde nach der Buchhandelslehre Schauspieler in Lüneburg. 1941 wurde er Soldat. Trotz schwerer Verwundung 1942 wurde er mehrfach wegen Wehrkraftzersetzung verurteilt und inhaftiert und schließlich zur »Bewährung« an die Ostfront geschickt. Nach Kriegsende war er Regieassistent am Hamburger Schauspielhaus und Regisseur in Westerland. Einen Tag nach seinem Tod wird sein Heimkehrerdrama »Draußen vor der Tür« uraufgeführt (siehe oben: Uraufführungen). Er verfaßte auch Lyrik und schrieb Erzählungen.

Ettore Bugatti

französischer Automobilkonstrukteur italienischer Herkunft (* 15. 9. 1881, Mailand), stirbt am 21. August in Paris.
Um seine eigenen Erfolge im Automobilrennsport zu steigern, konstruierte Bugatti die ersten Kompressor-Rennwagen, in deren Motoren die zur Verbrennung nötige Luft nicht angesaugt, sondern den Zylindern durch Kompressoren vorverdichtet zugeführt wurde, was bei gleichem Hubraum eine bedeutend höhere Leistung erbrachte. 1907 gründete er in Molsheim bei Straßburg seine Autofabrik, die Bugatti-Werke, in denen Sport- und Rennwagen sowie Luxuslimousinen hergestellt wurden.

Al(fonso) Capone

italo-amerikanischer Gangster (* 17. 1. 1899, Neapel), stirbt am 25. Januar in Miami/Florida.
Der legendäre Gangsterboß Al(fonso) Capone wuchs in den Slums von New York auf. 1920 zog er nach Chicago und schloß sich der Bande von John Torrio an, die ihre Einnahmen aus Prostitution und Glücksspiel bezog sowie aus illegalen Kneipen, die während der Prohibition (Alkoholverbot) riesige Gewinne machten. Geschäftsleuten wurde gegen hohe Gebühren der »Schutz« der Bande aufgezwungen. Nach der Flucht Torrios aus Chicago wurde Al Capone sein Nachfolger als Chef der Bande. Die brutalen Bandenmorde, die Capone verübte, konnten von der Polizei nie nachgewiesen werden. 1931 wurde er lediglich der Steuerhinterziehung überführt. Der Gewinn seiner Bande soll 1927 mehr als 100 Millionen US-Dollar betragen haben.

Alfredo Casella

italienischer Komponist und Dirigent (* 25. 7. 1883, Turin), stirbt am 5. März in Rom.
Casella wurde mit seiner »neuen Klassizität« – Wiederbelebung der italienischen Instrumentalmusik des 17./18. Jahrhunderts – einer der führenden italienischen Komponisten seiner Zeit. Er komponierte drei Opern (»La donna serpente«, 1932), vier Ballette, drei Sinfonien u. a. Orchester- und Solowerke, Kammer- und Klaviermusik sowie eine Reihe von Liedern.

Christian X.

König von Dänemark seit 1912 und König von Island 1918 bis 1943 (* 26. 9. 1870, Charlottenlund), stirbt am 20. April in Kopenhagen.
Christian X. erließ 1915 eine demokratische Verfassung (»Grundloven«), durch die das allgemeine Wahlrecht eingeführt und die Volksvertretung reformiert wurde. Im Ersten Weltkrieg blieb er neutral, 1940 übergab er das Land den Deutschen, 1943 bis 1945 lebte er in Gefangenschaft auf Schloß Amalienborg.

Anton Iwanowitsch Denikin

weißrussischer General (* 4. 12. 1872), stirbt am 8. August in Ann Arbor in Michigan/USA.
Während des Ersten Weltkriegs stand Denikin als Divisionskommandeur an der russischen Südwestfront. Im russischen Bürgerkrieg nach der Oktoberrevolution 1917 übernahm er den Oberbefehl der antibolschewistischen Kampftruppen und besetzte im August 1918 Südrußland und das untere Wolgagebiet und bedrohte im Oktober 1919 Moskau. Durch das rücksichtslose Verhalten seiner Truppen verlor er jedoch bald die Sympathien der Bevölkerung und legte den Oberbefehl nieder. Er emigrierte nach Großbritannien und Frankreich und im Zweiten Weltkrieg in die USA.

Max Dessoir

deutscher Philosoph und Psychologe (* 8. 2. 1867, Berlin) stirbt am 19. Juli in Königstein im Taunus.

Dessoir, ab 1897 Professor der Philosophie in Berlin, befaßte sich mit ästhetischen, kunstpsychologischen und psychologischen Fragestellungen, wobei metaphysische und okkultistische Fragen im Vordergrund standen (Max Dessoir führte den Begriff Parapsychologie ein).
Ab 1906 gab er die »Zeitschrift für Ästhetik und allgemeine Kunstwissenschaft« heraus, 1909 gründete er die Gesellschaft für Ästhetik und allgemeine Kunstwissenschaft. Werke: »Ästhetik und allgemeine Kunstwissenschaft« (1906), »Vom Jenseits der Seele« (1918), »Vom Diesseits der Seele« (1923), »Das Ich, der Traum, der Tod« (1947).

Adolf Erbslöh

deutscher Maler und Graphiker (*27. 5. 1881, New York), stirbt am 2. Mai in Icking/Bad Tölz.
Erbslöh war 1909 Mitbegründer der Münchner Neuen Künstlervereinigung und gehörte später der Neuen Sezession an.
In seinen figürlichen Kompositionen, Landschaften, Blumenstücken u. a. wandelte er sich vom Fauvisten zum Vertreter der Neuen Sachlichkeit, spätere Bilder des Malers und Graphikers wirken nahezu abstrakt.

Otto Falckenberg

deutscher Regisseur (*5. 10. 1873, Koblenz), stirbt am 25. Dezember in München.
Falckenberg, Mitbegründer des Goethe-Bundes und des Münchner Kabaretts »Elf Scharfrichter«, leitete von 1917 bis 1944 als Chefdramaturg die Münchner Kammerspiele. 1915 war er mit der Uraufführung der »Gespenstersonate« des schwedischen Dramatikers August Strindberg bekannt geworden und brachte in der Folgezeit zahlreiche Erstinszenierungen expressionistischer Dramen, vor allem von Bertolt Brecht und Ernst Barlach, sowie beschwingte Aufführungen von Werken von William Shakespeare auf die Bühne.
Einen besonderen Ruf erwarb sich Falckenberg auch als Schauspiellehrer. – Die den Münchner Kammerspielen angeschlossene Schauspielschule trägt seinen Namen.

Hans Fallada

eigentlich Rudolf Ditzen, deutscher Schriftsteller (*21. 7. 1893, Greifswald), stirbt am 5. Februar in Berlin.
Fallada stellte in seinen Werken reportagehaft die soziale Umwelt des »kleinen Mannes« dar. Bekannt wurde er mit dem Roman »Bauern, Bonzen und Bomben« (1931), in dem er die Landvolk-Bewegung in Schleswig-Holstein beschrieb. 1932 erschien sein Roman »Kleiner Mann – was nun?«, in dem er mit präziser Beobachtungsgabe sozialkritisch die Situation der proletarisierten Kleinbürger während der Weltwirtschaftskrise schilderte. Zwei Jahre später, 1934, veröffentlichte er den Roman »Wer einmal aus dem Blechnapf frißt«, eine Schilderung des vergeblichen Versuchs eines ehemaligen Sträflings, durch Arbeit und Fleiß wieder zur »Wohlanständigkeit« zu gelangen. Im Jahr 1937 erschien Falladas Roman »Wolf unter Wölfen«, in dem er das Schicksal dreier ehemaliger Soldaten in der Weimarer Republik während der Inflation 1923 beschreibt.

Henry Ford

US-amerikanischer Automobilindustrieller (*30. 7. 1863, Dearborn/Michigan), stirbt am 7. April in Detroit.
Ford, Gründer der Ford Motor Company, war zunächst Maschinist und dann leitender Ingenieur bei der Edison Illuminating Company in Detroit. 1892 konstruierte er sein erstes Automobil, das er in seiner 1903 gegründeten Ford Motor Company zu der berühmten »Tin Lizzy« weiterentwickelte. 1908 bis 1927 wurden davon über 15 Millionen Modelle verkauft (nach dem späteren VW-Käfer die zweithöchste Zahl eines in nahezu unveränderter Form gefertigten Autotyps). Ford führte 1913 als erster die Fließbandherstellung ein und schuf mit modernen Methoden der Planung (standardisierte Massenfertigung), Organisation (Rationalisierung) und Produktion (Arbeitsteilung) bei gleichzeitiger Erleichterung der Arbeitsbedingungen (höhere Löhne trotz kürzerer Arbeitszeit) ein für die breite Masse erschwingliches hochwertiges Industrieerzeugnis. Sein Vermögen legte er weitgehend in gemeinnützigen Stiftungen an (so der Ford Foundation für Friedenssicherung, 1936). Er schrieb die Bücher »Mein Leben und Werk« (1925), »Das große Heute, das größere Morgen« (1926) und »Fortbewegung« (1930).

Friedrich von Gagern

österreichischer Schriftsteller (*26. 6. 1882, Schloß Mokritz/Krain), stirbt am 14. November in Geigenberg bei Sankt Leonhard am Forst in Niederösterreich.
Gagern, Offizierssohn aus einem Uradelsgeschlecht, studierte 1901 bis 1906 Philosophie, Geschichte, Kunstgeschichte und Literatur in Wien und war 1906 bis 1914 Redakteur einer Jagdzeitschrift. In seinen Tier- und Jagdgeschichten, exotischen Romanen und kulturhistorisch-folkloristischen Novellen und Romanen thematisierte er die Zerstörung der ursprünglichen, kraftvollen Natur durch die Zivilisation. Romane und Erzählungen: »Der böse Geist« (1913), »Das Geheimnis« (1915), »Die Wundmale« (1919), »Das nackte Leben« (1923), »Ein Volk« (1924), »Birschen und Böcke« (1925), »Der Marterpfahl« (1925), »Das Grenzerbuch« (1927), »Der tote Mann« (1927), »Die Straße« (1929), »Der Jäger und sein Schatten« (1940).

Georg II.

König von Griechenland seit 1922 (*19. 7. 1890, Schloß Tatoi bei Athen), stirbt am 1. April in Athen.
Georg mußte nach der Absetzung seines Vaters Konstantin I. durch die Entente-Mächte zugunsten seines jüngeren Bruders Alexander dem Thron entsagen und ging ins Exil in die Schweiz. 1921 heiratete er Prinzessin Elisabeth von Rumänien. Als sein Vater 1922 zum zweitenmal abdanken mußte, wurde Georg II. König, mußte jedoch nach der Ausrufung der Republik 1924 das Land erneut verlassen. 1935 kehrte er nach einer Volksabstimmung auf den Thron zurück. 1936 billigte er die Errichtung einer Diktatur durch General Ioannis Metaxas. Zur Zeit der deutschen Besetzung 1941 bis 1944 war er im Exil in Ägypten, Südafrika und London. 1946 bestieg er nach einer Volksabstimmung wieder den Thron.

Albert Grzesinski

deutscher SPD-Politiker (*28. 7. 1879, Treptow), stirbt am 31. Dezember in New York.
Grzesinski, ursprünglich Metallarbeiter, wurde 1906 Gewerkschaftssekretär, Anfang 1919 Mitglied des preußischen Landtags, im Juni 1919 Unterstaatssekretär im Kriegsministerium. 1921 bis 1924 leitete er das preußische Landespolizeiamt, wurde 1925 Polizeipräsident von Berlin (bis 1926, erneut 1930) und im Oktober 1926 preußischer Innenminister. Er führte die Demokratisierung der preußischen Verwaltung und der Schutzpolizei fort und versuchte, den Nationalsozialismus einzudämmen. Nach dem Preußenputsch wurde er 1932 amtsenthoben und emigrierte 1933 nach Frankreich und 1937 in die USA, wo er an führender Stelle in der German Labor Delegation tätig war, der Organisation sozialdemokratischer Emigranten in den USA.

Bronislaw Huberman

polnischer Violinvirtuose (*19. 12. 1882, Tschenstochau), stirbt am 16. Juni in Corsier-sur-Vevey in der Schweiz.
Huberman gründete 1936 das Palestine Orchestra in Tel Aviv, das spätere Israel Philharmonic Orchestra.

Ricarda Huch

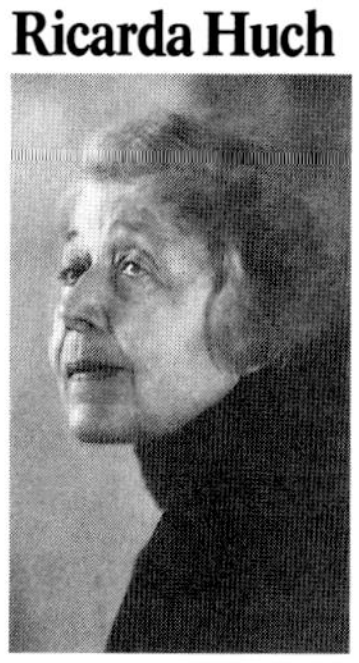

deutsche Erzählerin und Lyrikerin (*18. 7. 1864, Braunschweig), stirbt am 17. November in Schönberg/Taunus.
Als eine der ersten Frauen promovierte Ricarda Huch 1891 nach dem Studium der Geisteswissenschaften in Zürich, war bis 1897 Sekretärin an der dortigen Zentralbibliothek und wurde nach kurzer Tätigkeit als Lehrerin und nach zwei gescheiterten Ehen 1910 freie Schriftstellerin. Die frühe Dichtung der neuromantischen Lyrikerin und Erzählerin besingt das Verlangen nach Glück und nach einem erfüllenden Leben, die Freude am Ergreifen des Augenblicks und die Trauer um seinen Verlust (»Das Leben, ein kurzer Traum«, 1903). Aus ihrer Triester Zeit stammen die Skizzen »Aus der Triumphgasse« (1902). Es folgten Darstellungen historischer Gestalten und Ereignisse (»Der große Krieg in Deutschland«, 1914), eine epische Schilderung des Dreißigjährigen Krieges, und »Die Geschichte von Garibaldi« (1907). Daneben betrieb Huch literar- und kulturgeschichtliche Forschungen (»Die Romantik«, 1902; »Deutsche Geschichte«, drei Bände, 1934–1949). Ihr Spätwerk enthält neben Lyrik, Erzählungen und Erinnerungen religiöse und philosophische Schriften (»Entpersönlichung«, 1921; »Urphänomene«, 1946). Huch war eine engagierte Gegnerin des nationalsozialistischen Regimes.

Georg Kolbe

deutscher Bildhauer (*13. 4. 1877, Waldheim/Döbeln), stirbt am 15. November in Berlin.
Kolbes Ruhm begründeten seine tänzerisch bewegten Figuren, überwiegend Akte (»Tänzerin«, 1912). Er schuf auch Porträtplastiken (»Johann Sebastian Bach«, 1928), Denkmäler (»Heinrich Heine« in Frankfurt am Main, 1913; »Ludwig van Beethoven«, 1947, ebenfalls in Frankfurt am Main) und Brunnen (»Rathenau-Brunnen« in Berlin, 1930).

Fiorello Henry La Guardia

US-amerikanischer republikanischer Politiker (*11. 12. 1882, New York), stirbt am 20. September in New York.
Als Bürgermeister von New York von 1933 bis 1945 führte La Guardia ein umfassendes Reformprogramm durch, bekämpfte die Korruption, begann mit der Sanierung der Stadt und setzte eine neue Verfassung durch. 1946 wurde er Leiter der UN-Flüchtlingshilfe (UNRRA).

Philipp Lenard

deutscher Physiker, Physiknobelpreisträger 1905 (*7. 6. 1862, Preßburg), stirbt am 20. Mai in Messelhausen (Main-Taunus-Kreis).
Lenard, Professor für Physik in Kiel und Heidelberg, beschäftigte sich mit der Erklärung des Phänomens der Phosphoreszenz sowie mit den Eigenschaften der Kathodenstrahlen. Er entwickelte ein Atommodell (Dynamidentheorie), das als Vorläufer des Modells von Ernest Rutherford gilt, und schuf mit seinen Experimenten zum Fotoeffekt die Grundlagen für die Lichtquantentheorie von Albert Ein-

stein. Aus antisemitischen Gründen bekämpfte Lenard die Relativitätstheorie Einsteins und propagierte eine »Deutsche Physik« (1936/37, vier Bände).

Ernst Lubitsch

deutscher Filmregisseur (*28. 1. 1892, Berlin), stirbt am 30. November in Los Angeles-Hollywood.
Lubitsch, ursprünglich Schauspieler bei Max Reinhardt, kam gegen Ende des Ersten Weltkriegs zum Film und schuf die ersten international erfolgreichen deutschen Filme: »Ein fideles Gefängnis« (1917), »Die Austernprinzessin« (1919), »Kohlhiesels Töchter« (1920), darunter auch die Ausstattungsfilme »Die Augen der Mumie Ma« (1918), »Madame Dubarry« (1919), »Anna Boleyn« (1920) und »Das Weib des Pharao« (1921). Ab 1922 arbeitete er in Hollywood. Hier entstanden seine Filme »Das verlorene Paradies« (1924), »Lady Windermeres Fächer« (1925), »Blaubarts achte Frau« (1938), »Ninotschka« (1939) und »Sein oder Nichtsein« (1942, eine Satire auf den Nationalsozialismus).

Albert Marquet

französischer Maler (*27. 3. 1875, Bordeaux), stirbt am 14. Juni in Paris.
Marquet wurde 1897, wie sein Freund Henri Matisse, Schüler des Symbolisten Gustave Moreau und schloß sich später den Fauves (Wilden) an, wobei er den Fauvismus mit den Errungenschaften des Impressionismus verband. Er malte Landschaftsbilder und Porträts, vor allem Hafenbilder und in immer neuen Variationen die Pariser Seinekais.

Paul Moldenhauer

deutscher Versicherungswissenschaftler und Politiker (*2. 12. 1876, Köln), stirbt am 1. Februar in Köln.
Moldenhauer wurde 1907 Professor an der Handelshochschule und 1919 an der neuerrichteten Universität Köln. 1919 bis 1921 war er Mitglied der preußischen Landesversammlung und 1920 bis 1930 des Reichstags (Deutsche Volkspartei). Unter dem SPD-Kanzler Hermann Müller wurde er im November 1929 Reichswirtschaftsminister und im Dezember 1929 Reichsfinanzminister (bis 1930). 1930 bis 1943 war Moldenhauer Professor in Berlin. Ab 1945 war er bei der Dezentralisierung des Chemiekonzerns I. G. Farbenindustrie A. G. tätig.

Oskar Moll

deutscher Maler (*21. 7. 1875, Brieg bei Glogau), stirbt am 19. August in Berlin.
Moll war ab 1900 nach dem Biologiestudium Schüler von Lovis Corinth und Walter Leistikow in Berlin und 1907 von Henri Matisse in Paris. In seinen Stilleben, Landschaften und Figurenbildern war Oskar Moll zunächst vom Fauvismus beeinflußt, wandte sich jedoch ab 1925 verstärkt dem Kubismus zu.

Max Planck

deutscher Physiker, Physiknobelpreisträger 1918 (*23. 4. 1858, Kiel), stirbt am 4. Oktober in Göttingen.
Planck, einer der bedeutendsten Physiker des 19. und 20. Jahrhunderts, war der Begründer der Quantentheorie und zählte zu den Begründern der modernen Physik. Während seiner Arbeiten auf dem Gebiet der Thermodynamik und Entropie entdeckte er 1894 eine neue Naturkonstante, die nach ihm »Plancksches Wirkungsquantum« genannt wurde. Diese Entdeckung wies den Weg zu einem neuen physikalischen Weltbild, der Quantentheorie, einer in sich widerspruchsfreien Beschreibung aller Vorgänge der Physik der Elementarteilchen (Moleküle, Atome). Planck setzte sich u. a. kritisch mit den Arbeiten Albert Einsteins auseinander. Dessen Lichtquantenhypothese, nach der das Licht nicht nur Wellen-, sondern auch Korpuskularstrahlencharakter hat, stand er skeptisch gegenüber. Indes erkannte er als einer der ersten die immense Bedeutung der Einsteinschen speziellen Relativitätstheorie, deren rasche Verbreitung in Deutschland vor allem Plancks Verdienst war. 1930 bis 1937 und 1945/46 war Planck Präsident der Kaiser Wilhelm-Gesellschaft zur Förderung der Wissenschaften, die nach seinem Tod 1948 mit neuer Satzung in Max-Planck-Gesellschaft zur Förderung der Wissenschaften umbenannt wird.

Charles Ferdinand Ramuz

französischsprachiger schweizerischer Schriftsteller (*24. 9. 1878, Cully), stirbt am 23. Mai in Pully bei Lausanne.
Der aus einer Bauernfamilie stammende Ramuz widmete sich nach einem Philologiestudium und Aufenthalt in Paris (1902–1914) ganz der literarischen Darstellung seiner heimatlichen Alpenwelt. In markiger, oft mundartlich gefärbter Sprache stellte er in seinen Gedichten und großangelegten Romanen die Verbindung der Landleute mit der Schöpfung dar und erreichte durch die ins Mythologische gehende Schilderung der Natur ein hohes literarisches Niveau, nicht zu vergleichen mit dem sentimentalen Heimatroman. Romane: »Das Grauen in den Bergen« (1926), »Die Schönheit auf Erden« (1927), »Der Bergsturz« (1934). Seine Gedichte »Die Geschichte vom Soldaten« wurden von Igor Strawinski vertont.

Fritz Schumacher

deutscher Architekt (*14. 11. 1869, Bremen), stirbt am 5. November in Lüneburg.
Als Baudirektor in Hamburg 1909 bis 1933 leitete Schumacher den Ausbau Hamburgs zur modernen Großstadt, wobei er den traditionellen Backsteinbau wiederbelebte. Nach dem Ersten Weltkrieg entwarf er die Bebauungspläne für den Kölner Festungsgürtel. Seine Hauptwerke in Hamburg sind das Neue Krematorium, das Tropeninstitut, das Technikum und das Gewerbehaus.

Felix Timmermans

flämischer Schriftsteller (*5. 7. 1886, Lier bei Antwerpen), stirbt am 24. Januar in Lier.
Neben Stijn Streuvels war Timmermans der wichtigste Vertreter der flämischen Heimatdichtung. Außer Erzählungen und Romane schrieb er volkstümliche Dramen und Lyrik. Romane und Erzählungen: »Pallieter« (1916), »Das Jesuskind in Flandern« (1917), »Die sehr schönen Stunden von Jungfer Symforosa, dem Beginchen« (1918), »Der Pfarrer vom bühenden Weinberg« (1923), »Das Licht in der Laterne« (1924), »Pieter Bruegel« (1928), »Franziskus« (1932), »Bauernpsalm« (1935), »Adriaan Brouwer« (1948).

Viktor Emanuel III.

König von Italien 1900 bis 1946 (*11. 11. 1869, Neapel), stirbt am 28. Dezember in Alexandria in Ägypten.
Viktor Emanuel III. wurde nach der Ermordung seines Vaters Umberto I. König von Italien. Bis zum Ausbruch des Ersten Weltkriegs förderte er eine liberal-demokratische Reformpolitik. 1922 ernannte er jedoch den Faschisten Benito Mussolini zum Ministerpräsidenten, um das Land vor einem Bürgerkrieg zu bewahren; er selbst wurde zunehmend entmachtet. Mit Hilfe des monarchistischen Flügels im Faschistischen Großrat führte er 1943 den Sturz Mussolinis herbei und ließ diesen verhaften. 1944/46 dankte er zugunsten seines Sohnes Umberto II. ab; die Umwandlung der Monarchie in eine Republik konnte er 1946 nicht verhindern.

Sidney James Webb, Lord Passfield of Passfield Corner

britischer Sozialpolitiker (*13. 7. 1859, London), stirbt am 13. Oktober in Liphook/Hampshire.
Webb war 1885 Mitbegründer und danach führender Theoretiker der linksgerichteten Fabian Society, die ohne Revolution eine sozialistische Wirtschaftsdemokratie und Gesellschaftsreform anstrebte. Ab 1922 gehörte er als Labour-Abgeordneter dem Unterhaus, ab 1929 dem Oberhaus an (Erhebung zum Lord Passfield of Passfield Corner). Die meisten seiner Schriften über die Gewerkschaftsbewegung und über Fragen der Sozialreform verfaßte er gemeinsam mit seiner Frau Beatrice, geborene Potter, die sich ebenfalls in der Sozialpolitik engagierte. Gemeinsam gründeten sie die London School of Economics und die Zeitschrift »New Statesman«.

Alfred North Whitehead

britischer Mathematiker und Naturphilosoph (*15. 2. 1861, Ramsgate/Kent), stirbt am 30. Dezember in Cambridge/Massachusetts.
Whitehead, der 1885 bis 1924 in Cambridge und London Mathematik und 1924 bis 1937 in Cambridge/USA Philosophie lehrte, untersuchte während dieser Zeit die Axiomatisierung der Algebra und die projektive Geometrie. Mit seinem früheren Schüler Bertrand Russell definierte er in den »Principia Mathematica« (1910–1913) im Rahmen des Logizismus systematisch alle grundlegenden Begriffe und Theoreme der Mathematik und Logik. Seine Kritik an der Atomisierung und Geometrisierung der Naturerfahrung prägte seine spätere Naturphilosophie (»Eine Untersuchung der Grundsätze der Naturwissenschaften«, 1919), die er in »Entwicklung und Wirklichkeit« (1929) zu einer metaphysischen Kosmologie entwickelte, die alle Bereiche menschlicher Erfahrung umfaßt und in eine Religionsphilosophie mit Definition des Gottesbegriffs mündet. Eines seiner wichtigsten naturwissenschaftlich-philosophischen Werke ist die Abhandlung »Wissenschaft und moderne Welt« (1925).

Register

Das Personenregister enthält alle in diesem Buch genannten Personen (nicht berücksichtigt sind mythologische Gestalten und fiktive Persönlichkeiten sowie Eintragungen im Anhang). Die Herrscher und Angehörigen regierender Häuser sind alphabetisch nach den Ländern ihrer Herkunft geordnet. Kursive Zahlen verweisen auf Abbildungen.

Abkürzungen zu den Sportseiten

AFG	Afghanistan
ARG	Argentinien
AUS	Australien
AUT	Österreich
BEL	Belgien
BOL	Bolivien
BRA	Brasilien
BUL	Bulgarien
BUR	Birma
CAB	Kambodscha
CAN	Kanada
CHI	Chile
CHN	China
COL	Kolumbien
COS	Costa Rica
ČSR	Tschechoslowakei
CUB	Kuba
DAN	Dänemark
DOM	Dominikanische Republik
ECU	Ecuador
EGY	Ägypten
ETH	Äthiopien
FIN	Finnland
FRA	Frankreich
GBR	Großbritannien
GER	Deutschland
GRE	Griechenland
GUA	Guatemala
HAI	Haiti
HOL	Niederlande
HON	Honduras
IND	Indien
INS	Indonesien
IRA	Iran
IRK	Irak
IRL	Irland
ISL	Island
ITA	Italien
JAP	Japan
LIA	Liberia
LIB	Libanon
LIE	Liechtenstein
LUX	Luxemburg
MCO	Monaco
MEX	Mexiko
MON	Mongolei
NIC	Nicaragua
NOR	Norwegen
NSE	Neuseeland
PAK	Pakistan
PAN	Panama
PAR	Paraguay
PER	Peru
PHI	Philippinen
POL	Polen
POR	Portugal
RUM	Rumänien
SAA	Saarland
SAF	Südafrika
SAL	El Salvador
SAN	San Marino
SOV	Sowjetunion
SPA	Spanien
SUI	Schweiz
SWE	Schweden
SYR	Syrien
THA	Thailand
TUR	Türkei
UNG	Ungarn
URU	Uruguay
USA	Vereinigte Staaten von Amerika
VEN	Venezuela
YUG	Jugoslawien

Bildquellen-Verzeichnis

Archiv für Kunst und Geschichte, Berlin (4), Photo Claasen, Köln (1), dpa, Frankfurt (5), Harenberg Kommunikation, Dortmund (598), Kom(m)ödchen, Düsseldorf (1), Landtag von Baden-Württemberg, Stuttgart (1), Wolfhard Reppold, Kamen (1)

Karten und Grafiken: Bertelsmann Lexikon Verlag GmbH, Gütersloh/München (17)